EBS 중학

뉴런

| 수학 3(상) |

개념책

| 기획 및 개발 |

최다인 이소민 정혜은(개발총괄위원)

| 집필 및 검토 |

변태호(양오중) 임상현(양정중)

| 검토 |

박성복 정란 하대엽 황정하

교재 정답지, 정오표 서비스 및 내용 문의   EBS 중학사이트 → 교재 검색 → 교재 선택

중학 영어듣기능력평가 완벽대비

전국 시·도교육청 주관
영어듣기능력평가 실전 대비서
중1 ~ 중3

전국 시·도교육청 영어듣기능력평가 시행 방송사 EBS가 만든
중학 영어듣기능력평가 완벽대비

실제 시험과 동일한 체제로 모의고사 12회 구성 →	실전 시험 형식 완벽 적응
최신 출제 경향을 반영한 유형 연습 구성 →	영어듣기능력평가 만점 완성 가능
Dictation과 Fun with Comics 구성 →	기본 영어 실력 증진

EBS 중학

뉴런

| 수학 3(상) |

개념책

Structure 이 책의 구성과 특징

개념책

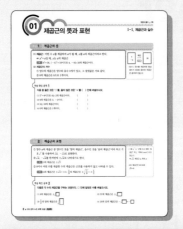

개념&확인 문제

자세하고 상세한 설명으로 쉽게 개념을 이해
할 수 있습니다. 개념 확인 문제로 이해한 개
념을 확인해 볼 수 있도록 문제를 구성하였
습니다.

예제&유제 문제

개념의 대표적인 문제만을 골라 친절한 풀이
와 함께 예제로 수록하였습니다. 예제를 통
해 대표문제를 확인하고 유제로 다시 한번
더 연습해 보세요.

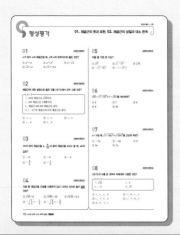

형성평가

소단원의 대표적인 문제를 형성평가 형태로
수록하였습니다. 문제를 통해 소단원 내용을
완전히 내 것으로 만들어 보세요.

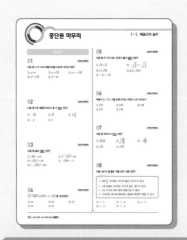

중단원 마무리

중단원에서 중요한 문제만을 난이도별로 구
성하였습니다. 난이도별로 문제를 풀어 봄으
로써 문제 해결력을 기르고 다양한 문제로
중단원을 마무리할 수 있습니다.

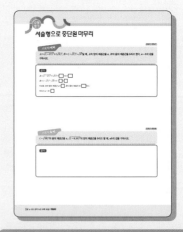

수행평가 서술형으로 중단원 마무리

대표적인 서술형 문제를 풀어 봄으로써 서술
형 문제를 연습하고, 수행평가에 대비할 수
있습니다.

문항 코드로 빠르게 강의 검색하기

1 교재에서
문항별 고유 코드를 교재에서 확인하세요.

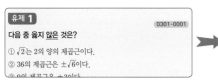

2 EBS 중학 PC/스마트폰에서
문항 코드를 검색창에 입력하세요.

mid.ebs.co.kr

0301 - 0001

중학 사이트 상단의 검색창에 교재에 있는 8자리 문항코드를 입력해 주세요.

3 강의 화면에서
해설 강의를 수강합니다.

실전책

중단원 실전 테스트

실제 시험형태와 비슷하게 객관식, 주관식 비율을 맞추고, 문제는 100점 만점으로 구성하였습니다. 중단원 개념을 공부한 후 실제 시험처럼 풀어 보세요.

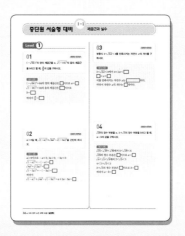

중단원 서술형 대비

서술형 문제를 수준별, 단계별로 학습하여 서술형 문제 유형을 완벽하게 연습하세요.

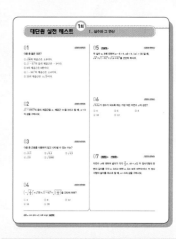

대단원 실전 테스트

실전을 위한 마지막 대비로 대단원별 중요 문제를 통해 실력을 점검하고 실제 시험에 대비하세요.

미니북

정답과 풀이

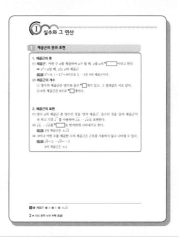

미니북-수학 족보

짧은 시간, 핵심만을 보고 싶을 때, 간단히 들고 다니며 볼 수 있는 수학 족보집입니다.

정답과 풀이

자세하고 친절한 풀이로 문제를 쉽게 설명하였습니다.

Contents 이 책의 **차례**

I

실수와 그 연산

1

제곱근과 실수

2

근호를 포함한 식의 계산

01 제곱근의 뜻과 표현

개념 1 제곱근의 뜻

(1) **제곱근**: 어떤 수 x를 제곱하여 a가 될 때, x를 a의 제곱근이라고 한다.
  ➡ $x^2 = a$일 때, x는 a의 제곱근
  예 $4^2 = 16$, $(-4)^2 = 16$이므로 4, -4는 16의 제곱근이다.

(2) **제곱근의 개수**
  ① 양수의 제곱근은 양수와 음수 2개가 있고, 그 절댓값은 서로 같다.
  ② 0의 제곱근은 0으로 1개이다.

4 −4	제곱 → ← 제곱근	16

• 양수나 음수를 제곱하면 항상 양수가 되므로 음수의 제곱근은 생각하지 않는다.

개념 확인 문제 1

다음 중 옳은 것은 '○'를, 옳지 않은 것은 '×'를 ( ) 안에 써넣으시오.

(1) $2^2 = 4$이므로 4는 2의 제곱근이다. (   )

(2) 9의 제곱근은 3, -3이다. (   )

(3) 5는 10의 제곱근이다. (   )

(4) 0의 제곱근은 1개이다. (   )

개념 2 제곱근의 표현

① 양수 a의 제곱근 중 양수인 것을 '양의 제곱근', 음수인 것을 '음의 제곱근'이라 하고 기호 $\sqrt{}$ 를 사용하여 $\sqrt{a}$, $-\sqrt{a}$로 표현한다.
② $\sqrt{a}$, $-\sqrt{a}$를 한꺼번에 $\pm\sqrt{a}$로 나타내기도 한다.
  예 3의 제곱근은 $\pm\sqrt{3}$
③ 0이나 어떤 수를 제곱한 수의 제곱근은 근호를 사용하지 않고 나타낼 수 있다.
  예 4의 제곱근은 $\pm\sqrt{4} = \pm 2$, $\dfrac{1}{9}$의 제곱근은 $\pm\sqrt{\dfrac{1}{9}} = \pm\dfrac{1}{3}$

• 기호 $\sqrt{}$ 는 '근호'라고 하며 '제곱근' 또는 '루트(root)'라고 읽는다.
  ➡ $\sqrt{a}$: 제곱근 a, 루트 a

• 0의 제곱근은 0이므로 $\sqrt{0} = 0$

개념 확인 문제 2

다음은 각 수의 제곱근을 구하는 과정이다. □ 안에 알맞은 수를 써넣으시오.

(1) 5의 제곱근은 $\pm\sqrt{\boxed{}}$

(2) 21의 제곱근은 $\pm\sqrt{\boxed{}}$

(3) $\dfrac{1}{2}$의 양의 제곱근은 $\sqrt{\boxed{}}$

(4) 25의 음의 제곱근은 $-\sqrt{\boxed{}} = -\boxed{}$

대표 예제

예제 1 제곱근의 뜻

다음 중 옳은 것은?

① 0의 제곱근은 없다.

② 1은 10의 제곱근이다.

③ $\dfrac{3}{2}$은 3의 제곱근이다.

④ $\dfrac{1}{2}$은 $\dfrac{1}{4}$의 제곱근이다.

⑤ -3은 6의 제곱근이다.

【풀이 전략】

$x^2=a$일 때, x는 a의 제곱근임을 이용한다.

【풀이】

① $0^2=0$이므로 0의 제곱근은 0이다.

② $1^2\neq10$이므로 1은 10의 제곱근이 아니다.

③ $\left(\dfrac{3}{2}\right)^2\neq3$이므로 $\dfrac{3}{2}$은 3의 제곱근이 아니다.

④ $\left(\dfrac{1}{2}\right)^2=\dfrac{1}{4}$이므로 $\dfrac{1}{2}$은 $\dfrac{1}{4}$의 제곱근이다.

⑤ $(-3)^2\neq6$이므로 -3은 6의 제곱근이 아니다.

답 ④

유제 1
0301-0001

다음 중 옳지 않은 것은?

① $\sqrt{2}$는 2의 양의 제곱근이다.

② 36의 제곱근은 $\pm\sqrt{6}$이다.

③ 9의 제곱근은 ±3이다.

④ $x^2=7$이면 $x=\pm\sqrt{7}$이다.

⑤ 제곱근 6은 $\sqrt{6}$이다.

유제 2
0301-0002

다음 중 그 값이 나머지 넷과 다른 하나는?

① 제곱하여 4가 되는 수

② $x^2=4$를 만족시키는 x의 값

③ 제곱근 4

④ 4의 제곱근

⑤ $\pm\sqrt{4}$

예제 2 제곱근 구하기

100의 양의 제곱근을 a, 25의 음의 제곱근을 b라고 할 때, $a-b$의 값은?

① 5   ② 10   ③ 15

④ 20   ⑤ 25

【풀이 전략】

$a>0$일 때, a의 양의 제곱근은 $\sqrt{a}$, a의 음의 제곱근은 $-\sqrt{a}$이다.

【풀이】

100의 양의 제곱근은 10이므로 $a=10$

25의 음의 제곱근은 -5이므로 $b=-5$

따라서 $a-b=10-(-5)=15$

답 ③

유제 3
0301-0003

81의 음의 제곱근을 a, $\dfrac{1}{81}$의 양의 제곱근을 b라고 할 때, ab의 값은?

① -9 ② -1 ③ $-\dfrac{1}{9}$

④ $\dfrac{1}{9}$ ⑤ 9

유제 4
0301-0004

a의 양의 제곱근이 $\sqrt{7}$, b의 음의 제곱근이 $-\sqrt{6}$일 때, $a-b$의 값은?

① -1 ② 1   ③ 3

④ 5   ⑤ 7

02 제곱근의 성질과 대소 관계

개념 1　제곱근의 성질

(1) 제곱근의 성질

$a>0$일 때

① $(\sqrt{a})^2=a$, $(-\sqrt{a})^2=a$ 　　예 $(\sqrt{2})^2=2$, $(-\sqrt{2})^2=2$

② $\sqrt{a^2}=a$, $\sqrt{(-a)^2}=a$ 　　예 $\sqrt{3^2}=3$, $\sqrt{(-3)^2}=\sqrt{3^2}=3$

(2) $\sqrt{a^2}$의 성질

$$\sqrt{a^2}=|a|=\begin{cases} a & (a\geq 0) \\ -a & (a<0) \end{cases}$$

예 $\sqrt{5^2}=5$, $\sqrt{(-5)^2}=5$
　　└ 부호 그대로　　└ 부호 반대로

> • $a>0$일 때,
> $(\pm\sqrt{a})^2=a$
> $\sqrt{(\pm a)^2}=a$
>
> • $\sqrt{(양수)^2}=(양수)$
> $\sqrt{(음수)^2}=-(음수)=(양수)$

개념 확인 문제 1

다음 □ 안에 알맞은 수를 써넣으시오.

(1) $(\sqrt{7})^2=\boxed{}$　　　　　　(2) $(-\sqrt{11})^2=\boxed{}$

(3) $\sqrt{(-0.1)^2}=\boxed{}$　　　　　(4) $\sqrt{9^2}=\boxed{}$

개념 2　제곱근의 대소 관계

(1) 제곱근의 대소 관계

$a>0$, $b>0$일 때

① $a<b$이면 $\sqrt{a}<\sqrt{b}$ 　　예 $2<3$이므로 $\sqrt{2}<\sqrt{3}$

② $\sqrt{a}<\sqrt{b}$이면 $a<b$ 　　예 $\sqrt{n}<\sqrt{5}$이면 $n<5$

③ $\sqrt{a}<\sqrt{b}$이면 $-\sqrt{a}>-\sqrt{b}$ 　　예 $\sqrt{3}<\sqrt{7}$이므로 $-\sqrt{3}>-\sqrt{7}$

(2) 제곱근을 포함한 부등식

$a>0$, $b>0$일 때, $a<\sqrt{x}<b$이면 $\sqrt{a^2}<\sqrt{x}<\sqrt{b^2}$이므로 $a^2<x<b^2$

예 $1<\sqrt{x}<3$이면 $1^2<x<3^2$, $1<x<9$

> • 2와 $\sqrt{3}$의 대소 비교
> $2=\sqrt{2^2}=\sqrt{4}$이고
> $\sqrt{4}>\sqrt{3}$이므로
> $2>\sqrt{3}$

개념 확인 문제 2

다음 □ 안에 부등호 >, < 중 알맞은 것을 써넣으시오.

(1) $\sqrt{11} \boxed{} \sqrt{12}$　　　　　(2) $\sqrt{0.2} \boxed{} \sqrt{\dfrac{1}{4}}$

(3) $-\sqrt{5} \boxed{} -\sqrt{6}$　　　　　(4) $4 \boxed{} \sqrt{15}$

대표 예제

예제 1 제곱근의 성질

다음 중 옳지 <u>않은</u> 것은?

① $(\sqrt{3})^2=3$ ② $(-\sqrt{7})^2=7$

③ $-\sqrt{\left(\dfrac{1}{2}\right)^2}=\dfrac{1}{2}$ ④ $(\sqrt{0.6})^2=0.6$

⑤ $\sqrt{(-16)^2}=16$

풀이 전략

$a>0$일 때, $(\pm\sqrt{a})^2=a$, $\sqrt{(\pm a)^2}=a$임을 이용한다.

풀이

③ $-\sqrt{\left(\dfrac{1}{2}\right)^2}=-\dfrac{1}{2}$

답 ③

유제 1 0301-0005

다음 중 그 값이 나머지 넷과 다른 하나는?

① $(\sqrt{5})^2$ ② $\sqrt{5^2}$ ③ $\sqrt{(-5)^2}$

④ $(-\sqrt{5})^2$ ⑤ $-\sqrt{(-5)^2}$

유제 2 0301-0006

$a<0$일 때, 다음 중 그 값이 나머지 넷과 다른 하나는?

① $-a$ ② $|a|$ ③ $\sqrt{a^2}$

④ $-\sqrt{a^2}$ ⑤ $\sqrt{(-a)^2}$

예제 2 제곱근의 대소 관계

다음 중 두 수의 대소 관계가 옳지 <u>않은</u> 것은?

① $\sqrt{24}<\sqrt{25}$ ② $\sqrt{\dfrac{2}{5}}<\sqrt{\dfrac{3}{4}}$

③ $-\sqrt{11}<-\sqrt{10}$ ④ $3<\sqrt{8}$

⑤ $-6<-\sqrt{35}$

풀이 전략

$a>0$, $b>0$일 때, $a<b$이면 $\sqrt{a}<\sqrt{b}$, $-\sqrt{a}>-\sqrt{b}$임을 이용한다.

풀이

① $24<25$이므로 $\sqrt{24}<\sqrt{25}$

② $\dfrac{2}{5}<\dfrac{3}{4}$이므로 $\sqrt{\dfrac{2}{5}}<\sqrt{\dfrac{3}{4}}$

③ $\sqrt{11}>\sqrt{10}$이므로 $-\sqrt{11}<-\sqrt{10}$

④ $3=\sqrt{9}$이고 $\sqrt{9}>\sqrt{8}$이므로 $3>\sqrt{8}$

⑤ $-6=-\sqrt{36}$이고 $-\sqrt{36}<-\sqrt{35}$이므로
   $-6<-\sqrt{35}$

답 ④

유제 3 0301-0007

다음 중 두 수의 대소 관계가 옳은 것은?

① $-\sqrt{6}<-\sqrt{7}$ ② $\sqrt{0.3}<\sqrt{\dfrac{1}{5}}$

③ $9<\sqrt{80}$ ④ $-\sqrt{3}<-2$

⑤ $-\sqrt{\dfrac{1}{4}}<-\dfrac{1}{3}$

유제 4 0301-0008

부등식 $\sqrt{n}<2$를 만족시키는 자연수 n의 개수는?

① 1개 ② 2개 ③ 3개

④ 4개 ⑤ 5개

형성평가

01. 제곱근의 뜻과 표현, 02. 제곱근의 성질과 대소 관계

01
0301-0009

x가 양수 a의 제곱근일 때, x와 a의 관계식으로 옳은 것은?

① $x^2 = a$ 　　② $x = a^2$ 　　③ $x = \sqrt{a}$

④ $\sqrt{x} = a$ 　　⑤ $\sqrt{x} = \pm a$

02
0301-0010

제곱근에 대한 설명으로 옳은 것을 〈보기〉에서 모두 고른 것은?

┌ 보기 ├─

ㄱ. 10의 제곱근은 $\sqrt{10}$이다.

ㄴ. 0의 제곱근은 1개뿐이다.

ㄷ. 제곱근 6과 6의 제곱근은 같다.

ㄹ. $(-5)^2$의 제곱근과 5^2의 제곱근은 같다.

① ㄱ, ㄴ 　　② ㄱ, ㄷ 　　③ ㄴ, ㄷ

④ ㄴ, ㄹ 　　⑤ ㄷ, ㄹ

03
0301-0011

16의 양의 제곱근을 a, $\dfrac{9}{16}$의 음의 제곱근을 b라고 할 때, ab의 값은?

① -9 　　② -4 　　③ -3

④ $-\dfrac{3}{4}$ 　　⑤ $-\dfrac{1}{4}$

04
0301-0012

다음 중 제곱근을 근호를 사용하지 않고 나타낸 것으로 옳지 <u>않은</u> 것은?

① $\sqrt{16} = 8$ 　　② $\sqrt{100} = 10$ 　　③ $\sqrt{0.01} = 0.1$

④ $-\sqrt{\dfrac{1}{4}} = -\dfrac{1}{2}$ 　　⑤ $-\sqrt{\dfrac{4}{9}} = -\dfrac{2}{3}$

05
0301-0013

다음 중 가장 큰 수는?

① $\sqrt{3^2}$ 　　② $\sqrt{(-3)^2}$ 　　③ $\sqrt{16}$

④ $-\sqrt{(-6)^2}$ 　　⑤ $-(-\sqrt{7})^2$

06
0301-0014

$\sqrt{81} - \sqrt{(-5)^2} + (-\sqrt{3})^2$을 계산하면?

① 6 　　② 7 　　③ 8

④ 9 　　⑤ 10

07
0301-0015

$a < 0$일 때, $\sqrt{(-5a)^2} + \sqrt{(2a)^2}$을 간단히 하면?

① $-7a$ 　　② $-3a$ 　　③ 0

④ $3a$ 　　⑤ $7a$

08
0301-0016

〈보기〉의 수를 큰 것부터 차례대로 나열한 것은?

┌ 보기 ├─

ㄱ. $\sqrt{12}$ 　　　　ㄴ. 4

ㄷ. -2 　　　　ㄹ. $\sqrt{5}$

① ㄱ, ㄴ, ㄷ, ㄹ 　　② ㄱ, ㄹ, ㄴ, ㄷ

③ ㄴ, ㄱ, ㄷ, ㄹ 　　④ ㄴ, ㄱ, ㄹ, ㄷ

⑤ ㄹ, ㄷ, ㄱ, ㄴ

03 무리수와 실수

개념 1 무리수와 실수

(1) **무리수**: 유리수가 아닌 수, 즉 순환하지 않는 무한소수

예) $\sqrt{2}=1.4142135\cdots$, $\pi=3.141592\cdots$

(2) **실수**: 유리수와 무리수를 통틀어 실수라 하고, 실수는 다음과 같이 분류할 수 있다.

$$실수 \begin{cases} 유리수 \begin{cases} 정수 \begin{cases} 양의 정수(자연수): 1, 2, 3, \cdots \\ 0 \\ 음의 정수: -1, -2, -3, \cdots \end{cases} \\ 정수가 아닌 유리수: \dfrac{1}{2}, -\dfrac{2}{3}, 0.3, 0.\dot{7}, \cdots \end{cases} \\ 무리수: \sqrt{2}, -\sqrt{3}, \pi, \cdots \end{cases}$$

- 유리수: 분수 $\dfrac{a}{b}$ (a, b는 정수, $b \neq 0$)의 꼴로 나타낼 수 있는 수, 유한소수 또는 순환소수

  예) $\dfrac{1}{2}$, -3, 1.4, $0.\dot{2}$

- 근호($\sqrt{\ }$)를 사용하여 나타낸 수가 모두 무리수인 것은 아니다.

  예) $\sqrt{4}=2$ (유리수)

- 앞으로 '수'라고 하면 '실수'를 의미한다.

개념 확인 문제 1

다음 수가 유리수이면 '유', 무리수이면 '무'를 ( ) 안에 써넣으시오.

(1) $\sqrt{7}$ (   )

(2) $-\sqrt{36}$ (   )

(3) $0.\dot{3}$ (   )

(4) $\sqrt{\dfrac{3}{4}}$ (   )

개념 2 제곱근표를 이용한 제곱근의 값

(1) **제곱근표**: 1.00부터 99.9까지의 수의 양의 제곱근의 값을 반올림하여 소수점 아래 셋째 자리까지 나타낸 표

(2) **제곱근표 보는 법**: 처음 두 자리 수의 가로줄과 끝자리 수의 세로줄이 만나는 곳에 있는 수를 읽는다.

예) 제곱근표에서 $\sqrt{1.62}$의 값은 1.6의 가로줄과 2의 세로줄이 만나는 곳에 적힌 수인 1.273이다.

수	0	1	2	⋯
⋮	⋮	⋮	⋮	⋮
1.6	1.265	1.269	1.273	⋯
⋮	⋮	⋮	⋮	⋮

- 제곱근표의 수는 1.00~9.99에서는 0.01의 간격으로, 10.0~99.9에서는 0.1의 간격으로 나와 있다.

개념 확인 문제 2

오른쪽 제곱근표를 이용하여 다음 제곱근의 값을 구하시오.

(1) $\sqrt{2.31}$

(2) $\sqrt{2.50}$

수	0	1	2
2.3	1.517	1.520	1.523
2.4	1.549	1.552	1.556
2.5	1.581	1.584	1.587

대표 예제

예제 1 무리수와 실수

다음 중 무리수는 모두 몇 개인가?

$$4, \quad -\sqrt{2}, \quad \frac{1}{2}, \quad -0.7, \quad \sqrt{15}, \quad -\sqrt{\frac{4}{9}}, \quad \sqrt{0.09}$$

① 1개   ② 2개   ③ 3개
④ 4개   ⑤ 5개

풀이 전략

유리수가 아닌 수가 무리수임을 이용한다.

풀이

유리수: $4, \frac{1}{2}, -0.7, -\sqrt{\frac{4}{9}}=-\frac{2}{3}, \sqrt{0.09}=0.3$

무리수: $-\sqrt{2}, \sqrt{15}$

따라서 무리수는 2개이다.

답 ②

유제 1
0301-0017

다음 중 순환하지 않는 무한소수로 나타내어지는 것은?

① $\sqrt{9}$ ② 3.14   ③ $\frac{1}{3}$
④ $-\sqrt{0.64}$ ⑤ $-\sqrt{8.1}$

유제 2
0301-0018

다음 중 옳지 않은 것은?

① 모든 자연수는 실수이다.
② 모든 정수는 유리수이다.
③ 유리수이면서 무리수인 수는 없다.
④ 순환하지 않는 무한소수는 실수가 아니다.
⑤ 실수는 유리수와 무리수로 이루어져 있다.

예제 2 제곱근표를 이용한 제곱근의 값

다음 제곱근표에서 $\sqrt{4.56}$의 값은?

수	4	5	6	7
4.5	2.131	2.133	2.135	2.138
4.6	2.154	2.156	2.159	2.161

① 2.131   ② 2.133   ③ 2.135
④ 2.154   ⑤ 2.156

풀이 전략

근호 안의 처음 두 자리 수의 가로줄과 끝자리 수의 세로줄이 만나는 곳에 있는 수를 읽는다.

풀이

수	4	5	6	7
4.5	2.131	2.133	→2.135	2.138
4.6	2.154	2.156	2.159	2.161

따라서 $\sqrt{4.56}=2.135$

답 ③

유제 3
0301-0019

다음 제곱근표에서 $\sqrt{13.2}$의 값을 구하시오.

수	0	1	2	3
12	3.464	3.479	3.493	3.507
13	3.606	3.619	3.633	3.647

유제 4
0301-0020

다음 제곱근표를 이용하여 $\sqrt{a}=2.855$로 구했을 때, a의 값은?

수	3	4	5	6
8.1	2.851	2.853	2.855	2.857
8.2	2.869	2.871	2.872	2.874
8.3	2.886	2.888	2.890	2.891

① 8.13   ② 8.14   ③ 8.15
④ 8.24   ⑤ 8.35

04 실수와 수직선

개념 1 **무리수를 수직선 위에 나타내기**

직각삼각형의 빗변의 길이를 이용하여 무리수를 수직선 위에 나타낼 수 있다.

> **예** 무리수 $\sqrt{2}$, $-\sqrt{2}$를 수직선 위에 나타내기
>
> ① 한 눈금의 길이가 1인 모눈종이 위에 수직선과 함께 직각삼각형 AOB를 그린다. 이때 피타고라스 정리에 의하여 $\overline{\text{OA}}=\sqrt{1^2+1^2}=\sqrt{2}$이다.
> ② 원점 O를 중심으로 하고 $\overline{\text{OA}}$를 반지름으로 하는 원을 그려 수직선과 만나는 점을 P, Q로 표시한다.
> ③ 점 P에 대응하는 수가 $\sqrt{2}$, 점 Q에 대응하는 수가 $-\sqrt{2}$이다.

• $1+\sqrt{2}$, $1-\sqrt{2}$ 나타내기

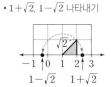

개념 확인 문제 1

다음 □ 안에 알맞은 수를 써넣으시오.

직각삼각형 AOB에서 $\overline{\text{OA}}=\sqrt{\overline{\text{OB}}^2+\overline{\text{AB}}^2}=\sqrt{\Box}$이다.
점 O를 중심으로 하고 $\overline{\text{OA}}$를 반지름으로 하는 원을 그려 수직선과 만나는 점을 P, Q
라고 할 때, 점 P에 대응하는 수는 $\sqrt{\Box}$, 점 Q에 대응하는 수는 $-\sqrt{\Box}$이다.

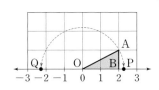

개념 2 **실수와 수직선**

(1) 실수와 수직선
① 수직선은 유리수와 무리수, 즉 실수에 대응하는 점들로 완전히 메울 수 있다.
② 한 실수는 수직선 위의 한 점에 대응하고, 수직선 위의 한 점에는 한 실수가 대응한다.
③ 서로 다른 두 실수 사이에는 무수히 많은 실수가 있다.

(2) 수직선과 실수의 대소 관계
① 수직선 위의 원점 O를 기준으로 오른쪽에 있는 수를 양의 실수, 왼쪽에 있는 수를 음의 실수라고 한다.
② 수직선 위에서 오른쪽에 있는 점에 대응하는 실수가 왼쪽에 있는 점에 대응하는 실수보다 크다.

• 양의 실수, 음의 실수는 간단히 양수, 음수라고 한다.

• 실수의 크기

개념 확인 문제 2

다음 중 옳은 것은 '○'를, 옳지 않은 것은 '×'를 ( ) 안에 써넣으시오.

(1) 두 유리수 1과 2 사이에는 무수히 많은 유리수가 있다.　　(　)
(2) 0과 1 사이에는 무리수가 없다.　　(　)
(3) 무리수에 대응하는 점만으로 수직선을 완전히 메울 수 있다.　　(　)
(4) $\sqrt{15}$는 $-\sqrt{35}$보다 크다.　　(　)

04 실수와 수직선

개념 3 무리수의 정수 부분과 소수 부분

무리수는 순환하지 않는 무한소수로 나타내어지는 수이므로 정수 부분과 소수 부분으로 나눌 수 있다. 이때 무리수의 소수 부분은 무리수에서 정수 부분을 뺀 것과 같다.

예 ① $\sqrt{2}=1.414\cdots=1+0.414\cdots$ 에서 $\sqrt{2}$의 정수 부분은 1이고, 소수 부분은 $0.414\cdots=\sqrt{2}-1$ 이다.

② $\sqrt{9}<\sqrt{10}<\sqrt{16}$에서 $3<\sqrt{10}<4$이므로 $\sqrt{10}=3.\times\times\times$이고 $\sqrt{10}$의 정수 부분은 3, 소수 부분은 $\sqrt{10}-3$이다.

> • $0<$(소수 부분)<1
> • $1+\sqrt{2}=1+1.414\cdots$
> $=2+0.414\cdots$
>   이므로 $1+\sqrt{2}$의 정수 부분은 2이고, 소수 부분은
> $(1+\sqrt{2})-2=\sqrt{2}-1$

개념 확인 문제 3

다음은 무리수의 정수 부분과 소수 부분을 구하는 과정이다. □ 안에 알맞은 수를 써넣으시오.

(1) $\sqrt{9}<\sqrt{15}<\sqrt{16}$에서
$\boxed{}<\sqrt{15}<\boxed{}$ 이므로
$\sqrt{15}$의 정수 부분은 $\boxed{}$ 이고
소수 부분은 $\sqrt{15}-\boxed{}$ 이다.

(2) $\sqrt{4}<\sqrt{7}<\sqrt{9}$에서
$2<\sqrt{7}<3$, $\boxed{}<\sqrt{7}+2<\boxed{}$ 이므로
$\sqrt{7}+2$의 정수 부분은 $\boxed{}$ 이고
소수 부분은 $(\sqrt{7}+2)-\boxed{}=\sqrt{7}-\boxed{}$ 이다.

개념 4 두 실수의 대소 관계

(1) 두 수의 뺄셈을 이용한다.
① $a-b>0$이면 $a>b$ ② $a-b<0$이면 $a<b$ ③ $a-b=0$이면 $a=b$

예 $\sqrt{3}+\sqrt{5}$, $\sqrt{3}+2$에서
$(\sqrt{3}+\sqrt{5})-(\sqrt{3}+2)=\sqrt{3}+\sqrt{5}-\sqrt{3}-2=\sqrt{5}-2=\sqrt{5}-\sqrt{4}>0$이므로
$\sqrt{3}+\sqrt{5}>\sqrt{3}+2$

(2) 부등식의 성질을 이용한다.
예 $\sqrt{3}-\sqrt{2}$, $2-\sqrt{2}$에서
$\sqrt{3}<2$이므로 부등식의 양변에서 $\sqrt{2}$를 빼면 $\sqrt{3}-\sqrt{2}<2-\sqrt{2}$

(3) 제곱근의 값을 어림하여 이용한다.
예 $\sqrt{13}$, $3+\sqrt{2}$에서
$\sqrt{13}=3.\times\times\times$이고 $3+\sqrt{2}=3+1.\times\times\times=4.\times\times\times$이므로 $\sqrt{13}<3+\sqrt{2}$

> • 실수에서도 유리수와 같이 부등식의 성질이 성립한다.

개념 확인 문제 4

다음은 두 수의 대소를 비교하는 과정이다. □ 안에 알맞은 것을 써넣으시오.

(1) 5, $2+\sqrt{6}$에서
$5-(2+\sqrt{6})=3-\sqrt{6}=\sqrt{\boxed{}}-\sqrt{6}>0$이므로 5 $\boxed{}$ $2+\sqrt{6}$

(2) $\sqrt{10}+\sqrt{2}$, $\sqrt{2}+3$에서
$\sqrt{10}>3$이므로 부등식의 양변에 $\sqrt{\boxed{}}$를 더하면 $\sqrt{10}+\sqrt{2}>\sqrt{2}+3$

대표 예제

예제 1 무리수를 수직선 위에 나타내기

오른쪽 그림과 같이 한 눈금의
길이가 1인 모눈종이 위에 수
직선과 직각삼각형 ABC를
그리고 $\overline{AC}=\overline{AP}$가 되도록
수직선 위에 점 P를 정할 때, 점 P에 대응하는 수는?

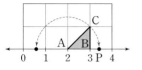

① $\sqrt{2}-2$ ② $2-\sqrt{2}$ ③ $\sqrt{2}$

④ 2.5   ⑤ $2+\sqrt{2}$

풀이 전략

직각삼각형 ABC의 빗변의 길이가 $\sqrt{2}$임을 이용한다.

풀이

직각삼각형 ABC에서 $\overline{AB}=\overline{BC}=1$이므로
$\overline{AC}=\sqrt{1^2+1^2}=\sqrt{2}$
따라서 $\overline{AP}=\overline{AC}=\sqrt{2}$이므로 점 P에 대응하는 수는 $2+\sqrt{2}$이다.

답 ⑤

유제 1

0301-0021

다음 그림과 같이 한 눈금의 길이가 1인 모눈종이 위에 수직선과
직각삼각형 ABC를 그리고 $\overline{AC}=\overline{AP}=\overline{AQ}$가 되도록 수직선
위에 두 점 P, Q를 정하였다. 이때 두 점 P, Q에 대응하는 수를
각각 구하시오.

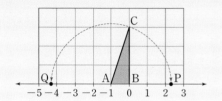

예제 2 수직선과 실수의 대소 관계

다음 수직선 위의 점 중에서 $1+\sqrt{5}$에 대응하는 점은?

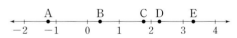

① A   ② B   ③ C
④ D   ⑤ E

풀이 전략

무리수 $\sqrt{5}$의 크기를 어림하여 $1+\sqrt{5}$의 크기를 알아본다.

풀이

$\sqrt{4}<\sqrt{5}<\sqrt{9}$이므로 $2<\sqrt{5}<3$
$1+2<1+\sqrt{5}<1+3$
$3<1+\sqrt{5}<4$
따라서 $1+\sqrt{5}$에 대응하는 점은 E이다.

답 ⑤

유제 2

0301-0022

다음 수직선 위의 점 중에서 $-\sqrt{30}$에 대응하는 점은?

① A   ② B   ③ C
④ D   ⑤ E

유제 3

0301-0023

다음 수직선 위의 세 점 A, B, C는 각각 $-\sqrt{11}$, $\sqrt{5}-2$,
$-3+\sqrt{3}$ 중 하나에 대응한다. 세 점 A, B, C에 대응하는 수를
구하고 세 수의 대소 관계를 부등호를 사용하여 나타내시오.

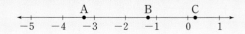

대표 예제

예제 3 무리수의 정수 부분과 소수 부분

$\sqrt{7}$의 정수 부분을 a, $\sqrt{21}$의 정수 부분을 b라고 할 때, $a+b$의 값은?

① 3   ② 4   ③ 5

④ 6   ⑤ 7

풀이 전략

제곱근의 값을 어림하여 생각한다.

풀이

$\sqrt{4}<\sqrt{7}<\sqrt{9}$에서 $2<\sqrt{7}<3$이므로
$\sqrt{7}$의 정수 부분은 $a=2$
$\sqrt{16}<\sqrt{21}<\sqrt{25}$에서 $4<\sqrt{21}<5$이므로
$\sqrt{21}$의 정수 부분은 $b=4$
따라서 $a+b=2+4=6$

달 ④

유제 4   0301-0024

$4+\sqrt{17}$의 정수 부분과 소수 부분을 각각 구하시오.

유제 5   0301-0025

$5-\sqrt{13}$의 정수 부분과 소수 부분을 각각 구하시오.

예제 4 실수의 대소 관계

다음 중 두 수의 대소 관계가 옳지 <u>않은</u> 것은?

① $3<\sqrt{3}+1$ ② $1<3-\sqrt{2}$
③ $\sqrt{3}+3>\sqrt{2}+3$ ④ $\sqrt{5}-3<\sqrt{7}-3$
⑤ $-\sqrt{10}+\sqrt{5}>2-\sqrt{10}$

풀이 전략

두 수의 뺄셈을 이용하여 두 수의 크기를 비교한다.

풀이

① $3-(\sqrt{3}+1)=2-\sqrt{3}=\sqrt{4}-\sqrt{3}>0$이므로
   $3>\sqrt{3}+1$
② $1-(3-\sqrt{2})=-2+\sqrt{2}=-\sqrt{4}+\sqrt{2}<0$이므로
   $1<3-\sqrt{2}$
③ $(\sqrt{3}+3)-(\sqrt{2}+3)=\sqrt{3}-\sqrt{2}>0$이므로
   $\sqrt{3}+3>\sqrt{2}+3$
④ $(\sqrt{5}-3)-(\sqrt{7}-3)=\sqrt{5}-\sqrt{7}<0$이므로
   $\sqrt{5}-3<\sqrt{7}-3$
⑤ $(-\sqrt{10}+\sqrt{5})-(2-\sqrt{10})=\sqrt{5}-2=\sqrt{5}-\sqrt{4}>0$이므로
   $-\sqrt{10}+\sqrt{5}>2-\sqrt{10}$

달 ①

유제 6   0301-0026

$a=7-\sqrt{5}$, $b=-\sqrt{3}+7$일 때, a, b의 대소 관계를 부등호를 사용하여 나타내시오.

유제 7   0301-0027

다음 □ 안에 알맞은 부등호를 써넣을 때, 나머지 넷과 다른 하나는?

① $2 \square \sqrt{2}+1$ ② $\sqrt{3}+3 \square 4$
③ $\sqrt{2}+2 \square \sqrt{3}+2$ ④ $1+\sqrt{10} \square 5$
⑤ $\sqrt{19}-\sqrt{5} \square 5-\sqrt{5}$

형성평가

01
0301-0028

다음 중 무리수는 모두 몇 개인가?

$$\sqrt{\frac{1}{4}},\quad \sqrt{2}+1,\quad \sqrt{\frac{3}{2}},\quad -15,\quad -\sqrt{0.16},\quad \sqrt{48}$$

① 1개 ② 2개 ③ 3개
④ 4개 ⑤ 5개

02
0301-0029

다음 중 $\sqrt{17}$에 대한 설명으로 옳지 <u>않은</u> 것은?

① 양의 실수이다.
② 4보다 크고 5보다 작다.
③ 순환하지 않는 무한소수이다.
④ 17의 양의 제곱근이다.
⑤ $\dfrac{a}{b}$ (a, b는 자연수)의 꼴로 나타낼 수 있다.

03
0301-0030

다음 제곱근표에서 $\sqrt{35.6}$의 값을 a, $\sqrt{36.5}$의 값을 b라고 할 때, $b-a$의 값을 구하시오.

수	4	5	6	7
34	5.865	5.874	5.882	5.891
35	5.950	5.958	5.967	5.975
36	6.033	6.042	6.050	6.058

04
0301-0031

다음 중 옳지 <u>않은</u> 것은?

① 0과 1 사이에는 무수히 많은 유리수가 있다.
② 3과 $\sqrt{10}$ 사이에는 무수히 많은 무리수가 있다.
③ $-\sqrt{3}$과 $\sqrt{3}$ 사이에는 3개의 정수가 있다.
④ $-2+\sqrt{3}$에 대응하는 점은 수직선 위에 나타낼 수 있다.
⑤ 수직선에서 음수끼리는 왼쪽에 대응하는 수가 더 크다.

05
0301-0032

다음 그림과 같이 한 눈금의 길이가 1인 모눈종이 위에 수직선과 직각삼각형 ABC를 그리고 $\overline{AC}=\overline{AP}=\overline{AQ}$가 되도록 수직선 위에 두 점 P, Q를 정하였다. 점 Q에 대응하는 수는?

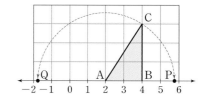

① $-\sqrt{13}$ ② $2-\sqrt{13}$ ③ $\sqrt{13}-2$
④ $2+\sqrt{13}$ ⑤ $2+\sqrt{19}$

06
0301-0033

다음 중 3과 4 사이에 있는 수는 모두 몇 개인가?

$$\sqrt{7},\quad \sqrt{14},\quad \sqrt{15.9},\quad 2+\sqrt{2},\quad 5-\sqrt{5}$$

① 1개 ② 2개 ③ 3개
④ 4개 ⑤ 5개

07
0301-0034

$2+\sqrt{7}$의 정수 부분을 a, $7-\sqrt{2}$의 정수 부분을 b라고 할 때, $a+b$의 값을 구하시오.

08
0301-0035

세 수 $a=2+\sqrt{10}$, $b=\sqrt{6}+\sqrt{10}$, $c=2+\sqrt{7}$의 대소 관계를 부등호를 사용하여 바르게 나타낸 것은?

① $a<b<c$ ② $a<c<b$ ③ $b<a<c$
④ $b<c<a$ ⑤ $c<a<b$

중단원 마무리

Level 1

01
0301-0036

다음 중 x가 15의 제곱근임을 바르게 나타낸 것은?

① $x=5$ ② $x=\sqrt{15}$ ③ $x=-\sqrt{15}$

④ $x^2=\sqrt{15}$ ⑤ $x^2=15$

02
0301-0037

다음 중 9의 제곱근이라고 할 수 없는 것은?

① $-\sqrt{9}$ ② $\sqrt{9}$ ③ $\pm\dfrac{1}{9}$

④ -3 ⑤ 3

03
0301-0038

다음 중 옳지 않은 것은?

① $\sqrt{36}=\pm6$ ② $\sqrt{(-10)^2}=10$

③ $(\sqrt{12})^2=12$ ④ $-\sqrt{49}=-7$

⑤ $(-\sqrt{20})^2=20$

04
0301-0039

$\sqrt{(-14)^2}+(\sqrt{3})^2-(-\sqrt{5})^2$을 계산하면?

① 11 ② 12 ③ 13

④ 14 ⑤ 15

05
0301-0040

다음 중 두 수의 대소 관계가 옳지 않은 것은?

① $\sqrt{6}>\sqrt{5}$ ② $-\sqrt{\dfrac{1}{2}}<-\sqrt{\dfrac{1}{3}}$

③ $4<\sqrt{18}$ ④ $0.2>\sqrt{0.2}$

⑤ $-3<-\sqrt{8}$

06
0301-0041

부등식 $2<\sqrt{n}<3$을 만족시키는 자연수 n의 개수는?

① 1개 ② 2개 ③ 3개

④ 4개 ⑤ 5개

07
0301-0042

다음 중 무리수가 아닌 것은?

① $\sqrt{0.16}$ ② $\sqrt{\dfrac{35}{16}}$ ③ $-\dfrac{\sqrt{2}}{3}$

④ $\sqrt{11}$ ⑤ $\sqrt{2.5}$

08
0301-0043

다음 〈보기〉 중 옳은 것을 모두 고른 것은?

┌ 보기 ┐

ㄱ. 0과 $\dfrac{1}{2}$ 사이에는 무수히 많은 무리수가 있다.

ㄴ. 1과 10000 사이에는 무수히 많은 정수가 있다.

ㄷ. π는 수직선 위의 점에 대응시킬 수 없다.

ㄹ. 수직선은 실수에 대응하는 점들로 완전히 메울 수 있다.

① ㄱ, ㄴ ② ㄱ, ㄹ ③ ㄴ, ㄷ

④ ㄴ, ㄹ ⑤ ㄷ, ㄹ

Level 2

09

0301-0044

다음 중 옳은 것은?

① -5는 $\sqrt{25}$의 제곱근이다.

② 64의 제곱근은 ± 8이다.

③ $\dfrac{1}{4}$의 제곱근은 $\pm\sqrt{\dfrac{1}{2}}$이다.

④ 0.01은 0.1의 양의 제곱근이다.

⑤ 제곱근 7과 7의 제곱근은 서로 같다.

10 ★중요

0301-0045

$\left(-\dfrac{2}{3}\right)^2$의 양의 제곱근을 a, 0.09의 음의 제곱근을 b라고 할 때, $3a+10b$의 값을 구하시오.

11

0301-0046

가로의 길이가 $7\ \text{cm}$, 세로의 길이가 $5\ \text{cm}$인 직사각형과 넓이가 같은 정사각형의 한 변의 길이는?

① $5\ \text{cm}$ ② $\sqrt{35}\ \text{cm}$ ③ $6\ \text{cm}$

④ $\sqrt{40}\ \text{cm}$ ⑤ $\sqrt{45}\ \text{cm}$

12

0301-0047

제곱근을 근호를 사용하지 않고 나타낼 수 있는 수를 〈보기〉에서 모두 고른 것은?

┤ 보기 ├

ㄱ. 0 ㄴ. $\dfrac{1}{4}$ ㄷ. 0.9

ㄹ. 1 ㅁ. 20

① ㄱ, ㄴ ② ㄴ, ㄹ ③ ㄱ, ㄴ, ㄹ

④ ㄴ, ㄷ, ㅁ ⑤ ㄷ, ㄹ, ㅁ

13

0301-0048

$\sqrt{(-4)^2}$의 양의 제곱근을 a, $(-\sqrt{9})^2$의 음의 제곱근을 b라고 할 때, $a-b$의 값은?

① 1 ② 2 ③ 3

④ 5 ⑤ 7

14 ★중요

0301-0049

$a=\sqrt{(-3)^2}+(-\sqrt{6})^2+\sqrt{81}-\sqrt{(-3)^2}$일 때, a의 양의 제곱근을 구하시오.

15 ★중요

0301-0050

$a<0$일 때, $-\sqrt{(-3a)^2}$을 간단히 하면?

① $-9a^2$ ② $-9a$ ③ $-3a$

④ $3a$ ⑤ $9a$

16

0301-0051

$a>0$, $b<0$일 때, $\sqrt{(-2a)^2}+\sqrt{(3a)^2}-\sqrt{b^2}+\sqrt{(5b)^2}$을 간단히 하면?

① $-a+4b$ ② $a-6b$ ③ $a-4b$

④ $5a-4b$ ⑤ $5a-6b$

중단원 마무리

17   0301-0052

$2 < x < 4$일 때, $\sqrt{(2-x)^2} + \sqrt{(x-4)^2}$을 간단히 하면?

① $-2x+6$ ② -2 ③ 0
④ 2 ⑤ $2x-6$

18   0301-0053

$\sqrt{28x}$가 자연수가 되도록 하는 가장 작은 자연수 x의 값은?

① 1 ② 2 ③ 5
④ 7 ⑤ 10

19 중요   0301-0054

세 수 $a=\sqrt{\dfrac{10}{3}}$, $b=2$, $c=\sqrt{\dfrac{7}{2}}$의 대소 관계를 부등호를 사용하여 바르게 나타낸 것은?

① $a<b<c$ ② $a<c<b$ ③ $b<a<c$
④ $b<c<a$ ⑤ $c<b<a$

20   0301-0055

다음 수 중에서 가장 작은 수는?

① $-\sqrt{(-3)^2}$ ② $-\sqrt{8}$ ③ $-\sqrt{\dfrac{1}{5}}$
④ $(-\sqrt{6})^2$ ⑤ $-\sqrt{12}$

21   0301-0056

부등식 $\sqrt{11} < n < \sqrt{50}$을 만족시키는 자연수 n의 개수는?

① 3개   ② 4개   ③ 5개
④ 6개   ⑤ 7개

22   0301-0057

$<a, b>$는 두 수 a, b 중 큰 수를 나타내기로 하자. 예를 들어 $<2, 3>=3$이다. $<\sqrt{35}, 6> + <-\sqrt{10}, -3>$의 값은?

① $\sqrt{35}-\sqrt{10}$ ② $\sqrt{35}-3$ ③ $6-\sqrt{10}$
④ 3 ⑤ 9

23 중요   0301-0058

$a=\sqrt{2}$일 때, 다음 중 무리수인 것은?

① a^2 ② $-a^2$ ③ $\sqrt{2}-a$
④ $\dfrac{a}{\sqrt{2}}$ ⑤ $2a$

24   0301-0059

그 값이 무리수가 아닌 것을 〈보기〉에서 모두 고른 것은?

┤ 보기 ├
ㄱ. 넓이가 4인 정사각형의 한 변의 길이
ㄴ. 직각을 낀 두 변의 길이가 1, 2인 직각삼각형의 빗변의 길이
ㄷ. 넓이가 16π인 원의 반지름의 길이
ㄹ. 반지름의 길이가 4인 원의 넓이

① ㄱ   ② ㄱ, ㄷ   ③ ㄴ, ㄷ
④ ㄴ, ㄹ   ⑤ ㄱ, ㄷ, ㄹ

25

0301-0060

다음 제곱근표를 이용하여 구한 $\sqrt{k}$의 값이 2.076일 때, 양수 k의 값은?

수	0	1	2	3
4.1	2.025	2.027	2.030	2.032
4.2	2.049	2.052	2.054	2.057
4.3	2.074	2.076	2.078	2.081

① 4.11　　　② 4.13　　　③ 4.20
④ 4.31　　　⑤ 4.33

26 중요

0301-0061

다음 그림과 같이 넓이가 10인 정사각형 ABCD에 대하여 $\overline{CD}=\overline{CP}$가 되도록 수직선 위에 점 P를 정할 때, 점 P에 대응하는 수는?

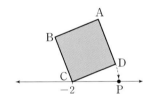

① $\sqrt{10}$　　　② $-2+\sqrt{10}$　　　③ 4
④ $\sqrt{10}+2$　　　⑤ 8

27

0301-0062

$6-\sqrt{5}$의 소수 부분을 $a-\sqrt{b}$라고 할 때, 유리수 a, b에 대하여 $a+b$의 값을 구하시오.

28

0301-0063

다음 중 두 실수의 대소 관계가 옳지 <u>않은</u> 것은?

① $5-\sqrt{6}>3$　　　　② $\sqrt{12}-2>1$
③ $\sqrt{15}+7<11$　　　④ $2<\sqrt{11}-1$
⑤ $5<\sqrt{17}+1$

Level 3

29

0301-0064

1.21의 양의 제곱근을 a, $11.\dot{1}$의 음의 제곱근을 b라고 할 때, ab의 값을 구하시오.

30

0301-0065

$0<a<b<c$일 때, $\sqrt{(a-b)^2}-\sqrt{(b-c)^2}+\sqrt{(c-a)^2}$을 간단히 하시오.

31

0301-0066

$2+\sqrt{7}\leq x\leq 3+\sqrt{11}$을 만족시키는 실수 x에 대하여 다음 설명 중 옳은 것은?

① 자연수인 x는 무수히 많다.
② 유리수인 x의 개수는 유한개이다.
③ 실수 x의 개수는 유한개이다.
④ $x=4+\sqrt{3}$은 조건을 만족시킨다.
⑤ x의 정수 부분이 될 수 있는 수는 4, 5이다.

0301-0067

서술형예제

$A=\sqrt{(-17)^2}+(\sqrt{8})^2$, $B=(-\sqrt{7})^2-\sqrt{3^2}$일 때, A의 양의 제곱근을 a, B의 음의 제곱근을 b라고 한다. $a-b$의 값을 구하시오.

풀이

$A=\sqrt{(-17)^2}+(\sqrt{8})^2=\boxed{}+8=\boxed{}$

$B=(-\sqrt{7})^2-\sqrt{3^2}=7-\boxed{}=\boxed{}$

이므로 A의 양의 제곱근 $a=\boxed{}$. B의 음의 제곱근 $b=\boxed{}$이다.

따라서 $a-b=\boxed{}$

0301-0068

서술형 유제

$(-\sqrt{16})^2$의 음의 제곱근을 a, $\sqrt{(-0.16)^2}$의 양의 제곱근을 b라고 할 때, ab의 값을 구하시오.

풀이

1 0301-0069

144의 두 제곱근을 a, b라고 할 때, $\sqrt{2a-b}$의 값을 구하시오. (단, $a>b$)

2 0301-0070

$\sqrt{31}<x<\sqrt{165}$를 만족시키는 자연수 x 중 가장 큰 수를 a, 가장 작은 수를 b라고 할 때, $\dfrac{a}{b}$의 값을 구하시오.

3 0301-0071

$\sqrt{25-x}$가 정수가 되도록 하는 모든 자연수 x의 값의 합을 구하시오.

4 0301-0072

두 수 $\sqrt{7}-3$과 $9-\sqrt{11}$ 사이에 있는 모든 정수의 합을 구하시오.

제곱근의 곱셈과 나눗셈

개념 1 제곱근의 곱셈과 나눗셈

(1) 제곱근의 곱셈

$a>0$, $b>0$이고 m, n이 유리수일 때

① $\sqrt{a} \times \sqrt{b} = \sqrt{a}\sqrt{b} = \sqrt{a \times b} = \sqrt{ab}$

예 $\sqrt{3} \times \sqrt{5} = \sqrt{3}\sqrt{5} = \sqrt{3 \times 5} = \sqrt{15}$

② $m\sqrt{a} \times n\sqrt{b} = mn\sqrt{ab}$

예 $2\sqrt{3} \times 3\sqrt{5} = (2 \times 3)\sqrt{3 \times 5} = 6\sqrt{15}$

(2) 제곱근의 나눗셈

$a>0$, $b>0$이고 m, $n(n \neq 0)$이 유리수일 때

① $\sqrt{a} \div \sqrt{b} = \dfrac{\sqrt{a}}{\sqrt{b}} = \sqrt{\dfrac{a}{b}}$

예 $\sqrt{6} \div \sqrt{2} = \dfrac{\sqrt{6}}{\sqrt{2}} = \sqrt{\dfrac{6}{2}} = \sqrt{3}$

② $m\sqrt{a} \div n\sqrt{b} = \dfrac{m}{n}\sqrt{\dfrac{a}{b}}$

예 $4\sqrt{15} \div 2\sqrt{3} = \dfrac{4}{2}\sqrt{\dfrac{15}{3}} = 2\sqrt{5}$

- $\sqrt{a} \times \sqrt{b}$는 곱셈 기호를 생략하여 $\sqrt{a}\sqrt{b}$로 나타내기도 한다.

- $m\sqrt{a}$는 $m \times \sqrt{a}$를 의미한다.

- 분수의 나눗셈은 나누는 수의 역수를 곱하여 계산한다.

- 곱셈과 나눗셈이 섞여 있을 때에는 유리수의 경우와 마찬가지로 차례대로 계산한다.

개념 확인 문제 1

다음을 간단히 하시오.

(1) $\sqrt{2} \times \sqrt{7}$

(2) $8\sqrt{3} \times 2\sqrt{2}$

(3) $\sqrt{40} \div \sqrt{8}$

(4) $16\sqrt{2} \div 4\sqrt{6}$

개념 2 근호가 있는 식의 변형

(1) 근호 안의 수에 제곱인 인수가 있으면 근호 밖으로 꺼낼 수 있다.

$a>0$, $b>0$일 때

① $\sqrt{a^2 b} = \sqrt{a^2}\sqrt{b} = a\sqrt{b}$

예 $\sqrt{12} = \sqrt{2^2 \times 3} = \sqrt{2^2} \times \sqrt{3} = 2\sqrt{3}$

② $\sqrt{\dfrac{a}{b^2}} = \dfrac{\sqrt{a}}{\sqrt{b^2}} = \dfrac{\sqrt{a}}{b}$

예 $\sqrt{\dfrac{2}{9}} = \sqrt{\dfrac{2}{3^2}} = \dfrac{\sqrt{2}}{\sqrt{3^2}} = \dfrac{\sqrt{2}}{3}$

(2) 근호 밖의 양수는 제곱하여 근호 안으로 넣을 수 있다.

$a>0$, $b>0$일 때

① $a\sqrt{b} = \sqrt{a^2}\sqrt{b} = \sqrt{a^2 b}$

예 $3\sqrt{5} = \sqrt{3^2} \times \sqrt{5} = \sqrt{3^2 \times 5} = \sqrt{45}$

② $\dfrac{\sqrt{a}}{b} = \dfrac{\sqrt{a}}{\sqrt{b^2}} = \sqrt{\dfrac{a}{b^2}}$

예 $\dfrac{\sqrt{7}}{2} = \dfrac{\sqrt{7}}{\sqrt{2^2}} = \sqrt{\dfrac{7}{2^2}} = \sqrt{\dfrac{7}{4}}$

- 근호 안의 수를 밖으로 꺼낼 때, 근호 안에 남는 수는 가장 작은 자연수가 되도록 한다.

- 근호 밖의 수가 음수일 때, −부호는 그대로 두고 양수만 제곱하여 근호 안에 넣는다.

개념 확인 문제 2

다음 □ 안에 알맞은 수를 써넣으시오.

(1) $\sqrt{28} = \sqrt{\boxed{}^2 \times 7} = \boxed{}\sqrt{7}$

(2) $\sqrt{\dfrac{3}{49}} = \dfrac{\sqrt{3}}{\sqrt{\boxed{}^2}} = \dfrac{\sqrt{3}}{\boxed{}}$

(3) $4\sqrt{5} = \sqrt{\boxed{}^2 \times 5} = \sqrt{\boxed{}}$

(4) $\dfrac{\sqrt{27}}{3} = \sqrt{\dfrac{27}{\boxed{}^2}} = \sqrt{\boxed{}}$

개념 3   제곱근표에 없는 제곱근의 값

제곱근표에 없는 수의 제곱근의 값은 근호가 있는 식의 변형을 이용하여 근호 안의 수를 제곱근표에 있는 수로 바꾸어 구한다.

① 100보다 큰 수의 제곱근의 값

➡ $\sqrt{100a}=\sqrt{10^2 \times a}=10\sqrt{a}$, $\sqrt{10000a}=\sqrt{100^2 \times a}=100\sqrt{a}$, …를 이용한다.

예 $\sqrt{2}=1.414$일 때, $\sqrt{200}=\sqrt{100 \times 2}=\sqrt{10^2 \times 2}=10\sqrt{2}=10 \times 1.414=14.14$

② 0보다 크고 1보다 작은 수의 제곱근의 값

➡ $\sqrt{\dfrac{a}{100}}=\dfrac{\sqrt{a}}{\sqrt{10^2}}=\dfrac{\sqrt{a}}{10}$, $\sqrt{\dfrac{a}{10000}}=\dfrac{\sqrt{a}}{\sqrt{100^2}}=\dfrac{\sqrt{a}}{100}$, …를 이용한다.

예 $\sqrt{3}=1.732$일 때, $\sqrt{0.03}=\sqrt{\dfrac{3}{100}}=\dfrac{\sqrt{3}}{\sqrt{10^2}}=\dfrac{\sqrt{3}}{10}=\dfrac{1.732}{10}=0.1732$

- 제곱근표에는 1.00~99.9에 해당하는 수의 양의 제곱근의 값이 나와 있다.
- 근호 안에 있는 a의 값의 범위를 $1.00 \le a \le 99.9$로 맞추어 계산한다.

개념 확인 문제 3

$\sqrt{2}=1.414$, $\sqrt{20}=4.472$일 때, 다음 □ 안에 알맞은 수를 써넣으시오.

(1) $\sqrt{2000}=\sqrt{100 \times \boxed{}}=10\sqrt{\boxed{}}=10 \times \boxed{}=\boxed{}$

(2) $\sqrt{0.02}=\sqrt{\dfrac{\boxed{}}{100}}=\dfrac{\sqrt{\boxed{}}}{10}=\dfrac{1}{10} \times \boxed{}=\boxed{}$

개념 4   분모의 유리화

(1) **분모의 유리화**: 분수의 분모가 근호를 포함한 무리수일 때, 분자와 분모에 0이 아닌 같은 수를 곱하여 분모를 유리수로 고치는 것

(2) **분모를 유리화하는 방법**

a, b, c가 유리수이고 $a>0$일 때

① $\dfrac{b}{\sqrt{a}}=\dfrac{b \times \sqrt{a}}{\sqrt{a} \times \sqrt{a}}=\dfrac{b\sqrt{a}}{a}$

예 $\dfrac{3}{\sqrt{2}}=\dfrac{3 \times \sqrt{2}}{\sqrt{2} \times \sqrt{2}}=\dfrac{3\sqrt{2}}{2}$

② $\dfrac{\sqrt{b}}{\sqrt{a}}=\dfrac{\sqrt{b} \times \sqrt{a}}{\sqrt{a} \times \sqrt{a}}=\dfrac{\sqrt{ab}}{a}$ (단, $b>0$)

예 $\dfrac{\sqrt{5}}{\sqrt{3}}=\dfrac{\sqrt{5} \times \sqrt{3}}{\sqrt{3} \times \sqrt{3}}=\dfrac{\sqrt{15}}{3}$

③ $\dfrac{b}{c\sqrt{a}}=\dfrac{b \times \sqrt{a}}{c\sqrt{a} \times \sqrt{a}}=\dfrac{b\sqrt{a}}{ac}$ (단, $c \neq 0$)

예 $\dfrac{3}{2\sqrt{5}}=\dfrac{3 \times \sqrt{5}}{2\sqrt{5} \times \sqrt{5}}=\dfrac{3\sqrt{5}}{10}$

- 분모의 근호 안의 수가 $a^2b\,(a>0,\ b>0)$의 꼴이면 $\sqrt{a^2b}=a\sqrt{b}$임을 이용하여 근호 안을 가장 작은 자연수로 만든 후 유리화하는 것이 편리하다.

개념 확인 문제 4

다음은 분모를 유리화하는 과정이다. □ 안에 알맞은 수를 써넣으시오.

(1) $\dfrac{1}{\sqrt{3}}=\dfrac{1 \times \sqrt{\boxed{}}}{\sqrt{3} \times \sqrt{3}}=\dfrac{\sqrt{3}}{\boxed{}}$

(2) $\dfrac{\sqrt{6}}{\sqrt{5}}=\dfrac{\sqrt{6} \times \sqrt{5}}{\sqrt{5} \times \sqrt{\boxed{}}}=\dfrac{\sqrt{\boxed{}}}{5}$

(3) $\dfrac{\sqrt{3}}{2\sqrt{7}}=\dfrac{\sqrt{3} \times \sqrt{\boxed{}}}{2\sqrt{7} \times \sqrt{7}}=\dfrac{\sqrt{21}}{\boxed{}}$

(4) $\dfrac{\sqrt{5}}{\sqrt{12}}=\dfrac{\sqrt{5}}{\boxed{}\sqrt{3}}=\dfrac{\sqrt{5} \times \sqrt{3}}{\boxed{}\sqrt{3} \times \sqrt{3}}=\dfrac{\sqrt{15}}{\boxed{}}$

대표 예제

제곱근의 곱셈과 나눗셈

다음 중 옳지 <u>않은</u> 것은?

① $2\sqrt{3} \times \sqrt{5} = 2\sqrt{15}$

② $-\sqrt{8} \times \sqrt{2} = -4$

③ $\sqrt{\dfrac{5}{2}} \times \sqrt{\dfrac{6}{5}} = 3$

④ $4\sqrt{6} \div 2\sqrt{3} = 2\sqrt{2}$

⑤ $10\sqrt{5} \div (-2\sqrt{5}) = -5$

풀이 전략

$a > 0$, $b > 0$일 때, $\sqrt{a} \times \sqrt{b} = \sqrt{ab}$, $\sqrt{a} \div \sqrt{b} = \dfrac{\sqrt{a}}{\sqrt{b}} = \sqrt{\dfrac{a}{b}}$임을 이용한다.

풀이

① $2\sqrt{3} \times \sqrt{5} = 2\sqrt{3 \times 5} = 2\sqrt{15}$

② $-\sqrt{8} \times \sqrt{2} = -\sqrt{8 \times 2} = -\sqrt{16} = -\sqrt{4^2} = -4$

③ $\sqrt{\dfrac{5}{2}} \times \sqrt{\dfrac{6}{5}} = \sqrt{\dfrac{5}{2} \times \dfrac{6}{5}} = \sqrt{3}$

④ $4\sqrt{6} \div 2\sqrt{3} = \dfrac{4\sqrt{6}}{2\sqrt{3}} = 2\sqrt{\dfrac{6}{3}} = 2\sqrt{2}$

⑤ $10\sqrt{5} \div (-2\sqrt{5}) = \dfrac{10\sqrt{5}}{-2\sqrt{5}} = -5\sqrt{\dfrac{5}{5}} = -5\sqrt{1} = -5$

답 ③

유제 1
0301-0073

$3\sqrt{2} \times \left(-\sqrt{\dfrac{7}{2}}\right)$을 간단히 하면?

① $-3\sqrt{14}$ ② $-3\sqrt{7}$ ③ $-\sqrt{21}$

④ $-\sqrt{14}$ ⑤ $-\sqrt{6}$

유제 2
0301-0074

$\sqrt{15} \div \dfrac{\sqrt{3}}{\sqrt{2}}$을 간단히 하면?

① $\sqrt{5}$ ② $\sqrt{6}$ ③ $\sqrt{10}$

④ $\sqrt{\dfrac{45}{2}}$ ⑤ $\sqrt{30}$

근호가 있는 식의 변형

다음 중 옳지 <u>않은</u> 것은?

① $\sqrt{45} = 3\sqrt{5}$ ② $2\sqrt{3} = \sqrt{12}$

③ $\sqrt{32} = 4\sqrt{2}$ ④ $\sqrt{\dfrac{3}{4}} = \dfrac{\sqrt{3}}{2}$

⑤ $\dfrac{1}{3}\sqrt{6} = \sqrt{2}$

풀이 전략

$a > 0$, $b > 0$일 때, $\sqrt{a^2 b} = a\sqrt{b}$, $\sqrt{\dfrac{a}{b^2}} = \dfrac{\sqrt{a}}{b}$임을 이용한다.

풀이

① $\sqrt{45} = \sqrt{3^2 \times 5} = 3\sqrt{5}$

② $2\sqrt{3} = \sqrt{2^2 \times 3} = \sqrt{12}$

③ $\sqrt{32} = \sqrt{4^2 \times 2} = 4\sqrt{2}$

④ $\sqrt{\dfrac{3}{4}} = \dfrac{\sqrt{3}}{\sqrt{2^2}} = \dfrac{\sqrt{3}}{2}$

⑤ $\dfrac{1}{3}\sqrt{6} = \sqrt{\left(\dfrac{1}{3}\right)^2 \times 6} = \sqrt{\dfrac{2}{3}}$

답 ⑤

유제 3
0301-0075

$\sqrt{20} = a\sqrt{5}$, $\sqrt{\dfrac{7}{16}} = \dfrac{1}{b}\sqrt{7}$일 때, 유리수 a, b에 대하여 $a + b$의 값은?

① 6 ② 7 ③ 8

④ 9 ⑤ 10

유제 4
0301-0076

$\sqrt{0.12} = k\sqrt{3}$일 때, 유리수 k의 값은?

① $\dfrac{1}{10}$ ② $\dfrac{1}{5}$ ③ $\dfrac{1}{4}$

④ $\dfrac{2}{3}$ ⑤ $\dfrac{3}{4}$

예제 3 제곱근표에 없는 제곱근의 값

$\sqrt{3}=1.732$, $\sqrt{30}=5.477$일 때, $\sqrt{300}$의 값은?

① 2.732   ② 10.477   ③ 17.32

④ 54.77   ⑤ 173.2

풀이 전략

$a>0$일 때, $\sqrt{100a}=10\sqrt{a}$임을 이용하여 근호 안의 수를 변형한다.

풀이

$\sqrt{300}=\sqrt{10^2\times3}=10\sqrt{3}=10\times1.732=17.32$

답 ③

유제 5   0301-0077

$\sqrt{5}=2.236$, $\sqrt{50}=7.071$일 때, 다음 중 옳지 <u>않은</u> 것은?

① $\sqrt{0.005}=0.07071$ ② $\sqrt{0.05}=0.7071$

③ $\sqrt{500}=22.36$ ④ $\sqrt{5000}=70.71$

⑤ $\sqrt{50000}=223.6$

유제 6   0301-0078

$\sqrt{11}=3.317$을 이용하여 그 값을 구할 수 있는 것을 〈보기〉에서 모두 고른 것은?

┤ 보기 ├

ㄱ. $\sqrt{110}$ ㄴ. $\sqrt{1100}$ ㄷ. $\sqrt{11000}$

ㄹ. $\sqrt{1.1}$ ㅁ. $\sqrt{0.11}$

① ㄴ, ㅁ   ② ㄹ, ㅁ   ③ ㄱ, ㄴ, ㄷ

④ ㄱ, ㄷ, ㅁ   ⑤ ㄴ, ㄷ, ㄹ

예제 4 분모의 유리화

다음 중 분모를 유리화한 것으로 옳지 <u>않은</u> 것은?

① $\dfrac{1}{\sqrt{5}}=\dfrac{\sqrt{5}}{5}$ ② $\dfrac{\sqrt{7}}{\sqrt{2}}=\dfrac{\sqrt{14}}{2}$

③ $\dfrac{3}{2\sqrt{2}}=\dfrac{3\sqrt{2}}{4}$ ④ $\dfrac{5}{\sqrt{12}}=\dfrac{5\sqrt{12}}{6}$

⑤ $\dfrac{\sqrt{5}}{\sqrt{18}}=\dfrac{\sqrt{10}}{6}$

풀이 전략

분모의 근호 부분을 분자와 분모에 곱하여 분모를 유리수로 만든다.

풀이

① $\dfrac{1}{\sqrt{5}}=\dfrac{1\times\sqrt{5}}{\sqrt{5}\times\sqrt{5}}=\dfrac{\sqrt{5}}{5}$

② $\dfrac{\sqrt{7}}{\sqrt{2}}=\dfrac{\sqrt{7}\times\sqrt{2}}{\sqrt{2}\times\sqrt{2}}=\dfrac{\sqrt{14}}{2}$

③ $\dfrac{3}{2\sqrt{2}}=\dfrac{3\times\sqrt{2}}{2\sqrt{2}\times\sqrt{2}}=\dfrac{3\sqrt{2}}{4}$

④ $\dfrac{5}{\sqrt{12}}=\dfrac{5}{2\sqrt{3}}=\dfrac{5\times\sqrt{3}}{2\sqrt{3}\times\sqrt{3}}=\dfrac{5\sqrt{3}}{6}$

⑤ $\dfrac{\sqrt{5}}{\sqrt{18}}=\dfrac{\sqrt{5}}{3\sqrt{2}}=\dfrac{\sqrt{5}\times\sqrt{2}}{3\sqrt{2}\times\sqrt{2}}=\dfrac{\sqrt{10}}{6}$

답 ④

유제 7   0301-0079

다음 중 그 값이 나머지 넷과 다른 하나는?

① $\sqrt{24}$ ② $\dfrac{12}{\sqrt{6}}$ ③ $\dfrac{3\sqrt{2}}{\sqrt{3}}$

④ $\dfrac{24}{\sqrt{24}}$ ⑤ $\dfrac{8\sqrt{3}}{\sqrt{8}}$

유제 8   0301-0080

$\dfrac{5}{\sqrt{3}}=a\sqrt{3}$, $\dfrac{15}{\sqrt{5}}=b\sqrt{5}$일 때, 유리수 a, b에 대하여 ab의 값은?

① 1   ② 2   ③ 3

④ 4   ⑤ 5

01
0301-0081

다음 중 옳지 <u>않은</u> 것은?

① $\sqrt{7} \times \sqrt{13} = \sqrt{91}$

② $(-\sqrt{2}) \times (-\sqrt{15}) = \sqrt{30}$

③ $\sqrt{\dfrac{20}{3}} \times \sqrt{\dfrac{15}{4}} = \sqrt{5}$

④ $\sqrt{0.1} \div \sqrt{2} = \sqrt{0.05}$

⑤ $\sqrt{\dfrac{1}{3}} \div \sqrt{3} = \dfrac{1}{3}$

02
0301-0082

$3\sqrt{3} \times 2\sqrt{7} = 6\sqrt{a}$, $8\sqrt{6} \div 2\sqrt{3} = b\sqrt{2}$일 때, 유리수 a, b에 대하여 $a-b$의 값은?

① 17   ② 18   ③ 19

④ 20   ⑤ 21

03
0301-0083

$\sqrt{2} \times \sqrt{6} \div \sqrt{24}$를 간단히 하면?

① $\dfrac{\sqrt{2}}{4}$ ② $\dfrac{\sqrt{2}}{2}$ ③ $\sqrt{2}$

④ $2\sqrt{2}$ ⑤ $4\sqrt{2}$

04
0301-0084

$\dfrac{1}{\sqrt{3}} \div \dfrac{3}{\sqrt{2}} \times \dfrac{\sqrt{7}}{\sqrt{6}}$을 간단히 하면?

① $\dfrac{1}{9}$ ② $\dfrac{\sqrt{2}}{6}$ ③ $\dfrac{\sqrt{3}}{6}$

④ $\dfrac{\sqrt{7}}{9}$ ⑤ $\dfrac{1}{3}$

05
0301-0085

$\sqrt{48} = a\sqrt{3}$, $4\sqrt{6} = \sqrt{b}$일 때, 유리수 a, b에 대하여 $a+b$의 값은?

① 28   ② 32   ③ 40

④ 80   ⑤ 100

06
0301-0086

$\sqrt{\dfrac{21}{75}}$을 a가 가장 작은 자연수가 되도록 $\dfrac{\sqrt{a}}{b}$의 꼴로 나타내었을 때, 자연수 a, b에 대하여 $a+b$의 값은?

① 9   ② 10   ③ 11

④ 12   ⑤ 13

07
0301-0087

$\sqrt{2.34} = 1.530$, $\sqrt{23.4} = 4.837$일 때, $\sqrt{2340}$의 값은?

① 15.30   ② 48.37   ③ 153

④ 483.7   ⑤ 1530

08
0301-0088

$\dfrac{\sqrt{a}}{\sqrt{63}}$의 분모를 유리화하면 $\dfrac{\sqrt{42}}{21}$일 때, 양의 유리수 a의 값은?

① 4   ② 5   ③ 6

④ 7   ⑤ 8

02 제곱근의 덧셈과 뺄셈

개념 1 제곱근의 덧셈과 뺄셈

m, n은 유리수이고 $\sqrt{a}$는 무리수일 때

① $m\sqrt{a}+n\sqrt{a}=(m+n)\sqrt{a}$ 예 $2\sqrt{3}+3\sqrt{3}=(2+3)\sqrt{3}=5\sqrt{3}$

② $m\sqrt{a}-n\sqrt{a}=(m-n)\sqrt{a}$ 예 $6\sqrt{2}-4\sqrt{2}=(6-4)\sqrt{2}=2\sqrt{2}$

참고 • $\sqrt{a^2b}\,(a>0,\ b>0)$의 꼴인 경우에는 $a\sqrt{b}$의 꼴로 고친 후 계산한다.

예 $\sqrt{12}+\sqrt{3}=\sqrt{2^2\times3}+\sqrt{3}=2\sqrt{3}+\sqrt{3}=(2+1)\sqrt{3}=3\sqrt{3}$

• 분모에 근호가 있으면 분모를 유리화하여 계산한다.

예 $3\sqrt{3}-\dfrac{6}{\sqrt{3}}=3\sqrt{3}-\dfrac{6\times\sqrt{3}}{\sqrt{3}\times\sqrt{3}}=3\sqrt{3}-2\sqrt{3}=(3-2)\sqrt{3}=\sqrt{3}$

주의
$a>0,\ b>0,\ a\neq b$일 때,
$\sqrt{a}+\sqrt{b}\neq\sqrt{a+b}$
$\sqrt{a}-\sqrt{b}\neq\sqrt{a-b}$

개념 확인 문제 1

다음을 간단히 하시오.

(1) $2\sqrt{3}+5\sqrt{3}$

(2) $4\sqrt{7}-2\sqrt{7}$

(3) $8\sqrt{2}+\sqrt{2}-5\sqrt{2}$

(4) $\sqrt{27}-\dfrac{3}{\sqrt{3}}$

개념 2 근호를 포함한 식의 혼합 계산

근호를 포함한 식의 혼합 계산은 다음과 같이 한다.

① 괄호가 있으면 분배법칙을 이용하여 괄호를 푼다.

➡ $a>0,\ b>0,\ c>0$일 때,

$\sqrt{a}(\sqrt{b}\pm\sqrt{c})=\sqrt{a}\sqrt{b}\pm\sqrt{a}\sqrt{c}=\sqrt{ab}\pm\sqrt{ac}$

$(\sqrt{a}\pm\sqrt{b})\sqrt{c}=\sqrt{a}\sqrt{c}\pm\sqrt{b}\sqrt{c}=\sqrt{ac}\pm\sqrt{bc}$

② $\sqrt{a^2b}\,(a>0,\ b>0)$의 꼴인 경우에는 $a\sqrt{b}$의 꼴로 고친 후 계산한다.

③ 분모에 근호가 있으면 분모를 유리화하여 계산한다.

④ 곱셈, 나눗셈을 먼저 계산한 후 덧셈, 뺄셈을 계산한다.

• 분배법칙
$a(b+c)=ab+ac$
$(a+b)c=ac+bc$

개념 확인 문제 2

다음 □ 안에 알맞은 수를 써넣으시오.

(1) $\sqrt{2}(2\sqrt{3}+\sqrt{6})$
$=\sqrt{2}\times2\sqrt{3}+\sqrt{2}\times\sqrt{6}$
$=2\sqrt{\square}+\sqrt{\square}$
$=2\sqrt{6}+2\sqrt{\square}$

(2) $\sqrt{8}+6\times\sqrt{2}-\sqrt{32}$
$=\square\sqrt{2}+6\sqrt{2}-\square\sqrt{2}$
$=(\square+6-\square)\sqrt{2}$
$=\square\sqrt{2}$

대표 예제

정답과 풀이 ⊙ 10쪽

예제 1 제곱근의 덧셈과 뺄셈

$\sqrt{18}-\dfrac{8}{\sqrt{2}}+\sqrt{50}$ 을 간단히 하면?

① $\sqrt{2}$　　　　② $2\sqrt{2}$　　　　③ $3\sqrt{2}$

④ $4\sqrt{2}$　　　　⑤ $5\sqrt{2}$

풀이 전략

$\sqrt{a^2 b}\ (a>0,\ b>0)$의 꼴인 경우에는 $a\sqrt{b}$의 꼴로 고치고, 분모에 근호가 있으면 분모를 유리화하여 계산한다.

풀이

$$\sqrt{18}-\frac{8}{\sqrt{2}}+\sqrt{50}=\sqrt{3^2\times2}-\frac{8\times\sqrt{2}}{\sqrt{2}\times\sqrt{2}}+\sqrt{5^2\times2}$$
$$=3\sqrt{2}-4\sqrt{2}+5\sqrt{2}$$
$$=4\sqrt{2}$$

답 ④

유제 1
0301-0089

$\sqrt{72}-\sqrt{32}+\dfrac{\sqrt{6}}{\sqrt{3}}$ 을 간단히 하면?

① $2\sqrt{2}$　　　　② $3\sqrt{2}$　　　　③ $2\sqrt{6}$

④ $3\sqrt{3}$　　　　⑤ $4\sqrt{3}$

유제 2
0301-0090

$3\sqrt{5}-\dfrac{9}{\sqrt{3}}-\dfrac{10}{\sqrt{5}}+\sqrt{48}$ 을 간단히 하면?

① $\sqrt{5}-\sqrt{3}$　　　　② $2\sqrt{3}$　　　　③ $\sqrt{3}+\sqrt{5}$

④ $2\sqrt{3}+\sqrt{5}$　　　　⑤ $\sqrt{3}+3\sqrt{5}$

예제 2 근호를 포함한 식의 혼합 계산

$\sqrt{3}(4+3\sqrt{5})+5\sqrt{3}\div\sqrt{5}$ 를 간단히 하면?

① $\sqrt{15}-\sqrt{3}$　　　　② $\sqrt{3}+\sqrt{15}$

③ $2\sqrt{3}+\sqrt{15}$　　　　④ $2\sqrt{3}+3\sqrt{15}$

⑤ $4\sqrt{3}+4\sqrt{15}$

풀이 전략

분배법칙, 분모의 유리화, 사칙연산의 순서 등을 고려하여 계산한다.

풀이

$$\sqrt{3}(4+3\sqrt{5})+5\sqrt{3}\div\sqrt{5}$$
$$=4\sqrt{3}+3\sqrt{15}+\frac{5\sqrt{3}\times\sqrt{5}}{\sqrt{5}\times\sqrt{5}}$$
$$=4\sqrt{3}+3\sqrt{15}+\sqrt{15}$$
$$=4\sqrt{3}+4\sqrt{15}$$

답 ⑤

유제 3
0301-0091

$5\sqrt{3}-\sqrt{2}(2+\sqrt{6})$ 을 간단히 하면?

① $\sqrt{3}-\sqrt{2}$　　　　② $3\sqrt{3}-2\sqrt{2}$

③ $3\sqrt{3}-\sqrt{2}$　　　　④ $4\sqrt{3}+\sqrt{2}$

⑤ $5\sqrt{3}+2\sqrt{2}$

유제 4
0301-0092

$\sqrt{18}\div\sqrt{3}+2\sqrt{2}\times\sqrt{27}$ 을 간단히 하면?

① $7\sqrt{6}$　　　　② $8\sqrt{2}$　　　　③ $8\sqrt{6}$

④ $9\sqrt{3}$　　　　⑤ $9\sqrt{6}$

형성평가

01
0301-0093

다음 중 옳지 <u>않은</u> 것은?

① $\sqrt{2}+2\sqrt{2}-5\sqrt{2}=-2\sqrt{2}$

② $-3\sqrt{3}-3\sqrt{3}-\sqrt{3}=-10\sqrt{3}$

③ $-2\sqrt{2}+13\sqrt{2}-11\sqrt{2}=0$

④ $5\sqrt{2}-2\sqrt{3}+\sqrt{2}+3\sqrt{3}=6\sqrt{2}+\sqrt{3}$

⑤ $4\sqrt{7}-3+\sqrt{7}+5=5\sqrt{7}+2$

02
0301-0094

$\dfrac{3\sqrt{5}}{2}-\dfrac{\sqrt{3}}{3}-\dfrac{\sqrt{5}}{2}+\dfrac{\sqrt{3}}{6}=a\sqrt{5}+b\sqrt{3}$일 때, 유리수 a, b에 대하여 $a+b$의 값은?

① $\dfrac{1}{6}$
② $\dfrac{1}{3}$
③ $\dfrac{1}{2}$

④ $\dfrac{2}{3}$
⑤ $\dfrac{5}{6}$

03
0301-0095

$\sqrt{54}-2\sqrt{6}+\dfrac{1}{2}\sqrt{24}$를 간단히 하면?

① $\sqrt{3}$
② $2\sqrt{2}$
③ $2\sqrt{3}$

④ $2\sqrt{6}$
⑤ $3\sqrt{6}$

04
0301-0096

$a=\sqrt{2}$, $b=\sqrt{3}$일 때, $\dfrac{b}{a}+\dfrac{a}{b}$의 값은?

① $\dfrac{2\sqrt{6}}{3}$
② $\dfrac{5\sqrt{6}}{6}$
③ $\sqrt{6}$

④ $2\sqrt{6}$
⑤ $\dfrac{5\sqrt{6}}{2}$

05
0301-0097

$\sqrt{20}+\dfrac{\sqrt{5}}{2}-\dfrac{3}{2\sqrt{5}}$을 간단히 하면 $a\sqrt{b}$일 때, ab의 값은?

(단, a는 유리수, b는 가장 작은 자연수)

① 11
② 12
③ 13

④ 14
⑤ 15

06
0301-0098

$\sqrt{27}\times\dfrac{2}{\sqrt{6}}-\sqrt{40}\div\dfrac{\sqrt{5}}{2}$를 간단히 하면?

① $-\sqrt{6}$
② $-\sqrt{2}$
③ $\sqrt{2}$

④ $2\sqrt{6}$
⑤ $5\sqrt{2}$

07
0301-0099

$a=\dfrac{\sqrt{10}-\sqrt{15}}{\sqrt{5}}$, $b=\dfrac{2+\sqrt{6}}{\sqrt{2}}$일 때, $a+b$의 값은?

① $\sqrt{2}$
② $\sqrt{5}$
③ $2\sqrt{2}$

④ $3\sqrt{2}$
⑤ $2\sqrt{5}$

08
0301-0100

$\dfrac{\sqrt{12}-\sqrt{2}}{\sqrt{6}}-\dfrac{\sqrt{6}-3}{\sqrt{3}}$을 간단히 하면?

① $\dfrac{\sqrt{2}+\sqrt{3}}{6}$
② $\dfrac{2\sqrt{2}+\sqrt{3}}{6}$
③ $\dfrac{2\sqrt{3}}{3}$

④ $\dfrac{5\sqrt{3}}{6}$
⑤ $\dfrac{\sqrt{2}+2\sqrt{3}}{3}$

Level 1

01

0301-0101

다음 중 옳지 <u>않은</u> 것은?

① $\sqrt{\dfrac{4}{3}} \times \sqrt{\dfrac{3}{2}} = \sqrt{2}$

② $\sqrt{2} \times \sqrt{10} = \sqrt{20}$

③ $\sqrt{2} \times \sqrt{3} \times \sqrt{5} = \sqrt{30}$

④ $\sqrt{3} \div \dfrac{1}{\sqrt{2}} = \dfrac{1}{\sqrt{6}}$

⑤ $3 \div \dfrac{6}{\sqrt{5}} = \dfrac{\sqrt{5}}{2}$

02

0301-0102

$\sqrt{200} = a\sqrt{2}$, $\sqrt{20} = b\sqrt{5}$일 때, 유리수 a, b에 대하여 $a+b$의 값을 구하시오.

03

0301-0103

$\sqrt{0.06}$은 $\sqrt{6}$의 몇 배인가?

① $\dfrac{1}{100}$배   ② $\dfrac{1}{10}$배   ③ 6배

④ 10배   ⑤ 100배

04

0301-0104

$\dfrac{8}{\sqrt{12}}$의 분모를 유리화한 것으로 알맞은 것은?

① $\dfrac{1}{12}$ ② $\dfrac{1}{4}$ ③ $\dfrac{2}{3}$

④ $\dfrac{4\sqrt{3}}{3}$ ⑤ $\dfrac{8\sqrt{3}}{3}$

05

0301-0105

$a = 4\sqrt{3} - 2\sqrt{5}$, $b = \sqrt{5} + 2\sqrt{3}$일 때, $a-b$의 값은?

① $-2\sqrt{3} - 3\sqrt{5}$ ② $2\sqrt{3} - 3\sqrt{5}$

③ $2\sqrt{3} - \sqrt{5}$ ④ $6\sqrt{3} - 3\sqrt{5}$

⑤ $6\sqrt{3} - \sqrt{5}$

06

0301-0106

$\sqrt{45} + \sqrt{20} - a\sqrt{5} = 0$일 때, 유리수 a의 값은?

① 3   ② 5   ③ 7

④ 9   ⑤ 11

07

0301-0107

$4\sqrt{2}(2 - \sqrt{2}) + \dfrac{4}{\sqrt{2}} - \sqrt{18}$을 간단히 하면?

① $-8 + 7\sqrt{2}$ ② $-6 + 6\sqrt{2}$

③ $-4 + 6\sqrt{2}$ ④ $2 + 2\sqrt{2}$

⑤ $4 + 4\sqrt{2}$

08

0301-0108

$a = 2 + 2\sqrt{3}$, $b = \sqrt{3} + 3$일 때, a, b의 대소 관계를 부등호를 사용하여 나타내시오.

Level 2

09
0301-0109

$\sqrt{\dfrac{3}{100}} \times \sqrt{0.9} \times \sqrt{\dfrac{3}{10}}$ 을 간단히 하면?

① 0.09   ② 0.03   ③ 0.3

④ 0.9   ⑤ 3

10
0301-0110

$\dfrac{\sqrt{21}}{\sqrt{2}} \div \dfrac{\sqrt{7}}{\sqrt{10}} = \sqrt{a}$ 일 때, 자연수 a의 값은?

① 7   ② 9   ③ 12

④ 15   ⑤ 21

11 중요
0301-0111

$3\sqrt{15} \div 2\sqrt{18} \times 2\sqrt{6}$ 을 간단히 하면?

① $2\sqrt{5}$ ② $3\sqrt{5}$ ③ $5\sqrt{2}$

④ $3\sqrt{6}$ ⑤ $6\sqrt{3}$

12 중요
0301-0112

다음 □ 안에 들어갈 수가 나머지 넷과 다른 하나는?

① $\sqrt{12} = \boxed{}\sqrt{3}$ ② $\sqrt{18} = \boxed{}\sqrt{2}$

③ $\sqrt{24} = \boxed{}\sqrt{6}$ ④ $\sqrt{28} = \boxed{}\sqrt{7}$

⑤ $\sqrt{40} = \boxed{}\sqrt{10}$

13
0301-0113

$\sqrt{5k+8} = 6\sqrt{3}$ 을 만족시키는 자연수 k의 값은?

① 18   ② 19   ③ 20

④ 21   ⑤ 22

14
0301-0114

$\sqrt{\dfrac{75}{49}} = a\sqrt{3}$, $\sqrt{0.98} = b\sqrt{2}$ 일 때, 유리수 a, b에 대하여 ab의 값은?

① $\dfrac{1}{2}$ ② 1   ③ $\dfrac{3}{2}$

④ 2   ⑤ $\dfrac{5}{2}$

15
0301-0115

$a = \sqrt{3}$, $b = \sqrt{5}$ 일 때, $\sqrt{240}$을 a, b에 대한 식으로 나타내면?

① ab ② $2ab$ ③ $4ab$

④ $a^2 b^2$ ⑤ $2a^2 b^2$

16
0301-0116

$\sqrt{3.33} = 1.825$, $\sqrt{33.3} = 5.771$ 일 때, $\sqrt{0.333}$의 값은?

① 0.05771   ② 0.1825   ③ 0.5771

④ 0.771   ⑤ 0.825

17

0301-0117

다음 제곱근표를 이용하여 어느 제곱근의 값을 계산한 결과가 23.49이었다. 어떤 값을 구한 것인가?

수	0	1	2	3
5.3	2.302	2.304	2.307	2.309
5.4	2.324	2.326	2.328	2.330
5.5	2.345	2.347	2.349	2.352

① $\sqrt{0.552}$ ② $\sqrt{5.5}$ ③ $\sqrt{5.52}$
④ $\sqrt{55.2}$ ⑤ $\sqrt{552}$

18 ⭐중요

0301-0118

$\dfrac{12\sqrt{5}}{\sqrt{6}}=a\sqrt{30}$, $\dfrac{6}{\sqrt{24}}=b\sqrt{6}$일 때, 유리수 a, b에 대하여 ab의 값을 구하시오.

19

0301-0119

$\dfrac{4\sqrt{3}}{3}\times\sqrt{\dfrac{45}{8}}\div\dfrac{\sqrt{3}}{2}$을 간단히 하면?

① $2\sqrt{3}$ ② $2\sqrt{10}$ ③ $3\sqrt{5}$
④ $3\sqrt{6}$ ⑤ $4\sqrt{10}$

20

0301-0120

오른쪽 그림과 같은 직사각형 ABCD에서 $\overline{BC}=2\sqrt{6}$ cm, $\overline{BD}=4\sqrt{2}$ cm일 때, 직사각형 ABCD의 넓이는?

① $4\sqrt{2}$ cm²   ② $4\sqrt{3}$ cm²
③ $8\sqrt{3}$ cm²   ④ $16\sqrt{3}$ cm²
⑤ $12\sqrt{6}$ cm²

21

0301-0121

$\sqrt{144}+\sqrt{150}-\sqrt{256}+\sqrt{6}=a+b\sqrt{6}$일 때, 유리수 a, b에 대하여 $a+b$의 값은?

① 1   ② 2   ③ 3
④ 4   ⑤ 5

22 ⭐중요

0301-0122

$-\sqrt{48}+\dfrac{6}{\sqrt{3}}-\dfrac{10}{\sqrt{5}}+\sqrt{20}$을 간단히 하면?

① $-2\sqrt{3}$ ② $-\sqrt{3}+\sqrt{5}$ ③ $\sqrt{3}$
④ $2\sqrt{5}$ ⑤ $2\sqrt{3}+\sqrt{5}$

23

0301-0123

$a=\sqrt{3}+\sqrt{5}$, $b=\sqrt{3}-\sqrt{5}$일 때, $\sqrt{5}a+\sqrt{3}b$를 간단히 하면?

① -8 ② $\sqrt{15}$ ③ $2\sqrt{15}-2$
④ 8 ⑤ $2+2\sqrt{15}$

24

0301-0124

$\dfrac{\sqrt{6}-\sqrt{2}}{\sqrt{2}}+\dfrac{6+\sqrt{3}}{\sqrt{3}}$을 간단히 하면?

① $\dfrac{\sqrt{3}}{3}$ ② $\sqrt{2}$ ③ $\sqrt{6}$
④ $2\sqrt{3}$ ⑤ $3\sqrt{3}$

25 ⭐ 중요

0301-0125

$-\dfrac{\sqrt{12}}{4}+\sqrt{6}\div\dfrac{4\sqrt{2}}{3}+\dfrac{3}{4\sqrt{3}}$ 을 간단히 하면?

① $-\sqrt{3}$

② $-\dfrac{\sqrt{3}}{2}$

③ $\dfrac{\sqrt{3}}{2}$

④ $\sqrt{3}$

⑤ $2\sqrt{3}$

26

0301-0126

$2\left(\dfrac{3}{\sqrt{2}}+a\right)-a(4+\sqrt{2})$ 를 간단히 하였을 때, 유리수가 되도록 하는 유리수 a의 값은?

① 1

② $\dfrac{3}{2}$

③ 2

④ $\dfrac{5}{2}$

⑤ 3

27

0301-0127

$2\sqrt{3}$의 정수 부분을 a, $3\sqrt{6}$의 소수 부분을 b라고 할 때, $\sqrt{6}a-b$의 값은?

① 3

② $2\sqrt{6}$

③ $3+\sqrt{6}$

④ 7

⑤ $7+2\sqrt{6}$

28 ⭐ 중요

0301-0128

세 수 $a=\sqrt{3}+2\sqrt{2}$, $b=3\sqrt{2}$, $c=4\sqrt{2}-\sqrt{5}$의 대소 관계를 부등호를 사용하여 바르게 나타낸 것은?

① $a<b<c$

② $a<c<b$

③ $b<a<c$

④ $b<c<a$

⑤ $c<b<a$

Level 3

29

0301-0129

$\sqrt{(4-3\sqrt{2})^2}-\sqrt{(2\sqrt{2}-3)^2}$ 을 간단히 하시오.

30

0301-0130

$a>0$, $b>0$이고 $a+b=8$, $ab=2$일 때, $\sqrt{\dfrac{a}{b}}+\sqrt{\dfrac{b}{a}}$의 값을 구하시오.

31

0301-0131

$3<\sqrt{n}<4$를 만족시키는 $\sqrt{n}$의 소수 부분 a가 $0.2<a<0.7$이라고 할 때, 이를 만족시키는 자연수 n의 값을 모두 구하시오.

서술형으로 중단원 마무리

0301-0132

서술형 예제

$\dfrac{6\sqrt{2}}{\sqrt{3}}=a\sqrt{6}$, $\dfrac{\sqrt{5}}{\sqrt{18}}=b\sqrt{10}$일 때, 유리수 a, b에 대하여 $\dfrac{a}{b}$의 값을 구하시오.

풀이

$\dfrac{6\sqrt{2}}{\sqrt{3}}=\dfrac{6\sqrt{2}\times\sqrt{3}}{\sqrt{3}\times\sqrt{\square}}=\dfrac{6\sqrt{\square}}{3}=2\sqrt{6}$이므로 $a=\square$

$\dfrac{\sqrt{5}}{\sqrt{18}}=\dfrac{\sqrt{5}\times\sqrt{2}}{\square\sqrt{2}\times\sqrt{2}}=\dfrac{\sqrt{10}}{\square}$이므로 $b=\square$

따라서 $\dfrac{a}{b}=\square$

0301-0133

서술형 유제

$\dfrac{6}{\sqrt{8}}=a\sqrt{2}$, $\dfrac{\sqrt{6}}{\sqrt{27}}=b\sqrt{2}$일 때, 유리수 a, b에 대하여 ab의 값을 구하시오.

풀이

1

0301-0134

$\sqrt{72}=a\sqrt{2}$, $\sqrt{120}=2\sqrt{b}$, $\sqrt{275}=c\sqrt{11}$을 만족시키는 유리수 a, b, c에 대하여 $\dfrac{ac}{b}$의 값을 구하시오.

2

0301-0135

$\sqrt{80}+\sqrt{8}-\sqrt{20}+\dfrac{6}{\sqrt{2}}=a\sqrt{5}+b\sqrt{2}$일 때, 유리수 a, b에 대하여 $a+b$의 값을 구하시오.

3

0301-0136

밑변의 길이가 $(a\sqrt{5}+\sqrt{2})$ cm, 높이가 $\sqrt{20}$ cm인 삼각형의 넓이가 $(15+b\sqrt{10})$ cm²일 때, 유리수 a, b에 대하여 $a+b$의 값을 구하시오.

4

0301-0137

$4\sqrt{3}$의 정수 부분을 a, 소수 부분을 b라고 할 때, $\dfrac{a}{b+6}$의 값을 구하시오.

II 다항식의 곱셈과 인수분해

개념 1 **다항식과 다항식의 곱셈**

(다항식)×(다항식)의 계산 순서
① 분배법칙을 이용하여 전개한다.
② 동류항이 있으면 동류항끼리 모아서 계산한다.

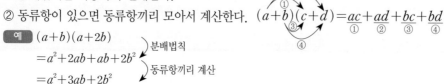

$(a+b)(c+d) = \underset{①}{ac} + \underset{②}{ad} + \underset{③}{bc} + \underset{④}{bd}$

예 $(a+b)(a+2b)$
　　$= a^2 + 2ab + ab + 2b^2$　← 분배법칙
　　$= a^2 + 3ab + 2b^2$　← 동류항끼리 계산

- $(a+b)(c+d)$
  $= a(c+d) + b(c+d)$
  $= ac + ad + bc + bd$

개념 확인 문제 1

다음 식을 전개하시오.

(1) $(x+1)(y+2)$　　　　　　　　(2) $(a+2)(b+3)$

(3) $(x+2)(y-4)$　　　　　　　　(4) $(a+3)(b-5)$

개념 2 **곱셈공식(1)**

① $(a+b)^2 = a^2 + 2ab + b^2$
　$(a+b)^2 = a^2 + 2ab + b^2$
　　　　　└─ 곱의 2배 ─┘

② $(a-b)^2 = a^2 - 2ab + b^2$
　$(a-b)^2 = a^2 - 2ab + b^2$
　　　　　└─ 곱의 2배 ─┘

- $(-a-b)^2 = \{-(a+b)\}^2$
  $= (a+b)^2$
- $(b-a)^2 = \{-(a-b)\}^2$
  $= (a-b)^2$

개념 확인 문제 2

다음 식을 전개하시오.

(1) $(x+1)^2$　　　　　　　　(2) $(a+2)^2$

(3) $(x-3)^2$　　　　　　　　(4) $(a-4)^2$

개념 3 **곱셈공식(2)**

$(a+b)(a-b) = a^2 - b^2$　　　$\underset{합}{(a+b)}\underset{차}{(a-b)} = \underset{제곱의 차}{a^2 - b^2}$

- $(-a+b)(-a-b)$
  $= (-a)^2 - b^2$
  $= a^2 - b^2$

개념 확인 문제 3

다음 식을 전개하시오.

(1) $(x+1)(x-1)$　　　　　　　　(2) $(a+2)(a-2)$

(3) $(x+3)(x-3)$　　　　　　　　(4) $(a+4)(a-4)$

개념 4 곱셈공식(3)

$$(x+a)(x+b)=x^2+(a+b)x+ab$$

x ⟍ a → ax
x ⟍ b → bx
$x^2+(a+b)x+ab$

예 $(x+1)(x+2)=x^2+(\overline{1+2})x+\underline{1\times2}=x^2+3x+2$

$(x+1)(x-2)=x^2+(\overline{1-2})x+\underline{1\times(-2)}=x^2-x-2$

• $(x+a)(x+b)$
  $=x^2+bx+ax+ab$
  $=x^2+(a+b)x+ab$

개념 확인 문제 4

다음 식을 전개하시오.

(1) $(x+2)(x+3)$

(2) $(a+3)(a-1)$

(3) $(x+4)(x+5)$

(4) $(a-2)(a+3)$

개념 5 곱셈공식(4)

$$(ax+b)(cx+d)=acx^2+(ad+bc)x+bd$$

ax ⟍ b → bcx
cx ⟍ d → adx
$acx^2+(ad+bc)x+bd$

• $(ax+b)(cx+d)$
  $=acx^2+adx+bcx+bd$
  $=acx^2+(ad+bc)x+bd$

예 $(2x+1)(2x+3)=(2\times2)x^2+(\overline{2\times3}+\underline{1\times2})x+1\times3=4x^2+8x+3$

$(2x+1)(3x-2)=(2\times3)x^2+\{\overline{2\times(-2)}+\underline{1\times3}\}x+1\times(-2)=6x^2-x-2$

개념 확인 문제 5

다음 식을 전개하시오.

(1) $(x+2)(2x+3)$

(2) $(2a-1)(a+4)$

(3) $(2x-2)(2x+4)$

(4) $(3a+1)(2a-3)$

대표 예제

예제 1 다항식과 다항식의 곱셈

$(2x-y)(2x-3y)=Ax^2+Bxy+Cy^2$일 때, 상수 A, B, C에 대하여 $A+B+C$의 값은?

① -2　　　② -1　　　③ 0
④ 1　　　⑤ 2

풀이 전략

분배법칙을 이용하여 전개한 후 동류항이 있으면 동류항끼리 모아서 계산한다.

풀이

$(2x-y)(2x-3y)$
$=4x^2-6xy-2xy+3y^2$
$=4x^2-8xy+3y^2$
따라서 $A=4$, $B=-8$, $C=3$이므로
$A+B+C=4+(-8)+3=-1$

답 ②

유제 1
0301-0138

$(3x-2)(4-y)=Axy+Bx+Cy-8$일 때, 상수 A, B, C에 대하여 $A+B-C$의 값은?

① 7　　　② 8　　　③ 9
④ 10　　　⑤ 11

유제 2
0301-0139

$(x+2y)(Ax-4y)$를 전개한 식이 $3x^2+Bxy-8y^2$일 때, 상수 A, B에 대하여 $A+B$의 값은?

① 3　　　② 4　　　③ 5
④ 6　　　⑤ 7

예제 2 계수 구하기

$(2x+4y)(x-3y+5)$를 전개했을 때, xy의 계수는?

① -3　　　② -2　　　③ -1
④ 1　　　⑤ 2

풀이 전략

특정한 항의 계수를 구할 때에는 필요한 항이 나오는 부분만 전개한다.

풀이

xy항은
$2x\times(-3y)+4y\times x=-6xy+4xy=-2xy$
따라서 xy의 계수는 -2

답 ②

유제 3
0301-0140

$(4x+2)(-3x+5)$의 전개식에서 x^2의 계수와 x의 계수의 합은?

① 1　　　② 2　　　③ 3
④ 4　　　⑤ 5

유제 4
0301-0141

$(2x-4y)(4x+2y-5)$의 전개식에서 x^2의 계수를 a, xy의 계수를 b라고 할 때, $a-b$의 값은?

① 12　　　② 14　　　③ 16
④ 18　　　⑤ 20

예제 3 곱셈공식: $(a\pm b)^2=a^2\pm 2ab+b^2$

$(3x-2)^2=ax^2-12x+b$일 때, 상수 a, b에 대하여 $a+b$ 의 값은?

① 11   ② 12   ③ 13

④ 14   ⑤ 15

풀이 전략

$(a+b)^2=a^2+2ab+b^2$, $(a-b)^2=a^2-2ab+b^2$임을 이용한다.

풀이

$(3x-2)^2=(3x)^2-2\times 3x\times 2+2^2$
$\qquad\quad\ =9x^2-12x+4$

따라서 $a=9$, $b=4$이므로

$a+b=9+4=13$ 답 ③

유제 5   0301-0142

$(2x+4)^2=ax^2+bx+c$일 때, 상수 a, b, c에 대하여 $a-b+c$의 값은?

① 1   ② 2   ③ 3

④ 4   ⑤ 5

유제 6   0301-0143

$(x-A)^2=x^2-10x+B$일 때, 상수 A, B에 대하여 $B-A$ 의 값은?

① 10   ② 15   ③ 20

④ 25   ⑤ 30

예제 4 곱셈공식: $(a+b)(a-b)=a^2-b^2$

$(3x+y)(y-3x)=Ax^2+Bxy+Cy^2$일 때, 상수 A, B, C에 대하여 $A-B+C$의 값은?

① -10 ② -8 ③ -6

④ 8   ⑤ 10

풀이 전략

$(a+b)(a-b)=a^2-b^2$임을 이용한다.

풀이

$(3x+y)(y-3x)=-(3x+y)(3x-y)$
$\qquad\qquad\qquad\ =-\{(3x)^2-y^2\}$
$\qquad\qquad\qquad\ =-9x^2+y^2$

따라서 $A=-9$, $B=0$, $C=1$이므로

$A-B+C=-9-0+1=-8$ 답 ②

유제 7   0301-0144

다음 중 $(a+b)(a-b)$와 전개식이 같은 것은?

① $(a-b)(a-b)$ ② $(a+b)(-a-b)$

③ $(a-b)(-a+b)$ ④ $(-a+b)(a+b)$

⑤ $(-a+b)(-a-b)$

유제 8   0301-0145

다음 중 $(x-1)(x+1)(x^2+1)$을 전개한 것으로 옳은 것은?

① x^4+1 ② x^3+1 ③ x^3-1

④ x^4-1 ⑤ x^5-1

예제 5 곱셈공식: $(x+a)(x+b)=x^2+(a+b)x+ab$

$(x-a)(x+4)=x^2+bx-8$일 때, 상수 a, b에 대하여 ab의 값은?

① 2   ② 4   ③ 6

④ 8   ⑤ 10

풀이 전략

$(x+a)(x+b)=x^2+(a+b)x+ab$임을 이용한다.

풀이

$(x-a)(x+4)=x^2+(-a+4)x-4a$

$b=-a+4$, $-4a=-8$

$a=2$, $b=-2+4=2$

따라서 $ab=2\times2=4$ 답 ②

유제 9   0301-0146

$(x+3)(x-4)=x^2+ax+b$일 때, 상수 a, b에 대하여 $a-b$의 값은?

① 11   ② 12   ③ 13

④ 14   ⑤ 15

유제 10   0301-0147

$(x+a)(x-6)=x^2+bx-12$일 때, 상수 a, b에 대하여 ab의 값은?

① -10 ② -8 ③ -4

④ 4   ⑤ 8

예제 6 곱셈공식: $(ax+b)(cx+d)=acx^2+(ad+bc)x+bd$

$(2x-3)(x+a)=2x^2+bx-15$일 때, 상수 a, b에 대하여 $a+b$의 값은?

① 11   ② 12   ③ 13

④ 14   ⑤ 15

풀이 전략

$(ax+b)(cx+d)=acx^2+(ad+bc)x+bd$임을 이용한다.

풀이

$(2x-3)(x+a)=2x^2+(2a-3)x-3a$

$b=2a-3$, $3a=15$

$a=5$, $b=2\times5-3=7$

따라서 $a+b=5+7=12$ 답 ②

유제 11   0301-0148

$(-2x+5)(x-4)$의 전개식에서 x의 계수와 상수항의 합은?

① -10 ② -9 ③ -8

④ -7 ⑤ -6

유제 12   0301-0149

$(3x+4)(4x-2)=ax^2+bx+c$일 때, 상수 a, b, c에 대하여 $a+b-c$의 값은?

① 24   ② 26   ③ 28

④ 30   ⑤ 32

예제 **7** 곱셈공식 종합

$(3x-5)^2-2(3x+1)(3x-1)$을 전개하였을 때, x^2의 계수와 상수항의 합은?

① 12   ② 14   ③ 16

④ 18   ⑤ 20

풀이 전략

곱셈공식을 이용하여 식을 전개한 후 정리한다.

풀이

$(3x-5)^2-2(3x+1)(3x-1)$
$=9x^2-30x+25-2(9x^2-1)$
$=-9x^2-30x+27$

x^2의 계수는 -9, 상수항은 27

따라서 구하는 합은 $-9+27=18$

目 ④

유제 13   0301-0150

$(3x-4)(x-2)-(x-3)(x+2)=ax^2+bx+c$일 때, 상수 a, b, c에 대하여 $a+b-c$의 값은?

① -22 ② -21 ③ -20

④ -19 ⑤ -18

유제 14   0301-0151

다음 중 옳은 것은?

① $(2x+3)(x-4)=2x^2+x-12$

② $3(2x-1)(2x+1)=12x^2+3$

③ $(x+3)(2x-3)=2x^2+3x-9$

④ $(2a+5b)(a-2b)=2a^2+3ab-10b^2$

⑤ $(2a+b)(a-b)-2(a+b)(a-b)=-ab-3b^2$

예제 **8** 곱셈공식과 도형의 넓이

오른쪽 그림과 같이 한 변의 길이가 x인 정사각형에서 가로의 길이를 y만큼 줄이고, 세로의 길이를 $3y$만큼 늘여서 만들어지는 직사각형의 넓이를 전개한 식으로 나타내시오.

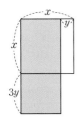

풀이 전략

새로 만들어지는 직사각형의 가로와 세로의 길이를 각각 구한다.

풀이

새로 만들어지는 직사각형에서
가로의 길이는 $x-y$, 세로의 길이는 $x+3y$
따라서 구하는 직사각형의 넓이는
$(x-y)(x+3y)$
$=x^2+(-y+3y)x-3y^2$
$=x^2+2xy-3y^2$

目 $x^2+2xy-3y^2$

유제 15   0301-0152

오른쪽 그림과 같이 가로와 세로의 길이가 각각 $5x$, $3x$인 직사각형에서 가로의 길이는 4만큼 늘고, 세로의 길이는 2만큼 줄였다. 이때 색칠한 직사각형의 넓이를 전개한 식으로 나타내시오.

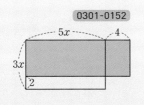

유제 16   0301-0153

오른쪽 그림과 같이 한 변의 길이가 x인 정사각형에서 가로의 길이를 3만큼 줄이고, 세로의 길이를 5만큼 늘여서 만들어지는 직사각형의 넓이를 전개한 식으로 나타내시오.

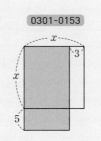

02 곱셈공식의 활용

개념 1 곱셈공식을 이용한 수의 계산

(1) 수의 제곱의 계산

곱셈공식 $(a+b)^2=a^2+2ab+b^2$, $(a-b)^2=a^2-2ab+b^2$을 이용한다.

예 $101^2=(100+1)^2=100^2+2\times100\times1+1^2=10201$

(2) 두 수의 곱의 계산

곱셈공식 $(a+b)(a-b)=a^2-b^2$, $(x+a)(x+b)=x^2+(a+b)x+ab$를 이용한다.

예 $101\times99=(100+1)(100-1)=100^2-1^2=9999$

(3) 분모의 유리화

분모가 2개의 항으로 되어 있는 무리수일 때, 곱셈공식 $(a+b)(a-b)=a^2-b^2$을 이용한다.

예 $\dfrac{1}{\sqrt{3}+\sqrt{2}}=\dfrac{1(\sqrt{3}-\sqrt{2})}{(\sqrt{3}+\sqrt{2})(\sqrt{3}-\sqrt{2})}=\dfrac{\sqrt{3}-\sqrt{2}}{3-2}=\sqrt{3}-\sqrt{2}$

• 곱셈공식을 이용하여 계산하기 편리한 a, b의 값을 정하는 것이 중요하다.

개념 확인 문제 1

다음은 곱셈공식을 이용하여 수를 계산하는 과정이다. □ 안에 알맞은 수를 써넣으시오.

(1) $99^2=(100-\boxed{})^2$

$=100^2-2\times100\times\boxed{}+\boxed{}^2$

$=10000-\boxed{}+\boxed{}=\boxed{}$

(2) $102\times98=(100+\boxed{})(100-\boxed{})$

$=100^2-\boxed{}^2$

$=10000-\boxed{}=\boxed{}$

개념 2 곱셈공식의 변형

① $a^2+b^2=(a+b)^2-2ab$

② $a^2+b^2=(a-b)^2+2ab$

③ $(a+b)^2=(a-b)^2+4ab$

④ $(a-b)^2=(a+b)^2-4ab$

예 $x+y=3$, $xy=2$일 때,

$x^2+y^2=(x+y)^2-2xy=3^2-2\times2=5$

• b 대신 $\dfrac{1}{a}$을 대입하면 다음과 같은 식을 얻는다.

① $a^2+\dfrac{1}{a^2}=\left(a+\dfrac{1}{a}\right)^2-2$

② $a^2+\dfrac{1}{a^2}=\left(a-\dfrac{1}{a}\right)^2+2$

③ $\left(a+\dfrac{1}{a}\right)^2=\left(a-\dfrac{1}{a}\right)^2+4$

④ $\left(a-\dfrac{1}{a}\right)^2=\left(a+\dfrac{1}{a}\right)^2-4$

개념 확인 문제 2

$x+y=4$, $xy=3$일 때, 다음은 식의 값을 구하는 과정이다. □ 안에 알맞은 수를 써넣으시오.

(1) $x^2+y^2=(x+y)^2-\boxed{}xy=4^2-\boxed{}\times3=\boxed{}$

(2) $(x-y)^2=(x+y)^2-\boxed{}xy=4^2-\boxed{}\times3=\boxed{}$

대표 예제

정답과 풀이 ⊙ 17쪽

예제 1 곱셈공식을 이용한 수의 계산

곱셈공식을 이용하여 $101^2-98\times102$를 계산하면?

① 101　　　② 103　　　③ 201

④ 203　　　⑤ 205

풀이 전략

수의 제곱은 $(a+b)^2$ 또는 $(a-b)^2$에 대한 공식을 이용하고, 두 수의 곱의 계산은 $(a+b)(a-b)$에 대한 공식을 이용한다.

풀이

$101^2-98\times102$
$=(100+1)^2-(100-2)(100+2)$
$=100^2+2\times100\times1+1^2-(100^2-2^2)$
$=10000+200+1-(10000-4)$
$=205$

답 ⑤

유제 1   0301-0154

곱셈공식을 이용하여 98^2을 계산하려고 할 때, 다음 중 어떤 공식을 이용하면 가장 편리한가?

① $m(a+b)=ma+mb$

② $(a-b)^2=a^2-2ab+b^2$

③ $(a+b)(a-b)=a^2-b^2$

④ $(x+a)(x+b)=x^2+(a+b)x+ab$

⑤ $(ax+b)(cx+d)=acx^2+(ad+bc)x+bd$

유제 2   0301-0155

$\dfrac{\sqrt{3}}{\sqrt{2}+1}-\dfrac{\sqrt{3}}{\sqrt{2}-1}$ 을 간단히 하면?

① $-2\sqrt{6}$　　② $-2\sqrt{3}$　　③ $-2\sqrt{2}$

④ $2\sqrt{3}$　　⑤ $2\sqrt{6}$

예제 2 곱셈공식의 변형

$x+y=5$, $xy=-4$일 때, x^2+y^2의 값은?

① 31　　　② 32　　　③ 33

④ 34　　　⑤ 35

풀이 전략

$x^2+y^2=(x+y)^2-2xy$임을 이용한다.

풀이

$x^2+y^2=(x+y)^2-2xy$
     $=5^2-2\times(-4)$
     $=33$

답 ③

유제 3   0301-0156

$a-b=4$, $ab=3$일 때, a^2+b^2의 값은?

① 20　　　② 22　　　③ 24

④ 26　　　⑤ 28

유제 4   0301-0157

$x+y=4$, $xy=-2$일 때, $(x-y)^2$의 값은?

① 20　　　② 22　　　③ 24

④ 26　　　⑤ 28

01

0301-0158

$(5a+b)(-a+2b)$를 전개하면?

① $-5a^2-9ab-2b^2$ ② $-5a^2-9ab+2b^2$

③ $-5a^2+9ab-2b^2$ ④ $-5a^2+9ab+2b^2$

⑤ $5a^2-9ab-2b^2$

02

0301-0159

$(2x+y-4)(x-3y)$의 전개식에서 x^2의 계수와 xy의 계수의 합은?

① -3 ② -1 ③ 0

④ 1 ⑤ 3

03

0301-0160

$(x+A)^2=x^2+Bx+16$일 때, 상수 A, B에 대하여 $B-A$의 값은? (단, $A>0$)

① 1 ② 2 ③ 3

④ 4 ⑤ 5

04

0301-0161

$(3x-5y)^2$을 전개하면 $ax^2+bxy+cy^2$일 때, 상수 a, b, c에 대하여 $a-b-c$의 값은?

① 11 ② 12 ③ 13

④ 14 ⑤ 15

05

0301-0162

$(2x+5y)(2x-5y)-(x+3y)(x-3y)$를 간단히 하면?

① $3x^2-34y^2$ ② $3x^2-28y^2$

③ $3x^2-20y^2$ ④ $3x^2-16y^2$

⑤ $3x^2-14y^2$

06

0301-0163

다음 등식에서 □ 안에 알맞은 수는?

$$(1-x)(1+x)(1+x^2)(1+x^4)=1-x^{\square}$$

① 4 ② 5 ③ 6

④ 7 ⑤ 8

07

0301-0164

$(x-a)(x-6)=x^2-bx+18$일 때, 상수 a, b에 대하여 $a+b$의 값은?

① 10 ② 11 ③ 12

④ 13 ⑤ 14

08

0301-0165

$(x+4)(x+3)+(x-5)(x+3)$을 간단히 하면?

① $2x^2-5x-3$ ② $2x^2-5x-1$

③ $2x^2+5x-3$ ④ $2x^2+5x-1$

⑤ $2x^2+5x+1$

09

0301-0166

다음 식이 성립할 때, 상수 A, B에 대하여 $A+B$의 값은?

$$(2x-5y)(Ax+2y)=-6x^2+Bxy-10y^2$$

① 15   ② 16   ③ 17
④ 18   ⑤ 19

10

0301-0167

$(x-1)(x+5)+(2x+3)(2x-3)$을 간단히 하면?

① $5x^2-4x-14$ ② $5x^2-4x+4$
③ $5x^2+4x-14$ ④ $5x^2+4x-4$
⑤ $5x^2+4x+4$

11

0301-0168

다음 중 옳지 않은 것을 모두 고르면? (정답 2개)

① $(x+4)(x-6)=x^2-2x-24$
② $(2x-6)^2=4x^2-12x+36$
③ $(x+8)(-x+8)=-x^2+64$
④ $(2x+3)(3x-1)=6x^2+7x-3$
⑤ $(-4x-y)^2=16x^2-8xy+y^2$

12

0301-0169

오른쪽 그림과 같이 가로와 세로의 길이가 각각 $6a$, $4a$인 직사각형에서 가로의 길이를 $2b$만큼 줄이고, 세로의 길이를 b만큼 줄였다. 이때 색칠한 직사각형의 넓이는?

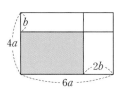

① $24a^2-18ab+2b^2$ ② $24a^2-16ab+2b^2$
③ $24a^2-14ab+2b^2$ ④ $24a^2-12ab+2b^2$
⑤ $24a^2-10ab+2b^2$

13

0301-0170

곱셈공식을 이용하여 $78\times82-79^2$을 계산하면?

① 151   ② 152   ③ 153
④ 154   ⑤ 155

14

0301-0171

$\dfrac{\sqrt{2}+4}{2-\sqrt{2}}$의 분모를 유리화하였더니 $a+b\sqrt{2}$가 되었다. 이때 유리수 a, b에 대하여 $a+b$의 값은?

① 5   ② 6   ③ 7
④ 8   ⑤ 9

15

0301-0172

$x+y=6$, $xy=2$일 때, $\dfrac{y}{x}+\dfrac{x}{y}$의 값은?

① 12   ② 14   ③ 16
④ 18   ⑤ 20

16

0301-0173

$x+\dfrac{1}{x}=5$일 때, $x^2+\dfrac{1}{x^2}$의 값은?

① 21   ② 22   ③ 23
④ 24   ⑤ 25

Level 1

01
0301-0174

$(2x-5)(3-y)=axy+bx+cy-15$일 때, 상수 a, b, c에 대하여 $a+b-c$의 값은?

① -2 ② -1 ③ 0

④ 1 ⑤ 2

02
0301-0175

$(4x+y-2)(x-3y+5)$의 전개식에서 y의 계수는?

① 10 ② 11 ③ 12

④ 13 ⑤ 14

03
0301-0176

$(x+a)^2=x^2+12x+b$일 때, 상수 a, b에 대하여 $b-a$의 값은?

① 22 ② 24 ③ 26

④ 28 ⑤ 30

04
0301-0177

$(-a+3)(-a-3)$을 전개하면?

① a^2+6a+9 ② a^2-6a+9

③ $-a^2-9$ ④ $-a^2+9$

⑤ a^2-9

05
0301-0178

$(x+2)(x-6)=x^2+ax+b$일 때, 상수 a, b에 대하여 $a-b$의 값은?

① 5 ② 6 ③ 7

④ 8 ⑤ 9

06
0301-0179

$(2x+1)(x-3)=2x^2+ax+b$일 때, 상수 a, b에 대하여 $a+b$의 값은?

① -10 ② -9 ③ -8

④ -7 ⑤ -6

07
0301-0180

곱셈공식을 이용하여 72×68을 계산하려고 할 때, 다음 중 어떤 곱셈공식을 이용하는 것이 가장 편리한가?

① $m(a+b)=ma+mb$

② $(a+b)^2=a^2+2ab+b^2$

③ $(a-b)^2=a^2-2ab+b^2$

④ $(a+b)(a-b)=a^2-b^2$

⑤ $(x+a)(x+b)=x^2+(a+b)x+ab$

08
0301-0181

$x+y=6$, $xy=8$일 때, x^2+y^2의 값은?

① 20 ② 22 ③ 24

④ 26 ⑤ 28

Level 2

09

0301-0182

$(2a+3b)(4c-2d)$를 전개하면?

① $-8ac-4ad+12bc-6bd$

② $-8ac+4ad-12bc+6bd$

③ $8ac-4ad-12bc+6bd$

④ $8ac-4ad+12bc-6bd$

⑤ $8ac+4ad+12bc-6bd$

10

0301-0183

$(x+2y-3)(2x+y)$를 전개하면?

① $2x^2-5xy-6x-3y+2y^2$

② $2x^2-5xy+6x-3y+2y^2$

③ $2x^2+5xy-6x-3y+2y^2$

④ $2x^2+5xy-6x+3y+2y^2$

⑤ $2x^2+5xy+6x-3y+2y^2$

11 중요

0301-0184

$(3x-y)(x+y-4)$의 전개식에서 x^2의 계수를 A, xy의 계수를 B라고 할 때, $A+B$의 값은?

① 3   ② 4   ③ 5

④ 6   ⑤ 7

12

0301-0185

$(x-y+5)(2x+ay+6)$의 전개식에서 xy의 계수가 1일 때, y의 계수는? (단, a는 상수)

① 5   ② 6   ③ 7

④ 8   ⑤ 9

13

0301-0186

$(a+b)^2-(a-b)^2$을 간단히 하면?

① $-4ab$ ② $-2ab$ ③ $-ab$

④ $2ab$ ⑤ $4ab$

14

0301-0187

다음 중 $(a-b)^2$과 전개식이 같은 것을 모두 고르면? (정답 2개)

① $-(a+b)^2$ ② $(-a-b)^2$ ③ $(-a+b)^2$

④ $(b-a)^2$ ⑤ $(a+b)^2$

15

0301-0188

다음 중 옳지 <u>않은</u> 것은?

① $(x+3)(x-3)=x^2-9$

② $(x-y)(-x-y)=y^2-x^2$

③ $(-2+x)(-2-x)=x^2-4$

④ $(-2x+1)(2x+1)=-4x^2+1$

⑤ $\left(\dfrac{1}{3}x+\dfrac{1}{2}\right)\left(\dfrac{1}{3}x-\dfrac{1}{2}\right)=\dfrac{1}{9}x^2-\dfrac{1}{4}$

16 중요

0301-0189

$(x-1)(x+1)(x^2+1)(x^4+1)(x^8+1)=x^a+b$일 때, 정수 a, b에 대하여 $a+b$의 값은?

① 11   ② 12   ③ 13

④ 14   ⑤ 15

17
0301-0190

$(x+4)(x+2)-(x+1)(x-3)$을 간단히 하면?

① $4x+5$ ② $4x+11$ ③ $8x+3$
④ $8x+5$ ⑤ $8x+11$

18
0301-0191

$(x-a)(x-7)=x^2-bx+14$일 때, 상수 a, b에 대하여 $a+b$의 값은?

① 10 ② 11 ③ 12
④ 13 ⑤ 14

19
0301-0192

$(3x-1)(2x+4)-2(2x+3)(4x+1)$을 간단히 하면?

① $-10x^2-18x-10$ ② $-10x^2-18x+10$
③ $-10x^2+18x-10$ ④ $-10x^2+18x+10$
⑤ $10x^2-18x+10$

20 중요
0301-0193

$(ax-3)(2x+b)=8x^2+cx-15$일 때, 상수 a, b, c에 대하여 $a+b+c$의 값은?

① 21 ② 22 ③ 23
④ 24 ⑤ 25

21
0301-0194

가로의 길이가 $4x-2$, 세로의 길이가 $x+m$인 직사각형의 넓이가 $4x^2+nx-12$일 때, 상수 m, n에 대하여 $m+n$의 값은?

① 22 ② 24 ③ 26
④ 28 ⑤ 30

22 중요
0301-0195

오른쪽 그림은 가로와 세로의 길이가 각각 $5a$, $3a$인 직사각형 모양의 땅에 폭이 2로 일정한 길을 만든 것이다. 색칠한 부분의 넓이를 나타내는 식은?

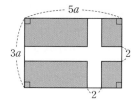

① $15a^2-16a-4$ ② $15a^2-16a+4$
③ $15a^2-14a-4$ ④ $15a^2-14a+4$
⑤ $15a^2-12a-4$

23
0301-0196

$(x+4)(x-8)$을 전개하는데 -8을 A로 잘못 보아서 x^2+x+B로 전개하였다. 이때 상수 A, B에 대하여 $A+B$의 값은?

① -11 ② -12 ③ -13
④ -14 ⑤ -15

24
0301-0197

$(\sqrt{3}-5)^2-(3\sqrt{2}-1)(3\sqrt{2}+1)$을 계산하면?

① $-9-10\sqrt{3}$ ② $-4-10\sqrt{3}$ ③ $3-10\sqrt{3}$
④ $7-10\sqrt{3}$ ⑤ $11-10\sqrt{3}$

25

0301-0198

$(4\sqrt{3}-\sqrt{2})(2\sqrt{3}+3\sqrt{2})$를 계산하여 간단히 하면 $a+b\sqrt{6}$이다. 이때 유리수 a, b에 대하여 $a-b$의 값은?

① 5   ② 6   ③ 7

④ 8   ⑤ 9

26

0301-0199

$x-y=5$, $xy=3$일 때, $x^2-4xy+y^2$의 값은?

① 15   ② 16   ③ 17

④ 18   ⑤ 19

27 [중요]

0301-0200

$x=\dfrac{1}{\sqrt{5}+2}$, $y=\dfrac{1}{\sqrt{5}-2}$일 때, x^2+xy+y^2의 값은?

① 15   ② 16   ③ 17

④ 18   ⑤ 19

28

0301-0201

$x+\dfrac{1}{x}=2\sqrt{3}$일 때, $\left(x-\dfrac{1}{x}\right)^2$의 값은?

① 4   ② 6   ③ 8

④ 10   ⑤ 12

Level 3

29

0301-0202

$(2+1)(2^2+1)(2^4+1)(2^8+1)(2^{16}+1)=2^a+b$일 때, 정수 a, b에 대하여 $a-b$의 값을 구하시오.

30

0301-0203

$(x+A)(x+B)$를 전개하면 x^2+Cx+8이 될 때, C가 될 수 있는 값 중에 가장 큰 값을 구하시오. (단, A, B는 정수)

31

0301-0204

$\sqrt{5}+2$의 소수 부분을 a라고 할 때, $a^2+\dfrac{1}{a^2}$의 값을 구하시오.

수행평가

서술형 예제

$(2x-5)(3x+A)-x(x+A)$를 전개하여 간단히 하였더니 x의 계수가 -13이었다. 이때 상수 A의 값을 구하시오.

풀이

$(2x-5)(3x+A)-x(x+A)$

$=6x^2+(2A-15)x-5A-x^2-Ax$

$=5x^2+(\boxed{})x-5A$

x의 계수가 -13이므로

$\boxed{}=-13$

따라서 $A=\boxed{}$

서술형 유제

$(Ax+2)(x-3)-2(3x+B)^2$을 전개하여 간단히 하였더니 x의 계수가 -37, 상수항이 -14가 되었다. 이때 상수 A, B에 대하여 $A+B$의 값을 구하시오. (단, $B>0$)

풀이

1

0301-0207

$(4x+Ay-2)(x-y+B)$의 전개식에서 xy의 계수가 -1이고, y의 계수가 20일 때, B의 값을 구하시오.

(단, A, B는 상수)

2

0301-0208

$(3x-y)^2-(2x+y)(2x-y)$의 전개식에서 x^2의 계수를 A, xy의 계수를 B, y^2의 계수를 C라고 할 때, $A+B+C$의 값을 구하시오.

3

0301-0209

$(4\sqrt{3}-2)(a\sqrt{3}+5)$의 값이 유리수가 되도록 하는 유리수 a의 값을 구하시오.

4

0301-0210

$x+y=4$, $(x+2)(y+2)=10$일 때, x^2+xy+y^2의 값을 구하시오.

01 인수분해

개념 1 인수분해

(1) **인수**: 하나의 다항식을 두 개 이상의 다항식의 곱으로 나타낼 수 있을 때, 각각의 다항식을 처음 다항식의 인수라고 한다.

> **예** $x^2+3x+2=(x+1)(x+2)$이므로 $x+1$과 $x+2$는 x^2+3x+2의 인수이다.

(2) **인수분해**: 하나의 다항식을 두 개 이상의 인수들의 곱으로 나타내는 것

$$x^2+3x+2 \xrightarrow[\text{전개}]{\text{인수분해}} \underbrace{(x+1)(x+2)}_{\text{인수}}$$

- 모든 다항식에서 1과 자기 자신은 그 다항식의 인수이다.

- 전개: 다항식의 곱을 괄호를 풀어서 하나의 다항식으로 나타내는 것

개념 확인 문제 1

다음 식은 어떤 다항식을 인수분해한 것인지 구하시오.

(1) $x(x+1)$ (2) $xy(x+y)$

(3) $2a(a-b)$ (4) $(a-1)(b+3)$

개념 확인 문제 2

다음 다항식의 인수를 모두 구하시오.

(1) $x(x-2)$ (2) $(a+b)(a-b)$

개념 2 공통인수를 이용한 인수분해

(1) **공통인수**: 다항식의 각 항에 공통으로 들어 있는 인수

(2) **공통인수를 이용한 인수분해**: 다항식에 공통인수가 있을 때에는 분배법칙을 이용하여 공통인수를 묶어 내어 인수분해한다.

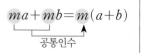
$$\underbrace{ma+mb=m(a+b)}_{\text{공통인수}}$$

- 인수분해할 때에는 공통인수가 남지 않도록 모두 묶어 낸다.

개념 확인 문제 3

다음은 주어진 식을 공통인수를 이용하여 인수분해한 것이다. □ 안에 알맞은 것을 써넣으시오.

(1) $3x+4xy=\boxed{}(3+\boxed{})$ (2) $ab-3a=\boxed{}(b-\boxed{})$

(3) $2xy-4yz=\boxed{}(x-\boxed{})$ (4) $a^2b-3ab=\boxed{}(a-\boxed{})$

개념 확인 문제 4

다음 다항식의 공통인수를 구하고, 인수분해하시오.

(1) $xz-2yz$ (2) a^2+5a

(3) $2x^2-4xy$ (4) a^2b+4ab

개념 3　**인수분해 공식(1)**

(1) $a^2 \pm 2ab + b^2$의 인수분해

　① $a^2 + 2ab + b^2 = (a+b)^2$

　② $a^2 - 2ab + b^2 = (a-b)^2$

　예 $a^2 - 2a + 1 = (a-1)^2$

(2) 완전제곱식: 다항식의 제곱으로 된 식 또는 이러한 식에 상수를 곱한 식

　예 $(x+2)^2$, $3(x-1)^2$, $-2(x+y)^2$ 등은 완전제곱식이다.

(3) 완전제곱식이 되기 위한 조건

　$x^2 + ax + b$가 완전제곱식이 되기 위한 조건: $b = \left(\dfrac{a}{2}\right)^2$

　참고 $x^2 + ax + b = x^2 + 2 \times x \times \dfrac{a}{2} + \left(\dfrac{a}{2}\right)^2 = \left(x + \dfrac{a}{2}\right)^2$에서 $b = \left(\dfrac{a}{2}\right)^2$

　예 $x^2 + 2x + b$가 완전제곱식이 되기 위한 b의 조건은 $b = \left(\dfrac{2}{2}\right)^2 = 1$

인수분해 공식

$a^2 + 2ab + b^2 = (a+b)^2$
$a^2 - 2ab + b^2 = (a-b)^2$

곱셈공식

개념 확인 문제 5

다음은 다항식을 인수분해하는 과정이다. □ 안에 알맞은 수를 써넣으시오.

(1) $a^2 + 4a + 4 = a^2 + 2 \times a \times \boxed{} + \boxed{}^2 = (a + \boxed{})^2$

(2) $x^2 - 6x + 9 = x^2 - 2 \times x \times \boxed{} + \boxed{}^2 = (x - \boxed{})^2$

개념 확인 문제 6

다음 식을 인수분해하시오.

(1) $x^2 + 8x + 16$　　　　　　　　　　(2) $a^2 - 10a + 25$

(3) $4x^2 + 4x + 1$　　　　　　　　　　(4) $9a^2 + 6a + 1$

개념 4　**인수분해 공식(2)**

$a^2 - b^2$의 인수분해

$a^2 - b^2 = (a+b)(a-b)$

예 $x^2 - 4$를 인수분해하면 $x^2 - 4 = x^2 - 2^2 = (x+2)(x-2)$

인수분해 공식

$a^2 - b^2 = (a+b)(a-b)$

곱셈공식

개념 확인 문제 7

다음 식을 인수분해하시오.

(1) $x^2 - 9$　　　　　　　　　　　　(2) $a^2 - 16$

(3) $4x^2 - 1$　　　　　　　　　　　　(4) $9x^2 - 1$

01 인수분해

개념 5   인수분해 공식(3)

(1) $x^2+(a+b)x+ab$의 인수분해

$x^2+(a+b)x+ab=(x+a)(x+b)$

(2) $x^2+(a+b)x+ab$의 인수분해 방법

① 곱하여 상수항이 되는 두 정수를 모두 찾는다.

② ①의 두 수 중에서 합이 x의 계수가 되는 두 수 a, b를 찾는다.

③ $(x+a)(x+b)$의 꼴로 나타낸다.

$$x^2+(a+b)x+ab=(x+a)(x+b)$$

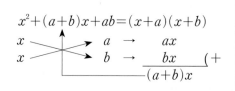

인수분해 공식

$x^2+(a+b)x+ab=(x+a)(x+b)$

곱셈공식

개념 확인 문제 8

다음은 다항식을 인수분해하는 과정이다. □ 안에 알맞은 것을 써넣으시오.

(1) x^2+5x+6

(2) $x^2-7x+10$

개념 6   인수분해 공식(4)

(1) $acx^2+(ad+bc)x+bd$의 인수분해

$acx^2+(ad+bc)x+bd=(ax+b)(cx+d)$

(2) $acx^2+(ad+bc)x+bd$의 인수분해 방법

① 곱하여 이차항의 계수가 되는 두 정수 a, c를 세로로 나열한다.

② 곱하여 상수항이 되는 두 정수 b, d를 ①의 오른쪽에 세로로 나열한다.

③ ①, ②의 수를 대각선으로 곱하여 더한 값이 일차항의 계수가 되는 것을 찾는다.

④ $(ax+b)(cx+d)$의 꼴로 나타낸다.

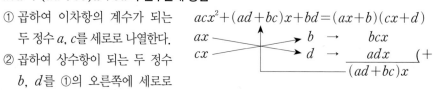

인수분해 공식

$acx^2+(ad+bc)x+bd$
$=(ax+b)(cx+d)$

곱셈공식

개념 확인 문제 9

다음은 다항식을 인수분해하는 과정이다. □ 안에 알맞은 것을 써넣으시오.

(1) $2x^2-x-3$

(2) $3x^2+4x-4$

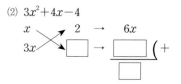

대표 예제

정답과 풀이 ⊙ 23쪽

예제 1 공통인수를 이용한 인수분해

$a^2(x+y)-ab(x+y)$를 인수분해하면?

① $(a^2-ab)(x+y)$　　② $a(b-a)(x+y)$

③ $a(a-b)(x+y)$　　④ $a(a+b)(x+y)$

⑤ $(a^2+ab)(x+y)$

풀이 전략

공통인수를 찾아 공통인수로 묶어 낸다.

풀이

$a(x+y)$가 공통인수이므로
$a^2(x+y)-ab(x+y)$
$=a(x+y)(a-b)$
$=a(a-b)(x+y)$

답 ③

유제 1　　　0301-0211

다음 중 $2x^2y-6xy^2$의 인수가 <u>아닌</u> 것은?

① 2　　　② x　　　③ xy

④ y^2　　　⑤ $x-3y$

유제 2　　　0301-0212

$x(y-1)+2(1-y)$를 인수분해하면?

① $(x-2)(y-1)$　　② $(x-2)(1-y)$

③ $(x-2)(y+1)$　　④ $(x+2)(y-1)$

⑤ $(x+2)(1-y)$

예제 2 인수분해 공식: $a^2\pm2ab+b^2=(a\pm b)^2$

$9x^2-24xy+16y^2$이 $(ax+by)^2$으로 인수분해될 때, 상수 a, b에 대하여 $a-b$의 값은? (단, $a>0$)

① 6　　　② 7　　　③ 8

④ 9　　　⑤ 10

풀이 전략

$a^2\pm2ab+b^2=(a\pm b)^2$임을 이용한다.

풀이

$9x^2-24xy+16y^2$
$=(3x)^2-2\times3x\times4y+(4y)^2$
$=(3x-4y)^2$
따라서 $a=3$, $b=-4$이므로
$a-b=3-(-4)=7$

답 ②

유제 3　　　0301-0213

다음 중 $4x^2-12x+9$의 인수인 것은?

① $x-3$　　② $2x-1$　　③ $2x-3$

④ $3x-1$　　⑤ $3x-2$

유제 4　　　0301-0214

다음 중 옳지 <u>않은</u> 것은?

① $x^2-6x+9=(x-3)^2$

② $x^2+\dfrac{x}{2}+\dfrac{1}{16}=\left(x+\dfrac{1}{4}\right)^2$

③ $16x^2-8x+1=(4x-1)^2$

④ $3x^2-12x+12=3(x-4)^2$

⑤ $25x^2+20xy+4y^2=(5x+2y)^2$

예제 3 완전제곱식 만들기

$4x^2-20x+a$가 완전제곱식이 되도록 하는 상수 a의 값은?

① 4   ② 9   ③ 16

④ 25   ⑤ 36

풀이 전략

x^2항과 상수항은 각각 (일차식)², (수)²의 꼴이어야 하고, x항은 위의 일차식과 수에 대하여 $\pm2\times$(일차식)$\times$(수)의 꼴이어야 한다.

풀이

$4x^2-20x+a$
$=(2x)^2-2\times2x\times5+5^2$
따라서 $a=5^2=25$

답 ④

유제 5

0301-0215

$\frac{1}{16}x^2-\frac{3}{2}x+A$가 완전제곱식이 되도록 하는 상수 A의 값은?

① $\frac{1}{4}$ ② 1   ③ 4

④ 9   ⑤ 16

유제 6

0301-0216

$9x^2+ax+25$가 완전제곱식이 되도록 하는 양수 a의 값은?

① 20   ② 24   ③ 30

④ 32   ⑤ 36

예제 4 인수분해 공식: $a^2-b^2=(a+b)(a-b)$

$6x^2-24y^2$을 인수분해하면?

① $2(3x+y)(3x-y)$ ② $2(x+2y)(x-2y)$

③ $3(2x+y)(2x-y)$ ④ $3(x+2y)(x-2y)$

⑤ $6(x+2y)(x-2y)$

풀이 전략

$a^2-b^2=(a+b)(a-b)$임을 이용한다.

풀이

$6x^2-24y^2$
$=6(x^2-4y^2)$
$=6(x+2y)(x-2y)$

답 ⑤

유제 7

0301-0217

$16x^2-49=(Ax+B)(Ax-B)$일 때, 자연수 A, B에 대하여 $B-A$의 값은?

① 1   ② 2   ③ 3

④ 4   ⑤ 5

유제 8

0301-0218

다음 중 a^4-1의 인수가 <u>아닌</u> 것은?

① 1   ② $a-1$ ③ a

④ $a+1$ ⑤ a^2+1

예제 **5** 인수분해 공식: $x^2+(a+b)x+ab=(x+a)(x+b)$

$x^2+5x-14$가 $(x+a)(x+b)$로 인수분해될 때, 상수 a, b에 대하여 $a-b$의 값은? (단, $a>b$)

① 6 　　　　② 7 　　　　③ 8
④ 9 　　　　⑤ 10

풀이 전략

$x^2+(a+b)x+ab=(x+a)(x+b)$임을 이용한다.

풀이

$$x^2+5x-14$$

$$x^2+5x-14=(x+7)(x-2)$$

따라서 $a=7$, $b=-2$이므로

$$a-b=7-(-2)=9$$

답 ④

유제 9　　　　　0301-0219

$x^2+8x+12=(x+a)(x+b)$로 인수분해될 때, 상수 a, b에 대하여 $a-b$의 값은? (단, $a>b$)

① 2 　　　　② 3 　　　　③ 4
④ 5 　　　　⑤ 6

유제 10　　　　　0301-0220

다음 중 $x^2+3x-18$의 인수인 것은?

① $x-6$ 　　② $x-2$ 　　③ $x+2$
④ $x+3$ 　　⑤ $x+6$

예제 **6** 인수분해 공식: $acx^2+(ad+bc)x+bd=(ax+b)(cx+d)$

다음 중 $2x^2+5x-12$의 인수인 것은?

① $x-2$ 　　② $x-3$ 　　③ $x-4$
④ $x+3$ 　　⑤ $x+4$

풀이 전략

$acx^2+(ad+bc)x+bd=(ax+b)(cx+d)$임을 이용한다.

풀이

$$2x^2+5x-12$$

$$2x^2+5x-12=(x+4)(2x-3)$$

따라서 인수인 것은 $x+4$, $2x-3$

답 ⑤

유제 11　　　　　0301-0221

$3x^2+2x-8$을 인수분해하면 $(x+a)(3x+b)$일 때, 상수 a, b에 대하여 $a-b$의 값은?

① 2 　　　　② 3 　　　　③ 4
④ 5 　　　　⑤ 6

유제 12　　　　　0301-0222

다음 중 $6x^2-19x+10$의 인수인 것은?

① $2x-5$ 　　② $2x+5$ 　　③ $3x-5$
④ $3x+2$ 　　⑤ $3x+5$

예제 7 인수가 주어진 이차식의 미지수의 값 구하기

$x-3$이 $3x^2+ax-21$의 인수일 때, 상수 a의 값은?

① -16 ② -10 ③ -2

④ 2 ⑤ 4

풀이 전략

다른 한 인수를 $3x+m$으로 놓는다.

풀이

$3x^2+ax-21=(x-3)(3x+m)$이라고 하면
$(x-3)(3x+m)=3x^2+(m-9)x-3m$
$a=m-9,\ -3m=-21$
$m=7$
따라서 $a=7-9=-2$

답 ③

유제 13

0301-0223

$x-2$가 $4x^2+px-6$의 인수일 때, 상수 p의 값은?

① -5 ② -1 ③ 1

④ 5 ⑤ 11

유제 14

0301-0224

$4x^2-8x+k$가 $2x+1$을 인수로 가질 때, 상수 k의 값은?

① -6 ② -5 ③ -3

④ 3 ⑤ 5

예제 8 계수 또는 상수항을 잘못 보고 인수분해한 경우

어떤 이차식을 수아는 x의 계수를 잘못 보아 $(x+3)(x-8)$로 인수분해하였고, 시준이는 상수항을 잘못 보아 $(x-3)(x+5)$로 인수분해하였다. 처음 이차식을 구하시오.

풀이 전략

x의 계수를 잘못 본 경우 x^2의 계수와 상수항은 제대로 보았고, 상수항을 잘못 본 경우 x^2의 계수와 x의 계수는 제대로 보았다.

풀이

수아는 x^2의 계수와 상수항은 제대로 보았다.
$(x+3)(x-8)=x^2-5x-24$
이므로 x^2의 계수는 1, 상수항은 -24
시준이는 x^2의 계수와 x의 계수는 제대로 보았다.
$(x-3)(x+5)=x^2+2x-15$
이므로 x^2의 계수는 1, x의 계수는 2
따라서 처음 이차식은 $x^2+2x-24$

답 $x^2+2x-24$

유제 15

0301-0225

어떤 이차식을 민식이는 x의 계수를 잘못 보아 $(x+2)(x-9)$로 인수분해하였고, 종호는 상수항을 잘못 보아 $(x+4)(x-7)$로 인수분해하였다. 처음 이차식을 구하시오.

유제 16

0301-0226

어떤 이차식을 재원이는 x의 계수를 잘못 보아 $(x+2)(x+10)$으로 인수분해하였고, 수영이는 상수항을 잘못 보아 $(x-2)(x+11)$로 인수분해하였다. 처음 이차식을 바르게 인수분해하시오.

02 인수분해 공식의 활용

개념 1 복잡한 식의 인수분해

(1) 공통인수가 있는 경우

공통인수로 묶어 낸 다음 인수분해한다.

예 $2x^2+4xy-6x^2y=2x(x+2y-3xy)$

(2) 공통부분이 있는 경우

공통부분을 한 문자로 놓고 인수분해한 후 공통부분에 다시 원래의 식을 대입하여 정리한다.

예 $(x+3)^2+2(x+3)+1$에서

$x+3=A$로 놓으면 $A^2+2A+1=(A+1)^2$

A 대신에 $x+3$을 대입하면

(주어진 식) $=(x+3+1)^2=(x+4)^2$

> • 공통부분을 한 문자로 놓을 때
> 는 주로 대문자 A, B, X, Y
> 등을 사용한다.
>
> • 한 문자로 놓고 인수분해한 다
> 음, 다시 원래의 식을 대입하여
> 야 함에 유의한다.

개념 확인 문제 1

다음은 식을 인수분해하는 과정이다. □ 안에 알맞은 것을 써넣으시오.

(1) $2ax^2-6ax-8a$

$=\boxed{}(x^2-3x-\boxed{})$

$=\boxed{}(x+1)(x-\boxed{})$

(2) $(x+1)^2+(x+1)-6$

$\qquad$ ⟩ $x+1=A$라고 하면

$=A^2+A-6$

$\qquad$ ⟩ 인수분해하면

$=(A-2)(A+\boxed{})$

$\qquad$ ⟩ $A=x+1$을 다시
대입하여 정리하면

$=\boxed{}$

개념 2 인수분해 공식의 활용

(1) 수의 계산: 인수분해 공식을 이용할 수 있도록 수의 모양을 바꾸어 계산한다.

예 ① $13\times25+13\times75=13(25+75)$

$\qquad\qquad\qquad\quad =13\times100=1300$

② $101^2-202+1=101^2-2\times101\times1+1^2$

$\qquad\qquad\qquad\quad =(101-1)^2=100^2=10000$

③ $78^2-22^2=(78+22)(78-22)$

$\qquad\qquad\quad =100\times56=5600$

(2) 식의 값: 수를 대입할 때, 주어진 식을 인수분해한 후에 대입한다.

예 $x=102$일 때, x^2-4x+4의 값은

$x^2-4x+4=(x-2)^2=(102-2)^2=100^2=10000$

> • 활용에 주로 이용되는 인수분
> 해 공식
> $ma+mb=m(a+b)$
> $a^2+2ab+b^2=(a+b)^2$
> $a^2-2ab+b^2=(a-b)^2$
> $a^2-b^2=(a+b)(a-b)$
>
> • 식에 주어진 값을 대입하여 직
> 접 계산할 수도 있지만, 식을
> 인수분해한 후에 대입하여 계
> 산하면 편리할 때가 많다.

개념 확인 문제 2

인수분해 공식을 이용하여 다음을 계산하시오.

(1) $15\times97-15\times95$

(2) 19^2+38+1

(3) 31^2-62+1

(4) 66^2-34^2

대표 예제

예제 1 복잡한 식의 인수분해

다음 중 $2(x+1)^2+5(x+1)-12$의 인수인 것을 모두 고르면? (정답 2개)

① $x+3$　　② $x+4$　　③ $x+5$

④ $2x-3$　　⑤ $2x-1$

풀이 전략

$x+1=A$로 놓고 인수분해한다.

풀이

$x+1=A$로 놓으면

$2A^2+5A-12=(A+4)(2A-3)$

A 대신에 $x+1$을 대입하면

(주어진 식)$=(x+5)(2x-1)$

따라서 구하는 인수는 $x+5$, $2x-1$

답 ③, ⑤

유제 1

0301-0227

$4a^3b+8a^2b-32ab$를 인수분해하면?

① $2ab(2a-1)(a+4)$　　② $2ab(a-2)(2a+3)$

③ $4ab(a-2)(a-4)$　　④ $4ab(a-2)(a+4)$

⑤ $4ab(a+2)(a-4)$

유제 2

0301-0228

$3(x-2)^2-7(x-2)-6=(3x+a)(x+b)$일 때, 상수 a, b에 대하여 $a+b$의 값은?

① -10　　② -9　　③ -8

④ -7　　⑤ -6

예제 2 인수분해 공식을 이용한 수 또는 식의 계산

$x=4+\sqrt{3}$, $y=4-\sqrt{3}$일 때, x^2-y^2의 값은?

① $4\sqrt{3}$　　② 8　　③ $8\sqrt{3}$

④ 16　　⑤ $16\sqrt{3}$

풀이 전략

x^2-y^2을 인수분해한다.

풀이

$x+y=(4+\sqrt{3})+(4-\sqrt{3})=8$

$x-y=(4+\sqrt{3})-(4-\sqrt{3})=2\sqrt{3}$

따라서

$x^2-y^2=(x+y)(x-y)$

$\qquad\quad=8\times2\sqrt{3}=16\sqrt{3}$

답 ⑤

유제 3

0301-0229

$x=4.65$, $y=1.35$일 때, $x^2+2xy+y^2$의 값은?

① 25　　② 32　　③ 36

④ 40　　⑤ 49

유제 4

0301-0230

$\dfrac{1}{8}\times25^2-\dfrac{1}{8}\times21^2$을 계산하면?

① 21　　② 23　　③ 31

④ 42　　⑤ 46

형성평가

01
0301-0231

다음 중 다항식 x^3-2x^2의 인수가 <u>아닌</u> 것은?

① $x-2$　　　② x　　　③ x^2

④ $x(x-2)$　　　⑤ x^3

02
0301-0232

다항식 $9x^2-30xy+25y^2$이 $(ax+by)^2$으로 인수분해될 때, 상수 a, b에 대하여 $a-b$의 값은? (단, $a>0$)

① 5　　　② 6　　　③ 7

④ 8　　　⑤ 9

03
0301-0233

$4x^2+Ax+36$이 완전제곱식일 때, 양수 A의 값은?

① 16　　　② 20　　　③ 24

④ 28　　　⑤ 30

04
0301-0234

$-16a^2+36b^2$을 인수분해하면?

① $-8(a-3b)(a+3b)$　　　② $-4(2a-3b)(2a+3b)$

③ $-2(2a-3b)(2a+3b)$　　　④ $2(2a-3b)(2a+3b)$

⑤ $4(2a-3b)(2a+3b)$

05
0301-0235

$x^2+6x-16=(x+a)(x+b)$일 때, 상수 a, b에 대하여 $a-b$의 값은? (단, $a>b$)

① 6　　　② 7　　　③ 8

④ 9　　　⑤ 10

06
0301-0236

$8x^2+6x-9$를 인수분해하면 $(2x+a)(4x+b)$일 때, 상수 a, b에 대하여 $a-b$의 값은?

① 6　　　② 7　　　③ 8

④ 9　　　⑤ 10

07
0301-0237

$x+2$가 $x^2+Ax-20$의 인수일 때, 상수 A의 값은?

① -12　　　② -8　　　③ -4

④ 8　　　⑤ 12

08
0301-0238

$x=\sqrt{5}+\sqrt{3}$, $y=\sqrt{5}-\sqrt{3}$일 때, $x^2-2xy+y^2$의 값은?

① 10　　　② 12　　　③ 16

④ 18　　　⑤ 20

중단원 마무리

Level 1

01
0301-0239

다음 중 $x^2(x+y)$의 인수가 <u>아닌</u> 것은?

① x ② $x+y$ ③ y
④ $x(x+y)$ ⑤ x^2

02
0301-0240

다음 중 x^2+6x+9의 인수인 것은?

① $x-6$ ② $x-3$ ③ $x+2$
④ $x+3$ ⑤ $x+6$

03
0301-0241

$x^2+10x+a$가 완전제곱식이 되도록 하는 상수 a의 값은?

① 4   ② 9   ③ 16
④ 25   ⑤ 49

04
0301-0242

$4a^2-49$를 인수분해하면?

① $-4(a+7)(a-7)$ ② $-2(2a+7)(2a-7)$
③ $4(a+7)(a-7)$ ④ $(2a+7)(2a-7)$
⑤ $(4a+7)(4a-7)$

05
0301-0243

$x^2+7x+12$를 인수분해하면?

① $(x-2)(x-6)$ ② $(x-3)(x-4)$
③ $(x+1)(x+12)$ ④ $(x+2)(x+6)$
⑤ $(x+3)(x+4)$

06
0301-0244

$2x^2-5x+2$를 인수분해하면?

① $2(x-1)(x-2)$ ② $(2x-1)(x-2)$
③ $(2x-1)(x+2)$ ④ $(2x+1)(x-2)$
⑤ $(2x+1)(x+2)$

07
0301-0245

$x+2$가 x^2+ax-6의 인수일 때, 상수 a의 값은?

① -3 ② -2 ③ -1
④ 1   ⑤ 2

08
0301-0246

$30\times59-30\times54$를 계산하면?

① 120   ② 140   ③ 150
④ 160   ⑤ 180

Level 2

09

0301-0247

다음 중 $-12x^2y+9xy$의 인수가 <u>아닌</u> 것은?

① $3x$ ② x^2y ③ $4x-3$

④ $x(4x-3)$ ⑤ $y(4x-3)$

10 중요

0301-0248

$(x-2)(x-4)-7(4-x)$가 x의 계수가 1인 두 일차식의 곱으로 인수분해될 때, 두 일차식의 합은?

① $2x-2$ ② $2x-1$ ③ $2x$

④ $2x+1$ ⑤ $2x+2$

11

0301-0249

다음 중 완전제곱식으로 인수분해되는 것은?

① $x^2+4x+16$ ② x^2+6x-9

③ $9x^2-12x+4$ ④ $\dfrac{1}{4}x^2+2xy-4y^2$

⑤ $36x^2-6x+1$

12 중요

0301-0250

$(x-2)(x-6)+k$가 완전제곱식이 되도록 하는 상수 k의 값은?

① 3   ② 4   ③ 5

④ 6   ⑤ 7

13

0301-0251

$25x^2+Ax+16$이 $(5x+B)^2$으로 인수분해될 때, 상수 A, B에 대하여 $A-B$의 값은? (단, $A>0$)

① 30   ② 32   ③ 34

④ 36   ⑤ 38

14 중요

0301-0252

$-3<x<3$일 때, $\sqrt{x^2+6x+9}-\sqrt{x^2-6x+9}$를 간단히 하면?

① $-2x$ ② -6 ③ 6

④ $2x$ ⑤ $2x+6$

15

0301-0253

다음 중 인수분해를 바르게 한 것은?

① $-2x^2+2y^2=2(x-y)(x+y)$

② $x^4-x^2=x(x^3-x)$

③ $4x^2-25=(4x+5)(4x-5)$

④ $3x^2-12y^2=3(x+4y)(x-4y)$

⑤ $4x^3-36x=4x(x+3)(x-3)$

16

0301-0254

$5x^2-45y^2=420$이고, $x-3y=12$일 때, $x+3y$의 값은?

① 5   ② 6   ③ 7

④ 8   ⑤ 9

17
0301-0255

x^2-2x+a가 $(x+4)(x+b)$로 인수분해될 때, 상수 a, b에 대하여 $a+b$의 값은?

① -22 ② -24 ③ -26

④ -28 ⑤ -30

18 중요
0301-0256

다항식 $6x^2-5x-a$가 $2x+1$을 인수로 가질 때, 이 다항식의 다른 한 인수는? (단, a는 상수)

① $3x-7$ ② $3x-5$ ③ $3x-4$

④ $3x-2$ ⑤ $3x-1$

19
0301-0257

$8x^2+4xy-24y^2=a(x+by)(cx+dy)$일 때, 정수 a, b, c, d에 대하여 $a+b+c+d$의 값은? (단, $a>2$)

① 5 ② 6 ③ 7

④ 8 ⑤ 9

20
0301-0258

$4x^2+5x-6$이 x의 계수가 자연수인 두 일차식의 곱으로 인수분해될 때, 두 일차식의 합은?

① $5x-2$ ② $5x-1$ ③ $5x$

④ $5x+1$ ⑤ $5x+2$

21
0301-0259

다음 〈보기〉의 다항식 중 $x-2$를 인수로 갖는 것을 모두 고른 것은?

┤ 보기 ├

ㄱ. $3x^2-x-10$ ㄴ. $x^2+7x+10$

ㄷ. $2x^2-3x-14$ ㄹ. $5x^2-8x-4$

① ㄱ, ㄴ   ② ㄱ, ㄹ   ③ ㄱ, ㄴ, ㄹ

④ ㄱ, ㄷ, ㄹ   ⑤ ㄴ, ㄷ, ㄹ

22
0301-0260

이차식 $Ax^2+11x-15$가 $3x+5$를 인수로 가질 때, 상수 A의 값은?

① 3 ② 6 ③ 9

④ 12 ⑤ 15

23
0301-0261

넓이가 $x^2-2xy-8y^2$인 직사각형의 세로의 길이가 $x+2y$일 때, 이 직사각형의 둘레의 길이는?

① $2(x-y)$ ② $4(x-y)$ ③ $6(x-y)$

④ $2(x+y)$ ⑤ $4(x+y)$

24 중요
0301-0262

두 다항식 $x^2+3x-10$, $2x^2+7x-15$에 공통으로 들어 있는 인수는?

① $x-5$ ② $x-2$ ③ $2x-3$

④ $x+2$ ⑤ $x+5$

25 ⭐중요

0301-0263

이차항의 계수가 1인 어떤 이차식을 인수분해하는데 태완이는 x의 계수를 잘못 보아 $(x-4)(x-5)$로 인수분해하였고, 광호는 상수항을 잘못 보아 $(x-3)(x-9)$로 인수분해하였다. 처음 이차식을 바르게 인수분해하시오.

26

0301-0264

$2(3x+1)^2-3(3x+1)-20$을 인수분해하면 $3(x+a)(bx+c)$일 때, 상수 a, b, c에 대하여 $a-b+c$의 값은?

① -2 ② -1 ③ 0

④ 1 ⑤ 2

27

0301-0265

$x=\dfrac{1}{2-\sqrt{5}}$, $y=\dfrac{1}{2+\sqrt{5}}$ 일 때, $x^2+2xy+y^2$의 값은?

① 12 ② 14 ③ 16

④ 18 ⑤ 20

28

0301-0266

$x=\sqrt{7}-4$일 때, $x^2+8x+12$의 값은?

① 2 ② 3 ③ 4

④ 5 ⑤ 6

Level 3

29

0301-0267

두 다항식 $x^2+8x+16-4y^2$, $(x-2y)^2+(x-2y)-12$에 공통으로 들어 있는 인수가 $x+ay+b$일 때, 정수 a, b에 대하여 $a+b$의 값을 구하시오.

30

0301-0268

한 변의 길이가 $2x+7$인 정사각형에서 가로의 길이를 A만큼 늘이고 세로의 길이를 A만큼 줄였더니 넓이가 $4x^2+28x+45$인 직사각형이 되었다. 이때 양수 A의 값을 구하시오.

31

0301-0269

인수분해 공식을 이용하여 다음을 계산하시오.

$$\left(1-\frac{1}{2^2}\right)\times\left(1-\frac{1}{3^2}\right)\times\left(1-\frac{1}{4^2}\right)\times\cdots\times\left(1-\frac{1}{20^2}\right)$$

서술형으로 중단원 마무리

서술형 예제

0301-0270

$(x-2)(x+7)-10$이 x의 계수가 1인 두 일차식의 곱으로 인수분해될 때, 두 일차식의 합을 구하시오.

풀이

$(x-2)(x+7)-10 = x^2+5x-\boxed{}$

$\qquad\qquad\qquad = (x+8)(x-\boxed{})$

따라서 구하는 두 일차식은 $x+8$, $x-\boxed{}$이므로

두 일차식의 합은 $(x+8)+(x-\boxed{})=2x+\boxed{}$

서술형 유제

0301-0271

$(x+4)(x-6)-11$이 x의 계수가 1인 두 일차식의 곱으로 인수분해될 때, 두 일차식의 합을 구하시오.

풀이

1

$-1 < a < 3$일 때, $\sqrt{a^2-6a+9}+\sqrt{a^2+2a+1}$을 간단히 하시오.

2

다음 등식을 만족시키는 상수 a, b, c에 대하여 $a+b+c$의 값을 구하시오.

$$x^2-16x+64=(x+a)^2$$
$$6x^2-11x-10=(2x+b)(3x+c)$$

3

두 다항식 x^2-7x+a와 $2x^2-bx-12$에 공통으로 들어 있는 인수가 $x-4$일 때, 상수 a, b에 대하여 $a+b$의 값을 구하시오.

4

인수분해 공식을 이용하여 다음을 계산하시오.

$$3^2-5^2+7^2-9^2+11^2-13^2+15^2-17^2$$

III 이차방정식

1

이차방정식의 뜻과 풀이

2

이차방정식의 근의 공식과 활용

이차방정식과 그 해

Ⅲ-1. 이차방정식의 뜻과 풀이

개념 1 ─ 이차방정식

(1) x에 대한 이차방정식: 방정식의 우변에 있는 모든 항을 좌변으로 이항하여 정리한 식이

$$(x에 대한 이차식)=0$$

의 꼴로 나타나는 방정식

> 예 · $2x^2+1=x^2-3x$에서 $x^2+3x+1=0$ ➡ 이차방정식이다.
> · $x^2+2x=x^2-x+1$에서 $3x-1=0$ ➡ 이차방정식이 아니다.

(2) 일반적으로 x에 대한 이차방정식은 다음과 같은 꼴로 나타낼 수 있다.

$$ax^2+bx+c=0 \quad (단,\ a,\ b,\ c는\ 상수,\ a\neq0)$$

> · **방정식**: 미지수의 값에 따라 참 또는 거짓이 되는 등식

개념 확인 문제 1

다음 중 이차방정식인 것에는 '○'를, 아닌 것에는 '×'를 ( ) 안에 써넣으시오.

(1) $x+3=0$ ( ) (2) $x^2+4x-1=0$ ( )

(3) $2x^2-x+3=x^2+1$ ( ) (4) $3x+2=-x^2-2x$ ( )

개념 2 ─ 이차방정식의 해(근)

(1) **이차방정식의 해(근)**: 이차방정식 $ax^2+bx+c=0\ (a\neq0)$을 참이 되게 하는 x의 값

> 예 이차방정식 $x^2-4x+3=0$에
> $x=1$을 대입하면 $1^2-4\times1+3=0$ (참)
> $x=2$를 대입하면 $2^2-4\times2+3\neq0$ (거짓)
> 따라서 $x=1$은 이차방정식 $x^2-4x+3=0$의 해이고, $x=2$는 해가 아니다.

(2) **이차방정식을 푼다**: 이차방정식의 해(근)를 모두 구하는 것

> · x에 대한 이차방정식에서 x의 값의 범위가 주어지지 않으면 그 범위는 실수 전체로 생각한다.

개념 확인 문제 2

다음 [ ] 안의 수가 주어진 이차방정식의 해이면 '○'를, 아니면 '×'를 ( ) 안에 써넣으시오.

(1) $x^2-2x+1=0$ [1] ( ) (2) $x^2-x-6=0$ [-1] ( )

(3) $2x^2+x-6=0$ [2] ( ) (4) $-x^2-3x=0$ [-3] ( )

대표 예제

예제 1 이차방정식

다음 중 이차방정식이 <u>아닌</u> 것은?

① $x^2+x-1=0$

② $2x^2-5x+3=0$

③ $3x^2+x=x^2+5$

④ $2x^2-1=2x(x+3)$

⑤ $-x^2+4x=(x-1)(x-2)$

풀이 전략

모든 항을 좌변으로 이항하여 정리한 후 (이차식)=0의 꼴이 되는지 살펴본다.

풀이

① $x^2+x-1=0$은 이차방정식이다.

② $2x^2-5x+3=0$은 이차방정식이다.

③ $3x^2+x=x^2+5$에서 $2x^2+x-5=0$이므로 이차방정식이다.

④ $2x^2-1=2x(x+3)$에서 $-6x-1=0$이므로 이차방정식이 아니다.

⑤ $-x^2+4x=(x-1)(x-2)$에서 $-2x^2+7x-2=0$이므로 이차방정식이다.

답 ④

유제 1
0301-0276

x에 대한 이차방정식을 〈보기〉에서 모두 고른 것은?

┤ 보기 ├

ㄱ. $x^2-3=x$ ㄴ. $x(x+1)=2x$

ㄷ. $\frac{1}{2}x^2+x=\frac{1}{2}$ ㄹ. $(2x-1)(3x-1)=6x^2$

① ㄱ ② ㄱ, ㄴ ③ ㄴ, ㄹ

④ ㄱ, ㄴ, ㄷ ⑤ ㄱ, ㄷ, ㄹ

유제 2
0301-0277

방정식 $ax^2+3x=2x^2-5$가 이차방정식이 될 때, 상수 a의 값이 될 수 <u>없는</u> 것은?

① 1 ② 2 ③ 3

④ 4 ⑤ 5

예제 2 이차방정식의 해

다음 중 [ ] 안의 수가 주어진 이차방정식의 해인 것은?

① $x(x+3)=0$ [3]

② $x^2-x=0$ [-2]

③ $x^2-6x+7=0$ [0]

④ $(x-3)(x+4)=0$ [4]

⑤ $(x-2)^2-9=0$ [-1]

풀이 전략

주어진 수를 x에 대입하여 등식이 성립하는지 살펴본다.

풀이

① $3\times(3+3)\neq0$

② $(-2)^2-(-2)\neq0$

③ $0^2-6\times0+7\neq0$

④ $(4-3)\times(4+4)\neq0$

⑤ $(-1-2)^2-9=0$

답 ⑤

유제 3
0301-0278

다음 중 $x=2$를 근으로 갖는 이차방정식은?

① $x^2-3x+2=0$

② $x^2+x-2=0$

③ $(x-1)(x+2)=0$

④ $(2x+1)(x+2)=0$

⑤ $x(x-1)+2=0$

유제 4
0301-0279

x의 값이 -2, -1, 0, 1, 2일 때, 이차방정식 $x^2+3x+2=0$의 해를 모두 구하시오.

인수분해를 이용한 이차방정식의 풀이   Ⅲ-1. 이차방정식의 뜻과 풀이

개념 1 $AB=0$의 성질

두 수 또는 두 식 A, B에 대하여
$$AB=0$$이면 $A=0$ 또는 $B=0$

예 $(x-3)(x-4)=0$이면
$$x-3=0 \text{ 또는 } x-4=0 \text{이므로}$$
$$x=3 \text{ 또는 } x=4$$

> • $A=0$ 또는 $B=0$은
> (ⅰ) $A=0$이고 $B=0$
> (ⅱ) $A=0$이고 $B\neq0$
> (ⅲ) $A\neq0$이고 $B=0$
> 중 하나가 성립함을 의미한다.

개념 확인 문제 1

다음은 이차방정식의 해를 구하는 과정이다. □ 안에 알맞은 것을 써넣으시오.

(1) $x(x-4)=0$

$\boxed{}=0$ 또는 $\boxed{}=0$

$x=\boxed{}$ 또는 $x=\boxed{}$

(2) $(x+3)(x-2)=0$

$\boxed{}=0$ 또는 $\boxed{}=0$

$x=\boxed{}$ 또는 $x=\boxed{}$

개념 2   인수분해를 이용한 이차방정식의 풀이

인수분해를 이용하여 이차방정식의 해를 구할 때는 다음과 같은 순서로 한다.
① 주어진 이차방정식을 (이차식)$=0$의 꼴로 정리한다. ➡ $ax^2+bx+c=0$
② 좌변을 인수분해한다. ➡ $a(x-\alpha)(x-\beta)=0$
③ $AB=0$이면 $A=0$ 또는 $B=0$임을 이용한다. ➡ $x-\alpha=0$ 또는 $x-\beta=0$
④ 해를 구한다. ➡ $x=\alpha$ 또는 $x=\beta$

예 이차방정식 $x^2+3x-10=0$에서 좌변을 인수분해하면
$$(x+5)(x-2)=0$$
$$x+5=0 \text{ 또는 } x-2=0$$
따라서 $x=-5$ 또는 $x=2$

> • $acx^2+(ad+bc)x+bd$
> $=(ax+b)(cx+d)$

개념 확인 문제 2

다음은 이차방정식의 해를 구하는 과정이다. □ 안에 알맞은 것을 써넣으시오.

(1) $x^2-3x-4=0$

좌변을 인수분해하면

$(x+\boxed{})(x-\boxed{})=0$

$\boxed{}=0$ 또는 $\boxed{}=0$

$x=\boxed{}$ 또는 $x=\boxed{}$

(2) $x^2+4x-21=0$

좌변을 인수분해하면

$(x+\boxed{})(x-\boxed{})=0$

$\boxed{}=0$ 또는 $\boxed{}=0$

$x=\boxed{}$ 또는 $x=\boxed{}$

개념 3 이차방정식의 중근

이차방정식의 중근: 이차방정식의 두 근이 중복되어 서로 같을 때, 이 근을 중근이라고 한다.

예 이차방정식 $x^2-4x+4=0$을 풀면

$(x-2)(x-2)=0$

$x=2$ 또는 $x=2$

가 되어 두 근이 서로 같다.

이때 $x=2$는 이차방정식 $x^2-4x+4=0$의 중근이다.

용어

重 거듭될 중

根 뿌리 근

개념 확인 문제 3

다음은 이차방정식의 해를 구하는 과정이다. □ 안에 알맞은 것을 써넣으시오.

(1) $x^2-2x+1=0$

$(x-\boxed{})(x-\boxed{})=0$

$x=\boxed{}$ 또는 $x=\boxed{}$

따라서 $x=\boxed{}$

(2) $4x^2-4x+1=0$

$(\boxed{}x-\boxed{})(\boxed{}x-\boxed{})=0$

$x=\boxed{}$ 또는 $x=\boxed{}$

따라서 $x=\boxed{}$

개념 4 이차방정식이 중근을 가질 조건

(1) (완전제곱식)$=0$의 꼴로 나타낼 수 있는 이차방정식은 중근을 갖는다.

예 • $x^2-6x+9=0$에서 $(x-3)^2=0$이므로 $x=3$

• $4x^2+12x+9=0$에서 $(2x+3)^2=0$이므로 $x=-\dfrac{3}{2}$

(2) 이차방정식 $x^2+ax+b=0$에서 $b=\left(\dfrac{a}{2}\right)^2$이면

$x^2+ax+\left(\dfrac{a}{2}\right)^2=0$

$\left(x+\dfrac{a}{2}\right)^2=0$

이므로 좌변이 완전제곱식이 되고, 이 이차방정식은 중근 $x=-\dfrac{a}{2}$를 갖는다.

• 완전제곱식: 다항식의 제곱으로 된 식 또는 이 식에 상수를 곱한 식

예 $(a+b)^2$, $(x-4)^2$, $2(y+3)^2$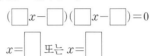

개념 확인 문제 4

다음 이차방정식 중 중근을 갖는 것은 '○'를, 그렇지 않은 것은 '×'를 ( ) 안에 써넣으시오.

(1) $(x-5)^2=0$ ( )

(2) $2x^2+1=0$ ( )

(3) $x^2+4x+4=0$ ( )

(4) $3(x+2)^2=0$ ( )

대표 예제

인수분해를 이용한 이차방정식의 풀이

이차방정식 $x^2-6x+8=0$을 풀면?

① $x=1$ 또는 $x=2$

② $x=1$ 또는 $x=4$

③ $x=2$ 또는 $x=4$

④ $x=-4$ 또는 $x=-2$

⑤ $x=-2$ 또는 $x=4$

[풀이 전략]

좌변을 인수분해한 후 $AB=0$이면 $A=0$ 또는 $B=0$임을 이용한다.

[풀이]

$x^2-6x+8=0$에서

$(x-2)(x-4)=0$

$x-2=0$ 또는 $x-4=0$

따라서 $x=2$ 또는 $x=4$

답 ③

[유제 1]   0301-0280

이차방정식 $x(x+6)=5x+12$를 푸시오.

[유제 2]   0301-0281

이차방정식 $2x^2+4x-6=0$의 두 근이 $x=\alpha$ 또는 $x=\beta$일 때, $\alpha-\beta$의 값은? (단, $\alpha>\beta$)

① 1   ② 2   ③ 3

④ 4   ⑤ 5

예제 2   **한 근이 주어졌을 때 다른 한 근 구하기**

이차방정식 $x^2+ax-6=0$의 한 근이 $x=-2$이고 다른 한 근은 $x=b$일 때, 상수 a, b에 대하여 $a+b$의 값은?

① -3 ② -1 ③ 1

④ 2   ⑤ 3

[풀이 전략]

이차방정식에 주어진 한 근을 대입하여 a의 값을 구하고, 이를 다시 식에 대입하여 이차방정식을 푼다.

[풀이]

주어진 이차방정식에 $x=-2$를 대입하면

$4-2a-6=0$

$-2a=2$, $a=-1$

주어진 이차방정식은 $x^2-x-6=0$이므로

$(x+2)(x-3)=0$

$x=-2$ 또는 $x=3$

따라서 $b=3$이므로

$a+b=-1+3=2$

답 ④

[유제 3]   0301-0282

이차방정식 $x^2+3ax-2a=0$의 한 근이 $x=2$일 때, 다른 한 근은? (단, a는 상수)

① $x=-3$ ② $x=-2$ ③ $x=-1$

④ $x=1$ ⑤ $x=3$

[유제 4]   0301-0283

이차방정식 $x^2+ax-15=0$의 두 근이 $x=3$ 또는 $x=b$일 때, 상수 a, b에 대하여 $a-b$의 값은?

① 5   ② 6   ③ 7

④ 8   ⑤ 9

예제 3 이차방정식의 중근

중근을 갖는 이차방정식을 〈보기〉에서 모두 고른 것은?

┤ 보기 ├
ㄱ. $x^2-9=0$ ㄴ. $5x^2+10x+5=0$
ㄷ. $9x^2-6x+1=0$ ㄹ. $x(x-8)=-16$

① ㄱ, ㄴ   ② ㄱ, ㄹ   ③ ㄴ, ㄷ
④ ㄱ, ㄴ, ㄷ   ⑤ ㄴ, ㄷ, ㄹ

풀이 전략

주어진 식이 (완전제곱식)=0의 꼴로 정리되는지 살펴본다.

풀이

ㄱ. $x^2-9=0$의 좌변은 완전제곱식이 아니므로 중근을 갖지 않는다.
ㄴ. $5x^2+10x+5=0$에서 $x^2+2x+1=0$
    $(x+1)^2=0$이므로 중근을 갖는다.
ㄷ. $9x^2-6x+1=0$에서 $(3x-1)^2=0$이므로 중근을 갖는다.
ㄹ. $x(x-8)=-16$에서 $x^2-8x+16=0$
    $(x-4)^2=0$이므로 중근을 갖는다.
따라서 중근을 갖는 이차방정식은 ㄴ, ㄷ, ㄹ이다.

답 ⑤

유제 5   0301-0284

이차방정식 $4x(x+3)=-9$를 푸시오.

유제 6   0301-0285

이차방정식 $(x+a)^2=0$이 중근 $x=-3$을 갖고 이차방정식 $(x+b)^2=0$이 중근 $x=2$를 가질 때, 상수 a, b에 대하여 $a+b$의 값은?

① -2 ② -1 ③ 0
④ 1 ⑤ 2

예제 4 이차방정식이 중근을 가질 조건

이차방정식 $x^2+6x+k=0$이 중근을 가질 때, 상수 k의 값은?

① 5 ② 6 ③ 7
④ 8 ⑤ 9

풀이 전략

이차방정식 $x^2+ax+b=0$이 중근을 가질 때, $b=\left(\dfrac{a}{2}\right)^2$이다.

풀이

이차방정식 $x^2+6x+k=0$이 중근을 가지므로
$k=\left(\dfrac{6}{2}\right)^2=3^2=9$

답 ⑤

유제 7   0301-0286

이차방정식 $x^2+4x+5-k=0$이 중근을 가질 때, 상수 k의 값은?

① 1 ② 2 ③ 3
④ 4 ⑤ 5

유제 8   0301-0287

이차방정식 $x^2+ax+25=0$이 중근을 가질 때, 양수 a의 값은?

① 8 ② 9 ③ 10
④ 11 ⑤ 12

형성평가 **01. 이차방정식과 그 해, 02. 인수분해를 이용한 이차방정식의 풀이**

01

이차방정식 $(x-1)(x-3)=4$를 $x^2+ax+b=0$의 꼴로 나타낼 때, 상수 a, b에 대하여 $a-b$의 값은?

① -3 ② -2 ③ -1
④ 1 ⑤ 2

02

방정식 $ax^2+3=(x+5)(2x-1)$이 이차방정식이 되기 위한 상수 a의 조건은?

① $a \neq 1$ ② $a \neq 2$ ③ $a \neq 3$
④ $a \neq 4$ ⑤ $a \neq 5$

03

다음 중 $x=3$을 근으로 갖는 이차방정식은?

① $x^2+x+3=0$ ② $x^2-3=0$
③ $x(x-1)-3=0$ ④ $2(x-1)(x-3)=0$
⑤ $3x^2-5=6x$

04

이차방정식 $x^2+ax-10=0$의 한 근이 $x=2$일 때, 상수 a의 값은?

① 1 ② 2 ③ 3
④ 4 ⑤ 5

05

이차방정식 $2x(x+4)=x^2-7$을 풀면?

① $x=-7$ 또는 $x=-1$
② $x=-4$ 또는 $x=1$
③ $x=-2$ 또는 $x=2$
④ $x=1$ 또는 $x=6$
⑤ $x=1$ 또는 $x=7$

06

이차방정식 $x^2+ax-3=0$의 두 근이 $x=-3$ 또는 $x=b$일 때, 상수 a, b에 대하여 $a+b$의 값은?

① 1 ② 2 ③ 3
④ 4 ⑤ 5

07

이차방정식 $(x+3a)(x+a-6)=0$이 $x=b$를 중근으로 가질 때, 상수 a, b에 대하여 $a-b$의 값은?

① -12 ② -6 ③ 0
④ 6 ⑤ 12

08

두 이차방정식
$$x^2+2x+7-2a=0, \quad x^2+(a+1)x+b=0$$
이 모두 중근을 가질 때, 상수 a, b에 대하여 $a+b$의 값은?

① 3 ② 4 ③ 5
④ 6 ⑤ 7

03 완전제곱식을 이용한 이차방정식의 풀이 Ⅲ-1. 이차방정식의 뜻과 풀이

개념 1 제곱근을 이용한 이차방정식 $x^2=k\ (k>0)$의 풀이

(1) 이차방정식 $x^2=k\ (k>0)$에서 x는 k의 제곱근이므로
$$x=\pm\sqrt{k}$$

(2) 일반적으로 $ax^2+c=0\ (a,\ c$는 상수, $ac<0)$과 같은 이차방정식은 $x^2=k\ (k>0)$의 꼴로 고쳐서 푼다.

   예 $3x^2-7=0$에서 $3x^2=7$, $x^2=\dfrac{7}{3}$

      따라서 $x=\pm\sqrt{\dfrac{7}{3}}=\pm\dfrac{\sqrt{21}}{3}$

• $x^2=k$의 해
① $k>0$이면 $x=\pm\sqrt{k}$
② $k=0$이면 $x=0$
③ $k<0$이면 해가 없다.

개념 확인 문제 1

다음은 제곱근을 이용하여 이차방정식의 해를 구하는 과정이다. □ 안에 알맞은 수를 써넣으시오.

(1) $x^2-12=0$

   $x^2=\boxed{}$

   $x=\pm\sqrt{\boxed{}}=\pm\boxed{}\sqrt{\boxed{}}$

(2) $4x^2-5=0$

   $4x^2=\boxed{}$, $x^2=\boxed{}$

   $x=\pm\sqrt{\boxed{}}=\pm\dfrac{\sqrt{5}}{\boxed{}}$

개념 2 제곱근을 이용한 이차방정식 $(x+p)^2=q\ (q>0)$의 풀이

이차방정식 $(x+p)^2=q\ (q>0)$에서 $x+p$는 q의 제곱근이므로
$$x+p=\pm\sqrt{q}$$
$$x=-p\pm\sqrt{q}$$

참고 $x=-p\pm\sqrt{q}$는 $x=-p+\sqrt{q}$ 또는 $x=-p-\sqrt{q}$를 한꺼번에 나타낸 것이다.

예 $(x+2)^2=10$에서 $x+2$는 10의 제곱근이므로
$$x+2=\pm\sqrt{10}$$
    따라서 $x=-2\pm\sqrt{10}$

• $(x+p)^2=q$의 해
① $q>0$이면 $x=-p\pm\sqrt{q}$
② $q=0$이면 $x=-p$
③ $q<0$이면 해가 없다.

개념 확인 문제 2

다음은 제곱근을 이용하여 이차방정식의 해를 구하는 과정이다. □ 안에 알맞은 수를 써넣으시오.

(1) $(x-3)^2=6$

   $x-3=\pm\sqrt{\boxed{}}$

   $x=\boxed{}\pm\sqrt{\boxed{}}$

(2) $3(x+1)^2=9$

   $(x+1)^2=\boxed{}$

   $x+1=\pm\sqrt{\boxed{}}$

   $x=\boxed{}\pm\sqrt{\boxed{}}$

03 완전제곱식을 이용한 이차방정식의 풀이

개념 3 완전제곱식의 꼴로 나타내기

이차방정식 $ax^2+bx+c=0$을 $(x+p)^2=q$의 꼴로 나타낼 수 있다.

예 $3x^2-6x-12=0$

$x^2-2x-4=0$ ① 이차항의 계수를 1로 만든다.

$x^2-2x=4$ ② 상수항을 우변으로 이항한다.

$x^2-2x+1=4+1$ ③ 양변에 $\left(\dfrac{x의\ 계수}{2}\right)^2=\left(\dfrac{-2}{2}\right)^2=1$을 더한다.

$(x-1)^2=5$ ④ 좌변을 완전제곱식으로 고친다.

• $(x+k)^2=x^2+2kx+k^2$에서 상수항은 k^2인데, 이는 x의 계수인 $2k$를 이용하여 $\left(\dfrac{2k}{2}\right)^2=k^2$으로 구할 수 있다.

개념 확인 문제 3

다음은 이차방정식 $ax^2+bx+c=0$을 $(x+p)^2=q$의 꼴로 나타내는 과정이다. □ 안에 알맞은 수를 써넣으시오.

(1) $x^2-2x-9=0$

$x^2-2x=9$

$x^2-2x+\boxed{}=9+\boxed{}$

$(x-\boxed{})^2=\boxed{}$

(2) $4x^2-12x-11=0$

$x^2-3x-\dfrac{11}{4}=0,\ x^2-3x=\dfrac{11}{4}$

$x^2-3x+\boxed{}=\dfrac{11}{4}+\boxed{}$

$\left(x-\boxed{}\right)^2=\boxed{}$

개념 4 완전제곱식을 이용한 이차방정식의 풀이

이차방정식 $ax^2+bx+c=0$의 좌변이 인수분해가 되지 않을 때는 $(x+p)^2=q$의 꼴로 나타낸 후 제곱근을 이용하여 해를 구할 수 있다.

예 $x^2-8x+11=0$에서 $x^2-8x=-11$

$x^2-8x+16=-11+16$

$(x-4)^2=5,\ x-4=\pm\sqrt{5}$

따라서 $x=4\pm\sqrt{5}$

• $(x+p)^2=q\ (q>0)$
  ➡ $x=-p\pm\sqrt{q}$

개념 확인 문제 4

다음은 완전제곱식을 이용하여 이차방정식의 해를 구하는 과정이다. □ 안에 알맞은 수를 써넣으시오.

(1) $x^2-8x-5=0$

$x^2-8x=5$

$x^2-8x+\boxed{}=5+\boxed{}$

$(x-\boxed{})^2=\boxed{}$

$x-\boxed{}=\pm\sqrt{\boxed{}}$

$x=\boxed{}$

(2) $2x^2+8x+3=0$

$x^2+4x+\boxed{}=0,\ x^2+4x=-\dfrac{3}{2}$

$x^2+4x+\boxed{}=-\dfrac{3}{2}+\boxed{}$

$(x+\boxed{})^2=\boxed{},\ x+\boxed{}=\pm\sqrt{\boxed{}}=\pm\dfrac{\sqrt{\boxed{}}}{2}$

$x=\boxed{}$

대표 예제

예제 1 제곱근을 이용한 이차방정식의 풀이

이차방정식 $2(x-1)^2=14$의 해가 $x=a\pm\sqrt{b}$일 때, 유리수 a, b에 대하여 $a+b$의 값은?

① 5　　　　② 6　　　　③ 7

④ 8　　　　⑤ 9

풀이 전략

$(x+p)^2=q$ $(q>0)$에서 $x+p$는 q의 제곱근임을 이용하여 해를 구한다.

풀이

$2(x-1)^2=14$에서

$(x-1)^2=7$

$x-1=\pm\sqrt{7}$

$x=1\pm\sqrt{7}$

따라서 $a=1$, $b=7$이므로 $a+b=8$

답 ④

유제 1　　　　0301-0296

이차방정식 $9x^2-8=0$의 두 근이 α, β일 때, $\alpha-\beta$의 값은?
(단, $\alpha>\beta$)

① $\dfrac{\sqrt{2}}{3}$　　② $\sqrt{2}$　　③ $\dfrac{4\sqrt{2}}{3}$

④ $2\sqrt{2}$　　⑤ $3\sqrt{2}$

유제 2　　　　0301-0297

이차방정식 $3(x+5)^2=24$를 풀면?

① $x=-5\pm\sqrt{2}$　　② $x=-5\pm2\sqrt{2}$

③ $x=-5\pm4\sqrt{2}$　　④ $x=-3\pm\sqrt{2}$

⑤ $x=-3\pm2\sqrt{2}$

예제 2 이차방정식 $(x+p)^2=q$가 해를 가질 조건

x에 대한 이차방정식 $(x+p)^2=q$가 해를 가질 조건은?

① $p=0$　　② $p<0$　　③ $p=q$

④ $q\geq0$　　⑤ $q<0$

풀이 전략

제곱근이 존재하기 위한 조건을 생각한다.

풀이

$(x+p)^2=q$에서 $x+p$는 q의 제곱근이므로 제곱근이 존재하기 위한 조건은 $q\geq0$이다.

답 ④

유제 3　　　　0301-0298

이차방정식 $7x^2-k=0$이 중근을 가질 때, 상수 k의 값은?

① -7　　② -1　　③ 0

④ 1　　⑤ 7

유제 4　　　　0301-0299

다음 중 이차방정식 $(x-3)^2=k+4$가 서로 다른 두 근을 갖도록 하는 상수 k의 값이 될 수 <u>없는</u> 것은?

① -5　　② -3　　③ -1

④ 1　　⑤ 3

대표 예제

예제 3 완전제곱식의 꼴로 나타내기

이차방정식 $x^2+8x-3=0$을 $(x+p)^2=q$의 꼴로 나타낼 때, 상수 p, q에 대하여 $p+q$의 값은?

① 15　　　② 17　　　③ 19
④ 21　　　⑤ 23

풀이 전략

상수항을 우변으로 이항한 후 양변에 $\left(\dfrac{x의\ 계수}{2}\right)^2$을 더하여 정리한다.

풀이

$x^2+8x-3=0$에서 상수항 -3을 우변으로 이항하면

$x^2+8x=3$

$\left(\dfrac{x의\ 계수}{2}\right)^2=\left(\dfrac{8}{2}\right)^2=16$을 양변에 더하면

$x^2+8x+16=3+16$

$(x+4)^2=19$

따라서 $p=4$, $q=19$이므로 $p+q=23$

🔲 ⑤

유제 5

`0301-0300`

이차방정식 $2x^2-12x+8=0$을 $(x+p)^2=q$의 꼴로 나타낼 때, 상수 p, q에 대하여 $p+q$의 값은?

① 1　　　② 2　　　③ 3
④ 4　　　⑤ 5

유제 6

`0301-0301`

이차방정식 $(x+1)(x-3)=4$를 $(x+p)^2=q$의 꼴로 나타낼 때, 상수 p, q에 대하여 $p+q$의 값은?

① 5　　　② 6　　　③ 7
④ 8　　　⑤ 9

예제 4 완전제곱식을 이용한 이차방정식의 풀이

이차방정식 $2x^2+8x-7=0$의 해가 $x=a\pm\sqrt{b}$일 때, 유리수 a, b에 대하여 ab의 값은?

① -15　　　② -9　　　③ -3
④ 3　　　⑤ 9

풀이 전략

완전제곱식의 꼴로 나타낸 후 제곱근을 이용하여 해를 구한다.

풀이

$2x^2+8x-7=0$의 양변을 2로 나누면 $x^2+4x-\dfrac{7}{2}=0$

$x^2+4x=\dfrac{7}{2}$, $x^2+4x+4=\dfrac{7}{2}+4$

$(x+2)^2=\dfrac{15}{2}$, $x+2=\pm\sqrt{\dfrac{15}{2}}$

$x=-2\pm\sqrt{\dfrac{15}{2}}$

따라서 $a=-2$, $b=\dfrac{15}{2}$이므로

$ab=(-2)\times\dfrac{15}{2}=-15$

🔲 ①

유제 7

`0301-0302`

이차방정식 $x^2+2x-5=0$을 풀면?

① $x=-5\pm\sqrt{6}$　　　② $x=-3\pm\sqrt{5}$
③ $x=-1\pm\sqrt{5}$　　　④ $x=-1\pm\sqrt{6}$
⑤ $x=1\pm\sqrt{6}$

유제 8

`0301-0303`

이차방정식 $2x^2+20x+8=0$의 두 근을 α, β라고 할 때, $\alpha+\beta$의 값은?

① -10　　　② -5　　　③ 0
④ 5　　　⑤ 10

형성평가

03. 완전제곱식을 이용한 이차방정식의 풀이

01
0301-0304

다음 중 해가 $x=\pm2\sqrt{6}$인 이차방정식은?

① $x^2=12$ ② $x^2+24=0$
③ $2x^2-12=0$ ④ $2x^2-48=0$
⑤ $3x^2-48=0$

02
0301-0305

이차방정식 $5\left(x-\dfrac{1}{2}\right)^2-40=0$을 풀면?

① $x=-\dfrac{1}{2}\pm\sqrt{2}$ ② $x=-\dfrac{1}{2}\pm2\sqrt{2}$
③ $x=\dfrac{1}{2}\pm2\sqrt{2}$ ④ $x=\dfrac{1}{2}\pm4\sqrt{2}$
⑤ $x=2\pm\dfrac{\sqrt{2}}{2}$

03
0301-0306

이차방정식 $4(x-2)^2=3$의 해가 $x=a\pm\dfrac{\sqrt{b}}{2}$일 때, 유리수 a, b에 대하여 $a+b$의 값은?

① 1 ② 2 ③ 3
④ 4 ⑤ 5

04
0301-0307

이차방정식 $(x-3)^2=a$의 해가 $x=b\pm\sqrt{5}$일 때, 유리수 a, b에 대하여 $a+b$의 값은?

① 8 ② 9 ③ 10
④ 11 ⑤ 12

05
0301-0308

이차방정식 $2(x-1)^2=5-3k$가 서로 다른 두 근을 갖도록 하는 상수 k의 값이 될 수 없는 것은?

① 0 ② $\dfrac{1}{2}$ ③ 1
④ $\dfrac{3}{2}$ ⑤ 2

06
0301-0309

이차방정식 $3x^2-8x+2=0$을 $\left(x-\dfrac{4}{3}\right)^2=k$의 꼴로 나타낼 때, 상수 k의 값은?

① $\dfrac{10}{9}$ ② $\dfrac{11}{9}$ ③ $\dfrac{4}{3}$
④ $\dfrac{13}{9}$ ⑤ $\dfrac{14}{9}$

07
0301-0310

이차방정식 $4x^2-12x+7=0$을 풀면?

① $x=\dfrac{3\pm\sqrt{2}}{4}$ ② $x=\dfrac{3\pm\sqrt{2}}{2}$
③ $x=\dfrac{3\pm2\sqrt{2}}{4}$ ④ $x=3\pm\sqrt{2}$
⑤ $x=4\pm\sqrt{2}$

08
0301-0311

이차방정식 $2x^2-8x=a$를 완전제곱식을 이용하여 풀었더니 해가 $x=b\pm\sqrt{5}$일 때, 유리수 a, b에 대하여 $a+b$의 값은?

① 1 ② 2 ③ 3
④ 4 ⑤ 5

중단원 마무리

Level 1

01
0301-0312

다음 중 x에 대한 이차방정식이 <u>아닌</u> 것은?

① $x^2+4x=-x^2+1$
② $(x+3)(x-4)=0$
③ $\frac{3}{2}x^2-4x-1=0$
④ $\frac{x^2+2}{3}=0$
⑤ $2x(x+1)=2x^2$

02
0301-0313

x의 값이 -2, -1, 0, 1, 2, 3일 때, 다음 중 이차방정식 $x^2-x-6=0$의 해는?

① $x=-1$
② $x=0$
③ $x=1$
④ $x=-2$ 또는 $x=3$
⑤ $x=2$ 또는 $x=3$

03
0301-0314

다음 이차방정식 중 두 근이 $x=-3$ 또는 $x=6$인 것은?

① $(x-3)(x-6)=0$
② $(x+3)(x-6)=0$
③ $(x-3)(x+6)=0$
④ $(x+3)(x+6)=0$
⑤ $3(x+1)(x-2)=0$

04
0301-0315

이차방정식 $x^2-x-20=0$을 풀면?

① $x=-5$ 또는 $x=4$
② $x=-4$ 또는 $x=5$
③ $x=-2$ 또는 $x=10$
④ $x=2$ 또는 $x=10$
⑤ $x=4$ 또는 $x=5$

05
0301-0316

다음 이차방정식 중 중근을 갖지 <u>않는</u> 것은?

① $x^2-1=0$
② $(x-1)^2=0$
③ $(x+3)^2=0$
④ $x^2+4x+4=0$
⑤ $x^2-14x+49=0$

06
0301-0317

이차방정식 $(x-4)^2-6=0$의 해가 $x=a\pm\sqrt{b}$일 때, 유리수 a, b에 대하여 $a+b$의 값은?

① 7
② 8
③ 9
④ 10
⑤ 11

07
0301-0318

이차방정식 $x^2-10x+5=0$을 $(x+p)^2=q$의 꼴로 바르게 나타낸 것은?

① $(x-10)^2=20$
② $(x-5)^2=20$
③ $(x-1)^2=15$
④ $(x+5)^2=10$
⑤ $(x+10)^2=20$

08
0301-0319

다음은 완전제곱식을 이용하여 이차방정식 $x^2+4x+1=0$의 해를 구하는 과정이다. 유리수 a, b에 대하여 $a+b$의 값은?

$$x^2+4x+1=0에서\ x^2+4x+a=-1+a$$
$$(x+2)^2=-1+a$$
$$x=b\pm\sqrt{3}$$

① -1
② 0
③ 1
④ 2
⑤ 3

Level 2

09

0301-0320

이차방정식 $2x(3x-1)=x+5$를 $6x^2+ax+b=0$의 꼴로 나타낼 때, 상수 a, b에 대하여 $a+b$의 값은?

① -8 ② -7 ③ -6

④ -5 ⑤ -4

10

0301-0321

방정식 $3x(ax+1)=-6x^2+4$가 x에 대한 이차방정식이 되기 위한 상수 a의 조건은?

① $a\neq-3$ ② $a\neq-2$ ③ $a\neq-1$

④ $a\neq0$ ⑤ $a\neq1$

11 중요

0301-0322

이차방정식 $2x^2-3ax+2a-4=0$의 한 근이 $x=3$일 때, 상수 a의 값은?

① 1   ② 2   ③ 3

④ 4   ⑤ 5

12

0301-0323

$x=-1$이 이차방정식 $x^2+ax+2a=0$의 근이면서 $3x^2+bx+2a=0$의 근일 때, 상수 a, b에 대하여 $a+b$의 값은?

① -2 ② -1 ③ 0

④ 1   ⑤ 2

13

0301-0324

다음 이차방정식 중 두 근의 합이 4인 것은?

① $x(x+4)=0$ ② $(x-1)(x-4)=0$

③ $(x-4)(x+4)=0$ ④ $(x-5)(x-1)=0$

⑤ $(x-6)(x+2)=0$

14 중요

0301-0325

이차방정식 $2x^2-x-6=0$을 풀면?

① $x=-\dfrac{3}{2}$ 또는 $x=2$ ② $x=-1$ 또는 $x=2$

③ $x=1$ 또는 $x=2$ ④ $x=1$ 또는 $x=3$

⑤ $x=3$ 또는 $x=6$

15

0301-0326

이차방정식 $6x^2+7x+2=0$의 두 근을 α, β라고 할 때, $\alpha-\beta$의 값은? (단, $\alpha>\beta$)

① $\dfrac{1}{2}$ ② $\dfrac{1}{3}$ ③ $\dfrac{1}{4}$

④ $\dfrac{1}{5}$ ⑤ $\dfrac{1}{6}$

16 중요

0301-0327

이차방정식 $3x^2+(a+1)x-a=0$의 한 근이 $x=-3$일 때, 다른 한 근은? (단, a는 상수)

① $x=\dfrac{1}{3}$ ② $x=\dfrac{2}{3}$ ③ $x=1$

④ $x=\dfrac{4}{3}$ ⑤ $x=\dfrac{5}{3}$

17

0301-0328

이차방정식 $x^2-2x-3=0$의 두 근 중 작은 근이 이차방정식 $3x^2+(2a+1)x+a=0$의 한 근일 때, 상수 a의 값은?

① -1 ② 0 ③ 1
④ 2 ⑤ 3

18

0301-0329

이차방정식 $x^2+ax+b=0$이 중근 $x=3$을 가질 때, 상수 a, b에 대하여 $a+b$의 값은?

① 1 ② 2 ③ 3
④ 4 ⑤ 5

19 중요

0301-0330

이차방정식 $x^2-4x+3k-2=0$이 중근을 가질 때, 상수 k의 값은?

① 1 ② 2 ③ 3
④ 4 ⑤ 5

20

0301-0331

이차방정식 $x^2+8x+a=0$이 중근 $x=b$를 가질 때, 상수 a, b에 대하여 $a+b$의 값은?

① 10 ② 11 ③ 12
④ 13 ⑤ 14

21 중요

0301-0332

이차방정식 $4(x+2)^2-12=0$의 해가 $x=a\pm\sqrt{b}$일 때, 유리수 a, b에 대하여 ab의 값은?

① -6 ② -4 ③ -2
④ 2 ⑤ 4

22

0301-0333

이차방정식 $2(x+a)^2=10$의 해가 $x=2\pm\sqrt{b}$일 때, 유리수 a, b에 대하여 $b-a$의 값은?

① 1 ② 3 ③ 5
④ 7 ⑤ 9

23

0301-0334

x에 대한 이차방정식 $(x+p)^2=q$에 대한 설명으로 옳은 것을 〈보기〉에서 모두 고른 것은?

┌ 보기 ├
ㄱ. $p>0$이면 부호가 같은 두 근을 갖는다.
ㄴ. $q>0$이면 서로 다른 두 근을 갖는다.
ㄷ. $q=0$이면 중근을 갖는다.

① ㄱ   ② ㄷ   ③ ㄱ, ㄴ
④ ㄴ, ㄷ   ⑤ ㄱ, ㄴ, ㄷ

24

0301-0335

이차방정식 $4(x+3)^2=7-2k$가 서로 다른 두 근을 갖도록 하는 정수 k의 값 중 가장 큰 것은?

① -3 ② -1 ③ 1
④ 3 ⑤ 5

25

0301-0336

이차방정식 $x^2+6x-4=0$을 $(x+p)^2=q$의 꼴로 나타낼 때, 상수 p, q에 대하여 $q-p$의 값은?

① 6   ② 7   ③ 8
④ 9   ⑤ 10

26

0301-0337

이차방정식 $x^2-3x+a=0$을 $(x+b)^2=2$의 꼴로 나타낼 때, 상수 a, b에 대하여 $a+b$의 값은?

① $-\dfrac{5}{4}$ ② $-\dfrac{3}{4}$ ③ $-\dfrac{1}{4}$
④ $\dfrac{1}{4}$ ⑤ $\dfrac{3}{4}$

27 ⭐중요

0301-0338

이차방정식 $2x^2-8x+5=0$을 $(x-2)^2=a$의 꼴로 나타내어 풀었더니 해가 $x=\dfrac{4\pm\sqrt{b}}{2}$일 때, 유리수 a, b에 대하여 ab의 값은?

① 9   ② 10   ③ 11
④ 12   ⑤ 13

28

0301-0339

이차방정식 $x^2+12x-a=0$을 완전제곱식을 이용하여 풀었더니 해가 $x=b\pm2\sqrt{3}$일 때, 유리수 a, b에 대하여 $a+b$의 값은?

① -36 ② -30 ③ -24
④ -18 ⑤ -12

Level 3

29

0301-0340

이차방정식 $x^2-3ax+a+3=0$의 x의 계수와 상수항을 바꾸어 놓고 이차방정식을 풀었더니 한 근이 $x=-6$이었다. 처음 이차방정식의 해를 구하시오. (단, a는 상수)

30

0301-0341

x에 대한 이차방정식 $(3a+1)x^2-a(a+1)x+a+2=0$의 한 근이 $x=2$일 때, 상수 a의 값을 구하시오. (단, $a<0$)

31

0301-0342

이차방정식 $2(x-7)^2=30k$의 두 근이 모두 정수가 되도록 하는 가장 작은 자연수 k의 값을 구하시오.

서술형으로 중단원 마무리

0301-0343

서술형 예제

이차방정식 $x^2+2ax+5-a=0$의 한 근이 $x=2$일 때, 다른 한 근을 구하시오. (단, a는 상수)

풀이

$x^2+2ax+5-a=0$에 $x=2$를 대입하면

$4+4a+5-a=0$

$3a=\boxed{}$, $a=-3$

$a=-3$을 주어진 이차방정식에 대입하면

$x^2-\boxed{}x+\boxed{}=0$

$(x-2)(x-\boxed{})=0$

$x=2$ 또는 $x=\boxed{}$

따라서 다른 한 근은 $x=\boxed{}$이다.

0301-0344

서술형 유제

이차방정식 $(a-1)x^2-(2a+1)x+6=0$의 한 근이 $x=3$일 때, 다른 한 근을 구하시오. (단, a는 상수)

풀이

1

0301-0345

이차방정식 $(x+2)(2x-3)=-x^2+7$을 $ax^2+x+b=0$의 꼴로 나타낼 때, 상수 a, b에 대하여 $a+b$의 값을 구하시오.

2

0301-0346

이차방정식 $(2x-3)(x+1)=3$의 해를 인수분해를 이용하여 구하시오.

3

0301-0347

이차방정식 $x^2+8x+24-a=0$이 중근 $x=b$를 가질 때, 상수 a, b에 대하여 ab의 값을 구하시오.

4

0301-0348

이차방정식 $2x^2-4x+1=0$의 해를 완전제곱식을 이용하여 구하시오.

이차방정식의 근의 공식 $\ \mathbb{III}-2.$ 이차방정식의 근의 공식과 활용

개념 1 이차방정식의 근의 공식

이차방정식 $ax^2+bx+c=0\ (a\neq 0)$의 근은

$$x=\frac{-b\pm\sqrt{b^2-4ac}}{2a}\ (\text{단},\ b^2-4ac\geq 0)$$

예 $2x^2+5x+1=0$에서 $a=2$, $b=5$, $c=1$이므로

$$x=\frac{-5\pm\sqrt{5^2-4\times 2\times 1}}{2\times 2}=\frac{-5\pm\sqrt{17}}{4}$$

참고 x의 계수가 짝수인 이차방정식 $ax^2+2b'x+c=0$의 근은

$$x=\frac{-b'\pm\sqrt{b'^2-ac}}{a}\ (\text{단},\ b'^2-ac\geq 0)$$

〈근의 공식 확인〉
$$ax^2+bx+c=0$$
$$x^2+\frac{b}{a}x+\frac{c}{a}=0$$
$$x^2+\frac{b}{a}x=-\frac{c}{a}$$
$$x^2+\frac{b}{a}x+\left(\frac{b}{2a}\right)^2=-\frac{c}{a}+\left(\frac{b}{2a}\right)^2$$
$$\left(x+\frac{b}{2a}\right)^2=\frac{b^2-4ac}{4a^2}$$
$$x+\frac{b}{2a}=\pm\frac{\sqrt{b^2-4ac}}{2a}$$
$$x=\frac{-b\pm\sqrt{b^2-4ac}}{2a}$$

• $ax^2+2b'x+c=0$에서
$$x=\frac{-2b'\pm\sqrt{(2b')^2-4ac}}{2a}$$
$$=\frac{-2b'\pm\sqrt{4b'^2-4ac}}{2a}$$
$$=\frac{-2b'\pm 2\sqrt{b'^2-ac}}{2a}$$
$$=\frac{-b'\pm\sqrt{b'^2-ac}}{a}$$

개념 확인 문제 1

다음은 근의 공식을 이용하여 이차방정식의 해를 구하는 과정이다. □ 안에 알맞은 수를 써넣으시오.

(1) $x^2-3x-2=0$에서 $a=\boxed{}$, $b=\boxed{}$, $c=\boxed{}$이므로

$$x=\frac{\boxed{}\pm\sqrt{(-3)^2-4\times 1\times(\boxed{})}}{2\times 1}$$
$$=\frac{\boxed{}\pm\sqrt{\boxed{}}}{2}$$

(2) $2x^2+3x-3=0$에서 $a=\boxed{}$, $b=\boxed{}$, $c=\boxed{}$이므로

$$x=\frac{\boxed{}\pm\sqrt{3^2-4\times\boxed{}\times(-3)}}{2\times 2}$$
$$=\frac{\boxed{}\pm\sqrt{\boxed{}}}{4}$$

개념 2 복잡한 이차방정식의 풀이

(1) **계수가 소수이거나 분수인 이차방정식의 경우:** 양변에 적당한 수를 곱하여 모든 계수를 정수로 고쳐서 푼다.

(2) **괄호가 있는 이차방정식의 경우:** 괄호를 풀고 식을 전개하여 $ax^2+bx+c=0$의 꼴로 정리하여 푼다.

(3) **공통부분이 있는 이차방정식의 경우:** 공통부분을 한 문자로 놓고 푼다.

• 계수가 소수일 때
  : 양변에 10, 100, …을 곱한다.
• 계수가 분수일 때
  : 양변에 분모의 최소공배수를 곱한다.

개념 확인 문제 2

다음은 이차방정식의 해를 구하는 과정이다. □ 안에 알맞은 수를 써넣으시오.

(1) $\frac{1}{2}x^2+\frac{5}{6}x-\frac{1}{3}=0$의 양변에 $\boxed{}$을 곱하면

$$3x^2+5x-\boxed{}=0$$
$$(x+\boxed{})(3x-\boxed{})=0$$
$$x=\boxed{}\ \text{또는}\ x=\boxed{}$$

(2) $2(x-3)(x+1)=(x-1)^2$의 양변을 전개하면

$$2x^2-\boxed{}x-6=x^2-2x+\boxed{}$$
$$x^2-2x-\boxed{}=0$$
$$x=\frac{1\pm\sqrt{\boxed{}}}{1}=\boxed{}\pm 2\sqrt{\boxed{}}$$

개념 **3** 이차방정식의 근의 개수

이차방정식 $ax^2+bx+c=0$ $(a\neq0)$의 근은

$$x=\frac{-b\pm\sqrt{b^2-4ac}}{2a}$$

이므로 근의 개수는 b^2-4ac의 부호에 따라 결정된다.

(1) $b^2-4ac>0$이면 서로 다른 두 근을 갖는다. ➡ 근이 2개

(2) $b^2-4ac=0$이면 중근을 갖는다. ➡ 근이 1개

(3) $b^2-4ac<0$이면 근이 없다. ➡ 근이 0개

• $b^2-4ac>0$이면

$$x=\frac{-b+\sqrt{b^2-4ac}}{2a}$$

또는 $x=\frac{-b-\sqrt{b^2-4ac}}{2a}$

로 서로 다른 두 근이다.

개념 확인 문제 **3**

다음은 이차방정식의 근의 개수를 구하는 과정이다. □ 안에 알맞은 것을 써넣으시오.

(1) $2x^2-3x-2=0$에서

$a=\square$, $b=\square$, $c=\square$이므로

$b^2-4ac\ \square\ 0$이다.

따라서 근의 개수는 $\square$개이다.

(2) $x^2-x+2=0$에서

$a=\square$, $b=\square$, $c=\square$이므로

$b^2-4ac\ \square\ 0$이다.

따라서 근의 개수는 $\square$개이다.

개념 **4** 이차방정식 구하기

(1) 두 근이 α, β이고 x^2의 계수가 a인 이차방정식

➡ $a(x-\alpha)(x-\beta)=0$

예 두 근이 2, -3이고 x^2의 계수가 $\frac{1}{2}$인 이차방정식은

$$\frac{1}{2}(x-2)(x+3)=0$$

(2) 중근이 α이고 x^2의 계수가 a인 이차방정식

➡ $a(x-\alpha)^2=0$

예 중근이 5이고 x^2의 계수가 -2인 이차방정식은

$$-2(x-5)^2=0$$

• 두 근이 α, β인 이차방정식은 무수히 많으므로 x^2의 계수를 꼭 확인한다.

예 $(x-\alpha)(x-\beta)=0$
$2(x-\alpha)(x-\beta)=0$
$3(x-\alpha)(x-\beta)=0$
⋮

개념 확인 문제 **4**

다음은 x^2의 계수와 근이 주어질 때 이를 만족시키는 이차방정식을 구하는 과정이다. □ 안에 알맞은 수를 써넣으시오.

(1) x^2의 계수가 3, 두 근이 2, 5

➡ $\square(x-\square)(x-\square)=0$

$3x^2-\square x+\square=0$

(2) x^2의 계수가 2, 중근 -1

➡ $\square(x+\square)^2=0$

$2(x^2+\square x+\square)=0$

$2x^2+\square x+\square=0$

대표 예제

예제 1 이차방정식의 근의 공식

이차방정식 $2x^2+7x-1=0$의 근이 $x=\dfrac{-7\pm\sqrt{a}}{4}$일 때, 유리수 a의 값은?

① 55   ② 56   ③ 57
④ 58   ⑤ 59

풀이 전략

이차방정식 $ax^2+bx+c=0$ $(a\neq0)$의 근은
$x=\dfrac{-b\pm\sqrt{b^2-4ac}}{2a}$임을 이용한다. (단, $b^2-4ac\geq0$)

풀이

근의 공식을 이용하면
$x=\dfrac{-7\pm\sqrt{7^2-4\times2\times(-1)}}{2\times2}$
$=\dfrac{-7\pm\sqrt{49+8}}{4}$
$=\dfrac{-7\pm\sqrt{57}}{4}$
따라서 $a=57$

답 ③

유제 1
0301-0349

이차방정식 $3x^2-5x+a=0$의 근이 $x=\dfrac{5\pm\sqrt{13}}{6}$일 때, 유리수 a의 값은?

① 1   ② 2   ③ 3
④ 4   ⑤ 5

유제 2
0301-0350

이차방정식 $2x^2-8x+7=0$의 근이 $x=a\pm\dfrac{\sqrt{2}}{2}$일 때, 유리수 a의 값은?

① 1   ② 2   ③ 3
④ 4   ⑤ 5

예제 2 복잡한 이차방정식의 풀이

이차방정식 $\dfrac{1}{5}x^2+\dfrac{1}{10}x-\dfrac{3}{10}=0$을 풀면?

① $x=-\dfrac{5}{2}$ 또는 $x=-\dfrac{3}{2}$

② $x=-\dfrac{3}{2}$ 또는 $x=1$

③ $x=-1$ 또는 $x=2$

④ $x=-1$ 또는 $x=3$

⑤ $x=1$ 또는 $x=5$

풀이 전략

계수가 분수이면 양변에 분모의 최소공배수를 곱하여 모든 계수를 정수로 고쳐서 푼다.

풀이

주어진 이차방정식의 양변에 10을 곱하면
$2x^2+x-3=0$
$(2x+3)(x-1)=0$
$x=-\dfrac{3}{2}$ 또는 $x=1$

답 ②

유제 3
0301-0351

이차방정식 $0.5x^2-2.5x+3=0$의 두 근을 α, β라고 할 때, $\alpha-\beta$의 값은? (단, $\alpha>\beta$)

① $\dfrac{1}{10}$ ② $\dfrac{1}{5}$ ③ $\dfrac{1}{2}$
④ 1   ⑤ 2

유제 4
0301-0352

이차방정식 $(x-1)(2x-3)=(2x-1)^2$의 두 근의 합은?

① $-\dfrac{1}{2}$ ② $-\dfrac{1}{4}$ ③ 0
④ $\dfrac{1}{4}$ ⑤ $\dfrac{1}{2}$

예제 **3** 이차방정식의 근의 개수

다음 이차방정식 중 근의 개수가 나머지 넷과 다른 하나는?

① $x^2-6=0$

② $x^2-2x-1=0$

③ $x^2=4(x-1)$

④ $3x^2+x=0.5$

⑤ $x^2-\dfrac{3}{2}x+\dfrac{1}{2}=0$

풀이 전략

이차방정식 $ax^2+bx+c=0$ $(a\neq0)$에서 b^2-4ac의 부호를 이용하여 근의 개수를 살펴본다.

풀이

① $x^2-6=0$에서 $0^2-4\times1\times(-6)=24>0$이므로 근의 개수는 2개이다.

② $x^2-2x-1=0$에서 $(-2)^2-4\times1\times(-1)=8>0$이므로 근의 개수는 2개이다.

③ $x^2-4x+4=0$에서 $(-4)^2-4\times1\times4=0$이므로 근의 개수는 1개이다.

④ $6x^2+2x-1=0$에서 $2^2-4\times6\times(-1)=28>0$이므로 근의 개수는 2개이다.

⑤ $2x^2-3x+1=0$에서 $(-3)^2-4\times2\times1=1>0$이므로 근의 개수는 2개이다.

📄 ③

유제 **5**

`0301-0353`

다음 이차방정식 중 서로 다른 두 근을 갖는 것은?

① $x^2-4x+5=0$

② $x^2+3x+18=0$

③ $(x-1)(x+1)=4x-5$

④ $x^2-\dfrac{1}{2}=\dfrac{1}{3}x$

⑤ $2x^2-0.1x+0.1=0$

유제 **6**

`0301-0354`

이차방정식 $3x^2-6x+k-3=0$이 중근을 가질 때, 상수 k의 값은?

① 3   ② 4   ③ 5

④ 6   ⑤ 7

예제 **4** 이차방정식 구하기

이차방정식 $3x^2+ax+b=0$의 두 근이 -1, 2일 때, 상수 a, b에 대하여 $a+b$의 값은?

① -10 ② -9 ③ -8

④ -7 ⑤ -6

풀이 전략

두 근이 α, β이고 x^2의 계수가 a인 이차방정식은 $a(x-\alpha)(x-\beta)=0$임을 이용한다.

풀이

두 근이 -1, 2이고 x^2의 계수가 3인 이차방정식은

$3(x+1)(x-2)=0$

$3(x^2-x-2)=0$

$3x^2-3x-6=0$

따라서 $a=-3$, $b=-6$이므로 $a+b=-9$

📄 ②

유제 **7**

`0301-0355`

이차방정식 $2x(x+a)=b$의 두 근이 -2, 1일 때, 상수 a, b에 대하여 $a+b$의 값은?

① 1   ② 2   ③ 3

④ 4   ⑤ 5

유제 **8**

`0301-0356`

이차방정식 $4x^2+ax+b=0$이 중근 1을 가질 때, 상수 a, b에 대하여 $a+b$의 값은?

① -5 ② -4 ③ -3

④ -2 ⑤ -1

01
0301-0357

이차방정식 $3x^2+4x-2=0$의 근이 $x=\dfrac{b\pm\sqrt{10}}{a}$일 때, 유리수 a, b에 대하여 $a+b$의 값은?

① 1   ② 2   ③ 3
④ 4   ⑤ 5

02
0301-0358

이차방정식 $2x^2-4x+a=0$의 근이 $x=b\pm\dfrac{\sqrt{6}}{2}$일 때, 유리수 a, b에 대하여 $a+b$의 값은?

① -2 ② -1 ③ 0
④ 1   ⑤ 2

03
0301-0359

이차방정식 $\dfrac{(x+1)(x-3)}{3}=\dfrac{x^2+x}{4}$의 두 근의 차는?

① 5   ② 7   ③ 9
④ 11   ⑤ 13

04
0301-0360

이차방정식 $(x+3)^2-15=2(x+3)$의 두 근을 α, β라고 할 때, $3\alpha+\beta$의 값은? (단, $\alpha>\beta$)

① -2 ② -1 ③ 0
④ 1   ⑤ 2

05
0301-0361

이차방정식 $x^2+4x+k-8=0$이 서로 다른 두 근을 갖도록 하는 가장 큰 정수 k의 값은?

① 10   ② 11   ③ 12
④ 13   ⑤ 14

06
0301-0362

이차방정식 $x^2+5x-7=0$의 근의 개수를 a개, $2x^2-6x+\dfrac{9}{2}=0$의 근의 개수를 b개라고 할 때, $a+b$의 값은?

① 0   ② 1   ③ 2
④ 3   ⑤ 4

07
0301-0363

두 근이 -2, 3이고 x^2의 계수가 1인 이차방정식이 $ax^2+bx+c=0$일 때, 상수 a, b, c에 대하여 abc의 값은?

① -3 ② -2 ③ 4
④ 6   ⑤ 8

08
0301-0364

이차방정식 $2x^2-8x+k=0$이 중근을 가질 때, 상수 k에 대하여 k, $k-4$를 두 근으로 하고 x^2의 계수가 1인 이차방정식은?

① $x^2-12x+8=0$ ② $x^2-12x+32=0$
③ $x^2-6x+12=0$ ④ $x^2-4x+8=0$
⑤ $x^2-4x+32=0$

02 이차방정식의 활용   Ⅲ-2. 이차방정식의 근의 공식과 활용

이차방정식의 활용 문제는 다음과 같은 순서로 푼다.

(1) 미지수 정하기
문제를 정확히 파악하고 구하고자 하는 것을 미지수 x로 놓는다.

↓

(2) 방정식 세우기
문제의 뜻에 맞게 이차방정식을 세운다.

↓

(3) 방정식 풀기
인수분해, 제곱근, 근의 공식 등을 이용하여 해를 구한다.

↓

(4) 확인하기
구한 해가 문제의 뜻에 맞는지 확인한다.

예 연속하는 두 자연수의 제곱의 합이 85일 때, 두 자연수를 구하시오.

(1) 미지수 정하기
연속하는 두 자연수를 x, $x+1$이라고 하자.

↓

(2) 방정식 세우기
두 자연수의 제곱의 합이 85이므로 $x^2+(x+1)^2=85$

↓

(3) 방정식 풀기
이차방정식을 정리하면 $x^2+x-42=0$ $(x+7)(x-6)=0$ $x=-7$ 또는 $x=6$ $x>0$이므로 $x=6$

↓

(4) 확인하기
두 자연수가 6, 7일 때, $6^2+7^2=36+49=85$가 성립한다.

• 이차방정식의 해가 모두 답이 되는 것은 아니므로 해가 문제의 뜻이나 상황에 맞는지 반드시 확인한다.

개념 확인 문제 1

다음은 어떤 자연수에서 4를 뺀 다음 제곱한 수는 이 자연수보다 26만큼 크다고 할 때, 어떤 자연수를 구하는 과정이다. □ 안에 알맞은 수를 써넣으시오.

어떤 자연수를 x라고 하자.
어떤 자연수에서 4를 뺀 것은 $x-4$이고, 어떤 자연수보다 26만큼 큰 수는 $x+26$이므로
$(x-\boxed{})^2=x+\boxed{}$
이차방정식을 정리하면
$x^2-\boxed{}x-\boxed{}=0$
$(x+\boxed{})(x-\boxed{})=0$
$x=\boxed{}$ 또는 $x=\boxed{}$
이때 $x>0$이므로 $x=\boxed{}$
구하는 자연수가 $\boxed{}$일 때, $(\boxed{}-4)^2=\boxed{}+26=36$이 성립한다.

대표 예제

예제 1 이차방정식의 활용 – 도형

넓이가 500 m^2인 직사각형 모양의 정원이 있다. 이 정원의 가로의 길이가 세로의 길이보다 5 m만큼 더 길 때, 세로의 길이를 구하시오.

(풀이 전략)
세로의 길이가 x m일 때 가로의 길이는 $(x+5)$ m임을 이용한다.

(풀이)
세로의 길이를 x m라고 하면 가로의 길이는 $(x+5)$ m이다.
넓이가 500 m^2이므로
$x(x+5)=500$
$x^2+5x-500=0$
$(x+25)(x-20)=0$
$x=-25$ 또는 $x=20$
이때 $x>0$이므로 $x=20$
따라서 세로의 길이는 20 m이다.
세로의 길이가 20 m, 가로의 길이가 25 m이면 그 넓이는
$20 \times 25=500 \text{ (m}^2)$가 된다.

🖺 20 m

유제 1   0301-0365

둘레의 길이가 40 cm이고 넓이가 96 cm^2인 직사각형의 가로의 길이가 세로의 길이보다 더 길 때, 가로의 길이는?

① 10 cm ② 11 cm ③ 12 cm
④ 13 cm ⑤ 14 cm

유제 2   0301-0366

밑변의 길이와 높이가 같은 삼각형이 있다. 이 삼각형의 밑변의 길이를 3 cm, 높이를 2 cm만큼 늘였더니 그 넓이가 처음 삼각형의 넓이의 2배가 되었다. 이때 처음 삼각형의 밑변의 길이는?

① 3 cm ② 4 cm ③ 5 cm
④ 6 cm ⑤ 7 cm

예제 2 이차방정식의 활용 – 실생활

지민이는 동생보다 6살이 더 많고 동생의 나이의 제곱은 지민이의 나이의 3배와 같다고 한다. 이때 지민이의 나이를 구하시오.

(풀이 전략)
지민이의 나이를 x살이라고 하면 동생의 나이는 $(x-6)$살임을 이용한다.

(풀이)
지민이의 나이를 x살이라고 하면 동생의 나이는 $(x-6)$살이므로
$(x-6)^2=3x$
$x^2-15x+36=0$
$(x-3)(x-12)=0$
$x=3$ 또는 $x=12$
이때 $x>6$이므로 $x=12$
따라서 지민이의 나이는 12살이다.
지민이가 12살, 동생이 6살이면 $6^2=3 \times 12$가 성립한다.

🖺 12살

유제 3   0301-0367

이번 달 달력에서 일주일 전 날짜와 오늘 날짜를 제곱하여 더하였더니 289가 될 때, 오늘 날짜는 며칠인지 구하시오.

유제 4   0301-0368

사탕 96개를 몇 명의 학생에게 남김없이 똑같이 나누어 주려고 한다. 한 학생이 받는 사탕의 수는 학생 수보다 4만큼 작다고 할 때, 학생은 모두 몇 명인가?

① 11명   ② 12명   ③ 13명
④ 14명   ⑤ 15명

형성평가

01
0301-0369

두 자연수의 차가 6이고 곱이 112일 때, 두 자연수의 합은?

① 20   ② 21   ③ 22
④ 23   ⑤ 24

02
0301-0370

n각형의 대각선의 개수가 $\dfrac{n(n-3)}{2}$일 때, 대각선의 개수가 54인 다각형은?

① 팔각형   ② 구각형   ③ 십각형
④ 십일각형   ⑤ 십이각형

03
0301-0371

연속한 세 자연수가 있다. 가장 큰 수와 가장 작은 수를 각각 제곱한 값의 차는 가운데 수의 제곱의 $\dfrac{1}{2}$과 같을 때, 세 수의 합은?

① 15   ② 18   ③ 21
④ 24   ⑤ 27

04
0301-0372

반지름의 길이가 10 cm인 원 모양의 색종이가 있다. 이 색종이의 반지름의 길이를 x cm만큼 줄였더니 그 넓이가 처음 색종이의 넓이보다 36π cm²가 줄어들었다고 할 때, x의 값은?

① 1   ② 2   ③ 3
④ 4   ⑤ 5

05
0301-0373

오른쪽 그림과 같은 정사각형 모양의 종이의 네 귀퉁이에서 한 변의 길이가 2 cm인 정사각형을 잘라 내고 남은 종이를 접어 뚜껑이 없는 직육면체 모양의 상자를 만들었더니 부피가 98 cm³가 되었다. 이때 처음 정사각형 모양의 종이의 한 변의 길이를 구하시오.

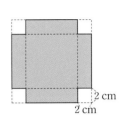

06
0301-0374

오른쪽 그림과 같이 가로, 세로의 길이가 각각 40 m, 25 m인 직사각형 모양의 땅에 폭이 일정한 도로를 만들었다. 도로를 제외한 땅의 넓이가 700 m²일 때, 도로의 폭은 몇 m인가?

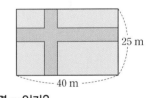

① 5 m   ② 6 m   ③ 7 m
④ 8 m   ⑤ 9 m

[07~08] 지면에서 초속 30 m로 똑바로 위로 발사한 물체의 t초 후의 높이는 $(30t-5t^2)$ m라고 한다. 다음 물음에 답하시오.

07
0301-0375

물체의 높이가 40 m가 되는 것은 물체를 발사한 지 몇 초 후인가?
(정답 2개)

① 1초   ② 2초   ③ 3초
④ 4초   ⑤ 5초

08
0301-0376

물체는 발사한 지 몇 초 후에 다시 지면에 떨어지는지 구하시오.

Level 1

01
0301-0377

다음은 근의 공식을 이용하여 이차방정식 $x^2-5x+3=0$의 근을 구하는 과정이다. □ 안에 들어갈 것으로 알맞게 짝 지어지지 **않은** 것은?

근의 공식에서 $a=\boxed{(가)}$, $b=\boxed{(나)}$, $c=\boxed{(다)}$ 이므로

$$x=\frac{-(-5)\pm\sqrt{(-5)^2-\boxed{(라)}\times1\times3}}{2\times1}$$

$$=\frac{5\pm\sqrt{\boxed{(마)}}}{2}$$

① (가) 1　　　② (나) -5　　　③ (다) 3
④ (라) 2　　　⑤ (마) 13

02
0301-0378

이차방정식 $x^2+3x-2=0$의 근이 $x=\dfrac{-3\pm\sqrt{k}}{2}$일 때, 유리수 k의 값은?

① 16　　　② 17　　　③ 18
④ 19　　　⑤ 20

03
0301-0379

이차방정식 $x^2-x-k=0$을 근의 공식을 이용하여 풀었더니 해가 $x=\dfrac{1\pm\sqrt{21}}{2}$일 때, 유리수 k의 값을 구하시오.

04
0301-0380

이차방정식 $0.3x^2+0.2x-0.1=0$의 두 근의 차는?

① $\dfrac{1}{3}$　　　② $\dfrac{2}{3}$　　　③ 1
④ $\dfrac{4}{3}$　　　⑤ $\dfrac{5}{3}$

05
0301-0381

이차방정식 $\dfrac{1}{4}x^2-\dfrac{1}{3}x-\dfrac{k}{6}=0$의 근이 $x=\dfrac{2\pm\sqrt{10}}{3}$일 때, 유리수 k의 값은?

① 1　　　② 2　　　③ 3
④ 4　　　⑤ 5

06
0301-0382

서로 다른 두 근을 갖는 이차방정식을 〈보기〉에서 모두 고른 것은?

┌ 보기 ┐
ㄱ. $x^2-3x+5=0$　　　ㄴ. $2x^2+5x-2=0$
ㄷ. $3x^2-7x-2=0$　　　ㄹ. $4x^2-4x+1=0$

① ㄱ　　　② ㄴ　　　③ ㄱ, ㄷ
④ ㄴ, ㄷ　　　⑤ ㄴ, ㄷ, ㄹ

07
0301-0383

이차방정식 $2x^2+ax+b=0$의 두 근이 -2, 3일 때, 상수 a, b에 대하여 $a-b$의 값은?

① 8　　　② 10　　　③ 12
④ 14　　　⑤ 16

08
0301-0384

자연수 1부터 n까지의 합이 $\dfrac{n(n+1)}{2}$이다. 합이 120이 되려면 1부터 얼마까지 더해야 하는가?

① 11　　　② 12　　　③ 13
④ 14　　　⑤ 15

Level 2

09
0301-0385

이차방정식 $2x^2+5x+1=0$의 해가 $x=\dfrac{a\pm\sqrt{b}}{4}$일 때, 유리수 a, b에 대하여 $a+b$의 값을 구하시오.

10
0301-0386

이차방정식 $x^2+4x-2=0$의 두 근을 α, β라고 할 때, $\alpha-\beta$의 값은? (단, $\alpha>\beta$)

① $\dfrac{\sqrt{6}}{2}$ ② $\sqrt{6}$ ③ $2\sqrt{6}$

④ $4\sqrt{6}$ ⑤ $6\sqrt{6}$

11 중요
0301-0387

이차방정식 $ax^2+4x-3=0$의 근이 $x=-1\pm\dfrac{\sqrt{b}}{2}$일 때, 유리수 a, b에 대하여 $a+b$의 값은?

① 8   ② 9   ③ 10

④ 11   ⑤ 12

12
0301-0388

다음은 이차방정식 $ax^2+2b'x+c=0$의 근이 $x=\dfrac{-b'\pm\sqrt{b'^2-ac}}{a}$임을 유도하는 과정이다. (가), (나)에 알맞은 값을 각각 p, q라고 할 때, $p+q$의 값을 구하시오.

> 이차방정식 $ax^2+2b'x+c=0$에서
> $$x=\dfrac{-2b'\pm\sqrt{(2b')^2-4ac}}{2a}$$
> $$=\dfrac{-2b'\pm\sqrt{\boxed{\text{(가)}}\,b'^2-4ac}}{2a}$$
> $$=\dfrac{-2b'\pm\boxed{\text{(나)}}\sqrt{b'^2-ac}}{2a}$$
> $$=\dfrac{-b'\pm\sqrt{b'^2-ac}}{a}$$

13 중요
0301-0389

이차방정식 $\dfrac{2}{5}x^2+x-0.1=0$의 근이 $x=\dfrac{a\pm\sqrt{b}}{4}$일 때, 유리수 a, b에 대하여 $a+b$의 값은?

① 20   ② 21   ③ 22

④ 23   ⑤ 24

14
0301-0390

이차방정식 $\dfrac{3}{2}x^2-\dfrac{5}{3}x+a=0$의 근이 $x=\dfrac{b\pm\sqrt{7}}{9}$일 때, 유리수 a, b에 대하여 $3a+b$의 값은?

① 3   ② 4   ③ 5

④ 6   ⑤ 7

15
0301-0391

이차방정식 $(x+1)^2+(x+2)^2=(2x+3)^2$의 두 근의 합은?

① -3 ② -2 ③ -1

④ 0   ⑤ 1

16 중요
0301-0392

이차방정식 $3(x+1)^2-5(x+1)-2=0$의 두 근을 α, β라고 할 때, $3\alpha\beta$의 값은?

① -4 ② -2 ③ 1

④ 2   ⑤ 4

17 중요
0301-0393

다음 이차방정식 중 근의 개수가 나머지 넷과 다른 하나는?

① $x^2-2x-8=0$
② $3x^2-6=0$
③ $4x^2=1-x$
④ $x(2x-1)=2$
⑤ $x^2=-3(2x+3)$

18
0301-0394

이차방정식 $3x^2+kx+2=0$이 중근을 갖도록 하는 상수 k의 값은? (단, $k<0$)

① $-2\sqrt{6}$
② -4
③ $-2\sqrt{3}$
④ -2
⑤ $-\sqrt{2}$

19
0301-0395

이차방정식 $(k+2)x^2+3x-1=0$이 서로 다른 두 근을 갖도록 하는 가장 작은 정수 k의 값은?

① -6
② -5
③ -4
④ -3
⑤ -2

20 중요
0301-0396

이차방정식 $x(x-a)=3x+b$의 두 근이 2, 5일 때, 상수 a, b에 대하여 $a-b$의 값은?

① 10
② 12
③ 14
④ 16
⑤ 18

21
0301-0397

x^2의 계수가 짝수인 이차방정식의 두 근이 1, 2일 때, 다음 중 이 이차방정식의 상수항이 될 수 <u>없는</u> 것은?

① 4
② 10
③ 16
④ 20
⑤ 28

22
0301-0398

이차방정식 $x^2-5x+4=0$의 두 근을 α, β라고 할 때, $\dfrac{\alpha}{2}$, 3β를 두 근으로 하고 x^2의 계수가 2인 이차방정식의 상수항은?

(단, $\alpha>\beta$)

① -12
② -6
③ 3
④ 8
⑤ 12

23
0301-0399

어떤 정수와 그 정수의 제곱의 합이 90이 되는 모든 정수의 합은?

① -10
② -9
③ -1
④ 1
⑤ 9

24
0301-0400

어떤 자연수를 제곱해야 할 것을 잘못하여 2배 하였더니 제곱한 것보다 24가 작았다. 이때 어떤 자연수는?

① 3
② 4
③ 5
④ 6
⑤ 7

25

0301-0401

민지와 어머니의 나이 차는 30살이고 민지의 나이의 제곱은 어머니의 나이의 3배보다 18이 크다고 할 때, 민지의 나이는?

① 11살   ② 12살   ③ 13살

④ 14살   ⑤ 15살

26 중요

0301-0402

지면으로부터 100 m 높이에서 초속 40 m로 똑바로 위로 쏘아올린 물체의 t초 후의 높이는 $(100+40t-5t^2)$ m이다. 이 물체는 쏘아올린 지 몇 초 후에 지면에 떨어지는가?

① 9초   ② 10초   ③ 11초

④ 12초   ⑤ 13초

27

0301-0403

오른쪽 그림과 같이 $\angle B=90°$이고 $\overline{AB}=\overline{BC}=15$ cm인 직각이등변삼각형이 있다. 빗변 AC 위의 한 점 D에서 $\overline{AB}$, $\overline{BC}$에 내린 수선의 발을 각각 E, F라고 할 때, □EBFD의 넓이가 36 cm²가 되도록 하는 $\overline{BF}$의 길이는? (단, $\overline{BF}>\overline{FC}$)

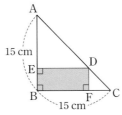

① 9 cm   ② 10 cm   ③ 11 cm

④ 12 cm   ⑤ 13 cm

Level 3

28

0301-0404

이차방정식 $x^2+ax+b=0$의 근을 구하는데 지수는 일차항의 계수를 잘못 보고 풀어서 두 근 -1, 8을 얻었고, 준성이는 상수항을 잘못 보고 풀어서 두 근 $1\pm\sqrt{7}$을 얻었다. 처음 이차방정식의 근을 구하시오. (단, a, b는 유리수)

29

0301-0405

동아리 모집일을 맞이하여 댄스 동아리에서는 동아리 회원들끼리 홍보지 270장을 남김없이 똑같이 나누어 가지고 홍보하기로 하였다. 그런데 모집일에 회원 1명이 불참하여 나머지 회원들이 불참한 회원의 홍보지를 한 장씩 똑같이 나누어 가졌더니 4장이 남았다. 댄스 동아리의 전체 회원 수를 구하시오.

30

0301-0406

다음 그림에서 $\angle B=\angle D=90°$이고 $\overline{BD}$ 위의 점 C에 대하여 $\triangle ABC∽\triangle CDE$일 때, $\triangle ABC$의 넓이를 구하시오. (단, $\overline{BC}<\overline{CD}$)

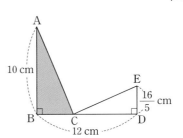

서술형으로 중단원 마무리

0301-0407

서술형 예제

이차방정식 $ax^2-9x+6=0$의 해가 $x=\dfrac{9\pm\sqrt{b}}{4}$일 때, 유리수 a, b에 대하여 ab의 값을 구하시오.

풀이

$ax^2-9x+6=0$에서 근의 공식에 의하여

$$x=\frac{9\pm\sqrt{81-\boxed{}a}}{2a}$$

주어진 해와 비교하면 $2a=\boxed{}$, $81-\boxed{}a=b$이므로

$a=2$, $b=33$

따라서 $ab=2\times33=\boxed{}$

0301-0408

서술형 유제

이차방정식 $x^2+ax+4=0$의 근이 $x=-3\pm\sqrt{b}$일 때, 유리수 a, b에 대하여 $a-b$의 값을 구하시오.

풀이

1

0301-0409

이차방정식 $0.2x+1=x-\dfrac{(3x-1)(x-3)}{5}$ 의 두 근 사이에 있는 모든 자연수의 합을 구하시오.

2

0301-0410

이차방정식 $x^2+ax+b=0$의 두 근이 -3, 6일 때, 이차방정식 $ax^2+bx+12=0$의 해를 구하시오. (단, a, b는 상수)

3

0301-0411

어떤 두 자리 자연수에 대하여 십의 자리의 숫자와 일의 자리의 숫자의 합은 9이고, 십의 자리의 숫자와 일의 자리의 숫자의 곱은 이 자연수보다 25만큼 작다고 한다. 이 자연수를 구하시오.

4

0301-0412

길이가 $30\,cm$인 끈으로 넓이가 $54\,cm^2$인 직사각형을 만들려고 한다. 이 직사각형의 가로와 세로의 길이의 차를 구하시오.

IV 이차함수

1

이차함수와 그 그래프

2

이차함수 $y=ax^2+bx+c$의 그래프

01 이차함수의 뜻

개념 1 이차함수의 뜻

함수 $y=f(x)$에서 y가 x에 대한 이차식

$$y=ax^2+bx+c \ (a, b, c는 \ 상수, \ a \neq 0)$$

로 나타날 때, 이 함수를 x에 대한 이차함수라고 한다.

예 $y=x^2$, $y=x^2-2x$ ➡ 이차함수이다.

　　$y=x+3$, $y=x^2-(x^2-2x)$ ➡ 이차함수가 아니다.

참고 $y=ax^2+bx+c$를 $f(x)=ax^2+bx+c$로 나타내기도 한다.

　　a, b, c는 상수이고 $a \neq 0$일 때

　　① ax^2+bx+c ➡ x에 대한 이차식

　　② $ax^2+bx+c=0$ ➡ x에 대한 이차방정식

　　③ $y=ax^2+bx+c$ ➡ x에 대한 이차함수

• $y=ax^2+bx+c$가 x에 대한 이차함수이려면 $a \neq 0$임에 유의한다.

개념 확인 문제 1

다음 중 이차함수인 것에는 '○'를, 아닌 것에는 '×'를 ( ) 안에 써넣으시오.

(1) $y=2x^2+1$ 　　　　(　　　)

(2) $y=(x+2)(x+3)$ 　　(　　　)

(3) $y=x^3+x-4$ 　　　(　　　)

(4) $y=\dfrac{1}{x^2}$ 　　　　(　　　)

개념 2 이차함수의 함숫값

이차함수 $f(x)=ax^2+bx+c$에서 $x=k$일 때의 함숫값은 $f(k)=ak^2+bk+c$이다.

예 함수 $f(x)=x^2+2x+1$에 대하여 $x=1$일 때의 함숫값은

　　$f(1)=1^2+2 \times 1+1=4$

개념 확인 문제 2

이차함수 $f(x)=x^2+2x-3$에 대하여 다음을 구하시오.

(1) $f(0)$

(2) $f(1)$

(3) $f(-1)$

(4) $f(2)$

대표 예제

예제 1 이차함수의 뜻

다음 중 이차함수인 것을 모두 고르면? (정답 2개)

① $(x-2)^2+4x$ ② $y=(4-x)(2+x)$

③ $y=2x^2-2(x-1)^2$ ④ $y=2x^3-10$

⑤ $y=3(x-1)^2-2x^2$

풀이 전략

$y=(x$에 대한 이차식)의 꼴로 나타낼 수 있는지 확인한다.

풀이

① 함수가 아니다.

③ $y=2x^2-2(x-1)^2=4x-2$

  $4x-2$는 이차식이 아니므로 이차함수가 아니다.

④ $2x^3-10$은 이차식이 아니므로 이차함수가 아니다.

답 ②, ⑤

유제 1   `0301-0413`

다음 중 이차함수인 것은?

① $y=x-5$ ② $y=-x^2+4$

③ $y=-(x+2)^2+x^2$ ④ $x^2-3x-2=0$

⑤ $-2x^2+x-3$

유제 2   `0301-0414`

다음 〈보기〉에서 이차함수인 것을 모두 고른 것은?

┤ 보기 ├

ㄱ. $y=-\dfrac{5}{x^2}$ ㄴ. $5x^2-3=0$

ㄷ. $y=(x-4)^2-x^2$ ㄹ. $y=(x+5)(2x-4)$

ㅁ. $y=x(x-3)^2$ ㅂ. $y=x(7-2x)$

① ㄱ, ㄷ   ② ㄴ, ㄹ   ③ ㄷ, ㅁ

④ ㄷ, ㅂ   ⑤ ㄹ, ㅂ

예제 2 이차함수의 함숫값

이차함수 $f(x)=x^2+4x-2a$이고 $f(2)=8$일 때, $f(1)+f(3)$의 값은? (단, a는 상수)

① 15   ② 16   ③ 17

④ 18   ⑤ 19

풀이 전략

$f(2)=8$임을 이용하여 a의 값을 먼저 구한다.

풀이

$f(2)=2^2+4\times2-2a=8$, $-2a=-4$

$a=2$이므로 $f(x)=x^2+4x-4$

$f(1)=1^2+4\times1-4=1$

$f(3)=3^2+4\times3-4=17$

따라서 $f(1)+f(3)=1+17=18$

답 ④

유제 3   `0301-0415`

이차함수 $f(x)=-2x^2+3x+1$에 대하여 $3f(2)-2f(3)$의 값은?

① 11   ② 12   ③ 13

④ 14   ⑤ 15

유제 4   `0301-0416`

이차함수 $f(x)=ax^2-5x+4$에서 $f(2)=2$, $f(-1)=b$일 때, 상수 a, b에 대하여 $a+b$의 값은?

① 11   ② 12   ③ 13

④ 14   ⑤ 15

02 이차함수 $y=ax^2$의 그래프 Ⅳ-1. 이차함수와 그 그래프

개념 1   이차함수 $y=x^2$의 그래프의 성질

① 원점을 지나고 아래로 볼록한 곡선이다.
② y축에 대하여 대칭이다.
③ $x<0$일 때, x의 값이 증가하면 y의 값은 감소한다.
   $x>0$일 때, x의 값이 증가하면 y의 값도 증가한다.
④ 원점을 제외한 모든 부분은 x축보다 위쪽에 있다.

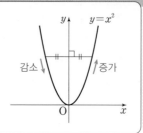

개념 확인 문제 1

다음 이차함수 $y=x^2$의 그래프에 대한 설명으로 옳은 것에는 'O'를, 옳지 않은 것에는 '×'를 ( ) 안에 써넣으시오.

(1) 점 $(0,\,0)$을 지난다.   (   )
(2) 위로 볼록하다.   (   )
(3) y축에 대하여 대칭이다.   (   )
(4) $x>0$일 때, x의 값이 증가하면 y의 값은 감소한다.   (   )
(5) 원점을 제외한 모든 부분은 x축보다 위쪽에 있다.   (   )

개념 2   이차함수 $y=-x^2$의 그래프의 성질

① 원점을 지나고 위로 볼록한 곡선이다.
② y축에 대하여 대칭이다.
③ $x<0$일 때, x의 값이 증가하면 y의 값도 증가한다.
   $x>0$일 때, x의 값이 증가하면 y의 값은 감소한다.
④ 원점을 제외한 모든 부분은 x축보다 아래쪽에 있다.
⑤ $y=x^2$의 그래프와 x축에 대하여 서로 대칭이다.

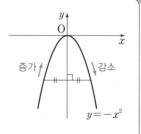

개념 확인 문제 2

다음 이차함수 $y=-x^2$의 그래프에 대한 설명으로 옳은 것에는 'O'를, 옳지 않은 것에는 '×'를 ( ) 안에 써넣으시오.

(1) 점 $(0,\,0)$을 지난다.   (   )
(2) 아래로 볼록하다.   (   )
(3) y축에 대하여 대칭이다.   (   )
(4) $x>0$일 때, x의 값이 증가하면 y의 값은 증가한다.   (   )
(5) 원점을 제외한 모든 부분은 x축보다 아래쪽에 있다.   (   )
(6) $y=x^2$의 그래프와 x축에 대하여 서로 대칭이다.   (   )

개념 **3** **포물선의 축과 꼭짓점**

(1) **포물선:** 이차함수 $y=x^2$의 그래프와 같은 모양의 곡선

   ① **축:** 포물선이 대칭이 되는 직선

   ② **꼭짓점:** 포물선과 축의 교점

   참고 이차함수 $y=x^2$, $y=-x^2$의 그래프의 축과 꼭짓점

	$y=x^2$	$y=-x^2$
축의 방정식	$x=0(y$축$)$	$x=0(y$축$)$
꼭짓점의 좌표	$(0, 0)$	$(0, 0)$

용어

포물선: 물체를 던졌을 때, 물체가 그리는 곡선

개념 확인 문제 3

이차함수 $y=x^2$의 그래프에 대하여 다음을 구하시오.

⑴ 축의 방정식   ⑵ 꼭짓점의 좌표

개념 확인 문제 4

이차함수 $y=-x^2$의 그래프에 대하여 다음을 구하시오.

⑴ 축의 방정식   ⑵ 꼭짓점의 좌표

개념 **4** **이차함수 $y=ax^2$의 그래프의 성질**

① 원점을 꼭짓점으로 하고, y축을 축으로 하는 포물선이다.

   ➡ 꼭짓점의 좌표: $(0, 0)$, 축의 방정식: $x=0(y$축$)$

② $a>0$이면 아래로 볼록하고, $a<0$이면 위로 볼록하다.

③ a의 절댓값이 클수록 그래프의 폭이 좁아진다.

④ 이차함수 $y=-ax^2$의 그래프와 x축에 대하여 서로 대칭이다.

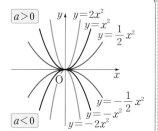

• 이차함수 $y=ax^2$의 그래프의 폭이 좁을수록 y축에 가까워진다.

• a의 부호는 그래프의 모양을 결정하고, a의 절댓값의 크기는 그래프의 폭을 결정한다.

개념 확인 문제 5

다음 이차함수 $y=ax^2$의 그래프에 대한 설명으로 옳은 것에는 '○'를, 옳지 않은 것에는 '×'를 ( ) 안에 써넣으시오.

⑴ 꼭짓점의 좌표는 $(0, 0)$이다.   (   )

⑵ 축의 방정식은 $x=0$이다.   (   )

⑶ $a<0$이면 아래로 볼록하다.   (   )

⑷ a의 절댓값이 클수록 그래프의 폭이 넓어진다.   (   )

⑸ $y=-ax^2$의 그래프와 x축에 대하여 대칭이다.   (   )

대표 예제

예제 1 이차함수 $y=ax^2$의 그래프

이차함수 $y=ax^2$ $(a \neq 0)$의 그래프에 대한 다음 설명 중 옳지 않은 것은?

① 꼭짓점의 좌표는 $(0, 0)$이다.

② 축의 방정식은 $x=0$이다.

③ 그래프는 y축에 대하여 대칭이다.

④ a의 절댓값이 클수록 폭이 좁아진다.

⑤ $a<0$이면 $x<0$일 때, x의 값이 증가하면 y의 값은 감소한다.

풀이 전략

$a>0$일 때와 $a<0$일 때로 나누어 그래프의 모양을 살펴본다.

풀이

⑤ $a<0$이면 $x<0$일 때, x의 값이 증가하면 y의 값도 증가한다.

답 ⑤

유제 1
0301-0417

다음 중 이차함수 $y=-4x^2$의 그래프에 대한 설명으로 옳지 않은 것은?

① y축을 축으로 한다.

② 점 $(-2, 16)$을 지난다.

③ 위로 볼록한 포물선이다.

④ 꼭짓점의 좌표는 $(0, 0)$이다.

⑤ 이차함수 $y=4x^2$의 그래프와 x축에 대하여 대칭이다.

유제 2
0301-0418

두 이차함수 $y=6x^2$, $y=-\dfrac{1}{6}x^2$의 그래프의 공통점을 〈보기〉에서 모두 고르시오.

┤ 보기 ├

ㄱ. y축에 대하여 대칭이다.

ㄴ. 위로 볼록하다.

ㄷ. 꼭짓점의 좌표는 $(0, 0)$이다.

ㄹ. $x<0$일 때, x의 값이 증가하면 y의 값은 감소한다.

예제 2 이차함수 $y=ax^2$의 그래프의 폭

세 이차함수 $y=ax^2$, $y=x^2$, $y=\dfrac{1}{2}x^2$의 그래프가 오른쪽 그림과 같을 때, 다음 중 실수 a의 값이 될 수 없는 것은?

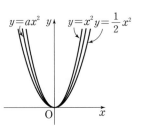

① $\dfrac{2}{3}$ ② $\dfrac{3}{4}$ ③ $\dfrac{2}{5}$

④ $\dfrac{3}{5}$ ⑤ $\dfrac{5}{6}$

풀이 전략

그래프의 폭이 좁을수록 x^2의 계수의 절댓값이 크다.

풀이

$\dfrac{1}{2}<a<1$이므로 a의 값이 될 수 없는 것은 ③이다.

답 ③

유제 3
0301-0419

세 이차함수 $y=ax^2$, $y=2x^2$, $y=\dfrac{1}{3}x^2$의 그래프가 오른쪽 그림과 같을 때, 다음 중 실수 a의 값이 될 수 없는 것은?

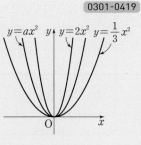

① $\dfrac{4}{3}$ ② $\dfrac{5}{3}$ ③ $\dfrac{7}{3}$

④ $\dfrac{5}{4}$ ⑤ $\dfrac{7}{4}$

예제 3 이차함수 $y=ax^2$, $y=-ax^2$의 그래프의 관계

〈보기〉의 이차함수 중 그래프가 x축에 대하여 대칭인 것끼리 짝 지은 것을 모두 고르면? (정답 2개)

┌─ 보기 ├─
ㄱ. $y=-6x^2$ ㄴ. $y=-\dfrac{1}{6}x^2$ ㄷ. $y=\dfrac{3}{5}x^2$

ㄹ. $y=-\dfrac{5}{3}x^2$ ㅁ. $y=6x^2$ ㅂ. $y=-\dfrac{3}{5}x^2$
└─────

① ㄱ - ㄴ   ② ㄱ - ㅁ   ③ ㄴ - ㅁ

④ ㄷ - ㄹ   ⑤ ㄷ - ㅂ

[풀이 전략]

x^2의 계수의 절댓값이 같고, 부호가 반대인 것을 찾는다.

[풀이]

$y=ax^2$의 그래프는 $y=-ax^2$의 그래프와 x축에 대하여 대칭이다.
따라서 x축에 대하여 대칭인 것끼리 짝 지은 것은 ㄱ - ㅁ, ㄷ - ㅂ

답 ②, ⑤

유제 4   0301-0420

다음 이차함수의 그래프 중 $y=-\dfrac{5}{2}x^2$의 그래프와 x축에 대하여 대칭인 것은?

① $y=-5x^2$ ② $y=-\dfrac{2}{5}x^2$ ③ $y=\dfrac{5}{2}x^2$

④ $y=2x^2$ ⑤ $y=\dfrac{2}{5}x^2$

유제 5   0301-0421

이차함수 $y=3x^2$의 그래프는 점 $(-3, a)$를 지나고, 이차함수 $y=bx^2$의 그래프와 x축에 대하여 대칭이다. 이때 상수 a, b에 대하여 $a+b$의 값은?

① 21   ② 22   ③ 23

④ 24   ⑤ 25

예제 4 이차함수 $y=ax^2$의 그래프의 식 구하기

원점을 꼭짓점으로 하는 포물선이 두 점 $(4, -8)$, $(-2, b)$를 지날 때, b의 값은?

① -4 ② -2 ③ 1

④ 2   ⑤ 4

[풀이 전략]

$y=ax^2$으로 놓고 점 $(4, -8)$의 좌표를 대입한다.

[풀이]

원점을 꼭짓점으로 하는 포물선의 식은 $y=ax^2$
$y=ax^2$에 $x=4$, $y=-8$을 대입하면
$-8=a\times4^2$, $a=-\dfrac{1}{2}$, $y=-\dfrac{1}{2}x^2$

$y=-\dfrac{1}{2}x^2$에 $x=-2$, $y=b$를 대입하면

$b=-\dfrac{1}{2}\times(-2)^2=-2$

답 ②

유제 6   0301-0422

이차함수 $y=ax^2$의 그래프가 두 점 $(-2, 8)$, $(k, 18)$을 지날 때, 양수 k의 값은? (단, a는 상수)

① 1   ② 2   ③ 3

④ 4   ⑤ 5

유제 7   0301-0423

오른쪽 그림과 같이 원점을 꼭짓점으로 하고 점 $(-4, -12)$를 지나는 포물선을 그래프로 하는 이차함수의 식은?

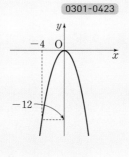

① $y=-\dfrac{3}{2}x^2$ ② $y=-\dfrac{5}{4}x^2$

③ $y=-\dfrac{3}{4}x^2$ ④ $y=-\dfrac{1}{2}x^2$

⑤ $y=-\dfrac{1}{4}x^2$

형성평가

01. 이차함수의 뜻, 02. 이차함수 $y=ax^2$의 그래프

01
0301-0424

다음 중 이차함수인 것을 모두 고르면? (정답 2개)

① $y=-\dfrac{3}{x^2}$　　　　② $y=2x-5$

③ $y=-3x^2$　　　　④ $y=-(x+4)(x-2)$

⑤ $y=2x^3-5x$

02
0301-0425

이차함수 $f(x)=x^2+3x-5$일 때, $3f(2)+4f(1)$의 값은?

① 11　　　　② 12　　　　③ 13

④ 14　　　　⑤ 15

03
0301-0426

이차함수 $f(x)=x^2-5x+a$에 대하여 $f(3)=-3$일 때, $f(-2)$의 값은? (단, a는 상수)

① 16　　　　② 17　　　　③ 18

④ 19　　　　⑤ 20

04
0301-0427

다음 중 이차함수 $y=3x^2$의 그래프에 대한 설명으로 옳지 <u>않은</u> 것은?

① 꼭짓점의 좌표는 $(0, 0)$이다.

② 축의 방정식은 $x=0$이다.

③ $y=-3x^2$의 그래프와 x축에 대하여 대칭이다.

④ $x>0$일 때 x의 값이 증가하면 y의 값도 증가한다.

⑤ $y=-\dfrac{7}{2}x^2$의 그래프보다 폭이 좁다.

05
0301-0428

다음 〈보기〉의 이차함수 중 그래프의 폭이 좁은 것부터 차례로 나열하시오.

| 보기 |

ㄱ. $y=-4x^2$　　　　ㄴ. $y=-2x^2$

ㄷ. $y=3x^2$　　　　ㄹ. $y=\dfrac{1}{4}x^2$

06
0301-0429

이차함수 $y=ax^2$의 그래프가 위로 볼록하고 이차함수 $y=\dfrac{3}{2}x^2$의 그래프보다 폭이 넓을 때, 상수 a의 값의 범위를 구하시오.

07
0301-0430

이차함수 $y=ax^2$의 그래프가 두 점 $(-2, -6)$, $(4, b)$를 지날 때, 상수 a, b에 대하여 ab의 값은?

① -36　　　　② -24　　　　③ 12

④ 24　　　　⑤ 36

08
0301-0431

다음 중 이차함수 $y=-\dfrac{1}{2}x^2$의 그래프 위의 점이 <u>아닌</u> 것은?

① $(-4, -8)$　　② $(2, -2)$　　③ $(0, 0)$

④ $\left(1, -\dfrac{1}{2}\right)$　　⑤ $(-6, -9)$

03 이차함수 $y=a(x-p)^2+q$의 그래프   Ⅳ-1. 이차함수와 그 그래프

개념 1   이차함수 $y=ax^2+q$의 그래프

① 이차함수 $y=ax^2$의 그래프를 y축의 방향으로 q만큼 평행이동한 것이다.
② 꼭짓점의 좌표: $(0, q)$
③ 축: y축(직선 $x=0$)

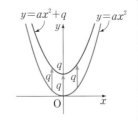

• 평행이동: 한 도형을 일정한 방향으로 일정한 거리만큼 이동하는 것

• 그래프를 평행이동해도 그래프의 모양과 폭은 변하지 않는다.

개념 확인 문제 1

다음은 $y=x^2+1$의 그래프에 대한 설명이다. □ 안에 알맞은 것을 써넣으시오.

(1) $y=x^2$의 그래프를 □축의 방향으로 □만큼 평행이동한 것이다.
(2) 꼭짓점의 좌표는 (□, □)이다.
(3) 축의 방정식은 □이다.
(4) □로 볼록한 포물선이다.
(5) x의 값이 증가할 때 y의 값도 증가하는 x의 값의 범위는 □이다.

개념 2   이차함수 $y=a(x-p)^2$의 그래프

① 이차함수 $y=ax^2$의 그래프를 x축의 방향으로 p만큼 평행이동한 것이다.
② 꼭짓점의 좌표: $(p, 0)$
③ 축: 직선 $x=p$

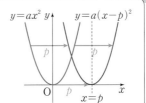

• 축의 방정식은 완전제곱식의 꼴의 괄호 안의 값을 0으로 만드는 식이다.

개념 확인 문제 2

다음은 $y=(x-1)^2$의 그래프에 대한 설명이다. □ 안에 알맞은 것을 써넣으시오.

(1) $y=x^2$의 그래프를 □축의 방향으로 □만큼 평행이동한 것이다.
(2) 꼭짓점의 좌표는 (□, □)이다.
(3) 축의 방정식은 □이다.
(4) □로 볼록한 포물선이다.
(5) x의 값이 증가할 때 y의 값도 증가하는 x의 값의 범위는 □이다.

03 이차함수 $y=a(x-p)^2+q$의 그래프

개념 **3** 이차함수 $y=a(x-p)^2+q$의 그래프

① 이차함수 $y=ax^2$의 그래프를 x축의 방향으로 p만큼, y축의 방향으로 q만큼 평행이동한 것이다.

② 꼭짓점의 좌표: (p, q)

③ 축: 직선 $x=p$

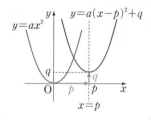

• x축의 방향으로 p만큼 평행이동하면 x 대신 $x-p$를, y축의 방향으로 q만큼 평행이동하면 y 대신 $y-q$를 대입한 것과 같다.
$y-q=a(x-p)^2$
➡ $y=a(x-p)^2+q$

개념 확인 문제 **3**

다음은 $y=(x-2)^2+3$의 그래프에 대한 설명이다. □ 안에 알맞은 것을 써넣으시오.

(1) $y=x^2$의 그래프를 x축의 방향으로 □만큼, y축의 방향으로 □만큼 평행이동한 것이다.

(2) 꼭짓점의 좌표는 (□, □)이다.

(3) 축의 방정식은 □이다.

(4) □로 볼록한 포물선이다.

(5) x의 값이 증가할 때 y의 값도 증가하는 x의 값의 범위는 □이다.

개념 **4** 이차함수 $y=a(x-p)^2+q$의 그래프에서 a, p, q의 부호

(1) **a의 부호**: 그래프의 모양

① 아래로 볼록 ➡ $a>0$ ② 위로 볼록 ➡ $a<0$

(2) **p, q의 부호**: 꼭짓점의 위치

제1사분면	제2사분면	제3사분면	제4사분면
$p>0, q>0$	$p<0, q>0$	$p<0, q<0$	$p>0, q<0$

예 오른쪽 그림과 같은 $y=a(x-p)^2+q$의 그래프에서

① 그래프가 아래로 볼록하므로 $a>0$

② 꼭짓점이 제2사분면 위에 있으므로 $p<0, q>0$

개념 확인 문제 **4**

이차함수 $y=a(x-p)^2+q$의 그래프가 다음 그림과 같을 때, □ 안에 알맞은 부등호를 써넣으시오.

(1)
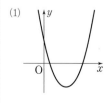

a□0, p□0, q□0

(2)
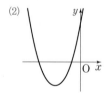

a□0, p□0, q□0

(3)
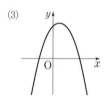

a□0, p□0, q□0

대표 예제

예제 1 이차함수 $y=ax^2+q$의 그래프

이차함수 $y=2x^2$의 그래프를 y축의 방향으로 -3만큼 평행이동하면 두 점 $(-2, a)$, $(3, b)$를 지날 때, $b-a$의 값은?

① 6 ② 7 ③ 8
④ 9 ⑤ 10

풀이 전략

$y=2x^2-3$으로 놓고 두 점의 좌표를 각각 대입한다.

풀이

이차함수 $y=2x^2$의 그래프를 y축의 방향으로 -3만큼 평행이동한 그래프의 식은 $y=2x^2-3$

$y=2x^2-3$에 $x=-2$, $y=a$를 대입하면
$a=2\times(-2)^2-3=5$

$y=2x^2-3$에 $x=3$, $y=b$를 대입하면
$b=2\times3^2-3=15$

따라서 $b-a=15-5=10$

🖩 ⑤

유제 1   0301-0432

이차함수 $y=\frac{1}{2}x^2$의 그래프를 y축의 방향으로 q만큼 평행이동하면 점 $(-4, 13)$을 지날 때, q의 값은?

① 3 ② 4 ③ 5
④ 6 ⑤ 7

유제 2   0301-0433

이차함수 $y=-3x^2$의 그래프를 y축의 방향으로 q만큼 평행이동하면 두 점 $(-2, -8)$, $(-3, m)$을 지날 때, $m+q$의 값은?

① -19 ② -17 ③ -15
④ -13 ⑤ -11

예제 2 이차함수 $y=a(x-p)^2$의 그래프

이차함수 $y=2x^2$의 그래프를 x축의 방향으로 -4만큼 평행이동한 그래프가 두 점 $(-3, m)$, $(-7, n)$을 지날 때, $m+n$의 값은?

① 20 ② 22 ③ 24
④ 26 ⑤ 28

풀이 전략

$y=2(x+4)^2$으로 놓고 두 점의 좌표를 각각 대입한다.

풀이

이차함수 $y=2x^2$의 그래프를 x축의 방향으로 -4만큼 평행이동한 그래프의 식은 $y=2(x+4)^2$

$y=2(x+4)^2$에 $x=-3$, $y=m$을 대입하면
$m=2\times(-3+4)^2=2$

$y=2(x+4)^2$에 $x=-7$, $y=n$을 대입하면
$n=2\times(-7+4)^2=18$

따라서 $m+n=2+18=20$

🖩 ①

유제 3   0301-0434

이차함수 $y=-3x^2$의 그래프를 x축의 방향으로 2만큼 평행이동한 그래프의 식을 $y=a(x+p)^2$이라고 할 때, 상수 a, p에 대하여 $a+p$의 값은?

① -7 ② -5 ③ -1
④ 1 ⑤ 5

유제 4   0301-0435

이차함수 $y=-\frac{1}{2}x^2$의 그래프를 x축의 방향으로 -3만큼 평행이동하면 점 $(-9, k)$를 지난다. 이때 k의 값은?

① -32 ② -24 ③ -18
④ -8 ⑤ -2

예제 3 이차함수 $y=a(x-p)^2+q$의 그래프

이차함수 $y=2x^2$의 그래프를 x축의 방향으로 3만큼, y축의 방향으로 1만큼 평행이동하면 점 $(5, k)$를 지난다. 이때 k의 값은?

① 6 　　　 ② 7 　　　 ③ 8
④ 9 　　　 ⑤ 10

풀이 전략

$y=2(x-3)^2+1$로 놓고 점 $(5, k)$를 대입한다.

풀이

이차함수 $y=2x^2$의 그래프를 x축의 방향으로 3만큼, y축의 방향으로 1만큼 평행이동한 그래프의 식은
$y=2(x-3)^2+1$
$y=2(x-3)^2+1$에 $x=5$, $y=k$를 대입하면
$k=2\times(5-3)^2+1=9$

답 ④

유제 5 　　　　　　　　　　　　0301-0436

이차함수 $y=-\dfrac{3}{2}x^2$의 그래프를 x축의 방향으로 4만큼, y축의 방향으로 -2만큼 평행이동하면 점 $(2, m)$을 지난다. 이때 m의 값을 구하시오.

유제 6 　　　　　　　　　　　　0301-0437

다음 중 이차함수 $y=\dfrac{3}{2}x^2$의 그래프를 x축의 방향으로 -2만큼, y축의 방향으로 -5만큼 평행이동한 이차함수의 그래프 위의 점이 <u>아닌</u> 것은?

① $(-4, 1)$ 　　 ② $(-2, -5)$ 　　 ③ $(0, 1)$
④ $(2, 20)$ 　　 ⑤ $(4, 49)$

예제 4 이차함수 $y=a(x-p)^2+q$의 그래프의 성질

다음 중 이차함수 $y=6(x-2)^2$의 그래프에 대한 설명으로 옳은 것을 모두 고르면? (정답 2개)

① 위로 볼록한 포물선이다.
② 축의 방정식은 $x=2$이다.
③ 꼭짓점의 좌표는 $(-2, 0)$이다.
④ 이차함수 $y=3x^2$의 그래프와 폭이 같다.
⑤ 이차함수 $y=6x^2$의 그래프를 x축의 방향으로 2만큼 평행이동한 것이다.

풀이 전략

$y=6x^2$의 그래프를 x축의 방향으로 2만큼 평행이동한 그래프를 그려 본다.

풀이

① 아래로 볼록한 포물선이다.
③ 꼭짓점의 좌표는 $(2, 0)$이다.
④ 이차함수 $y=6x^2$의 그래프와 폭이 같다.
따라서 옳은 것은 ②, ⑤이다.

답 ②, ⑤

유제 7 　　　　　　　　　　　　0301-0438

다음 중 $y=2x^2-5$의 그래프에 대한 설명으로 옳은 것은?

① 축의 방정식은 $y=0$이다.
② 꼭짓점의 좌표는 $(-5, 0)$이다.
③ x축에 대하여 대칭이다.
④ 이차함수 $y=2x^2+1$의 그래프와 폭이 서로 같다.
⑤ 이차함수 $y=-2x^2$의 그래프를 x축의 방향으로 5만큼 평행이동한 것이다.

유제 8 　　　　　　　　　　　　0301-0439

다음 중 이차함수 $y=-2(x+3)^2-6$의 그래프에 대한 설명으로 옳은 것을 모두 고르면? (정답 2개)

① 축의 방정식은 $x=-3$이다.
② 아래로 볼록한 포물선이다.
③ y축과 점 $(0, -6)$에서 만난다.
④ 꼭짓점의 좌표는 $(-3, -6)$이다.
⑤ 이차함수 $y=-2x^2$의 그래프를 x축의 방향으로 3만큼, y축의 방향으로 -6만큼 평행이동한 것이다.

예제 5 이차함수 $y=a(x-p)^2+q$의 그래프가 지나는 사분면

이차함수 $y=2(x-2)^2-3$의 그래프가 지나지 <u>않는</u> 사분면은?

① 제1사분면 　② 제2사분면
③ 제3사분면 　④ 제4사분면
⑤ 제1, 2사분면

풀이 전략

꼭짓점의 좌표와 y축과의 교점의 좌표를 이용하여 그래프를 그려 본다.

풀이

꼭짓점의 좌표는 $(2, -3)$
$x=0$을 대입하면 $y=2\times(0-2)^2-3=5$이므로
y축과 만나는 점의 좌표는 $(0, 5)$
따라서 제3사분면을 지나지 않는다.

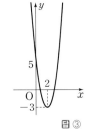

답 ③

유제 9 　0301-0440

이차함수 $y=(x+3)^2-5$의 그래프가 지나지 않는 사분면은?

① 제1사분면 　② 제2사분면
③ 제3사분면 　④ 제4사분면
⑤ 제1, 2사분면

유제 10 　0301-0441

다음 이차함수의 그래프 중 모든 사분면을 지나는 것은?

① $y=x^2+3$ 　② $y=2(x-4)^2$
③ $y=-(x+2)^2-5$ 　④ $y=-(x+1)^2+6$
⑤ $y=-3(x+2)^2$

예제 6 이차함수 $y=a(x-p)^2+q$의 식 구하기

이차함수 $y=-\frac{1}{2}x^2$의 그래프와 모양이 같고, 꼭짓점의 좌표가 $(6, -5)$인 포물선을 그래프로 하는 이차함수의 식을 $y=a(x+p)^2+q$라고 할 때, 상수 a, p, q에 대하여 apq의 값은?

① -30 　② -15 　③ -10
④ 10 　⑤ 15

풀이 전략

모양이 같은 두 이차함수의 x^2의 계수는 같다.

풀이

이차함수 $y=-\frac{1}{2}x^2$의 그래프와 모양이 같으므로 $a=-\frac{1}{2}$
꼭짓점의 좌표가 $(6, -5)$이므로 $p=-6$, $q=-5$
따라서 $apq=-\frac{1}{2}\times(-6)\times(-5)=-15$

답 ②

유제 11 　0301-0442

이차함수 $y=a(x-p)^2+q$의 그래프가 오른쪽 그림과 같을 때, 상수 a, p, q에 대하여 $a+p+q$의 값은?

① -3 　② -2
③ -1 　④ 1
⑤ 2

유제 12 　0301-0443

이차함수 $y=2x^2$의 그래프를 꼭짓점의 좌표가 $(-5, 3)$이 되도록 평행이동하면 점 $(-7, k)$를 지난다. 이때 k의 값은?

① 5 　② 7 　③ 8
④ 9 　⑤ 11

예제 7 이차함수 $y=a(x-p)^2+q$의 그래프의 평행이동

이차함수 $y=3(x+2)^2-7$의 그래프를 x축의 방향으로 p만큼, y축의 방향으로 q만큼 평행이동하였더니 $y=3x^2$의 그래프와 일치하였다. 이때 $q-p$의 값은?

① -5　　　　② -3　　　　③ 3

④ 5　　　　⑤ 7

풀이 전략

평행이동한 그래프의 꼭짓점의 좌표를 구한다.

풀이

$y=3(x+2)^2-7$의 그래프의 꼭짓점의 좌표는 $(-2, -7)$

x축의 방향으로 p만큼, y축의 방향으로 q만큼 평행이동하면 꼭짓점의 좌표는

$(-2+p, -7+q)$

$-2+p=0$, $-7+q=0$

$p=2$, $q=7$

따라서 $q-p=7-2=5$

답 ④

유제 13　　0301-0444

이차함수 $y=-2(x-1)^2+3$의 그래프를 x축의 방향으로 3만큼, y축의 방향으로 4만큼 평행이동한 그래프를 나타내는 이차함수의 식은?

① $y=-2(x-3)^2+4$　　② $y=-2(x-4)^2-1$

③ $y=-2(x-4)^2+7$　　④ $y=2(x-3)^2-1$

⑤ $y=2(x-4)^2+7$

유제 14　　0301-0445

이차함수 $y=-3(x+5)^2+1$의 그래프를 x축의 방향으로 p만큼 평행이동하면 축의 방정식이 $x=-8$이 된다. 이때 p의 값은?

① -8　　　　② -3　　　　③ 1

④ 3　　　　⑤ 8

예제 8 이차함수 $y=a(x-p)^2+q$의 그래프에서 a, p, q의 부호

이차함수 $y=a(x-p)^2+q$의 그래프가 오른쪽 그림과 같을 때, a, p, q의 부호는?

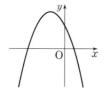

① $a>0$, $p>0$, $q<0$

② $a>0$, $p<0$, $q>0$

③ $a<0$, $p>0$, $q<0$

④ $a<0$, $p<0$, $q>0$

⑤ $a<0$, $p<0$, $q<0$

풀이 전략

그래프의 모양과 꼭짓점의 위치를 살펴본다.

풀이

위로 볼록하므로 $a<0$

꼭짓점 (p, q)가 제2사분면 위에 있으므로 $p<0$, $q>0$

답 ④

유제 15　　0301-0446

이차함수 $y=ax^2-q$의 그래프가 오른쪽 그림과 같을 때, 다음 중 옳은 것은?

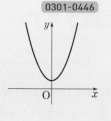

① $a>0$, $q>0$　　② $a>0$, $q<0$

③ $a<0$, $q>0$　　④ $a<0$, $q<0$

⑤ $aq>0$

유제 16　　0301-0447

이차함수 $y=a(x-p)^2+q$의 그래프가 오른쪽 그림과 같을 때, a, p, q의 부호는?

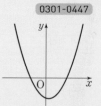

① $a>0$, $p>0$, $q>0$

② $a>0$, $p>0$, $q<0$

③ $a>0$, $p<0$, $q>0$

④ $a<0$, $p<0$, $q>0$

⑤ $a<0$, $p<0$, $q<0$

형성평가

03. 이차함수 $y=a(x-p)^2+q$의 그래프

01
0301-0448

다음 중 이차함수 $y=3x^2-5$의 그래프에 대한 설명으로 옳은 것은?

① 위로 볼록한 포물선이다.
② 축의 방정식은 $x=5$이다.
③ 꼭짓점의 좌표는 $(-5,\,0)$이다.
④ $y=3x^2$의 그래프를 x축의 방향으로 -5만큼 평행이동한 것이다.
⑤ $x<0$일 때, x의 값이 증가하면 y의 값은 감소한다.

02
0301-0449

이차함수 $y=-\dfrac{3}{4}x^2$의 그래프를 x축의 방향으로 3만큼 평행이동하면 점 $(7,\,k)$를 지난다. 이때 k의 값은?

① -16 ② -14 ③ -12
④ -10 ⑤ -8

03
0301-0450

이차함수 $y=\dfrac{1}{2}x^2$의 그래프를 x축의 방향으로 3만큼, y축의 방향으로 -8만큼 평행이동한 그래프가 점 $(-3,\,k)$를 지날 때, k의 값을 구하시오.

04
0301-0451

다음 중 이차함수 $y=-2(x+3)^2+1$에 대한 설명으로 옳은 것은?

① 축의 방정식은 $x=3$이다.
② 꼭짓점의 좌표는 $(3,\,1)$이다.
③ $y=-2x^2$의 그래프를 x축의 방향으로 3만큼, y축의 방향으로 1만큼 평행이동한 것이다.
④ 점 $(-2,\,1)$을 지난다.
⑤ $x>-3$일 때 x의 값이 증가하면 y의 값은 감소한다.

05
0301-0452

이차함수 $y=-\dfrac{1}{2}(x-3)^2+4$의 그래프가 지나지 <u>않는</u> 사분면은?

① 제1사분면   ② 제2사분면
③ 제3사분면   ④ 제4사분면
⑤ 제1, 2사분면

06
0301-0453

이차함수 $y=a(x-p)^2+q$의 그래프에서 꼭짓점의 좌표가 $(-3,\,5)$이고, y축과 점 $(0,\,-13)$에서 만날 때, 상수 $a,\,p,\,q$에 대하여 $a+p+q$의 값은?

① -2 ② -1 ③ 0
④ 1 ⑤ 2

07
0301-0454

이차함수 $y=2(x-4)^2-5$의 그래프를 x축의 방향으로 p만큼, y축의 방향으로 q만큼 평행이동하였더니 $y=2(x+2)^2-1$의 그래프와 일치하였다. 이때 $p+q$의 값은?

① -2 ② -1 ③ 0
④ 1 ⑤ 2

08
0301-0455

이차함수 $y=a(x-p)^2+q$의 그래프가 오른쪽 그림과 같을 때, $a,\,p,\,q$의 부호는?

① $a>0,\,p>0,\,q<0$
② $a>0,\,p<0,\,q>0$
③ $a>0,\,p<0,\,q<0$
④ $a<0,\,p<0,\,q>0$
⑤ $a<0,\,p<0,\,q<0$

중단원 마무리

IV-1. 이차함수와 그 그래프

Level 1

01
0301-0456

다음 중 이차함수인 것을 모두 고르면? (정답 2개)

① $y=-5x+4$ ② $y=\dfrac{2}{x^2}$

③ $y=6x-2x^2$ ④ $x^2-8x+7=0$

⑤ $y=5x^2+2x-3$

02
0301-0457

이차함수 $f(x)=x^2-4x+6$에 대하여 $f(3)-f(2)$의 값은?

① -2 ② -1 ③ 0

④ 1 ⑤ 2

03
0301-0458

다음 중 이차함수 $y=-x^2$의 그래프 위의 점이 <u>아닌</u> 것은?

① $(-3, -9)$ ② $(-1, -1)$ ③ $(0, 0)$

④ $\left(\dfrac{1}{2}, -\dfrac{1}{2}\right)$ ⑤ $(2, -4)$

04
0301-0459

다음 이차함수의 그래프 중에서 $y=-3x^2$의 그래프와 x축에 대하여 대칭인 것은?

① $y=-6x^2$ ② $y=-\dfrac{1}{3}x^2$ ③ $y=\dfrac{1}{3}x^2$

④ $y=3x^2$ ⑤ $y=6x^2$

05
0301-0460

이차함수 $y=-2x^2$의 그래프를 y축의 방향으로 5만큼 평행이동한 그래프의 식은?

① $y=5x^2$ ② $y=-2(x-5)^2$

③ $y=-2(x+3)^2$ ④ $y=-2x^2+5$

⑤ $y=-2x^2-5$

06
0301-0461

이차함수 $y=-4x^2$의 그래프를 x축의 방향으로 2만큼 평행이동한 그래프의 식을 $y=a(x+p)^2$이라고 할 때, 상수 a, p에 대하여 $a+p$의 값은?

① -6 ② -4 ③ -2

④ 2 ⑤ 4

07
0301-0462

이차함수 $y=2x^2$의 그래프를 x축의 방향으로 -3만큼, y축의 방향으로 5만큼 평행이동한 그래프의 식은?

① $y=-2(x-3)^2+5$

② $y=-2(x+3)^2-5$

③ $y=2(x-3)^2-5$

④ $y=2(x+3)^2-5$

⑤ $y=2(x+3)^2+5$

08
0301-0463

이차함수 $y=-5(x+2)^2+3$의 그래프의 축의 방정식과 꼭짓점의 좌표를 차례로 나타내면?

① $x=-2, (-2, 3)$ ② $x=2, (-2, 3)$

③ $x=-2, (2, 3)$ ④ $x=2, (2, 3)$

⑤ $x=-5, (2, 3)$

Level 2

09
0301-0464

$y=a(a-2)x^2+5x-3x^2$이 x에 관한 이차함수일 때, 다음 중 상수 a의 값이 될 수 <u>없는</u> 것을 모두 고르면? (정답 2개)

① -3 ② -1 ③ 0

④ 1 ⑤ 3

10
0301-0465

이차함수 $f(x)=2x^2+7x+3$에서 $f(a)=7$일 때, 정수 a의 값을 구하시오.

11 ⭐중요
0301-0466

이차함수 $y=x^2$, $y=-x^2$의 그래프가 오른쪽 그림과 같을 때, ㉠~㉣ 중 $y=-\dfrac{3}{4}x^2$의 그래프로 알맞은 것을 고르시오.

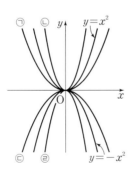

12
0301-0467

이차함수 $y=f(x)$의 그래프가 오른쪽 그림과 같을 때, $f(3)$의 값은?

① -9 ② -8

③ -6 ④ -4

⑤ -3

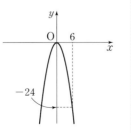

13 ⭐중요
0301-0468

이차함수 $y=\dfrac{3}{4}x^2$의 그래프와 x축에 대하여 대칭인 그래프가 점 $(a,\ -27)$을 지날 때, 양수 a의 값은?

① 2 ② 4 ③ 6

④ 8 ⑤ 10

14
0301-0469

오른쪽 그림의 이차함수 $y=ax^2$의 그래프에서 점 A의 좌표는 $\left(\dfrac{4}{3},\ 0\right)$이고, □ABCD는 정사각형일 때, 상수 a의 값은?

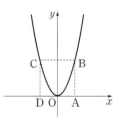

① $\dfrac{1}{2}$ ② $\dfrac{1}{3}$ ③ $\dfrac{2}{3}$

④ $\dfrac{4}{3}$ ⑤ $\dfrac{3}{2}$

15
0301-0470

이차함수 $y=ax^2+q$의 그래프가 두 점 $(-2,4)$, $(4,-14)$를 지날 때, 상수 a, q에 대하여 aq의 값은?

① -15 ② -14 ③ -12

④ -10 ⑤ -8

16 ⭐중요
0301-0471

이차함수 $y=ax^2$의 그래프를 x축의 방향으로 p만큼 평행이동하면 축의 방정식은 $x=-\dfrac{3}{2}$이 되고 점 $(-1,-1)$을 지난다. 이때 상수 a, p에 대하여 ap의 값은?

① 1 ② 2 ③ 3

④ 4 ⑤ 6

17

0301-0472

이차함수 $y=a(x+p)^2+2$의 그래프는 직선 $x=-4$를 축으로 하고, 점 $(-2, -6)$을 지난다. 이때 상수 a, p에 대하여 $a+p$의 값은?

① -8　　　　② -4　　　　③ 2

④ 4　　　　⑤ 8

18 ⭐중요

0301-0473

이차함수 $y=-2x^2$의 그래프를 꼭짓점의 좌표가 $(-6, 10)$이 되도록 평행이동하면 점 $(-3, k)$를 지난다. k의 값은?

① -10　　　　② -9　　　　③ -8

④ -7　　　　⑤ -6

19

0301-0474

이차함수 $y=-\dfrac{3}{4}x^2$의 그래프를 x축의 방향으로 5만큼, y축의 방향으로 -4만큼 평행이동한 그래프에서 x의 값이 증가할 때 y의 값은 감소하는 x의 값의 범위는?

① $x<-5$　　　② $x>-5$　　　③ $x<-4$

④ $x<5$　　　⑤ $x>5$

20

0301-0475

이차함수 $y=-2(x-2)^2+6$의 그래프가 지나지 <u>않는</u> 사분면은?

① 제1사분면　　　　② 제2사분면

③ 제3사분면　　　　④ 제4사분면

⑤ 제1, 2사분면

21

0301-0476

다음 중 이차함수 $y=-\dfrac{2}{3}(x+3)^2+5$의 그래프로 알맞은 것은?

① 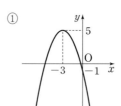　　②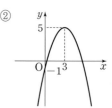

③ 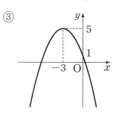　　④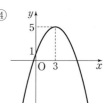

⑤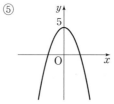

22 ⭐중요

0301-0477

다음 이차함수의 그래프 중 $y=-8x^2$의 그래프를 평행이동하여 완전히 포개어지는 것은?

① $y=-8x^2+3$　　　　② $y=8(x-8)^2$

③ $y=x^2-8$　　　　④ $y=8x^2-5x$

⑤ $y=-\dfrac{1}{8}(x-4)^2+2$

23

0301-0478

다음 중 이차함수 $y=-(x+1)^2-3$의 그래프를 x축의 방향으로 -2만큼, y축의 방향으로 5만큼 평행이동한 그래프가 지나지 <u>않는</u> 점을 모두 고르면? (정답 2개)

① $(-3, 2)$　　　② $(-2, 0)$　　　③ $(-1, -2)$

④ $(0, -7)$　　　⑤ $(1, -12)$

24

0301-0479

이차함수 $y=5(x-1)^2+3$의 그래프를 x축의 방향으로 p만큼, y축의 방향으로 q만큼 평행이동하였더니 $y=5x^2+7$의 그래프와 일치하였다. 이때 $p-q$의 값은?

① -5 ② -3 ③ 0

④ 3 ⑤ 5

25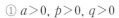

0301-0480

이차함수 $y=a(x-p)^2+q$의 그래프가 오른쪽 그림과 같을 때, a, p, q의 부호는?

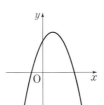

① $a>0$, $p>0$, $q>0$

② $a>0$, $p>0$, $q<0$

③ $a<0$, $p>0$, $q>0$

④ $a<0$, $p>0$, $q<0$

⑤ $a<0$, $p<0$, $q>0$

26

0301-0481

일차함수 $y=ax+b$의 그래프가 오른쪽 그림과 같을 때, 다음 중 이차함수 $y=a(x+b)^2$의 그래프의 개형으로 알맞은 것은?

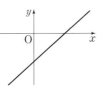

① 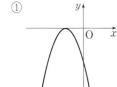   ②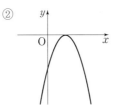

③ 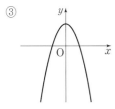   ④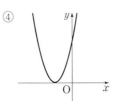

⑤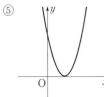

27

0301-0482

오른쪽 그림과 같이 이차함수 $y=-x^2+9$와 $y=a(x-p)^2$의 그래프가 서로의 꼭짓점을 지날 때, 상수 a, p에 대하여 $a+p$의 값을 구하시오.

(단, $p>0$)

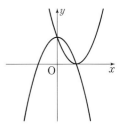

28

0301-0483

이차함수 $y=-4(x-p)^2-2p^2$의 그래프의 꼭짓점이 직선 $y=-x-3$ 위에 있을 때, 상수 p의 값을 구하시오. (단, $p>0$)

29

0301-0484

이차함수 $y=a(x+5)^2-2$의 그래프는 이차함수 $y=-3(x+b)^2+c$의 그래프를 x축의 방향으로 -1만큼, y축의 방향으로 -4만큼 평행이동한 것이다. 이때 상수 a, b, c에 대하여 $a+b+c$의 값을 구하시오.

0301-0485

서술형 **예제**

이차함수 $y=4x^2$의 그래프는 점 $(a, 16)$을 지나고, 이차함수 $y=bx^2$의 그래프와 x축에 대하여 대칭이다. 상수 a, b에 대하여 $a-b$의 값을 구하시오. (단, $a<0$)

풀이

$y=4x^2$에 $x=a, y=16$을 대입하면

$16=4a^2, a^2=4, a=\pm2$

$a<0$이므로 $a=\boxed{}$

$y=bx^2$의 그래프가 $y=4x^2$의 그래프와 x축에 대하여 대칭이므로 $b=\boxed{}$

따라서 $a-b=\boxed{}-(\boxed{})=\boxed{}$

0301-0486

서술형 **유제**

이차함수 $y=-\dfrac{1}{2}x^2$의 그래프는 점 $(a, -8)$을 지나고, 이차함수 $y=bx^2$의 그래프와 x축에 대하여 대칭이다. 상수 a, b에 대하여 ab의 값을 구하시오. (단, $a>0$)

풀이

1

0301-0487

오른쪽 그림과 같이 원점을 꼭짓점으로 하고 점 $(4, -24)$를 지나는 이차함수의 그래프는 점 $(-2, k)$를 지난다. 이때 k의 값을 구하시오.

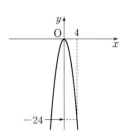

2

0301-0488

이차함수 $y = -3x^2$의 그래프를 y축의 방향으로 q만큼 평행이동한 그래프가 두 점 $(2, -6)$, $(-3, m)$을 지날 때, $m+q$의 값을 구하시오.

3

0301-0489

이차함수 $y = -5x^2$의 그래프를 x축의 방향으로 -2만큼, y축의 방향으로 q만큼 평행이동한 그래프가 점 $(-4, 5)$, $(1, m)$을 지날 때, $m+q$의 값을 구하시오.

4

0301-0490

이차함수 $y = ax^2$의 그래프는 $y = \frac{1}{5}x^2$의 그래프와 x축에 대하여 대칭이고, 이 그래프를 x축의 방향으로 3만큼, y축의 방향으로 5만큼 평행이동하면 점 $(-7, b)$를 지난다. 이때 ab의 값을 구하시오. (단, a는 상수)

01 이차함수 $y=ax^2+bx+c$의 그래프

Ⅳ-2. 이차함수 $y=ax^2+bx+c$의 그래프

개념 1 **이차함수 $y=ax^2+bx+c$의 그래프**

완전제곱식을 이용하여 $y=a(x-p)^2+q$의 꼴로 고쳐서 그린다.

$$y=ax^2+bx+c \Rightarrow y=a\left(x+\dfrac{b}{2a}\right)^2-\dfrac{b^2-4ac}{4a}$$

(1) **꼭짓점의 좌표:** $\left(-\dfrac{b}{2a}, \; -\dfrac{b^2-4ac}{4a}\right)$

(2) **축:** 직선 $x=-\dfrac{b}{2a}$

(3) **y축과의 교점의 좌표:** $(0, c)$

(4) $a>0$이면 아래로 볼록하고, $a<0$이면 위로 볼록하다.

> • $y=ax^2+bx+c$의 꼴을 이차함수의 일반형이라 하고, $y=a(x-p)^2+q$의 꼴을 이차함수의 표준형이라고 한다.

개념 확인 문제 1

다음은 이차함수 $y=x^2+2x-3$을 $y=a(x-p)^2+q$의 꼴로 고치는 과정이다. □ 안에 알맞은 수를 써넣으시오.

$$y=x^2+2x-3=(x^2+2x+\boxed{}-\boxed{})-3=(x+\boxed{})^2-\boxed{}-3=(x+\boxed{})^2-\boxed{}$$

개념 2 **이차함수 $y=ax^2+bx+c$의 그래프에서 a, b, c의 부호**

(1) **a의 부호:** 그래프의 모양

　① 아래로 볼록 ➡ $a>0$　　　② 위로 볼록 ➡ $a<0$

(2) **b의 부호:** 축의 위치

　① 축이 y축의 왼쪽 ➡ a, b는 서로 같은 부호

　② 축이 y축 ➡ $b=0$

　③ 축이 y축의 오른쪽 ➡ a, b는 서로 다른 부호

(3) **c의 부호:** y축과 만나는 점의 위치

　① y축과 만나는 점이 x축보다 위 ➡ $c>0$

　② y축과 만나는 점이 원점 ➡ $c=0$

　③ y축과 만나는 점이 x축보다 아래 ➡ $c<0$

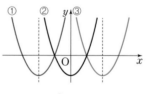

> • 이차함수 $y=ax^2+bx+c$의 그래프의 축의 방정식이 $x=-\dfrac{b}{2a}$이므로
>
> ① 축이 y축의 왼쪽에 있으면
> $$-\dfrac{b}{2a}<0 \Rightarrow \dfrac{b}{2a}>0$$
> $$\Rightarrow \dfrac{b}{a}>0$$
> 즉, a, b는 서로 같은 부호
>
> ② 축이 y축의 오른쪽에 있으면
> $$-\dfrac{b}{2a}>0 \Rightarrow \dfrac{b}{2a}<0$$
> $$\Rightarrow \dfrac{b}{a}<0$$
> 즉, a, b는 서로 다른 부호

개념 확인 문제 2

이차함수 $y=ax^2+bx+c$의 그래프가 오른쪽 그림과 같을 때, □ 안에 알맞은 부등호를 써넣으시오.

(1) 그래프의 모양이 아래로 볼록하므로 $a \;\boxed{}\; 0$

(2) 축이 y축의 오른쪽에 있으므로 a, b는 서로 다른 부호이다. 즉, $b \;\boxed{}\; 0$

(3) y축과 만나는 점이 x축보다 위에 있으므로 $c \;\boxed{}\; 0$

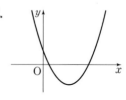

대표 예제

정답과 풀이 ⊙ 54쪽

예제 1 이차함수 $y=ax^2+bx+c$를 $y=a(x-p)^2+q$의 꼴로 변형하기

이차함수 $y=-2x^2+12x-5$를 $y=a(x-p)^2+q$의 꼴로 나타낼 때, 상수 a, p, q에 대하여 $a+p+q$의 값은?

① 11   ② 12   ③ 13
④ 14   ⑤ 15

풀이 전략

x^2의 계수로 묶고 괄호 안에서 완전제곱식이 되는 식을 만든다.

풀이

$y=-2x^2+12x-5$
 $=-2(x^2-6x+9-9)-5$
 $=-2(x-3)^2+13$
따라서 $a=-2$, $p=3$, $q=13$이므로
$a+p+q=-2+3+13=14$

답 ④

유제 1   0301-0491

이차함수 $y=-2x^2+8x-3$을 $y=a(x-p)^2+q$의 꼴로 나타낼 때, 상수 a, p, q에 대하여 $a+p+q$의 값은?

① 1   ② 2   ③ 3
④ 4   ⑤ 5

유제 2   0301-0492

두 이차함수 $y=-\dfrac{1}{2}x^2+6x-8$과 $y=-\dfrac{1}{2}(x-p)^2+q$의 그래프가 일치할 때, 상수 p, q에 대하여 $p+q$의 값은?

① 16   ② 17   ③ 18
④ 19   ⑤ 20

예제 2 이차함수 $y=ax^2+bx+c$의 그래프의 꼭짓점의 좌표와 축의 방정식

이차함수 $y=\dfrac{1}{2}x^2+4x+m$의 그래프의 꼭짓점의 y좌표가 2일 때, 상수 m의 값은?

① 10   ② 11   ③ 12
④ 13   ⑤ 14

풀이 전략

$y=a(x-p)^2+q$의 꼴로 만든다.

풀이

$y=\dfrac{1}{2}x^2+4x+m$
 $=\dfrac{1}{2}(x^2+8x+16-16)+m$
 $=\dfrac{1}{2}(x+4)^2-8+m$
꼭짓점의 y좌표가 $-8+m$이므로 $-8+m=2$
따라서 $m=10$

답 ①

유제 3   0301-0493

이차함수 $y=x^2+4ax+5$의 그래프의 축의 방정식이 $x=4$일 때, 꼭짓점의 y좌표는? (단, a는 상수)

① -14 ② -13 ③ -12
④ -11 ⑤ -10

유제 4   0301-0494

다음 이차함수 중에서 그래프의 꼭짓점이 제2사분면에 있는 것은?

① $y=x^2-4x-1$ ② $y=2x^2-4x+6$
③ $y=x^2+2x-3$ ④ $y=-3x^2-6x-5$
⑤ $y=-2x^2-8x-5$

예제 3 이차함수 $y=ax^2+bx+c$의 그래프가 축과 만나는 점

이차함수 $y=x^2+x-6$의 그래프가 x축과 만나는 두 점의 x좌표를 각각 p, q라 하고, y축과 만나는 점의 y좌표를 r라고 할 때, $p+q+r$의 값은?

① -7　　② -6　　③ -5
④ -4　　⑤ -3

[풀이 전략]
x축과 만나는 점의 y좌표는 0이고, y축과 만나는 점의 x좌표는 0이다.

[풀이]
$y=0$을 대입하면 $x^2+x-6=0$
$(x+3)(x-2)=0$, $x=-3$ 또는 $x=2$
$p=-3$, $q=2$ 또는 $p=2$, $q=-3$
$x=0$을 대입하면 $y=-6$이므로 $r=-6$
따라서 $p+q+r=-3+2+(-6)=-7$

답 ①

[유제 5]　　　　0301-0495

이차함수 $y=x^2-4x-12$의 그래프와 x축과의 두 교점을 A, B라고 할 때, $\overline{AB}$의 길이는?

① 6　　　　② 7　　　　③ 8
④ 9　　　　⑤ 10

[유제 6]　　　　0301-0496

이차함수 $y=x^2-6x+k$의 그래프가 y축과 만나는 점의 y좌표가 8일 때, x축과 만나는 두 점의 x좌표는 m, n이다. 이때 상수 k, m, n에 대하여 $k+m+n$의 값은?

① 11　　　② 12　　　③ 13
④ 14　　　⑤ 15

예제 4 이차함수 $y=ax^2+bx+c$의 그래프 그리기

이차함수 $y=2x^2+12x+13$의 그래프가 지나지 <u>않는</u> 사분면은?

① 제1사분면　　　② 제2사분면
③ 제3사분면　　　④ 제4사분면
⑤ 제3, 4사분면

[풀이 전략]
꼭짓점의 좌표와 y축과의 교점의 좌표를 이용하여 그래프를 그려 본다.

[풀이]
$y=2x^2+12x+13$
　$=2(x^2+6x+9-9)+13$
　$=2(x+3)^2-5$
꼭짓점의 좌표는 $(-3, -5)$
$x=0$을 대입하면 $y=13$이므로
y축과 만나는 점의 좌표는 $(0, 13)$
따라서 이차함수 $y=2x^2+12x+13$의 그래프가
지나지 않는 사분면은 제4사분면이다.

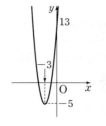

답 ④

[유제 7]　　　　0301-0497

이차함수 $y=2x^2-8x$의 그래프가 지나지 <u>않는</u> 사분면은?

① 제1사분면　　　② 제2사분면
③ 제3사분면　　　④ 제1, 2사분면
⑤ 제3, 4사분면

[유제 8]　　　　0301-0498

다음 이차함수 중 그 그래프가 모든 사분면을 지나는 것은?

① $y=x^2-10x+1$　　　② $y=2x^2+16x+18$
③ $y=-x^2-2x-4$　　　④ $y=-2x^2+4x+3$
⑤ $y=-2x^2-12x-10$

예제 5 이차함수 $y=ax^2+bx+c$의 그래프의 평행이동

이차함수 $y=x^2-6x+4$의 그래프를 x축의 방향으로 2만큼, y축의 방향으로 3만큼 평행이동한 그래프의 꼭짓점의 좌표는?

① $(-1, -2)$ ② $(-1, 2)$ ③ $(3, 2)$

④ $(5, -2)$ ⑤ $(5, 2)$

풀이 전략

$y=x^2-6x+4$의 그래프의 꼭짓점의 좌표를 구한다.

풀이

$y=x^2-6x+4$
　$=(x-3)^2-5$
꼭짓점의 좌표는 $(3, -5)$
x축의 방향으로 2만큼, y축의 방향으로 3만큼 평행이동하면 꼭짓점의 좌표는
$(3+2, -5+3)=(5, -2)$

🔲 ④

유제 9　0301-0499

이차함수 $y=x^2+8x+9$의 그래프를 x축의 방향으로 3만큼, y축의 방향으로 5만큼 평행이동한 그래프의 축의 방정식은?

① $x=-4$ ② $x=-3$ ③ $x=-1$

④ $x=3$ ⑤ $x=7$

유제 10　0301-0500

이차함수 $y=2x^2-4x+5$의 그래프를 x축의 방향으로 2만큼, y축의 방향으로 3만큼 평행이동하면 점 $(1, k)$를 지난다. 이때 k의 값은?

① 11   ② 12   ③ 13

④ 14   ⑤ 15

예제 6 이차함수 $y=ax^2+bx+c$의 그래프에서 a, b, c의 부호

이차함수 $y=ax^2+bx+c$의 그래프가 오른쪽 그림과 같을 때, 상수 a, b, c의 부호로 옳은 것은?

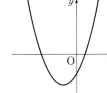

① $a>0, b>0, c<0$

② $a>0, b<0, c>0$

③ $a>0, b<0, c<0$

④ $a<0, b>0, c<0$

⑤ $a<0, b<0, c<0$

풀이 전략

그래프의 모양, 축의 위치, y축과의 교점의 위치를 살펴본다.

풀이

아래로 볼록하므로 $a>0$
축이 y축의 왼쪽에 있으므로 a, b의 부호는 서로 같다. 즉, $b>0$
y축과 만나는 점이 x축보다 아래쪽에 있으므로 $c<0$

🔲 ①

유제 11　0301-0501

이차함수 $y=ax^2+bx+c$의 그래프가 오른쪽 그림과 같을 때, 상수 a, b, c의 부호로 옳은 것은?

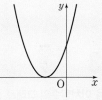

① $a>0, b>0, c>0$

② $a>0, b<0, c>0$

③ $a>0, b<0, c<0$

④ $a<0, b>0, c<0$

⑤ $a<0, b<0, c<0$

유제 12　0301-0502

이차함수 $y=ax^2+bx+c$의 그래프가 오른쪽 그림과 같을 때, 상수 a, b, c의 부호로 옳은 것은?

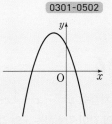

① $a>0, b>0, c<0$

② $a>0, b<0, c>0$

③ $a>0, b<0, c<0$

④ $a<0, b>0, c<0$

⑤ $a<0, b<0, c>0$

형성평가

01. 이차함수 $y=ax^2+bx+c$의 그래프

01
0301-0503

이차함수 $y=\dfrac{1}{3}x^2+2x+7$을 $y=a(x-p)^2+q$의 꼴로 나타낼 때, 상수 a, p, q에 대하여 apq의 값은?

① -5 ② -4 ③ -3
④ -2 ⑤ -1

02
0301-0504

이차함수 $y=x^2+2ax+b$의 꼭짓점의 좌표가 $(4, 2)$일 때, 상수 a, b에 대하여 $a+b$의 값은?

① 11 ② 12 ③ 13
④ 14 ⑤ 15

03
0301-0505

다음 이차함수의 그래프 중 꼭짓점이 제4사분면 위에 있는 것은?

① $y=x^2+6x+9$ ② $y=x^2-3x+1$
③ $y=-2x^2+2x+3$ ④ $y=-3x^2-6x-7$
⑤ $y=-\dfrac{1}{2}x^2-6x-12$

04
0301-0506

이차함수 $y=-x^2+4x-2$의 그래프에서 x의 값이 증가할 때, y의 값이 감소하는 x의 값의 범위는?

① $x<-2$ ② $x>-2$ ③ $x<0$
④ $x<2$ ⑤ $x>2$

05
0301-0507

이차함수 $y=2x^2-8x-10$의 그래프가 x축과 만나는 두 점을 각각 A, B라고 할 때, $\overline{AB}$의 길이는?

① 3 ② 4 ③ 5
④ 6 ⑤ 7

06
0301-0508

다음 이차함수 중 그 그래프가 모든 사분면을 지나는 것을 모두 고르면? (정답 2개)

① $y=-x^2-2x+4$ ② $y=-x^2+4x-1$
③ $y=x^2+4x+3$ ④ $y=x^2-4x+1$
⑤ $y=2x^2+4x-1$

07
0301-0509

이차함수 $y=2x^2+8x+10$의 그래프를 x축의 방향으로 m만큼, y축의 방향으로 n만큼 평행이동하였더니 이차함수 $y=2x^2-12x+17$의 그래프와 일치하였다. 이때 $m+n$의 값은?

① 1 ② 2 ③ 3
④ 4 ⑤ 5

08
0301-0510

이차함수 $y=ax^2+bx+c$의 그래프가 오른쪽 그림과 같을 때, 상수 a, b, c의 부호로 옳은 것은?

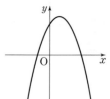

① $a>0$, $b>0$, $c<0$
② $a>0$, $b<0$, $c>0$
③ $a>0$, $b<0$, $c<0$
④ $a<0$, $b>0$, $c>0$
⑤ $a<0$, $b<0$, $c<0$

02 이차함수의 식 구하기 Ⅳ-2. 이차함수 $y=ax^2+bx+c$의 그래프

개념 1 이차함수의 식 구하기(1)

꼭짓점의 좌표 (p, q)와 그래프 위의 한 점이 주어질 때
① 이차함수의 식을 $y=a(x-p)^2+q$로 놓는다.
② 한 점의 좌표를 대입하여 a의 값을 구한다.

・$y=a(x-p)^2+q$
➡ 꼭짓점의 좌표: (p, q)
　축의 방정식: $x=p$

개념 확인 문제 1

꼭짓점의 좌표가 $(1, 3)$이고 점 $(2, 4)$를 지나는 포물선을 그래프로 하는 이차함수의 식을 구하는 과정이다. □ 안에 알맞은 수를 써넣으시오.

> 구하는 이차함수의 식을 $y=a(x-\square)^2+3$으로 놓는다.
> $y=a(x-\square)^2+3$에 $x=2$, $y=\square$를 대입하면
> $\square=a(2-\square)^2+3$, $a=\square$
> 따라서 구하는 이차함수의 식은 $y=(x-\square)^2+3$

개념 2 이차함수의 식 구하기(2)

축의 방정식 $x=p$와 그래프 위의 두 점이 주어질 때
① 이차함수의 식을 $y=a(x-p)^2+q$로 놓는다.
② 두 점의 좌표를 각각 대입하여 a, q의 값을 구한다.

개념 확인 문제 2

축의 방정식이 $x=2$이고 두 점 $(1, -2)$, $(4, 1)$을 지나는 포물선을 그래프로 하는 이차함수의 식을 구하는 과정이다. □ 안에 알맞은 수를 써넣으시오.

> 구하는 이차함수의 식을 $y=a(x-\square)^2+q$로 놓는다.
> $y=a(x-\square)^2+q$에 두 점의 좌표를 각각 대입하면
> $-2=a+q$ …… ㉠
> $1=4a+q$ …… ㉡
> ㉠, ㉡을 연립하여 풀면 $a=\square$, $q=\square$
> 따라서 구하는 이차함수의 식은 $y=(x-\square)^2-\square$

02 이차함수의 식 구하기

개념 3   이차함수의 식 구하기(3)

그래프 위의 세 점이 주어질 때
① 이차함수의 식을 $y=ax^2+bx+c$로 놓는다.
② 세 점의 좌표를 각각 대입하여 a, b, c의 값을 구한다.

- $y=ax^2+bx+c$
➡ a, b, c 세 문자의 값을 구하기 위해서는 세 개의 식이 필요하다.

개념 확인 문제 3

세 점 $(0, 3)$, $(-1, 6)$, $(1, 2)$를 지나는 포물선을 그래프로 하는 이차함수의 식을 구하는 과정이다. □ 안에 알맞은 수를 써넣으시오.

구하는 이차함수의 식을 $y=ax^2+bx+c$로 놓는다.
$y=ax^2+bx+c$에 세 점의 좌표를 각각 대입하면
$\boxed{}=c$ ⋯⋯ ㉠
$\boxed{}=a-b+c$ ⋯⋯ ㉡
$\boxed{}=a+b+c$ ⋯⋯ ㉢
㉠, ㉡, ㉢을 연립하여 풀면 $a=\boxed{}$, $b=\boxed{}$, $c=\boxed{}$
따라서 구하는 이차함수의 식은 $y=x^2-\boxed{}x+\boxed{}$

개념 4   이차함수의 식 구하기(4)

x축과 만나는 두 점 $(m, 0)$, $(n, 0)$과 그래프 위의 한 점이 주어질 때
① 이차함수의 식을 $y=a(x-m)(x-n)$으로 놓는다.
② 한 점의 좌표를 대입하여 a의 값을 구한다.

- $y=a(x-m)(x-n)$
➡ x축과의 교점의 좌표는 $(m, 0)$, $(n, 0)$

개념 확인 문제 4

x축과 만나는 점의 좌표가 $(1, 0)$, $(3, 0)$이고 점 $(0, 3)$을 지나는 포물선을 그래프로 하는 이차함수의 식을 구하는 과정이다. □ 안에 알맞은 수를 써넣으시오.

구하는 이차함수의 식을 $y=a(x-1)(x-\boxed{})$으로 놓는다.
$y=a(x-1)(x-\boxed{})$에 $x=0$, $y=\boxed{}$을 대입하면
$\boxed{}=3a$, $a=\boxed{}$
따라서 구하는 이차함수의 식은 $y=(x-1)(x-\boxed{})$

대표 예제

예제 1 이차함수의 식 구하기: 꼭짓점과 다른 한 점이 주어질 때

꼭짓점의 좌표가 $(3, -5)$이고, y축과 만나는 점의 y좌표가 13인 포물선을 그래프로 하는 이차함수의 식을 $y=a(x-p)^2+q$라고 할 때, 상수 a, p, q에 대하여 $a+p+q$의 값은?

① -2 ② -1 ③ 0
④ 1 ⑤ 2

풀이 전략

$y=a(x-3)^2-5$로 놓고 점 $(0, 13)$의 좌표를 대입한다.

풀이

꼭짓점의 좌표가 $(3, -5)$이므로
구하는 이차함수의 식은 $y=a(x-3)^2-5$
$p=3$, $q=-5$
$y=a(x-3)^2-5$에 $x=0$, $y=13$을 대입하면
$13=a\times(0-3)^2-5$, $a=2$
따라서 $a+p+q=2+3+(-5)=0$

답 ③

유제 1 0301-0511

꼭짓점의 좌표가 $(1, -3)$이고, 점 $(2, 1)$을 지나는 이차함수의 식을 $y=a(x-p)^2+q$라고 할 때, 상수 a, p, q에 대하여 $a+p+q$의 값을 구하시오.

유제 2 0301-0512

오른쪽 그림과 같이 꼭짓점의 좌표가 $(-2, 4)$이고, y축과의 교점의 y좌표가 2인 포물선을 그래프로 하는 이차함수의 식은?

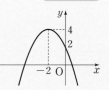

① $y=-\frac{1}{2}x^2-2x-2$ ② $y=-\frac{1}{2}x^2-2x+2$
③ $y=-\frac{1}{2}x^2+2x-2$ ④ $y=-\frac{1}{2}x^2+2x+2$
⑤ $y=\frac{1}{2}x^2-2x-2$

예제 2 이차함수의 식 구하기: 축과 두 점이 주어질 때

직선 $x=4$를 축으로 하고, 두 점 $(2, 5)$, $(8, 11)$을 지나는 포물선을 그래프로 하는 이차함수의 식이 $y=ax^2+bx+c$일 때, abc의 값은? (단, a, b, c는 상수)

① -28 ② -26 ③ -24
④ -22 ⑤ -20

풀이 전략

$y=a(x-4)^2+q$로 놓고 두 점의 좌표를 각각 대입한다.

풀이

직선 $x=4$를 축으로 하므로 구하는 이차함수의 식은 $y=a(x-4)^2+q$
$y=a(x-4)^2+q$에 두 점의 좌표를 각각 대입하면
$5=4a+q$ ……㉠
$11=16a+q$ ……㉡
㉠, ㉡을 연립하여 풀면 $a=\frac{1}{2}$, $q=3$
$y=\frac{1}{2}(x-4)^2+3=\frac{1}{2}x^2-4x+11$
따라서 $abc=\frac{1}{2}\times(-4)\times11=-22$

답 ④

유제 3 0301-0513

직선 $x=2$를 축으로 하고, 두 점 $(1, 3)$, $(5, -13)$을 지나는 포물선이 y축과 만나는 점의 y좌표는?

① -4 ② $-\frac{7}{2}$ ③ -3
④ $-\frac{5}{2}$ ⑤ -2

유제 4 0301-0514

오른쪽 그림은 축의 방정식이 $x=3$인 이차함수의 그래프이다. 이 그래프의 꼭짓점의 y좌표는?

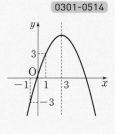

① 4 ② 5
③ 6 ④ 7
⑤ 8

ⅣV. 이차함수 • 137

대표 예제

예제 3 이차함수의 식 구하기: 세 점이 주어질 때

이차함수 $y=ax^2+bx+c$의 그래프가 세 점 $(0, 8)$, $(-1, 20)$, $(2, -4)$를 지날 때, 상수 a, b, c에 대하여 $a+b+c$의 값은?

① -2　　　　② -1　　　　③ 0

④ 1　　　　⑤ 2

풀이 전략

세 점의 좌표를 각각 대입한다.

풀이

$y=ax^2+bx+c$에 세 점의 좌표를 각각 대입하면

$8=c$　　　　……㉠

$20=a-b+c$　　　　……㉡

$-4=4a+2b+c$　　　　……㉢

㉠, ㉡, ㉢을 연립하여 풀면 $a=2$, $b=-10$, $c=8$

따라서 $a+b+c=2+(-10)+8=0$

답 ③

유제 5　　　　0301-0515

세 점 $(0, 3)$, $(-2, -9)$, $(1, 6)$을 지나는 이차함수의 그래프의 꼭짓점의 y좌표는?

① 5　　　　② 6　　　　③ 7

④ 8　　　　⑤ 9

유제 6　　　　0301-0516

이차함수 $y=ax^2+bx+c$의 그래프가 세 점 $(0, 7)$, $(2, -3)$, $(4, -9)$를 지날 때, 이 그래프의 축의 방정식은?

① $x=-6$　　　　② $x=-3$　　　　③ $x=0$

④ $x=3$　　　　⑤ $x=6$

예제 4 이차함수의 식 구하기: x축과의 두 교점이 주어질 때

이차함수 $y=-2x^2$의 그래프와 모양이 같고, x축과의 두 교점의 x좌표가 1, -4인 포물선을 그래프로 하는 이차함수의 식은?

① $y=-2x^2-6x-8$　　　　② $y=-2x^2-6x+8$

③ $y=-2x^2+6x-8$　　　　④ $y=-2x^2+6x+8$

⑤ $y=2x^2-6x-8$

풀이 전략

$y=a(x-1)(x+4)$로 놓는다.

풀이

x축과의 두 교점의 x좌표가 1, -4이므로 $y=a(x-1)(x+4)$

$y=-2x^2$의 그래프와 모양이 같으므로 구하는 이차함수의 x^2의 계수

$a=-2$

따라서 구하는 이차함수의 식은

$y=-2(x-1)(x+4)=-2x^2-6x+8$

답 ②

유제 7　　　　0301-0517

x축과 만나는 점의 x좌표가 2, -5이고, 점 $(1, -12)$를 지나는 이차함수의 그래프가 y축과 만나는 점의 y좌표는?

① -20　　　　② -18　　　　③ -16

④ -14　　　　⑤ -12

유제 8　　　　0301-0518

이차함수 $y=x^2+ax+b$의 그래프가 오른쪽 그림과 같을 때, 상수 a, b에 대하여 $a-b$의 값은?

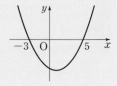

① 11　　　　② 12

③ 13　　　　④ 14

⑤ 15

01

0301-0519

꼭짓점의 좌표가 $(2, -3)$이고, 점 $(3, -1)$을 지나는 이차함수의 그래프가 y축과 만나는 점의 y좌표는?

① 3   ② 4   ③ 5

④ 6   ⑤ 7

02

0301-0520

오른쪽 그림과 같이 꼭짓점의 좌표가 $(-2, 5)$이고, y축과 만나는 점의 y좌표가 -1인 이차함수의 그래프가 점 $(2, k)$를 지날 때, 상수 k의 값은?

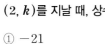

① -21 ② -19

③ -17 ④ -15

⑤ -13

03

0301-0521

축의 방정식이 $x=2$이고, 두 점 $(-2, 2)$, $(4, -4)$를 지나는 이차함수의 그래프가 y축과 만나는 점의 y좌표는?

① -6 ② -5 ③ -4

④ -3 ⑤ -2

04

0301-0522

오른쪽 그림과 같이 직선 $x=1$을 축으로 하는 이차함수의 그래프가 점 $(6, k)$를 지날 때, k의 값은?

① 9   ② $\dfrac{19}{2}$

③ 10   ④ $\dfrac{21}{2}$

⑤ 11

05

0301-0523

이차함수 $y=ax^2+bx+c$의 그래프가 세 점 $(0, 5)$, $(-2, -13)$, $(1, 11)$을 지날 때, 상수 a, b, c에 대하여 $a+b-c$의 값은?

① 0   ② 1   ③ 2

④ 3   ⑤ 4

06

0301-0524

이차함수 $y=ax^2-8x+b$의 그래프가 세 점 $(0, -3)$, $(-1, 7)$, $(3, c)$를 지날 때, $a+b+c$의 값은? (단, a, b는 상수)

① -10 ② -9 ③ -8

④ -7 ⑤ -6

07

0301-0525

x축과 두 점 $(-1, 0)$, $(5, 0)$에서 만나고 점 $(0, -10)$을 지나는 포물선의 꼭짓점의 y좌표는?

① -20 ② -19 ③ -18

④ -17 ⑤ -16

08

0301-0526

이차함수 $y=ax^2+bx+c$의 그래프가 오른쪽 그림과 같을 때, $4a-2b+c$의 값은? (단, a, b, c는 상수)

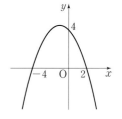

① 1   ② 2

③ 3   ④ 4

⑤ 5

Level 1

01

0301-0527

이차함수 $y=2x^2-4x+5$를 $y=a(x-p)^2+q$의 꼴로 나타낼 때, 상수 a, p, q에 대하여 $a+p+q$의 값은?

① 5   ② 6   ③ 7

④ 8   ⑤ 9

02

0301-0528

이차함수 $y=x^2+4x+8$의 그래프는 이차함수 $y=ax^2$의 그래프를 x축의 방향으로 p만큼, y축의 방향으로 q만큼 평행이동한 것이다. 이때 $a+p+q$의 값은? (단, a는 상수)

① 1   ② 2   ③ 3

④ 4   ⑤ 5

03

0301-0529

이차함수 $y=2x^2-8x+3$의 꼭짓점의 좌표를 (a, b)라고 할 때, $a+b$의 값은?

① -5 ② -4 ③ -3

④ -2 ⑤ -1

04

0301-0530

이차함수 $y=x^2+2x+5$의 그래프가 지나지 <u>않는</u> 사분면을 모두 고른 것은?

① 제1사분면   ② 제2사분면

③ 제3사분면   ④ 제1, 2사분면

⑤ 제3, 4사분면

05

0301-0531

꼭짓점의 좌표가 $(2, 1)$이고 점 $(1, 2)$를 지나는 포물선을 그래프로 하는 이차함수의 식은?

① $y=-x^2-4x-5$ ② $y=-x^2-4x+5$

③ $y=-x^2+4x-5$ ④ $y=x^2+4x-5$

⑤ $y=x^2-4x+5$

06

0301-0532

직선 $x=4$를 축으로 하고, 두 점 $(2, -7)$, $(3, -4)$를 지나는 포물선을 그래프로 하는 이차함수의 식은?

① $y=-x^2-8x-19$ ② $y=-x^2-8x+19$

③ $y=-x^2+8x-19$ ④ $y=-x^2+8x+19$

⑤ $y=x^2-8x-19$

07

0301-0533

세 점 $(0, 5)$, $(-1, 2)$, $(2, 5)$를 지나는 포물선을 그래프로 하는 이차함수의 식은?

① $y=-x^2-2x-5$ ② $y=-x^2-2x+5$

③ $y=-x^2+2x-5$ ④ $y=-x^2+2x+5$

⑤ $y=x^2-2x-5$

08

0301-0534

x축과 두 점 $(2, 0)$, $(-4, 0)$에서 만나고 점 $(1, 5)$를 지나는 포물선을 그래프로 하는 이차함수의 식은?

① $y=-x^2-2x-8$ ② $y=-x^2-2x+8$

③ $y=-x^2+2x-8$ ④ $y=-x^2+2x+8$

⑤ $y=x^2-2x-8$

Level 2

09 중요
0301-0535

다음 이차함수의 그래프 중 꼭짓점이 제2사분면 위에 있는 것은?

① $y=-x^2-2x-5$ ② $y=x^2+2x-6$

③ $y=x^2-4x+9$ ④ $y=-x^2-6x-7$

⑤ $y=x^2+4x+2$

10
0301-0536

이차함수 $y=x^2+2ax+2a^2+b$의 그래프의 꼭짓점의 좌표가 $(-3, 2)$일 때, 상수 a, b에 대하여 $a-b$의 값은?

① 10   ② 11   ③ 12

④ 13   ⑤ 14

11
0301-0537

이차함수 $y=-\dfrac{1}{2}x^2-2x+k+4$의 그래프의 꼭짓점이 x축 위에 있을 때, 상수 k의 값은?

① -5 ② -6 ③ -7

④ -8 ⑤ -9

12
0301-0538

이차함수 $y=-\dfrac{1}{3}x^2+2x+8$의 그래프에서 x의 값이 증가할 때, y의 값은 감소하는 x의 값의 범위는?

① $x<-3$ ② $x>-3$ ③ $x<0$

④ $x<3$ ⑤ $x>3$

13
0301-0539

이차함수 $y=\dfrac{1}{2}x^2+2ax+6$의 그래프에서 $x<-4$이면 x의 값이 증가할 때 y의 값은 감소하고, $x>-4$이면 x의 값이 증가할 때 y의 값도 증가한다. 이때 상수 a의 값은?

① -4 ② -2 ③ 0

④ 2   ⑤ 4

14
0301-0540

이차함수 $y=-x^2+5x+14$의 그래프와 x축과의 교점의 좌표를 A, B라고 할 때, $\overline{AB}$의 길이는?

① 6   ② 7   ③ 8

④ 9   ⑤ 10

15 중요
0301-0541

다음 중 이차함수 $y=-\dfrac{1}{2}x^2-2x+4$의 그래프로 알맞은 것은?

①
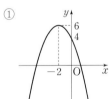

②
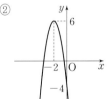

③
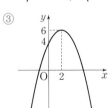

④
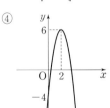

⑤
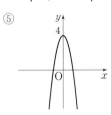

16

0301-0542

오른쪽 그림과 같이 이차함수
$y=x^2-4x-5$의 그래프가 x축과 만
나는 두 점을 각각 A, B라 하고, 꼭짓점
을 C라고 할 때, △ABC의 넓이는?

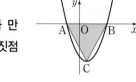

① 20
② 21
③ 24
④ 25
⑤ 27

17

0301-0543

오른쪽 그림에서 두 점 P, Q는 각각 두
이차함수 $y=x^2-2x-8$과
$y=x^2-8x+7$의 그래프의 꼭짓점이
다. 이때 색칠한 부분의 넓이는?

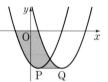

① 21
② 24
③ 25
④ 27
⑤ 30

18

0301-0544

오른쪽 그림은 이차함수
$y=-\dfrac{1}{2}x^2+ax+b$의 그래프를 나타
낸 것이다. 점 A는 꼭짓점이고, x축과의
교점을 O, B라고 할 때, △AOB의 넓이
는? (단, O는 원점이고, a, b는 상수)

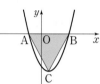

① 30
② 32
③ 34
④ 36
⑤ 38

19

0301-0545

이차함수 $y=x^2-2x-5$의 그래프를 x축의 방향으로 m만큼, y
축의 방향으로 n만큼 평행이동하였더니 $y=x^2+4x+5$의 그래
프와 일치하였다. 이때 $m+n$의 값은?

① 1
② 2
③ 3
④ 4
⑤ 5

20

0301-0546

오른쪽 그림과 같이 이차함수
$y=ax^2+bx+c$의 그래프의 꼭짓점이
y축 위에 있을 때, 이차함수
$y=cx^2+ax+b$의 그래프가 지나는
사분면을 모두 구하시오.

(단, a, b, c는 상수)

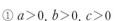

21

0301-0547

이차함수 $y=ax^2+bx+c$의 그래프가
오른쪽 그림과 같을 때, 상수 a, b, c의
부호는?

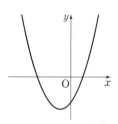

① $a>0$, $b>0$, $c>0$
② $a>0$, $b>0$, $c<0$
③ $a>0$, $b<0$, $c<0$
④ $a<0$, $b>0$, $c<0$
⑤ $a<0$, $b<0$, $c<0$

22 0301-0548

이차함수 $y=ax^2+bx+c$의 그래프는 오른쪽 그림과 같이 꼭짓점의 좌표가 $(1, 3)$이고, 점 $(-1, -1)$을 지날 때, $a+b-c$의 값은? (단, a, b, c는 상수)

① -3 ② -2
③ -1 ④ 0
⑤ 1

23 0301-0549

직선 $x=3$을 축으로 하는 이차함수 $y=ax^2+bx+c$의 그래프가 오른쪽 그림과 같을 때, 상수 a, b, c에 대하여 $a+b+c$의 값은?

① -2 ② -1
③ 0 ④ 1
⑤ 2

24 0301-0550

세 점 $(0, 3)$, $(-1, 6)$, $(2, 9)$를 지나는 이차함수의 그래프가 점 $(-2, k)$를 지날 때, k의 값은?

① 11 ② 12 ③ 13
④ 14 ⑤ 15

25 0301-0551

오른쪽 그림과 같은 이차함수의 그래프의 꼭짓점의 좌표를 구하시오.

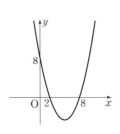

Level 3

26 0301-0552

이차함수 $y=\frac{1}{2}x^2-2x-10$의 그래프의 꼭짓점이 일차함수 $y=mx-2$의 그래프 위에 있을 때, 상수 m의 값을 구하시오.

27 0301-0553

이차함수 $y=-\frac{1}{2}x^2+3x-8$의 그래프와 $y=2x^2+mx+n$의 그래프의 꼭짓점이 서로 같을 때, 상수 m, n에 대하여 $2m+2n$의 값을 구하시오.

28 0301-0554

이차함수 $y=-x^2+8x+k$의 그래프를 y축의 방향으로 2만큼 평행이동하였더니 x축과 만나지 않았다. 이때 상수 k의 값의 범위를 구하시오.

서술형으로 중단원 마무리

0301-0555

서술형 예제

오른쪽 그림과 같이 이차함수 $y=-\dfrac{1}{2}x^2+3x+8$의 그래프가 y축과 만나는 점을 A, x축과 만나는 두 점을 각각 B, C라고 할 때, △ABC의 넓이를 구하시오.

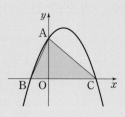

풀이

점 A의 좌표는 $(0, \boxed{})$

x축과 만나는 점의 y좌표는 0이므로

$-\dfrac{1}{2}x^2+3x+8=0$, $x^2-6x-16=0$

$(x+2)(x-8)=0$, $x=-2$ 또는 $x=8$

점 B의 좌표는 $(\boxed{}, 0)$, 점 C의 좌표는 $(\boxed{}, 0)$

따라서 △ABC의 넓이는 $\dfrac{1}{2} \times \{8-(\boxed{})\} \times 8 = \boxed{}$

0301-0556

서술형 유제

오른쪽 그림과 같이 이차함수 $y=x^2+3x-4$의 그래프가 x축과 만나는 두 점을 각각 A, B라 하고, y축과 만나는 점을 C라고 할 때, △ABC의 넓이를 구하시오.

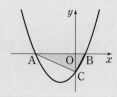

풀이

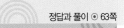

1

0301-0557

이차함수 $y=-2x^2-8x-2$의 그래프와 이차함수 $y=-\dfrac{1}{2}x^2+px+q$의 그래프의 꼭짓점이 일치할 때, 상수 p, q에 대하여 $p+q$의 값을 구하시오.

2

0301-0558

오른쪽 그림과 같이 이차함수 $y=\dfrac{1}{2}x^2+2x-6$의 그래프가 x축과 만나는 두 점을 각각 A, B라 하고, 꼭짓점을 C라고 할 때, △ABC의 넓이를 구하시오.

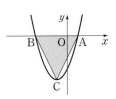

3

0301-0559

이차함수 $y=ax^2+bx+c$의 그래프가 다음 조건을 모두 만족시킬 때, 상수 a, b, c에 대하여 $a+b+c$의 값을 구하시오.

> (가) 축의 방정식은 $x=-3$이다.
> (나) 꼭짓점이 x축 위에 있다.
> (다) 점 $(-1, 8)$을 지난다.

4

0301-0560

이차함수 $y=-2x^2+ax+b$의 그래프가 세 점 $(0, -3)$, $(-1, -13)$, $(2, k)$를 지날 때, k의 값을 구하시오.

(단, a, b는 상수)

수	0	1	2	3	4	5	6	7	8	9
1.0	1.000	1.005	1.010	1.015	1.020	1.025	1.030	1.034	1.039	1.044
1.1	1.049	1.054	1.058	1.063	1.068	1.072	1.077	1.082	1.086	1.091
1.2	1.095	1.100	1.105	1.109	1.114	1.118	1.122	1.127	1.131	1.136
1.3	1.140	1.145	1.149	1.153	1.158	1.162	1.166	1.170	1.175	1.179
1.4	1.183	1.187	1.192	1.196	1.200	1.204	1.208	1.212	1.217	1.221
1.5	1.225	1.229	1.233	1.237	1.241	1.245	1.249	1.253	1.257	1.261
1.6	1.265	1.269	1.273	1.277	1.281	1.285	1.288	1.292	1.296	1.300
1.7	1.304	1.308	1.311	1.315	1.319	1.323	1.327	1.330	1.334	1.338
1.8	1.342	1.345	1.349	1.353	1.356	1.360	1.364	1.367	1.371	1.375
1.9	1.378	1.382	1.386	1.389	1.393	1.396	1.400	1.404	1.407	1.411
2.0	1.414	1.418	1.421	1.425	1.428	1.432	1.435	1.439	1.442	1.446
2.1	1.449	1.453	1.456	1.459	1.463	1.466	1.470	1.473	1.476	1.480
2.2	1.483	1.487	1.490	1.493	1.497	1.500	1.503	1.507	1.510	1.513
2.3	1.517	1.520	1.523	1.526	1.530	1.533	1.536	1.539	1.543	1.546
2.4	1.549	1.552	1.556	1.559	1.562	1.565	1.568	1.572	1.575	1.578
2.5	1.581	1.584	1.587	1.591	1.594	1.597	1.600	1.603	1.606	1.609
2.6	1.612	1.616	1.619	1.622	1.625	1.628	1.631	1.634	1.637	1.640
2.7	1.643	1.646	1.649	1.652	1.655	1.658	1.661	1.664	1.667	1.670
2.8	1.673	1.676	1.679	1.682	1.685	1.688	1.691	1.694	1.697	1.700
2.9	1.703	1.706	1.709	1.712	1.715	1.718	1.720	1.723	1.726	1.729
3.0	1.732	1.735	1.738	1.741	1.744	1.746	1.749	1.752	1.755	1.758
3.1	1.761	1.764	1.766	1.769	1.772	1.775	1.778	1.780	1.783	1.786
3.2	1.789	1.792	1.794	1.797	1.800	1.803	1.806	1.808	1.811	1.814
3.3	1.817	1.819	1.822	1.825	1.828	1.830	1.833	1.836	1.838	1.841
3.4	1.844	1.847	1.849	1.852	1.855	1.857	1.860	1.863	1.865	1.868
3.5	1.871	1.873	1.876	1.879	1.881	1.884	1.887	1.889	1.892	1.895
3.6	1.897	1.900	1.903	1.905	1.908	1.910	1.913	1.916	1.918	1.921
3.7	1.924	1.926	1.929	1.931	1.934	1.936	1.939	1.942	1.944	1.947
3.8	1.949	1.952	1.954	1.957	1.960	1.962	1.965	1.967	1.970	1.972
3.9	1.975	1.977	1.980	1.982	1.985	1.987	1.990	1.992	1.995	1.997
4.0	2.000	2.002	2.005	2.007	2.010	2.012	2.015	2.017	2.020	2.022
4.1	2.025	2.027	2.030	2.032	2.035	2.037	2.040	2.042	2.045	2.047
4.2	2.049	2.052	2.054	2.057	2.059	2.062	2.064	2.066	2.069	2.071
4.3	2.074	2.076	2.078	2.081	2.083	2.086	2.088	2.090	2.093	2.095
4.4	2.098	2.100	2.102	2.105	2.107	2.110	2.112	2.114	2.117	2.119
4.5	2.121	2.124	2.126	2.128	2.131	2.133	2.135	2.138	2.140	2.142
4.6	2.145	2.147	2.149	2.152	2.154	2.156	2.159	2.161	2.163	2.166
4.7	2.168	2.170	2.173	2.175	2.177	2.179	2.182	2.184	2.186	2.189
4.8	2.191	2.193	2.195	2.198	2.200	2.202	2.205	2.207	2.209	2.211
4.9	2.214	2.216	2.218	2.220	2.223	2.225	2.227	2.229	2.232	2.234
5.0	2.236	2.238	2.241	2.243	2.245	2.247	2.249	2.252	2.254	2.256
5.1	2.258	2.261	2.263	2.265	2.267	2.269	2.272	2.274	2.276	2.278
5.2	2.280	2.283	2.285	2.287	2.289	2.291	2.293	2.296	2.298	2.300
5.3	2.302	2.304	2.307	2.309	2.311	2.313	2.315	2.317	2.319	2.322
5.4	2.324	2.326	2.328	2.330	2.332	2.335	2.337	2.339	2.341	2.343

제곱근표 ②

수	0	1	2	3	4	5	6	7	8	9
5.5	2.345	2.347	2.349	2.352	2.354	2.356	2.358	2.360	2.362	2.364
5.6	2.366	2.369	2.371	2.373	2.375	2.377	2.379	2.381	2.383	2.385
5.7	2.387	2.390	2.392	2.394	2.396	2.398	2.400	2.402	2.404	2.406
5.8	2.408	2.410	2.412	2.415	2.417	2.419	2.421	2.423	2.425	2.427
5.9	2.429	2.431	2.433	2.435	2.437	2.439	2.441	2.443	2.445	2.447
6.0	2.449	2.452	2.454	2.456	2.458	2.460	2.462	2.464	2.466	2.468
6.1	2.470	2.472	2.474	2.476	2.478	2.480	2.482	2.484	2.486	2.488
6.2	2.490	2.492	2.494	2.496	2.498	2.500	2.502	2.504	2.506	2.508
6.3	2.510	2.512	2.514	2.516	2.518	2.520	2.522	2.524	2.526	2.528
6.4	2.530	2.532	2.534	2.536	2.538	2.540	2.542	2.544	2.546	2.548
6.5	2.550	2.551	2.553	2.555	2.557	2.559	2.561	2.563	2.565	2.567
6.6	2.569	2.571	2.573	2.575	2.577	2.579	2.581	2.583	2.585	2.587
6.7	2.588	2.590	2.592	2.594	2.596	2.598	2.600	2.602	2.604	2.606
6.8	2.608	2.610	2.612	2.613	2.615	2.617	2.619	2.621	2.623	2.625
6.9	2.627	2.629	2.631	2.632	2.634	2.636	2.638	2.640	2.642	2.644
7.0	2.646	2.648	2.650	2.651	2.653	2.655	2.657	2.659	2.661	2.663
7.1	2.665	2.666	2.668	2.670	2.672	2.674	2.676	2.678	2.680	2.681
7.2	2.683	2.685	2.687	2.689	2.691	2.693	2.694	2.696	2.698	2.700
7.3	2.702	2.704	2.706	2.707	2.709	2.711	2.713	2.715	2.717	2.718
7.4	2.720	2.722	2.724	2.726	2.728	2.729	2.731	2.733	2.735	2.737
7.5	2.739	2.740	2.742	2.744	2.746	2.748	2.750	2.751	2.753	2.755
7.6	2.757	2.759	2.760	2.762	2.764	2.766	2.768	2.769	2.771	2.773
7.7	2.775	2.777	2.778	2.780	2.782	2.784	2.786	2.787	2.789	2.791
7.8	2.793	2.795	2.796	2.798	2.800	2.802	2.804	2.805	2.807	2.809
7.9	2.811	2.812	2.814	2.816	2.818	2.820	2.821	2.823	2.825	2.827
8.0	2.828	2.830	2.832	2.834	2.835	2.837	2.839	2.841	2.843	2.844
8.1	2.846	2.848	2.850	2.851	2.853	2.855	2.857	2.858	2.860	2.862
8.2	2.864	2.865	2.867	2.869	2.871	2.872	2.874	2.876	2.877	2.879
8.3	2.881	2.883	2.884	2.886	2.888	2.890	2.891	2.893	2.895	2.897
8.4	2.898	2.900	2.902	2.903	2.905	2.907	2.909	2.910	2.912	2.914
8.5	2.915	2.917	2.919	2.921	2.922	2.924	2.926	2.927	2.929	2.931
8.6	2.933	2.934	2.936	2.938	2.939	2.941	2.943	2.944	2.946	2.948
8.7	2.950	2.951	2.953	2.955	2.956	2.958	2.960	2.961	2.963	2.965
8.8	2.966	2.968	2.970	2.972	2.973	2.975	2.977	2.978	2.980	2.982
8.9	2.983	2.985	2.987	2.988	2.990	2.992	2.993	2.995	2.997	2.998
9.0	3.000	3.002	3.003	3.005	3.007	3.008	3.010	3.012	3.013	3.015
9.1	3.017	3.018	3.020	3.022	3.023	3.025	3.027	3.028	3.030	3.032
9.2	3.033	3.035	3.036	3.038	3.040	3.041	3.043	3.045	3.046	3.048
9.3	3.050	3.051	3.053	3.055	3.056	3.058	3.059	3.061	3.063	3.064
9.4	3.066	3.068	3.069	3.071	3.072	3.074	3.076	3.077	3.079	3.081
9.5	3.082	3.084	3.085	3.087	3.089	3.090	3.092	3.094	3.095	3.097
9.6	3.098	3.100	3.102	3.103	3.105	3.106	3.108	3.110	3.111	3.113
9.7	3.114	3.116	3.118	3.119	3.121	3.122	3.124	3.126	3.127	3.129
9.8	3.130	3.132	3.134	3.135	3.137	3.138	3.140	3.142	3.143	3.145
9.9	3.146	3.148	3.150	3.151	3.153	3.154	3.156	3.158	3.159	3.161

제곱근표 ❸

수	0	1	2	3	4	5	6	7	8	9
10	3.162	3.178	3.194	3.209	3.225	3.240	3.256	3.271	3.286	3.302
11	3.317	3.332	3.347	3.362	3.376	3.391	3.406	3.421	3.435	3.450
12	3.464	3.479	3.493	3.507	3.521	3.536	3.550	3.564	3.578	3.592
13	3.606	3.619	3.633	3.647	3.661	3.674	3.688	3.701	3.715	3.728
14	3.742	3.755	3.768	3.782	3.795	3.808	3.821	3.834	3.847	3.860
15	3.873	3.886	3.899	3.912	3.924	3.937	3.950	3.962	3.975	3.987
16	4.000	4.012	4.025	4.037	4.050	4.062	4.074	4.087	4.099	4.111
17	4.123	4.135	4.147	4.159	4.171	4.183	4.195	4.207	4.219	4.231
18	4.243	4.254	4.266	4.278	4.290	4.301	4.313	4.324	4.336	4.347
19	4.359	4.370	4.382	4.393	4.405	4.416	4.427	4.438	4.450	4.461
20	4.472	4.483	4.494	4.506	4.517	4.528	4.539	4.550	4.561	4.572
21	4.583	4.593	4.604	4.615	4.626	4.637	4.648	4.658	4.669	4.680
22	4.690	4.701	4.712	4.722	4.733	4.743	4.754	4.764	4.775	4.785
23	4.796	4.806	4.817	4.827	4.837	4.848	4.858	4.868	4.879	4.889
24	4.899	4.909	4.919	4.930	4.940	4.950	4.960	4.970	4.980	4.990
25	5.000	5.010	5.020	5.030	5.040	5.050	5.060	5.070	5.079	5.089
26	5.099	5.109	5.119	5.128	5.138	5.148	5.158	5.167	5.177	5.187
27	5.196	5.206	5.215	5.225	5.235	5.244	5.254	5.263	5.273	5.282
28	5.292	5.301	5.310	5.320	5.329	5.339	5.348	5.357	5.367	5.376
29	5.385	5.394	5.404	5.413	5.422	5.431	5.441	5.450	5.459	5.468
30	5.477	5.486	5.495	5.505	5.514	5.523	5.532	5.541	5.550	5.559
31	5.568	5.577	5.586	5.595	5.604	5.612	5.621	5.630	5.639	5.648
32	5.657	5.666	5.675	5.683	5.692	5.701	5.710	5.718	5.727	5.736
33	5.745	5.753	5.762	5.771	5.779	5.788	5.797	5.805	5.814	5.822
34	5.831	5.840	5.848	5.857	5.865	5.874	5.882	5.891	5.899	5.908
35	5.916	5.925	5.933	5.941	5.950	5.958	5.967	5.975	5.983	5.992
36	6.000	6.008	6.017	6.025	6.033	6.042	6.050	6.058	6.066	6.075
37	6.083	6.091	6.099	6.107	6.116	6.124	6.132	6.140	6.148	6.156
38	6.164	6.173	6.181	6.189	6.197	6.205	6.213	6.221	6.229	6.237
39	6.245	6.253	6.261	6.269	6.277	6.285	6.293	6.301	6.309	6.317
40	6.325	6.332	6.340	6.348	6.356	6.364	6.372	6.380	6.387	6.395
41	6.403	6.411	6.419	6.427	6.434	6.442	6.450	6.458	6.465	6.473
42	6.481	6.488	6.496	6.504	6.512	6.519	6.527	6.535	6.542	6.550
43	6.557	6.565	6.573	6.580	6.588	6.595	6.603	6.611	6.618	6.626
44	6.633	6.641	6.648	6.656	6.663	6.671	6.678	6.686	6.693	6.701
45	6.708	6.716	6.723	6.731	6.738	6.745	6.753	6.760	6.768	6.775
46	6.782	6.790	6.797	6.804	6.812	6.819	6.826	6.834	6.841	6.848
47	6.856	6.863	6.870	6.877	6.885	6.892	6.899	6.907	6.914	6.921
48	6.928	6.935	6.943	6.950	6.957	6.964	6.971	6.979	6.986	6.993
49	7.000	7.007	7.014	7.021	7.029	7.036	7.043	7.050	7.057	7.064
50	7.071	7.078	7.085	7.092	7.099	7.106	7.113	7.120	7.127	7.134
51	7.141	7.148	7.155	7.162	7.169	7.176	7.183	7.190	7.197	7.204
52	7.211	7.218	7.225	7.232	7.239	7.246	7.253	7.259	7.266	7.273
53	7.280	7.287	7.294	7.301	7.308	7.314	7.321	7.328	7.335	7.342
54	7.348	7.355	7.362	7.369	7.376	7.382	7.389	7.396	7.403	7.409

제곱근표 ❹

수	0	1	2	3	4	5	6	7	8	9
55	7.416	7.423	7.430	7.436	7.443	7.450	7.457	7.463	7.470	7.477
56	7.483	7.490	7.497	7.503	7.510	7.517	7.523	7.530	7.537	7.543
57	7.550	7.556	7.563	7.570	7.576	7.583	7.589	7.596	7.603	7.609
58	7.616	7.622	7.629	7.635	7.642	7.649	7.655	7.662	7.668	7.675
59	7.681	7.688	7.694	7.701	7.707	7.714	7.720	7.727	7.733	7.740
60	7.746	7.752	7.759	7.765	7.772	7.778	7.785	7.791	7.797	7.804
61	7.810	7.817	7.823	7.829	7.836	7.842	7.849	7.855	7.861	7.868
62	7.874	7.880	7.887	7.893	7.899	7.906	7.912	7.918	7.925	7.931
63	7.937	7.944	7.950	7.956	7.962	7.969	7.975	7.981	7.987	7.994
64	8.000	8.006	8.012	8.019	8.025	8.031	8.037	8.044	8.050	8.056
65	8.062	8.068	8.075	8.081	8.087	8.093	8.099	8.106	8.112	8.118
66	8.124	8.130	8.136	8.142	8.149	8.155	8.161	8.167	8.173	8.179
67	8.185	8.191	8.198	8.204	8.210	8.216	8.222	8.228	8.234	8.240
68	8.246	8.252	8.258	8.264	8.270	8.276	8.283	8.289	8.295	8.301
69	8.307	8.313	8.319	8.325	8.331	8.337	8.343	8.349	8.355	8.361
70	8.367	8.373	8.379	8.385	8.390	8.396	8.402	8.408	8.414	8.420
71	8.426	8.432	8.438	8.444	8.450	8.456	8.462	8.468	8.473	8.479
72	8.485	8.491	8.497	8.503	8.509	8.515	8.521	8.526	8.532	8.538
73	8.544	8.550	8.556	8.562	8.567	8.573	8.579	8.585	8.591	8.597
74	8.602	8.608	8.614	8.620	8.626	8.631	8.637	8.643	8.649	8.654
75	8.660	8.666	8.672	8.678	8.683	8.689	8.695	8.701	8.706	8.712
76	8.718	8.724	8.729	8.735	8.741	8.746	8.752	8.758	8.764	8.769
77	8.775	8.781	8.786	8.792	8.798	8.803	8.809	8.815	8.820	8.826
78	8.832	8.837	8.843	8.849	8.854	8.860	8.866	8.871	8.877	8.883
79	8.888	8.894	8.899	8.905	8.911	8.916	8.922	8.927	8.933	8.939
80	8.944	8.950	8.955	8.961	8.967	8.972	8.978	8.983	8.989	8.994
81	9.000	9.006	9.011	9.017	9.022	9.028	9.033	9.039	9.044	9.050
82	9.055	9.061	9.066	9.072	9.077	9.083	9.088	9.094	9.099	9.105
83	9.110	9.116	9.121	9.127	9.132	9.138	9.143	9.149	9.154	9.160
84	9.165	9.171	9.176	9.182	9.187	9.192	9.198	9.203	9.209	9.214
85	9.220	9.225	9.230	9.236	9.241	9.247	9.252	9.257	9.263	9.268
86	9.274	9.279	9.284	9.290	9.295	9.301	9.306	9.311	9.317	9.322
87	9.327	9.333	9.338	9.343	9.349	9.354	9.359	9.365	9.370	9.375
88	9.381	9.386	9.391	9.397	9.402	9.407	9.413	9.418	9.423	9.429
89	9.434	9.439	9.445	9.450	9.455	9.460	9.466	9.471	9.476	9.482
90	9.487	9.492	9.497	9.503	9.508	9.513	9.518	9.524	9.529	9.534
91	9.539	9.545	9.550	9.555	9.560	9.566	9.571	9.576	9.581	9.586
92	9.592	9.597	9.602	9.607	9.612	9.618	9.623	9.628	9.633	9.638
93	9.644	9.649	9.654	9.659	9.664	9.670	9.675	9.680	9.685	9.690
94	9.695	9.701	9.706	9.711	9.716	9.721	9.726	9.731	9.737	9.742
95	9.747	9.752	9.757	9.762	9.767	9.772	9.778	9.783	9.788	9.793
96	9.798	9.803	9.808	9.813	9.818	9.823	9.829	9.834	9.839	9.844
97	9.849	9.854	9.859	9.864	9.869	9.874	9.879	9.884	9.889	9.894
98	9.899	9.905	9.910	9.915	9.920	9.925	9.930	9.935	9.940	9.945
99	9.950	9.955	9.960	9.965	9.970	9.975	9.980	9.985	9.990	9.995

Memo

Memo

Memo

EBS 중학

| 수학 3(상) |

실전책

| 기획 및 개발 |

최다인 이소민 정혜은(개발총괄위원)

| 집필 및 검토 |

변태호(양오중) 임상현(양정중)

| 검토 |

박성복 정란 하대엽 황정하

교재 정답지, 정오표 서비스 및 내용 문의   EBS 중학사이트 교재 검색 → 교재 선택

EBS 중학

뉴런

| 수학 3(상) |

실전책

Application 이 책의 효과적인 활용법

1 방송 시청을 생활화

방송 강의의 특성상 시청 시간을 한두 번 놓치면 계속 학습할 의욕을 잃게 되기 마련입니다. 강의를 방송 시간에 시청할 수 없을 경우에는 EBS 홈페이지의 무료 VOD 서비스를 활용하도록 하세요.

2 철저한 예습은 필수

방송 강의는 마법이 아닙니다. 자신의 노력 없이 단순히 강의만 열심히 들으면 실력이 저절로 향상될 것이라고 믿으면 오산! 예습을 통해 학습할 내용과 자신의 약한 부분을 파악하고, 강의를 들을 때 이 부분에 중점을 두어 학습하도록 합니다.

3 적극적이고 능동적으로 강의에 참여

수동적으로 강의를 듣기만 하는 것이 아니라 직접 강의에 참여하는 자세가 중요합니다. 중요한 내용이나 의문 사항을 메모하는 습관은 학습 내용의 이해와 복습을 위해 필수입니다.

4 자신의 약점을 파악한 후 선택적으로 집중 복습

자신이 약한 부분과 개념, 문항들을 점검하여 집중 복습함으로써 확실한 자기 지식으로 만드는 과정이 더해진다면, 어느 날 실력이 눈부시게 발전한 자신과 마주하게 될 것입니다.

- EBS 홈페이지(http://mid.ebs.co.kr)로 들어오셔서 회원으로 등록하세요.
- 본 방송교재의 프로그램 내용은 EBS 1인터넷 방송을 통해 동영상(VOD)으로 다시 보실 수 있습니다.

Contents 이 책의 차례

교재 및 강의 내용에 대한 문의는 EBS 홈페이지(mid.ebs.co.kr)의 Q&A 서비스를 활용하시기 바랍니다.

01
0301-0561

다음 중 옳은 것은? [3점]

① 3의 제곱근은 $\sqrt{3}$이다.
② 제곱근 4는 ± 2이다.
③ 모든 수의 제곱근은 2개이다.
④ 0의 제곱근은 없다.
⑤ 10의 제곱근은 $\pm\sqrt{10}$이다.

02
0301-0562

다음 중 그 값이 나머지 넷과 다른 하나는? [3점]

① 제곱하여 16이 되는 수
② 제곱근 16
③ $(-4)^2$의 제곱근
④ $\sqrt{(-16)^2}$의 제곱근
⑤ 16의 제곱근

03
0301-0563

다음 중 근호를 사용하지 않고 나타낼 수 있는 것은? [3점]

① $\sqrt{9}$ ② $\sqrt{10}$ ③ $\sqrt{11}$
④ $\sqrt{12}$ ⑤ $\sqrt{13}$

04
0301-0564

$(-7)^2$의 양의 제곱근을 a, $\sqrt{(-9)^2}$의 음의 제곱근을 b라고 할 때, $a+b$의 값은? [3점]

① 1 ② 2 ③ 3
④ 4 ⑤ 5

05
0301-0565

다음 중 옳은 것은? [3점]

① $\sqrt{16} \div 4 = 4$
② $(\sqrt{8})^2 + (-\sqrt{6})^2 = 2$
③ $-\sqrt{3^2} + \sqrt{9} = 0$
④ $(\sqrt{6})^2 \times \left(-\sqrt{\dfrac{1}{6}}\right)^2 = -1$
⑤ $(-\sqrt{10})^2 \div (-\sqrt{5})^2 = \sqrt{2}$

06
0301-0566

$a>0$일 때, 그 값이 a와 같은 것을 〈보기〉에서 모두 고른 것은? [4점]

┤ 보기 ├

ㄱ. $(-\sqrt{a})^2$ ㄴ. $-\sqrt{a^2}$
ㄷ. $\sqrt{(-a)^2}$ ㄹ. $-(\sqrt{a})^2$

① ㄱ, ㄴ ② ㄱ, ㄷ ③ ㄴ, ㄷ
④ ㄴ, ㄹ ⑤ ㄷ, ㄹ

07
0301-0567

$a<0$일 때, $\sqrt{25a^2} - \sqrt{(-3a)^2} + \sqrt{(2a)^2}$을 간단히 하면? [4점]

① $-4a$ ② $-2a$ ③ $-a$
④ a ⑤ $3a$

08

0301-0568

$a-b>0$, $ab<0$일 때, $\sqrt{(a-b)^2}-\sqrt{a^2}-\sqrt{b^2}$을 간단히 하면? [5점]

① $-2a$ ② 0 ③ $2b$
④ $2a-2b$ ⑤ $2a+2b$

09

0301-0569

다음 중 $\sqrt{21+x}$가 자연수가 되도록 하는 x의 값이 <u>아닌</u> 것은? [3점]

① 4 ② 15 ③ 25
④ 28 ⑤ 43

10

0301-0570

다음 중 옳지 <u>않은</u> 것은? [4점]

① $\sqrt{30}<6$ ② $-\sqrt{12}<-\sqrt{7}$
③ $\dfrac{1}{3}<\sqrt{\dfrac{1}{4}}$ ④ $-\sqrt{\dfrac{5}{4}}>-1$
⑤ $-\sqrt{17}<-4$

11

0301-0571

$3<\sqrt{2n}<5$를 만족시키는 자연수 n의 개수는? [4점]

① 7개 ② 8개 ③ 9개
④ 10개 ⑤ 11개

12

0301-0572

다음 중 순환하지 않는 무한소수의 개수는? [4점]

$$\sqrt{16}, \quad \sqrt{5}+1, \quad 0.\dot{4}, \quad \sqrt{\dfrac{1}{9}}, \quad \sqrt{27}, \quad 2\pi$$

① 1개 ② 2개 ③ 3개
④ 4개 ⑤ 5개

13

0301-0573

다음 제곱근표에서 $\sqrt{7.27}$의 값은? [3점]

수	6	7	8	9
7.1	2.676	2.678	2.680	2.681
7.2	2.694	2.696	2.698	2.700
7.3	2.713	2.715	2.717	2.718

① 2.676 ② 2.678 ③ 2.696
④ 2.700 ⑤ 2.715

14

0301-0574

다음 중 옳지 <u>않은</u> 것은? [3점]

① 수직선 위의 한 점은 한 실수에 대응한다.
② 2와 3 사이에는 무리수가 없다.
③ $\dfrac{1}{3}$과 $\sqrt{2}$ 사이에는 무수히 많은 유리수가 있다.
④ -4와 6 사이에는 유한개의 정수가 있다.
⑤ $\sqrt{7}$과 $\sqrt{10}$ 사이에는 무수히 많은 무리수가 있다.

15

0301-0575

다음 그림과 같이 수직선 위의 점 A를 중심으로 하는 반원을 그려 수직선과 만나는 두 점을 P, Q라고 하자. 반원의 넓이가 3π일 때, 점 P에 대응하는 수는? [4점]

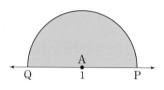

① $\sqrt{\dfrac{3}{2}}$ ② 2 ③ $1+\sqrt{\dfrac{3}{2}}$

④ $\sqrt{6}$ ⑤ $1+\sqrt{6}$

16

0301-0576

자연수 n에 대하여 $\sqrt{n}$의 정수 부분을 $f(n)$이라고 할 때, $f(115)-f(86)+f(57)$의 값은? [5점]

① 2 ② 4 ③ 6

④ 8 ⑤ 10

17

0301-0577

다음 수를 수직선 위에 나타낼 때, 왼쪽에서 세 번째에 오는 수는? [4점]

$$\sqrt{2}, \quad \sqrt{2}+1, \quad -\sqrt{2}, \quad 2-\sqrt{2}, \quad 1-\sqrt{2}$$

① $\sqrt{2}$ ② $\sqrt{2}+1$ ③ $-\sqrt{2}$

④ $2-\sqrt{2}$ ⑤ $1-\sqrt{2}$

주관식

18

0301-0578

$(-\sqrt{13})^2$의 양의 제곱근을 a, 음의 제곱근을 b, $\sqrt{(-9)^2}$의 양의 제곱근을 c라고 할 때, $ab+c$의 값을 구하시오. [4점]

19

0301-0579

$-\sqrt{3x-2} > -4$를 만족시키는 자연수 x의 개수를 구하시오. [4점]

20

0301-0580

다음 그림과 같이 한 눈금의 길이가 1인 모눈종이 위에 수직선과 직사각형 ABCD를 그리고 $\overline{AC}=\overline{QC}=\overline{BD}=\overline{BP}$가 되도록 수직선 위에 두 점 P, Q를 정하였다. 두 점 P, Q에 대응하는 수를 각각 구하시오. [5점]

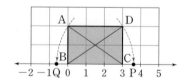

21
0301-0581

$11-\sqrt{11}$의 소수 부분을 $a-\sqrt{b}$라고 할 때, 유리수 a, b에 대하여 $a+b$의 값을 구하시오. [4점]

22
0301-0582

세 수 $a=\sqrt{10}+\sqrt{13}$, $b=\sqrt{10}+4$, $c=3+\sqrt{13}$의 대소 관계를 부등호를 사용하여 나타내시오. [5점]

23 서술형
0301-0583

넓이의 비가 $7:11$인 두 정사각형의 넓이의 합이 $90\ \text{cm}^2$일 때, 두 정사각형의 한 변의 길이를 각각 구하시오. [5점]

24 서술형
0301-0584

$\sqrt{\dfrac{126}{x}}$ 이 자연수가 되도록 하는 가장 작은 자연수 x의 값을 a, 그때의 $\sqrt{\dfrac{126}{x}}$의 값을 b라고 할 때, $a+b$의 값을 구하시오.

[6점]

25 서술형
0301-0585

두 수 $-1-\sqrt{5}$와 $1+\sqrt{13}$ 사이에 있는 정수의 개수를 구하시오.

[5점]

01
0301-0586

다음 중 그 값이 가장 작은 것은? [3점]

① $\sqrt{3}\times\sqrt{6}$

② $\sqrt{8}\times\sqrt{2}$

③ $\sqrt{26}\times\sqrt{\dfrac{1}{2}}$

④ $\sqrt{24}\div\sqrt{2}$

⑤ $\sqrt{35}\div\sqrt{5}$

02
0301-0587

다음 중 옳지 않은 것은? [3점]

① $\sqrt{4}\times\sqrt{9}=6$

② $4\sqrt{2}\times3\sqrt{5}=12\sqrt{10}$

③ $\sqrt{\dfrac{2}{3}}\times\sqrt{\dfrac{3}{4}}=\sqrt{2}$

④ $8\sqrt{6}\div4\sqrt{3}=2\sqrt{2}$

⑤ $5\sqrt{3}\div\dfrac{1}{\sqrt{7}}=5\sqrt{21}$

03
0301-0588

$\sqrt{54}=a\sqrt{6}$, $\sqrt{\dfrac{63}{25}}=b\sqrt{7}$일 때, 유리수 a, b에 대하여 $\dfrac{a}{b}$의 값은? [3점]

① 5

② 6

③ 7

④ 8

⑤ 9

04
0301-0589

$\dfrac{8\sqrt{2}}{a\sqrt{12}}$의 분모를 유리화하였더니 $\dfrac{\sqrt{6}}{3}$이 되었다. 유리수 a의 값은? [3점]

① 4

② 6

③ 8

④ 10

⑤ 12

05
0301-0590

$\sqrt{7.65}=2.766$, $\sqrt{76.5}=8.746$일 때, $\sqrt{7650}$의 값은? [3점]

① 27.66

② 87.46

③ 276.6

④ 874.6

⑤ 2766

06
0301-0591

$\dfrac{12}{\sqrt{8}}\times\dfrac{\sqrt{20}}{\sqrt{48}}\div\dfrac{2\sqrt{5}}{\sqrt{32}}$ 를 간단히 하면? [3점]

① $\dfrac{\sqrt{3}}{6}$

② $\dfrac{\sqrt{2}}{3}$

③ $\sqrt{3}$

④ $2\sqrt{3}$

⑤ $3\sqrt{6}$

07
0301-0592

다음 중 옳지 않은 것은? [3점]

① $4\sqrt{3}-3\sqrt{3}=\sqrt{3}$

② $2\sqrt{2}+\sqrt{5}+3\sqrt{2}-2\sqrt{5}=5\sqrt{2}-\sqrt{5}$

③ $12\sqrt{6}+3-11\sqrt{6}=4$

④ $\sqrt{12}+\sqrt{27}=5\sqrt{3}$

⑤ $\sqrt{5}-\sqrt{45}+\sqrt{20}=0$

08
0301-0593

$\sqrt{128}-\dfrac{10}{\sqrt{2}}+\sqrt{a}=5\sqrt{2}$일 때, 유리수 a의 값은? [3점]

① 8 ② 10 ③ 12
④ 14 ⑤ 16

09
0301-0594

$a=2\sqrt{5}+3\sqrt{2}$, $b=3\sqrt{2}-\sqrt{5}$일 때, $\sqrt{2}a-\sqrt{5}b$의 값은? [3점]

① $\sqrt{10}$ ② $2+\sqrt{10}$ ③ $5+\sqrt{10}$
④ $9-\sqrt{10}$ ⑤ $11-\sqrt{10}$

10
0301-0595

$\dfrac{4}{\sqrt{2}}-\dfrac{3}{\sqrt{3}}+\dfrac{3\sqrt{2}-2\sqrt{3}}{\sqrt{6}}$ 을 간단히 하면? [4점]

① $\dfrac{\sqrt{2}}{2}$ ② $\sqrt{2}$ ③ $\sqrt{3}$
④ $\sqrt{2}+\sqrt{3}$ ⑤ $2\sqrt{2}+\sqrt{3}$

11
0301-0596

$\sqrt{18}\div\dfrac{3\sqrt{2}}{4}-\sqrt{3}\left(\dfrac{1}{\sqrt{6}}+2\sqrt{3}\right)$을 간단히 하면? [4점]

① $-2-\dfrac{\sqrt{2}}{2}$ ② $-2-\dfrac{\sqrt{2}}{4}$
③ $-2+\sqrt{2}$ ④ $2-\sqrt{2}$
⑤ $2-\dfrac{\sqrt{2}}{2}$

12
0301-0597

밑면의 가로의 길이, 세로의 길이가 각각 $2\sqrt{3}$ cm, $2\sqrt{2}$ cm이고 높이가 $\sqrt{3}$ cm인 직육면체의 겉넓이는? [4점]

① $(10+12\sqrt{6})$ cm^2 ② $(12+12\sqrt{6})$ cm^2
③ $(12+14\sqrt{6})$ cm^2 ④ $(16+16\sqrt{6})$ cm^2
⑤ $(18+16\sqrt{6})$ cm^2

13
0301-0598

$a=\dfrac{\sqrt{2}+\sqrt{6}}{\sqrt{3}}$, $b=\dfrac{\sqrt{2}-\sqrt{6}}{\sqrt{3}}$일 때, $5a-2b$의 값은? [4점]

① $4\sqrt{2}+\sqrt{3}$ ② $4\sqrt{2}+3\sqrt{3}$
③ $6\sqrt{2}+\sqrt{6}$ ④ $7\sqrt{2}+\sqrt{6}$
⑤ $8\sqrt{2}+2\sqrt{6}$

14
0301-0599

$\sqrt{3}(a\sqrt{3}-\sqrt{6})-3(1-2a\sqrt{2})$가 유리수가 되도록 하는 유리수 a의 값은? [4점]

① $\dfrac{1}{2}$ ② 1 ③ $\dfrac{3}{2}$
④ 2 ⑤ $\dfrac{5}{2}$

15

`0301-0600`

$\sqrt{15}$의 정수 부분을 a, $4-\sqrt{15}$의 소수 부분을 b라고 할 때, $a+b$의 값은? [4점]

① $5-\sqrt{15}$ ② $5+\sqrt{15}$ ③ $6-\sqrt{15}$
④ $6+\sqrt{15}$ ⑤ $7-\sqrt{15}$

16

`0301-0601`

다음 중 옳은 것은? [4점]

① $2\sqrt{3}<2\sqrt{2}$
② $\sqrt{5}+2<\sqrt{5}+1$
③ $3\sqrt{2}+3>4\sqrt{2}+2$
④ $5\sqrt{3}-2\sqrt{2}>\sqrt{2}+2\sqrt{3}$
⑤ $3\sqrt{6}<2\sqrt{6}+1$

17

`0301-0602`

세 수 $a=2\sqrt{3}+\dfrac{6}{\sqrt{2}}$, $b=\sqrt{2}+\dfrac{12}{\sqrt{3}}$, $c=\dfrac{18}{\sqrt{3}}-\dfrac{4}{\sqrt{2}}$ 의 대소 관계를 부등호를 사용하여 바르게 나타낸 것은? [5점]

① $a<b<c$ ② $a<c<b$ ③ $b<a<c$
④ $b<c<a$ ⑤ $c<a<b$

주관식

18

`0301-0603`

$\sqrt{18}\times\sqrt{24}\div2\sqrt{72}$를 간단히 하시오. [4점]

19

`0301-0604`

$\dfrac{15-2\sqrt{5}}{\sqrt{5}}=a+b\sqrt{5}$를 만족시키는 유리수 a, b에 대하여 $a+b$의 값을 구하시오. [4점]

20

`0301-0605`

$\dfrac{3\sqrt{3}}{4}\times\boxed{}\div\dfrac{6}{\sqrt{2}}=\dfrac{\sqrt{2}}{4}$일 때, $\square$ 안에 알맞은 수를 구하시오. [5점]

21

0301-0606

$a=\sqrt{6}+\sqrt{24}+\sqrt{96}$, $b=\sqrt{175}-\sqrt{63}-\sqrt{7}$일 때, $\dfrac{a}{b}$의 값을 구하시오. [5점]

22

0301-0607

$\sqrt{180}$의 소수 부분을 a, $5-\dfrac{5}{\sqrt{5}}$의 소수 부분을 b라고 할 때, $a+b$의 값을 구하시오. [5점]

23 서술형

0301-0608

$\sqrt{3.14}=1.772$, $\sqrt{31.4}=5.604$를 이용하여 $\sqrt{a}$, $\sqrt{b}$의 값을 구하였더니 각각 0.5604, 17.72이었다. 유리수 a, b에 대하여 $1000a+b$의 값을 구하시오. [6점]

24 서술형

0301-0609

두 수 $4\sqrt{2}+2\sqrt{5}$와 $6\sqrt{5}-2\sqrt{2}$의 차가 $a\sqrt{2}+b\sqrt{5}$일 때, 유리수 a, b에 대하여 $a+b$의 값을 구하시오. [5점]

25 서술형

0301-0610

넓이가 각각 6π, 24π, 54π인 세 원이 있다. 세 원의 반지름의 길이를 모두 더하여 그 값을 반지름의 길이로 하는 또 다른 원을 만들 때, 그 원의 넓이를 구하시오. [6점]

01
0301-0611

$(3a+b-4)(a-2b+6)$의 전개식에서 ab의 계수는? [3점]

① -5　　② -4　　③ -3
④ -2　　⑤ -1

02
0301-0612

다음 중 옳은 것은? [3점]

① $(x+y)^2=x^2+y^2$
② $(x-y)^2=x^2-y^2$
③ $(x-y)^2=(-x+y)^2$
④ $(-x-y)^2=-(x+y)^2$
⑤ $(x+y)(x-y)=(-x+y)(x+y)$

03
0301-0613

$(x+a)^2=x^2+bx+16$일 때, 상수 a, b에 대하여 a^2+b^2의 값은? [4점]

① 40　　② 50　　③ 60
④ 70　　⑤ 80

04
0301-0614

$(2x+7y)(2x-7y)-(x+5y)(x-5y)$를 간단히 하면? [4점]

① $3x^2-74y^2$　　② $3x^2-24y^2$　　③ $5x^2-74y^2$
④ $5x^2-24y^2$　　⑤ $5x^2+24y^2$

05
0301-0615

오른쪽 그림과 같이 한 변의 길이가 $3x$인 정사각형에서 가로의 길이를 y만큼 늘이고, 세로의 길이를 y만큼 줄여서 만든 직사각형의 넓이는? [3점]

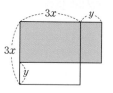

① $9x^2-4y^2$　　② $9x^2-2y^2$　　③ $9x^2-y^2$
④ $9x^2+y^2$　　⑤ $9x^2+2y^2$

06
0301-0616

다음 식을 곱셈공식을 이용하여 계산할 때, □ 안에 알맞은 수는? [5점]

$$(4-1)(4+1)(4^2+1)(4^4+1)+1=4^{\square}$$

① 4　　② 6　　③ 8
④ 12　　⑤ 16

07
0301-0617

$(x+A)(x-2)=x^2+3x+B$일 때, 상수 A, B에 대하여 $A-B$의 값은? [4점]

① 11　　② 12　　③ 13
④ 14　　⑤ 15

08
0301-0618

$(3x+A)(Bx+4)=15x^2+Cx-8$일 때, 상수 A, B, C에 대하여 $A+B+C$의 값은? [4점]

① 2   ② 3   ③ 4

④ 5   ⑤ 6

09
0301-0619

$(-3x+1)(x-4)$의 전개식에서 x의 계수와 상수항의 합은? [3점]

① 5   ② 6   ③ 7

④ 8   ⑤ 9

10
0301-0620

다음 식을 간단히 하면? [4점]

$$(6x+3)(2x-5)-(3x+2)^2$$

① $3x^2-36x-19$ ② $3x^2-36x-11$

③ $3x^2-12x-19$ ④ $3x^2-12x-11$

⑤ $3x^2-6x-19$

11
0301-0621

다음 중 다항식을 바르게 전개한 것은? [4점]

① $(-x+3)^2=x^2+6x+9$

② $(-x-y)^2=-x^2-2xy-y^2$

③ $(x+5)(-x-4)=x^2+x-20$

④ $(-x-y)(-x+y)=-x^2-y^2$

⑤ $(x+2y)(3x-2y)=3x^2+4xy-4y^2$

12
0301-0622

다음 〈보기〉 중 옳은 것을 모두 고른 것은? [4점]

┤ 보기 ├

ㄱ. $(2x-5)^2=4x^2-20x+25$

ㄴ. $(2x-y)(2x+y)=2x^2-y^2$

ㄷ. $(x-4)(x+2)=x^2-6x-8$

ㄹ. $(3x+2)(2x-4)=6x^2-8x-8$

① ㄱ, ㄴ   ② ㄱ, ㄷ   ③ ㄱ, ㄹ

④ ㄴ, ㄷ   ⑤ ㄴ, ㄹ

13
0301-0623

$(x-4)(x-6)$을 전개하는데 -6을 A로 잘못 보아서 x^2+x+B로 전개하였다. 이때 상수 A, B에 대하여 $A-B$의 값은? [5점]

① 21   ② 22   ③ 23

④ 24   ⑤ 25

14
0301-0624

다음 중 104×96을 계산하는 데 편리한 곱셈공식은? [4점]

① $m(a+b)=ma+mb$

② $(a+b)^2=a^2+2ab+b^2$

③ $(a-b)^2=a^2-2ab+b^2$

④ $(a+b)(a-b)=a^2-b^2$

⑤ $(x+a)(x+b)=x^2+(a+b)x+ab$

15

0301-0625

$x+y=3$, $xy=-5$일 때, x^2+y^2의 값은? [3점]

① 15   ② 16   ③ 17
④ 18   ⑤ 19

16

0301-0626

$\dfrac{\sqrt{3}}{2+\sqrt{3}}-\dfrac{\sqrt{3}}{2-\sqrt{3}}$을 계산하면? [4점]

① -6 ② $\sqrt{3}-6$ ③ $6-4\sqrt{3}$
④ 2   ⑤ $4\sqrt{3}$

17

0301-0627

$x=-4+\sqrt{3}$일 때, x^2+8x+5의 값은? [4점]

① -10 ② -9 ③ -8
④ -7 ⑤ -6

주관식

18

0301-0628

$(4x-3y)(2x+5y-4)$의 전개식에서 x^2의 계수와 xy의 계수를 각각 a, b라고 할 때, $a+b$의 값을 구하시오. [4점]

19

0301-0629

$(4x+A)^2$을 전개한 식이 $16x^2-40x+B$일 때, 상수 A, B에 대하여 $A+B$의 값을 구하시오. [4점]

20

0301-0630

오른쪽 그림과 같은 직사각형 모양의 땅에 각각 폭이 일정한 길을 만들었다. 색칠한 부분의 넓이를 전개하여 나타내시오. [4점]

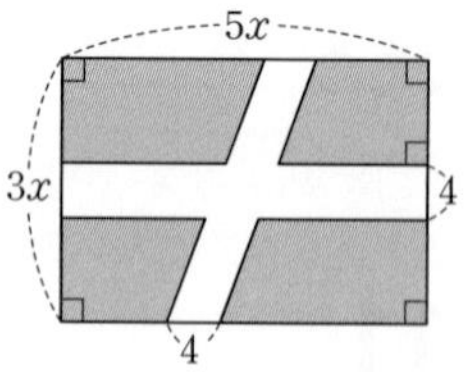

21

0301-0631

$(x-6)(x+a)$를 전개하면 x의 계수는 2, $(5x-a)(2x+b)$를 전개하면 x의 계수는 -6일 때, 상수 a, b에 대하여 $a+b$의 값을 구하시오. [5점]

22

0301-0632

$x+y=6$, $xy=3$일 때, $\dfrac{1}{x^2}+\dfrac{1}{y^2}$의 값을 구하시오. [4점]

23 서술형

0301-0633

$(4x-2y+3)(x+ay+7)$의 전개식에서 xy의 계수가 6일 때, y의 계수를 구하시오. (단, a는 상수) [4점]

24 서술형

0301-0634

해석이는 $(x+5)(x-7)$을 전개하는데 -7을 A로 잘못 보고 x^2-3x+B로 전개하였고, 용준이는 $(3x-2)(x+5)$를 전개하는데 x의 계수 3을 C로 잘못 보고 $Cx^2+23x-10$으로 전개하였다. 이때 $A-B+C$의 값을 구하시오. [5점]

25 서술형

0301-0635

$6-\sqrt{5}$의 소수 부분을 a라고 할 때, $a^2-6a+10$의 값을 구하시오. [5점]

01
0301-0636

다음 중 다항식 $2x^3-6x^2$의 인수가 <u>아닌</u> 것은? [3점]

① $2x$ ② x^2 ③ $x(x-3)$

④ x^3 ⑤ $x^2(x-3)$

02
0301-0637

$a(2x-5y)+b(5y-2x)$를 인수분해하면? [3점]

① $(2x-5y)(a-b)$ ② $(2x-5y)(a+b)$

③ $(2x-5y)(b-a)$ ④ $(2x+5y)(a-b)$

⑤ $(2x+5y)(b-a)$

03
0301-0638

다음 중 완전제곱식으로 인수분해할 수 <u>없는</u> 것은? [4점]

① $x^2-10x+25$ ② $x^2-x+\dfrac{1}{4}$

③ $25a^2-30ab+9b^2$ ④ $4+8x+4x^2$

⑤ $2x^2-6xy+18y^2$

04
0301-0639

$36x^2-48x+A$가 완전제곱식이 되도록 하는 상수 A의 값은? [4점]

① 4 ② 9 ③ 16

④ 25 ⑤ 64

05
0301-0640

$-2<a<4$일 때, $\sqrt{a^2-8a+16}+\sqrt{a^2+4a+4}$를 간단히 하면? [4점]

① 2 ② 6 ③ $2a-2$

④ $2a+2$ ⑤ $2a+6$

06
0301-0641

$162x^4-32y^4=2(3x+ay)(3x-by)(cx^2+dy^2)$일 때, 양수 a, b, c, d에 대하여 $a+b+c+d$의 값은? [4점]

① 15 ② 16 ③ 17

④ 18 ⑤ 19

07
0301-0642

$x^2+3x-28$이 x의 계수가 1인 두 일차식의 곱으로 인수분해될 때, 두 일차식의 합은? [3점]

① $2x-11$ ② $2x-3$ ③ $2x+1$

④ $2x+3$ ⑤ $2x+11$

08
0301-0643

$12x^2+Ax-30=(3x+5)(4x+B)$일 때, 상수 A, B에 대하여 $A+B$의 값은? [4점]

① -8　　　　② -6　　　　③ -4

④ -2　　　　⑤ 0

09
0301-0644

다음 중 인수분해를 한 것으로 옳지 <u>않은</u> 것은? [4점]

① $4x^2-4xy=4x(x-y)$

② $4x^2-24xy+36y^2=4(x-3y)^2$

③ $-2a^2x^2-16ax^2-30x^2=-2x^2(a-3)(a-5)$

④ $5x^2-20=5(x+2)(x-2)$

⑤ $36x^3-x=x(6x+1)(6x-1)$

10
0301-0645

다음 □ 안에 알맞은 수가 나머지 넷과 다른 하나는? [3점]

① $x^2+10x+25=(x+□)^2$

② $x^2-25=(x+□)(x-5)$

③ $x^2+□x+6=(x+2)(x+3)$

④ $x^2+4x-5=(x-1)(x+□)$

⑤ $2x^2+4x-16=2(x-2)(x+□)$

11
0301-0646

$x-8$이 $x^2+ax-32$의 인수일 때, 상수 a의 값은? [3점]

① -6　　　　② -4　　　　③ -2

④ 2　　　　⑤ 4

12
0301-0647

$x^2+kx+12$가 $(x+a)(x+b)$로 인수분해될 때, 다음 중 상수 k의 값이 될 수 <u>없는</u> 것은? (단, a, b는 정수) [5점]

① -13　　　　② -8　　　　③ -7

④ 6　　　　⑤ 8

13
0301-0648

두 다항식 $9x^3-x$와 $3x^2+17x-6$에 공통으로 들어 있는 인수는? [4점]

① x　　　　② $x+6$　　　　③ $3x-1$

④ $3x+1$　　　　⑤ $3x+2$

14
0301-0649

$3(x-2)^2-10(x-2)-8$이 x의 계수가 자연수인 두 일차식의 곱으로 인수분해될 때, 두 일차식의 합은? [4점]

① $4x-16$　　　　② $4x-14$　　　　③ $4x-10$

④ $4x-8$　　　　⑤ $4x-6$

15

0301-0650

a^3+a^2-9a-9를 인수분해하면? [4점]

① $(a+1)(a-1)(a-3)$
② $(a+3)(a-1)(a-3)$
③ $(a+1)(a+3)(a-3)$
④ $(a-1)(a-3)^2$
⑤ $(a+3)(a+1)(a-1)$

16

0301-0651

$0<a<1$일 때, 다음을 간단히 하면? [5점]

$$\sqrt{a^2+\frac{1}{a^2}-2}+\sqrt{a^2+\frac{1}{a^2}+2}$$

① $-2a$　　　　② $-\dfrac{2}{a}$　　　　③ 0

④ $\dfrac{2}{a}$　　　　⑤ $2a$

17

0301-0652

$x+y=3+\sqrt{3}$, $x-y=7-\sqrt{3}$일 때, x^2-y^2-4y-4의 값은? [4점]

① 16　　　　② 18　　　　③ 20

④ 22　　　　⑤ 24

주관식

18

0301-0653

$9x^2+24x+3k-2$가 완전제곱식이 되기 위한 상수 k의 값을 구하시오. [5점]

19

0301-0654

$(x-6)(x+11)+30$은 x의 계수가 1인 두 일차식의 곱으로 인수분해된다. 이 두 일차식의 합이 $ax+b$일 때, ab의 값을 구하시오. (단, a, b는 상수) [4점]

20

0301-0655

다항식 $3x^2-5xy+ky^2$이 $x-3y$를 인수로 가질 때, 상수 k의 값을 구하시오. [4점]

21

0301-0656

넓이가 $12x^2-19x+A$인 직사각형의 가로의 길이가 $4x+3$일 때, 세로의 길이를 구하시오. (단, A는 상수) [4점]

22

0301-0657

인수분해 공식을 이용하여 다음을 계산하시오. [4점]

$$97^2-3^2+102^2-4\times102+4$$

23 서술형

0301-0658

두 이차식 x^2+7x+a와 $3x^2+bx-15$에 공통으로 들어 있는 인수가 $x+3$일 때, 상수 a, b에 대하여 $a+b$의 값을 구하시오.

[4점]

24 서술형

0301-0659

x^2의 계수가 1인 어떤 이차식을 인수분해하는데 경숙이는 x의 계수를 잘못 보아 $(x+3)(x-12)$로 인수분해하였고, 태우는 상수항을 잘못 보아 $(x+2)(x-7)$로 인수분해하였다. 처음 이차식을 바르게 인수분해하시오. [5점]

25 서술형

0301-0660

$a=\dfrac{1}{2-\sqrt{2}}$, $b=\dfrac{1}{2+\sqrt{2}}$일 때, a^3b-ab^3의 값을 구하시오.

[5점]

01

0301-0661

다음 중 x에 대한 이차방정식이 <u>아닌</u> 것은? [3점]

① $x^2+2x-9=0$ 　　② $2x^2-3x-2=0$

③ $\frac{1}{2}x^2=5$ 　　④ $\frac{x^2-1}{4}=4x^2$

⑤ $x^2=(x-2)(x-3)$

02

0301-0662

다음 중 $4x^2-3=ax(2x+5)$가 x에 대한 이차방정식이 되도록 하는 상수 a의 조건은? [3점]

① $a\neq-2$ 　　② $a\neq-1$ 　　③ $a\neq0$

④ $a\neq1$ 　　⑤ $a\neq2$

03

0301-0663

다음 중 [ ] 안의 수가 주어진 이차방정식의 해가 <u>아닌</u> 것은?

[3점]

① $(x-3)(x+1)=0$ 　[3]

② $(x+2)^2=0$ 　[2]

③ $3x^2-4x+1=0$ 　[1]

④ $2x^2+5x=-2$ 　[-2]

⑤ $(x-4)^2=9$ 　[7]

04

0301-0664

x의 값이 -2, -1, 0, 1, 2일 때, 다음 중 이차방정식 $x^2-6x+8=0$의 해는? [3점]

① -2 　　② -1 　　③ 0

④ 1 　　⑤ 2

05

0301-0665

이차방정식 $2x^2-(a-2)x-5a+8=0$의 한 근이 $x=3$일 때, 상수 a의 값은? [3점]

① 4 　　② 5 　　③ 6

④ 7 　　⑤ 8

06

0301-0666

이차방정식 $2x^2-3x-4=0$의 한 해를 α라고 할 때, $\alpha-\frac{2}{\alpha}$의 값은? [5점]

① 1 　　② $\frac{3}{2}$ 　　③ 2

④ $\frac{5}{2}$ 　　⑤ 3

07

0301-0667

이차방정식 $(2x+1)(x-3)=0$을 풀면? [3점]

① $x=-3$ 또는 $x=1$ 　　② $x=-3$ 또는 $x=-\frac{1}{2}$

③ $x=-\frac{1}{2}$ 또는 $x=3$ 　　④ $x=\frac{1}{2}$ 또는 $x=3$

⑤ $x=1$ 또는 $x=3$

08

0301-0668

이차방정식 $x^2-5x-14=0$의 두 근의 차는? [4점]

① 6 ② 7 ③ 8

④ 9 ⑤ 10

09

0301-0669

이차방정식 $2(x^2-2)=7x$의 두 근 중 양수인 근이 이차방정식 $x^2-2ax+8=0$의 한 근일 때, 상수 a의 값은? [4점]

① 1 ② 2 ③ 3

④ 4 ⑤ 5

10

0301-0670

이차방정식 $x^2-3ax-(a+5)=0$의 두 근이 $x=-4$ 또는 $x=b$일 때, 상수 a, b에 대하여 $a+b$의 값은? [4점]

① -3 ② -2 ③ -1

④ 0 ⑤ 1

11

0301-0671

두 이차방정식 $2x^2+ax-9=0$, $(2x+b)(x+3)=0$의 해가 서로 같을 때, 상수 a, b에 대하여 $a+b$의 값은? [4점]

① -2 ② -1 ③ 0

④ 1 ⑤ 2

12

0301-0672

중근을 갖는 이차방정식을 〈보기〉에서 모두 고른 것은? [3점]

┌ 보기 ┐
ㄱ. $x(x-8)=0$ ㄴ. $x^2=3(2x-3)$
ㄷ. $x^2+3x+2=0$ ㄹ. $x^2-x+\dfrac{1}{4}=0$

① ㄱ, ㄴ ② ㄱ, ㄷ ③ ㄴ, ㄷ

④ ㄴ, ㄹ ⑤ ㄷ, ㄹ

13

0301-0673

이차방정식 $x^2+2ax-4a+21=0$이 중근을 갖도록 하는 모든 상수 a의 값의 합은? [4점]

① -4 ② -2 ③ 0

④ 2 ⑤ 4

14

0301-0674

다음 이차방정식 중 해가 $x=3\pm\sqrt{2}$인 것은? [3점]

① $(x-2)^2=3$ ② $3(x-2)^2=2$

③ $(x-3)^2=4$ ④ $2(x-3)^2=4$

⑤ $(x-3)^2=\dfrac{1}{2}$

15

0301-0675

이차방정식 $5(x+a)^2-15=0$의 해가 $x=-2\pm\sqrt{b}$일 때, 유리수 a, b에 대하여 $b-a$의 값은? [4점]

① 0   ② 1   ③ 2

④ 3   ⑤ 4

16

0301-0676

이차방정식 $3x^2+a=x^2+8x-7$을 $(x-b)^2=\dfrac{3}{2}$의 꼴로 나타낼 때, 상수 a, b에 대하여 ab의 값은? [4점]

① -4 ② -2 ③ 0

④ 2   ⑤ 4

17

0301-0677

다음은 완전제곱식을 이용하여 이차방정식 $x^2-10x+17=0$의 해를 구하는 과정이다. 유리수 a, b에 대하여 $a-b$의 값은? [4점]

$$x^2-10x+17=0$$
$$x^2-10x+25=-17+25$$
$$(x-a)^2=8$$
$$x=5\pm2\sqrt{b}$$

① -1 ② 0   ③ 1

④ 2   ⑤ 3

주관식

18

0301-0678

두 이차방정식 $x^2+ax-8=0$, $x^2-4x-b=0$이 모두 $x=4$를 근으로 가질 때, 상수 a, b에 대하여 $a+b$의 값을 구하시오. [4점]

19

0301-0679

이차방정식 $x^2+ax-10=0$의 한 근이 $x=5$이고, 다른 한 근이 이차방정식 $3x^2+(b+5)x+4b=0$의 근일 때, 상수 a, b에 대하여 $b-a$의 값을 구하시오. [4점]

20

0301-0680

일차함수 $y=ax+8$의 그래프가 제1사분면 위의 점 $(a-3,\ 2a^2-4a-12)$를 지날 때, 상수 a의 값을 구하시오. [6점]

21
0301-0681

이차방정식 $x^2+6x+4a+1=0$이 $x=b$를 중근으로 가질 때, 상수 a, b에 대하여 $a+b$의 값을 구하시오. [5점]

22
0301-0682

이차방정식 $(x-2)^2=k$의 두 근의 차가 $2\sqrt{5}$일 때, 양수 k의 값을 구하시오. [4점]

23 서술형
0301-0683

이차방정식 $6x^2-13x-33=0$의 해가 $x=\alpha$ 또는 $x=\beta$일 때, $\alpha<k<\beta$를 만족시키는 정수 k의 개수를 구하시오. (단, $\alpha<\beta$) [5점]

24 서술형
0301-0684

이차방정식 $x^2+ax-12=0$의 해가 $x=3$ 또는 $x=b$일 때, 이차방정식 $ax^2+8x-3b=0$의 해를 구하시오.

(단, a, b는 상수) [6점]

25 서술형
0301-0685

이차방정식 $x^2-6x+6=0$을 $(x-a)^2=b$의 꼴로 나타낸 후 해를 구하였더니 $x=c$ 또는 $x=d$이었다. 상수 a, b, c, d에 대하여 $ad+bc$의 값을 구하시오. (단, $c>d$) [5점]

01
0301-0686

이차방정식 $3x^2+5x-1=0$의 해가 $x=\dfrac{a\pm\sqrt{b}}{6}$일 때, 유리수 a, b에 대하여 $a+b$의 값은? [3점]

① 30   ② 31   ③ 32

④ 33   ⑤ 34

02
0301-0687

이차방정식 $2x^2-9=x(12-x)$의 양수인 해는? [3점]

① $-2+\sqrt{7}$ ② 2 ③ $\sqrt{7}$

④ $2+\sqrt{7}$ ⑤ $2+2\sqrt{7}$

03
0301-0688

이차방정식 $\dfrac{x(x+1)}{3}=\dfrac{(x-1)(x+3)}{2}$을 풀면? [3점]

① $x=-2\pm\sqrt{13}$ ② $x=-2\pm\sqrt{17}$

③ $x=-1\pm\sqrt{6}$ ④ $x=-1\pm\sqrt{11}$

⑤ $x=2\pm\sqrt{13}$

04
0301-0689

이차방정식 $(x+2)^2-8(x+2)+12=0$의 두 근의 차는? [3점]

① 0   ② 1   ③ 2

④ 3   ⑤ 4

05
0301-0690

다음 이차방정식 중 근의 개수가 나머지 넷과 다른 하나는? [3점]

① $x^2-5=0$ ② $3x^2+4x=0$

③ $x^2-5x-6=0$ ④ $\dfrac{1}{3}x^2-x+\dfrac{3}{4}=0$

⑤ $0.2x^2-0.3x=-0.1$

06
0301-0691

이차방정식 $2x^2-3x+4-k=0$의 해가 없도록 하는 자연수 k의 개수는? [3점]

① 1개   ② 2개   ③ 3개

④ 4개   ⑤ 5개

07
0301-0692

이차방정식 $x^2-10x+25=0$과 $4x^2-4x+k=0$의 근의 개수가 같을 때, 상수 k의 값은? [3점]

① 1   ② 2   ③ 3

④ 4   ⑤ 5

08
0301-0693

이차방정식 $2x^2-4x+k=0$이 중근을 갖도록 하는 상수 k에 대하여 $k-1$, $k+1$을 두 근으로 하고 x^2의 계수가 1인 이차방정식이 $x^2+ax+b=0$일 때, 상수 a, b에 대하여 $a+b$의 값은? [4점]

① -2 ② -1 ③ 0

④ 1   ⑤ 2

09
`0301-0694`

이차방정식 $6x^2+ax+b=0$의 해가 $x=-\dfrac{1}{2}$ 또는 $x=\dfrac{1}{3}$일 때, 상수 a, b에 대하여 ab의 값은? [3점]

① -1 ② $-\dfrac{1}{6}$ ③ $\dfrac{1}{6}$

④ $\dfrac{1}{3}$ ⑤ 1

10
`0301-0695`

이차방정식 $\dfrac{1}{3}x^2+ax+b=0$이 $x=3$을 중근으로 가질 때, 상수 a, b에 대하여 $a+b$의 값은? [3점]

① $\dfrac{1}{6}$ ② $\dfrac{1}{3}$ ③ 1

④ 3 ⑤ 6

11
`0301-0696`

이차방정식 $x^2+4x-5=0$의 두 근 α, β에 대하여 $\alpha+1$, $\beta+1$을 두 근으로 하는 이차방정식이 $x^2+ax+b=0$일 때, 상수 a, b에 대하여 $a-b$의 값은? [4점]

① 6 ② 7 ③ 8

④ 9 ⑤ 10

12
`0301-0697`

수직선 위를 움직이는 점 P가 있다. 출발한 지 t초 후의 점 P의 위치가 $-t^2+6t$일 때, 점 P의 위치가 -16이 되는 것은 출발한 지 몇 초 후인가? [4점]

① 5초   ② 6초   ③ 7초

④ 8초   ⑤ 9초

13
`0301-0698`

어떤 자연수를 제곱하여 2를 곱한 값은 그 자연수에 2를 더하여 제곱한 값보다 1만큼 클 때, 어떤 자연수는? [4점]

① 4   ② 5   ③ 6

④ 7   ⑤ 8

14
`0301-0699`

연속하는 두 양의 짝수의 제곱의 합은 두 짝수의 곱보다 52만큼 클 때, 두 짝수의 합은? [4점]

① 10   ② 14   ③ 18

④ 22   ⑤ 26

15
0301-0700

어느 중학교 봉사활동 동아리에서는 매월 둘째 주, 넷째 주 토요일에 봉사활동을 나간다. 이번 달 봉사활동을 하는 두 날짜의 곱이 207일 때, 이번 달 둘째 주 토요일의 날짜는 며칠인가? [4점]

① 8일   ② 9일   ③ 10일
④ 11일   ⑤ 12일

16
0301-0701

미니초콜릿 108개를 남김없이 학생들에게 똑같이 나누어 주려고 한다. 한 학생이 받는 미니초콜릿의 개수가 학생 수보다 3만큼 크다고 할 때, 학생 수는? [4점]

① 8명   ② 9명   ③ 10명
④ 11명   ⑤ 12명

17
0301-0702

지면에서 초속 50 m로 똑바로 위로 쏘아올린 로켓의 t초 후의 높이는 $(50t-5t^2)$ m이다. 이 로켓의 높이가 125 m가 되는 것은 쏘아올린 지 몇 초 후인가? [4점]

① 3초   ② 4초   ③ 5초
④ 6초   ⑤ 7초

주관식

18
0301-0703

이차방정식 $6x^2-4x+a=0$의 해가 $x=\dfrac{1\pm\sqrt{10}}{b}$일 때, 유리수 a, b에 대하여 $a+b$의 값을 구하시오. [4점]

19
0301-0704

이차방정식 $\dfrac{3}{10}x^2+\dfrac{2}{5}x-\dfrac{7}{10}=0$의 두 근 중 양수인 근이 이차방정식 $0.5x^2-2.5x+a=0$의 한 근일 때, 상수 a의 값을 구하시오. [5점]

20
0301-0705

이차방정식 $2x^2+3x+k+1=0$이 서로 다른 두 근을 갖도록 하는 상수 k의 값의 범위를 구하시오. [5점]

21

0301-0706

가로의 길이가 8 cm, 세로의 길이가 12 cm인 직사각형이 있다. 가로의 길이는 매초 2 cm씩 늘어나고 세로의 길이는 매초 1 cm씩 줄어들 때, 처음 직사각형과 넓이가 같아지는 것은 몇 초 후인지 구하시오. [6점]

22

0301-0707

오른쪽 그림과 같이 가로의 길이가 20 m, 세로의 길이가 16 m인 직사각형 모양의 꽃밭이 있다. 이 꽃밭의 테두리 쪽에 폭이 일정한 ㄷ자 모양의 영역을 만들어 그 영역에는 빨간색 꽃을 심

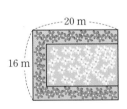

고 가운데 영역에는 노란색 꽃을 심으려고 한다. 노란색 꽃을 심는 영역의 넓이를 128 m²가 되게 하려고 할 때, 빨간색 꽃을 심는 영역의 폭을 구하시오. [5점]

23 서술형

0301-0708

이차방정식 $x^2-4x-2k=0$의 해가 모두 정수가 되도록 하는 30 이하의 자연수 k의 개수를 구하시오. [5점]

24 서술형

0301-0709

용재와 동생의 나이의 합은 28이고 곱은 192일 때, 용재의 나이를 구하시오. [5점]

25 서술형

0301-0710

오른쪽 그림과 같이 직선 $y=8-2x$의 제 1사분면 위의 한 점 P에서 x축, y축에 내린 수선의 발을 각각 Q, R라고 하자. □ROQP의 넓이가 6일 때, 점 P의 좌표를 구하시오. (단, $\overline{OQ}<\overline{PQ}$이고 점 O는 원점이다.) [6점]

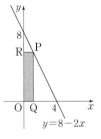

01

0301-0711

다음 중 y가 x에 대한 이차함수인 것을 모두 고르면? (정답 2개)
[3점]

① 반지름의 길이가 x인 구의 부피 y

② 시속 8 km로 x시간 달린 거리 y km

③ 한 변의 길이가 x인 정사각형의 넓이 y

④ 가로의 길이가 $x+2$, 세로의 길이가 $x-4$인 직사각형의 둘레의 길이 y

⑤ 윗변의 길이가 x, 아랫변의 길이가 $x+5$, 높이가 $6x$인 사다리꼴의 넓이 y

02

0301-0712

$y=k(k+1)x^2+7x-6x^2$이 x에 대한 이차함수일 때, 다음 중 실수 k의 값이 될 수 <u>없는</u> 것을 모두 고르면? (정답 2개) [4점]

① -3 ② -2 ③ -1

④ 1 ⑤ 2

03

0301-0713

이차함수 $f(x)=x^2+4x-4$에서 $f(a)=a$를 만족시키는 음수 a의 값은? [3점]

① -5 ② -4 ③ -3

④ -2 ⑤ -1

04

0301-0714

이차함수 $y=ax^2$의 그래프가 $y=\frac{4}{3}x^2$의 그래프보다 폭이 좁고 $y=-2x^2$의 그래프보다 폭이 넓을 때, 다음 중 상수 a의 값이 될 수 있는 것은? [3점]

① $-\frac{5}{2}$ ② $-\frac{5}{3}$ ③ $\frac{1}{2}$

④ $\frac{3}{4}$ ⑤ $\frac{7}{2}$

05

0301-0715

원점을 꼭짓점으로 하는 포물선이 두 점 $(-3, 6)$, $(-6, k)$를 지날 때, k의 값은? [3점]

① -24 ② -12 ③ 4

④ 12 ⑤ 24

06

0301-0716

이차함수 $y=-6x^2$의 그래프에 대한 다음 설명으로 옳은 것은?
[4점]

① 점 $(-1, 6)$을 지난다.

② 제3, 4사분면을 지난다.

③ 아래로 볼록한 포물선이다.

④ 모든 실수 x에 대하여 $y≥0$이다.

⑤ $x<0$일 때, x의 값이 증가하면 y의 값은 감소한다.

07

0301-0717

오른쪽 그림과 같이 이차함수 $y=\frac{3}{4}x^2$의 그래프 위의 두 점 A, B에 대하여 $\overline{AB}$는 y축과 수직이고, 그 길이가 12이다. 점 B의 좌표가 (a, b)일 때, $a+b$의 값은? [5점]

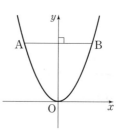

① 25 ② 27

③ 29 ④ 31

⑤ 33

08

0301-0718

오른쪽 그림의 이차함수 $y=ax^2$의 그래프에서 점 A의 좌표는 $(8, 0)$이고, □ABCD는 정사각형일 때, 상수 a의 값은? [5점]

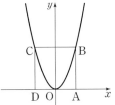

① $\frac{1}{8}$ ② $\frac{1}{4}$

③ $\frac{1}{3}$ ④ $\frac{1}{2}$

⑤ 1

09

0301-0719

이차함수 $y=-3x^2$의 그래프를 y축의 방향으로 12만큼 평행이동하면 점 $(m, 9)$를 지난다. 이때 양수 m의 값은? [4점]

① 1 ② 2 ③ 3

④ 4 ⑤ 5

10

0301-0720

이차함수 $y=-2x^2$의 그래프를 y축의 방향으로 k만큼 평행이동 하면 점 $(1, 4)$를 지난다. 이때 평행이동한 그래프의 꼭짓점의 좌표는? [4점]

① $(0, -6)$ ② $(0, -4)$ ③ $(0, 0)$

④ $(0, 4)$ ⑤ $(0, 6)$

11

0301-0721

이차함수 $y=-6(x^2+1)$의 그래프는 이차함수 $y=-6x^2$의 그래프를 y축의 방향으로 k만큼 평행이동한 것이고, 이 그래프의 꼭짓점의 좌표는 (a, b)이다. 이때 $a+b+k$의 값은? [4점]

① -12 ② -6 ③ 0

④ 6 ⑤ 12

12

0301-0722

이차함수 $y=-\frac{3}{2}x^2$의 그래프를 x축의 방향으로 k만큼 평행이동하면 점 $(6, -6)$을 지난다. 이때 모든 k의 값의 합은? [4점]

① 11 ② 12 ③ 13

④ 14 ⑤ 15

13

0301-0723

이차함수 $y=ax^2$의 그래프를 x축의 방향으로 p만큼 평행이동한 그래프의 꼭짓점의 좌표는 $(-6, 0)$이고, 그래프는 점 $(-3, 6)$을 지난다. 이때 상수 a의 값은? [4점]

① $-\frac{2}{3}$ ② $-\frac{1}{2}$ ③ $\frac{1}{2}$

④ $\frac{2}{3}$ ⑤ $\frac{3}{2}$

14

0301-0724

이차함수 $y=a(x-p)^2$의 그래프가 오른쪽 그림과 같을 때, 상수 a, p에 대하여 $a+p$의 값은? [4점]

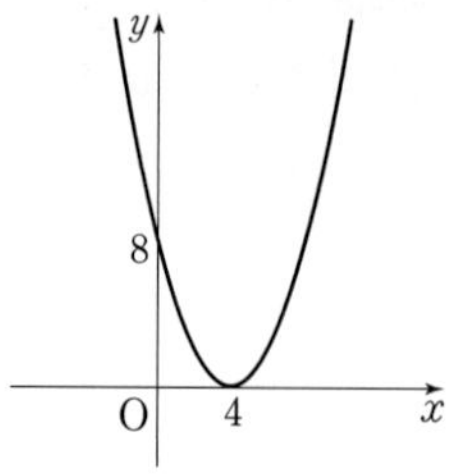

① 3   ② $\dfrac{7}{2}$

③ 4   ④ $\dfrac{9}{2}$

⑤ 5

15

0301-0725

이차함수 $y=-x^2$의 그래프를 x축의 방향으로 a만큼, y축의 방향으로 4만큼 평행이동하면 $y=-x^2+bx-5$의 그래프와 일치한다. 이때 두 상수 a, b에 대하여 $a+b$의 값은? (단, $a>0$) [5점]

① 5   ② 6   ③ 7
④ 8   ⑤ 9

16

0301-0726

이차함수 $y=-3(x+2)^2+a$의 그래프의 꼭짓점의 좌표가 $(b, 6)$이고 축의 방정식이 $x=c$일 때, 상수 a, b, c에 대하여 $a+b+c$의 값은? [4점]

① 1   ② 2   ③ 3
④ 4   ⑤ 5

17

0301-0727

이차함수 $y=-3(x-3)^2+13$의 그래프가 지나지 <u>않는</u> 사분면은? [4점]

① 제1사분면   ② 제2사분면
③ 제3사분면   ④ 제4사분면
⑤ 제1, 4사분면

주관식

18

0301-0728

꼭짓점이 원점이고 y축을 축으로 하는 포물선이 두 점 $(-4, 24)$, $(k, 6)$을 지날 때, 양수 k의 값을 구하시오. [4점]

19

0301-0729

이차함수 $y=\dfrac{1}{2}x^2$의 그래프를 y축의 방향으로 -5만큼 평행이동하면 점 $(-4, k)$를 지난다. 이때 k의 값을 구하시오. [4점]

20

0301-0730

이차함수 $y=4x^2$의 그래프를 x축의 방향으로 5만큼 평행이동하면 점 $(7, k)$를 지난다. 이때 k의 값을 구하시오. [4점]

21

0301-0731

이차함수 $y=\dfrac{3}{4}x^2$의 그래프를 x축의 방향으로 1만큼, y축의 방향으로 -3만큼 평행이동하면 점 $(k, 0)$을 지난다. 이때 음수 k의 값을 구하시오. [4점]

22

0301-0732

이차함수 $y=a(x+2)^2-4$의 그래프를 x축의 방향으로 8만큼, y축의 방향으로 1만큼 평행이동하였더니 이차함수

$y=-\dfrac{2}{3}(x+b)^2+c$의 그래프와 일치하였다. 상수 a, b, c에 대하여 abc의 값을 구하시오. [5점]

23 서술형

0301-0733

오른쪽 그림과 같은 이차함수 $y=ax^2$의 그래프가 점 $(-4, b)$를 지날 때, 상수 a, b에 대하여 ab의 값을 구하시오. [4점]

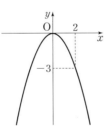

24 서술형

0301-0734

이차함수 $y=a(x-p)^2$의 그래프가 오른쪽 그림과 같을 때, 상수 a, p에 대하여 $2ap$의 값을 구하시오. [4점]

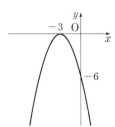

25 서술형

0301-0735

이차함수 $y=2(x-p)^2+q$의 그래프가 점 $(-1, 13)$을 지나고 직선 $x=-3$을 축으로 할 때, $p+q$의 값을 구하시오. (단, p, q는 상수) [4점]

01
0301-0736

이차함수 $y=-2x^2-4x+a$의 그래프의 꼭짓점의 좌표가 $(b, 5)$일 때, 상수 a, b에 대하여 $a+b$의 값은? [3점]

① -2 ② -1 ③ 0
④ 1 ⑤ 2

02
0301-0737

이차함수 $y=x^2-6x+7$의 그래프는 이차함수 $y=x^2$의 그래프를 x축의 방향으로 a만큼, y축의 방향으로 b만큼 평행이동한 것이다. 이때 $a-b$의 값은? [3점]

① 5 ② 6 ③ 7
④ 8 ⑤ 9

03
0301-0738

다음 중 이차함수 $y=\dfrac{1}{2}x^2-2x$의 그래프의 개형으로 알맞은 것은? [4점]

① 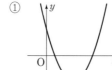   ②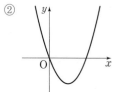

③ 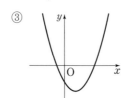   ④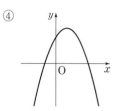

⑤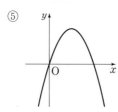

04
0301-0739

이차함수 $y=ax^2-4x+7$의 그래프의 축의 방정식이 $x=\dfrac{1}{2}$일 때, 꼭짓점의 y좌표는? (단, $a\neq0$인 상수) [5점]

① 3 ② 4 ③ 5
④ 6 ⑤ 7

05
0301-0740

다음 중 이차함수 $y=-x^2+12x+4$의 그래프에서 x의 값이 증가할 때 y의 값은 감소하는 x의 값의 범위는? [3점]

① $x<3$ ② $x>3$ ③ $x<5$
④ $x>6$ ⑤ $x<8$

06
0301-0741

오른쪽 그림과 같이 이차함수 $y=-x^2+2x+3$의 그래프가 x축과 만나는 두 점을 각각 A, B라 하고 꼭짓점을 C라고 할 때, $\triangle ABC$의 넓이는? [4점]

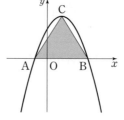

① 6 ② 8
③ 10 ④ 12
⑤ 14

07
0301-0742

오른쪽 그림과 같이 이차함수 $y=\dfrac{1}{2}x^2-2x-6$의 그래프가 x축과 만나는 두 점을 각각 A, B라 하고 y축과 만나는 점을 C라고 할 때, $\triangle$ABC의 넓이는? [4점]

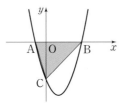

① 18   ② 20   ③ 22

④ 24   ⑤ 26

08
0301-0743

이차함수 $y=ax^2+bx+c$의 그래프가 오른쪽 그림과 같을 때, 다음 중 옳지 <u>않은</u> 것은? [4점]

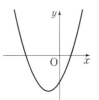

① $a<0$ ② $ab<0$

③ $c>0$ ④ $ac<0$

⑤ $abc>0$

09
0301-0744

이차함수 $y=ax^2+bx+c$의 그래프가 오른쪽 그림과 같을 때, 다음 중 이차함수 $y=cx^2+bx+a$의 그래프의 개형으로 알맞은 것은? [4점]

① 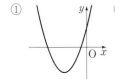   ② 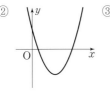   ③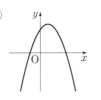

④ 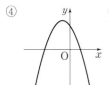   ⑤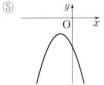

10
0301-0745

오른쪽 그림과 같이 축이 y축인 이차함수의 그래프가 점 $(4, k)$를 지날 때, k의 값은? [3점]

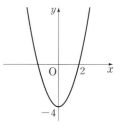

① 10   ② 11

③ 12   ④ 13

⑤ 14

11
0301-0746

꼭짓점의 좌표가 $(-2, -3)$이고 점 $(-3, 1)$을 지나는 포물선이 y축과 만나는 점의 좌표는? [4점]

① $(0, 11)$ ② $(0, 12)$ ③ $(0, 13)$

④ $(0, 14)$ ⑤ $(0, 15)$

12
0301-0747

이차함수 $y=-\dfrac{1}{2}x^2+ax+b$의 그래프가 직선 $x=-4$를 축으로 하고 점 $(-2, 7)$을 지날 때, y축과의 교점의 y좌표는?

(단, a, b는 상수) [5점]

① 5   ② 4   ③ 3

④ 2   ⑤ 1

13
0301-0748

축의 방정식이 $x=2$이고 두 점 $(0, 2)$, $(3, -4)$를 지나는 이차함수의 식은? [4점]

① $y=-2(x-2)^2-6$ ② $y=-2(x-2)^2+6$

③ $y=(x-2)^2-6$ ④ $y=2(x-2)^2-6$

⑤ $y=2(x-2)^2+6$

14
0301-0749

이차함수 $y=ax^2+bx+c$의 그래프가 세 점 $(0, 3)$, $(-1, -4)$, $(2, 5)$를 지날 때, $a+b+c$의 값은?
(단, a, b, c는 상수) [4점]

① 5   ② 6   ③ 7
④ 8   ⑤ 9

15
0301-0750

이차함수 $y=-3x^2+ax+b$의 그래프가 세 점 $(0, 2)$, $(1, 7)$, $(3, k)$를 지날 때, k의 값은? (단, a, b는 상수) [4점]

① -5 ② -4 ③ -3
④ -2 ⑤ -1

16
0301-0751

이차함수 $y=x^2+ax+b$의 그래프의 축의 방정식이 $x=3$이고 x축과 만나는 두 점 사이의 거리가 8일 때, $a+b$의 값은?
(단, a, b는 상수) [5점]

① -15 ② -14 ③ -13
④ -12 ⑤ -11

17
0301-0752

그래프가 오른쪽 그림과 같은 이차함수의 그래프의 꼭짓점의 y좌표는? [4점]

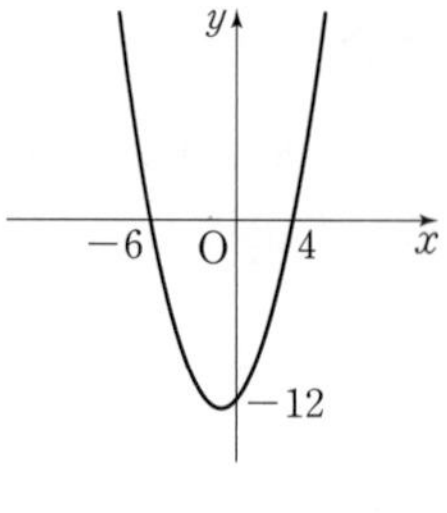

① $-\dfrac{25}{2}$ ② -13

③ $-\dfrac{27}{2}$ ④ -14

⑤ $-\dfrac{29}{2}$

주관식

18
0301-0753

이차함수 $y=-2x^2-12x-10$의 그래프의 꼭짓점의 좌표는 (a, b)이고 축의 방정식은 $x=c$일 때, $a+b+c$의 값을 구하시오. [4점]

19
0301-0754

이차함수 $y=x^2+8x-3$의 그래프를 x축의 방향으로 k만큼 평행이동하면 x의 값이 증가할 때 y의 값은 감소하는 구간이 $x<5$이다. 이때 k의 값을 구하시오. [4점]

20
0301-0755

이차함수 $y=x^2-2x-15$의 그래프의 꼭짓점을 A라 하고 x축과 만나는 두 점을 각각 B, C라고 할 때, △ABC의 넓이를 구하시오. [4점]

21

0301-0756

오른쪽 그림은 직선 $x=-3$을 축으로 하는 이차함수 $y=ax^2+bx+c$의 그래프이다. 이때 $a-b-c$의 값을 구하시오. (단, a, b, c는 상수) [4점]

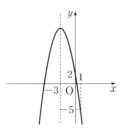

22

0301-0757

이차함수 $y=-\dfrac{1}{2}x^2$의 그래프와 모양이 같고 x축과 만나는 두 점의 x좌표가 각각 -4, 2인 포물선의 꼭짓점의 좌표를 구하시오. [4점]

23 서술형

0301-0758

이차함수 $y=2x^2-12x+14$의 그래프를 x축의 방향으로 2만큼, y축의 방향으로 3만큼 평행이동하면 점 $(4, m)$을 지난다. 이때 m의 값을 구하시오. [5점]

24 서술형

0301-0759

오른쪽 그림과 같이 이차함수 $y=-\dfrac{1}{2}x^2+\dfrac{3}{2}x+5$의 그래프가 y축과 만나는 점을 A, x축과 만나는 두 점을 각각 B, C라고 할 때, △ABC의 넓이를 구하시오. [4점]

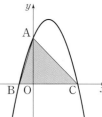

25 서술형

0301-0760

이차함수 $y=ax^2+bx+c$의 그래프는 오른쪽 그림과 같이 꼭짓점의 좌표가 $(-2, -6)$이고, 점 $(1, 3)$을 지날 때, $a+b-c$의 값을 구하시오. (단, a, b, c는 상수) [4점]

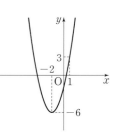

Level 1

01

0301-0761

$(-\sqrt{64})^2$의 양의 제곱근을 a, $\sqrt{(-16)^2}$의 음의 제곱근을 b라고 할 때, $\dfrac{a}{b}$의 값을 구하시오.

풀이 과정

$(-\sqrt{64})^2=64$의 양의 제곱근은 □이므로 $a=$ □

$\sqrt{(-16)^2}=16$의 음의 제곱근은 □이므로

$b=$ □

따라서 $\dfrac{a}{b}=$ □

02

0301-0762

$a>0$일 때, $\sqrt{(-a)^2}+\sqrt{4a^2}-\sqrt{(-3a)^2}$을 간단히 하시오.

풀이 과정

$a>0$이므로 $-a<0$, $2a>0$, $-3a<0$

$\sqrt{(-a)^2}=-(-a)=$ □

$\sqrt{4a^2}=\sqrt{(2a)^2}=$ □

$\sqrt{(-3a)^2}=-(-3a)=$ □

따라서

$\sqrt{(-a)^2}+\sqrt{4a^2}-\sqrt{(-3a)^2}=a+2a-3a=$ □

03

0301-0763

부등식 $2<\sqrt{2x}<4$를 만족시키는 자연수 x의 개수를 구하시오.

풀이 과정

$2<\sqrt{2x}<4$에서 $4<2x<$ □

□ $<x<$ □

이를 만족시키는 자연수 x는 □ 이다.

따라서 자연수 x의 개수는 □개이다.

04

0301-0764

$\sqrt{29}$의 정수 부분을 a, $2+\sqrt{5}$의 정수 부분을 b라고 할 때, $a-b$의 값을 구하시오.

풀이 과정

$\sqrt{25}<\sqrt{29}<\sqrt{36}$에서 $5<\sqrt{29}<6$

$\sqrt{29}$의 정수 부분은 □이므로 $a=$ □

$\sqrt{4}<\sqrt{5}<\sqrt{9}$에서 $2<\sqrt{5}<3$

$4<2+\sqrt{5}<5$

$2+\sqrt{5}$의 정수 부분은 □이므로 $b=$ □

따라서 $a-b=$ □

Level ②

05

0301-0765

다음은 제곱근에 대하여 은정이와 덕훈이가 대화한 내용이다. 두 학생의 대화 중 잘못된 부분을 찾아 바르게 고치고 그 이유를 예를 들어 설명하시오.

> 은정: 제곱하여 3이 되는 3의 제곱근은 $\sqrt{3}$과 $-\sqrt{3}$의 두 개가 있어. $(\sqrt{3})^2 = 3$이고 $(-\sqrt{3})^2 = 3$이니 말이야.
>
> 덕훈: 그렇군. 그런 식이면 모든 수의 제곱근은 항상 2개가 나오겠구나.

06

0301-0766

$\sqrt{\dfrac{16}{81}}$의 양의 제곱근을 a, $\left\{\sqrt{(-3)^2}\right\}^2$의 음의 제곱근을 b, 제곱근 4를 c라고 할 때, $ab+c$의 값을 구하시오.

07

0301-0767

한 변의 길이가 각각 2 cm, 3 cm, 4 cm인 정사각형 모양의 종이가 있고 세 종이의 넓이의 합과 같은 넓이를 가진 새로운 정사각형 모양의 종이를 준비하려고 한다. 새로 준비하는 정사각형 모양의 종이의 한 변의 길이를 구하시오.

08

0301-0768

$a = \sqrt{169} - \sqrt{(-4)^2} \times (-\sqrt{2})^2$, $b = \sqrt{(-12)^2} \times \sqrt{\dfrac{1}{9}}$일 때, $\sqrt{a+b}$의 값을 구하시오.

09

0301-0769

$5 < a < 7$일 때, $\sqrt{(5-a)^2} + \sqrt{(7-a)^2}$을 간단히 하시오.

10

0301-0770

$\sqrt{160x}$가 자연수가 되도록 하는 가장 작은 자연수 x의 값을 a, $\sqrt{\dfrac{120}{y}}$이 자연수가 되도록 하는 가장 작은 자연수 y의 값을 b라고 할 때, $a+b$의 값을 구하시오.

11

0301-0771

$\dfrac{7}{4} < \sqrt{x+2} < \dfrac{7}{3}$을 만족시키는 모든 자연수 x의 값의 합을 구하시오.

12

0301-0772

다음 그림과 같이 한 눈금의 길이가 1인 모눈종이 위에 수직선과 직각삼각형 ABC를 그리고 $\overline{\text{CA}} = \overline{\text{CP}}$가 되도록 수직선 위에 점 P를 정하였다. 점 P에 대응하는 수를 구하시오.

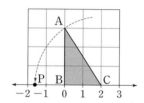

13

0301-0773

다음 제곱근표에서 $\sqrt{4.16} = a$, $\sqrt{b} = 2.076$일 때, $1000a - 100b$의 값을 구하시오.

수	0	1	⋯	6	7
4.1	2.025	2.027	⋯	2.040	2.042
4.2	2.049	2.052	⋯	2.064	2.066
4.3	2.074	2.076	⋯	2.088	2.090

14

0301-0774

$6 - \sqrt{21}$의 정수 부분과 소수 부분을 각각 구하시오.

15

0301-0775

다음 수직선 위의 세 점 A, B, C는 각각 $-2 + \sqrt{2}$, $2 - \sqrt{3}$, $-\sqrt{7}$ 중 하나에 대응한다. 세 점 A, B, C에 대응하는 수를 각각 구하고 세 수의 대소 관계를 부등호를 사용하여 나타내시오.

$$
\begin{array}{c}
\quad\quad A \quad\quad B \; C \\
\longleftarrow \!\!\mid\!\!\mid\!\!\mid\!\!\mid\!\!\mid\!\! \longrightarrow \\
-3 \quad -2 \quad -1 \quad 0 \quad 1
\end{array}
$$

16

0301-0776

세 수 $a = 3 + \sqrt{7}$, $b = \sqrt{6} + \sqrt{7}$, $c = 3 + \sqrt{8}$의 대소 관계를 부등호를 사용하여 나타내시오.

Level ③

17

0301-0777

$a+b<0$, $ab>0$, $|a|>|b|$일 때,
$$\sqrt{a^2}+\sqrt{(-b)^2}+\sqrt{(a-b)^2}-\sqrt{(a+b)^2}$$
을 간단히 하시오.

18

0301-0778

$\sqrt{16-x}$가 6 이하의 자연수가 되도록 하는 모든 정수 x의 값의
합을 구하시오.

19

0301-0779

부등식 $\sqrt{\dfrac{225}{16}}<\sqrt{4x}+\sqrt{4}<\sqrt{36}$을 만족시키는 자연수 x의 값
중 가장 큰 값을 a, 가장 작은 값을 b라고 할 때, $a+b$의 값을 구
하시오.

20

0301-0780

다음 그림은 한 눈금의 길이가 1인 모눈종이 위에 수직선과 직각삼
각형 ABC를 그린 것이다. △ABC가 수직선을 따라 시계방향으
로 회전하며 굴러갈 때, 회전을 시작한 후 꼭짓점 A, B가 처음으
로 수직선과 만나는 점을 각각 A′, B′이라고 하자. 두 점 A′, B′에
대응하는 수를 각각 구하시오.

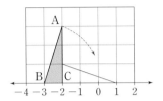

21

0301-0781

수직선 위에서 $\sqrt{3}-3$과 $2+\sqrt{10}$ 사이에 있는 정수의 개수를 구하
시오.

22

0301-0782

자연수 x에 대하여 $n\le\sqrt{x}$를 만족시키는 자연수 n의 개수를
$f(x)$라고 할 때, $f(1)+f(2)+\cdots+f(25)$의 값을 구하시오.

중단원 서술형 대비 근호를 포함한 식의 계산

I−2

Level 1

01
0301-0783

$\sqrt{128}=a\sqrt{2}$, $\sqrt{52}=b\sqrt{13}$일 때, 유리수 a, b에 대하여 $\sqrt{a}+\sqrt{b}$의 값을 구하시오.

풀이 과정

$\sqrt{128}=\sqrt{8^2\times2}=8\sqrt{2}$이므로 $a=8$

$\sqrt{52}=\sqrt{2^2\times\boxed{}}=2\sqrt{\boxed{}}$이므로 $b=2$

$\sqrt{a}+\sqrt{b}=\sqrt{8}+\sqrt{2}=\boxed{}\sqrt{2}+\sqrt{2}=\boxed{}\sqrt{2}$

02
0301-0784

$\dfrac{5}{\sqrt{10}}$의 분모를 유리화한 것이 $a\sqrt{10}$, $\dfrac{\sqrt{2}}{\sqrt{3}}$의 분모를 유리화한 것이 $b\sqrt{6}$일 때, 유리수 a, b에 대하여 $a+b$의 값을 구하시오.

풀이 과정

$\dfrac{5}{\sqrt{10}}=\dfrac{5\times\sqrt{10}}{\sqrt{10}\times\sqrt{10}}=\dfrac{5\sqrt{10}}{10}=\dfrac{\sqrt{10}}{2}$이므로 $a=\boxed{}$

$\dfrac{\sqrt{2}}{\sqrt{3}}=\dfrac{\sqrt{2}\times\sqrt{\boxed{}}}{\sqrt{3}\times\sqrt{\boxed{}}}=\dfrac{\sqrt{6}}{3}$이므로 $b=\boxed{}$

따라서 $a+b=\boxed{}$

03
0301-0785

$A=2\sqrt{5}+4\sqrt{5}-3\sqrt{5}$, $B=4\sqrt{3}-3\sqrt{3}+6\sqrt{3}$일 때, AB의 값을 구하시오.

풀이 과정

$A=2\sqrt{5}+4\sqrt{5}-3\sqrt{5}=(2+4-\boxed{})\sqrt{5}=\boxed{}\sqrt{5}$

$B=4\sqrt{3}-3\sqrt{3}+6\sqrt{3}=(4-3+\boxed{})\sqrt{3}=\boxed{}\sqrt{3}$

따라서 $AB=\boxed{}\sqrt{5}\times\boxed{}\sqrt{3}=\boxed{}\sqrt{15}$

04
0301-0786

세 수 $2\sqrt{2}-2$, $2-\sqrt{2}$, $3-2\sqrt{2}$의 대소 관계를 부등호를 사용하여 나타내시오.

풀이 과정

$(2\sqrt{2}-2)-(2-\sqrt{2})=\boxed{}\sqrt{2}-4$

$\qquad\qquad\qquad\qquad=\sqrt{\boxed{}}-\sqrt{16}>0$

이므로 $2\sqrt{2}-2>2-\sqrt{2}$

$(2-\sqrt{2})-(3-2\sqrt{2})=\boxed{}+\sqrt{2}=-\sqrt{1}+\sqrt{2}>0$

이므로 $2-\sqrt{2}>3-2\sqrt{2}$

따라서 $\boxed{}<\boxed{}<\boxed{}$

Level ②

05
0301-0787

$\sqrt{\dfrac{21}{2}} \times \sqrt{\dfrac{4}{7}} = \sqrt{a}$, $\sqrt{\dfrac{27}{4}} \div \sqrt{\dfrac{3}{8}} = b\sqrt{2}$일 때, 유리수 a, b에 대하여 $\sqrt{ab} + \sqrt{\dfrac{a}{b}}$의 값을 구하시오.

06
0301-0788

가로, 세로의 길이가 각각 $3\sqrt{6}$, $2\sqrt{5}$인 직사각형과 같은 넓이를 가진 삼각형의 밑변의 길이가 $4\sqrt{3}$일 때, 삼각형의 높이를 구하시오.

07
0301-0789

$\sqrt{50} = 5\sqrt{a}$, $\sqrt{\dfrac{147}{16}} = \dfrac{c\sqrt{3}}{b}$을 만족시키는 자연수 a, b, c에 대하여 $a+b+c$의 값을 구하시오. (단, b와 c는 서로소이다.)

08
0301-0790

세 수 $\dfrac{\sqrt{6}}{3}$, $\dfrac{\sqrt{3}}{2}$, $\dfrac{\sqrt{8}}{4}$의 대소 관계를 부등호를 사용하여 나타내시오.

09
0301-0791

$\sqrt{5} = a$일 때, $\sqrt{1.25} - \sqrt{0.2} = ka$를 만족시키는 유리수 k의 값을 구하시오.

10
0301-0792

$\dfrac{5}{\sqrt{18}} = a\sqrt{2}$, $\dfrac{7}{\sqrt{48}} = b\sqrt{3}$일 때, 유리수 a, b에 대하여 $a-b$의 값을 구하시오.

11
0301-0793

$\sqrt{831}=a$, $\sqrt{b}=0.2914$일 때, 다음 제곱근표를 이용하여 유리수 a, b의 값을 각각 구하시오.

수	0	1	⋯	8	9
8.3	2.881	2.883	⋯	2.895	2.897
8.4	2.898	2.900	⋯	2.912	2.914
8.5	2.915	2.917	⋯	2.929	2.931

12
0301-0794

$\sqrt{75}+\sqrt{63}-\sqrt{48}+\dfrac{14}{\sqrt{7}}$를 간단히 하면 $a\sqrt{3}+b\sqrt{7}$일 때, 유리수 a, b에 대하여 $a+b$의 값을 구하시오.

13
0301-0795

$\sqrt{2}(3\sqrt{5}-4)-(3+\sqrt{5})\div\sqrt{2}+\sqrt{8}$을 간단히 하면 $a\sqrt{2}+b\sqrt{10}$일 때, 유리수 a, b에 대하여 $a+b$의 값을 구하시오.

14
0301-0796

$\sqrt{28}-3$의 정수 부분을 a, 소수 부분을 b, $4+\sqrt{7}$의 정수 부분을 c, 소수 부분을 d라고 할 때, $ad-bc$의 값을 구하시오.

15
0301-0797

세 수 $2\sqrt{2}+\sqrt{3}$, $\sqrt{2}+2\sqrt{3}$, $4\sqrt{2}-\sqrt{3}$의 대소 관계를 부등호를 사용하여 나타내시오.

16
0301-0798

두 수 $2-\sqrt{19}$와 $2+\sqrt{19}$ 사이에 있는 모든 정수의 합을 구하시오.

Level ③

17
0301-0799

$\sqrt{2}=a$, $\sqrt{3}=b$, $\sqrt{7}=c$일 때, $\sqrt{1.68}+\sqrt{3.78}$을 a, b, c를 이용하여 나타내시오.

18
0301-0800

부피가 240 cm^3인 직육면체의 밑면의 가로, 세로의 길이가 각각 $4\sqrt{3}$ cm, $5\sqrt{2}$ cm일 때, 이 직육면체의 높이를 구하시오.

19
0301-0801

$\sqrt{3.24}=1.8$, $\sqrt{32.4}=5.692$일 때, $\sqrt{324}+\sqrt{3240}$의 값을 구하시오.

20
0301-0802

$a=\dfrac{3+\sqrt{3}}{\sqrt{6}}$, $b=\dfrac{3-\sqrt{3}}{\sqrt{6}}$일 때, $\dfrac{a+b}{a-b}$의 값을 구하시오.

21
0301-0803

유리수 a에 대하여 $\sqrt{45}-\dfrac{10a}{\sqrt{5}}+3\left(\sqrt{5}+\dfrac{a}{2}\right)+\dfrac{5}{2}$를 간단히 하였더니 유리수 b가 되었을 때, $a+b$의 값을 구하시오.

22
0301-0804

$a=\sqrt{32}+\dfrac{15}{\sqrt{5}}$, $b=\dfrac{\sqrt{40}-4}{\sqrt{2}}$일 때, $a+2b$의 값을 구하시오.

Level 1

01
0301-0805

$(5x+Ay-3)(x-y+B)$의 전개식에서 xy의 계수가 -3이고, y의 계수가 11일 때, 상수 A, B에 대하여 $A+B$의 값을 구하시오.

풀이 과정

xy항은 $5x \times (-y) + Ay \times x = (-5+A)xy$

xy의 계수는 $-5+A$이므로 $-5+A=\boxed{}$

$A=\boxed{}$

y항은 $2y \times B + (-3) \times (-y) = (2B+3)y$

y의 계수는 $2B+3$이므로 $2B+3=\boxed{}$, $2B=\boxed{}$

$B=\boxed{}$

따라서 $A+B=2+\boxed{}=\boxed{}$

02
0301-0806

$(5x+A)^2=25x^2+Bx+16$일 때, 상수 A, B에 대하여 $A+B$의 값을 구하시오. (단, $A>0$)

풀이 과정

$(5x+A)^2=25x^2+10Ax+A^2$

$B=10A$, $A^2=\boxed{}$

$A=\pm\boxed{}$

$A>0$이므로 $A=\boxed{}$

$B=10\times\boxed{}=\boxed{}$

따라서 $A+B=4+\boxed{}=\boxed{}$

03
0301-0807

$(x+4)(x+A)$의 전개식이 $x^2+Bx-24$일 때, 상수 A, B에 대하여 $A+B$의 값을 구하시오.

풀이 과정

$(x+4)(x+A)=x^2+(4+A)x+4A$

$B=4+A$, $4A=\boxed{}$

$A=\boxed{}$

$B=4+(\boxed{})=\boxed{}$

따라서 $A+B=-6+(\boxed{})=\boxed{}$

04
0301-0808

$x=\sqrt{6}+2$, $y=\sqrt{6}-2$일 때, $\dfrac{y}{x}+\dfrac{x}{y}$의 값을 구하시오.

풀이 과정

$x+y=(\sqrt{6}+2)+(\sqrt{6}-2)=\boxed{}$

$xy=(\sqrt{6}+2)(\sqrt{6}-2)=6-4=\boxed{}$

$\dfrac{y}{x}+\dfrac{x}{y}=\dfrac{y^2+x^2}{xy}$

$=\dfrac{(x+y)^2-2xy}{xy}$

$=\dfrac{(2\sqrt{6})^2-2\times\boxed{}}{\boxed{}}$

$=\dfrac{24-\boxed{}}{\boxed{}}=\boxed{}$

Level ②

05
0301-0809

$(3x+Ay-2)(2x-y+B)$의 전개식에서 xy의 계수가 7이고 x의 계수가 8일 때, y의 계수를 구하시오. (단, A, B는 상수)

06
0301-0810

$\left(Ax+\dfrac{1}{3}y\right)^2=Bx^2+xy+\dfrac{1}{9}y^2$일 때, 상수 A, B에 대하여 $A \div B$의 값을 구하시오.

07
0301-0811

$(x+A)^2=x^2-16x+B$일 때, 상수 A, B에 대하여 $A+B$의 값을 구하시오.

08
0301-0812

$(6x+y)(y-4x)=Ax^2+Bxy+Cy^2$일 때, 상수 A, B, C에 대하여 $A+B-C$의 값을 구하시오.

09
0301-0813

$(3x-y)(3x+y)-2(-2x+3y)(-2x-3y)$를 전개하여 간단히 하면 x^2의 계수는 a, y^2의 계수는 b이다. 이때 $a+b$의 값을 구하시오.

10
0301-0814

$(x-a)(x-8)=x^2-bx+16$일 때, 상수 a, b에 대하여 ab의 값을 구하시오.

11
0301-0815

$(ax+7)(2x+b)=8x^2+cx-28$일 때, 상수 a, b, c에 대하여 $a+b+c$의 값을 구하시오.

12
0301-0816

다음 식을 전개하여 간단히 하면 Ax^2+Bx+C가 된다. 이때 상수 A, B, C에 대하여 $A+B+C$의 값을 구하시오.

$$(5x-4)(3x+5)+2(2x-3)^2$$

13
0301-0817

가로의 길이가 $2x-5$, 세로의 길이가 $3x+n$인 직사각형의 넓이가 $6x^2+mx-30$일 때, 상수 m, n에 대하여 $n-m$의 값을 구하시오.

14
0301-0818

$(6+4\sqrt{2})(a-2\sqrt{2})=14+b\sqrt{2}$일 때, 유리수 a, b에 대하여 $a+b$의 값을 구하시오.

15
0301-0819

$x=\sqrt{7}+2$, $y=\sqrt{7}-2$일 때, x^2+y^2+3xy의 값을 구하시오.

16
0301-0820

$6-\sqrt{11}$의 소수 부분을 a라고 할 때, $a^2-8a+12$의 값을 구하시오.

Level ③

17
0301-0821

$5(6+1)(6^2+1)(6^4+1)(6^8+1)=6^a-b$일 때, 자연수 a, b에 대하여 $a-b$의 값을 구하시오. (단, $0<b<10$)

18
0301-0822

$2x+a$에 $5x-3$을 곱해야 할 것을 잘못하여 $3x-5$를 곱하여 전개하였더니 $6x^2-31x+35$가 되었다. 바르게 곱하여 전개한 식을 구하시오. (단, a는 상수)

19
0301-0823

오른쪽 그림과 같이 가로와 세로의 길이가 각각 $x+y$, $3x$인 직사각형에서 가로의 길이를 $3y$만큼 늘이고, 세로의 길이를 $x-y$만큼 줄여서 만든 직사각형의 넓이를 나타내는 식을 세워 전개하였을 때, xy의 계수를 구하시오.

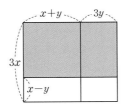

20
0301-0824

$(x+1)(x+2)(x-3)(x-4)$의 전개식에서 x^2의 계수를 구하시오.

21
0301-0825

$x+y=6$, $(x+3)(y+3)=25$일 때, x^2-xy+y^2의 값을 구하시오.

22
0301-0826

$x-\dfrac{1}{x}=6$일 때, $x^2-4x+\dfrac{4}{x}+\dfrac{1}{x^2}$의 값을 구하시오.

Level 1

01
0301-0827

$(x+2)(x-5)-4(x-5)$가 x의 계수가 1인 두 일차식의 곱으로 인수분해될 때, 두 일차식의 합을 구하시오.

풀이 과정

$(x+2)(x-5)-4(x-5)$
$=(x+2-4)(x-\square)$
$=(x-2)(x-\square)$
따라서 두 일차식의 합은
$(x-2)+(x-\square)=2x-\square$

02
0301-0828

$x^2-14x+A=(x-B)^2$일 때, 상수 A, B에 대하여 $A+B$의 값을 구하시오.

풀이 과정

$(x-B)^2=x^2-2Bx+B^2$
$-2B=-14$, $A=B^2$
$B=7$, $A=\square^2=\square$
따라서 $A+B=\square+7=\square$

03
0301-0829

$-20x^2+45y^2$을 인수분해하면 $a(bx+cy)(bx-cy)$일 때, 정수 a, b, c에 대하여 $a+b+c$의 값을 구하시오.
(단, $b>0$, $c>0$)

풀이 과정

$-20x^2+45y^2$
$=-5(4x^2-\square y^2)$
$=-5(2x+3y)(2x-3y)$
$a=-5$, $b=2$, $c=\square$
따라서 $a+b+c=-5+2+\square=\square$

04
0301-0830

$x^2+ax-27=(x+3)(x+b)$일 때, 상수 a, b에 대하여 $a-b$의 값을 구하시오.

풀이 과정

$(x+3)(x+b)=x^2+(3+b)x+3b$
$a=3+b$, $3b=-27$
$b=-9$, $a=3+(\square)=\square$
따라서 $a-b=-6-(\square)=\square$

05
0301-0831

$(x+8)(x-2)+(x-2)(x+5)$가 x의 계수가 자연수이고 상수항은 정수인 두 일차식의 곱으로 인수분해될 때, 두 일차식의 합을 구하시오.

06
0301-0832

$(x-6)(x-8)+k-5$가 완전제곱식이 되도록 하는 상수 k의 값을 구하시오.

07
0301-0833

$-3<a<5$일 때, $\sqrt{a^2-10a+25}-\sqrt{a^2+6a+9}$를 간단히 하시오.

08
0301-0834

$(x-2)(x+8)+24$가 x의 계수가 1인 두 일차식의 곱으로 인수분해될 때, 두 일차식의 합을 구하시오.

09
0301-0835

$x^2+2xy-Ay^2$이 $(x+By)(x-4y)$로 인수분해될 때, 상수 A, B에 대하여 $A+B$의 값을 구하시오.

10
0301-0836

$ax^2-15x+28$이 $(2x-b)(x-4)$로 인수분해될 때, 상수 a, b에 대하여 $a+b$의 값을 구하시오.

11   <small>0301-0837</small>

$8x^2+ax+15=(bx-5)(2x+c)$일 때, 상수 a, b, c에 대하여 $a+b+c$의 값을 구하시오.

12   <small>0301-0838</small>

$x-2$가 두 다항식 $x^2+ax+24$, x^2+8x+b에 공통으로 들어 있는 인수일 때, 상수 a, b에 대하여 $a-b$의 값을 구하시오.

13   <small>0301-0839</small>

오른쪽 그림과 같이 넓이가 $4x^2+7x-15$이고, 가로의 길이가 $x+3$인 직사각형의 둘레의 길이를 구하시오.

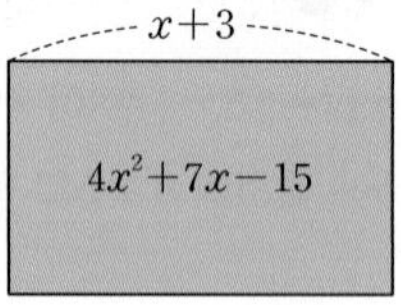

$x+3$

$4x^2+7x-15$

14   <small>0301-0840</small>

$(2x+5)^2-6(2x+5)+8$이 x의 계수가 자연수이고 상수항은 정수인 두 일차식의 곱으로 인수분해될 때, 두 일차식의 합을 구하시오.

15   <small>0301-0841</small>

$x^2-4xy+4y^2-16$을 인수분해하였더니 $(x+ay+b)(x-2y-4)$가 되었다. 이때 상수 a, b에 대하여 $a+b$의 값을 구하시오.

16   <small>0301-0842</small>

$x=\dfrac{1}{\sqrt{5}-2}$, $y=\dfrac{1}{\sqrt{5}+2}$일 때, $2x^3y-2xy^3$의 값을 구하시오.

Level ③

17

0301-0843

다음 두 다항식이 완전제곱식이 되도록 하는 상수 A, B에 대하여 $A+B$의 값을 구하시오. (단, $B>0$)

$$Ax^2-20x+25, \ 4x^2+Bx+\frac{9}{16}$$

18

0301-0844

자연수 $2^{32}-1$은 2보다 크고 10보다 작은 두 자연수에 의하여 나누어떨어진다. 이때 이 두 자연수의 합을 구하시오.

19

0301-0845

x에 대한 이차식 x^2+kx+6이 $(x+a)(x+b)$로 인수분해될 때, 상수 k가 될 수 있는 가장 큰 값과 가장 작은 값을 각각 M, m이라고 하자. 이때 Mm의 값을 구하시오. (단, a, b는 정수)

20

0301-0846

$3\sqrt{2}$의 소수 부분을 a라고 할 때, $(a+7)^2-6(a+7)+9$의 값을 구하시오.

21

0301-0847

$x=\dfrac{1}{3-\sqrt{7}}$, $y=\dfrac{1}{3+\sqrt{7}}$일 때, $(x+2y)^2+(2x+y)^2$의 값을 구하시오.

22

0301-0848

x^2의 계수가 1인 어떤 이차식을 인수분해하는데 정훈이는 x의 계수만 잘못 보고 풀어서 $(x-4)(x+6)$으로 인수분해하였고, 동건이는 상수항만 잘못 보고 풀어서 $(x-2)(x+7)$로 인수분해하였다. 처음 이차식을 바르게 인수분해하시오.

Level 1

01
0301-0849

이차방정식 $x(x+4)=5-2x$를 $x^2+ax+b=0$의 꼴로 나타낼 때, 상수 a, b에 대하여 $a+b$의 값을 구하시오.

풀이 과정

$x(x+4)=5-2x$에서

$x^2+4x=5-2x$

$x^2+\boxed{}x-5=0$

따라서 $a=\boxed{}$, $b=\boxed{}$이므로

$a+b=\boxed{}$

02
0301-0850

이차방정식 $ax^2-4x+3a+6=0$의 한 근이 $x=-2$일 때, 상수 a의 값을 구하시오.

풀이 과정

주어진 이차방정식에 $x=-2$를 대입하면

$\boxed{}a+\boxed{}+3a+6=0$

$7a=\boxed{}$

$a=\boxed{}$

03
0301-0851

인수분해를 이용하여 이차방정식 $2x^2-7x-15=0$의 두 근을 구하고, 그 차를 구하시오.

풀이 과정

$2x^2-7x-15=0$에서

$(2x+\boxed{})(x-\boxed{})=0$

$x=\boxed{}$ 또는 $x=\boxed{}$

따라서 두 근의 차는

$5-\left(\boxed{}\right)=\boxed{}$

04
0301-0852

이차방정식 $9(x-4)^2=k$의 해가 $x=4\pm\sqrt{2}$일 때, 양수 k의 값을 구하시오.

풀이 과정

$9(x-4)^2=k$에서 $(x-4)^2=\dfrac{k}{9}$

$x-4=\pm\sqrt{\dfrac{k}{9}}=\pm\dfrac{\sqrt{k}}{\boxed{}}$

$x=4\pm\dfrac{\sqrt{k}}{\boxed{}}$

$\dfrac{\sqrt{k}}{\boxed{}}=\sqrt{2}$이므로

$\sqrt{k}=\boxed{}\sqrt{2}=\sqrt{\boxed{}}$

따라서 $k=\boxed{}$

중단원 서술형 대비

Level 2

05
0301-0853

이차방정식 $x^2+2ax+6=0$의 한 근이 $x=2$이고, 이차방정식 $2x^2-2ax+b=0$의 한 근이 $x=-3$일 때, 상수 a, b에 대하여 $4ab$의 값을 구하시오.

06
0301-0854

두 이차방정식 $x^2-3x+a=0$, $x^2+bx-2=0$을 동시에 만족시키는 x의 값이 2일 때, 상수 a, b에 대하여 $a+b$의 값을 구하시오.

07
0301-0855

이차방정식 $x^2+kx+6=0$의 한 근이 $x=-3$일 때, 상수 k의 값과 다른 한 근을 각각 구하시오.

08
0301-0856

인수분해를 이용하여 이차방정식 $\dfrac{(x+2)(x-6)}{2}=10$의 해를 구하시오.

09
0301-0857

이차방정식 $x^2-6x+2k+1=0$이 중근을 가질 때, 상수 k의 값과 중근을 각각 구하시오.

10
0301-0858

이차방정식 $\dfrac{1}{3}(x-2)^2=8$의 근이 $x=a\pm2\sqrt{b}$일 때, 유리수 a, b에 대하여 $a+b$의 값을 구하시오.

11

0301-0859

이차방정식 $a(x+3)^2-4=0$의 근이 $x=b\pm\sqrt{2}$일 때, 유리수 a, b에 대하여 $a+b$의 값을 구하시오.

12

0301-0860

이차방정식 $x^2-x-6=0$의 두 근 중 큰 근을 a, 이차방정식 $(x-3)^2-2=0$의 두 근 중 작은 근을 b라고 할 때, $a-b$의 값을 구하시오.

13

0301-0861

이차방정식 $\frac{1}{2}x^2-5x-7=0$을 $(x+p)^2=q$의 꼴로 나타낼 때, 상수 p, q에 대하여 $p+q$의 값을 구하시오.

14

0301-0862

이차방정식 $(x-1)^2=(2x+1)(x-4)$를 $(x+p)^2=q$의 꼴로 나타낼 때, 상수 p, q에 대하여 $\dfrac{q}{p}$의 값을 구하시오.

15

0301-0863

완전제곱식을 이용하여 이차방정식 $2x^2+8x+1=0$의 해를 구하시오.

16

0301-0864

이차방정식 $x^2+8x-4a=0$을 완전제곱식을 이용하여 $(x+b)^2=8$로 변형한 후 해를 구하였더니 $x=c\pm2\sqrt{d}$이었다. 정수 a, b, c, d에 대하여 $ad-bc$의 값을 구하시오.

Level 3

17
0301-0865

이차방정식 $(x+2)(2x-1)=x^2+2$의 두 근이 α, β일 때, 이차방정식 $x^2+\alpha x-5\beta=0$의 해를 구하시오. (단, $\alpha<\beta$)

18
0301-0866

비례식 $(5x-3):(x+3)=x:2$를 만족시키는 x의 값을 구하시오.

19
0301-0867

한 개의 주사위를 두 번 던져서 처음 나온 눈의 수를 a, 두 번째 나온 눈의 수를 b라고 하자. 이때 이차방정식 $x^2+ax+b^2=0$이 중근을 갖도록 하는 순서쌍 (a, b)를 구하시오.

20
0301-0868

이차방정식 $x^2-4kx+k+3=0$이 중근을 갖도록 하는 상수 k의 값을 모두 구하시오.

21
0301-0869

이차방정식 $(x+2)^2=\dfrac{k-3}{4}$이 서로 다른 두 정수를 근으로 갖도록 하는 50 이하의 자연수 k를 모두 구하시오.

22
0301-0870

이차방정식 $(x-4)^2-7=0$의 두 근 α, β에 대하여 α의 정수 부분을 m, β의 소수 부분을 n이라고 할 때, $m+n$의 값을 구하시오. (단, $\alpha>\beta$)

Level 1

01

0301-0871

근의 공식을 이용하여 이차방정식 $4x^2-7x-1=0$의 해를 구하시오.

> **풀이 과정**
>
> 근의 공식에서
>
> $a=4$, $b=\boxed{}$, $c=\boxed{}$이므로
>
> $x=\dfrac{-(-7)\pm\sqrt{(-7)^2-4\times4\times(\boxed{})}}{2\times\boxed{}}$
>
> $=\dfrac{7\pm\sqrt{\boxed{}}}{8}$

02

0301-0872

이차방정식 $0.1x^2+0.4x=2.1$의 해를 구하시오.

> **풀이 과정**
>
> 주어진 이차방정식의 양변에 10을 곱하여 정리하면
>
> $x^2+4x-\boxed{}=0$
>
> $(x+7)(x-\boxed{})=0$
>
> $x=-7$ 또는 $x=\boxed{}$

03

0301-0873

이차방정식 $2x^2+ax+b=0$의 두 근이 3, -4일 때, 상수 a, b에 대하여 $a+b$의 값을 구하시오.

> **풀이 과정**
>
> 두 근이 3, -4이고 x^2의 계수가 $\boxed{}$인 이차방정식은
>
> $2(x-\boxed{})(x+4)=0$
>
> $2x^2+2x-\boxed{}=0$
>
> 따라서 $a=\boxed{}$, $b=\boxed{}$이므로
>
> $a+b=\boxed{}$

04

0301-0874

어떤 두 자연수의 차가 5이고 큰 수의 제곱은 작은 수의 제곱에 4를 곱한 것과 같다. 두 자연수의 합을 구하시오.

> **풀이 과정**
>
> 두 자연수의 차가 5이므로 두 자연수를 x, $x+5$라고 하면
>
> $(x+5)^2=\boxed{}x^2$
>
> $3x^2-10x-25=0$
>
> $(3x+\boxed{})(x-\boxed{})=0$
>
> x는 자연수이므로 $x=\boxed{}$
>
> 따라서 두 자연수는 $\boxed{}$, $\boxed{}$이므로 그 합은 $\boxed{}$이다.

Level ②

05 0301-0875

이차방정식 $5x^2-2x-2=0$의 근이 $x=\dfrac{a\pm\sqrt{b}}{5}$일 때, 유리수 a, b에 대하여 $a+b$의 값을 구하시오.

06 0301-0876

이차방정식 $3x^2+4x+a=0$의 근이 $x=\dfrac{b\pm\sqrt{10}}{3}$일 때, 유리수 a, b에 대하여 ab의 값을 구하시오.

07 0301-0877

근의 공식을 이용하여 이차방정식 $\dfrac{1}{6}x^2+\dfrac{2}{3}x-\dfrac{3}{4}=0$의 해를 구하시오.

08 0301-0878

이차방정식 $\dfrac{1}{2}x^2-\dfrac{1}{10}=0.6x$의 근이 $x=\dfrac{3\pm\sqrt{b}}{a}$일 때, 유리수 a, b에 대하여 $b-a$의 값을 구하시오.

09 0301-0879

이차방정식 $(x-13)^2-3(x-13)-28=0$의 해가 $x=\alpha$ 또는 $x=\beta$일 때, $\alpha^2+\beta^2$의 값을 구하시오.

10 0301-0880

세 이차방정식
$$x^2-10x+13=0$$
$$x^2+x+8=0$$
$$9x^2-12x+4=0$$
의 근의 개수를 각각 a, b, c라고 할 때, a, b, c의 대소 관계를 부등호를 사용하여 나타내시오.

11
0301-0881

이차방정식 $ax^2+bx+8=0$이 중근 $x=2$를 가질 때, 상수 a, b에 대하여 $a-b$의 값을 구하시오.

12
0301-0882

이차방정식 $2x^2-4x+k-3=0$이 중근을 갖도록 하는 상수 k의 값에 대하여 $k-2$, $k+3$을 두 근으로 하고 x^2의 계수가 1인 이차방정식을 구하시오.

13
0301-0883

자연수 1부터 n까지의 합은 $\dfrac{n(n+1)}{2}$이다. 자연수 9부터 n까지의 합이 240일 때, 위의 식을 이용하여 자연수 n의 값을 구하시오.

14
0301-0884

6월을 맞아 친구들의 생일을 조사한 결과 정훈이의 생일은 이번 달 둘째 주 금요일이고 소영이의 생일은 이번 달 셋째 주 목요일이다. 두 사람의 생일 날짜의 곱이 135일 때, 정훈이의 생일을 구하시오.

15
0301-0885

밑변의 길이가 20 cm이고 높이가 18 cm인 삼각형의 밑변의 길이를 매초 0.5 cm씩 줄이고 높이를 매초 1 cm씩 늘였을 때, 그 넓이가 처음 삼각형의 넓이와 같아지는 것은 몇 초 후인지 구하시오.

16
0301-0886

지면으로부터 120 m의 높이에서 초속 50 m로 똑바로 위로 쏘아 올린 물체의 t초 후의 지면으로부터의 높이는 $(-5t^2+50t+120)$ m라고 한다. 물체를 쏘아올린 후 지면에 떨어지는 것은 몇 초 후인지 구하시오.

Level ③

17

0301-0887

이차방정식 $3x^2+6x-9=(x+1)^2$의 양수인 근을 α라고 할 때, $n<\alpha<n+1$을 만족시키는 정수 n의 값을 구하시오.

18

0301-0888

합이 7인 두 수 x, y가 $(x-y)^2+3(x-y)-4=0$을 만족시킬 때, x, y의 값을 각각 구하시오. (단, $x>y$)

19

0301-0889

이차방정식 $kx^2+(k+3)x+k-5=0$이 중근을 가질 때, 상수 k의 값을 모두 구하시오.

20

0301-0890

연속한 세 자연수가 있다. 가운데 자연수를 2로 나눈 후 제곱한 값은 나머지 두 자연수의 제곱의 차와 같을 때, 세 자연수를 구하시오.

21

0301-0891

길이가 20 cm인 선분 AB를 지름으로 하는 원의 내부에 $\overline{AC}$, $\overline{BC}$를 지름으로 하는 크기가 다른 두 원이 있다. 색칠한 부분의 넓이가 42π cm²일 때, 작은 원의 반지름의 길이를 구하시오.

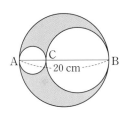

22

0301-0892

가로의 길이가 15 m, 세로의 길이가 25 m인 직사각형 모양의 땅에 그림과 같이 폭이 일정한 T자 모양의 통행로를 만들려고 한다. 통행로를 제외한 땅의 넓이가 299 m²일 때, 통행로의 폭을 구하시오.

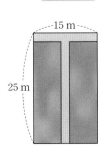

Level 1

01

0301-0893

이차함수 $f(x)=4x^2-5x-2$에 대하여 $f(-1)+f(2)$의 값을 구하시오.

풀이과정

$f(-1)=4\times(-1)^2-5\times(-1)-2=\boxed{}$

$f(2)=4\times2^2-5\times2-2=\boxed{}$

따라서 $f(-1)+f(2)=7+\boxed{}=\boxed{}$

02

0301-0894

이차함수 $y=ax^2$의 그래프가 두 점 $(2,-12)$, $(-1,b)$를 지날 때, 상수 a, b에 대하여 $a+b$의 값을 구하시오.

풀이과정

$y=ax^2$에 $x=2$, $y=-12$를 대입하면

$-12=a\times2^2$, $a=\boxed{}$

$y=-3x^2$에 $x=-1$, $y=b$를 대입하면

$b=\boxed{}$

따라서 $a+b=-3+(\boxed{})=\boxed{}$

03

0301-0895

이차함수 $y=2x^2$의 그래프와 x축에 대하여 대칭인 그래프가 점 $(3,k)$를 지날 때, k의 값을 구하시오.

풀이과정

이차함수 $y=2x^2$의 그래프와 x축에 대하여 대칭인 그래프의 식은 $y=\boxed{}x^2$

$y=\boxed{}x^2$에 $x=3$, $y=k$를 대입하면

$k=\boxed{}\times3^2=\boxed{}$

04

0301-0896

이차함수 $y=ax^2+q$의 그래프가 두 점 $(1,5)$, $(2,-1)$을 지날 때, 상수 a, q에 대하여 $a+q$의 값을 구하시오.

풀이과정

$y=ax^2+q$에 두 점의 좌표를 각각 대입하면

$\boxed{}=a+q$ ······ ㉠

$\boxed{}=4a+q$ ······ ㉡

㉠, ㉡을 연립하여 풀면 $a=-2$, $q=\boxed{}$

따라서 $a+q=-2+\boxed{}=\boxed{}$

Level 2

05
0301-0897

이차함수 $f(x)=ax^2+6x+5$에 대하여 $f(-1)=-4$, $f(b)=4b$일 때, 상수 a, b에 대하여 ab의 값을 구하시오.

(단, $b>0$)

06
0301-0898

오른쪽 그림은 꼭짓점이 원점이고 대칭축이 y축인 포물선이다. 이 포물선이 점 $(6, k)$를 지날 때, k의 값을 구하시오.

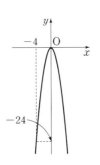

07
0301-0899

이차함수 $y=\dfrac{1}{2}x^2$의 그래프와 x축에 대하여 대칭인 그래프가 점 $(a, -a-4)$를 지날 때, 양수 a의 값을 구하시오.

08
0301-0900

이차함수 $y=3x^2$의 그래프를 y축의 방향으로 q만큼 평행이동한 그래프가 점 $(2, 4)$를 지날 때, q의 값을 구하시오.

09
0301-0901

오른쪽 그림은 이차함수 $y=ax^2+8$의 그래프이다. $\triangle\mathrm{ABC}$의 넓이가 32일 때, 상수 a의 값을 구하시오.

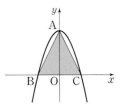

10
0301-0902

이차함수 $y=\dfrac{3}{2}x^2$의 그래프를 x축의 방향으로 4만큼 평행이동한 그래프가 점 $(k, 6)$을 지날 때, k의 값을 모두 구하시오.

11

0301-0903

이차함수 $y=a(x-p)^2$의 그래프의 꼭짓점의 좌표가 $(-5, 0)$ 이고 점 $(-4, 3)$을 지날 때, $a+p$의 값을 구하시오.

(단, a, p는 상수)

12

0301-0904

이차함수 $y=-4x^2$의 그래프를 x축의 방향으로 p만큼, y축의 방향으로 $2p+4$만큼 평행이동한 그래프의 축의 방정식은 $x=-\dfrac{1}{2}$이다. 이때 평행이동한 그래프의 꼭짓점의 좌표를 구하시오.

13

0301-0905

이차함수 $y=ax^2$의 그래프를 x축의 방향으로 p만큼, y축의 방향으로 q만큼 평행이동한 그래프의 꼭짓점의 좌표가 $(-3, -8)$이고, 점 $(0, 10)$을 지날 때, 상수 a, p, q에 대하여 $a+p+q$의 값을 구하시오.

14

0301-0906

이차함수 $y=a(x-p)^2-5$의 그래프는 직선 $x=-2$를 축으로 하고, 점 $(2, 7)$을 지난다. 이때 상수 a, p에 대하여 $2ap$의 값을 구하시오.

15

0301-0907

이차함수 $y=-2(x+5)^2+3$의 그래프를 x축의 방향으로 -2만큼, y축의 방향으로 4만큼 평행이동하였더니 꼭짓점의 좌표가 (p, q)가 되었다. 이때 $p+q$의 값을 구하시오.

16

0301-0908

이차함수 $y=a(x+p)^2+q$의 그래프는 오른쪽 그림과 같이 꼭짓점의 좌표가 $(2, 5)$이고, y축과 점 $(0, 3)$에서 만날 때, 상수 a, p, q에 대하여 apq의 값을 구하시오.

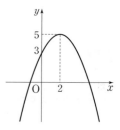

Level ③

17

0301-0909

오른쪽 그림과 같이 직선 $y=6$과 두 이차함수 $y=\dfrac{3}{2}x^2$, $y=ax^2$의 그래프의 교점을 차례로 A, B, C, D라고 하자. $\overline{AB}=\overline{BC}=\overline{CD}$일 때, 상수 a의 값을 구하시오.

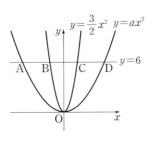

18

0301-0910

오른쪽 그림과 같은 이차함수 $y=-\dfrac{1}{2}x^2+q$의 그래프는 두 점 A$(2, 3)$, B$(-2, 3)$을 지난다. 이 그래프 위의 두 점 C, D는 y좌표가 같고 $\overline{CD}=8$일 때, □ABCD의 넓이를 구하시오. (단, q는 상수)

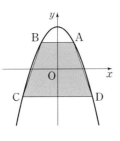

19

0301-0911

이차함수 $y=ax^2$의 그래프는 $y=-\dfrac{3}{4}x^2$의 그래프와 x축에 대하여 대칭이고, 이 그래프를 x축의 방향으로 -2만큼, y축의 방향으로 6만큼 평행이동하면 점 $(-6, b)$를 지난다. 이때 $4ab$의 값을 구하시오. (단, a는 상수)

20

0301-0912

이차함수 $y=-\dfrac{2}{3}(x+a)^2+b$의 그래프가 오른쪽 그림과 같을 때, △AOB의 넓이를 구하시오. (단, a, b는 상수이고, 점 B는 꼭짓점, O는 원점이다.)

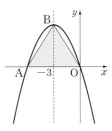

21

0301-0913

오른쪽 그림과 같이 두 이차함수 $y=x^2-16$, $y=a(x+b)^2$의 그래프가 서로의 꼭짓점을 지날 때, 상수 a, b에 대하여 $a+b$의 값을 구하시오. (단, $b>0$)

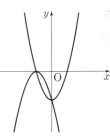

22

0301-0914

이차함수 $y=-4x^2+3$의 그래프를 x축의 방향으로 p만큼, y축의 방향으로 $p-5$만큼 평행이동한 그래프의 꼭짓점이 제4사분면 위에 있을 때, p의 값의 범위를 구하시오.

Level 1

01
0301-0915

이차함수 $y=x^2-4x+k$의 그래프의 꼭짓점의 좌표가 $(p, 3)$일 때, $p+k$의 값을 구하시오. (단, k는 상수)

풀이 과정

$y=x^2-4x+k$
$\quad =(x^2-4x+4-4)+k$
$\quad =(x-2)^2-4+k$
꼭짓점의 좌표가 $(2, -4+k)$이므로
$p=2, -4+k=3$
$k=\boxed{}$
따라서 $p+k=2+\boxed{}=\boxed{}$

02
0301-0916

꼭짓점의 좌표가 $(4, 8)$인 이차함수 $y=-x^2+8x+a$의 그래프가 점 $(5, b)$를 지날 때, $b-a$의 값을 구하시오.
(단, a는 상수)

풀이 과정

$y=-x^2+8x+a$
$\quad =-(x^2-8x+16-16)+a$
$\quad =-(x-4)^2+\boxed{}+a$
꼭짓점의 좌표가 $(4, \boxed{}+a)$이므로
$16+a=8, a=\boxed{}$
$y=-x^2+8x-8$에 $x=5, y=b$를 대입하면
$b=-5^2+8\times5-8=\boxed{}$
따라서 $b-a=7-(\boxed{})=\boxed{}$

03
0301-0917

이차함수 $y=-x^2$의 그래프를 x축의 방향으로 m만큼, y축의 방향으로 n만큼 평행이동하면 이차함수 $y=-x^2-6x-3$의 그래프와 포개어진다. 이때 $m+n$의 값을 구하시오.

풀이 과정

이차함수 $y=-x^2$의 그래프를 x축의 방향으로 m만큼, y축의 방향으로 n만큼 평행이동한 그래프의 식은
$y=-(x-m)^2+n$
$y=-x^2-6x-3$
$\quad =-(x^2+6x+9-9)-3$
$\quad =-(x+3)^2+\boxed{}$
$m=-3, n=\boxed{}$
따라서 $m+n=-3+\boxed{}=\boxed{}$

04
0301-0918

이차함수 $y=x^2-2(a-2)x+3$의 그래프는 직선 $x=2$를 축으로 한다. 이때 꼭짓점의 y좌표를 구하시오.

풀이 과정

$y=x^2-2(a-2)x+3$
$\quad =\{x^2-2(a-2)x+(a-2)^2-(a-2)^2\}+3$
$\quad =\{x-(a-2)\}^2-(a-2)^2+3$
축의 방정식은 $x=a-\boxed{}$이므로 $a-\boxed{}=2$
$a=\boxed{}$
따라서 꼭짓점의 y좌표는
$-(\boxed{}-2)^2+3=\boxed{}$

Level ②

05
0301-0919

이차함수 $y=-2x^2-12x+2$의 그래프와 $y=x^2+2px+q$의 그래프의 꼭짓점이 일치할 때, 상수 p, q에 대하여 $p+q$의 값을 구하시오.

06
0301-0920

이차함수 $y=-\dfrac{1}{2}x^2+3x+k$의 그래프는 $y=-\dfrac{1}{2}x^2$의 그래프를 x축의 방향으로 m만큼, y축의 방향으로 5만큼 평행이동한 것이다. 이때 상수 m, k에 대하여 $4mk$의 값을 구하시오.

07
0301-0921

오른쪽 그림과 같이 이차함수 $y=-3x^2+12x+15$의 그래프가 x축과 만나는 두 점을 A, B, y축과 만나는 점을 C 라고 할 때, △ABC의 넓이를 구하시오.

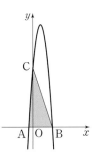

08
0301-0922

오른쪽 그림은 이차함수 $y=-\dfrac{1}{2}x^2-x+4$의 그래프이다. 꼭짓점을 C, x축과의 교점을 각각 A, B 라고 할 때, △ABC의 넓이를 구하시오.

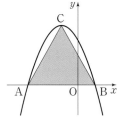

09
0301-0923

그래프가 점 $(0, 8)$을 지나고, 꼭짓점의 좌표가 $(-3, -10)$인 이차함수가 있다. 이 이차함수의 $x=-1$일 때의 함숫값을 구하시오.

10
0301-0924

이차함수 $y=ax^2+bx+c$의 그래프가 x축과 한 점에서 만날 때, 그 점의 x좌표는 -3이고, y축과 만나는 점의 y좌표는 18이다. 이때 $a+b+c$의 값을 구하시오. (단, a, b, c는 상수)

11
0301-0925

축의 방정식이 $x=-3$인 포물선이 세 점 $(0, -6)$, $(1, k)$, $(-2, 10)$을 지날 때, k의 값을 구하시오.

12
0301-0926

세 점 $(0, 4)$, $(1, 8)$, $(-1, 4)$를 지나는 이차함수 $y=ax^2+bx+c$의 그래프가 점 $(2, k)$를 지날 때, k의 값을 구하시오. (단, a, b, c는 상수)

13
0301-0927

그래프가 오른쪽 그림과 같은 이차함수의 식을 $y=ax^2+bx+c$라고 할 때, $a+b+c$의 값을 구하시오.

(단, a, b, c는 상수)

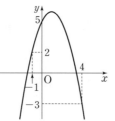

14
0301-0928

이차함수 $y=ax^2+bx+c$의 그래프가 x축과 두 점 $(-2, 0)$, $(5, 0)$에서 만나고 점 $(4, 12)$를 지날 때, 상수 a, b, c에 대하여 $5a-b+c$의 값을 구하시오.

15
0301-0929

이차함수 $y=x^2+4x+9$의 그래프를 x축의 방향으로 m만큼, y축의 방향으로 n만큼 평행이동하면 $y=x^2-8x+19$의 그래프와 일치한다. 이때 m, n의 값을 각각 구하시오.

16
0301-0930

$a<0$일 때, 이차함수 $y=ax^2-x$의 그래프가 지나지 않는 사분면을 구하시오.

중단원 서술형 대비

Level ③

17

0301-0931

이차함수 $y=x^2-4ax-2a+15$의 그래프의 꼭짓점이 직선 $y=-5x+3$ 위에 있다. 이때 양수 a의 값을 구하시오.

18

0301-0932

오른쪽 그림과 같은 이차함수 $y=-\dfrac{1}{2}x^2-2x+k$의 그래프가 x축과 만나는 점을 A, B라고 할 때, $\overline{AB}=8$이다. 점 C가 이 그래프의 꼭짓점일 때, △ABC의 넓이를 구하시오.

(단, k는 상수)

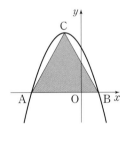

19

0301-0933

이차함수 $y=-x^2+2x+8$의 그래프가 x축과 만나는 점을 A, y축과 만나는 점을 C라 하고 꼭짓점을 B라고 할 때, □OABC의 넓이를 구하시오. (단, 점 A의 x좌표는 양수이고, O는 원점이다.)

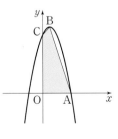

20

0301-0934

오른쪽 그림과 같이 이차함수 $y=x^2-4x-5$의 그래프가 x축의 양의 부분과 만나는 점을 A, 꼭짓점을 C, y축과 만나는 점을 B라고 할 때, △ABC의 넓이를 구하시오.

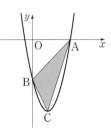

21

0301-0935

이차함수 $y=x^2-6x+11$의 그래프를 x축의 방향으로 -6만큼, y축의 방향으로 -1만큼 평행이동한 그래프의 꼭짓점과 이차함수 $y=-x^2+ax+b$의 그래프의 꼭짓점이 일치할 때, 상수 a, b에 대하여 $a+b$의 값을 구하시오.

22

0301-0936

오른쪽 그림과 같은 이차함수 $y=\dfrac{1}{2}x^2+ax+b$의 그래프에서 x의 값이 증가할 때 y의 값도 증가하는 x의 값의 범위가 $x>k$이다. 이때 $a+b+k$의 값을 구하시오. (단, a, b는 상수, $k>0$)

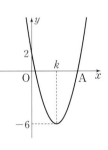

01
`0301-0937`

다음 중 옳은 것은?

① $\sqrt{36}$의 제곱근은 ±6이다.
② $\sqrt{(-3)^2}$의 음의 제곱근은 -3이다.
③ 0의 제곱근은 0뿐이다.
④ $(-16)^2$의 제곱근은 ±4이다.
⑤ 25의 제곱근은 $\pm\sqrt{5}$이다.

02
`0301-0938`

$\sqrt{(-100)^2}$의 음의 제곱근을 a, 제곱근 81을 b라고 할 때, $a+b$의 값을 구하시오.

03
`0301-0939`

다음 중 근호를 사용하지 않고 나타낼 수 있는 수는?

① $\sqrt{0.\dot{1}}$　　② $\sqrt{0.4}$　　③ $\sqrt{4.9}$
④ $\sqrt{10}$　　⑤ $\sqrt{1000}$

04
`0301-0940`

$\left(-\sqrt{\dfrac{1}{2}}\right)^2 \times \sqrt{16} + \sqrt{(-6)^2} \div \sqrt{\left(\dfrac{1}{3}\right)^2}$을 간단히 하면?

① 4　　② 8　　③ 12
④ 16　　⑤ 20

05 서술형
`0301-0941`

두 실수 a, b에 대하여 $a-b>0$, $ab<0$, $|a|>|b|$일 때,
$\sqrt{a^2}+\sqrt{(-b)^2}+\sqrt{(a+b)^2}$을 간단히 하시오.

06
`0301-0942`

$\sqrt{3.6x}$가 정수가 되도록 하는 가장 작은 자연수 x의 값은?

① 4　　② 6　　③ 8
④ 10　　⑤ 12

07 발전 서술형
`0301-0943`

자연수 x에 대하여 넓이가 각각 $\dfrac{2}{3}x$, $48+x$인 두 정사각형의 한 변의 길이를 각각 a, b라고 하면 a, b는 모두 자연수이다. 두 정사각형의 넓이를 최소로 할 때, $a+b$의 값을 구하시오.

08
0301-0944

다음 수 중 가장 큰 수를 a, 가장 작은 수를 b라고 할 때, a^2+b^2의 값은?

$$\sqrt{19}, \quad -\sqrt{5}, \quad -3, \quad \sqrt{(-4)^2}, \quad -\sqrt{11}, \quad \sqrt{\dfrac{7}{2}}$$

① 23   ② 24   ③ 28
④ 30   ⑤ 35

09
0301-0945

$-5<-\sqrt{2x-1}<-4$를 만족시키는 자연수 x의 개수는?

① 1개   ② 2개   ③ 3개
④ 4개   ⑤ 5개

10
0301-0946

$1\le a\le20$일 때, $\sqrt{a}$가 무리수가 되도록 하는 자연수 a의 개수는?

① 4개   ② 12개   ③ 16개
④ 18개   ⑤ 20개

11
0301-0947

다음 중 옳은 것은?

① 순환소수는 유리수이다.
② 무한소수는 무리수이다.
③ 무리수는 순환소수로 나타낼 수 있다.
④ 유리수이면서 무리수인 수도 있다.
⑤ 근호를 사용하여 나타낸 수는 모두 무리수이다.

12
0301-0948

오른쪽 그림과 같이 한 눈금의 길이가 1인 모눈종이 위에 수직선과 직각삼각형 ABC를 그리고 $\overline{AC}=\overline{AP}=\overline{AQ}$가 되도록 수직선 위에 점 P, Q를 정하였다. 점 P에 대응하는 수를 p, 점 Q에 대응하는 수를 q라고 할 때, $p-q$의 값은?

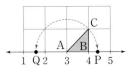

① $\sqrt{2}$ ② $2\sqrt{2}$ ③ 3
④ $4\sqrt{2}$ ⑤ 6

13
0301-0949

다음 중 6과 7 사이에 있는 수의 개수는?

$$2\sqrt{10}, \quad 2\sqrt{13}, \quad \sqrt{37}, \quad 4\sqrt{3}, \quad \sqrt{45}, \quad 5\sqrt{2}$$

① 1개   ② 2개   ③ 3개
④ 4개   ⑤ 5개

14
0301-0950

다음 중 옳지 않은 것은?

① $\sqrt{2}+3>4$ ② $5-\sqrt{3}>3$
③ $\sqrt{3}+2<\sqrt{5}+2$ ④ $3-\sqrt{2}<-\sqrt{2}+\sqrt{5}$
⑤ $\sqrt{8}-\sqrt{6}<\sqrt{8}-2$

15
0301-0951

$a=3-\sqrt{2}$, $b=2$, $c=\sqrt{10}$일 때, 세 수 a, b, c의 대소 관계로 옳은 것은?

① $a<b<c$ ② $a<c<b$ ③ $b<a<c$
④ $b<c<a$ ⑤ $c<b<a$

16
0301-0952

다음 중 옳지 <u>않은</u> 것은?

① $\sqrt{5} \times \sqrt{20} = 10$

② $-3\sqrt{7} \times 2\sqrt{7} = -42$

③ $\sqrt{\dfrac{4}{3}} \times \sqrt{\dfrac{6}{4}} = \sqrt{2}$

④ $(-\sqrt{45}) \div \sqrt{5} = -9$

⑤ $\sqrt{5} \div \sqrt{3} \times \sqrt{15} = 5$

17
0301-0953

$\sqrt{3} = a$, $\sqrt{5} = b$라고 할 때, $\sqrt{60} - \sqrt{3.75}$를 a, b를 사용하여 나타내시오.

18
0301-0954

$4\sqrt{6} = \sqrt{a}$, $\sqrt{108} = b\sqrt{3}$, $\dfrac{14}{\sqrt{7}} = c\sqrt{7}$일 때, 유리수 a, b, c에 대하여 $a + b - c$의 값은?

① 92   ② 100   ③ 106

④ 108   ⑤ 112

19
0301-0955

$\dfrac{\sqrt{3}}{3\sqrt{2}} = \sqrt{a}$, $\dfrac{\sqrt{2}}{2\sqrt{5}} = \sqrt{b}$를 만족시키는 유리수 a, b에 대하여 $30a + 30b$의 값을 구하시오.

20
0301-0956

$a > 0$, $b > 0$일 때, 다음 중 옳지 <u>않은</u> 것은?

① $a\sqrt{b} = \sqrt{a^2 b}$

② $\sqrt{\dfrac{a^2}{b}} = \dfrac{a}{\sqrt{b}}$

③ $\dfrac{a}{\sqrt{a}} = \sqrt{a}$

④ $\dfrac{\sqrt{b}}{\sqrt{a}} = \dfrac{\sqrt{ab}}{a}$

⑤ $\dfrac{\sqrt{a}}{a\sqrt{b}} = \dfrac{1}{ab}$

21
0301-0957

오른쪽 그림과 같이 정사각형 ABCD에서 각 변의 중점을 E, F, G, H라고 할 때, 색칠한 부분의 넓이는 128이다. $\overline{EF}$의 길이를 구하시오.

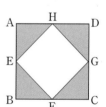

22
0301-0958

$\dfrac{4}{\sqrt{2}} \times \dfrac{\sqrt{200}}{8} \div (-\sqrt{40}) = a\sqrt{10}$일 때, 유리수 a의 값은?

① -1 ② $-\dfrac{1}{2}$ ③ $-\dfrac{1}{4}$

④ $-\dfrac{1}{6}$ ⑤ $-\dfrac{1}{8}$

23 발전
0301-0959

오른쪽 그림과 같은 사다리꼴 ABCD의 넓이가 $5\sqrt{6}$일 때, $\overline{BC}$의 길이는?

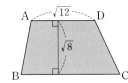

① $2\sqrt{3}$
② $3\sqrt{3}$
③ $4\sqrt{2}$
④ $4\sqrt{3}$
⑤ $5\sqrt{2}$

24
0301-0960

$\sqrt{2}\left(\sqrt{6}-\dfrac{9}{\sqrt{3}}\right)-\dfrac{2}{\sqrt{3}}\left(6-\dfrac{9}{\sqrt{2}}\right)$를 간단히 하시오.

25
0301-0961

$\sqrt{6}=2.449$, $\sqrt{60}=7.746$일 때, 다음 중 옳지 않은 것은?

① $\sqrt{0.006}=0.07746$
② $\sqrt{0.06}=0.2449$
③ $\sqrt{0.6}=0.7746$
④ $\sqrt{600}=77.46$
⑤ $\sqrt{60000}=244.9$

26 발전
0301-0962

$a>0$, $b>0$이고 $\dfrac{a}{b}=3$일 때, $\dfrac{\sqrt{6ab}}{a}+\dfrac{\sqrt{6ab}}{b}$의 값은?

① $3\sqrt{2}$
② $4\sqrt{2}$
③ 6
④ $4\sqrt{3}$
⑤ $6\sqrt{2}$

27
0301-0963

$\sqrt{(\sqrt{5}-\sqrt{6})^2}-\sqrt{(2\sqrt{6}-\sqrt{45})^2}-\sqrt{(\sqrt{54}-2\sqrt{5})^2}$을 간단히 하면?

① $-2\sqrt{5}$
② $-\sqrt{6}$
③ $2\sqrt{6}$
④ $\sqrt{5}+2\sqrt{6}$
⑤ $3\sqrt{5}+\sqrt{6}$

28 서술형
0301-0964

$\sqrt{5}$의 소수 부분을 a라고 할 때, $5-\sqrt{5}$의 소수 부분을 a를 사용하여 나타내시오.

01

0301-0965

다음 중 옳지 <u>않은</u> 것은?

① $\sqrt{(-4)^2}$의 제곱근은 ± 2이다.

② 0.9의 제곱근은 0.3이다.

③ 10의 제곱근은 2개이고, 그 절댓값은 서로 같다.

④ $\dfrac{1}{25}$의 음의 제곱근은 $-\dfrac{1}{5}$이다.

⑤ 16의 제곱근은 근호를 사용하지 않고 나타낼 수 있다.

02

0301-0966

다음 중 그 값이 나머지 넷과 다른 하나는?

① $\sqrt{9}$ 　② $\sqrt{3^2}$ 　③ $\sqrt{(-3)^2}$

④ $-\sqrt{(-3)^2}$ 　⑤ $(-\sqrt{3})^2$

03

0301-0967

$\sqrt{(-18)^2}$의 양의 제곱근을 a, $(-\sqrt{8})^2$의 음의 제곱근을 b라고 할 때, $a+b$의 값은?

① 1 　② $\sqrt{2}$ 　③ $2\sqrt{2}$

④ 4 　⑤ 10

04

0301-0968

$a<0$일 때, 〈보기〉에서 옳은 것을 모두 고른 것은?

┌ 보기 ┐
ㄱ. $-\sqrt{a^2}=a$ 　　　 ㄴ. $\sqrt{(-2a)^2}=2a$
ㄷ. $\sqrt{9a^2}=3a$ 　　　 ㄹ. $-\sqrt{(-5a)^2}=5a$
└─────────────────┘

① ㄱ, ㄴ 　② ㄱ, ㄹ 　③ ㄴ, ㄷ

④ ㄴ, ㄹ 　⑤ ㄷ, ㄹ

05   발전

0301-0969

$0<a<1$일 때, $\sqrt{(-a)^2}+\sqrt{\left(a-\dfrac{1}{a}\right)^2}-\sqrt{\left(a+\dfrac{1}{a}\right)^2}$을 간단히 하시오.

06

0301-0970

$\sqrt{170-a}-\sqrt{72+b}$를 계산한 결과가 가장 큰 자연수 c가 되도록 하는 자연수 a, b에 대하여 $a+b+c$의 값은?

① 10 　② 11 　③ 12

④ 13 　⑤ 14

07

0301-0971

$\sqrt{48k}$가 자연수가 되도록 하는 가장 큰 두 자리 자연수 k의 값을 구하시오.

08
0301-0972

자연수 x에 대하여 $\sqrt{x}$ 이하의 자연수 중 가장 큰 수를 $f(x)$, $\sqrt{x}$ 이상의 자연수 중 가장 작은 수를 $g(x)$라고 할 때, $f(80)+g(40)$의 값은?

① 13   ② 14   ③ 15
④ 16   ⑤ 17

09
0301-0973

다음 수를 큰 것부터 차례로 나열할 때, 두 번째에 오는 수는?

$$\sqrt{11}, \quad -1+\sqrt{3}, \quad 1-\sqrt{2}, \quad -\sqrt{10}, \quad -\sqrt{2}-1$$

① $\sqrt{11}$ ② $-1+\sqrt{3}$ ③ $1-\sqrt{2}$
④ $-\sqrt{10}$ ⑤ $-\sqrt{2}-1$

10
0301-0974

$a=\sqrt{3}$일 때, 다음 중 무리수인 것은?

① $a-3$ ② a^2 ③ $\left(\dfrac{a}{3}\right)^2$
④ $\sqrt{3a^2}$ ⑤ $\sqrt{a^2-2}$

11
0301-0975

다음 수직선에서 $\sqrt{15}-2$에 대응하는 점이 있는 곳은?

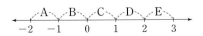

① A   ② B   ③ C
④ D   ⑤ E

12
0301-0976

$a=2\sqrt{5}-\sqrt{10}$, $b=2\sqrt{10}-3\sqrt{5}$일 때, $\sqrt{9(a+b)^2}+\sqrt{(b-a)^2}$ 의 값을 구하시오.

13
0301-0977

다음 중 □ 안에 들어갈 부등호가 나머지 넷과 다른 하나는?

① $3\sqrt{2} \ \square\ 2\sqrt{5}$ ② $3 \ \square\ \sqrt{9.1}$
③ $\sqrt{2}+5 \ \square\ 6$ ④ $-\sqrt{\dfrac{7}{3}} \ \square\ -\sqrt{2}$
⑤ $-1-\sqrt{3} \ \square\ -2$

14
0301-0978

$\sqrt{8}\times\sqrt{\dfrac{5}{6}}\times\sqrt{a}=\sqrt{6}\div\sqrt{3}\div\sqrt{\dfrac{1}{5}}$ 을 만족시키는 유리수 a의 값은?

① $\dfrac{1}{3}$ ② $\dfrac{1}{2}$ ③ $\dfrac{3}{2}$
④ 2 ⑤ 3

15 서술형
0301-0979

$\sqrt{450}$은 $\sqrt{2}$의 a배이고, $\sqrt{0.12}$는 $\sqrt{3}$의 b배일 때, ab의 값을 구하시오.

16

`0301-0980`

$\dfrac{5}{\sqrt{90}}=a\sqrt{10}$, $\dfrac{b}{3\sqrt{5}}=2\sqrt{5}$일 때, 유리수 a, b에 대하여 ab의 값은?

① 1　　　　② 2　　　　③ 3

④ 4　　　　⑤ 5

17

`0301-0981`

$\dfrac{3\sqrt{3}}{\sqrt{2}} \div \sqrt{\dfrac{6}{5}} \times \dfrac{2\sqrt{2}}{\sqrt{15}}$ 를 간단히 하면?

① $\sqrt{2}$　　　　② $\sqrt{3}$　　　　③ $\sqrt{6}$

④ $2\sqrt{2}$　　　　⑤ $2\sqrt{3}$

18 발전 ▶ 서술형

`0301-0982`

오른쪽 그림과 같은 전개도로 만들어지는 원뿔의 부피가 $8\sqrt{3}\pi$ cm³일 때, 원뿔의 높이를 구하시오.

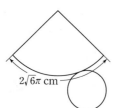

$2\sqrt{6}\pi$ cm

19

`0301-0983`

$\sqrt{2.58}=a$, $\sqrt{25.8}=b$라고 할 때, 다음 중 옳지 <u>않은</u> 것은?

① $\sqrt{0.0258}=0.1a$　　　② $\sqrt{0.258}=0.1b$

③ $\sqrt{258}=10b$　　　④ $\sqrt{25800}=100a$

⑤ $\sqrt{258000}=100b$

20

`0301-0984`

$\sqrt{27}+a\sqrt{3}-\sqrt{75}=-\sqrt{3}$을 만족시키는 유리수 a의 값은?

① -3　　　　② -1　　　　③ 1

④ 2　　　　⑤ 3

21

`0301-0985`

$\dfrac{4\sqrt{18}}{3}-\dfrac{2}{\sqrt{32}}+\dfrac{\sqrt{6}}{\sqrt{48}}$ 을 간단히 하시오.

22

`0301-0986`

세 수 a, b, c에 대하여 $a=\sqrt{18}-\sqrt{27}$, $b=\sqrt{12}-\sqrt{8}$, $\sqrt{2}a-\sqrt{6}c=\sqrt{3}b$일 때, c의 값은?

① -2　　　　② $-\sqrt{2}$　　　　③ -1

④ $\dfrac{1}{2}$　　　　⑤ $\sqrt{3}$

23
0301-0987

유리수 a에 대하여 $\sqrt{12}\left(\dfrac{1}{\sqrt{6}}+\sqrt{3}\right)-\dfrac{a}{\sqrt{2}}(\sqrt{8}-3)$의 값이 유리수 b일 때, $b-a$의 값은?

① 2   ② 4   ③ 6

④ 8   ⑤ 10

24 서술형
0301-0988

넓이가 각각 $3\ \text{cm}^2$, $12\ \text{cm}^2$, $27\ \text{cm}^2$인 세 정사각형이 있다. 세 정사각형의 둘레의 길이의 합과 같은 둘레의 길이를 갖는 정사각형의 넓이를 구하시오.

25
0301-0989

다음 중 옳은 것은?

① $2+\sqrt{5}>2\sqrt{5}$

② $-\sqrt{18}<1-4\sqrt{2}$

③ $\sqrt{5}+2\sqrt{6}>\sqrt{20}+\sqrt{6}$

④ $3\sqrt{3}-\sqrt{8}<4\sqrt{2}-\sqrt{12}$

⑤ $\sqrt{2}-\sqrt{3}<\sqrt{8}-2\sqrt{3}$

26
0301-0990

$a=\dfrac{\sqrt{3}+\sqrt{2}}{\sqrt{3}}$, $b=\dfrac{\sqrt{3}-\sqrt{2}}{\sqrt{3}}$일 때, $\dfrac{a+b}{3(a-b)}$의 값을 구하시오.

27 발전
0301-0991

서로 다른 두 개의 주사위를 던져서 나온 눈의 수가 각각 a, b일 때, $4<\sqrt{ab}\leq 6$일 확률은?

① $\dfrac{1}{6}$ ② $\dfrac{2}{9}$ ③ $\dfrac{5}{18}$

④ $\dfrac{1}{3}$ ⑤ $\dfrac{7}{18}$

28
0301-0992

$4-\sqrt{2}$의 소수 부분을 a, $\sqrt{8}$의 소수 부분을 b라고 할 때, $a+b$의 값은?

① $\dfrac{1}{2}$ ② $\sqrt{2}$ ③ $\dfrac{3}{2}$

④ $\dfrac{2+\sqrt{2}}{2}$ ⑤ $\dfrac{1+2\sqrt{2}}{2}$

01
0301-0993

$(2x+ay-3)(x+4y)$를 전개하면 xy의 계수가 12이다. 이때 상수 a의 값은?

① 3   ② 4   ③ 5
④ 6   ⑤ 7

02
0301-0994

$(3x-A)^2=9x^2-36x+B$일 때, 상수 A, B에 대하여 $B-A$의 값은?

① 26   ② 27   ③ 28
④ 29   ⑤ 30

03
0301-0995

다음 식을 곱셈공식을 이용하여 계산하시오.

$$(2+1)(2^2+1)(2^4+1)-2^8$$

04 서술형
0301-0996

$(x-3)(x+a)$의 전개식에서 x의 계수가 -10일 때, 상수항을 구하시오. (단, a는 상수)

05
0301-0997

$(x+4)(3x-5)=Ax^2+Bx+C$일 때, 상수 A, B, C에 대하여 $A+B-C$의 값은?

① 30   ② 31   ③ 32
④ 33   ⑤ 34

06
0301-0998

다음 중 옳은 것은?

① $(-6+x)^2=36+12x+x^2$
② $\left(\dfrac{1}{2}x+4\right)^2=\dfrac{1}{4}x^2+2x+16$
③ $(2x+6y)(2x-6y)=4x^2+36y^2$
④ $(x+2)(x-9)=x^2-11x-18$
⑤ $(4x+1)(3x-5)=12x^2-17x-5$

07
0301-0999

다음 중 식을 전개하였을 때, x의 계수가 가장 작은 것은?

① $(3x-4)^2$
② $(3x+4)^2$
③ $(3x-4)(3x-5)$
④ $(3x-4)(5x+5)$
⑤ $(3x+4)(3x-4)$

08

0301-1000

$(3x+1)(x-4)-2(2x-2)^2=ax^2+bx+c$일 때, 상수 a, b, c에 대하여 $a+b-c$의 값은?

① 4 　　　　② 6 　　　　③ 8

④ 10 　　　　⑤ 12

09

0301-1001

오른쪽 그림과 같이 가로와 세로의 길이가 각각 $7x$, $5x$인 직사각형에서 가로의 길이는 4만큼 늘이고, 세로의 길이는 2만큼 줄였다. 이때 색칠한 직사각형의 넓이는?

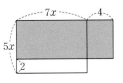

① $35x^2-6x-8$ 　　　② $35x^2-6x+8$

③ $35x^2+6x-8$ 　　　④ $35x^2+6x+8$

⑤ $35x^2+9x+8$

10

0301-1002

$(2+x-y)(2+x+y)$를 전개하면?

① x^2-y^2+4x-4

② x^2-y^2+4x+4

③ $x^2-y^2+4x+2y-4$

④ $x^2-y^2+4x-2y+4$

⑤ $x^2-y^2-xy+4x+2y+4$

11

0301-1003

$(4-\sqrt{5})(12+a\sqrt{5})$가 유리수가 되도록 하는 유리수 a의 값은?

① -2 　　　② -1 　　　③ 1

④ 2 　　　　⑤ 3

12

0301-1004

$\dfrac{3+2\sqrt{2}}{3-2\sqrt{2}}+\dfrac{3-2\sqrt{2}}{3+2\sqrt{2}}$를 계산하면?

① -34 　　　② $-24\sqrt{2}$ 　　　③ $34-24\sqrt{2}$

④ $24\sqrt{2}$ 　　　⑤ 34

13

0301-1005

$x+y=-4$, $xy=2$일 때, $\dfrac{y}{x}+\dfrac{x}{y}$의 값은?

① 5 　　　　② 6 　　　　③ 7

④ 8 　　　　⑤ 9

14 발전

0301-1006

$x=\dfrac{1}{\sqrt{6}+\sqrt{5}}$, $y=\sqrt{6}+\sqrt{5}$일 때, $x^2+3xy+y^2$의 값은?

① 21 　　　　② 22 　　　　③ 23

④ 24 　　　　⑤ 25

15
0301-1007

다음 중 x^3y-6xy^3의 인수인 것을 모두 고르면? (정답 2개)

① x^2 ② xy ③ $x(x-6)$

④ x^2-6y^2 ⑤ x^3-6xy

16
0301-1008

다음 중 완전제곱식이 되지 <u>않는</u> 것은?

① $x^2-12x+36$ ② $4x^2-40xy+25y^2$

③ $x^2+18x+81$ ④ $4x^2-16xy+16y^2$

⑤ $x^2+\dfrac{1}{2}x+\dfrac{1}{16}$

17
0301-1009

다음 식이 완전제곱식이 될 때, □ 안에 들어갈 양수 중 가장 큰 것은?

① $x^2+4x+\square$ ② $9x^2-\square x+1$

③ $x^2-xy+\square y^2$ ④ $4x^2+\square x+4$

⑤ $16x^2-\square x+\dfrac{1}{4}$

18
0301-1010

$-4<a<2$일 때, $\sqrt{a^2-4a+4}-\sqrt{a^2+8a+16}$을 간단히 하면?

① $-2a-6$ ② $-2a-4$ ③ $-2a-2$

④ 2 ⑤ 6

19
0301-1011

다음 중 인수분해가 바르게 된 것은?

① $x^2-4=(x-2)^2$

② $x^2-64y^2=(x+8)(x-8)$

③ $4a^2-16b^2=(2a+4b)(2a-4b)$

④ $81a^2-49b^2=(9+7b)(9-7b)$

⑤ $12x^2-75y^2=3(2x+5y)(2x-5y)$

20 서술형
0301-1012

$x^2-4xy-Ay^2$이 $(x+4y)(x-By)$로 인수분해될 때, $A-B$의 값을 구하시오. (단, A, B는 상수)

21
0301-1013

$24x^2+ax-15=(bx+3)(6x+c)$일 때, 상수 a, b, c에 대하여 $a+b+c$의 값은?

① -11 ② -8 ③ -3

④ 1 ⑤ 3

22 0301-1014

다항식 $6x^2-23x+a$가 $2x-3$을 인수로 가질 때, 이 다항식의 다른 한 인수는? (단, a는 상수)

① $3x-10$ ② $3x-8$ ③ $3x-7$
④ $3x-5$ ⑤ $3x-4$

23 0301-1015

두 다항식 $x^2+12x+32$, $3x^2+7x-20$에 공통으로 들어 있는 인수는?

① $x-5$ ② $x-4$ ③ $x+4$
④ $x+8$ ⑤ $3x-5$

24 서술형 발전 0301-1016

이차식 x^2+Ax+B를 인수분해하는데 기태는 x의 계수를 잘못 보고 $(x+3)(x-8)$로 인수분해하였고, 성호는 상수항을 잘못 보고 $(x+3)(x-5)$로 인수분해하였다. 처음 이차식을 바르게 인수분해하시오.

25 0301-1017

$(4x+1)^2+9(4x+1)+14=4(x+a)(bx+3)$일 때, 정수 a, b에 대하여 $a+b$의 값은?

① 5 ② 6 ③ 7
④ 8 ⑤ 9

26 0301-1018

다음 중 $205^2-205\times10+5^2$을 계산하는 데 적당한 인수분해 공식은?

① $ma+mb=m(a+b)$
② $a^2-2ab+b^2=(a-b)^2$
③ $a^2-b^2=(a+b)(a-b)$
④ $x^2+(a+b)x+ab=(x+a)(x+b)$
⑤ $acx^2+(ad+bc)x+bd=(ax+b)(cx+d)$

27 0301-1019

인수분해 공식을 이용하여 74^2-26^2을 계산하면?

① 4400 ② 4600 ③ 4800
④ 5000 ⑤ 5200

28 발전 0301-1020

인수분해 공식을 이용하여 $\dfrac{2025\times2026-2026}{2025^2-1}$을 계산하시오.

01
0301-1021

$(2x-5y+7)(4x+ay-5)$의 전개식에서 xy의 계수가 상수항보다 9만큼 클 때, 상수 a의 값은?

① -3 ② -2 ③ -1

④ 2 ⑤ 3

02
0301-1022

$(Ax-2)^2=Bx^2-28x+4$일 때, 상수 A, B에 대하여 $B-A$의 값은?

① 40 ② 42 ③ 44

④ 46 ⑤ 48

03
0301-1023

다음 등식이 성립할 때, 정수 m, n에 대하여 $m+n$의 값은?

$$(1-a)(1+a)(1+a^2)(1+a^4)(1+a^8)=m-a^n$$

① 15 ② 16 ③ 17

④ 18 ⑤ 19

04
0301-1024

$(x-A)(x+8)=x^2+Bx-16$일 때, 상수 A, B에 대하여 $B-A$의 값은?

① 1 ② 2 ③ 3

④ 4 ⑤ 5

05
0301-1025

$(ax+5)(5x+b)=10x^2+cx-20$일 때, 상수 a, b, c에 대하여 $a+b+c$의 값은?

① 15 ② 16 ③ 17

④ 18 ⑤ 19

06
0301-1026

다음 중 옳은 것은?

① $(-x+2y)^2=x^2+4xy+4y^2$

② $(3x-7y)^2=9x^2-49y^2$

③ $(-x+3)(-x-3)=x^2+9$

④ $(x+2)(x-5)=x^2+3x-10$

⑤ $(4x+1)(6x-1)=24x^2+2x-1$

07
0301-1027

다음 중 □ 안에 들어갈 수가 가장 큰 것은?

① $(-4x+2y)^2=16x^2-\square xy+4y^2$

② $(x-2y)(x-5y)=x^2-\square xy+10y^2$

③ $(-3a-4b)^2=9a^2+\square ab+16b^2$

④ $(5x-3y)(-5x-3y)=-25x^2+\square y^2$

⑤ $(4a+b)(5a+2b)=20a^2+\square ab+2b^2$

08 서술형 ▷
0301-1028

$(x-5)^2-(3x-2)(3x+2)=Ax^2+Bx+C$일 때, 상수 A, B, C에 대하여 $A+B-C$의 값을 구하시오.

09
0301-1029

한 변의 길이가 x cm인 정사각형이 있다. 이 정사각형의 가로의 길이를 8 cm만큼 줄이고 세로의 길이를 6 cm만큼 늘여서 만든 직사각형의 넓이는?

① $(x^2-14x+48)$ cm^2 ② $(x^2-4x-24)$ cm^2
③ $(x^2-2x-48)$ cm^2 ④ $(x^2+2x-48)$ cm^2
⑤ $(x^2+14x+48)$ cm^2

10
0301-1030

$(4x+5-\sqrt{3})(4x-5+\sqrt{3})$의 전개식에서 x의 계수는?

① -10 ② $-2\sqrt{3}$ ③ 0
④ $2\sqrt{3}$ ⑤ 10

11
0301-1031

$(7-4\sqrt{6})(a+5\sqrt{6})=-50+b\sqrt{6}$일 때, $a+b$의 값은?
(단, a, b는 유리수)

① 5 ② 6 ③ 7
④ 8 ⑤ 9

12
0301-1032

$\dfrac{3}{3-2\sqrt{2}}+\dfrac{5}{3+2\sqrt{2}}=a+b\sqrt{2}$일 때, $a+b$의 값은?
(단, a, b는 유리수)

① 20 ② 21 ③ 22
④ 23 ⑤ 24

13
0301-1033

$x+y=7$, $xy=5$일 때, $(x-y)^2$의 값은?

① 25 ② 26 ③ 27
④ 28 ⑤ 29

14
0301-1034

x가 $3+\sqrt{10}$의 소수 부분일 때, $x^2+6x+15$의 값은?

① 15 ② 16 ③ 17
④ 18 ⑤ 19

대단원 실전 테스트

15

0301-1035

다음 중 $-6x^2y+10xy$의 인수가 <u>아닌</u> 것은?

① $-2x$ ② $2y$ ③ $-xy$

④ $x-3$ ⑤ $3x-5$

16

0301-1036

다음 중 완전제곱식으로 인수분해되는 것은?

① $x^2+8x-16$ ② x^2+2x+4

③ x^2-16 ④ $x^2-4x+16$

⑤ $25x^2-10x+1$

17

0301-1037

$9x^2-(m+5)x+16$이 완전제곱식이 되도록 하는 양수 m의 값은?

① 15 ② 16 ③ 17

④ 18 ⑤ 19

18 서술형

0301-1038

$-1<a<2$일 때, 다음 식을 간단히 하시오.

$$\sqrt{4a^2+8a+4}+\sqrt{4a^2-16a+16}$$

19

0301-1039

$-48x^2+27y^2$을 인수분해하면 $a(bx+cy)(bx-cy)$일 때, 정수 a, b, c에 대하여 $a+b+c$의 값은? (단, $b>0$, $c>0$)

① 1 ② 2 ③ 3

④ 4 ⑤ 5

20 발전

0301-1040

$4x^2+mx+25=(2x+a)(2x+b)$일 때, 정수 m이 될 수 있는 값 중에 가장 작은 값을 구하시오. (단, a, b는 정수)

21

0301-1041

$(2x+5)(4x-1)+14$가 x의 계수가 자연수이고 상수항은 정수인 두 일차식의 곱으로 인수분해될 때, 이 두 일차식의 합은?

① $6x+2$ ② $6x+3$ ③ $6x+4$

④ $6x+5$ ⑤ $6x+6$

22
0301-1042

넓이가 $6x^2+13xy-5y^2$인 직사각형의 세로의 길이가 $3x-y$일 때, 이 직사각형의 둘레의 길이는?

① $10x-2y$ ② $10x+2y$ ③ $10x+4y$
④ $10x+6y$ ⑤ $10x+8y$

23
0301-1043

다음 두 다항식에 공통으로 들어 있는 인수는?

$$3x^2y+10xy-8y,\ (x-2)^2+14(x-2)+48$$

① $x-4$ ② $x+2$ ③ $x+4$
④ $3x-2$ ⑤ $3x+2$

24
0301-1044

다음 그림과 같이 넓이가 각각 x^2, x, 1인 세 종류의 직사각형 모형 10개를 사용하여 하나의 큰 직사각형을 만들 때, 만들어진 직사각형의 넓이는?

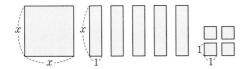

① $(x-2)^2$ ② $(x-1)(x+4)$
③ $(x+1)(x+4)$ ④ $(x+2)^2$
⑤ $(x+1)(x-14)$

25 발전
0301-1045

$(2x-y)(2x-y-7)-18$을 인수분해하면 $(2x-y+a)(2x-y-b)$일 때, 자연수 a, b에 대하여 $b-a$의 값을 구하시오.

26
0301-1046

다음 중 2015^2-225를 계산하는 데 가장 적당한 인수분해 공식은?

① $a^2+2ab+b^2=(a+b)^2$
② $a^2-2ab+b^2=(a-b)^2$
③ $a^2-b^2=(a+b)(a-b)$
④ $x^2+(a+b)x+ab=(x+a)(x+b)$
⑤ $acx^2+(ad+bc)x+bd=(ax+b)(cx+d)$

27
0301-1047

인수분해 공식을 이용하여 다음을 계산하시오.

$$42^2+16\times42+8^2$$

28 발전
0301-1048

$x=\dfrac{1}{\sqrt{7}-\sqrt{5}}$, $y=\dfrac{1}{\sqrt{7}+\sqrt{5}}$일 때, $4x^3y-4xy^3$의 값을 구하시오.

01
0301-1049

다음 중 방정식 $x^2+2(x+1)(x-3)=a(x-1)^2$이 이차방정식이 되도록 하는 상수 a의 값이 <u>아닌</u> 것은?

① -1　　　　② 0　　　　③ 1
④ 2　　　　⑤ 3

02
0301-1050

다음 이차방정식 중 $x=2$를 해로 갖는 것은?

① $(x+2)^2=0$　　　② $x^2+x-2=0$
③ $x^2-4x+3=0$　　④ $2x^2-5x+2=0$
⑤ $3x^2-x-2=0$

03
0301-1051

이차방정식 $x^2+3x-2=0$의 한 근이 $x=\alpha$이고 이차방정식 $3x^2+x-3=0$의 한 근이 $x=\beta$일 때, $\alpha^2+\beta+3(\alpha+\beta^2)$의 값은?

① 1　　　　② 3　　　　③ 5
④ 7　　　　⑤ 9

04
0301-1052

두 이차방정식
$$x^2+ax+b=0,\ x^2+bx+a+10=0$$
이 모두 $x=3$을 근으로 가질 때, 상수 a, b에 대하여 $a-b$의 값은?

① 2　　　　② 3　　　　③ 4
④ 5　　　　⑤ 6

05
0301-1053

이차방정식 $3x^2+4x-20=0$의 두 근이 α, β일 때, $3\alpha+5\beta$의 값은? (단, $\alpha<\beta$)

① -2　　　　② -1　　　　③ 0
④ 1　　　　⑤ 2

06 발전 서술형
0301-1054

이차방정식 $(a+1)x^2-(3a+1)x+a^2-5=0$의 해가 $x=2$ 또는 $x=b$일 때, 상수 a, b에 대하여 $2ab$의 값을 구하시오.

07
0301-1055

세 이차방정식
$$2x^2+5x+2=0$$
$$x^2-x-6=0$$
$$x^2+kx+2=0$$
을 동시에 만족시키는 해가 존재할 때, 상수 k의 값은?

① -2　　　　② -1　　　　③ 1
④ 3　　　　⑤ 5

08
0301-1056

이차방정식 $x^2+4=5x$의 두 근이 α, β일 때, $4x^2+\beta x+\alpha=0$의 해를 구하시오. (단, $\alpha<\beta$)

09
0301-1057

이차방정식 $x^2+2kx-7k+18=0$이 중근을 갖도록 하는 모든 상수 k의 값의 합은?

① -7 ② -5 ③ -3
④ 3 ⑤ 5

10
0301-1058

이차방정식 $x^2-8x+a=0$이 중근 $x=b$를 가질 때, 상수 a, b에 대하여 $a+b$의 값은?

① 8 ② 12 ③ 16
④ 20 ⑤ 24

11
0301-1059

이차방정식 $5(x-p)^2=q$의 해가 $x=1\pm\sqrt{2}$일 때, 유리수 p, q에 대하여 $p+q$의 값은?

① 9 ② 11 ③ 13
④ 15 ⑤ 17

12
0301-1060

이차방정식 $2(x-2)^2=k$의 해가 정수가 되기 위한 상수 k의 값으로 알맞지 <u>않은</u> 것은?

① 0 ② 2 ③ 8
④ 14 ⑤ 18

13
0301-1061

이차방정식 $2x^2-4x+a=0$의 해가 $x=b\pm\dfrac{3\sqrt{2}}{2}$일 때, 유리수 a, b에 대하여 $a+b$의 값은?

① -6 ② -3 ③ 0
④ 3 ⑤ 6

14
0301-1062

이차방정식 $2x^2-6x+1=0$의 두 근을 α, β라고 할 때, $\alpha-\beta$의 값은? (단, $\alpha>\beta$)

① $\sqrt{7}$ ② 3 ③ $2\sqrt{7}$
④ 6 ⑤ 9

15
0301-1063

이차방정식 $0.5x^2-1.5x=\dfrac{x^2-4}{3}$의 해를 구하시오.

16 발전 ▶   0301-1064

두 양수 a, b에 대하여

$$a^2 + 2ab + b^2 - (a+b) - 12 = 0$$

이고 $ab=3$일 때, a^2+b^2의 값은?

① 10   ② 12   ③ 14

④ 16   ⑤ 18

17   0301-1065

〈보기〉의 이차방정식에 대하여 근의 개수가 많은 것부터 차례대로 나열하면?

┌─ 보기 ├─
ㄱ. $2x^2 - 3x + 4 = 0$

ㄴ. $x^2 + 0.3x - 0.1 = 0$

ㄷ. $\dfrac{1}{9}x^2 - \dfrac{2}{3}x + 1 = 0$
└─

① ㄱ, ㄴ, ㄷ   ② ㄴ, ㄱ, ㄷ   ③ ㄴ, ㄷ, ㄱ

④ ㄷ, ㄱ, ㄴ   ⑤ ㄷ, ㄴ, ㄱ

18   0301-1066

이차방정식 $2x^2 - 3x + k - 5 = 0$이 서로 다른 두 근을 가질 때, 정수 k의 최댓값을 구하시오.

19   0301-1067

이차방정식 $x^2 + kx + \dfrac{25}{4} = 0$이 양수인 중근을 갖도록 하는 상수 k의 값은?

① -5 ② $-\dfrac{5}{2}$ ③ $\dfrac{1}{2}$

④ $\dfrac{5}{2}$ ⑤ 5

20 서술형 ▶   0301-1068

이차방정식 $x^2 - 6x - 16 = 0$의 두 근을 α, β라고 할 때, x^2의 계수가 $\dfrac{1}{2}$이고 $\alpha+\beta$, $\alpha-\beta$를 두 근으로 하는 이차방정식이 $ax^2 + bx + c = 0$이다. 상수 a, b, c에 대하여 abc의 값을 구하시오. (단, $\alpha > \beta$)

21 발전 ▶   0301-1069

이차방정식 $2x^2 - 14x + k = 0$의 두 근의 차가 5일 때, 상수 k의 값을 구하시오.

22   0301-1070

연속한 세 양의 홀수가 있다. 가장 큰 수의 제곱은 나머지 두 수 각각의 제곱의 합보다 33만큼 작다고 할 때, 세 홀수의 합은?

① 33   ② 39   ③ 45

④ 51   ⑤ 57

23
0301-1071

지면으로부터 80 m 높이의 건물의 꼭대기에서 초속 30 m로 똑바로 위로 쏘아올린 공의 t초 후의 지면으로부터의 높이가 $(30t-5t^2+80)$ m라고 한다. 공을 쏘아올린 후 지면에 떨어질 때까지 걸리는 시간을 구하시오.

24 발전
0301-1072

오른쪽 그림과 같이 ∠B=90°인 직각삼각형 ABC의 꼭짓점 B에서 $\overline{AC}$에 내린 수선의 발을 H라고 하자. $\overline{AH}=2x$, $\overline{CH}=9$, $\overline{BC}=x+7$일 때, x의 값을 구하시오.

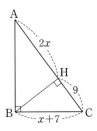

25
0301-1073

길이가 36 cm인 끈을 두 부분으로 잘라서 크기가 다른 두 정사각형을 만들려고 한다. 두 정사각형의 넓이의 비가 4 : 1일 때, 작은 정사각형의 한 변의 길이를 구하시오.

26
0301-1074

밑면의 반지름의 길이와 높이의 비가 3 : 5이고 옆면의 넓이가 270π cm²인 원기둥이 있다. 이 원기둥의 부피는?

① 690π cm³　　② 950π cm³　　③ 1030π cm³
④ 1215π cm³　　⑤ 1350π cm³

27
0301-1075

가로의 길이가 세로의 길이의 2배인 직사각형 모양의 땅에 오른쪽 그림과 같이 폭이 일정한 도로를 만들려고 한다. 도로를 제외한 땅의 넓이가 264 m²일 때, 땅의 가로의 길이를 구하시오.

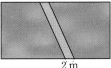

2 m

28 서술형
0301-1076

오른쪽 그림과 같이 정사각형 모양의 종이의 네 귀퉁이에서 한 변의 길이가 3 cm인 정사각형을 잘라 내고 남은 종이로 뚜껑이 없는 직육면체 모양의 상자를 만들었더니 그 부피가 147 cm³이었다. 처음 정사각형 모양의 종이의 한 변의 길이를 구하시오.

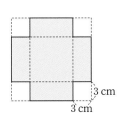

3 cm
3 cm

01
0301-1077

다음 중 x에 대한 이차방정식이 <u>아닌</u> 것은?

① $x^2=4$

② $(2x+1)^2=9x^2$

③ $x^2-1=4x$

④ $x(x+1)=x^2-1$

⑤ $x^3+3=2x^2-3x+x^3$

02
0301-1078

x가 $-3 \leq x \leq 3$을 만족시키는 정수일 때, 이차방정식 $x^2+7x+12=0$의 해를 구하시오.

03 발전▶
0301-1079

이차방정식 $x^2-3x-1=0$의 한 근을 α라고 할 때, $\alpha^2+\dfrac{1}{\alpha^2}$의 값은?

① 10   ② 11   ③ 12

④ 13   ⑤ 14

04
0301-1080

이차방정식 $4x^2+(k-2)x-k+8=0$의 한 근이 $x=-1$일 때, 상수 k의 값은?

① -1 ② 1   ③ 3

④ 5   ⑤ 7

05
0301-1081

다음 이차방정식 중 해가 $x=-\dfrac{1}{3}$ 또는 $x=\dfrac{1}{2}$인 것은?

① $\left(x-\dfrac{1}{3}\right)\left(x+\dfrac{1}{2}\right)=0$ ② $\left(\dfrac{1}{3}x-1\right)\left(\dfrac{1}{2}x+1\right)=0$

③ $(3x+1)(2x-1)=0$ ④ $(3x-1)(2x+1)=0$

⑤ $\dfrac{1}{6}(x+1)(x-1)=0$

06 서술형▶
0301-1082

이차방정식 $x^2+ax-3=0$의 한 근이 $x=3$이고 다른 한 근이 이차방정식 $3x^2+11x+b=0$의 근일 때, 상수 a, b에 대하여 $a+b$의 값을 구하시오.

07 발전▶
0301-1083

이차방정식 $2x^2+(2k-3)x-3k=0$의 두 근을 α, β라고 할 때, $\alpha<n<\beta$를 만족시키는 정수 n이 3개 존재하도록 하는 자연수 k의 값은? (단, $\alpha<\beta$)

① 1   ② 2   ③ 3

④ 4   ⑤ 5

08
0301-1084

두 이차방정식 $x^2+x-30=0$, $3x^2-14x-5=0$을 동시에 만족시키는 x의 값을 구하시오.

09
0301-1085

다음 표에서 가로, 세로, 대각선에 있는 식의 합이 각각 같을 때, 양수 x의 값을 구하시오.

x^2-1		4
	$2x-1$	$2x^2-9$
		$x-1$

10
0301-1086

다음 이차방정식 중 중근을 갖지 <u>않는</u> 것은?

① $2(x-3)^2=0$
② $4(x-3)^2=16$
③ $x(x+2)+1=0$
④ $9-6x=(x-3)^2$
⑤ $3-x^2=6(x+2)$

11
0301-1087

이차방정식 $x(x-k)=2k+3$이 중근을 갖도록 하는 모든 상수 k의 값의 곱은?

① 12
② 14
③ 16
④ 18
⑤ 20

12
0301-1088

이차방정식 $(x-3)^2-5=0$의 두 근의 곱은?

① 1
② 2
③ 3
④ 4
⑤ 5

13
0301-1089

다음 중 이차방정식 $2(x-4)^2=k^2-3k-1$이 서로 다른 두 근을 갖도록 하는 상수 k의 값은?

① -1
② 0
③ 1
④ 2
⑤ 3

14
0301-1090

이차방정식 $9\left(x+\dfrac{1}{3}\right)^2=a$의 해가 $x=\dfrac{b\pm2\sqrt{2}}{3}$일 때, 상수 a, b에 대하여 $a-b$의 값은?

① 5
② 6
③ 7
④ 8
⑤ 9

15
0301-1091

이차방정식 $4x^2+2x-1=0$을 완전제곱식을 이용하여 $(x+a)^2=b$의 꼴로 변형한 후 해를 구하면 $x=\dfrac{c\pm\sqrt{d}}{4}$이다. 유리수 a, b, c, d에 대하여 $4a+16b-c-d$의 값은?

① 0
② $\dfrac{1}{4}$
③ $\dfrac{1}{2}$
④ 1
⑤ 2

16

0301-1092

근의 공식을 이용하여 이차방정식 $3x^2+ax+b=0$의 근을 구하였더니 $x=\dfrac{3\pm\sqrt{42}}{3}$이었을 때, 상수 a, b에 대하여 ab의 값을 구하시오.

17

0301-1093

이차방정식 $2x^2-4x-10=0$의 두 근 중 큰 근을 α, 이차방정식 $x^2+4x-2=0$의 두 근 중 작은 근을 β라고 할 때, $\alpha+\beta$의 값은?

① $-\sqrt{6}$ ② -1 ③ 0

④ $\sqrt{6}$ ⑤ $2\sqrt{6}$

18

0301-1094

이차방정식 $0.5x(x-1)=\dfrac{1}{3}x^2+\dfrac{2}{3}$의 두 근을 α, β라고 할 때, $\alpha-\beta$의 값은? (단, $\alpha>\beta$)

① $\dfrac{1}{3}$ ② 1 ③ $\dfrac{5}{3}$

④ 3 ⑤ 5

19

0301-1095

이차방정식 $(2x+1)^2+4(2x+1)-21=0$의 해를 구하시오.

20 서술형

0301-1096

이차방정식 $2x^2-6x+k-3=0$은 해를 갖도록 하고, 이차방정식 $(k+3)x^2+4x+1=0$은 해를 갖지 않도록 하는 자연수 k의 개수를 구하시오.

21

0301-1097

이차방정식 $4kx^2-10x+9k=0$이 중근을 갖도록 하는 양수 k의 값은?

① $\dfrac{1}{6}$ ② $\dfrac{1}{3}$ ③ $\dfrac{1}{2}$

④ $\dfrac{2}{3}$ ⑤ $\dfrac{5}{6}$

22

0301-1098

이차방정식 $x^2-4mx-m=0$이 중근을 갖기 위한 m의 값이 이차방정식 $x^2+ax+b=0$의 두 근일 때, 상수 a, b에 대하여 $a+b$의 값은?

① $-\dfrac{1}{2}$ ② $-\dfrac{1}{4}$ ③ 0

④ $\dfrac{1}{4}$ ⑤ $\dfrac{1}{2}$

23
0301-1099

이차방정식 $2x^2+ax+b=0$의 두 근이 -2와 1일 때, 이차방정식 $x^2+bx+a=0$의 해를 구하시오. (단, a, b는 상수)

24
0301-1100

정사각형의 가로의 길이를 2 cm만큼 늘이고 세로의 길이를 4 cm만큼 줄여서 만든 직사각형의 넓이가 72 cm²일 때, 처음 정사각형의 한 변의 길이는?

① 8 cm   ② 9 cm   ③ 10 cm

④ 11 cm   ⑤ 12 cm

25
0301-1101

곱이 288인 연속하는 두 양의 짝수의 합은?

① 26   ② 30   ③ 34

④ 38   ⑤ 42

26
0301-1102

오른쪽 그림과 같이 한 변의 길이가 40 cm인 정사각형 모양의 양철판의 위쪽 두 귀퉁이에서 한 변의 길이가 x cm인 정사각형을 잘라내고 나머지 부분을 점선을 따라 접어 밑면의 넓이가 1050 cm²인 직육면체 모양의 쓰레받기 몸통 부분을 만들려고 한다. x의 값을 구하시오.

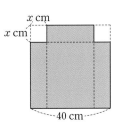

27 발전
0301-1103

어느 가게에서 A상품을 판매하기 위해 원가의 $3x$ %의 이익을 붙여 판매 가격을 결정하였지만 잘 팔리지 않아 판매 가격에서 x %를 할인하여 판매한 결과 상품 1개에 대한 이익이 17 %이었을 때, x의 값을 구하시오. (단, $0<x<50$)

28 서술형
0301-1104

오른쪽 그림의 직사각형 ABCD에서 점 P는 $\overline{AB}$ 위로 점 A에서 점 B까지 1초에 2 cm씩 움직이고, 점 Q는 $\overline{BC}$ 위로 점 B에서 점 C까지 1초에 1 cm씩 움직인다. 두 점 P, Q가 동시에 출발할 때, $\triangle PBQ$의 넓이가 처음으로 24 cm²가 되는 것은 출발한 지 몇 초 후인지 구하시오.

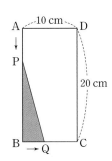

01
0301-1105

다음 중 이차함수인 것은?

① $y=10$
② $y=\dfrac{1}{2}x-8$
③ $y=-5x^2+4$
④ $y=\dfrac{2}{x^2}-8x-7$
⑤ $y=x^2-(6x+x^2)$

02
0301-1106

이차함수 $f(x)=2x^2-5x-10$에서 다음 함숫값 중 절댓값이 가장 큰 것은?

① $f(-2)$
② $f(-1)$
③ $f(0)$
④ $f(1)$
⑤ $f(2)$

03
0301-1107

다음 이차함수의 그래프 중 위로 볼록하면서 그래프의 폭이 가장 넓은 것은?

① $y=\dfrac{1}{8}x^2$
② $y=5x^2$
③ $y=-\dfrac{3}{2}x^2$
④ $y=-\dfrac{2}{3}x^2$
⑤ $y=-2x^2$

04
0301-1108

오른쪽 그림과 같이 $y=ax^2$의 그래프가 x축과 $y=-\dfrac{5}{3}x^2$의 그래프 사이에 있다. 다음 중 상수 a의 값이 될 수 없는 것은?

① $-\dfrac{7}{2}$
② $-\dfrac{5}{4}$
③ -1
④ $-\dfrac{1}{2}$
⑤ $-\dfrac{1}{4}$

05
0301-1109

이차함수 $y=\dfrac{2}{3}x^2$의 그래프와 x축에 대하여 대칭인 그래프가 점 $(-6, k)$를 지날 때, k의 값은?

① -33
② -30
③ -27
④ -24
⑤ -21

06 서술형
0301-1110

두 이차함수 $y=ax^2$, $y=bx^2$의 그래프가 오른쪽 그림과 같을 때, 상수 a, b에 대하여 $4ab$의 값을 구하시오.

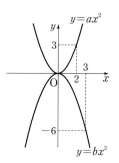

07 발전
0301-1111

오른쪽 그림은 이차함수 $y=ax^2$의 그래프이고, 두 점 A, B의 좌표가 각각 $(-4, m)$, $(2, n)$이다. $\overline{AB}$의 길이가 $6\sqrt{2}$일 때, amn의 값을 구하시오.
(단, a는 상수)

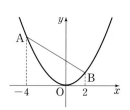

08 발전
0301-1112

오른쪽 그림과 같이 $y=-\dfrac{1}{4}x^2+n$의 그래프가 y축과 만나는 점을 A, x축과 만나는 두 점을 각각 B, C라고 하자. $\overline{OA}=\overline{OC}$일 때, 양수 n의 값은?

(단, O는 원점)

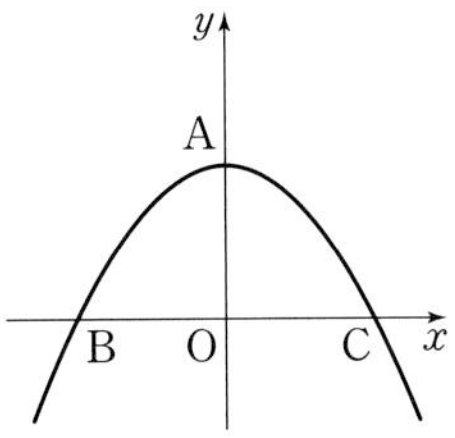

① $\dfrac{1}{3}$ 　　② $\dfrac{1}{2}$ 　　③ 1

④ 2 　　⑤ 4

09
0301-1113

이차함수 $y=a(x-p)^2$의 그래프가 직선 $x=-4$를 축으로 하고 점 $(2, 18)$을 지날 때, 상수 a, p에 대하여 ap의 값은?

① -4 　　② -2 　　③ -1

④ 4 　　⑤ 6

10
0301-1114

다음 이차함수의 그래프 중 제3, 4사분면만을 지나는 것은?

① $y=-\dfrac{1}{3}x^2+5$ 　　② $y=-3x^2+4$

③ $y=3x^2-3$ 　　④ $y=-\dfrac{1}{4}(x+2)^2-1$

⑤ $y=\dfrac{1}{2}(x-4)^2-2$

11
0301-1115

다음 이차함수의 그래프의 축의 방정식이 나머지 넷과 다른 하나는?

① $y=4x^2$ 　　② $y=-4x^2-5$

③ $y=5(x-4)^2$ 　　④ $y=-6x^2+5$

⑤ $y=-5(x^2+2)$

12
0301-1116

이차함수 $y=-2x^2$의 그래프를 x축의 방향으로 -3만큼, y축의 방향으로 4만큼 평행이동하면 이차함수 $y=ax^2+bx+c$의 그래프가 된다. 상수 a, b, c에 대하여 $a-b+c$의 값은?

① -5 　　② -4 　　③ -3

④ -2 　　⑤ -1

13
0301-1117

이차함수 $y=\dfrac{2}{5}(x+4)^2-5$의 그래프를 x축의 방향으로 -3만큼, y축의 방향으로 6만큼 평행이동한 그래프에서 x의 값이 증가할 때 y의 값은 감소하는 x의 값의 범위는?

① $x<-7$ 　　② $x>-7$ 　　③ $x<-1$

④ $x<1$ 　　⑤ $x>1$

14

0301-1118

이차함수 $y=-2x^2-20x-26$의 그래프의 꼭짓점의 좌표는 (a, b)이고, 축의 방정식은 $x=p$일 때, $a+b+p$의 값은?

① 11   ② 12   ③ 13
④ 14   ⑤ 15

15 발전

0301-1119

두 포물선 $y=-2x^2-4ax-2a^2-5b-2$,
$y=3x^2-6bx+3b^2+7a+4$의 꼭짓점이 일치할 때, 상수 a, b
에 대하여 $b-a$의 값은?

① -6 ② -3 ③ 0
④ 3 ⑤ 6

16

0301-1120

이차함수 $y=2x^2+3ax+11$의 그래프의 축의 방정식이
$x=-3$일 때, 이 그래프의 꼭짓점의 좌표는? (단, a는 상수)

① $(-7, -3)$ ② $(-3, -7)$ ③ $(-3, 7)$
④ $(3, -7)$ ⑤ $(3, 7)$

17

0301-1121

다음 중 이차함수 $y=-2x^2-8x-3$의 그래프가 지나지 <u>않는</u> 사분면은?

① 제1사분면   ② 제2사분면   ③ 제3사분면
④ 제4사분면   ⑤ 없다.

18 서술형

0301-1122

이차함수 $y=x^2+2x-3$의 그래프가 x축과 만나는 두 점을 각각 A, B라 하고 꼭짓점을 C라고 할 때, △ABC의 넓이를 구하시오.

19

0301-1123

오른쪽 그림은 이차함수
$y=-\dfrac{1}{3}x^2+2x+4$의 그래프이다.

이 그래프의 꼭짓점을 A, y축과의 교점을 B라고 할 때, △ABO의 넓이는?

(단, O는 원점)

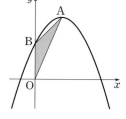

① 6   ② $\dfrac{13}{2}$ ③ 7
④ $\dfrac{15}{2}$ ⑤ 8

20

0301-1124

이차함수 $y=-\dfrac{1}{2}x^2-3x-\dfrac{7}{2}$의 그래프를 x축의 방향으로 m만큼, y축의 방향으로 n만큼 평행이동하였더니 이차함수
$y=-\dfrac{1}{2}x^2+2x+1$의 그래프와 일치하였다. 이때 $m+n$의 값은?

① 5   ② 6   ③ 7
④ 8   ⑤ 9

21

0301-1125

이차함수 $y=ax^2+bx+c$의 그래프는 오른쪽 그림과 같이 꼭짓점의 좌표가 $(2, 10)$이고, y축과 점 $(0, 6)$에서 만날 때, $a+b+c$의 값은?

(단, a, b, c는 상수)

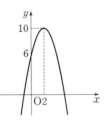

① 6   ② 7
③ 8   ④ 9
⑤ 10

22

0301-1126

$x=-1$을 축으로 하고, 두 점 $(0, -1)$, $(2, 11)$을 지나는 포물선이 점 $(-3, k)$를 지날 때, k의 값은?

① 3   ② $\dfrac{7}{2}$ ③ 4

④ $\dfrac{9}{2}$ ⑤ 5

23 서술형

0301-1127

세 점 $(0, -6)$, $(-1, -1)$, $(2, -4)$를 지나는 포물선을 그래프로 하는 이차함수의 식을 $y=ax^2+bx+c$라고 할 때, $3a+b+c$의 값을 구하시오. (단, a, b, c는 상수)

24

0301-1128

이차함수 $y=-x^2+ax+b$의 그래프는 $x=-2$를 축으로 하고 x축과 만나는 두 점 사이의 거리가 10이다. 이때 이 그래프의 꼭짓점의 좌표를 구하시오.

25 발전

0301-1129

오른쪽 그림은 두 이차함수 $y=x^2+4x-4$, $y=x^2-6x+1$의 그래프이다. 색칠한 부분의 넓이를 구하시오. (단, 점 P, Q는 각 포물선의 꼭짓점이다.)

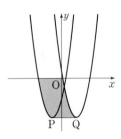

26

0301-1130

이차함수 $y=ax^2+bx+c$의 그래프가 오른쪽 그림과 같을 때, 다음 중 옳은 것을 모두 고르면?

(단, a, b, c는 상수이고, 정답 2개)

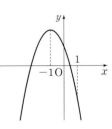

① $ab<0$ ② $ac<0$
③ $bc>0$ ④ $a-b+c<0$
⑤ $a+b+c<0$

01

0301-1131

다음 〈보기〉 중에서 이차함수를 모두 고른 것은?

┌ 보기 ┐

ㄱ. $y=-8$　　　　　　ㄴ. $y=6-\dfrac{3}{4}x$

ㄷ. $y=-\dfrac{x^2}{8}+5x$　　　ㄹ. $y=(x-6)(x+4)$

ㅁ. $y=3x(x+2)-3x^2$

① ㄱ, ㄷ　　　　② ㄴ, ㄹ　　　　③ ㄷ, ㄹ
④ ㄷ, ㅁ　　　　⑤ ㄹ, ㅁ

02

0301-1132

다음 이차함수의 그래프 중 폭이 가장 넓은 것은?

① $y=-\dfrac{3}{4}x^2$　　　　② $y=\dfrac{2}{3}x^2+\dfrac{1}{5}$

③ $y=2(x-3)^2$　　　　④ $y=-3\left(x+\dfrac{1}{4}\right)^2$

⑤ $y=-\dfrac{5}{2}x^2+x-4$

03

0301-1133

이차함수 $y=-5x^2$의 그래프에 대한 다음 설명 중 옳은 것은?

① x축에 대하여 대칭이다.
② 점 $(2, 20)$을 지난다.
③ 아래로 볼록한 포물선이다.
④ 꼭짓점의 좌표는 $(1, -5)$이다.
⑤ $x>0$일 때, x의 값이 증가하면 y의 값은 감소한다.

04

0301-1134

이차함수 $y=ax^2$의 그래프가 다음 조건을 만족시킬 때, 상수 a의 값은?

┌─────────────────────────────────┐
(가) $x<0$일 때, x의 값이 증가하면 y의 값은 감소한다.
(나) 점 $(2\sqrt{a},\ 6-5a)$를 지난다.
└─────────────────────────────────┘

① $\dfrac{1}{4}$　　　　② $\dfrac{1}{2}$　　　　③ $\dfrac{3}{4}$

④ 1　　　　⑤ $\dfrac{5}{4}$

05

0301-1135

이차함수 $y=\dfrac{5}{2}x^2$의 그래프와 x축에 대하여 대칭인 그래프가 점 $(2, k)$를 지날 때, k의 값은?

① -16　　　　② -14　　　　③ -12
④ -10　　　　⑤ -8

06

0301-1136

오른쪽 그림의 이차함수 $y=ax^2$의 그래프에서 점 A의 좌표는 $(-3, 0)$이고, □ABCD는 정사각형일 때, 상수 a의 값은?

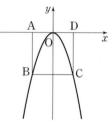

① $-\dfrac{3}{2}$　　　　② $-\dfrac{4}{3}$

③ $-\dfrac{5}{6}$　　　　④ $-\dfrac{2}{3}$

⑤ $-\dfrac{1}{2}$

07 발전

0301-1137

이차함수 $y=\dfrac{3}{4}x^2$의 그래프 위의 두 점 A, B에 대하여 점 A의 좌표는 $(4, 12)$이고, 점 B의 x좌표는 음수이다. 두 점 A, B에서 x축에 내린 수선의 발을 각각 P, Q라고 하면 $\overline{\text{AP}} : \overline{\text{BQ}}=4 : 9$이다. $\overline{\text{PQ}}$의 길이를 구하시오.

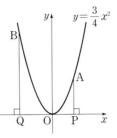

08

0301-1138

이차함수 $y=4x^2-7$의 그래프에 대한 다음 설명 중 옳지 <u>않은</u> 것은?

① x축과 두 점에서 만난다.
② 꼭짓점의 좌표는 $(0, -7)$이다.
③ $y=4(x-5)^2$의 그래프와 모양이 같다.
④ $y=4x^2+7$의 그래프와 x축에 대하여 대칭이다.
⑤ $x<0$일 때, x의 값이 증가하면 y의 값은 감소한다.

09

0301-1139

오른쪽 그림은 이차함수 $y=-\dfrac{1}{2}x^2+k$의 그래프이다. $\overline{\text{AB}}=12$일 때, 상수 k의 값은?

① 14
② 15
③ 16
④ 17
⑤ 18

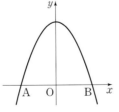

10

0301-1140

이차함수 $y=-\dfrac{3}{2}(x-p)^2$의 그래프가 점 $(7, -24)$를 지날 때, 모든 상수 p의 값의 합은?

① 11
② 12
③ 13
④ 14
⑤ 15

11

0301-1141

이차함수 $y=-\dfrac{1}{3}x^2$의 그래프를 x축의 방향으로 p만큼 평행이동하였더니 축의 방정식이 $x=6$이 되었다. 이때 이 그래프가 y축과 만나는 점의 y좌표는?

① -18
② -16
③ -14
④ -12
⑤ -10

12 서술형

0301-1142

이차함수 $y=2x^2$의 그래프를 x축의 방향으로 -3만큼, y축의 방향으로 5만큼 평행이동하면 점 $(-1, k)$를 지난다. 이때 k의 값을 구하시오.

13

0301-1143

이차함수 $y=-\dfrac{4}{3}(x+2)^2+4$의 그래프가 지나지 <u>않는</u> 사분면은?

① 제1사분면
② 제2사분면
③ 제3사분면
④ 제4사분면
⑤ 모든 사분면을 지난다.

14

`0301-1144`

이차함수 $y=-2x^2+3ax-10$의 그래프의 축의 방정식이 $x=-3$일 때, 이 그래프의 꼭짓점의 좌표는? (단, a는 상수)

① $(-3, -10)$　　　② $(-3, -8)$

③ $(-3, 4)$　　　④ $(-3, 8)$

⑤ $(-3, 10)$

15

`0301-1145`

이차함수 $y=-\dfrac{2}{3}x^2+4x+4$의 그래프에서 x의 값이 증가할 때, y의 값은 감소하는 x의 값의 범위는?

① $x<-3$　　② $x>-3$　　③ $x<0$

④ $x<3$　　⑤ $x>3$

16 발전 ▶

`0301-1146`

이차함수 $y=-x^2-2ax+b$의 그래프가 점 $(6, -7)$을 지나고 꼭짓점이 직선 $y=2x-4$ 위에 있을 때, 상수 a, b에 대하여 $b-a$의 값을 구하시오. (단, $a>-10$)

17

`0301-1147`

이차함수 $y=2x^2-16x+31$의 그래프를 x축의 방향으로 m만큼, y축의 방향으로 n만큼 평행이동하였더니 이차함수 $y=2x^2+8x+13$의 그래프와 일치하였다. 이때 $m+n$의 값은?

① -2　　　② -1　　　③ 0

④ 1　　　⑤ 2

18

`0301-1148`

다음 중 이차함수 $y=-2x^2-8x-5$의 그래프에 대한 설명으로 옳지 <u>않은</u> 것은?

① 축의 방정식은 $x=-2$이다.

② 꼭짓점의 좌표는 $(-2, 3)$이다.

③ 위로 볼록하다.

④ $y=-2x^2$의 그래프를 x축의 방향으로 -2만큼, y축의 방향으로 3만큼 평행이동한 것이다.

⑤ 모든 사분면을 지난다.

19

`0301-1149`

이차함수 $y=x^2-3x-10$의 그래프가 x축과 만나는 두 점을 각각 A, B라 하고 y축과 만나는 점을 C라고 할 때, $\triangle ABC$의 넓이는?

① 18　　　② 21　　　③ 24

④ 28　　　⑤ 35

20

`0301-1150`

다음 이차함수 중 그 그래프가 모든 사분면을 지나는 것은?

① $y=-x^2+8x-1$　　　② $y=2x^2-8x+2$

③ $y=x^2-6x+1$　　　④ $y=-2x^2-4x+2$

⑤ $y=-\dfrac{1}{2}x^2-4x-6$

21 서술형

0301-1151

이차함수 $y=ax^2+bx+c$의 그래프는 오른쪽 그림과 같이 꼭짓점의 좌표가 $(-4, 6)$이고, y축과 점 $(0, -2)$에서 만날 때, $a+b+c$의 값을 구하시오.

(단, a, b, c는 상수)

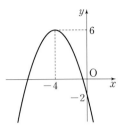

22

0301-1152

오른쪽 그림과 같이 직선 $x=1$을 축으로 하는 이차함수의 그래프가 x축과 두 점 A, B에서 만날 때, 두 점 A, B 사이의 거리는?

① 4
② 5
③ 6
④ 7
⑤ 8

23

0301-1153

세 점 $(0, 5)$, $(2, -11)$, $(1, -5)$를 지나는 포물선의 꼭짓점의 좌표는?

① $(3, -14)$
② $(3, -13)$
③ $(3, -12)$
④ $(4, -12)$
⑤ $(4, -13)$

24

0301-1154

x축과 만나는 점의 x좌표가 -5, 2이고, 점 $(-3, -12)$를 지나는 이차함수의 그래프가 y축과 만나는 점의 y좌표는?

① -18
② -15
③ -14
④ -12
⑤ -10

25 서술형

0301-1155

오른쪽 그림은 이차함수 $y=ax^2-4x+b$의 그래프이다. 이 이차함수의 그래프의 꼭짓점의 좌표를 구하시오. (단, a, b는 상수)

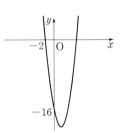

26 발전

0301-1156

이차함수 $y=-x^2+ax+b$의 그래프가 오른쪽 그림과 같을 때, △ABC의 넓이를 구하시오. (단, a, b는 상수, 점 A, B는 x축과의 교점, 점 C는 꼭짓점이다.)

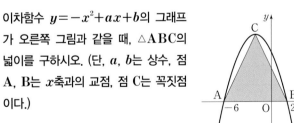

중학수학 3 내용 체제

▌수와 연산

중1	중2	중3
소인수분해 정수와 유리수	유리수와 순환소수	제곱근과 실수

▌문자와 식

중1	중2	중3
문자의 사용과 식의 계산 일차방정식	식의 계산 일차부등식과 연립일차방정식	다항식의 곱셈과 인수분해 이차방정식

▌함수

중1	중2	중3
좌표평면과 그래프	일차함수와 그래프 일차함수와 일차방정식의 관계	이차함수와 그래프

▌기하

중1	중2	중3
기본도형 작도와 합동 평면도형의 성질 입체도형의 성질	삼각형과 사각형의 성질 도형의 닮음 피타고라스 정리	삼각비 원의 성질

▌확률과 통계

중1	중2	중3
자료의 정리와 해석	확률과 그 기본 성질	대푯값과 산포도 상관관계

Memo

Memo

Memo

Memo

EBS 중학

뉴런

| 수학 3(상) |

정답과 풀이 [개념책]

Ⅰ. 실수와 그 연산

1. 제곱근과 실수

1 제곱근의 뜻과 표현

본문 8~9쪽

개념 확인 문제

1 (1) × (2) ○ (3) × (4) ○

2 (1) 5 (2) 21 (3) $\frac{1}{2}$ (4) 25, 5

유제 1

② 36의 제곱근은 $\pm\sqrt{36}=\pm6$이다.

답 ②

유제 2

①, ②, ④, ⑤는 모두 ±2이고,
③ 제곱근 4는 $\sqrt{4}=2$이다.

답 ③

유제 3

81의 음의 제곱근은 -9이므로
$a=-9$
$\frac{1}{81}$의 양의 제곱근은 $\frac{1}{9}$이므로
$b=\frac{1}{9}$
따라서 $ab=(-9)\times\frac{1}{9}=-1$

답 ②

유제 4

a의 양의 제곱근이 $\sqrt{7}$이므로
$a=(\sqrt{7})^2=7$
b의 음의 제곱근이 $-\sqrt{6}$이므로
$b=(-\sqrt{6})^2=6$
따라서 $a-b=7-6=1$

답 ②

2 제곱근의 성질과 대소 관계

본문 10~11쪽

개념 확인 문제

1 (1) 7 (2) 11 (3) 0.1 (4) 9

2 (1) < (2) < (3) > (4) >

유제 1

①, ②, ③, ④는 모두 5이고,
⑤ $-\sqrt{(-5)^2}=-5$이다.

답 ⑤

유제 2

①, ②, ③, ⑤는 모두 $-a$이고,
④ $-\sqrt{a^2}=-(-a)=a$이다.

답 ④

유제 3

① $\sqrt{6}<\sqrt{7}$이므로 $-\sqrt{6}>-\sqrt{7}$
② $\sqrt{0.3}=\sqrt{\frac{3}{10}}$이고 $\sqrt{\frac{3}{10}}>\sqrt{\frac{1}{5}}$이므로
$\sqrt{0.3}>\sqrt{\frac{1}{5}}$
③ $9=\sqrt{81}$이고 $\sqrt{81}>\sqrt{80}$이므로
$9>\sqrt{80}$
④ $2=\sqrt{4}$이고 $\sqrt{3}<\sqrt{4}$이므로
$-\sqrt{3}>-\sqrt{4}$, 즉 $-\sqrt{3}>-2$
⑤ $\frac{1}{3}=\sqrt{\frac{1}{9}}$이고 $\sqrt{\frac{1}{4}}>\sqrt{\frac{1}{9}}$이므로
$-\sqrt{\frac{1}{4}}<-\sqrt{\frac{1}{9}}$, 즉 $-\sqrt{\frac{1}{4}}<-\frac{1}{3}$

답 ⑤

유제 4

$\sqrt{n}<\sqrt{4}$이므로 $n<4$
이를 만족시키는 자연수 n은 1, 2, 3이므로 3개이다.

답 ③

형성평가

본문 12쪽

01 ① **02** ④ **03** ③ **04** ① **05** ③ **06** ②
07 ① **08** ④

01 x가 양수 a의 제곱근이므로
$x^2=a$ 또는 $x=\pm\sqrt{a}$

답 ①

02 ㄱ. 10의 제곱근은 $\pm\sqrt{10}$이다.
ㄴ. 0의 제곱근은 0으로 1개뿐이다.
ㄷ. 제곱근 6은 $\sqrt{6}$, 6의 제곱근은 $\pm\sqrt{6}$이다.
ㄹ. $(-5)^2=25$의 제곱근과 $5^2=25$의 제곱근은 같다.
따라서 옳은 것은 ㄴ, ㄹ이다.

답 ④

03 16의 양의 제곱근은 4이므로 $a=4$
$\dfrac{9}{16}$의 음의 제곱근은 $-\dfrac{3}{4}$이므로 $b=-\dfrac{3}{4}$
따라서 $ab=4\times\left(-\dfrac{3}{4}\right)=-3$

답 ③

04 ① $\sqrt{16}=\sqrt{4^2}=4$
② $\sqrt{100}=\sqrt{10^2}=10$
③ $\sqrt{0.01}=\sqrt{0.1^2}=0.1$
④ $-\sqrt{\dfrac{1}{4}}=-\sqrt{\left(\dfrac{1}{2}\right)^2}=-\dfrac{1}{2}$
⑤ $-\sqrt{\dfrac{4}{9}}=-\sqrt{\left(\dfrac{2}{3}\right)^2}=-\dfrac{2}{3}$

답 ①

05 ① $\sqrt{3^2}=3$
② $\sqrt{(-3)^2}=3$
③ $\sqrt{16}=\sqrt{4^2}=4$
④ $-\sqrt{(-6)^2}=-6$
⑤ $-(-\sqrt{7})^2=-7$

답 ③

06 $\sqrt{81}-\sqrt{(-5)^2}+(-\sqrt{3})^2=9-5+3=7$

답 ②

07 $a<0$이므로 $-5a>0$, $2a<0$이다.
$\sqrt{(-5a)^2}+\sqrt{(2a)^2}=(-5a)+(-2a)=-7a$

답 ①

08 $4=\sqrt{16}$이므로
$4>\sqrt{12}>\sqrt{5}>-2$
따라서 큰 수부터 차례대로 나열하면 ㄴ, ㄱ, ㄹ, ㄷ이다.

답 ④

③ 무리수와 실수

본문 13~14쪽

개념 확인 문제

1 (1) 무 (2) 유 (3) 유 (4) 무
2 (1) 1.520 (2) 1.581

유제 1

유리수: $\sqrt{9}=3$, 3.14, $\dfrac{1}{3}$, $-\sqrt{0.64}=-0.8$
무리수: $-\sqrt{8.1}$
따라서 순환하지 않는 무한소수인 무리수는 ⑤이다.

답 ⑤

유제 2

④ 순환하지 않는 무한소수, 즉 무리수는 실수이다.

답 ④

유제 3

수	0	1	2	3
12	3.464	3.479	3.493	3.507
13	3.606	3.619	3.633	3.647

$\sqrt{13.2}=3.633$

답 3.633

유제 4

수	3	4	5	6
8.1	2.851	2.853	2.855	2.857
8.2	2.869	2.871	2.872	2.874
8.3	2.886	2.888	2.890	2.891

$\sqrt{8.15}=2.855$이므로
$a=8.15$

답 ③

4 실수와 수직선

본문 15~18쪽

개념 확인 문제

1 5, 5, 5

2 (1) ○ (2) × (3) × (4) ○

3 (1) 3, 4, 3, 3 (2) 4, 5, 4, 4, 2

4 (1) 9, > (2) 2

유제 **1**

직각삼각형 ABC에서 $\overline{AB}=1$, $\overline{BC}=3$이므로
$\overline{AC}=\sqrt{1^2+3^2}=\sqrt{10}$
$\overline{AP}=\overline{AQ}=\overline{AC}=\sqrt{10}$이고 점 A에 대응하는 수가 -1이므로
점 P에 대응하는 수는 $-1+\sqrt{10}$, 점 Q에 대응하는 수는
$-1-\sqrt{10}$이다.

답 P: $-1+\sqrt{10}$, Q: $-1-\sqrt{10}$

유제 **2**

$\sqrt{25}<\sqrt{30}<\sqrt{36}$에서 $5<\sqrt{30}<6$
$-6<-\sqrt{30}<-5$
따라서 $-\sqrt{30}$에 대응하는 점은 B이다.

답 ②

유제 **3**

$\sqrt{9}<\sqrt{11}<\sqrt{16}$에서 $3<\sqrt{11}<4$
$-4<-\sqrt{11}<-3$이므로 $-\sqrt{11}$에 대응하는 점은 A이다.
$\sqrt{4}<\sqrt{5}<\sqrt{9}$에서 $2<\sqrt{5}<3$
$0<\sqrt{5}-2<1$이므로 $\sqrt{5}-2$에 대응하는 점은 C이다.
$\sqrt{1}<\sqrt{3}<\sqrt{4}$에서 $1<\sqrt{3}<2$
$-2<-3+\sqrt{3}<-1$이므로 $-3+\sqrt{3}$에 대응하는 점은 B이다.
따라서 세 수의 대소 관계는
$-\sqrt{11}<-3+\sqrt{3}<\sqrt{5}-2$

답 A: $-\sqrt{11}$, B: $-3+\sqrt{3}$, C: $\sqrt{5}-2$
$-\sqrt{11}<-3+\sqrt{3}<\sqrt{5}-2$

유제 **4**

$\sqrt{16}<\sqrt{17}<\sqrt{25}$에서 $4<\sqrt{17}<5$
$8<4+\sqrt{17}<9$이므로 $4+\sqrt{17}$의 정수 부분은 8이고 소수 부분은
$(4+\sqrt{17})-8=-4+\sqrt{17}$이다.

답 정수 부분: 8, 소수 부분: $-4+\sqrt{17}$

유제 **5**

$\sqrt{9}<\sqrt{13}<\sqrt{16}$에서 $3<\sqrt{13}<4$
$-4<-\sqrt{13}<-3$
$1<5-\sqrt{13}<2$이므로 $5-\sqrt{13}$의 정수 부분은 1이고 소수 부분은
$(5-\sqrt{13})-1=4-\sqrt{13}$이다.

답 정수 부분: 1, 소수 부분: $4-\sqrt{13}$

유제 **6**

$(7-\sqrt{5})-(-\sqrt{3}+7)=7-\sqrt{5}+\sqrt{3}-7$
$\qquad\qquad\qquad\qquad=-\sqrt{5}+\sqrt{3}<0$
따라서 $7-\sqrt{5}<-\sqrt{3}+7$이므로 $a<b$

답 $a<b$

유제 **7**

① $2-(\sqrt{2}+1)=2-\sqrt{2}-1=1-\sqrt{2}=\sqrt{1}-\sqrt{2}<0$이므로
$2\boxed{<}\sqrt{2}+1$
② $(\sqrt{3}+3)-4=\sqrt{3}-1=\sqrt{3}-\sqrt{1}>0$이므로
$\sqrt{3}+3\boxed{>}4$
③ $(\sqrt{2}+2)-(\sqrt{3}+2)=\sqrt{2}+2-\sqrt{3}-2=\sqrt{2}-\sqrt{3}<0$
이므로 $\sqrt{2}+2\boxed{<}\sqrt{3}+2$
④ $(1+\sqrt{10})-5=-4+\sqrt{10}=-\sqrt{16}+\sqrt{10}<0$이므로
$1+\sqrt{10}\boxed{<}5$
⑤ $(\sqrt{19}-\sqrt{5})-(5-\sqrt{5})=\sqrt{19}-\sqrt{5}-5+\sqrt{5}$
$\qquad\qquad\qquad\qquad\qquad=\sqrt{19}-5=\sqrt{19}-\sqrt{25}<0$
이므로 $\sqrt{19}-\sqrt{5}\boxed{<}5-\sqrt{5}$

답 ②

형성평가

본문 19쪽

01 ③ **02** ⑤ **03** 0.075 **04** ⑤ **05** ② **06** ③
07 9 **08** ⑤

01 유리수: $\sqrt{\dfrac{1}{4}}=\dfrac{1}{2}$, -15, $-\sqrt{0.16}=-0.4$

무리수: $\sqrt{2}+1$, $\sqrt{\dfrac{3}{2}}$, $\sqrt{48}$

따라서 무리수는 3개이다.

답 ③

02 ⑤ $\sqrt{17}$은 무리수이므로 $\dfrac{a}{b}$ (a, b는 자연수)의 꼴로 나타
낼 수 없다.

답 ⑤

03

수	4	5	6	7
34	5.865	5.874	5.882	5.891
35	5.950	5.958	5.967	5.975
36	6.033	6.042	6.050	6.058

$\sqrt{35.6}=5.967$, $\sqrt{36.5}=6.042$이므로
$a=5.967$, $b=6.042$
따라서 $b-a=0.075$

답 0.075

04

③ $\sqrt{1}<\sqrt{3}<\sqrt{4}$에서 $1<\sqrt{3}<2$이고 $-2<-\sqrt{3}<-1$
따라서 $-\sqrt{3}$과 $\sqrt{3}$ 사이에는 -1, 0, 1의 3개의 정수가 있다.
⑤ 수직선에서는 오른쪽에 대응하는 수가 더 크다.

답 ⑤

05

직각삼각형 ABC에서 $\overline{AB}=2$, $\overline{BC}=3$이므로
$\overline{AC}=\sqrt{2^2+3^2}=\sqrt{13}$
$\overline{AQ}=\overline{AC}=\sqrt{13}$이고 점 A에 대응하는 수가 2이므로 점 Q에 대응하는 수는 $2-\sqrt{13}$이다.

답 ②

06

$\sqrt{4}<\sqrt{7}<\sqrt{9}$에서 $2<\sqrt{7}<3$
$\sqrt{9}<\sqrt{14}<\sqrt{16}$에서 $3<\sqrt{14}<4$
$\sqrt{9}<\sqrt{15.9}<\sqrt{16}$에서 $3<\sqrt{15.9}<4$
$1<\sqrt{2}<2$이므로 $3<2+\sqrt{2}<4$
$2<\sqrt{5}<3$이므로 $-3<-\sqrt{5}<-2$, $2<5-\sqrt{5}<3$
따라서 3과 4 사이에 있는 수는 $\sqrt{14}$, $\sqrt{15.9}$, $2+\sqrt{2}$의 3개이다.

답 ③

07

$2<\sqrt{7}<3$, $4<2+\sqrt{7}<5$에서
$2+\sqrt{7}$의 정수 부분은 4이므로 $a=4$
$1<\sqrt{2}<2$, $-2<-\sqrt{2}<-1$, $5<7-\sqrt{2}<6$에서
$7-\sqrt{2}$의 정수 부분은 5이므로 $b=5$
따라서 $a+b=4+5=9$

답 9

08

$a-b=(2+\sqrt{10})-(\sqrt{6}+\sqrt{10})=2+\sqrt{10}-\sqrt{6}-\sqrt{10}$
$=2-\sqrt{6}=\sqrt{4}-\sqrt{6}<0$
이므로 $a<b$
$a-c=(2+\sqrt{10})-(2+\sqrt{7})=2+\sqrt{10}-2-\sqrt{7}$
$=\sqrt{10}-\sqrt{7}>0$
이므로 $a>c$
따라서 $c<a<b$

답 ⑤

중단원 마무리

본문 20~23쪽

01 ⑤	02 ③	03 ①	04 ②	05 ④	06 ④
07 ①	08 ②	09 ②	10 -1	11 ②	12 ③
13 ④	14 $\sqrt{15}$	15 ④	16 ④	17 ④	18 ④
19 ②	20 ⑤	21 ②	22 ④	23 ⑤	24 ②
25 ④	26 ②	27 8	28 ①	29 $-\dfrac{11}{3}$	
30 $-2a+2b$		31 ④			

01

x가 15의 제곱근이므로
$x^2=15$ 또는 $x=\pm\sqrt{15}$

답 ⑤

02

9의 제곱근은 $\pm\sqrt{9}=\pm3$

답 ③

03

① $\sqrt{36}=\sqrt{6^2}=6$

답 ①

04

$\sqrt{(-14)^2}+(\sqrt{3})^2-(-\sqrt{5})^2=14+3-5=12$

답 ②

05

② $\sqrt{\dfrac{1}{2}}>\sqrt{\dfrac{1}{3}}$이므로 $-\sqrt{\dfrac{1}{2}}<-\sqrt{\dfrac{1}{3}}$
③ $4=\sqrt{16}$이고 $\sqrt{16}<\sqrt{18}$이므로 $4<\sqrt{18}$
④ $0.2=\sqrt{0.04}$이고 $\sqrt{0.04}<\sqrt{0.2}$이므로 $0.2<\sqrt{0.2}$
⑤ $3=\sqrt{9}$이고 $\sqrt{9}>\sqrt{8}$이므로 $3>\sqrt{8}$, $-3<-\sqrt{8}$

답 ④

06

$2<\sqrt{n}<3$에서 $4<n<9$
따라서 자연수 n은 5, 6, 7, 8의 4개이다.

답 ④

07

① $\sqrt{0.16}=\sqrt{0.4^2}=0.4$

답 ①

08

ㄴ. 1과 10000 사이에는 유한개의 정수가 있다.
ㄷ. π는 무리수이므로 수직선 위의 점에 대응시킬 수 있다.
따라서 옳은 것은 ㄱ, ㄹ이다.

답 ②

09

① $\sqrt{25}=5$의 제곱근은 $\pm\sqrt{5}$이다.
③ $\dfrac{1}{4}$의 제곱근은 $\pm\sqrt{\dfrac{1}{4}}=\pm\dfrac{1}{2}$이다.

④ $0.1^2=0.01$이므로 0.1은 0.01의 양의 제곱근이다.
⑤ 제곱근 7은 $\sqrt{7}$이고 7의 제곱근은 $\pm\sqrt{7}$이다.

답 ②

10 $\left(-\dfrac{2}{3}\right)^2=\dfrac{4}{9}$의 양의 제곱근은 $\dfrac{2}{3}$이므로 $a=\dfrac{2}{3}$

0.09의 음의 제곱근은 -0.3이므로 $b=-0.3$

따라서 $3a+10b=3\times\dfrac{2}{3}+10\times(-0.3)=2-3=-1$

답 -1

11 직사각형의 넓이는 $7\times5=35(\mathrm{cm}^2)$이므로 정사각형의 한 변의 길이를 $x\,\mathrm{cm}$라고 하면

$x^2=35,\ x=\sqrt{35}\ (x>0)$

답 ②

12 0이나 어떤 수를 제곱한 수의 제곱근은 근호를 사용하지 않고 나타낼 수 있다. $\dfrac{1}{4}=\left(\dfrac{1}{2}\right)^2$, $1=1^2$이므로 제곱근을 근호를 사용하지 않고 나타낼 수 있는 것은 ㄱ, ㄴ, ㄹ이다.

답 ③

13 $\sqrt{(-4)^2}=4$의 양의 제곱근은 2이므로
$a=2$
$(-\sqrt{9})^2=9$의 음의 제곱근은 -3이므로
$b=-3$
따라서 $a-b=2-(-3)=5$

답 ④

14 $a=\sqrt{(-3)^2}+(-\sqrt{6})^2+\sqrt{81}-\sqrt{(-3)^2}$
$\quad=3+6+9-3=15$
따라서 a의 양의 제곱근은 $\sqrt{15}$이다.

답 $\sqrt{15}$

15 $a<0$이므로 $-3a>0$
$-\sqrt{(-3a)^2}=-(-3a)=3a$

답 ④

16 $a>0$이므로 $-2a<0$, $3a>0$
$b<0$이므로 $5b<0$
$\sqrt{(-2a)^2}+\sqrt{(3a)^2}-\sqrt{b^2}+\sqrt{(5b)^2}$
$=-(-2a)+3a-(-b)+(-5b)$
$=2a+3a+b-5b$
$=5a-4b$

답 ④

17 $2<x<4$이므로 $2-x<0$, $x-4<0$
$\sqrt{(2-x)^2}+\sqrt{(x-4)^2}=-(2-x)-(x-4)$
$\qquad\qquad\qquad\qquad\quad=-2+x-x+4=2$

답 ④

18 $\sqrt{28x}$가 자연수가 되려면 근호 안의 수가 자연수의 제곱이 되어야 한다.
이때 $28x=2^2\times7\times x$이므로 $x=7\times(\text{자연수})^2$의 꼴이어야 한다.
따라서 가장 작은 자연수 x는 7이다.

답 ④

19 $a=\sqrt{\dfrac{10}{3}}=\sqrt{\dfrac{20}{6}}$

$b=2=\sqrt{4}=\sqrt{\dfrac{24}{6}}$

$c=\sqrt{\dfrac{7}{2}}=\sqrt{\dfrac{21}{6}}$

이때 $\sqrt{\dfrac{20}{6}}<\sqrt{\dfrac{21}{6}}<\sqrt{\dfrac{24}{6}}$이므로

$a<c<b$

답 ②

20 음수 중 가장 작은 수는 근호 안의 수가 가장 큰 수이므로 $-\sqrt{12}$가 가장 작다.

답 ⑤

21 $\sqrt{11}<n<\sqrt{50}$에서 $11<n^2<50$이므로
$n^2=16,\ 25,\ 36,\ 49$
즉, $n=4,\ 5,\ 6,\ 7$이므로 자연수 n의 개수는 4개이다.

답 ②

22 $\sqrt{35}<\sqrt{36}$에서 $\sqrt{35}<6$이므로
$<\sqrt{35},\ 6>=6$
$-\sqrt{10}<-\sqrt{9}$에서 $-\sqrt{10}<-3$이므로
$<-\sqrt{10},\ -3>=-3$
따라서 $<\sqrt{35},\ 6>+<-\sqrt{10},\ -3>=6+(-3)=3$

답 ④

23 ① $a^2=(\sqrt{2})^2=2$
② $-a^2=-(\sqrt{2})^2=-2$
③ $\sqrt{2}-a=\sqrt{2}-\sqrt{2}=0$
④ $\dfrac{a}{\sqrt{2}}=\dfrac{\sqrt{2}}{\sqrt{2}}=1$
⑤ $2a=2\sqrt{2}$

답 ⑤

24
ㄱ. 정사각형의 한 변의 길이를 x라고 하면 넓이가 4이므로 $x^2=4$, $x=2$ $(x>0)$
ㄴ. 피타고라스 정리에 의하여 빗변의 길이는 $\sqrt{1^2+2^2}=\sqrt{5}$
ㄷ. 넓이가 16π인 원의 반지름의 길이를 r라고 하면 $\pi r^2=16\pi$, $r^2=16$, $r=4$ $(r>0)$
ㄹ. 반지름의 길이가 4인 원의 넓이는 $\pi \times 4^2=16\pi$
따라서 무리수가 아닌 것은 ㄱ, ㄷ이다.

답 ②

25

수	0	1	2	3
4.1	2.025	2.027	2.030	2.032
4.2	2.049	2.052	2.054	2.057
4.3	2.074	2.076	2.078	2.081

$\sqrt{4.31}=2.076$이므로 $k=4.31$

답 ④

26 정사각형 ABCD의 한 변의 길이를 x라고 하면 넓이가 10이므로
$x^2=10$, $x=\sqrt{10}$ $(x>0)$
$\overline{CP}=\overline{CD}=\sqrt{10}$이고 점 C에 대응하는 수가 -2이므로 점 P에 대응하는 수는 $-2+\sqrt{10}$이다.

답 ②

27 $2<\sqrt{5}<3$, $-3<-\sqrt{5}<-2$, $3<6-\sqrt{5}<4$에서 $6-\sqrt{5}$의 정수 부분은 3이고 소수 부분은 $(6-\sqrt{5})-3=3-\sqrt{5}$이므로
$a=3$, $b=5$
따라서 $a+b=3+5=8$

답 8

28
① $(5-\sqrt{6})-3=2-\sqrt{6}=\sqrt{4}-\sqrt{6}<0$이므로 $5-\sqrt{6}<3$
② $(\sqrt{12}-2)-1=\sqrt{12}-3=\sqrt{12}-\sqrt{9}>0$이므로 $\sqrt{12}-2>1$
③ $(\sqrt{15}+7)-11=\sqrt{15}-4=\sqrt{15}-\sqrt{16}<0$이므로 $\sqrt{15}+7<11$
④ $2-(\sqrt{11}-1)=3-\sqrt{11}=\sqrt{9}-\sqrt{11}<0$이므로 $2<\sqrt{11}-1$
⑤ $5-(\sqrt{17}+1)=4-\sqrt{17}=\sqrt{16}-\sqrt{17}<0$이므로 $5<\sqrt{17}+1$

답 ①

29 1.21의 양의 제곱근은 1.1이므로 $a=1.1$
$11.\dot{1}=\dfrac{111-11}{9}=\dfrac{100}{9}$이고 $\dfrac{100}{9}$의 음의 제곱근은 $-\dfrac{10}{3}$이므로 $b=-\dfrac{10}{3}$
따라서 $ab=1.1\times\left(-\dfrac{10}{3}\right)=\dfrac{11}{10}\times\left(-\dfrac{10}{3}\right)=-\dfrac{11}{3}$

답 $-\dfrac{11}{3}$

30 $0<a<b<c$이므로
$a-b<0$, $b-c<0$, $c-a>0$
$\sqrt{(a-b)^2}-\sqrt{(b-c)^2}+\sqrt{(c-a)^2}$
$=-(a-b)-\{-(b-c)\}+(c-a)$
$=-a+b+b-c+c-a$
$=-2a+2b$

답 $-2a+2b$

31
① 자연수 x의 개수는 유한개이다.
② 유리수 x는 무수히 많다.
③ 실수 x는 무수히 많다.
④ $2<\sqrt{7}<3$에서 $4<2+\sqrt{7}<5$
$3<\sqrt{11}<4$에서 $6<3+\sqrt{11}<7$
$1<\sqrt{3}<2$에서 $5<4+\sqrt{3}<6$
따라서 $2+\sqrt{7}<4+\sqrt{3}<3+\sqrt{11}$이므로 조건을 만족시킨다.
⑤ $4<2+\sqrt{7}<5$, $6<3+\sqrt{11}<7$이므로 x의 정수 부분이 될 수 있는 수는 4, 5, 6이다.

답 ④

수행평가 서술형으로 중단원 마무리 본문 24~25쪽

서술형예제 17, 25, 3, 4, 5, −2, 7

서술형유제 −1.6

1 6 **2** 2 **3** 95 **4** 15

서술형예제

$A=\sqrt{(-17)^2}+(\sqrt{8})^2=\boxed{17}+8=\boxed{25}$
$B=(-\sqrt{7})^2-\sqrt{3}^2=7-\boxed{3}=\boxed{4}$ · · · 1단계
이므로 A의 양의 제곱근 $a=\boxed{5}$, B의 음의 제곱근 $b=\boxed{-2}$
이다. · · · 2단계

따라서 $a-b=\boxed{7}$ · · · **3단계**

답 풀이 참조

단계	채점 기준	비율
1단계	A, B의 값을 각각 구한 경우	40 %
2단계	a, b의 값을 각각 구한 경우	50 %
3단계	$a-b$의 값을 구한 경우	10 %

서술형 유제

$(-\sqrt{16})^2=16$의 음의 제곱근은 -4이므로
$a=-4$ · · · **1단계**
$\sqrt{(-0.16)^2}=0.16$의 양의 제곱근은 0.4이므로
$b=0.4$ · · · **2단계**
따라서 $ab=(-4)\times 0.4=-1.6$ · · · **3단계**

답 -1.6

단계	채점 기준	비율
1단계	a의 값을 구한 경우	40 %
2단계	b의 값을 구한 경우	40 %
3단계	ab의 값을 구한 경우	20 %

1 144의 제곱근은 $\pm\sqrt{144}=\pm 12$ · · · **1단계**
$a>b$이므로 $a=12$, $b=-12$ · · · **2단계**
$\sqrt{2a-b}=\sqrt{2\times 12-(-12)}=\sqrt{36}=6$ · · · **3단계**

답 6

단계	채점 기준	비율
1단계	144의 제곱근을 구한 경우	50 %
2단계	a, b의 값을 각각 구한 경우	20 %
3단계	$\sqrt{2a-b}$의 값을 구한 경우	30 %

2 $\sqrt{31}<x<\sqrt{165}$에서 $31<x^2<165$이므로
$x^2=36,\ 49,\ 64,\ 81,\ 100,\ 121,\ 144$
즉, $x=6,\ 7,\ 8,\ 9,\ 10,\ 11,\ 12$이다. · · · **1단계**
따라서 $a=12$, $b=6$이므로 · · · **2단계**
$\dfrac{a}{b}=\dfrac{12}{6}=2$ · · · **3단계**

답 2

단계	채점 기준	비율
1단계	x의 값을 구한 경우	70 %
2단계	a, b의 값을 각각 구한 경우	20 %
3단계	$\dfrac{a}{b}$의 값을 구한 경우	10 %

3 $\sqrt{25-x}$가 정수가 되려면 근호 안의 수가 0이거나 자연수의 제곱이 되어야 한다. · · · **1단계**
$25-x=0$일 때, $x=25$
$25-x=1$일 때, $x=24$
$25-x=4$일 때, $x=21$
$25-x=9$일 때, $x=16$
$25-x=16$일 때, $x=9$ · · · **2단계**
따라서 모든 자연수 x의 값의 합은
$9+16+21+24+25=95$ · · · **3단계**

답 95

단계	채점 기준	비율
1단계	$\sqrt{25-x}$가 정수가 되는 조건을 구한 경우	30 %
2단계	x의 값을 구한 경우	50 %
3단계	x의 값의 합을 구한 경우	20 %

4 $2<\sqrt{7}<3$에서 $-1<\sqrt{7}-3<0$ · · · **1단계**
$3<\sqrt{11}<4$에서 $-4<-\sqrt{11}<-3$
$5<9-\sqrt{11}<6$ · · · **2단계**
따라서 $\sqrt{7}-3$과 $9-\sqrt{11}$ 사이에 있는 정수는
$0,\ 1,\ 2,\ 3,\ 4,\ 5$ · · · **3단계**
이므로 그 합은 $0+1+2+3+4+5=15$ · · · **4단계**

답 15

단계	채점 기준	비율
1단계	$\sqrt{7}-3$의 크기를 구한 경우	30 %
2단계	$9-\sqrt{11}$의 크기를 구한 경우	30 %
3단계	범위 안의 모든 정수를 구한 경우	30 %
4단계	정수의 합을 구한 경우	10 %

2. 근호를 포함한 식의 계산

1 제곱근의 곱셈과 나눗셈

본문 26~29쪽

개념 확인 문제

1 (1) $\sqrt{14}$ (2) $16\sqrt{6}$ (3) $\sqrt{5}$ (4) $4\sqrt{\dfrac{1}{3}}$

2 (1) 2, 2 (2) 7, 7 (3) 4, 80 (4) 3, 3

3 (1) 20, 20, 4.472, 44.72 (2) 2, 2, 1.414, 0.1414

4 (1) 3, 3 (2) 5, 30 (3) 7, 14 (4) 2, 2, 6

유제 1

$3\sqrt{2}\times\left(-\sqrt{\dfrac{7}{2}}\right)=-3\sqrt{2\times\dfrac{7}{2}}=-3\sqrt{7}$

답 ②

유제 2

$\sqrt{15}\div\dfrac{\sqrt{3}}{\sqrt{2}}=\sqrt{15}\times\dfrac{\sqrt{2}}{\sqrt{3}}=\sqrt{15\times\dfrac{2}{3}}=\sqrt{10}$

답 ③

유제 3

$\sqrt{20}=\sqrt{2^2\times5}=2\sqrt{5}$ 이므로 $a=2$

$\sqrt{\dfrac{7}{16}}=\dfrac{\sqrt{7}}{\sqrt{4^2}}=\dfrac{\sqrt{7}}{4}$ 이므로 $b=4$

따라서 $a+b=2+4=6$

답 ①

유제 4

$\sqrt{0.12}=\sqrt{\dfrac{12}{100}}=\dfrac{\sqrt{2^2\times3}}{\sqrt{10^2}}=\dfrac{2\sqrt{3}}{10}=\dfrac{\sqrt{3}}{5}$

따라서 $k=\dfrac{1}{5}$

답 ②

유제 5

① $\sqrt{0.005}=\sqrt{\dfrac{50}{100^2}}=\dfrac{\sqrt{50}}{100}=\dfrac{1}{100}\times7.071=0.07071$

② $\sqrt{0.05}=\sqrt{\dfrac{5}{10^2}}=\dfrac{\sqrt{5}}{10}=\dfrac{1}{10}\times2.236=0.2236$

③ $\sqrt{500}=\sqrt{10^2\times5}=10\sqrt{5}=10\times2.236=22.36$

④ $\sqrt{5000}=\sqrt{10^2\times50}=10\sqrt{50}=10\times7.071=70.71$

⑤ $\sqrt{50000}=\sqrt{100^2\times5}=100\sqrt{5}=100\times2.236=223.6$

답 ②

유제 6

ㄱ. $\sqrt{110}=\sqrt{10^2\times1.1}=10\sqrt{1.1}$

ㄴ. $\sqrt{1100}=\sqrt{10^2\times11}=10\sqrt{11}$

ㄷ. $\sqrt{11000}=\sqrt{100^2\times1.1}=100\sqrt{1.1}$

ㅁ. $\sqrt{0.11}=\sqrt{\dfrac{11}{10^2}}=\dfrac{\sqrt{11}}{10}$

따라서 $\sqrt{11}$의 값을 이용하여 구할 수 있는 것은 ㄴ, ㅁ이다.

답 ①

유제 7

① $\sqrt{24}=\sqrt{2^2\times6}=2\sqrt{6}$

② $\dfrac{12}{\sqrt{6}}=\dfrac{12\times\sqrt{6}}{\sqrt{6}\times\sqrt{6}}=\dfrac{12\sqrt{6}}{6}=2\sqrt{6}$

③ $\dfrac{3\sqrt{2}}{\sqrt{3}}=\dfrac{3\sqrt{2}\times\sqrt{3}}{\sqrt{3}\times\sqrt{3}}=\dfrac{3\sqrt{6}}{3}=\sqrt{6}$

④ $\dfrac{24}{\sqrt{24}}=\dfrac{24\times\sqrt{6}}{2\sqrt{6}\times\sqrt{6}}=\dfrac{24\sqrt{6}}{12}=2\sqrt{6}$

⑤ $\dfrac{8\sqrt{3}}{\sqrt{8}}=\dfrac{8\sqrt{3}\times\sqrt{2}}{2\sqrt{2}\times\sqrt{2}}=\dfrac{8\sqrt{6}}{4}=2\sqrt{6}$

답 ③

유제 8

$\dfrac{5}{\sqrt{3}}=\dfrac{5\times\sqrt{3}}{\sqrt{3}\times\sqrt{3}}=\dfrac{5\sqrt{3}}{3}$ 이므로 $a=\dfrac{5}{3}$

$\dfrac{15}{\sqrt{5}}=\dfrac{15\times\sqrt{5}}{\sqrt{5}\times\sqrt{5}}=\dfrac{15\sqrt{5}}{5}=3\sqrt{5}$ 이므로 $b=3$

따라서 $ab=\dfrac{5}{3}\times3=5$

답 ⑤

형성평가

본문 30쪽

01 ③ **02** ① **03** ② **04** ④ **05** ⑤ **06** ④

07 ② **08** ③

01 ① $\sqrt{7}\times\sqrt{13}=\sqrt{7\times13}=\sqrt{91}$

② $(-\sqrt{2})\times(-\sqrt{15})=\sqrt{2\times15}=\sqrt{30}$

③ $\sqrt{\dfrac{20}{3}}\times\sqrt{\dfrac{15}{4}}=\sqrt{\dfrac{20}{3}\times\dfrac{15}{4}}=\sqrt{25}=5$

정답과 풀이 ● **9**

④ $\sqrt{0.1} \div \sqrt{2} = \dfrac{\sqrt{0.1}}{\sqrt{2}} = \sqrt{\dfrac{0.1}{2}} = \sqrt{0.05}$

⑤ $\sqrt{\dfrac{1}{3}} \div \sqrt{3} = \sqrt{\dfrac{1}{3}} \times \dfrac{1}{\sqrt{3}} = \sqrt{\dfrac{1}{3}} \times \sqrt{\dfrac{1}{3}} = \dfrac{1}{3}$

답 ③

02 $3\sqrt{3} \times 2\sqrt{7} = (3 \times 2)\sqrt{3 \times 7} = 6\sqrt{21}$이므로

$a = 21$

$8\sqrt{6} \div 2\sqrt{3} = \dfrac{8}{2}\sqrt{\dfrac{6}{3}} = 4\sqrt{2}$이므로

$b = 4$

따라서 $a - b = 21 - 4 = 17$

답 ①

03 $\sqrt{2} \times \sqrt{6} \div \sqrt{24} = \sqrt{\dfrac{2 \times 6}{24}} = \sqrt{\dfrac{1}{2}} = \dfrac{1}{\sqrt{2}} = \dfrac{\sqrt{2}}{2}$

답 ②

04 $\dfrac{1}{\sqrt{3}} \div \dfrac{3}{\sqrt{2}} \times \dfrac{\sqrt{7}}{\sqrt{6}} = \dfrac{1}{\sqrt{3}} \times \dfrac{\sqrt{2}}{3} \times \dfrac{\sqrt{7}}{\sqrt{6}} = \dfrac{\sqrt{14}}{3\sqrt{18}}$

$= \dfrac{\sqrt{14} \times \sqrt{2}}{3 \times 3\sqrt{2} \times \sqrt{2}} = \dfrac{\sqrt{28}}{18}$

$= \dfrac{2\sqrt{7}}{18} = \dfrac{\sqrt{7}}{9}$

답 ④

05 $\sqrt{48} = \sqrt{4^2 \times 3} = 4\sqrt{3}$이므로 $a = 4$

$4\sqrt{6} = \sqrt{4^2 \times 6} = \sqrt{96}$이므로 $b = 96$

따라서 $a + b = 4 + 96 = 100$

답 ⑤

06 $\sqrt{\dfrac{21}{75}} = \sqrt{\dfrac{7}{25}} = \dfrac{\sqrt{7}}{\sqrt{5^2}} = \dfrac{\sqrt{7}}{5}$

따라서 $a = 7$, $b = 5$이므로

$a + b = 7 + 5 = 12$

답 ④

07 $\sqrt{2340} = \sqrt{10^2 \times 23.4} = 10\sqrt{23.4}$

$= 10 \times 4.837 = 48.37$

답 ②

08 $\dfrac{\sqrt{a}}{\sqrt{63}} = \dfrac{\sqrt{a} \times \sqrt{7}}{3\sqrt{7} \times \sqrt{7}} = \dfrac{\sqrt{7a}}{21}$이므로

$7a = 42$, $a = 6$

답 ③

② 제곱근의 덧셈과 뺄셈

본문 31~32쪽

개념 확인 문제

1 (1) $7\sqrt{3}$ (2) $2\sqrt{7}$ (3) $4\sqrt{2}$ (4) $2\sqrt{3}$

2 (1) 6, 12, 3 (2) 2, 4, 2, 4, 4

유제 1

$\sqrt{72} - \sqrt{32} + \dfrac{\sqrt{6}}{\sqrt{3}} = 6\sqrt{2} - 4\sqrt{2} + \sqrt{2} = 3\sqrt{2}$

답 ②

유제 2

$3\sqrt{5} - \dfrac{9}{\sqrt{3}} - \dfrac{10}{\sqrt{5}} + \sqrt{48} = 3\sqrt{5} - 3\sqrt{3} - 2\sqrt{5} + 4\sqrt{3}$

$= \sqrt{3} + \sqrt{5}$

답 ③

유제 3

$5\sqrt{3} - \sqrt{2}(2 + \sqrt{6}) = 5\sqrt{3} - 2\sqrt{2} - 2\sqrt{3}$

$= 3\sqrt{3} - 2\sqrt{2}$

답 ②

유제 4

$\sqrt{18} \div \sqrt{3} + 2\sqrt{2} \times \sqrt{27} = \dfrac{\sqrt{18}}{\sqrt{3}} + 2\sqrt{2} \times 3\sqrt{3}$

$= \sqrt{6} + 6\sqrt{6}$

$= 7\sqrt{6}$

답 ①

형성평가

본문 33쪽

01 ②	02 ⑤	03 ④	04 ②	05 ①	06 ②
07 ③	08 ③				

01 ② $-3\sqrt{3} - 3\sqrt{3} - \sqrt{3} = (-3 - 3 - 1)\sqrt{3} = -7\sqrt{3}$

답 ②

02 $\dfrac{3\sqrt{5}}{2}-\dfrac{\sqrt{3}}{3}-\dfrac{\sqrt{5}}{2}+\dfrac{\sqrt{3}}{6}$

$=\left(\dfrac{3}{2}-\dfrac{1}{2}\right)\sqrt{5}-\left(\dfrac{1}{3}-\dfrac{1}{6}\right)\sqrt{3}$

$=\sqrt{5}-\dfrac{\sqrt{3}}{6}$

따라서 $a=1$, $b=-\dfrac{1}{6}$이므로

$a+b=1+\left(-\dfrac{1}{6}\right)=\dfrac{5}{6}$

답 ⑤

03 $\sqrt{54}-2\sqrt{6}+\dfrac{1}{2}\sqrt{24}=3\sqrt{6}-2\sqrt{6}+\sqrt{6}$

$\qquad\qquad\qquad\qquad\qquad =2\sqrt{6}$

답 ④

04 $\dfrac{b}{a}+\dfrac{a}{b}=\dfrac{\sqrt{3}}{\sqrt{2}}+\dfrac{\sqrt{2}}{\sqrt{3}}=\dfrac{\sqrt{6}}{2}+\dfrac{\sqrt{6}}{3}=\dfrac{5\sqrt{6}}{6}$

답 ②

05 $\sqrt{20}+\dfrac{\sqrt{5}}{2}-\dfrac{3}{2\sqrt{5}}=2\sqrt{5}+\dfrac{\sqrt{5}}{2}-\dfrac{3\sqrt{5}}{10}=\dfrac{11\sqrt{5}}{5}$

따라서 $a=\dfrac{11}{5}$, $b=5$이므로

$ab=\dfrac{11}{5}\times5=11$

답 ①

06 $\sqrt{27}\times\dfrac{2}{\sqrt{6}}-\sqrt{40}\div\dfrac{\sqrt{5}}{2}$

$=3\sqrt{3}\times\dfrac{2\sqrt{6}}{6}-2\sqrt{10}\times\dfrac{2}{\sqrt{5}}$

$=3\sqrt{3}\times\dfrac{\sqrt{6}}{3}-2\sqrt{10}\times\dfrac{2\sqrt{5}}{5}$

$=\sqrt{18}-\dfrac{4\sqrt{50}}{5}=3\sqrt{2}-4\sqrt{2}$

$=-\sqrt{2}$

답 ②

07 $a=\dfrac{\sqrt{10}-\sqrt{15}}{\sqrt{5}}=\dfrac{\sqrt{5}(\sqrt{10}-\sqrt{15})}{5}=\dfrac{5\sqrt{2}-5\sqrt{3}}{5}$

$\quad =\sqrt{2}-\sqrt{3}$

$b=\dfrac{2+\sqrt{6}}{\sqrt{2}}=\dfrac{\sqrt{2}(2+\sqrt{6})}{2}=\dfrac{2\sqrt{2}+2\sqrt{3}}{2}$

$\quad =\sqrt{2}+\sqrt{3}$

따라서 $a+b=(\sqrt{2}-\sqrt{3})+(\sqrt{2}+\sqrt{3})=2\sqrt{2}$

답 ③

08 $\dfrac{\sqrt{12}-\sqrt{2}}{\sqrt{6}}-\dfrac{\sqrt{6}-3}{\sqrt{3}}$

$=\dfrac{\sqrt{6}(\sqrt{12}-\sqrt{2})}{6}-\dfrac{\sqrt{3}(\sqrt{6}-3)}{3}$

$=\dfrac{6\sqrt{2}-2\sqrt{3}}{6}-\dfrac{3\sqrt{2}-3\sqrt{3}}{3}$

$=\sqrt{2}-\dfrac{\sqrt{3}}{3}-\sqrt{2}+\sqrt{3}$

$=\dfrac{2\sqrt{3}}{3}$

답 ③

중단원 마무리
본문 34~37쪽

01 ④	02 12	03 ②	04 ④	05 ②	06 ②
07 ①	08 $a>b$	09 ①	10 ④	11 ②	12 ②
13 ③	14 ①	15 ③	16 ③	17 ⑤	18 1
19 ②	20 ③	21 ②	22 ①	23 ④	24 ⑤
25 ③	26 ⑤	27 ④	28 ⑤	29 $-7+5\sqrt{2}$	
30 $4\sqrt{2}$	31 11, 12, 13				

01 ④ $\sqrt{3}\div\dfrac{1}{\sqrt{2}}=\sqrt{3}\times\sqrt{2}=\sqrt{6}$

답 ④

02 $\sqrt{200}=\sqrt{10^2\times2}=10\sqrt{2}$이므로 $a=10$

$\sqrt{20}=\sqrt{2^2\times5}=2\sqrt{5}$이므로 $b=2$

따라서 $a+b=10+2=12$

답 12

03 $\sqrt{0.06}=\sqrt{\dfrac{6}{10^2}}=\dfrac{\sqrt{6}}{10}$

따라서 $\sqrt{0.06}$은 $\sqrt{6}$의 $\dfrac{1}{10}$배이다.

답 ②

04 $\dfrac{8}{\sqrt{12}}=\dfrac{8}{2\sqrt{3}}=\dfrac{4\times\sqrt{3}}{\sqrt{3}\times\sqrt{3}}=\dfrac{4\sqrt{3}}{3}$

답 ④

05 $a-b=(4\sqrt{3}-2\sqrt{5})-(\sqrt{5}+2\sqrt{3})$

$\qquad\quad =4\sqrt{3}-2\sqrt{5}-\sqrt{5}-2\sqrt{3}$

$\qquad\quad =2\sqrt{3}-3\sqrt{5}$

답 ②

06 $\sqrt{45}+\sqrt{20}-a\sqrt{5}=3\sqrt{5}+2\sqrt{5}-a\sqrt{5}$
$\qquad\qquad\qquad\qquad =(5-a)\sqrt{5}$
이므로 $(5-a)\sqrt{5}=0$에서
$5-a=0,\ a=5$

답 ②

07 $4\sqrt{2}(2-\sqrt{2})+\dfrac{4}{\sqrt{2}}-\sqrt{18}$
$=8\sqrt{2}-8+2\sqrt{2}-3\sqrt{2}$
$=-8+7\sqrt{2}$

답 ①

08 $a-b=(2+2\sqrt{3})-(\sqrt{3}+3)=2+2\sqrt{3}-\sqrt{3}-3$
$\qquad\quad =\sqrt{3}-1>0$
이므로 $a>b$

답 $a>b$

09 $\sqrt{\dfrac{3}{100}}\times\sqrt{0.9}\times\sqrt{\dfrac{3}{10}}=\sqrt{\dfrac{3}{100}\times\dfrac{9}{10}\times\dfrac{3}{10}}$
$\qquad\qquad\qquad\qquad\qquad =\sqrt{\dfrac{9^2}{100^2}}=\dfrac{9}{100}=0.09$

답 ①

10 $\dfrac{\sqrt{21}}{\sqrt{2}}\div\dfrac{\sqrt{7}}{\sqrt{10}}=\dfrac{\sqrt{21}}{\sqrt{2}}\times\dfrac{\sqrt{10}}{\sqrt{7}}=\sqrt{\dfrac{21}{2}\times\dfrac{10}{7}}=\sqrt{15}$
따라서 $a=15$

답 ④

11 $3\sqrt{15}\div2\sqrt{18}\times2\sqrt{6}=3\sqrt{15}\times\dfrac{1}{2\sqrt{18}}\times2\sqrt{6}$
$\qquad\qquad\qquad\qquad =3\sqrt{15\times\dfrac{1}{18}\times6}$
$\qquad\qquad\qquad\qquad =3\sqrt{5}$

답 ②

12 ① $\sqrt{12}=\sqrt{2^2\times3}=2\sqrt{3}$
② $\sqrt{18}=\sqrt{3^2\times2}=3\sqrt{2}$
③ $\sqrt{24}=\sqrt{2^2\times6}=2\sqrt{6}$
④ $\sqrt{28}=\sqrt{2^2\times7}=2\sqrt{7}$
⑤ $\sqrt{40}=\sqrt{2^2\times10}=2\sqrt{10}$

답 ②

13 $6\sqrt{3}=\sqrt{6^2\times3}=\sqrt{108}$이므로
$5k+8=108,\ 5k=100$
따라서 $k=20$

답 ③

14 $\sqrt{\dfrac{75}{49}}=\dfrac{\sqrt{5^2\times3}}{\sqrt{7^2}}=\dfrac{5\sqrt{3}}{7}$이므로 $a=\dfrac{5}{7}$
$\sqrt{0.98}=\sqrt{\dfrac{98}{100}}=\dfrac{\sqrt{7^2\times2}}{\sqrt{10^2}}=\dfrac{7\sqrt{2}}{10}$이므로 $b=\dfrac{7}{10}$
따라서 $ab=\dfrac{5}{7}\times\dfrac{7}{10}=\dfrac{1}{2}$

답 ①

15 $\sqrt{240}=\sqrt{4^2\times15}=4\sqrt{15}=4\sqrt{3}\sqrt{5}=4ab$

답 ③

16 $\sqrt{0.333}=\sqrt{\dfrac{33.3}{10^2}}=\dfrac{\sqrt{33.3}}{10}=\dfrac{1}{10}\times5.771=0.5771$

답 ③

17 $23.49=10\times2.349=10\times\sqrt{5.52}$
$\qquad\quad =\sqrt{10^2\times5.52}=\sqrt{552}$

답 ⑤

18 $\dfrac{12\sqrt{5}}{\sqrt{6}}=\dfrac{12\sqrt{30}}{6}=2\sqrt{30}$이므로 $a=2$
$\dfrac{6}{\sqrt{24}}=\dfrac{3}{\sqrt{6}}=\dfrac{3\sqrt{6}}{6}=\dfrac{\sqrt{6}}{2}$이므로 $b=\dfrac{1}{2}$
따라서 $ab=2\times\dfrac{1}{2}=1$

답 1

19 $\dfrac{4\sqrt{3}}{3}\times\sqrt{\dfrac{45}{8}}\div\dfrac{\sqrt{3}}{2}=\dfrac{4\sqrt{3}}{3}\times\dfrac{3\sqrt{5}}{2\sqrt{2}}\times\dfrac{2}{\sqrt{3}}$
$\qquad\qquad\qquad\qquad =\dfrac{4\sqrt{5}}{\sqrt{2}}=\dfrac{4\sqrt{10}}{2}$
$\qquad\qquad\qquad\qquad =2\sqrt{10}$

답 ②

20 직각삼각형 BCD에서 피타고라스 정리에 의하여
$\overline{\text{CD}}=\sqrt{\overline{\text{BD}}^2-\overline{\text{BC}}^2}=\sqrt{(4\sqrt{2})^2-(2\sqrt{6})^2}$
$\qquad\quad =\sqrt{8}=2\sqrt{2}\,(\text{cm})$
$\square\text{ABCD}=2\sqrt{6}\times2\sqrt{2}=4\sqrt{12}=8\sqrt{3}\,(\text{cm}^2)$

답 ③

21 $\sqrt{144}+\sqrt{150}-\sqrt{256}+\sqrt{6}=12+5\sqrt{6}-16+\sqrt{6}$
$\qquad\qquad\qquad\qquad\qquad\quad =-4+6\sqrt{6}$
따라서 $a=-4,\ b=6$이므로
$a+b=-4+6=2$

답 ②

22
$$-\sqrt{48}+\frac{6}{\sqrt{3}}-\frac{10}{\sqrt{5}}+\sqrt{20}$$
$$=-4\sqrt{3}+2\sqrt{3}-2\sqrt{5}+2\sqrt{5}$$
$$=-2\sqrt{3}$$

답 ①

23
$$\sqrt{5}a+\sqrt{3}b=\sqrt{5}(\sqrt{3}+\sqrt{5})+\sqrt{3}(\sqrt{3}-\sqrt{5})$$
$$=\sqrt{15}+5+3-\sqrt{15}=8$$

답 ④

24
$$\frac{\sqrt{6}-\sqrt{2}}{\sqrt{2}}+\frac{6+\sqrt{3}}{\sqrt{3}}=\frac{2\sqrt{3}-2}{2}+\frac{6\sqrt{3}+3}{3}$$
$$=\sqrt{3}-1+2\sqrt{3}+1$$
$$=3\sqrt{3}$$

답 ⑤

25
$$-\frac{\sqrt{12}}{4}+\sqrt{6}\div\frac{4\sqrt{2}}{3}+\frac{3}{4\sqrt{3}}$$
$$=-\frac{2\sqrt{3}}{4}+\sqrt{6}\times\frac{3}{4\sqrt{2}}+\frac{3\sqrt{3}}{12}$$
$$=-\frac{\sqrt{3}}{2}+\frac{3\sqrt{3}}{4}+\frac{\sqrt{3}}{4}=\frac{\sqrt{3}}{2}$$

답 ③

26
$$2\left(\frac{3}{\sqrt{2}}+a\right)-a(4+\sqrt{2})=3\sqrt{2}+2a-4a-a\sqrt{2}$$
$$=-2a+(3-a)\sqrt{2}$$
이므로 유리수가 되려면
$$3-a=0,\ a=3$$

답 ⑤

27
$2\sqrt{3}=\sqrt{12}$이고 $3<\sqrt{12}<4$에서 $2\sqrt{3}$의 정수 부분은 3이므로 $a=3$
$3\sqrt{6}=\sqrt{54}$이고 $7<\sqrt{54}<8$에서 $3\sqrt{6}$의 정수 부분은 7, 소수 부분은 $3\sqrt{6}-7$이므로 $b=3\sqrt{6}-7$
따라서 $\sqrt{6}a-b=3\sqrt{6}-(3\sqrt{6}-7)=7$

답 ④

28
$a-b=(\sqrt{3}+2\sqrt{2})-3\sqrt{2}=\sqrt{3}-\sqrt{2}>0$
이므로 $a>b$
$b-c=3\sqrt{2}-(4\sqrt{2}-\sqrt{5})=3\sqrt{2}-4\sqrt{2}+\sqrt{5}$
$\qquad=-\sqrt{2}+\sqrt{5}>0$
이므로 $b>c$
따라서 $c<b<a$

답 ⑤

29
$4-3\sqrt{2}=\sqrt{16}-\sqrt{18}<0$, $2\sqrt{2}-3=\sqrt{8}-\sqrt{9}<0$이므로
$$\sqrt{(4-3\sqrt{2})^2}-\sqrt{(2\sqrt{2}-3)^2}$$
$$=-(4-3\sqrt{2})-\{-(2\sqrt{2}-3)\}$$
$$=-4+3\sqrt{2}+2\sqrt{2}-3$$
$$=-7+5\sqrt{2}$$

답 $-7+5\sqrt{2}$

30
$$\sqrt{\frac{a}{b}}+\sqrt{\frac{b}{a}}=\frac{\sqrt{a}}{\sqrt{b}}+\frac{\sqrt{b}}{\sqrt{a}}=\frac{a+b}{\sqrt{ab}}$$
$$=\frac{8}{\sqrt{2}}=\frac{8\sqrt{2}}{2}=4\sqrt{2}$$

답 $4\sqrt{2}$

31
$3<\sqrt{n}<4$이므로 $\sqrt{n}$의 정수 부분은 3이다.
$\sqrt{n}=3+a$이고 $0.2<a<0.7$이므로
$3.2<\sqrt{n}<3.7$
$3.2^2<n<3.7^2$
$10.24<n<13.69$
따라서 자연수 n의 값은 11, 12, 13이다.

답 11, 12, 13

서술형예제 3, 6, 2, 3, 6, $\frac{1}{6}$, 12

서술형유제 $\frac{1}{2}$

1 1 **2** 7 **3** 4 **4** $\frac{\sqrt{3}}{2}$

서술형예제

$$\frac{6\sqrt{2}}{\sqrt{3}}=\frac{6\sqrt{2}\times\sqrt{3}}{\sqrt{3}\times\boxed{3}}=\frac{6\boxed{6}}{3}=2\sqrt{6}$$ 이므로

$a=\boxed{2}$ · · · 1단계

$$\frac{\sqrt{5}}{\sqrt{18}}=\frac{\sqrt{5}\times\sqrt{2}}{\boxed{3}\sqrt{2}\times\sqrt{2}}=\frac{\sqrt{10}}{\boxed{6}}$$ 이므로

$b=\boxed{\dfrac{1}{6}}$ · · · 2단계

따라서 $\dfrac{a}{b}=a\times\dfrac{1}{b}=2\times 6=\boxed{12}$ · · · 3단계

답 풀이 참조

개념책

단계	채점 기준	비율
1단계	a의 값을 구한 경우	40 %
2단계	b의 값을 구한 경우	40 %
3단계	$\dfrac{a}{b}$의 값을 구한 경우	20 %

단계	채점 기준	비율
1단계	식을 간단히 한 경우	70 %
2단계	a, b의 값을 각각 구한 경우	20 %
3단계	$a+b$의 값을 구한 경우	10 %

서술형 유제

$\dfrac{6}{\sqrt{8}}=\dfrac{6\times\sqrt{2}}{2\sqrt{2}\times\sqrt{2}}=\dfrac{6\sqrt{2}}{4}=\dfrac{3\sqrt{2}}{2}$ 이므로

$a=\dfrac{3}{2}$ ··· **1단계**

$\dfrac{\sqrt{6}}{\sqrt{27}}=\dfrac{\sqrt{6}\times\sqrt{3}}{3\sqrt{3}\times\sqrt{3}}=\dfrac{3\sqrt{2}}{9}=\dfrac{\sqrt{2}}{3}$ 이므로

$b=\dfrac{1}{3}$ ··· **2단계**

따라서 $ab=\dfrac{3}{2}\times\dfrac{1}{3}=\dfrac{1}{2}$ ··· **3단계**

답 $\dfrac{1}{2}$

단계	채점 기준	비율
1단계	a의 값을 구한 경우	40 %
2단계	b의 값을 구한 경우	40 %
3단계	ab의 값을 구한 경우	20 %

3

(삼각형의 넓이)$=\dfrac{1}{2}\times(a\sqrt{5}+\sqrt{2})\times\sqrt{20}$

$=(a\sqrt{5}+\sqrt{2})\times\sqrt{5}$

$=5a+\sqrt{10}\ (\text{cm}^2)$ ··· **1단계**

$5a=15$에서 $a=3$이고 $b=1$이므로 ··· **2단계**

$a+b=3+1=4$ ··· **3단계**

답 4

단계	채점 기준	비율
1단계	삼각형의 넓이를 구한 경우	60 %
2단계	a, b의 값을 각각 구한 경우	30 %
3단계	$a+b$의 값을 구한 경우	10 %

1

$\sqrt{72}=\sqrt{6^2\times2}=6\sqrt{2}$이므로 $a=6$ ··· **1단계**

$\sqrt{120}=\sqrt{2^2\times30}=2\sqrt{30}$이므로 $b=30$ ··· **2단계**

$\sqrt{275}=\sqrt{5^2\times11}=5\sqrt{11}$이므로 $c=5$ ··· **3단계**

따라서 $\dfrac{ac}{b}=\dfrac{6\times5}{30}=1$ ··· **4단계**

답 1

단계	채점 기준	비율
1단계	a의 값을 구한 경우	30 %
2단계	b의 값을 구한 경우	30 %
3단계	c의 값을 구한 경우	30 %
4단계	$\dfrac{ac}{b}$의 값을 구한 경우	10 %

4

$4\sqrt{3}=\sqrt{48}$이고 $6<\sqrt{48}<7$에서

$4\sqrt{3}$의 정수 부분은 6이므로 $a=6$ ··· **1단계**

소수 부분 $b=4\sqrt{3}-6$ ··· **2단계**

따라서

$\dfrac{a}{b+6}=\dfrac{6}{(4\sqrt{3}-6)+6}=\dfrac{6}{4\sqrt{3}}$

$=\dfrac{3\times\sqrt{3}}{2\sqrt{3}\times\sqrt{3}}=\dfrac{\sqrt{3}}{2}$ ··· **3단계**

답 $\dfrac{\sqrt{3}}{2}$

단계	채점 기준	비율
1단계	a의 값을 구한 경우	30 %
2단계	b의 값을 구한 경우	30 %
3단계	$\dfrac{a}{b+6}$의 값을 구한 경우	40 %

2

$\sqrt{80}+\sqrt{8}-\sqrt{20}+\dfrac{6}{\sqrt{2}}$

$=4\sqrt{5}+2\sqrt{2}-2\sqrt{5}+3\sqrt{2}$

$=2\sqrt{5}+5\sqrt{2}$ ··· **1단계**

따라서 $a=2$, $b=5$이므로 ··· **2단계**

$a+b=7$ ··· **3단계**

답 7

Ⅱ. 다항식의 곱셈과 인수분해

1. 다항식의 곱셈과 곱셈공식

 **곱셈공식**

본문 42~47쪽

개념 확인 문제

1 (1) $xy+2x+y+2$ (2) $ab+3a+2b+6$ (3) $xy-4x+2y-8$
  (4) $ab-5a+3b-15$
2 (1) x^2+2x+1 (2) a^2+4a+4 (3) x^2-6x+9 (4) $a^2-8a+16$
3 (1) x^2-1 (2) a^2-4 (3) x^2-9 (4) a^2-16
4 (1) x^2+5x+6 (2) a^2+2a-3 (3) $x^2+9x+20$ (4) a^2+a-6
5 (1) $2x^2+7x+6$ (2) $2a^2+7a-4$ (3) $4x^2+4x-8$ (4) $6a^2-7a-3$

유제 1

$(3x-2)(4-y)=12x-3xy-8+2y$
따라서 $A=-3$, $B=12$, $C=2$이므로
$A+B-C=-3+12-2=7$

답 ①

유제 2

$(x+2y)(Ax-4y)=Ax^2-4xy+2Axy-8y^2$
$\qquad\qquad\qquad\quad =Ax^2+(-4+2A)xy-8y^2$
$A=3$, $B=-4+2A=-4+2\times3=2$
따라서 $A+B=3+2=5$

답 ③

유제 3

x^2항은 $4x\times(-3x)=-12x^2$
x항은 $4x\times5+2\times(-3x)=14x$
따라서 구하는 합은
$-12+14=2$

답 ②

유제 4

x^2항은 $2x\times4x=8x^2$이므로
$a=8$
xy항은 $2x\times2y+(-4y)\times4x=-12xy$이므로
$b=-12$

따라서 $a-b=8-(-12)=20$

답 ⑤

유제 5

$(2x+4)^2=4x^2+16x+16$
따라서 $a=4$, $b=16$, $c=16$이므로
$a-b+c=4-16+16$
$\qquad\qquad =4$

답 ④

유제 6

$(x-A)^2=x^2-2Ax+A^2$
$-2A=-10$, $B=A^2$
$A=5$, $B=5^2=25$
따라서 $B-A=25-5=20$

답 ③

유제 7

$(a+b)(a-b)=a^2-b^2$
① $(a-b)(a-b)$
  $=(a-b)^2$
  $=a^2-2ab+b^2$
② $(a+b)(-a-b)$
  $=-(a+b)(a+b)$
  $=-a^2-2ab-b^2$
③ $(a-b)(-a+b)$
  $=-(a-b)(a-b)$
  $=-a^2+2ab-b^2$
④ $(-a+b)(a+b)$
  $=(b-a)(b+a)$
  $=b^2-a^2$
⑤ $(-a+b)(-a-b)$
  $=(-a)^2-b^2$
  $=a^2-b^2$
따라서 전개식이 같은 것은 ⑤이다.

답 ⑤

유제 8

$(x-1)(x+1)(x^2+1)$
$=(x^2-1)(x^2+1)$
$=(x^2)^2-1^2$
$=x^4-1$

답 ④

유제 **9**

$(x+3)(x-4)$
$=x^2+(3-4)x-12$
$=x^2-x-12$
따라서 $a=-1$, $b=-12$이므로
$a-b=-1-(-12)=11$

답 ①

유제 **10**

$(x+a)(x-6)=x^2+(a-6)x-6a$
$b=a-6$, $-6a=-12$
$a=2$, $b=2-6=-4$
따라서 $ab=2\times(-4)=-8$

답 ②

유제 **11**

$(-2x+5)(x-4)$
$=-2x^2+(8+5)x-20$
$=-2x^2+13x-20$
x의 계수는 13, 상수항은 -20
따라서 구하는 합은 $13+(-20)=-7$

답 ④

유제 **12**

$(3x+4)(4x-2)$
$=12x^2+(-6+16)x-8$
$=12x^2+10x-8$
따라서 $a=12$, $b=10$, $c=-8$이므로
$a+b-c=12+10-(-8)=30$

답 ④

유제 **13**

$(3x-4)(x-2)-(x-3)(x+2)$
$=3x^2+(-6-4)x+8-\{x^2+(-3+2)x-6\}$
$=3x^2-10x+8-(x^2-x-6)$
$=2x^2-9x+14$
따라서 $a=2$, $b=-9$, $c=14$이므로
$a+b-c=2+(-9)-14=-21$

답 ②

유제 **14**

① $(2x+3)(x-4)$
　$=2x^2+(-8+3)x-12$
　$=2x^2-5x-12$

② $3(2x-1)(2x+1)$
　$=3(4x^2-1)$
　$=12x^2-3$
③ $(x+3)(2x-3)$
　$=2x^2+(-3+6)x-9$
　$=2x^2+3x-9$
④ $(2a+5b)(a-2b)$
　$=2a^2+(-4+5)ab-10b^2$
　$=2a^2+ab-10b^2$
⑤ $(2a+b)(a-b)-2(a+b)(a-b)$
　$=2a^2+(-2+1)ab-b^2-2(a^2-b^2)$
　$=-ab+b^2$
따라서 옳은 것은 ③이다.

답 ③

유제 **15**

새로 만들어지는 직사각형에서
가로의 길이는 $5x+4$, 세로의 길이는 $3x-2$
따라서 구하는 직사각형의 넓이는
$(5x+4)(3x-2)$
$=15x^2+(-10+12)x-8$
$=15x^2+2x-8$

답 $15x^2+2x-8$

유제 **16**

새로 만들어지는 직사각형에서
가로의 길이는 $x-3$, 세로의 길이는 $x+5$
따라서 구하는 직사각형의 넓이는
$(x-3)(x+5)$
$=x^2+(-3+5)x-15$
$=x^2+2x-15$

답 $x^2+2x-15$

② 곱셈공식의 활용

본문 48~49쪽

개념 확인 문제

1 (1) 1, 1, 1, 200, 1, 9801 (2) 2, 2, 2, 4, 9996
2 (1) 2, 2, 10 (2) 4, 4, 4

유제 1

98^2

$=(100-2)^2$

$=100^2-2\times100\times2+2^2$

$=10000-400+4$

$=9604$

따라서 가장 편리한 공식은 ②이다.

답 ②

유제 2

$\dfrac{\sqrt{3}}{\sqrt{2}+1}-\dfrac{\sqrt{3}}{\sqrt{2}-1}$

$=\dfrac{\sqrt{3}(\sqrt{2}-1)}{(\sqrt{2}+1)(\sqrt{2}-1)}-\dfrac{\sqrt{3}(\sqrt{2}+1)}{(\sqrt{2}-1)(\sqrt{2}+1)}$

$=\dfrac{\sqrt{6}-\sqrt{3}}{(\sqrt{2})^2-1^2}-\dfrac{\sqrt{6}+\sqrt{3}}{(\sqrt{2})^2-1^2}$

$=\sqrt{6}-\sqrt{3}-(\sqrt{6}+\sqrt{3})$

$=-2\sqrt{3}$

답 ②

유제 3

a^2+b^2

$=(a-b)^2+2ab$

$=4^2+2\times3$

$=22$

답 ②

유제 4

$(x-y)^2$

$=(x+y)^2-4xy$

$=4^2-4\times(-2)$

$=24$

답 ③

형성평가

본문 50~51쪽

01 ④	02 ①	03 ④	04 ④	05 ④	06 ⑤
07 ③	08 ③	09 ②	10 ③	11 ②, ⑤	12 ③
13 ⑤	14 ④	15 ③	16 ③		

01

$(5a+b)(-a+2b)$

$=-5a^2+10ab-ab+2b^2$

$=-5a^2+9ab+2b^2$

답 ④

02

x^2항은 $2x\times x=2x^2$

xy항은 $2x\times(-3y)+y\times x=-5xy$

따라서 구하는 합은

$2+(-5)=-3$

답 ①

03

$(x+A)^2=x^2+2Ax+A^2$

$B=2A$, $A^2=16$

$A=\pm4$

$A>0$이므로 $A=4$

$B=2\times4=8$

따라서 $B-A=8-4=4$

답 ④

04

$(3x-5y)^2$

$=(3x)^2-2\times3x\times5y+(5y)^2$

$=9x^2-30xy+25y^2$

따라서 $a=9$, $b=-30$, $c=25$이므로

$a-b-c=9-(-30)-25$

$\qquad=14$

답 ④

05

$(2x+5y)(2x-5y)-(x+3y)(x-3y)$

$=(2x)^2-(5y)^2-\{x^2-(3y)^2\}$

$=4x^2-25y^2-(x^2-9y^2)$

$=3x^2-16y^2$

답 ④

06

$(1-x)(1+x)(1+x^2)(1+x^4)$

$=(1-x^2)(1+x^2)(1+x^4)$

$=\{1^2-(x^2)^2\}(1+x^4)$

$=(1-x^4)(1+x^4)$

$=1^2-(x^4)^2$

$=1-x^8$

따라서 □ 안에 알맞은 수는 8

답 ⑤

07

$(x-a)(x-6)=x^2+(-a-6)x+6a$

$-b=-a-6$, $6a=18$

$a=3$, $b=a+6=3+6=9$

따라서 $a+b=3+9=12$

답 ③

08 $(x+4)(x+3)+(x-5)(x+3)$
$=x^2+(4+3)x+12+x^2+(-5+3)x-15$
$=x^2+7x+12+x^2-2x-15$
$=2x^2+5x-3$

답 ③

09 $(2x-5y)(Ax+2y)=2Ax^2+(4-5A)xy-10y^2$
$2A=-6$, $B=4-5A$
$A=-3$, $B=4-5\times(-3)=19$
따라서 $A+B=-3+19=16$

답 ②

10 $(x-1)(x+5)+(2x+3)(2x-3)$
$=x^2+(-1+5)x-5+(2x)^2-3^2$
$=x^2+4x-5+4x^2-9$
$=5x^2+4x-14$

답 ③

11 ① $(x+4)(x-6)$
$=x^2+(4-6)x-24$
$=x^2-2x-24$
② $(2x-6)^2$
$=(2x)^2-2\times2x\times6+6^2$
$=4x^2-24x+36$
③ $(x+8)(-x+8)$
$=(8+x)(8-x)$
$=8^2-x^2$
$=-x^2+64$
④ $(2x+3)(3x-1)$
$=6x^2+(-2+9)x-3$
$=6x^2+7x-3$
⑤ $(-4x-y)^2$
$=(4x+y)^2$
$=(4x)^2+2\times4x\times y+y^2$
$=16x^2+8xy+y^2$
따라서 옳지 않은 것은 ②, ⑤이다.

답 ②, ⑤

12 새로 만들어지는 직사각형에서
가로의 길이는 $6a-2b$, 세로의 길이는 $4a-b$
따라서 구하는 직사각형의 넓이는
$(6a-2b)(4a-b)$

$=24a^2+(-6-8)ab+2b^2$
$=24a^2-14ab+2b^2$

답 ③

13 $78\times82-79^2$
$=(80-2)(80+2)-(80-1)^2$
$=80^2-2^2-(80^2-2\times80\times1+1^2)$
$=-4+160-1$
$=155$

답 ⑤

14 $\dfrac{\sqrt{2}+4}{2-\sqrt{2}}$
$=\dfrac{(\sqrt{2}+4)(2+\sqrt{2})}{(2-\sqrt{2})(2+\sqrt{2})}$
$=\dfrac{2\sqrt{2}+\sqrt{2}\times\sqrt{2}+4\times2+4\sqrt{2}}{2^2-(\sqrt{2})^2}$
$=\dfrac{10+6\sqrt{2}}{2}$
$=5+3\sqrt{2}$
따라서 $a=5$, $b=3$이므로
$a+b=5+3=8$

답 ④

15 $\dfrac{y}{x}+\dfrac{x}{y}$
$=\dfrac{y^2+x^2}{xy}$
$=\dfrac{(x+y)^2-2xy}{xy}$
$=\dfrac{6^2-2\times2}{2}$
$=16$

답 ③

16 $x^2+\dfrac{1}{x^2}$
$=\left(x+\dfrac{1}{x}\right)^2-2$
$=5^2-2$
$=23$

답 ③

중단원 마무리

본문 52~55쪽

01 ②	02 ②	03 ⑤	04 ⑤	05 ④	06 ③
07 ④	08 ①	09 ④	10 ③	11 ③	12 ⑤
13 ⑤	14 ③, ④	15 ③	16 ⑤	17 ⑤	18 ②
19 ①	20 ③	21 ④	22 ②	23 ⑤	24 ⑤
25 ④	26 ⑤	27 ⑤	28 ③	29 33	30 9
31 18					

01
$(2x-5)(3-y)=6x-2xy-15+5y$
따라서 $a=-2$, $b=6$, $c=5$이므로
$a+b-c=-2+6-5=-1$

답 ②

02
$(4x+y-2)(x-3y+5)$에서
y항은 $y\times5+(-2)\times(-3y)=11y$
따라서 구하는 y의 계수는 11

답 ②

03
$(x+a)^2=x^2+2ax+a^2$
$2a=12$, $b=a^2$
$a=6$, $b=6^2=36$
따라서 $b-a=36-6=30$

답 ⑤

04
$(-a+3)(-a-3)$
$=(-a)^2-3^2$
$=a^2-9$

답 ⑤

05
$(x+2)(x-6)$
$=x^2+(2-6)x-12$
$=x^2-4x-12$
따라서 $a=-4$, $b=-12$이므로
$a-b=-4-(-12)=8$

답 ④

06
$(2x+1)(x-3)$
$=2x^2+(-6+1)x-3$
$=2x^2-5x-3$
따라서 $a=-5$, $b=-3$이므로
$a+b=-5+(-3)=-8$

답 ③

07
72×68
$=(70+2)(70-2)$
$=70^2-2^2$
$=4900-4=4896$
따라서 가장 편리한 식은 ④이다.

답 ④

08
x^2+y^2
$=(x+y)^2-2xy$
$=6^2-2\times8$
$=20$

답 ①

09
$(2a+3b)(4c-2d)$
$=8ac-4ad+12bc-6bd$

답 ④

10
$(x+2y-3)(2x+y)$
$=2x^2+xy+4xy+2y^2-6x-3y$
$=2x^2+5xy-6x-3y+2y^2$

답 ③

11
x^2항은 $3x^2$이므로
$A=3$
xy항은 $3x\times y+(-y)\times x=2xy$이므로
$B=2$
따라서 $A+B=3+2=5$

답 ③

12
xy항은 $x\times ay+(-y)\times2x=(a-2)xy$이므로
$a-2=1$, $a=3$
$(x-y+5)(2x+3y+6)$에서
y항은 $5\times3y+(-y)\times6=9y$
따라서 구하는 y의 계수는 9

답 ⑤

13
$(a+b)^2-(a-b)^2$
$=a^2+2ab+b^2-(a^2-2ab+b^2)$
$=4ab$

답 ⑤

14
$(a-b)^2=a^2-2ab+b^2$
① $-(a+b)^2=-a^2-2ab-b^2$
② $(-a-b)^2=(a+b)^2=a^2+2ab+b^2$
③ $(-a+b)^2=(-a)^2+2\times(-a)\times b+b^2$

$$=a^2-2ab+b^2$$
④ $(b-a)^2=b^2-2ba+a^2=a^2-2ab+b^2$
⑤ $(a+b)^2=a^2+2ab+b^2$
따라서 전개식이 같은 것은 ③, ④이다.

답 ③, ④

15
① $(x+3)(x-3)=x^2-3^2$
$\qquad\qquad\qquad =x^2-9$
② $(x-y)(-x-y)=(-y+x)(-y-x)$
$\qquad\qquad\qquad\quad =(-y)^2-x^2=y^2-x^2$
③ $(-2+x)(-2-x)=(-2)^2-x^2$
$\qquad\qquad\qquad\qquad =-x^2+4$
④ $(-2x+1)(2x+1)=(1-2x)(1+2x)$
$\qquad\qquad\qquad\qquad =1^2-(2x)^2=-4x^2+1$
⑤ $\left(\dfrac{1}{3}x+\dfrac{1}{2}\right)\left(\dfrac{1}{3}x-\dfrac{1}{2}\right)=\left(\dfrac{1}{3}x\right)^2-\left(\dfrac{1}{2}\right)^2$
$\qquad\qquad\qquad\qquad\qquad =\dfrac{1}{9}x^2-\dfrac{1}{4}$
따라서 옳지 않은 것은 ③이다.

답 ③

16
$(x-1)(x+1)(x^2+1)(x^4+1)(x^8+1)$
$=(x^2-1)(x^2+1)(x^4+1)(x^8+1)$
$=(x^4-1)(x^4+1)(x^8+1)$
$=(x^8-1)(x^8+1)$
$=x^{16}-1$
따라서 $a=16$, $b=-1$이므로
$a+b=16+(-1)=15$

답 ⑤

17
$(x+4)(x+2)-(x+1)(x-3)$
$=x^2+(4+2)x+8-\{x^2+(1-3)x-3\}$
$=x^2+6x+8-(x^2-2x-3)$
$=8x+11$

답 ⑤

18
$(x-a)(x-7)=x^2+(-a-7)x+7a$
$-b=-a-7$, $7a=14$
$a=2$, $b=a+7=2+7=9$
따라서 $a+b=2+9=11$

답 ②

19
$(3x-1)(2x+4)-2(2x+3)(4x+1)$
$=6x^2+(12-2)x-4-2\{8x^2+(2+12)x+3\}$
$=6x^2+10x-4-2(8x^2+14x+3)$
$=-10x^2-18x-10$

답 ①

20
$(ax-3)(2x+b)=2ax^2+(ab-6)x-3b$
$2a=8$, $c=ab-6$, $-3b=-15$
$a=4$, $b=5$, $c=4\times5-6=14$
따라서 $a+b+c=4+5+14=23$

답 ③

21
직사각형의 넓이는
$(4x-2)(x+m)=4x^2+(4m-2)x-2m$
이므로 $n=4m-2$, $-2m=-12$
$m=6$, $n=4\times6-2=22$
따라서 $m+n=6+22=28$

답 ④

22
색칠한 부분의 넓이는 오른쪽 그림과 같은 직사각형의 넓이와 같다. 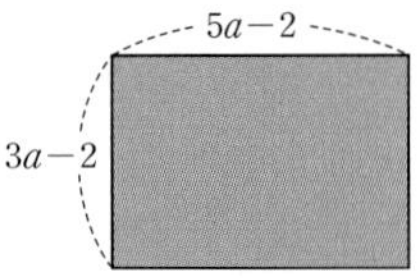
따라서 구하는 넓이는
$(5a-2)(3a-2)$
$=15a^2+(-10-6)a+4$
$=15a^2-16a+4$

답 ②

23
-8을 A로 놓으면
$(x+4)(x+A)=x^2+(4+A)x+4A$
$4+A=1$, $B=4A$
$A=-3$, $B=4\times(-3)=-12$
따라서 $A+B=-3+(-12)=-15$

답 ⑤

24
$(\sqrt{3}-5)^2-(3\sqrt{2}-1)(3\sqrt{2}+1)$
$=(\sqrt{3})^2-2\times\sqrt{3}\times5+5^2-\{(3\sqrt{2})^2-1^2\}$
$=3-10\sqrt{3}+25-(18-1)$
$=11-10\sqrt{3}$

답 ⑤

25
$(4\sqrt{3}-\sqrt{2})(2\sqrt{3}+3\sqrt{2})$
$=4\sqrt{3}\times2\sqrt{3}+4\sqrt{3}\times3\sqrt{2}-\sqrt{2}\times2\sqrt{3}-\sqrt{2}\times3\sqrt{2}$
$=24+12\sqrt{6}-2\sqrt{6}-6$
$=18+10\sqrt{6}$
따라서 $a=18$, $b=10$이므로
$a-b=18-10=8$

답 ④

26
$$x^2-4xy+y^2=x^2+y^2-4xy$$
$$=(x-y)^2+2xy-4xy$$
$$=(x-y)^2-2xy$$
$$=5^2-2\times3$$
$$=19$$

답 ⑤

27
$$x=\dfrac{1}{\sqrt{5}+2}$$
$$=\dfrac{\sqrt{5}-2}{(\sqrt{5}+2)(\sqrt{5}-2)}$$
$$=\dfrac{\sqrt{5}-2}{5-4}=\sqrt{5}-2$$
$$y=\dfrac{1}{\sqrt{5}-2}$$
$$=\dfrac{\sqrt{5}+2}{(\sqrt{5}-2)(\sqrt{5}+2)}$$
$$=\dfrac{\sqrt{5}+2}{5-4}=\sqrt{5}+2$$
$$x+y=(\sqrt{5}-2)+(\sqrt{5}+2)=2\sqrt{5}$$
$$xy=(\sqrt{5}-2)(\sqrt{5}+2)=5-4=1$$
따라서
$$x^2+xy+y^2=(x+y)^2-xy$$
$$=(2\sqrt{5})^2-1=19$$

답 ⑤

28
$$\left(x-\dfrac{1}{x}\right)^2=\left(x+\dfrac{1}{x}\right)^2-4$$
$$=(2\sqrt{3})^2-4$$
$$=8$$

답 ③

29 식의 좌변에 $2-1$을 곱하면
(좌변)
$$=(2-1)(2+1)(2^2+1)(2^4+1)(2^8+1)(2^{16}+1)$$
$$=(2^2-1)(2^2+1)(2^4+1)(2^8+1)(2^{16}+1)$$
$$=(2^4-1)(2^4+1)(2^8+1)(2^{16}+1)$$
$$=(2^8-1)(2^8+1)(2^{16}+1)$$
$$=(2^{16}-1)(2^{16}+1)$$
$$=2^{32}-1$$
따라서 $a=32,\ b=-1$이므로
$$a-b=32-(-1)=33$$

답 33

30 $(x+A)(x+B)=x^2+(A+B)x+AB$

$C=A+B,\ AB=8$
$(A,\ B)$가 될 수 있는 정수의 순서쌍은
$(-1,\ -8),\ (-2,\ -4),\ (-4,\ -2),\ (-8,\ -1),$
$(1,\ 8),\ (2,\ 4),\ (4,\ 2),\ (8,\ 1)$
이 중에서 합이 가장 큰 것은
$1+8=8+1=9$
따라서 구하는 C가 될 수 있는 값 중에 가장 큰 값은 9

답 9

31 $2<\sqrt{5}<3$이므로 $4<\sqrt{5}+2<5$
$\sqrt{5}+2$의 정수 부분은 4이므로 소수 부분은
$$a=\sqrt{5}+2-4=\sqrt{5}-2$$
$$\dfrac{1}{a}=\dfrac{1}{\sqrt{5}-2}$$
$$=\dfrac{\sqrt{5}+2}{(\sqrt{5}-2)(\sqrt{5}+2)}$$
$$=\dfrac{\sqrt{5}+2}{5-4}=\sqrt{5}+2$$
$$a+\dfrac{1}{a}=(\sqrt{5}-2)+(\sqrt{5}+2)=2\sqrt{5}$$
따라서 $a^2+\dfrac{1}{a^2}=\left(a+\dfrac{1}{a}\right)^2-2=(2\sqrt{5})^2-2=18$

답 18

수행평가 서술형으로 중단원 마무리 본문 56~57쪽

서술형예제 $A-15,\ A-15,\ 2$
서술형유제 7
1 6 **2** 1 **3** 10 **4** 18

서술형예제

$(2x-5)(3x+A)-x(x+A)$
$=6x^2+(2A-15)x-5A-x^2-Ax$
$=5x^2+(\boxed{A-15})x-5A$ · · · **1단계**
x의 계수가 -13이므로
$\boxed{A-15}=-13$ · · · **2단계**
따라서 $A=\boxed{2}$ · · · **3단계**

답 풀이 참조

단계	채점 기준	비율
1단계	전개하여 간단히 한 경우	60 %
2단계	x의 계수가 -13인 조건식을 세운 경우	20 %
3단계	A의 값을 구한 경우	20 %

서술형 **유제**

$(Ax+2)(x-3)-2(3x+B)^2$
$=Ax^2+(-3A+2)x-6-2(9x^2+6Bx+B^2)$
$=(A-18)x^2+(-3A-12B+2)x-6-2B^2$ $\cdots$ 1단계
$-3A-12B+2=-37$, $-6-2B^2=-14$
$2B^2=8$, $B^2=4$, $B=\pm2$
$B>0$이므로 $B=2$
$3A=-12B+39$, $A=-4B+13=-4\times2+13=5$
$\cdots$ 2단계

따라서 $A+B=5+2=7$ $\cdots$ 3단계

답 7

단계	채점 기준	비율
1단계	전개하여 간단히 한 경우	40 %
2단계	A, B의 값을 각각 구한 경우	40 %
3단계	$A+B$의 값을 구한 경우	20 %

1 xy항은
$4x\times(-y)+Ay\times x=(-4+A)xy$
이므로 $-4+A=-1$, $A=3$ $\cdots$ 1단계
$(4x+3y-2)(x-y+B)$에서 y항은
$3y\times B+(-2)\times(-y)=(3B+2)y$
이므로 $3B+2=20$, $3B=18$
따라서 $B=6$ $\cdots$ 2단계

답 6

단계	채점 기준	비율
1단계	A의 값을 구한 경우	50 %
2단계	B의 값을 구한 경우	50 %

2 $(3x-y)^2-(2x+y)(2x-y)$
$=9x^2-6xy+y^2-(4x^2-y^2)$
$=5x^2-6xy+2y^2$ $\cdots$ 1단계
따라서 $A=5$, $B=-6$, $C=2$이므로 $\cdots$ 2단계
$A+B+C=5+(-6)+2=1$ $\cdots$ 3단계

답 1

단계	채점 기준	비율
1단계	전개하여 간단히 한 경우	60 %
2단계	A, B, C의 값을 각각 구한 경우	20 %
3단계	$A+B+C$의 값을 구한 경우	20 %

3 $(4\sqrt{3}-2)(a\sqrt{3}+5)$
$=4\sqrt{3}\times a\sqrt{3}+4\sqrt{3}\times5-2\times a\sqrt{3}-2\times5$
$=12a+20\sqrt{3}-2a\sqrt{3}-10$

$=(12a-10)+(20-2a)\sqrt{3}$ $\cdots$ 1단계
유리수가 되려면 $20-2a=0$ $\cdots$ 2단계
$2a=20$
따라서 $a=10$ $\cdots$ 3단계

답 10

단계	채점 기준	비율
1단계	$m+n\sqrt{3}$의 꼴로 정리한 경우	50 %
2단계	유리수가 되기 위한 조건을 세운 경우	30 %
3단계	a의 값을 구한 경우	20 %

4 $(x+2)(y+2)=10$에서
$xy+2x+2y+4=10$
$xy+2(x+y)=6$
$xy=6-2(x+y)=6-2\times4=-2$ $\cdots$ 1단계
따라서
$x^2+xy+y^2=(x+y)^2-xy$
$\qquad\qquad\quad =4^2-(-2)=18$ $\cdots$ 2단계

답 18

단계	채점 기준	비율
1단계	xy의 값을 구한 경우	50 %
2단계	x^2+xy+y^2의 값을 구한 경우	50 %

2. 인수분해

1 인수분해

본문 58~64쪽

개념 확인 문제

1 (1) x^2+x (2) x^2y+xy^2 (3) $2a^2-2ab$ (4) $ab+3a-b-3$

2 (1) 1, x, $x-2$, $x(x-2)$ (2) 1, $a+b$, $a-b$, $(a+b)(a-b)$

3 (1) x, $4y$ (2) a, 3 (3) $2y$, $2z$ (4) ab, 3

4 (1) z, $z(x-2y)$ (2) a, $a(a+5)$ (3) $2x$, $2x(x-2y)$
(4) ab, $ab(a+4)$

5 (1) 2, 2, 2 (2) 3, 3, 3

6 (1) $(x+4)^2$ (2) $(a-5)^2$ (3) $(2x+1)^2$ (4) $(3a+1)^2$

7 (1) $(x+3)(x-3)$ (2) $(a+4)(a-4)$ (3) $(2x+1)(2x-1)$
(4) $(3x+1)(3x-1)$

8 (1) 3, $3x$, $5x$ (2) -5, $-5x$, $-7x$

9 (1) -3, $-3x$, $-x$ (2) -2, $-2x$, $4x$

유제 1

$2x^2y-6xy^2=2xy(x-3y)$

따라서 인수가 아닌 것은 y^2

답 ④

유제 2

$x(y-1)+2(1-y)$
$=x(y-1)-2(y-1)$
$=(x-2)(y-1)$

답 ①

유제 3

$4x^2-12x+9$
$=(2x)^2-2\times2x\times3+3^2$
$=(2x-3)^2$

따라서 인수인 것은 $2x-3$

답 ③

유제 4

① x^2-6x+9
　$=x^2-2\times x\times3+3^2$
　$=(x-3)^2$

② $x^2+\dfrac{x}{2}+\dfrac{1}{16}$
　$=x^2+2\times x\times\dfrac{1}{4}+\left(\dfrac{1}{4}\right)^2$
　$=\left(x+\dfrac{1}{4}\right)^2$

③ $16x^2-8x+1$
　$=(4x)^2-2\times4x\times1+1^2$
　$=(4x-1)^2$

④ $3x^2-12x+12$
　$=3(x^2-4x+4)$
　$=3(x^2-2\times x\times2+2^2)$
　$=3(x-2)^2$

⑤ $25x^2+20xy+4y^2$
　$=(5x)^2+2\times5x\times2y+(2y)^2$
　$=(5x+2y)^2$

따라서 옳지 않은 것은 ④이다.

답 ④

유제 5

$\dfrac{1}{16}x^2-\dfrac{3}{2}x+A$
$=\left(\dfrac{1}{4}x\right)^2-2\times\dfrac{1}{4}x\times3+3^2$

따라서 $A=3^2=9$

답 ④

유제 6

$9x^2+ax+25$
$=(3x)^2\pm2\times3x\times5+5^2$

따라서 구하는 양수 a의 값은
$2\times3\times5=30$

답 ③

유제 7

$16x^2-49$
$=(4x)^2-7^2$
$=(4x+7)(4x-7)$

따라서 $A=4$, $B=7$이므로
$B-A=7-4=3$

답 ③

유제 8

$a^4-1=(a^2)^2-1^2$
　　　$=(a^2+1)(a^2-1)$
　　　$=(a^2+1)(a+1)(a-1)$

따라서 인수가 아닌 것은 a

답 ③

유제 9

$x^2+8x+12$

$\begin{array}{ccc} x & \searrow \ 6 & \to \ 6x \\ x & \nearrow \ 2 & \to \ \underline{2x} \ (+ \\ & & 8x \end{array}$

$x^2+8x+12=(x+6)(x+2)$

따라서 $a=6$, $b=2$이므로
$a-b=6-2=4$

답 ③

유제 10

$x^2+3x-18$

$\begin{array}{ccc} x & \searrow \ -3 & \to \ -3x \\ x & \nearrow \ 6 & \to \ \underline{6x} \ (+ \\ & & 3x \end{array}$

$x^2+3x-18=(x-3)(x+6)$

따라서 인수인 것은 $x+6$

답 ⑤

유제 11

$3x^2+2x-8$

$$
\begin{array}{ccc}
x & \diagdown\ \ 2 & \to\ \ \ 6x \\
3x & \diagup\diagdown\ -4 & \to\ \ \underline{-4x}\ (\ + \\
& & 2x
\end{array}
$$

$3x^2+2x-8=(x+2)(3x-4)$

따라서 $a=2$, $b=-4$이므로

$a-b=2-(-4)=6$

답 ⑤

유제 12

$6x^2-19x+10$

$$
\begin{array}{ccc}
2x & \diagdown\ -5 & \to\ -15x \\
3x & \diagup\diagdown\ -2 & \to\ \underline{-4x}\ (\ + \\
& & -19x
\end{array}
$$

$6x^2-19x+10=(2x-5)(3x-2)$

따라서 인수인 것은 $2x-5$

답 ①

유제 13

$4x^2+px-6=(x-2)(4x+m)$이라고 하면

$(x-2)(4x+m)=4x^2+(m-8)x-2m$

$p=m-8$, $-2m=-6$

$m=3$

따라서 $p=3-8=-5$

답 ①

유제 14

$4x^2-8x+k=(2x+1)(2x+m)$이라고 하면

$(2x+1)(2x+m)=4x^2+(2m+2)x+m$

$2m+2=-8$, $k=m$

$2m=-10$, $m=-5$

따라서 $k=-5$

답 ②

유제 15

민식이는 x^2의 계수와 상수항은 제대로 보았다.

$(x+2)(x-9)=x^2-7x-18$

이므로 x^2의 계수는 1, 상수항은 -18

종호는 x^2의 계수와 x의 계수는 제대로 보았다.

$(x+4)(x-7)=x^2-3x-28$

이므로 x^2의 계수는 1, x의 계수는 -3

따라서 처음 이차식은 $x^2-3x-18$

답 $x^2-3x-18$

유제 16

재원이는 x^2의 계수와 상수항은 제대로 보았다.

$(x+2)(x+10)=x^2+12x+20$

이므로 x^2의 계수는 1, 상수항은 20

수영이는 x^2의 계수와 x의 계수는 제대로 보았다.

$(x-2)(x+11)=x^2+9x-22$

이므로 x^2의 계수는 1, x의 계수는 9

따라서 처음 이차식은 $x^2+9x+20$이므로 바르게 인수분해하면

$(x+4)(x+5)$

답 $(x+4)(x+5)$

② 인수분해 공식의 활용

본문 65~66쪽

개념 확인 문제

1 (1) $2a$, 4, $2a$, 4 (2) 3, $(x-1)(x+4)$

2 (1) 30 (2) 400 (3) 900 (4) 3200

유제 1

$4a^3b+8a^2b-32ab$

$=4ab(a^2+2a-8)$

$=4ab(a-2)(a+4)$

답 ④

유제 2

$3(x-2)^2-7(x-2)-6$에서

$x-2=A$로 놓으면

$3A^2-7A-6=(3A+2)(A-3)$

A 대신에 $x-2$를 대입하면

(좌변)$=(3x-4)(x-5)$

따라서 $a=-4$, $b=-5$이므로

$a+b=-4+(-5)=-9$

답 ②

유제 3

$x+y=4.65+1.35=6$이므로

$x^2+2xy+y^2=(x+y)^2$

$\qquad\qquad\quad =6^2=36$

답 ③

유제 4

$\dfrac{1}{8} \times 25^2 - \dfrac{1}{8} \times 21^2$

$= \dfrac{1}{8} \times (25^2 - 21^2)$

$= \dfrac{1}{8} \times (25+21)(25-21)$

$= \dfrac{1}{8} \times 46 \times 4$

$= 23$

답 ②

형성평가

본문 67쪽

01 ⑤	02 ④	03 ③	04 ②	05 ⑤	06 ①
07 ②	08 ②				

01 $x^3 - 2x^2 = x^2(x-2)$

따라서 인수가 아닌 것은 x^3

답 ⑤

02 $9x^2 - 30xy + 25y^2$

$= (3x)^2 - 2 \times 3x \times 5y + (5y)^2$

$= (3x-5y)^2$

따라서 $a=3$, $b=-5$이므로

$a-b=3-(-5)=8$

답 ④

03 $4x^2 + Ax + 36$

$= (2x)^2 \pm 2 \times 2x \times 6 + 6^2$

따라서 구하는 양수 A의 값은

$2 \times 2 \times 6 = 24$

답 ③

04 $-16a^2 + 36b^2$

$= -4(4a^2 - 9b^2)$

$= -4\{(2a)^2 - (3b)^2\}$

$= -4(2a+3b)(2a-3b)$

답 ②

05 $x^2 + 6x - 16 = (x+8)(x-2)$

따라서 $a=8$, $b=-2$이므로

$a-b=8-(-2)=10$

답 ⑤

06 $8x^2 + 6x - 9$

$$
\begin{array}{ccccc}
2x & \searrow & 3 & \rightarrow & 12x \\
4x & \nearrow & -3 & \rightarrow & \dfrac{-6x}{6x} \; (+ \\
\end{array}
$$

$8x^2 + 6x - 9 = (2x+3)(4x-3)$

따라서 $a=3$, $b=-3$이므로

$a-b=3-(-3)=6$

답 ①

07 $x^2 + Ax - 20 = (x+2)(x+m)$이라고 하면

$(x+2)(x+m) = x^2 + (2+m)x + 2m$

$A = 2+m$, $2m = -20$

$m = -10$

따라서 $A = 2 + (-10) = -8$

답 ②

08 $x - y = (\sqrt{5} + \sqrt{3}) - (\sqrt{5} - \sqrt{3})$

$\qquad = 2\sqrt{3}$

따라서

$x^2 - 2xy + y^2 = (x-y)^2$

$\qquad\qquad\qquad = (2\sqrt{3})^2 = 12$

답 ②

중단원 마무리

본문 68~71쪽

01 ③	02 ④	03 ④	04 ④	05 ⑤	06 ②
07 ③	08 ③	09 ②	10 ④	11 ③	12 ②
13 ④	14 ④	15 ⑤	16 ③	17 ⑤	18 ③
19 ①	20 ②	21 ②	22 ④	23 ②	24 ⑤
25 $(x-2)(x-10)$	26 ③	27 ③	28 ②	29 2	
30 2	31 $\dfrac{21}{40}$				

01 $x^2(x+y)$에서 y와 어떤 다항식을 곱하여 $x^2(x+y)$를 만들 수 없으므로 y는 인수가 아니다.

답 ③

02 $x^2 + 6x + 9$

$= x^2 + 2 \times x \times 3 + 3^2$

$= (x+3)^2$

따라서 인수인 것은 $x+3$

답 ④

03 $x^2+10x+a=x^2+2\times x\times 5+5^2$
따라서 $a=5^2=25$

답 ④

04 $4a^2-49=(2a)^2-7^2$
$=(2a+7)(2a-7)$

답 ④

05 $x^2+7x+12$

$\begin{array}{ccc} x & \diagdown & 3 \to 3x \\ x & \diagup & 4 \to \underline{4x}\ (+ \\ & & 7x \end{array}$

따라서 $x^2+7x+12=(x+3)(x+4)$

답 ⑤

06 $2x^2-5x+2$

$\begin{array}{ccc} x & \diagdown & -2 \to -4x \\ 2x & \diagup & -1 \to \underline{-x}\ (+ \\ & & -5x \end{array}$

따라서 $2x^2-5x+2=(x-2)(2x-1)$

답 ②

07 $x^2+ax-6=(x+2)(x+m)$이라고 하면
$(x+2)(x+m)=x^2+(2+m)x+2m$
$a=2+m,\ 2m=-6$
$m=-3$
따라서 $a=2+(-3)=-1$

답 ③

08 $30\times 59-30\times 54=30\times(59-54)$
$=30\times 5=150$

답 ③

09 $-12x^2y+9xy=-3xy(4x-3)$
따라서 인수가 아닌 것은 x^2y

답 ②

10 $(x-2)(x-4)-7(4-x)$
$=x^2+(-2-4)x+8-28+7x$
$=x^2+x-20$
$=(x+5)(x-4)$
따라서 구하는 두 일차식의 합은
$(x+5)+(x-4)=2x+1$

답 ④

| 다른 풀이 |
$(x-2)(x-4)-7(4-x)=(x-2)(x-4)+7(x-4)$
$=(x-4)(x-2+7)$
$=(x-4)(x+5)$
따라서 구하는 두 일차식의 합은
$(x-4)+(x+5)=2x+1$

11 ① $x^2+4x+16$에서 $16\neq\left(\dfrac{4}{2}\right)^2$이므로 완전제곱식으로 인수분해될 수 없다.
② x^2+6x-9에서 -9는 음수이므로 완전제곱식으로 인수분해될 수 없다.
③ $9x^2-12x+4=(3x)^2-2\times 3x\times 2+2^2$
$=(3x-2)^2$
이므로 완전제곱식으로 인수분해된다.
④ $\dfrac{1}{4}x^2+2xy-4y^2=\dfrac{1}{4}(x^2+8xy-16y^2)$
$x^2+8xy-16y^2$에서 $-16y^2$은 음수이므로 완전제곱식으로 인수분해될 수 없다.
⑤ $36x^2-6x+1=36\left(x^2-\dfrac{1}{6}x+\dfrac{1}{36}\right)$
$x^2-\dfrac{1}{6}x+\dfrac{1}{36}$에서 $\dfrac{1}{36}\neq\left(-\dfrac{1}{12}\right)^2$이므로 완전제곱식으로 인수분해될 수 없다.

답 ③

12 $(x-2)(x-6)+k=x^2+(-2-6)x+12+k$
$=x^2-8x+12+k$
완전제곱식이 되려면
$12+k=\left(-\dfrac{8}{2}\right)^2=16$
따라서 $k=4$

답 ②

13 $25x^2+Ax+16=(5x+B)^2$
$(5x+B)^2=25x^2+10Bx+B^2$
$A=10B,\ B^2=16$
$B=\pm 4$
$A>0$이므로 $B>0$
$B=4,\ A=10\times 4=40$
따라서 $A-B=40-4=36$

답 ④

14 $x+3>0$이므로
$\sqrt{x^2+6x+9}=\sqrt{(x+3)^2}=x+3$
$x-3<0$이므로
$\sqrt{x^2-6x+9}=\sqrt{(x-3)^2}=-x+3$

따라서
$$\sqrt{x^2+6x+9}-\sqrt{x^2-6x+9}$$
$$=(x+3)-(-x+3)$$
$$=2x$$

답 ④

15 ① $-2x^2+2y^2=-2(x^2-y^2)$
$$=-2(x-y)(x+y)$$
② $x^4-x^2=x^2(x^2-1)$
$$=x^2(x+1)(x-1)$$
③ $4x^2-25=(2x)^2-5^2$
$$=(2x+5)(2x-5)$$
④ $3x^2-12y^2=3(x^2-4y^2)$
$$=3\{x^2-(2y)^2\}$$
$$=3(x+2y)(x-2y)$$
⑤ $4x^3-36x=4x(x^2-9)$
$$=4x(x^2-3^2)$$
$$=4x(x+3)(x-3)$$
따라서 인수분해를 바르게 한 것은 ⑤이다.

답 ⑤

16 $5x^2-45y^2=5(x^2-9y^2)$
$$=5(x+3y)(x-3y)$$
$$=420$$
이므로 $5\times12\times(x+3y)=420$
따라서 $x+3y=7$

답 ③

17 $x^2-2x+a=(x+4)(x+b)$
$(x+4)(x+b)=x^2+(4+b)x+4b$
$4+b=-2$, $a=4b$
$b=-6$, $a=4\times(-6)=-24$
따라서 $a+b=-24+(-6)=-30$

답 ⑤

18 $6x^2-5x-a=(2x+1)(3x+m)$이라고 하면
$(2x+1)(3x+m)=6x^2+(2m+3)x+m$
$2m+3=-5$, $2m=-8$
$m=-4$
따라서 구하는 다른 한 인수는 $3x-4$

답 ③

19 $8x^2+4xy-24y^2=4(2x^2+xy-6y^2)$
$$=4(x+2y)(2x-3y)$$
따라서 $a=4$, $b=2$, $c=2$, $d=-3$이므로

$a+b+c+d=4+2+2+(-3)=5$

답 ①

20 $4x^2+5x-6$

$$\begin{array}{ccc} x & \searrow \nearrow & 2 \to 8x \\ 4x & & -3 \to \underline{-3x} \; (+ \\ & & 5x \end{array}$$

$4x^2+5x-6=(x+2)(4x-3)$
따라서 구하는 두 일차식의 합은
$(x+2)+(4x-3)=5x-1$

답 ②

21 ㄱ. $3x^2-x-10=(x-2)(3x+5)$
ㄴ. $x^2+7x+10=(x+2)(x+5)$
ㄷ. $2x^2-3x-14=(x+2)(2x-7)$
ㄹ. $5x^2-8x-4=(x-2)(5x+2)$
따라서 $x-2$를 인수로 갖는 것은 ㄱ, ㄹ이다.

답 ②

22 $Ax^2+11x-15=(3x+5)(mx+n)$이라고 하면
$(3x+5)(mx+n)=3mx^2+(5m+3n)x+5n$
$A=3m$, $5m+3n=11$, $5n=-15$
$n=-3$, $5m=20$
$m=4$
따라서 $A=3\times4=12$

답 ④

23 $x^2-2xy-8y^2$

$$\begin{array}{ccc} x & \searrow \nearrow & 2y \to 2xy \\ x & & -4y \to \underline{-4xy} \; (+ \\ & & -2xy \end{array}$$

$x^2-2xy-8y^2=(x+2y)(x-4y)$
이므로 직사각형의 가로의 길이는 $x-4y$
따라서 구하는 직사각형의 둘레의 길이는
$2\{(x+2y)+(x-4y)\}=4x-4y=4(x-y)$

답 ②

24 $x^2+3x-10=(x+5)(x-2)$
$2x^2+7x-15=(x+5)(2x-3)$
따라서 공통으로 들어 있는 인수는 $x+5$

답 ⑤

25 태완이는 x^2의 계수와 상수항은 제대로 보았다.
$(x-4)(x-5)=x^2-9x+20$
이므로 x^2의 계수는 1, 상수항은 20

광호는 x^2의 계수와 x의 계수는 제대로 보았다.
$(x-3)(x-9)=x^2-12x+27$
이므로 x^2의 계수는 1, x의 계수는 -12
따라서 처음 이차식은 $x^2-12x+20$이므로 바르게 인수분해하면
$(x-2)(x-10)$

답 $(x-2)(x-10)$

26 $2(3x+1)^2-3(3x+1)-20$에서
$3x+1=A$로 놓으면
$2A^2-3A-20=(A-4)(2A+5)$
A 대신에 $3x+1$을 대입하면
(주어진 식)$=(3x-3)(6x+7)$
$\qquad\qquad =3(x-1)(6x+7)$
따라서 $a=-1$, $b=6$, $c=7$이므로
$a-b+c=-1-6+7=0$

답 ③

27 $x=\dfrac{1}{2-\sqrt{5}}$

$\quad =\dfrac{2+\sqrt{5}}{(2-\sqrt{5})(2+\sqrt{5})}$

$\quad =\dfrac{2+\sqrt{5}}{4-5}=-2-\sqrt{5}$

$y=\dfrac{1}{2+\sqrt{5}}$

$\quad =\dfrac{2-\sqrt{5}}{(2+\sqrt{5})(2-\sqrt{5})}$

$\quad =\dfrac{2-\sqrt{5}}{4-5}=-2+\sqrt{5}$

$x+y=(-2-\sqrt{5})+(-2+\sqrt{5})=-4$
따라서 $x^2+2xy+y^2=(x+y)^2=(-4)^2=16$

답 ③

28 $x^2+8x+12=(x+2)(x+6)$
$x+2=\sqrt{7}-2$, $x+6=\sqrt{7}+2$
따라서
$x^2+8x+12=(\sqrt{7}-2)(\sqrt{7}+2)$
$\qquad\qquad\qquad =7-4=3$

답 ②

29 $x^2+8x+16-4y^2$
$=(x+4)^2-(2y)^2$
$=(x+4+2y)(x+4-2y)$
$=(x+2y+4)(x-2y+4)$
$(x-2y)^2+(x-2y)-12$에서
$x-2y=A$로 놓으면

$A^2+A-12=(A-3)(A+4)$
A 대신에 $x-2y$를 대입하면
$(x-2y-3)(x-2y+4)$
공통으로 들어 있는 인수는 $x-2y+4$이므로
$a=-2$, $b=4$
따라서 $a+b=-2+4=2$

답 2

30 새로 만들어지는 직사각형에서
가로의 길이는 $2x+7+A$, 세로의 길이는 $2x+7-A$
넓이가 $4x^2+28x+45$이므로
$(2x+7+A)(2x+7-A)=4x^2+28x+45$
$4x^2+28x+45=(2x+5)(2x+9)$
$7+A=5$, $7-A=9$ 또는 $7+A=9$, $7-A=5$
$A=-2$ 또는 $A=2$
따라서 구하는 양수 A의 값은 2

답 2

31 $\left(1-\dfrac{1}{2^2}\right)\times\left(1-\dfrac{1}{3^2}\right)\times\left(1-\dfrac{1}{4^2}\right)\times\cdots\times\left(1-\dfrac{1}{20^2}\right)$

$=\dfrac{2^2-1}{2^2}\times\dfrac{3^2-1}{3^2}\times\dfrac{4^2-1}{4^2}\times\cdots\times\dfrac{20^2-1}{20^2}$

$=\dfrac{(2-1)(2+1)}{2^2}\times\dfrac{(3-1)(3+1)}{3^2}$

$\quad \times\dfrac{(4-1)(4+1)}{4^2}\times\cdots\times\dfrac{(20-1)(20+1)}{20^2}$

$=\dfrac{1\times 3}{2\times 2}\times\dfrac{2\times 4}{3\times 3}\times\dfrac{3\times 5}{4\times 4}\times\cdots\times\dfrac{19\times 21}{20\times 20}$

$=\dfrac{1}{2}\times\dfrac{21}{20}$

$=\dfrac{21}{40}$

답 $\dfrac{21}{40}$

수행평가 **서술형으로 중단원 마무리** 본문 72~73쪽

서술형**예제** 24, 3, 3, 3, 5
서술형**유제** $2x-2$

1 4 **2** -11 **3** 17 **4** -160

서술형예제

$(x-2)(x+7)-10$
$=x^2+5x-\boxed{24}$

$=(x+8)(x-\boxed{3})$ $\cdots$ **1단계**

따라서 구하는 두 일차식은 $x+8$, $x-\boxed{3}$이므로 $\cdots$ **2단계**

두 일차식의 합은

$(x+8)+(x-\boxed{3})=2x+\boxed{5}$ $\cdots$ **3단계**

답 풀이 참조

단계	채점 기준	비율
1단계	$(x-2)(x+7)-10$을 인수분해한 경우	60 %
2단계	두 일차식을 구한 경우	20 %
3단계	두 일차식의 합을 구한 경우	20 %

서술형 유제

$(x+4)(x-6)-11$

$=x^2-2x-35$

$=(x+5)(x-7)$ $\cdots$ **1단계**

따라서 구하는 두 일차식은 $x+5$, $x-7$이므로 $\cdots$ **2단계**

두 일차식의 합은

$(x+5)+(x-7)=2x-2$ $\cdots$ **3단계**

답 $2x-2$

단계	채점 기준	비율
1단계	$(x+4)(x-6)-11$을 인수분해한 경우	60 %
2단계	두 일차식을 구한 경우	20 %
3단계	두 일차식의 합을 구한 경우	20 %

1 $a-3<0$이므로

$\sqrt{a^2-6a+9}=\sqrt{(a-3)^2}=-a+3$ $\cdots$ **1단계**

$a+1>0$이므로

$\sqrt{a^2+2a+1}=\sqrt{(a+1)^2}=a+1$ $\cdots$ **2단계**

따라서

$\sqrt{a^2-6a+9}+\sqrt{a^2+2a+1}$

$=(-a+3)+(a+1)$

$=4$ $\cdots$ **3단계**

답 4

단계	채점 기준	비율
1단계	$\sqrt{a^2-6a+9}$를 간단히 한 경우	40 %
2단계	$\sqrt{a^2+2a+1}$을 간단히 한 경우	40 %
3단계	$\sqrt{a^2-6a+9}+\sqrt{a^2+2a+1}$을 간단히 한 경우	20 %

2 $x^2-16x+64$

$=x^2-2\times x\times 8+8^2$

$=(x-8)^2$

이므로 $a=-8$ $\cdots$ **1단계**

$6x^2-11x-10=(2x-5)(3x+2)$

이므로 $b=-5$, $c=2$ $\cdots$ **2단계**

따라서 $a+b+c=-8+(-5)+2=-11$ $\cdots$ **3단계**

답 -11

단계	채점 기준	비율
1단계	a의 값을 구한 경우	40 %
2단계	b, c의 값을 각각 구한 경우	40 %
3단계	$a+b+c$의 값을 구한 경우	20 %

3 $x^2-7x+a=(x-4)(x+m)$이라고 하면

$(x-4)(x+m)=x^2+(-4+m)x-4m$

$-4+m=-7$, $a=-4m$

$m=-3$, $a=-4\times(-3)=12$ $\cdots$ **1단계**

$2x^2-bx-12=(x-4)(2x+n)$이라고 하면

$(x-4)(2x+n)=2x^2+(-8+n)x-4n$

$-b=-8+n$, $-4n=-12$

$n=3$, $b=8-n=8-3=5$ $\cdots$ **2단계**

따라서 $a+b=12+5=17$ $\cdots$ **3단계**

답 17

단계	채점 기준	비율
1단계	a의 값을 구한 경우	40 %
2단계	b의 값을 구한 경우	40 %
3단계	$a+b$의 값을 구한 경우	20 %

4 $3^2-5^2+7^2-9^2+11^2-13^2+15^2-17^2$

$=(3+5)(3-5)+(7+9)(7-9)+(11+13)(11-13)$

$+(15+17)(15-17)$ $\cdots$ **1단계**

$=8\times(-2)+16\times(-2)+24\times(-2)+32\times(-2)$

$=(8+16+24+32)\times(-2)$

$=80\times(-2)$

$=-160$ $\cdots$ **2단계**

답 -160

단계	채점 기준	비율
1단계	$a^2-b^2=(a+b)(a-b)$임을 이용하여 나타낸 경우	50 %
2단계	주어진 식의 값을 구한 경우	50 %

Ⅲ. 이차방정식

1. 이차방정식의 뜻과 풀이

1 이차방정식과 그 해

개념 확인 문제

1 (1) × (2) ○ (3) ○ (4) ○

2 (1) ○ (2) × (3) × (4) ○

유제 1

ㄱ. $x^2-3=x$에서 $x^2-x-3=0$이므로 이차방정식이다.

ㄴ. $x(x+1)=2x$에서 $x^2-x=0$이므로 이차방정식이다.

ㄷ. $\frac{1}{2}x^2+x=\frac{1}{2}$에서 $\frac{1}{2}x^2+x-\frac{1}{2}=0$이므로 이차방정식이다.

ㄹ. $(2x-1)(3x-1)=6x^2$에서 $-5x+1=0$이므로 이차방정식이 아니다.

따라서 x에 대한 이차방정식은 ㄱ, ㄴ, ㄷ이다.

답 ④

유제 2

$ax^2+3x=2x^2-5$에서 $(a-2)x^2+3x+5=0$

이차방정식이 되려면 $a-2\neq0$이어야 하므로

$a\neq2$

답 ②

유제 3

① $2^2-3\times2+2=0$ ② $2^2+2-2\neq0$

③ $(2-1)\times(2+2)\neq0$ ④ $(2\times2+1)\times(2+2)\neq0$

⑤ $2\times(2-1)+2\neq0$

답 ①

유제 4

$x=-2$일 때, $(-2)^2+3\times(-2)+2=0$

$x=-1$일 때, $(-1)^2+3\times(-1)+2=0$

$x=0$일 때, $0^2+3\times0+2\neq0$

$x=1$일 때, $1^2+3\times1+2\neq0$

$x=2$일 때, $2^2+3\times2+2\neq0$

따라서 해는 $x=-2$ 또는 $x=-1$이다.

답 $x=-2$ 또는 $x=-1$

2 인수분해를 이용한 이차방정식의 풀이

개념 확인 문제

1 (1) x, $x-4$, 0, 4 (2) $x+3$, $x-2$, -3, 2

2 (1) 1, 4, $x+1$, $x-4$, -1, 4 (2) 7, 3, $x+7$, $x-3$, -7, 3

3 (1) 1, 1, 1, 1, 1 (2) 2, 1, 2, 1, $\frac{1}{2}$, $\frac{1}{2}$, $\frac{1}{2}$

4 (1) ○ (2) × (3) ○ (4) ○

유제 1

$x(x+6)=5x+12$에서 $x^2+6x=5x+12$

$x^2+x-12=0$, $(x+4)(x-3)=0$

따라서 $x=-4$ 또는 $x=3$

답 $x=-4$ 또는 $x=3$

유제 2

$2x^2+4x-6=0$에서 $x^2+2x-3=0$

$(x+3)(x-1)=0$, $x=-3$ 또는 $x=1$

$\alpha>\beta$이므로 $\alpha=1$, $\beta=-3$

따라서 $\alpha-\beta=1-(-3)=4$

답 ④

유제 3

$x^2+3ax-2a=0$에 $x=2$를 대입하면

$4+6a-2a=0$, $4a=-4$, $a=-1$

주어진 이차방정식은 $x^2-3x+2=0$이므로

$(x-1)(x-2)=0$

$x=1$ 또는 $x=2$

따라서 다른 한 근은 $x=1$이다.

답 ④

유제 4

$x^2+ax-15=0$에 $x=3$을 대입하면

$9+3a-15=0$, $3a=6$, $a=2$

주어진 이차방정식은 $x^2+2x-15=0$이므로

$(x+5)(x-3)=0$

$x=-5$ 또는 $x=3$

따라서 $b=-5$이므로

$a-b=2-(-5)=7$

답 ③

유제 5

$4x(x+3)=-9$에서 $4x^2+12x+9=0$

$(2x+3)^2=0$

따라서 $x=-\dfrac{3}{2}$

답 $x=-\dfrac{3}{2}$

유제 6

$(x+a)^2=0$은 $x=-a$를 중근으로 가지므로

$-a=-3$, $a=3$

$(x+b)^2=0$은 $x=-b$를 중근으로 가지므로

$-b=2$, $b=-2$

따라서 $a+b=3+(-2)=1$

답 ④

유제 7

이차방정식 $x^2+4x+5-k=0$이 중근을 가지므로

$5-k=\left(\dfrac{4}{2}\right)^2$, $k=1$

답 ①

유제 8

이차방정식 $x^2+ax+25=0$이 중근을 가지므로

$25=\left(\dfrac{a}{2}\right)^2$, $a^2=100$

a는 양수이므로 $a=10$

답 ③

형성평가

본문 82쪽

01 ①	02 ②	03 ④	04 ③	05 ①	06 ③
07 ①	08 ⑤				

01 $(x-1)(x-3)=4$에서 $x^2-4x-1=0$

따라서 $a=-4$, $b=-1$이므로

$a-b=-4-(-1)=-3$

답 ①

02 $ax^2+3=(x+5)(2x-1)$에서

$ax^2+3=2x^2+9x-5$

$(a-2)x^2-9x+8=0$

이차방정식이 되려면 $a-2\neq0$이어야 하므로

$a\neq2$

답 ②

03 ① $3^2+3+3\neq0$

② $3^2-3\neq0$

③ $3\times(3-1)-3\neq0$

④ $2\times(3-1)\times(3-3)=0$

⑤ $3\times3^2-5\neq6\times3$

답 ④

04 $x^2+ax-10=0$에 $x=2$를 대입하면

$4+2a-10=0$, $2a=6$, $a=3$

답 ③

05 $2x(x+4)=x^2-7$에서 $2x^2+8x=x^2-7$

$x^2+8x+7=0$, $(x+7)(x+1)=0$

따라서 $x=-7$ 또는 $x=-1$

답 ①

06 $x^2+ax-3=0$에 $x=-3$을 대입하면

$9-3a-3=0$, $-3a=-6$, $a=2$

주어진 이차방정식은 $x^2+2x-3=0$이므로

$(x+3)(x-1)=0$

$x=-3$ 또는 $x=1$

따라서 $b=1$이므로 $a+b=2+1=3$

답 ③

07 $(x+3a)(x+a-6)=0$이 중근을 가지려면 주어진 식의 좌변이 똑같은 인수로 인수분해 되어야 하므로

$3a=a-6$, $2a=-6$, $a=-3$

주어진 이차방정식은 $(x-9)^2=0$이고

$x=9$를 중근으로 가지므로 $b=9$

따라서 $a-b=-3-9=-12$

답 ①

08 이차방정식 $x^2+2x+7-2a=0$이 중근을 가지므로

$7-2a=\left(\dfrac{2}{2}\right)^2=1$, $-2a=-6$, $a=3$

$x^2+(a+1)x+b=0$에 $a=3$을 대입하면

$x^2+4x+b=0$이고 중근을 가지므로

$b=\left(\dfrac{4}{2}\right)^2=4$

따라서 $a+b=3+4=7$

답 ⑤

3 완전제곱식을 이용한 이차방정식의 풀이 본문 83~86쪽

개념 확인 문제

1 (1) 12, 12, 2, 3　(2) 5, $\dfrac{5}{4}$, $\dfrac{5}{4}$, 2

2 (1) 6, 3, 6　(2) 3, 3, -1, 3

3 (1) 1, 1, 1, 10　(2) $\dfrac{9}{4}$, $\dfrac{9}{4}$, $\dfrac{3}{2}$, 5

4 (1) 16, 16, 4, 21, 4, 21, $4\pm\sqrt{21}$

　　(2) $\dfrac{3}{2}$, 4, 4, 2, $\dfrac{5}{2}$, 2, $\dfrac{5}{2}$, 10, $-2\pm\dfrac{\sqrt{10}}{2}$

유제 1

$9x^2-8=0$에서 $x^2=\dfrac{8}{9}$

$x=\pm\sqrt{\dfrac{8}{9}}=\pm\dfrac{2\sqrt{2}}{3}$

$\alpha>\beta$이므로 $\alpha=\dfrac{2\sqrt{2}}{3}$, $\beta=-\dfrac{2\sqrt{2}}{3}$

따라서 $\alpha-\beta=\dfrac{2\sqrt{2}}{3}-\left(-\dfrac{2\sqrt{2}}{3}\right)=\dfrac{4\sqrt{2}}{3}$

답 ③

유제 2

$3(x+5)^2=24$에서 $(x+5)^2=8$

$x+5=\pm2\sqrt{2}$, $x=-5\pm2\sqrt{2}$

답 ②

유제 3

$7x^2-k=0$에서 $x^2=\dfrac{k}{7}$이므로 $\dfrac{k}{7}=0$일 때 중근을 갖는다.

따라서 $k=0$

답 ③

유제 4

$(x-3)^2=k+4$에서 $k+4>0$일 때 서로 다른 두 근을 가지므로

$k>-4$

따라서 k의 값이 될 수 없는 것은 ① -5이다.

답 ①

유제 5

$2x^2-12x+8=0$의 양변을 2로 나누면

$x^2-6x+4=0$, $x^2-6x=-4$

$x^2-6x+9=-4+9$, $(x-3)^2=5$

따라서 $p=-3$, $q=5$이므로

$p+q=-3+5=2$

답 ②

유제 6

$(x+1)(x-3)=4$에서 $x^2-2x=7$

$x^2-2x+1=7+1$, $(x-1)^2=8$

따라서 $p=-1$, $q=8$이므로

$p+q=-1+8=7$

답 ③

유제 7

$x^2+2x-5=0$에서 $x^2+2x+1=5+1$

$(x+1)^2=6$, $x+1=\pm\sqrt{6}$

따라서 $x=-1\pm\sqrt{6}$

답 ④

유제 8

$2x^2+20x+8=0$에서 $x^2+10x=-4$

$x^2+10x+25=-4+25$

$(x+5)^2=21$, $x+5=\pm\sqrt{21}$

$x=-5\pm\sqrt{21}$

따라서 $\alpha+\beta=(-5+\sqrt{21})+(-5-\sqrt{21})=-10$

답 ①

형성평가 본문 87쪽

01 ④　**02** ③　**03** ⑤　**04** ①　**05** ⑤　**06** ①
07 ②　**08** ④

01 ① $x^2=12$에서 $x=\pm\sqrt{12}=\pm2\sqrt{3}$

② $x^2+24=0$에서 $x^2=-24$이므로 해가 없다.

③ $2x^2-12=0$에서 $x^2=6$, $x=\pm\sqrt{6}$

④ $2x^2-48=0$에서 $x^2=24$, $x=\pm\sqrt{24}=\pm2\sqrt{6}$

⑤ $3x^2-48=0$에서 $x^2=16$, $x=\pm\sqrt{16}=\pm4$

답 ④

02 $5\left(x-\dfrac{1}{2}\right)^2-40=0$에서 $\left(x-\dfrac{1}{2}\right)^2=8$

$x-\dfrac{1}{2}=\pm2\sqrt{2}$, $x=\dfrac{1}{2}\pm2\sqrt{2}$

답 ③

03 $4(x-2)^2=3$에서 $(x-2)^2=\dfrac{3}{4}$

$x-2=\pm\dfrac{\sqrt{3}}{2}$, $x=2\pm\dfrac{\sqrt{3}}{2}$

따라서 $a=2$, $b=3$이므로 $a+b=2+3=5$

답 ⑤

04 $(x-3)^2=a$에서 $x-3=\pm\sqrt{a}$

$x=3\pm\sqrt{a}$

따라서 $b=3$, $a=5$이므로 $a+b=5+3=8$

답 ①

05 $2(x-1)^2=5-3k$에서 $(x-1)^2=\dfrac{5-3k}{2}$

$\dfrac{5-3k}{2}>0$일 때 서로 다른 두 근을 가지므로

$5-3k>0$, $-3k>-5$, $k<\dfrac{5}{3}$

따라서 k의 값이 될 수 없는 것은 ⑤ 2이다.

답 ⑤

06 $3x^2-8x+2=0$에서 $x^2-\dfrac{8}{3}x=-\dfrac{2}{3}$

$x^2-\dfrac{8}{3}x+\dfrac{16}{9}=-\dfrac{2}{3}+\dfrac{16}{9}$

$\left(x-\dfrac{4}{3}\right)^2=\dfrac{10}{9}$

따라서 $k=\dfrac{10}{9}$

답 ①

07 $4x^2-12x+7=0$에서 $x^2-3x=-\dfrac{7}{4}$

$x^2-3x+\dfrac{9}{4}=-\dfrac{7}{4}+\dfrac{9}{4}$

$\left(x-\dfrac{3}{2}\right)^2=\dfrac{1}{2}$, $x-\dfrac{3}{2}=\pm\dfrac{\sqrt{2}}{2}$

따라서 $x=\dfrac{3}{2}\pm\dfrac{\sqrt{2}}{2}=\dfrac{3\pm\sqrt{2}}{2}$

답 ②

08 $2x^2-8x=a$에서 $x^2-4x=\dfrac{a}{2}$

$x^2-4x+4=\dfrac{a}{2}+4$, $(x-2)^2=\dfrac{a}{2}+4$

$x-2=\pm\sqrt{\dfrac{a}{2}+4}$, $x=2\pm\sqrt{\dfrac{a}{2}+4}$

$b=2$이고 $\dfrac{a}{2}+4=5$에서 $\dfrac{a}{2}=1$, $a=2$

따라서 $a+b=2+2=4$

답 ④

중단원 마무리 본문 88~91쪽

중단원 마무리 본문 88~91쪽

01 ⑤	02 ④	03 ②	04 ②	05 ①	06 ④
07 ②	08 ④	09 ①	10 ②	11 ②	12 ③
13 ⑤	14 ①	15 ⑤	16 ②	17 ④	18 ③
19 ②	20 ③	21 ①	22 ④	23 ④	24 ④
25 ⑤	26 ①	27 ①	28 ②	29 $x=1$ 또는 $x=5$	
30 $-\dfrac{1}{2}$	31 15				

01 ① $2x^2+4x-1=0$이므로 이차방정식이다.

② $x^2-x-12=0$이므로 이차방정식이다.

③ $\dfrac{3}{2}x^2-4x-1=0$이므로 이차방정식이다.

④ $\dfrac{1}{3}x^2+\dfrac{2}{3}=0$이므로 이차방정식이다.

⑤ $2x=0$이므로 이차방정식이 아니다.

답 ⑤

02 $x=-2$일 때, $(-2)^2-(-2)-6=0$

$x=-1$일 때, $(-1)^2-(-1)-6\neq0$

$x=0$일 때, $0^2-0-6\neq0$

$x=1$일 때, $1^2-1-6\neq0$

$x=2$일 때, $2^2-2-6\neq0$

$x=3$일 때, $3^2-3-6=0$

따라서 해는 $x=-2$ 또는 $x=3$이다.

답 ④

| 다른 풀이 |

$x^2-x-6=0$에서 $(x+2)(x-3)=0$

$x=-2$ 또는 $x=3$

주어진 x의 값에 -2, 3이 모두 포함되어 있으므로

$x=-2$ 또는 $x=3$이 해가 된다.

03 ① $(x-3)(x-6)=0$에서 $x=3$ 또는 $x=6$

② $(x+3)(x-6)=0$에서 $x=-3$ 또는 $x=6$

③ $(x-3)(x+6)=0$에서 $x=3$ 또는 $x=-6$

④ $(x+3)(x+6)=0$에서 $x=-3$ 또는 $x=-6$

⑤ $3(x+1)(x-2)=0$에서 $x=-1$ 또는 $x=2$

답 ②

04 $x^2-x-20=0$에서 $(x+4)(x-5)=0$

따라서 $x=-4$ 또는 $x=5$

답 ②

05 ① $x^2-1=0$에서 $x=\pm1$

정답과 풀이 ● 33

② $(x-1)^2=0$에서 $x=1$
③ $(x+3)^2=0$에서 $x=-3$
④ $x^2+4x+4=0$에서 $(x+2)^2=0$, $x=-2$
⑤ $x^2-14x+49=0$에서 $(x-7)^2=0$, $x=7$

답 ①

06 $(x-4)^2-6=0$에서 $(x-4)^2=6$
$x-4=\pm\sqrt{6}$, $x=4\pm\sqrt{6}$
따라서 $a=4$, $b=6$이므로
$a+b=4+6=10$

답 ④

07 $x^2-10x+5=0$에서 $x^2-10x=-5$
$x^2-10x+25=-5+25$
$(x-5)^2=20$

답 ②

08 $x^2+4x+1=0$에서 $x^2+4x=-1$
$x^2+4x+4=-1+4$
$(x+2)^2=3$, $x+2=\pm\sqrt{3}$
$x=-2\pm\sqrt{3}$
따라서 $a=4$, $b=-2$이므로
$a+b=4+(-2)=2$

답 ④

09 $2x(3x-1)=x+5$에서 $6x^2-3x-5=0$
따라서 $a=-3$, $b=-5$이므로
$a+b=-3+(-5)=-8$

답 ①

10 $3x(ax+1)=-6x^2+4$에서
$3ax^2+3x=-6x^2+4$
$(3a+6)x^2+3x-4=0$
이차방정식이 되려면 $3a+6\neq0$이어야 하므로
$a\neq-2$

답 ②

11 $2x^2-3ax+2a-4=0$에 $x=3$을 대입하면
$18-9a+2a-4=0$
$-7a=-14$, $a=2$

답 ②

12 $x^2+ax+2a=0$에 $x=-1$을 대입하면
$1-a+2a=0$, $a=-1$
$3x^2+bx+2a=0$에 $a=-1$, $x=-1$을 대입하면

$3-b-2=0$, $b=1$
따라서 $a+b=-1+1=0$

답 ③

13 ① $x(x+4)=0$에서 $x=0$ 또는 $x=-4$이므로 두 근의 합은 -4이다.
② $(x-1)(x-4)=0$에서 $x=1$ 또는 $x=4$이므로 두 근의 합은 5이다.
③ $(x-4)(x+4)=0$에서 $x=4$ 또는 $x=-4$이므로 두 근의 합은 0이다.
④ $(x-5)(x-1)=0$에서 $x=5$ 또는 $x=1$이므로 두 근의 합은 6이다.
⑤ $(x-6)(x+2)=0$에서 $x=6$ 또는 $x=-2$이므로 두 근의 합은 4이다.

답 ⑤

14 $2x^2-x-6=0$에서 $(2x+3)(x-2)=0$
따라서 $x=-\dfrac{3}{2}$ 또는 $x=2$

답 ①

15 $6x^2+7x+2=0$에서 $(3x+2)(2x+1)=0$
$x=-\dfrac{2}{3}$ 또는 $x=-\dfrac{1}{2}$
$\alpha>\beta$이므로 $\alpha=-\dfrac{1}{2}$, $\beta=-\dfrac{2}{3}$
따라서 $\alpha-\beta=-\dfrac{1}{2}-\left(-\dfrac{2}{3}\right)=\dfrac{1}{6}$

답 ⑤

16 $3x^2+(a+1)x-a=0$에 $x=-3$을 대입하면
$27-3a-3-a=0$, $-4a=-24$, $a=6$
주어진 이차방정식은 $3x^2+7x-6=0$이므로
$(x+3)(3x-2)=0$
$x=-3$ 또는 $x=\dfrac{2}{3}$
따라서 다른 한 근은 $x=\dfrac{2}{3}$이다.

답 ②

17 $x^2-2x-3=0$에서 $(x+1)(x-3)=0$
$x=-1$ 또는 $x=3$
따라서 작은 근은 $x=-1$이므로
$3x^2+(2a+1)x+a=0$에 $x=-1$을 대입하면
$3-2a-1+a=0$, $a=2$

답 ④

18 $x^2+ax+b=0$에 $x=3$을 대입하면
$9+3a+b=0$ $\qquad\qquad$ ······ ㉠
$x^2+ax+b=0$이 중근을 가지므로
$b=\left(\dfrac{a}{2}\right)^2=\dfrac{a^2}{4}$ $\qquad\qquad$ ······ ㉡
㉡을 ㉠에 대입하면
$9+3a+\dfrac{a^2}{4}=0$, $a^2+12a+36=0$
$(a+6)^2=0$, $a=-6$
$a=-6$을 ㉠에 대입하면 $b=9$
따라서 $a+b=-6+9=3$

$\qquad\qquad\qquad\qquad\qquad\qquad$ 답 ③

19 $x^2-4x+3k-2=0$이 중근을 가지므로
$3k-2=\left(\dfrac{-4}{2}\right)^2=4$
$3k=6$, $k=2$

$\qquad\qquad\qquad\qquad\qquad\qquad$ 답 ②

20 $x^2+8x+a=0$이 중근을 가지므로
$a=\left(\dfrac{8}{2}\right)^2=16$
주어진 이차방정식은 $x^2+8x+16=0$이므로
$(x+4)^2=0$, $x=-4$
따라서 $b=-4$이므로 $a+b=16+(-4)=12$

$\qquad\qquad\qquad\qquad\qquad\qquad$ 답 ③

21 $4(x+2)^2-12=0$에서 $(x+2)^2=3$
$x+2=\pm\sqrt{3}$, $x=-2\pm\sqrt{3}$
따라서 $a=-2$, $b=3$이므로
$ab=(-2)\times3=-6$

$\qquad\qquad\qquad\qquad\qquad\qquad$ 답 ①

22 $2(x+a)^2=10$에서 $(x+a)^2=5$
$x+a=\pm\sqrt{5}$, $x=-a\pm\sqrt{5}$
따라서 $a=-2$, $b=5$이므로
$b-a=5-(-2)=7$

$\qquad\qquad\qquad\qquad\qquad\qquad$ 답 ④

23 $(x+p)^2=q$에서
ㄱ. p의 조건은 근의 개수와 상관없다.
ㄴ. $q>0$이면 $x=-p\pm\sqrt{q}$이므로 서로 다른 두 근을 갖는다.
ㄷ. $q=0$이면 $x=-p$이다.
따라서 옳은 것은 ㄴ, ㄷ이다.

$\qquad\qquad\qquad\qquad\qquad\qquad$ 답 ④

24 $4(x+3)^2=7-2k$에서 $(x+3)^2=\dfrac{7-2k}{4}$
$\dfrac{7-2k}{4}>0$일 때 서로 다른 두 근을 가지므로
$7-2k>0$, $-2k>-7$
$k<\dfrac{7}{2}$
따라서 가장 큰 정수 k는 3이다.

$\qquad\qquad\qquad\qquad\qquad\qquad$ 답 ④

25 $x^2+6x-4=0$에서 $x^2+6x=4$
$x^2+6x+9=4+9$, $(x+3)^2=13$
따라서 $p=3$, $q=13$이므로
$q-p=13-3=10$

$\qquad\qquad\qquad\qquad\qquad\qquad$ 답 ⑤

26 $x^2-3x+a=0$에서 $x^2-3x=-a$
$x^2-3x+\dfrac{9}{4}=-a+\dfrac{9}{4}$
$\left(x-\dfrac{3}{2}\right)^2=-a+\dfrac{9}{4}$
따라서 $b=-\dfrac{3}{2}$이고 $-a+\dfrac{9}{4}=2$에서 $a=\dfrac{1}{4}$이므로
$a+b=\dfrac{1}{4}+\left(-\dfrac{3}{2}\right)=-\dfrac{5}{4}$

$\qquad\qquad\qquad\qquad\qquad\qquad$ 답 ①

27 $2x^2-8x+5=0$에서 $x^2-4x=-\dfrac{5}{2}$
$x^2-4x+4=-\dfrac{5}{2}+4$
$(x-2)^2=\dfrac{3}{2}$, $x-2=\pm\dfrac{\sqrt{6}}{2}$
$x=2\pm\dfrac{\sqrt{6}}{2}=\dfrac{4\pm\sqrt{6}}{2}$
따라서 $a=\dfrac{3}{2}$, $b=6$이므로
$ab=\dfrac{3}{2}\times6=9$

$\qquad\qquad\qquad\qquad\qquad\qquad$ 답 ①

28 $x^2+12x-a=0$에서
$x^2+12x+36=a+36$
$(x+6)^2=a+36$, $x+6=\pm\sqrt{a+36}$
$x=-6\pm\sqrt{a+36}$
$b=-6$이고 $\sqrt{a+36}=2\sqrt{3}$에서
$\sqrt{a+36}=\sqrt{12}$, $a+36=12$, $a=-24$
따라서 $a+b=-24+(-6)=-30$

$\qquad\qquad\qquad\qquad\qquad\qquad$ 답 ②

29 $x^2-3ax+a+3=0$의 x의 계수와 상수항을 바꾼
$x^2+(a+3)x-3a=0$에 $x=-6$을 대입하면
$36-6a-18-3a=0$
$-9a=-18$, $a=2$
처음 주어진 이차방정식은 $x^2-6x+5=0$이므로
$(x-1)(x-5)=0$
따라서 $x=1$ 또는 $x=5$

답 $x=1$ 또는 $x=5$

30 $(3a+1)x^2-a(a+1)x+a+2=0$에 $x=2$를 대입하면
$(3a+1)\times4-a(a+1)\times2+a+2=0$
$12a+4-2a^2-2a+a+2=0$
$2a^2-11a-6=0$
$(2a+1)(a-6)=0$
$a=-\dfrac{1}{2}$ 또는 $a=6$
$a<0$이므로 $a=-\dfrac{1}{2}$

답 $-\dfrac{1}{2}$

31 $2(x-7)^2=30k$에서 $(x-7)^2=15k$
$x-7=\pm\sqrt{15k}$, $x=7\pm\sqrt{15k}$
두 근 $7+\sqrt{15k}$, $7-\sqrt{15k}$가 모두 정수가 되려면 $15k$는 자연수의 제곱이 되어야 한다.
이때 $15k=3\times5\times k$이므로 $15k$가 자연수의 제곱이 되도록 하는 가장 작은 자연수 k는 $3\times5=15$이다.

답 15

 서술형으로 중단원 마무리   본문 92~93쪽

서술형예제 -9, 6, 8, 4, 4, 4
서술형유제 $x=2$

1 -10 **2** $x=-\dfrac{3}{2}$ 또는 $x=2$ **3** -32 **4** $x=1\pm\dfrac{\sqrt{2}}{2}$

서술형예제

$x^2+2ax+5-a=0$에 $x=2$를 대입하면
$4+4a+5-a=0$
$3a=\boxed{-9}$, $a=-3$ $\cdots$ 1단계
$a=-3$을 주어진 이차방정식에 대입하면
$x^2-\boxed{6}x+\boxed{8}=0$
$(x-2)(x-\boxed{4})=0$

$x=2$ 또는 $x=\boxed{4}$ $\cdots$ 2단계
따라서 다른 한 근은 $x=\boxed{4}$이다. $\cdots$ 3단계

답 풀이 참조

단계	채점 기준	비율
1단계	a의 값을 구한 경우	40 %
2단계	이차방정식을 푼 경우	50 %
3단계	다른 한 근을 구한 경우	10 %

서술형유제

$(a-1)x^2-(2a+1)x+6=0$에 $x=3$을 대입하면
$(a-1)\times9-(2a+1)\times3+6=0$
$9a-9-6a-3+6=0$
$3a=6$, $a=2$ $\cdots$ 1단계
주어진 이차방정식은 $x^2-5x+6=0$이므로
$(x-2)(x-3)=0$
$x=2$ 또는 $x=3$ $\cdots$ 2단계
따라서 다른 한 근은 $x=2$이다. $\cdots$ 3단계

답 $x=2$

단계	채점 기준	비율
1단계	a의 값을 구한 경우	40 %
2단계	이차방정식을 푼 경우	50 %
3단계	다른 한 근을 구한 경우	10 %

1 $(x+2)(2x-3)=-x^2+7$에서
$2x^2+x-6=-x^2+7$
$3x^2+x-13=0$ $\cdots$ 1단계
따라서 $a=3$, $b=-13$이므로 $\cdots$ 2단계
$a+b=3+(-13)=-10$ $\cdots$ 3단계

답 -10

단계	채점 기준	비율
1단계	이차방정식을 정리한 경우	50 %
2단계	a, b의 값을 각각 구한 경우	40 %
3단계	$a+b$의 값을 구한 경우	10 %

2 $(2x-3)(x+1)=3$에서
$2x^2-x-3=3$
$2x^2-x-6=0$ $\cdots$ 1단계
$(2x+3)(x-2)=0$ $\cdots$ 2단계
따라서 $x=-\dfrac{3}{2}$ 또는 $x=2$ $\cdots$ 3단계

답 $x=-\dfrac{3}{2}$ 또는 $x=2$

단계	채점 기준	비율
1단계	이차방정식을 정리한 경우	30 %
2단계	인수분해를 한 경우	40 %
3단계	해를 구한 경우	30 %

3 $x^2+8x+24-a=0$이 중근을 가지므로

$24-a=\left(\dfrac{8}{2}\right)^2, a=8$ ··· **1단계**

주어진 이차방정식은 $x^2+8x+16=0$이므로

$(x+4)^2=0, x=-4$

$b=-4$이므로 ··· **2단계**

$ab=8\times(-4)=-32$ ··· **3단계**

답 -32

단계	채점 기준	비율
1단계	a의 값을 구한 경우	50 %
2단계	b의 값을 구한 경우	40 %
3단계	ab의 값을 구한 경우	10 %

4 $2x^2-4x+1=0$에서 $x^2-2x=-\dfrac{1}{2}$

$x^2-2x+1=-\dfrac{1}{2}+1$

$(x-1)^2=\dfrac{1}{2}$ ··· **1단계**

$x-1=\pm\sqrt{\dfrac{1}{2}}=\pm\dfrac{\sqrt{2}}{2}$

따라서 $x=1\pm\dfrac{\sqrt{2}}{2}$ ··· **2단계**

답 $x=1\pm\dfrac{\sqrt{2}}{2}$

단계	채점 기준	비율
1단계	완전제곱식으로 변형한 경우	60 %
2단계	해를 구한 경우	40 %

2. 이차방정식의 근의 공식과 활용

① 이차방정식의 근의 공식

본문 94~97쪽

개념 확인 문제

1 (1) 1, -3, -2, 3, -2, 3, 17 (2) 2, 3, -3, -3, 2, -3, 33

2 (1) 6, 2, 2, 1, -2, $\dfrac{1}{3}$ (2) 4, 1, 7, 8, 1, 2

3 (1) 2, -3, -2, >, 2 (2) 1, -1, 2, <, 0

4 (1) 3, 2, 5, 21, 30 (2) 2, 1, 2, 1, 4, 2

유제 1

$3x^2-5x+a=0$에서

$x=\dfrac{-(-5)\pm\sqrt{(-5)^2-4\times3\times a}}{2\times3}$

$=\dfrac{5\pm\sqrt{25-12a}}{6}$

따라서 $25-12a=13$이므로

$-12a=-12, a=1$

답 ①

유제 2

$2x^2-8x+7=0$에서

$x=\dfrac{-(-4)\pm\sqrt{(-4)^2-2\times7}}{2}$

$=\dfrac{4\pm\sqrt{2}}{2}=2\pm\dfrac{\sqrt{2}}{2}$

따라서 $a=2$

답 ②

유제 3

주어진 이차방정식의 양변에 2를 곱하면

$x^2-5x+6=0, (x-2)(x-3)=0$

$x=2$ 또는 $x=3$

$\alpha>\beta$이므로 $\alpha=3, \beta=2$

따라서 $\alpha-\beta=3-2=1$

답 ④

유제 4

$(x-1)(2x-3)=(2x-1)^2$에서

$2x^2-5x+3=4x^2-4x+1$

$2x^2+x-2=0$

$$x=\frac{-1\pm\sqrt{1^2-4\times2\times(-2)}}{2\times2}=\frac{-1\pm\sqrt{17}}{4}$$

따라서 두 근의 합은

$$\frac{-1+\sqrt{17}}{4}+\frac{-1-\sqrt{17}}{4}=-\frac{1}{2}$$

답 ①

유제 5

① $x^2-4x+5=0$에서 $(-4)^2-4\times1\times5=-4<0$이므로 근이 없다.

② $x^2+3x+18=0$에서 $3^2-4\times1\times18=-63<0$이므로 근이 없다.

③ $(x-1)(x+1)=4x-5$, $x^2-4x+4=0$에서 $(-4)^2-4\times1\times4=0$이므로 중근을 갖는다.

④ $x^2-\frac{1}{2}=\frac{1}{3}x$, $6x^2-2x-3=0$에서 $(-2)^2-4\times6\times(-3)=76>0$이므로 서로 다른 두 근을 갖는다.

⑤ $2x^2-0.1x+0.1=0$, $20x^2-x+1=0$에서 $(-1)^2-4\times20\times1=-79<0$이므로 근이 없다.

답 ④

유제 6

$3x^2-6x+k-3=0$이 중근을 가지므로

$(-6)^2-4\times3\times(k-3)=0$

$36-12k+36=0$, $-12k=-72$

$k=6$

답 ④

유제 7

$2x(x+a)=b$에서 $2x^2+2ax-b=0$

두 근이 -2, 1이고 x^2의 계수가 2인 이차방정식은

$2(x+2)(x-1)=0$

$2x^2+2x-4=0$

$2a=2$, $-b=-4$이므로

$a=1$, $b=4$

따라서 $a+b=1+4=5$

답 ⑤

유제 8

x^2의 계수가 4이고 중근 1을 갖는 이차방정식은

$4(x-1)^2=0$, $4x^2-8x+4=0$

따라서 $a=-8$, $b=4$이므로

$a+b=-8+4=-4$

답 ②

형성평가   본문 98쪽

01 ①	02 ③	03 ⑤	04 ③
05 ②	06 ④	07 ④	08 ②

01 $3x^2+4x-2=0$에서

$$x=\frac{-2\pm\sqrt{2^2-3\times(-2)}}{3}=\frac{-2\pm\sqrt{10}}{3}$$

따라서 $a=3$, $b=-2$이므로

$a+b=3+(-2)=1$

답 ①

02 $2x^2-4x+a=0$에서

$$x=\frac{-(-2)\pm\sqrt{(-2)^2-2\times a}}{2}=\frac{2\pm\sqrt{4-2a}}{2}$$

$$=1\pm\frac{\sqrt{4-2a}}{2}$$

$b=1$이고 $4-2a=6$에서 $a=-1$이므로

$a+b=-1+1=0$

답 ③

03 주어진 이차방정식의 양변에 12를 곱하면

$4(x+1)(x-3)=3(x^2+x)$

$4x^2-8x-12=3x^2+3x$

$x^2-11x-12=0$, $(x+1)(x-12)=0$

$x=-1$ 또는 $x=12$

따라서 두 근의 차는 $12-(-1)=13$

답 ⑤

04 $(x+3)^2-15=2(x+3)$에서

$x^2+6x+9-15=2x+6$

$x^2+4x-12=0$, $(x+6)(x-2)=0$

$x=-6$ 또는 $x=2$

$\alpha>\beta$이므로 $\alpha=2$, $\beta=-6$

따라서 $3\alpha+\beta=3\times2+(-6)=0$

답 ③

05 $x^2+4x+k-8=0$이 서로 다른 두 근을 가지려면

$4^2-4\times1\times(k-8)>0$, $16-4k+32>0$

$-4k>-48$, $k<12$

따라서 가장 큰 정수 k의 값은 11이다.

답 ②

06 $x^2+5x-7=0$에서 $5^2-4\times1\times(-7)=53>0$이므로 근의 개수는 2개이고,

$2x^2-6x+\dfrac{9}{2}=0$에서 $(-6)^2-4\times2\times\dfrac{9}{2}=0$이므로 근의 개수는 1개이다.

따라서 $a=2$, $b=1$이므로 $a+b=3$

답 ④

07 두 근이 -2, 3이고 x^2의 계수가 1인 이차방정식은
$(x+2)(x-3)=0$, $x^2-x-6=0$
따라서 $a=1$, $b=-1$, $c=-6$이므로
$abc=1\times(-1)\times(-6)=6$

답 ④

08 $2x^2-8x+k=0$이 중근을 가지므로
$(-8)^2-4\times2\times k=0$, $64-8k=0$, $k=8$
두 근이 8, 4이고 x^2의 계수가 1인 이차방정식은
$(x-8)(x-4)=0$
$x^2-12x+32=0$

답 ②

② 이차방정식의 활용
본문 99~100쪽

개념 확인 문제

1 4, 26, 9, 10, 1, 10, -1, 10, 10, 10, 10, 10

유제 1

둘레의 길이가 40 cm인 직사각형의 가로의 길이를 x cm라고 하면 세로의 길이는 $(20-x)$ cm이므로
$x(20-x)=96$, $x^2-20x+96=0$
$(x-8)(x-12)=0$
$x=8$ 또는 $x=12$
이때 가로의 길이가 세로의 길이보다 더 길어야 하므로
$x=12$
따라서 가로의 길이는 12 cm이다.

답 ③

유제 2

처음 삼각형의 밑변의 길이와 높이를 x cm라고 하면 늘어난 삼각형은 밑변의 길이가 $(x+3)$ cm, 높이가 $(x+2)$ cm이므로
$\dfrac{1}{2}\times(x+3)\times(x+2)=2\times\dfrac{1}{2}\times x\times x$

$x^2+5x+6=2x^2$, $x^2-5x-6=0$
$(x+1)(x-6)=0$, $x=-1$ 또는 $x=6$
$x>0$이므로 $x=6$
따라서 처음 삼각형의 밑변의 길이는 6 cm이다.

답 ④

유제 3

오늘 날짜를 x일이라고 하면 일주일 전 날짜는 $(x-7)$일이므로
$(x-7)^2+x^2=289$, $2x^2-14x-240=0$
$x^2-7x-120=0$, $(x+8)(x-15)=0$
$x=-8$ 또는 $x=15$
$x>7$이므로 $x=15$
따라서 오늘 날짜는 15일이다.

답 15일

유제 4

학생 수를 x명이라고 하면 한 학생이 받는 사탕의 수는 $(x-4)$개이므로
$x(x-4)=96$, $x^2-4x-96=0$
$(x+8)(x-12)=0$, $x=-8$ 또는 $x=12$
$x>4$이므로 $x=12$
따라서 학생은 모두 12명이다.

답 ②

형성평가
본문 101쪽

01 ③   **02** ⑤   **03** ④   **04** ②   **05** 11 cm   **06** ①
07 ②, ④   **08** 6초

01 차가 6인 두 자연수를 x, $x+6$이라고 하면
$x(x+6)=112$, $x^2+6x-112=0$
$(x+14)(x-8)=0$, $x=-14$ 또는 $x=8$
$x>0$이므로 $x=8$
따라서 두 자연수는 8, 14이므로 두 자연수의 합은 22이다.

답 ③

02 $\dfrac{n(n-3)}{2}=54$이므로 $n^2-3n-108=0$
$(n+9)(n-12)=0$, $n=-9$ 또는 $n=12$
$n>3$이므로 $n=12$
따라서 구하는 다각형은 십이각형이다.

답 ⑤

03 연속한 세 자연수를 x, $x+1$, $x+2$라고 하면
$$(x+2)^2-x^2=\frac{1}{2}(x+1)^2$$
$$x^2+4x+4-x^2=\frac{1}{2}(x^2+2x+1)$$
$$x^2-6x-7=0, \; (x+1)(x-7)=0$$
$$x=-1 \text{ 또는 } x=7$$
$x>0$이므로 $x=7$
따라서 세 자연수는 7, 8, 9이므로 그 합은 24이다.
🔒 ④

04 줄어든 색종이의 반지름의 길이는 $(10-x)$ cm이므로
$$\pi \times (10-x)^2 = \pi \times 10^2 - 36\pi$$
$$(10-x)^2=100-36, \; x^2-20x+36=0$$
$$(x-2)(x-18)=0, \; x=2 \text{ 또는 } x=18$$
$0<x<10$이므로 $x=2$
🔒 ②

05 처음 정사각형 모양의 종이의 한 변의 길이를 x cm라고 하면 상자의 가로, 세로의 길이는 $(x-4)$ cm이고 높이가 2 cm이므로
$$(x-4)^2 \times 2 = 98, \; x^2-8x-33=0$$
$$(x+3)(x-11)=0, \; x=-3 \text{ 또는 } x=11$$
$x>4$이므로 $x=11$
따라서 처음 정사각형 모양의 종이의 한 변의 길이는 11 cm이다.
🔒 11 cm

06 도로의 폭을 x m라고 하면 도로를 제외한 땅의 넓이는 가로의 길이가 $(40-x)$ m, 세로의 길이가 $(25-x)$ m인 직사각형의 넓이와 같으므로
$$(40-x)(25-x)=700, \; x^2-65x+300=0$$
$$(x-5)(x-60)=0, \; x=5 \text{ 또는 } x=60$$
$0<x<25$이므로 $x=5$
따라서 도로의 폭은 5 m이다.
🔒 ①

07 물체를 발사한 지 t초 후의 높이가 40 m라고 하면
$$30t-5t^2=40, \; t^2-6t+8=0$$
$$(t-2)(t-4)=0, \; t=2 \text{ 또는 } t=4$$
따라서 물체의 높이가 40 m가 되는 것은 물체를 발사한 지 2초 후 또는 4초 후이다.
🔒 ②, ④

08 물체를 발사한 지 t초 후에 다시 지면에 떨어진다고 하면 이때의 높이는 0 m이므로

$$30t-5t^2=0, \; t^2-6t=0$$
$$t(t-6)=0, \; t=0 \text{ 또는 } t=6$$
$t>0$이므로 $t=6$
따라서 물체가 다시 지면에 떨어지는 것은 물체를 발사한 지 6초 후이다.
🔒 6초

중단원 마무리
본문 102~105쪽

01 ④	**02** ②	**03** 5	**04** ④	**05** ①	**06** ④
07 ②	**08** ⑤	**09** 12	**10** ③	**11** ⑤	**12** 6
13 ⑤	**14** ④	**15** ①	**16** ①	**17** ⑤	**18** ①
19 ③	**20** ③	**21** ②	**22** ⑤	**23** ③	**24** ④
25 ②	**26** ②	**27** ④	**28** $x=-2$ 또는 $x=4$		
29 15명	**30** 20 cm^2				

01 $x^2-5x+3=0$에서
$a=1$, $b=-5$, $c=3$이므로
$$x=\frac{-(-5)\pm\sqrt{(-5)^2-4\times1\times3}}{2\times1}=\frac{5\pm\sqrt{13}}{2}$$
🔒 ④

02 $x^2+3x-2=0$에서
$$x=\frac{-3\pm\sqrt{3^2-4\times1\times(-2)}}{2\times1}=\frac{-3\pm\sqrt{17}}{2}$$
따라서 $k=17$
🔒 ②

03 $x^2-x-k=0$에서
$$x=\frac{-(-1)\pm\sqrt{(-1)^2-4\times1\times(-k)}}{2\times1}$$
$$=\frac{1\pm\sqrt{1+4k}}{2}$$
따라서 $1+4k=21$이므로 $k=5$
🔒 5

04 주어진 이차방정식의 양변에 10을 곱하면
$$3x^2+2x-1=0$$
$$(x+1)(3x-1)=0$$
$$x=-1 \text{ 또는 } x=\frac{1}{3}$$
따라서 두 근의 차는 $\frac{1}{3}-(-1)=\frac{4}{3}$
🔒 ④

05 주어진 이차방정식의 양변에 12를 곱하면
$3x^2 - 4x - 2k = 0$
$$x = \frac{-(-2) \pm \sqrt{(-2)^2 - 3 \times (-2k)}}{3}$$
$$= \frac{2 \pm \sqrt{4 + 6k}}{3}$$
따라서 $4 + 6k = 10$이므로 $k = 1$
目 ①

06 ㄱ. $x^2 - 3x + 5 = 0$에서 $(-3)^2 - 4 \times 1 \times 5 < 0$이므로 근이 없다.
ㄴ. $2x^2 + 5x - 2 = 0$에서 $5^2 - 4 \times 2 \times (-2) > 0$이므로 서로 다른 두 근을 갖는다.
ㄷ. $3x^2 - 7x - 2 = 0$에서 $(-7)^2 - 4 \times 3 \times (-2) > 0$이므로 서로 다른 두 근을 갖는다.
ㄹ. $4x^2 - 4x + 1 = 0$에서 $(-4)^2 - 4 \times 4 \times 1 = 0$이므로 중근을 갖는다.
따라서 서로 다른 두 근을 갖는 것은 ㄴ, ㄷ이다.
目 ④

07 두 근이 -2, 3이고 x^2의 계수가 2인 이차방정식은
$2(x+2)(x-3) = 0$, $2x^2 - 2x - 12 = 0$
따라서 $a = -2$, $b = -12$이므로
$a - b = -2 - (-12) = 10$
目 ②

08 $\frac{n(n+1)}{2} = 120$이므로 $n^2 + n - 240 = 0$
$(n+16)(n-15) = 0$
$n = -16$ 또는 $n = 15$
$n > 0$이므로 $n = 15$
따라서 자연수 1부터 15까지의 합이 120이다.
目 ⑤

09 $2x^2 + 5x + 1 = 0$에서
$$x = \frac{-5 \pm \sqrt{5^2 - 4 \times 2 \times 1}}{2 \times 2} = \frac{-5 \pm \sqrt{17}}{4}$$
따라서 $a = -5$, $b = 17$이므로
$a + b = -5 + 17 = 12$
目 12

10 $x^2 + 4x - 2 = 0$에서
$x = -2 \pm \sqrt{2^2 - 1 \times (-2)} = -2 \pm \sqrt{6}$
$\alpha > \beta$이므로 $\alpha = -2 + \sqrt{6}$, $\beta = -2 - \sqrt{6}$
따라서 $\alpha - \beta = (-2 + \sqrt{6}) - (-2 - \sqrt{6}) = 2\sqrt{6}$
目 ③

11 $ax^2 + 4x - 3 = 0$에서
$$x = \frac{-2 \pm \sqrt{2^2 - a \times (-3)}}{a} = \frac{-2 \pm \sqrt{4 + 3a}}{a}$$
$$= -\frac{2}{a} \pm \frac{\sqrt{4+3a}}{a}$$
$-\frac{2}{a} = -1$에서 $a = 2$이고,
$\frac{\sqrt{b}}{2} = \frac{\sqrt{4+3a}}{a} = \frac{\sqrt{10}}{2}$에서 $b = 10$이므로
$a + b = 2 + 10 = 12$
目 ⑤

12 이차방정식 $ax^2 + 2b'x + c = 0$에서
$$x = \frac{-2b' \pm \sqrt{(2b')^2 - 4ac}}{2a} = \frac{-2b' \pm \sqrt{4b'^2 - 4ac}}{2a}$$
$$= \frac{-2b' \pm 2\sqrt{b'^2 - ac}}{2a} = \frac{-b' \pm \sqrt{b'^2 - ac}}{a}$$
따라서 $p = 4$, $q = 2$이므로
$p + q = 4 + 2 = 6$
目 6

13 주어진 이차방정식의 양변에 10을 곱하면
$4x^2 + 10x - 1 = 0$
$$x = \frac{-5 \pm \sqrt{5^2 - 4 \times (-1)}}{4} = \frac{-5 \pm \sqrt{29}}{4}$$
따라서 $a = -5$, $b = 29$이므로
$a + b = -5 + 29 = 24$
目 ⑤

14 주어진 이차방정식의 양변에 6을 곱하면
$9x^2 - 10x + 6a = 0$
$$x = \frac{-(-5) \pm \sqrt{(-5)^2 - 9 \times 6a}}{9}$$
$$= \frac{5 \pm \sqrt{25 - 54a}}{9}$$
$b = 5$이고 $25 - 54a = 7$에서 $a = \frac{1}{3}$이므로
$3a + b = 3 \times \frac{1}{3} + 5 = 6$
目 ④

15 $(x+1)^2 + (x+2)^2 = (2x+3)^2$에서
$x^2 + 2x + 1 + x^2 + 4x + 4 = 4x^2 + 12x + 9$
$2x^2 + 6x + 4 = 0$, $x^2 + 3x + 2 = 0$
$(x+2)(x+1) = 0$, $x = -2$ 또는 $x = -1$
따라서 두 근의 합은 $-2 + (-1) = -3$
目 ①

16 $x+1=A$로 놓으면 $3A^2-5A-2=0$
$(3A+1)(A-2)=0$
$A=-\dfrac{1}{3}$ 또는 $A=2$
즉, $x+1=-\dfrac{1}{3}$ 또는 $x+1=2$이므로
$x=-\dfrac{4}{3}$ 또는 $x=1$
따라서 $3\alpha\beta=3\times\left(-\dfrac{4}{3}\right)\times1=-4$

답 ①

17 ① $x^2-2x-8=0$에서 $(-2)^2-4\times1\times(-8)>0$이므로 근의 개수는 2개이다.
② $3x^2-6=0$에서 $0^2-4\times3\times(-6)>0$이므로 근의 개수는 2개이다.
③ $4x^2+x-1=0$에서 $1^2-4\times4\times(-1)>0$이므로 근의 개수는 2개이다.
④ $2x^2-x-2=0$에서 $(-1)^2-4\times2\times(-2)>0$이므로 근의 개수는 2개이다.
⑤ $x^2+6x+9=0$에서 $6^2-4\times1\times9=0$이므로 근의 개수는 1개이다.
따라서 근의 개수가 나머지 넷과 다른 것은 ⑤이다.

답 ⑤

18 $3x^2+kx+2=0$이 중근을 가지려면
$k^2-4\times3\times2=0$
$k^2=24$, $k=\pm\sqrt{24}=\pm2\sqrt{6}$
$k<0$이므로 $k=-2\sqrt{6}$

답 ①

19 $(k+2)x^2+3x-1=0$이 서로 다른 두 근을 가지려면
$3^2-4\times(k+2)\times(-1)>0$
$9+4k+8>0$
$4k>-17$, $k>-\dfrac{17}{4}(k\neq-2)$
따라서 가장 작은 정수 k의 값은 -4이다.

답 ③

20 $x(x-a)=3x+b$에서 $x^2-ax=3x+b$
$x^2-(a+3)x-b=0$
두 근이 2, 5이고 x^2의 계수가 1인 이차방정식은
$(x-2)(x-5)=0$
$x^2-7x+10=0$
$a+3=7$에서 $a=4$이고 $b=-10$이므로
$a-b=4-(-10)=14$

답 ③

21 두 근이 1, 2이고 x^2의 계수가 $2k$(k는 자연수)인 이차방정식은
$2k(x-1)(x-2)=0$
$2k(x^2-3x+2)=0$
$2kx^2-6kx+4k=0$
이때 상수항은 $4k$(k는 자연수)이므로 4의 배수이다.
따라서 상수항이 될 수 없는 것은 4의 배수가 아닌 ② 10이다.

답 ②

22 $x^2-5x+4=0$에서 $(x-1)(x-4)=0$
$x=1$ 또는 $x=4$
$\alpha>\beta$이므로 $\alpha=4$, $\beta=1$
$\dfrac{\alpha}{2}=\dfrac{4}{2}=2$, $3\beta=3\times1=3$
두 근이 2, 3이고 x^2의 계수가 2인 이차방정식은
$2(x-2)(x-3)=0$
$2x^2-10x+12=0$
따라서 상수항은 12이다.

답 ⑤

23 어떤 정수를 x라고 하면 $x+x^2=90$
$x^2+x-90=0$, $(x+10)(x-9)=0$
$x=-10$ 또는 $x=9$
따라서 조건을 만족시키는 모든 정수의 합은
$-10+9=-1$

답 ③

24 어떤 자연수를 x라고 하면 $2x=x^2-24$
$x^2-2x-24=0$, $(x+4)(x-6)=0$
$x=-4$ 또는 $x=6$
$x>0$이므로 $x=6$
따라서 어떤 자연수는 6이다.

답 ④

25 민지의 나이를 x살이라고 하면 어머니의 나이는 $(x+30)$살이므로
$x^2=3(x+30)+18$
$x^2-3x-108=0$, $(x+9)(x-12)=0$
$x=-9$ 또는 $x=12$
$x>0$이므로 $x=12$
따라서 민지의 나이는 12살이다.

답 ②

26 물체를 쏘아올린 지 t초 후에 지면에 떨어진다고 하면 이때의 높이는 0 m이므로

$100+40t-5t^2=0$, $t^2-8t-20=0$

$(t+2)(t-10)=0$

$t=-2$ 또는 $t=10$

$t>0$이므로 $t=10$

따라서 물체가 지면에 떨어지는 것은 물체를 쏘아올린 지 10초 후이다.

目 ②

27 $\overline{BF}$의 길이를 x cm라고 하면 $\overline{FC}=(15-x)$ cm이고 $\triangle DFC$는 직각이등변삼각형이므로

$\overline{DF}=\overline{FC}=(15-x)$ cm

□EBFD의 넓이가 36 cm²이므로

$x(15-x)=36$

$x^2-15x+36=0$

$(x-3)(x-12)=0$

$x=3$ 또는 $x=12$

$\dfrac{15}{2}<x<15$이므로 $x=12$

따라서 $\overline{BF}$의 길이는 12 cm이다.

目 ④

28 지수는 두 근이 -1, 8이고 x^2의 계수가 1인 이차방정식을 풀었으므로 그 식은

$(x+1)(x-8)=0$

$x^2-7x-8=0$ ⋯⋯ ㉠

준성이는 두 근이 $1\pm\sqrt{7}$이고 x^2의 계수가 1인 이차방정식을 풀었으므로 그 식은

$\{x-(1+\sqrt{7})\}\{x-(1-\sqrt{7})\}=0$

$x^2-2x-6=0$ ⋯⋯ ㉡

지수는 일차항의 계수를 잘못 본 것이므로 ㉠에서 상수항 -8은 바르게 본 것이고, 준성이는 상수항을 잘못 본 것이므로 ㉡에서 일차항의 계수 -2는 바르게 본 것이다.

따라서 $a=-2$, $b=-8$이므로 $x^2-2x-8=0$에서

$(x+2)(x-4)=0$

$x=-2$ 또는 $x=4$

目 $x=-2$ 또는 $x=4$

29 댄스 동아리의 전체 회원 수를 x명이라고 하면 회원 1명이 처음 나누어 가진 홍보지는 $\dfrac{270}{x}$장이다.

회원 1명이 불참하여 $\dfrac{270}{x}$장을 $(x-1)$명이 1장씩 나누어 가지고 4장이 남았으므로

$\dfrac{270}{x}=(x-1)+4$

양변에 x를 곱하면 $270=x^2+3x$

$x^2+3x-270=0$

$(x+18)(x-15)=0$

$x=-18$ 또는 $x=15$

$x>0$이므로 $x=15$

따라서 댄스 동아리의 전체 회원 수는 15명이다.

目 15명

30 $\overline{BC}$의 길이를 x cm라고 하면 $\overline{CD}=(12-x)$ cm이고 $\triangle ABC\backsim\triangle CDE$이므로

$10:(12-x)=x:\dfrac{16}{5}$

$x(12-x)=10\times\dfrac{16}{5}$

$x^2-12x+32=0$

$(x-4)(x-8)=0$

$x=4$ 또는 $x=8$

$0<x<6$이므로 $x=4$

따라서 $\triangle ABC$의 넓이는

$\dfrac{1}{2}\times4\times10=20(\text{cm}^2)$

目 20 cm²

서술형으로 중단원 마무리

본문 106~107쪽

서술형예제 24, 4, 24, 66

서술형유제 1

1 6 **2** $x=-3\pm\sqrt{13}$ **3** 45 **4** 3 cm

서술형예제

$ax^2-9x+6=0$에서 근의 공식에 의하여

$x=\dfrac{9\pm\sqrt{81-\boxed{24}a}}{2a}$ ⋯ 1단계

주어진 해와 비교하면 $2a=\boxed{4}$, $81-\boxed{24}a=b$이므로

$a=2$, $b=33$ ⋯ 2단계

따라서 $ab=2\times33=\boxed{66}$ ⋯ 3단계

目 풀이 참조

단계	채점 기준	비율
1단계	근의 공식을 이용하여 해를 구한 경우	50 %
2단계	a, b의 값을 각각 구한 경우	40 %
3단계	ab의 값을 구한 경우	10 %

$x^2+ax+4=0$에서

$x=\dfrac{-a\pm\sqrt{a^2-4\times1\times4}}{2\times1}=\dfrac{-a\pm\sqrt{a^2-16}}{2}$

$\qquad=-\dfrac{a}{2}\pm\dfrac{\sqrt{a^2-16}}{2}$ · · · **1단계**

$-\dfrac{a}{2}=-3$에서 $a=6$

$\sqrt{b}=\dfrac{\sqrt{a^2-16}}{2}=\dfrac{\sqrt{20}}{2}=\dfrac{2\sqrt5}{2}=\sqrt5$에서 $b=5$ · · · **2단계**

따라서 $a-b=6-5=1$ · · · **3단계**

답 1

단계	채점 기준	비율
1단계	근의 공식을 이용하여 해를 구한 경우	50 %
2단계	a, b의 값을 각각 구한 경우	40 %
3단계	$a-b$의 값을 구한 경우	10 %

1 주어진 이차방정식의 양변에 5를 곱하면

$x+5=5x-(3x-1)(x-3)$

$x+5=5x-(3x^2-10x+3)$

$3x^2-14x+8=0$ · · · **1단계**

$(3x-2)(x-4)=0$

$x=\dfrac{2}{3}$ 또는 $x=4$ · · · **2단계**

따라서 두 근 사이에 있는 자연수는 1, 2, 3이므로 그 합은 6이다. · · · **3단계**

답 6

단계	채점 기준	비율
1단계	이차방정식을 정리한 경우	40 %
2단계	인수분해를 이용하여 근을 구한 경우	40 %
3단계	두 근 사이에 있는 자연수의 합을 구한 경우	20 %

2 두 근이 -3, 6이고 x^2의 계수가 1인 이차방정식은

$(x+3)(x-6)=0$

$x^2-3x-18=0$ · · · **1단계**

따라서 $a=-3$, $b=-18$ · · · **2단계**

$ax^2+bx+12=0$에 a, b의 값을 대입하면

$-3x^2-18x+12=0$

$x^2+6x-4=0$

$x=-3\pm\sqrt{3^2-1\times(-4)}$

$\quad=-3\pm\sqrt{13}$ · · · **3단계**

답 $x=-3\pm\sqrt{13}$

단계	채점 기준	비율
1단계	이차방정식을 구한 경우	50 %
2단계	a, b의 값을 각각 구한 경우	10 %
3단계	해를 구한 경우	40 %

3 십의 자리의 숫자를 x라고 하면 일의 자리의 숫자는 $9-x$이고 이 자연수는 $10x+(9-x)$이므로

$x(9-x)=10x+(9-x)-25$ · · · **1단계**

$x^2=16$, $x=\pm4$

$x>0$이므로 $x=4$ · · · **2단계**

따라서 구하는 자연수는 45이다. · · · **3단계**

답 45

단계	채점 기준	비율
1단계	이차방정식을 세운 경우	50 %
2단계	이차방정식의 해를 구한 경우	30 %
3단계	자연수를 구한 경우	20 %

4 둘레의 길이가 30 cm인 직사각형의 가로의 길이를 x cm라고 하면 세로의 길이는 $(15-x)$ cm이므로

$x(15-x)=54$ · · · **1단계**

$x^2-15x+54=0$

$(x-6)(x-9)=0$

$x=6$ 또는 $x=9$ · · · **2단계**

따라서 직사각형의 가로, 세로의 길이는 6 cm, 9 cm 중 하나씩이므로 길이의 차는 3 cm이다. · · · **3단계**

답 3 cm

단계	채점 기준	비율
1단계	이차방정식을 세운 경우	50 %
2단계	이차방정식의 해를 구한 경우	30 %
3단계	직사각형의 가로와 세로의 길이의 차를 구한 경우	20 %

Ⅳ. 이차함수

1. 이차함수와 그 그래프

① 이차함수의 뜻
본문 110~111쪽

개념 확인 문제

1 (1) ○ (2) ○ (3) × (4) ×

2 (1) -3 (2) 0 (3) -4 (4) 5

유제 1

① $x-5$는 이차식이 아니므로 $y=x-5$는 이차함수가 아니다.

② $-x^2+4$는 이차식이므로 $y=-x^2+4$는 이차함수이다.

③ $y=-(x+2)^2+x^2=-4x-4$

　$-4x-4$는 이차식이 아니므로 이차함수가 아니다.

④ $x^2-3x-2=0$은 함수가 아니다.

⑤ $-2x^2+x-3$은 함수가 아니다.

답 ②

유제 2

ㄱ. $-\dfrac{5}{x^2}$는 이차식이 아니므로 $y=-\dfrac{5}{x^2}$는 이차함수가 아니다.

ㄴ. $5x^2-3=0$은 함수가 아니다.

ㄷ. $y=(x-4)^2-x^2=-8x+16$

　$-8x+16$은 이차식이 아니므로 이차함수가 아니다.

ㄹ. $y=(x+5)(2x-4)=2x^2+6x-20$

　$2x^2+6x-20$은 이차식이므로 이차함수이다.

ㅁ. $y=x(x-3)^2=x^3-6x^2+9x$

　x^3-6x^2+9x는 이차식이 아니므로 이차함수가 아니다.

ㅂ. $y=x(7-2x)=-2x^2+7x$

　$-2x^2+7x$는 이차식이므로 이차함수이다.

따라서 이차함수인 것은 ㄹ, ㅂ이다.

답 ⑤

유제 3

$f(2)=-2\times2^2+3\times2+1=-1$

$f(3)=-2\times3^2+3\times3+1=-8$

따라서 $3f(2)-2f(3)=3\times(-1)-2\times(-8)=13$

답 ③

유제 4

$f(2)=a\times2^2-5\times2+4=2$, $4a=8$

$a=2$이므로 $f(x)=2x^2-5x+4$

$b=f(-1)=2\times(-1)^2-5\times(-1)+4=11$

따라서 $a+b=2+11=13$

답 ③

② 이차함수 $y=ax^2$의 그래프
본문 112~115쪽

개념 확인 문제

1 (1) ○ (2) × (3) ○ (4) × (5) ○

2 (1) ○ (2) × (3) ○ (4) × (5) ○ (6) ○

3 (1) $x=0$ (2) $(0, 0)$

4 (1) $x=0$ (2) $(0, 0)$

5 (1) ○ (2) ○ (3) × (4) × (5) ○

유제 1

② $y=-4x^2$에 $x=-2$를 대입하면

　$y=-4\times(-2)^2=-16$이므로

　점 $(-2, -16)$을 지난다.

답 ②

유제 2

ㄴ. $y=6x^2$의 그래프는 아래로 볼록하다.

ㄹ. $y=-\dfrac{1}{6}x^2$의 그래프는 $x<0$일 때, x의 값이 증가하면 y의 값도 증가한다.

따라서 두 그래프의 공통점은 ㄱ, ㄷ이다.

답 ㄱ, ㄷ

유제 3

$\dfrac{1}{3}<a<2$이므로 a의 값이 될 수 없는 것은 ③이다.

답 ③

유제 4

$y=ax^2$의 그래프는 $y=-ax^2$의 그래프와 x축에 대하여 대칭이다.

따라서 $y=\dfrac{5}{2}x^2$

답 ③

유제 5

$y=3x^2$에 $x=-3$, $y=a$를 대입하면
$a=3\times(-3)^2=27$
$y=3x^2$의 그래프는 $y=-3x^2$의 그래프와 x축에 대하여 대칭이
므로 $b=-3$
따라서 $a+b=27+(-3)=24$

답 ④

유제 6

$y=ax^2$에 $x=-2$, $y=8$을 대입하면
$8=a\times(-2)^2$, $4a=8$
$a=2$이므로 $y=2x^2$
$y=2x^2$에 $x=k$, $y=18$을 대입하면
$18=2k^2$, $k^2=9$, $k=\pm3$
$k>0$이므로 $k=3$

답 ③

유제 7

원점을 꼭짓점으로 하는 포물선의 식은 $y=ax^2$
$y=ax^2$에 $x=-4$, $y=-12$를 대입하면
$-12=a\times(-4)^2$, $16a=-12$
$a=-\dfrac{3}{4}$이므로 $y=-\dfrac{3}{4}x^2$

답 ③

형성평가

본문 116쪽

01 ③, ④ 02 ① 03 ② 04 ⑤ 05 ㄱ, ㄷ, ㄴ, ㄹ
06 $-\dfrac{3}{2}<a<0$ 07 ⑤ 08 ⑤

01
① $-\dfrac{3}{x^2}$은 이차식이 아니므로 $y=-\dfrac{3}{x^2}$은 이차함수가
   아니다.
② $2x-5$는 이차식이 아니므로 $y=2x-5$는 이차함수가
   아니다.
③ $-3x^2$은 이차식이므로 $y=-3x^2$은 이차함수이다.
④ $y=-(x+4)(x-2)=-x^2-2x+8$
   $-x^2-2x+8$은 이차식이므로 이차함수이다.

⑤ $2x^3-5x$는 이차식이 아니므로 $y=2x^3-5x$는 이차함
   수가 아니다.

답 ③, ④

02
$f(2)=2^2+3\times2-5=5$
$f(1)=1^2+3\times1-5=-1$
따라서 $3f(2)+4f(1)=3\times5+4\times(-1)=11$

답 ①

03
$f(3)=3^2-5\times3+a=-3$, $a=3$
따라서 $f(x)=x^2-5x+3$이므로
$f(-2)=(-2)^2-5\times(-2)+3=17$

답 ②

04
⑤ $|3|<\left|-\dfrac{7}{2}\right|$이므로 $y=-\dfrac{7}{2}x^2$의 그래프보다 폭이 넓다.

답 ⑤

05
$|-4|>|3|>|-2|>\left|\dfrac{1}{4}\right|$이므로 폭이 좁은 것부터 차
례로 나열하면 ㄱ, ㄷ, ㄴ, ㄹ

답 ㄱ, ㄷ, ㄴ, ㄹ

06
위로 볼록하므로 $a<0$
$y=\dfrac{3}{2}x^2$의 그래프보다 폭이 넓으므로 $|a|<\left|\dfrac{3}{2}\right|$
따라서 $-\dfrac{3}{2}<a<0$

답 $-\dfrac{3}{2}<a<0$

07
$y=ax^2$에 $x=-2$, $y=-6$을 대입하면
$-6=a\times(-2)^2$, $4a=-6$
$a=-\dfrac{3}{2}$이므로 $y=-\dfrac{3}{2}x^2$
$y=-\dfrac{3}{2}x^2$에 $x=4$, $y=b$를 대입하면
$b=-\dfrac{3}{2}\times4^2=-24$
따라서 $ab=-\dfrac{3}{2}\times(-24)=36$

답 ⑤

08
$y=-\dfrac{1}{2}x^2$에 각 점의 x좌표를 대입해 보자.
① $x=-4$를 대입하면 $y=-\dfrac{1}{2}\times(-4)^2=-8$이므로 점
   $(-4,-8)$은 그래프 위의 점이다.
② $x=2$를 대입하면 $y=-\dfrac{1}{2}\times2^2=-2$이므로
   점 $(2,-2)$는 그래프 위의 점이다.

③ $x=0$을 대입하면 $y=-\dfrac{1}{2}\times 0^2=0$이므로 점 $(0, 0)$은 그래프 위의 점이다.

④ $x=1$을 대입하면 $y=-\dfrac{1}{2}\times 1^2=-\dfrac{1}{2}$이므로 점 $\left(1, -\dfrac{1}{2}\right)$은 그래프 위의 점이다.

⑤ $x=-6$을 대입하면 $y=-\dfrac{1}{2}\times(-6)^2=-18$이므로 점 $(-6, -9)$는 그래프 위의 점이 아니다.

답 ⑤

3 이차함수 $y=a(x-p)^2+q$의 그래프 본문 117~122쪽

개념 확인 문제

1 (1) y, 1 (2) 0, 1 (3) $x=0$ (4) 아래 (5) $x>0$

2 (1) x, 1 (2) 1, 0 (3) $x=1$ (4) 아래 (5) $x>1$

3 (1) 2, 3 (2) 2, 3 (3) $x=2$ (4) 아래 (5) $x>2$

4 (1) $>$, $>$, $<$ (2) $>$, $<$, $<$ (3) $<$, $>$, $>$

유제 1

이차함수 $y=\dfrac{1}{2}x^2$의 그래프를 y축의 방향으로 q만큼 평행이동한 그래프의 식은

$y=\dfrac{1}{2}x^2+q$

$y=\dfrac{1}{2}x^2+q$에 $x=-4$, $y=13$을 대입하면

$13=\dfrac{1}{2}\times(-4)^2+q$

따라서 $q=5$

답 ③

유제 2

이차함수 $y=-3x^2$의 그래프를 y축의 방향으로 q만큼 평행이동한 그래프의 식은

$y=-3x^2+q$

$y=-3x^2+q$에 $x=-2$, $y=-8$을 대입하면

$-8=-3\times(-2)^2+q$

$q=4$

$y=-3x^2+4$에 $x=-3$, $y=m$을 대입하면

$m=-3\times(-3)^2+4=-23$

따라서 $m+q=-23+4=-19$

답 ①

유제 3

이차함수 $y=-3x^2$의 그래프를 x축의 방향으로 2만큼 평행이동한 그래프의 식은

$y=-3(x-2)^2$

따라서 $a=-3$, $p=-2$이므로

$a+p=-3+(-2)=-5$

답 ②

유제 4

이차함수 $y=-\dfrac{1}{2}x^2$의 그래프를 x축의 방향으로 -3만큼 평행이동한 그래프의 식은

$y=-\dfrac{1}{2}(x+3)^2$

$y=-\dfrac{1}{2}(x+3)^2$에 $x=-9$, $y=k$를 대입하면

$k=-\dfrac{1}{2}\times(-9+3)^2=-18$

답 ③

유제 5

이차함수 $y=-\dfrac{3}{2}x^2$의 그래프를 x축의 방향으로 4만큼, y축의 방향으로 -2만큼 평행이동한 그래프의 식은

$y=-\dfrac{3}{2}(x-4)^2-2$

$y=-\dfrac{3}{2}(x-4)^2-2$에 $x=2$, $y=m$을 대입하면

$m=-\dfrac{3}{2}\times(2-4)^2-2$

   $=-8$

답 -8

유제 6

이차함수 $y=\dfrac{3}{2}x^2$의 그래프를 x축의 방향으로 -2만큼, y축의 방향으로 -5만큼 평행이동한 그래프의 식은

$y=\dfrac{3}{2}(x+2)^2-5$

$y=\dfrac{3}{2}(x+2)^2-5$에 각 점의 x좌표를 대입해 보자.

① $x=-4$를 대입하면 $y=\dfrac{3}{2}\times(-4+2)^2-5=1$이므로 점 $(-4, 1)$은 그래프 위의 점이다.

② $x=-2$를 대입하면 $y=\dfrac{3}{2}\times(-2+2)^2-5=-5$이므로 점 $(-2, -5)$는 그래프 위의 점이다.

③ $x=0$을 대입하면 $y=\dfrac{3}{2}\times(0+2)^2-5=1$이므로 점 $(0, 1)$은 그래프 위의 점이다.

④ $x=2$를 대입하면 $y=\dfrac{3}{2}\times(2+2)^2-5=19$이므로 점 $(2, 20)$은 그래프 위의 점이 아니다.

⑤ $x=4$를 대입하면 $y=\dfrac{3}{2}\times(4+2)^2-5=49$이므로 점 $(4, 49)$는 그래프 위의 점이다.

目 ④

유제 **7**

① 축의 방정식은 $x=0$이다.
② 꼭짓점의 좌표는 $(0, -5)$이다.
③ y축에 대하여 대칭이다.
④ 두 이차함수 $y=2x^2-5$, $y=2x^2+1$의 그래프는 $y=2x^2$의 그래프를 평행이동하여 겹치게 할 수 있으므로 폭이 서로 같다.
⑤ 이차함수 $y=2x^2$의 그래프를 y축의 방향으로 -5만큼 평행이동한 것이다.
따라서 옳은 것은 ④이다.

目 ④

유제 **8**

② 위로 볼록한 포물선이다.
③ $x=0$을 대입하면 $y=-2\times(0+3)^2-6=-24$이므로 y축과 점 $(0, -24)$에서 만난다.
⑤ 이차함수 $y=-2x^2$의 그래프를 x축의 방향으로 -3만큼, y축의 방향으로 -6만큼 평행이동한 것이다.
따라서 옳은 것은 ①, ④이다.

目 ①, ④

유제 **9**

꼭짓점의 좌표는 $(-3, -5)$
$x=0$을 대입하면
$y=(0+3)^2-5=4$
이므로 y축과 만나는 점의 좌표는 $(0, 4)$
따라서 제4사분면을 지나지 않는다.

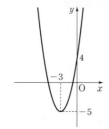

目 ④

유제 **10**

① 꼭짓점의 좌표는 $(0, 3)$, 아래로 볼록한 포물선이다.

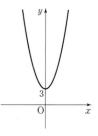

② 꼭짓점의 좌표는 $(4, 0)$, 아래로 볼록한 포물선이다.

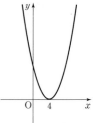

③ 꼭짓점의 좌표는 $(-2, -5)$, 위로 볼록한 포물선이다.

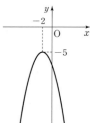

④ 꼭짓점의 좌표는 $(-1, 6)$, 위로 볼록한 포물선이다.
$x=0$을 대입하면
$y=-(0+1)^2+6=5$
이므로 y축과 만나는 점의 좌표는 $(0, 5)$

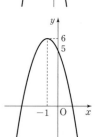

⑤ 꼭짓점의 좌표는 $(-2, 0)$, 위로 볼록한 포물선이다.

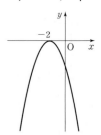

따라서 모든 사분면을 지나는 것은 ④이다.

目 ④

유제 **11**

꼭짓점의 좌표가 $(-1, -3)$이므로 $p=-1$, $q=-3$
$y=a(x+1)^2-3$에 $x=0$, $y=-2$를 대입하면
$-2=a\times(0+1)^2-3$, $a=1$
따라서 $a+p+q=1+(-1)+(-3)=-3$

目 ①

유제 12

이차함수 $y=2x^2$의 그래프를 꼭짓점의 좌표가 $(-5, 3)$이 되도록 평행이동한 그래프의 식은

$y=2(x+5)^2+3$

$y=2(x+5)^2+3$에 $x=-7$, $y=k$를 대입하면

$k=2\times(-7+5)^2+3=11$

답 ⑤

유제 13

$y=-2(x-1)^2+3$의 그래프의 꼭짓점의 좌표는 $(1, 3)$

x축의 방향으로 3만큼, y축의 방향으로 4만큼 평행이동하면 꼭짓점의 좌표는

$(1+3, 3+4)=(4, 7)$

따라서 구하는 이차함수의 식은

$y=-2(x-4)^2+7$

답 ③

유제 14

$y=-3(x+5)^2+1$의 그래프의 꼭짓점의 좌표는 $(-5, 1)$

x축의 방향으로 p만큼 평행이동하면 꼭짓점의 좌표는 $(-5+p, 1)$

축의 방정식이 $x=-5+p$이므로

$-5+p=-8$

따라서 $p=-3$

답 ②

유제 15

아래로 볼록하므로 $a>0$

y축과 만나는 점이 x축보다 위쪽에 있으므로

$-q>0$, 즉 $q<0$

답 ②

유제 16

아래로 볼록하므로 $a>0$

꼭짓점 (p, q)가 제4사분면 위에 있으므로

$p>0$, $q<0$

답 ②

형성평가

본문 123쪽

01 ⑤   02 ③   03 10   04 ⑤   05 ②   06 ③
07 ①   08 ③

01

① 아래로 볼록한 포물선이다.

② 축의 방정식은 $x=0$이다.

③ 꼭짓점의 좌표는 $(0, -5)$이다.

④ $y=3x^2$의 그래프를 y축의 방향으로 -5만큼 평행이동한 것이다.

따라서 옳은 것은 ⑤이다.

답 ⑤

02

이차함수 $y=-\dfrac{3}{4}x^2$의 그래프를 x축의 방향으로 3만큼 평행이동한 그래프의 식은

$y=-\dfrac{3}{4}(x-3)^2$

$y=-\dfrac{3}{4}(x-3)^2$에 $x=7$, $y=k$를 대입하면

$k=-\dfrac{3}{4}\times(7-3)^2=-12$

답 ③

03

이차함수 $y=\dfrac{1}{2}x^2$의 그래프를 x축의 방향으로 3만큼, y축의 방향으로 -8만큼 평행이동한 그래프의 식은

$y=\dfrac{1}{2}(x-3)^2-8$

$y=\dfrac{1}{2}(x-3)^2-8$에 $x=-3$, $y=k$를 대입하면

$k=\dfrac{1}{2}\times(-3-3)^2-8$

$\quad=10$

답 10

04

① 축의 방정식은 $x=-3$이다.

② 꼭짓점의 좌표는 $(-3, 1)$이다.

③ $y=-2x^2$의 그래프를 x축의 방향으로 -3만큼, y축의 방향으로 1만큼 평행이동한 것이다.

④ $x=-2$를 대입하면 $y=-2\times(-2+3)^2+1=-1$이므로 점 $(-2, 1)$을 지나지 않는다.

⑤ 축의 방정식이 $x=-3$이고 위로 볼록하므로 $x>-3$일 때 x의 값이 증가하면 y의 값은 감소한다.

따라서 옳은 것은 ⑤이다.

답 ⑤

개념책

05 꼭짓점의 좌표는 $(3, 4)$

$x=0$을 대입하면

$y=-\dfrac{1}{2}\times(0-3)^2+4$

　$=-\dfrac{1}{2}$

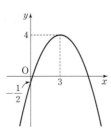

이므로 y축과 만나는 점의 좌표는

$\left(0, -\dfrac{1}{2}\right)$

따라서 제2사분면을 지나지 않는다.

답 ②

06 꼭짓점의 좌표가 (p, q)이므로 $p=-3$, $q=5$

$y=a(x+3)^2+5$에 $x=0$, $y=-13$을 대입하면

$-13=a\times(0+3)^2+5$, $9a=-18$

$a=-2$

따라서 $a+p+q=-2+(-3)+5=0$

답 ③

07 $y=2(x-4)^2-5$의 그래프의 꼭짓점의 좌표는 $(4, -5)$

x축의 방향으로 p만큼, y축의 방향으로 q만큼 평행이동하면 꼭짓점의 좌표는 $(4+p, -5+q)$

$y=2(x+2)^2-1$의 그래프의 꼭짓점의 좌표는

$(-2, -1)$이므로 $4+p=-2$, $-5+q=-1$

따라서 $p=-6$, $q=4$이므로

$p+q=-6+4=-2$

답 ①

08 아래로 볼록하므로 $a>0$

꼭짓점 (p, q)가 제3사분면 위에 있으므로

$p<0$, $q<0$

답 ③

중단원 마무리

본문 124~127쪽

01 ③, ⑤	**02** ④	**03** ④	**04** ④	**05** ④	**06** ①
07 ⑤	**08** ①	**09** ②, ⑤	**10** -4	**11** ⓒ	**12** ③
13 ③	**14** ⑤	**15** ①	**16** ⑤	**17** ③	**18** ③
19 ⑤	**20** ②	**21** ①	**22** ①	**23** ②, ⑤	**24** ①
25 ③	**26** ⑤	**27** 4	**28** $\dfrac{3}{2}$	**29** 3	

01 ① $-5x+4$는 이차식이 아니므로 $y=-5x+4$는 이차함수가 아니다.

---

② $\dfrac{2}{x^2}$는 이차식이 아니므로 $y=\dfrac{2}{x^2}$는 이차함수가 아니다.

③ $6x-2x^2$은 이차식이므로 $y=6x-2x^2$은 이차함수이다.

④ $x^2-8x+7=0$은 함수가 아니다.

⑤ $5x^2+2x-3$은 이차식이므로 $y=5x^2+2x-3$은 이차함수이다.

답 ③, ⑤

02 $f(3)=3^2-4\times3+6=3$

$f(2)=2^2-4\times2+6=2$

따라서 $f(3)-f(2)=3-2=1$

답 ④

03 $y=-x^2$에 각 점의 x좌표를 대입해 보자.

① $x=-3$을 대입하면 $y=-(-3)^2=-9$이므로 점 $(-3, -9)$는 그래프 위의 점이다.

② $x=-1$을 대입하면 $y=-(-1)^2=-1$이므로 점 $(-1, -1)$은 그래프 위의 점이다.

③ $x=0$을 대입하면 $y=-0^2=0$이므로 점 $(0, 0)$은 그래프 위의 점이다.

④ $x=\dfrac{1}{2}$을 대입하면 $y=-\left(\dfrac{1}{2}\right)^2=-\dfrac{1}{4}$이므로 점 $\left(\dfrac{1}{2}, -\dfrac{1}{2}\right)$은 그래프 위의 점이 아니다.

⑤ $x=2$를 대입하면 $y=-2^2=-4$이므로 점 $(2, -4)$는 그래프 위의 점이다.

답 ④

04 $y=ax^2$의 그래프는 $y=-ax^2$의 그래프와 x축에 대하여 대칭이다.

따라서 $y=3x^2$

답 ④

05 이차함수 $y=-2x^2$의 그래프를 y축의 방향으로 5만큼 평행이동한 그래프의 식은

$y=-2x^2+5$

답 ④

06 이차함수 $y=-4x^2$의 그래프를 x축의 방향으로 2만큼 평행이동한 그래프의 식은

$y=-4(x-2)^2$

이므로

$a=-4$, $p=-2$

따라서

$a+p=-4+(-2)$

　$=-6$

답 ①

07 이차함수 $y=2x^2$의 그래프를 x축의 방향으로 -3만큼, y축의 방향으로 5만큼 평행이동한 그래프의 식은
$$y=2(x+3)^2+5$$

답 ⑤

08 이차함수 $y=-5(x+2)^2+3$의 그래프의 축의 방정식은 $x=-2$, 꼭짓점의 좌표는 $(-2, 3)$이다.
따라서 $x=-2$, $(-2, 3)$

답 ①

09 $y=a(a-2)x^2+5x-3x^2$
$\quad =(a^2-2a-3)x^2+5x$
이차함수이려면 x^2의 계수가 0이 아니어야 한다.
$a^2-2a-3\neq 0$, $(a+1)(a-3)\neq 0$
$a\neq -1$, $a\neq 3$
따라서 a의 값이 될 수 없는 것은 -1, 3이다.

답 ②, ⑤

10 $f(a)=2a^2+7a+3=7$
$2a^2+7a-4=0$, $(a+4)(2a-1)=0$
$a=-4$ 또는 $a=\dfrac{1}{2}$
따라서 구하는 정수 a의 값은 -4

답 -4

11 $y=-\dfrac{3}{4}x^2$의 그래프는 위로 볼록하다.
$\left|-\dfrac{3}{4}\right|<|-1|$이므로 $y=-\dfrac{3}{4}x^2$의 그래프는 $y=-x^2$
의 그래프보다 폭이 넓다.
따라서 구하는 그래프는 ⓒ이다.

답 ⓒ

12 원점을 꼭짓점으로 하는 포물선의 식은 $y=ax^2$
$y=ax^2$에 $x=6$, $y=-24$를 대입하면
$-24=a\times 6^2$, $36a=-24$
$a=-\dfrac{2}{3}$이므로 $y=-\dfrac{2}{3}x^2$
따라서 $f(3)=-\dfrac{2}{3}\times 3^2=-6$

답 ③

13 이차함수 $y=\dfrac{3}{4}x^2$의 그래프와 x축에 대하여 대칭인 그래프의 식은
$$y=-\dfrac{3}{4}x^2$$

$y=-\dfrac{3}{4}x^2$에 $x=a$, $y=-27$을 대입하면
$$-27=-\dfrac{3}{4}a^2, \ a^2=36$$
$a=\pm 6$
따라서 구하는 양수 a의 값은 6

답 ③

14 $\overline{AB}=2\times\dfrac{4}{3}=\dfrac{8}{3}$이므로 점 B의 좌표는 $\left(\dfrac{4}{3}, \dfrac{8}{3}\right)$
$y=ax^2$에 $x=\dfrac{4}{3}$, $y=\dfrac{8}{3}$을 대입하면
$$\dfrac{8}{3}=a\times\left(\dfrac{4}{3}\right)^2, \ \dfrac{16}{9}a=\dfrac{8}{3}$$
따라서 $a=\dfrac{3}{2}$

답 ⑤

15 $y=ax^2+q$에 두 점의 좌표를 각각 대입하면
$4=4a+q$ ...... ㉠
$-14=16a+q$ ...... ㉡
㉠, ㉡을 연립하여 풀면 $a=-\dfrac{3}{2}$, $q=10$
따라서 $aq=-\dfrac{3}{2}\times 10=-15$

답 ①

16 이차함수 $y=ax^2$의 그래프를 x축의 방향으로 p만큼 평행이동한 그래프의 식은 $y=a(x-p)^2$
축의 방정식은 $x=p$이므로 $p=-\dfrac{3}{2}$
$y=a\left(x+\dfrac{3}{2}\right)^2$에 $x=-1$, $y=-1$을 대입하면
$$-1=a\times\left(-1+\dfrac{3}{2}\right)^2, \ a=-4$$
따라서 $ap=-4\times\left(-\dfrac{3}{2}\right)=6$

답 ⑤

17 이차함수 $y=a(x+p)^2+2$의 그래프의 축의 방정식은
$x=-p$이므로 $-p=-4$, $p=4$
$y=a(x+4)^2+2$에 $x=-2$, $y=-6$을 대입하면
$-6=a\times(-2+4)^2+2$, $4a=-8$
$a=-2$
따라서 $a+p=-2+4=2$

답 ③

18 이차함수 $y=-2x^2$의 그래프를 꼭짓점의 좌표가 $(-6, 10)$이 되도록 평행이동한 그래프의 식은
$y=-2(x+6)^2+10$
$y=-2(x+6)^2+10$에 $x=-3$, $y=k$를 대입하면

$k = -2 \times (-3+6)^2 + 10 = -8$

답 ③

19 이차함수 $y = -\dfrac{3}{4}x^2$의 그래프를 x축의 방향으로 5만큼,

y축의 방향으로 -4만큼 평행이동한 그래프의 식은

$y = -\dfrac{3}{4}(x-5)^2 - 4$

축의 방정식은 $x=5$이고 위로 볼록한 포물선이므로 구하는 x의 값의 범위는 $x > 5$

답 ⑤

20 꼭짓점의 좌표는 $(2, 6)$
$x=0$을 대입하면
$y = -2 \times (0-2)^2 + 6$
$\quad = -2$
이므로 y축과 만나는 점의 좌표는
$(0, -2)$
따라서 이차함수 $y = -2(x-2)^2 + 6$
의 그래프는 제2사분면을 지나지 않는다.

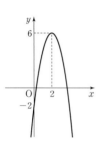

답 ②

21 꼭짓점의 좌표는 $(-3, 5)$

$x=0$을 대입하면 $y = -\dfrac{2}{3} \times (0+3)^2 + 5 = -1$이므로

y축과 만나는 점의 좌표는 $(0, -1)$
따라서 구하는 그래프는 ①이다.

답 ①

22 이차함수들 사이에 x^2의 계수가 같으면 그래프를 평행이동하여 포갤 수 있다.
따라서 $y = -8x^2 + 3$의 그래프는 $y = -8x^2$의 그래프를 y축의 방향으로 3만큼 평행이동하면 완전히 포개어진다.

답 ①

23 $y = -(x+1)^2 - 3$의 그래프의 꼭짓점의 좌표는
$(-1, -3)$
x축의 방향으로 -2만큼, y축의 방향으로 5만큼 평행이동하면 꼭짓점의 좌표는
$(-1-2, -3+5) = (-3, 2)$
평행이동한 그래프의 식은
$y = -(x+3)^2 + 2$
$y = -(x+3)^2 + 2$에 각 점의 x좌표를 대입해 보자.
① $x=-3$을 대입하면 $y = -(-3+3)^2 + 2 = 2$이므로
점 $(-3, 2)$는 그래프 위의 점이다.

② $x=-2$를 대입하면 $y = -(-2+3)^2 + 2 = 1$이므로
점 $(-2, 0)$은 그래프 위의 점이 아니다.
③ $x=-1$을 대입하면 $y = -(-1+3)^2 + 2 = -2$이므로
점 $(-1, -2)$는 그래프 위의 점이다.
④ $x=0$을 대입하면 $y = -(0+3)^2 + 2 = -7$이므로 점
$(0, -7)$은 그래프 위의 점이다.
⑤ $x=1$을 대입하면 $y = -(1+3)^2 + 2 = -14$이므로 점
$(1, -12)$는 그래프 위의 점이 아니다.
따라서 지나지 않는 점은 ②, ⑤이다.

답 ②, ⑤

24 $y = 5(x-1)^2 + 3$의 그래프의 꼭짓점의 좌표는 $(1, 3)$
x축의 방향으로 p만큼, y축의 방향으로 q만큼 평행이동하면 꼭짓점의 좌표는 $(1+p, 3+q)$
$y = 5x^2 + 7$의 그래프의 꼭짓점의 좌표는 $(0, 7)$이므로
$1+p = 0$, $3+q = 7$
따라서 $p = -1$, $q = 4$이므로
$p - q = -5$

답 ①

25 위로 볼록하므로 $a < 0$
꼭짓점 (p, q)가 제1사분면 위에 있으므로
$p > 0$, $q > 0$

답 ③

26 직선이 오른쪽 위로 향하므로 $a > 0$
직선이 y축과 만나는 점이 x축보다 아래쪽에 있으므로
$b < 0$
이차함수 $y = a(x+b)^2$의 그래프는 $a > 0$이므로 아래로 볼록하고 꼭짓점의 좌표가 $(-b, 0)$이므로 ⑤이다.

답 ⑤

27 이차함수 $y = -x^2 + 9$의 그래프의 꼭짓점의 좌표는
$(0, 9)$
이차함수 $y = a(x-p)^2$의 그래프의 꼭짓점의 좌표는
$(p, 0)$
$y = -x^2 + 9$에 $x=p$, $y=0$을 대입하면
$0 = -p^2 + 9$, $p^2 = 9$, $p = \pm 3$
$p > 0$이므로 $p = 3$
$y = a(x-3)^2$에 $x=0$, $y=9$를 대입하면
$9 = a \times (0-3)^2$, $9a = 9$
$a = 1$
따라서 $a + p = 1 + 3 = 4$

답 4

28 이차함수 $y=-4(x-p)^2-2p^2$의 그래프의 꼭짓점의 좌표는 $(p, -2p^2)$

$y=-x-3$에 $x=p$, $y=-2p^2$을 대입하면

$-2p^2=-p-3$, $2p^2-p-3=0$

$(p+1)(2p-3)=0$, $p=-1$ 또는 $p=\dfrac{3}{2}$

$p>0$이므로 $p=\dfrac{3}{2}$

답 $\dfrac{3}{2}$

29 두 이차함수의 x^2의 계수는 같으므로 $a=-3$

이차함수 $y=-3(x+b)^2+c$의 그래프의 꼭짓점의 좌표는 $(-b, c)$

x축의 방향으로 -1만큼, y축의 방향으로 -4만큼 평행이동하면 꼭짓점의 좌표는 $(-b-1, c-4)$

이차함수 $y=a(x+5)^2-2$의 그래프의 꼭짓점의 좌표는 $(-5, -2)$

$-b-1=-5$, $c-4=-2$

$b=4$, $c=2$

따라서 $a+b+c=-3+4+2=3$

답 3

 서술형으로 중단원 마무리 본문 128~129쪽

서술형예제 -2, -4, -2, -4, 2
서술형유제 2

1 -6 **2** -15 **3** 5 **4** 3

서술형예제

$y=4x^2$에 $x=a$, $y=16$을 대입하면

$16=4a^2$, $a^2=4$, $a=\pm2$

$a<0$이므로 $a=\boxed{-2}$ ··· **1단계**

$y=bx^2$의 그래프가 $y=4x^2$의 그래프와 x축에 대하여 대칭이므로 $b=\boxed{-4}$ ··· **2단계**

따라서 $a-b=\boxed{-2}-(\boxed{-4})=\boxed{2}$ ··· **3단계**

답 풀이 참조

단계	채점 기준	비율
1단계	a의 값을 구한 경우	50 %
2단계	b의 값을 구한 경우	30 %
3단계	$a-b$의 값을 구한 경우	20 %

서술형유제

$y=-\dfrac{1}{2}x^2$에 $x=a$, $y=-8$을 대입하면

$-8=-\dfrac{1}{2}a^2$

$a^2=16$, $a=\pm4$

$a>0$이므로 $a=4$ ··· **1단계**

$y=bx^2$의 그래프가 $y=-\dfrac{1}{2}x^2$의 그래프와 x축에 대하여 대칭이므로 $b=\dfrac{1}{2}$ ··· **2단계**

따라서 $ab=4\times\dfrac{1}{2}=2$ ··· **3단계**

답 2

단계	채점 기준	비율
1단계	a의 값을 구한 경우	50 %
2단계	b의 값을 구한 경우	30 %
3단계	ab의 값을 구한 경우	20 %

1 원점을 꼭짓점으로 하는 포물선의 식은

$y=ax^2$ ··· **1단계**

$y=ax^2$에 $x=4$, $y=-24$를 대입하면

$-24=a\times4^2$

$a=-\dfrac{3}{2}$ ··· **2단계**

$y=-\dfrac{3}{2}x^2$에 $x=-2$, $y=k$를 대입하면

$k=-\dfrac{3}{2}\times(-2)^2$

$=-6$ ··· **3단계**

답 -6

단계	채점 기준	비율
1단계	이차함수의 식을 $y=ax^2$으로 놓은 경우	20 %
2단계	a의 값을 구한 경우	40 %
3단계	k의 값을 구한 경우	40 %

2 이차함수 $y=-3x^2$의 그래프를 y축의 방향으로 q만큼 평행이동한 그래프의 식은

$y=-3x^2+q$ ··· **1단계**

$y=-3x^2+q$에 $x=2$, $y=-6$을 대입하면

$-6=-3\times2^2+q$

$q=6$ ··· **2단계**

$y=-3x^2+6$에 $x=-3$, $y=m$을 대입하면

$m=-3\times(-3)^2+6=-21$ ··· **3단계**

따라서 $m+q=-21+6=-15$ ··· **4단계**

답 -15

단계	채점 기준	비율
1단계	이차함수의 식을 $y=-3x^2+q$로 놓은 경우	20 %
2단계	q의 값을 구한 경우	30 %
3단계	m의 값을 구한 경우	30 %
4단계	$m+q$의 값을 구한 경우	20 %

3 이차함수 $y=-5x^2$의 그래프를 x축의 방향으로 -2만큼, y축의 방향으로 q만큼 평행이동한 그래프의 식은

$y=-5(x+2)^2+q$ · · · **1단계**

$y=-5(x+2)^2+q$에 $x=-4$, $y=5$를 대입하면

$5=-5\times(-4+2)^2+q$

$q=25$ · · · **2단계**

$y=-5(x+2)^2+25$에 $x=1$, $y=m$을 대입하면

$m=-5\times(1+2)^2+25=-20$ · · · **3단계**

따라서 $m+q=-20+25=5$ · · · **4단계**

답 5

단계	채점 기준	비율
1단계	이차함수의 식을 $y=-5(x+2)^2+q$로 놓은 경우	20 %
2단계	q의 값을 구한 경우	30 %
3단계	m의 값을 구한 경우	30 %
4단계	$m+q$의 값을 구한 경우	20 %

4 이차함수 $y=\dfrac{1}{5}x^2$의 그래프와 x축에 대하여 대칭인 이차함수는 $y=-\dfrac{1}{5}x^2$이므로 $a=-\dfrac{1}{5}$ · · · **1단계**

이 그래프를 x축의 방향으로 3만큼, y축의 방향으로 5만큼 평행이동한 그래프의 식은

$y=-\dfrac{1}{5}(x-3)^2+5$ · · · **2단계**

$y=-\dfrac{1}{5}(x-3)^2+5$에 $x=-7$, $y=b$를 대입하면

$b=-\dfrac{1}{5}\times(-7-3)^2+5=-15$ · · · **3단계**

따라서 $ab=-\dfrac{1}{5}\times(-15)=3$ · · · **4단계**

답 3

단계	채점 기준	비율
1단계	a의 값을 구한 경우	20 %
2단계	평행이동한 이차함수의 식을 $y=-\dfrac{1}{5}(x-3)^2+5$로 놓은 경우	30 %
3단계	b의 값을 구한 경우	30 %
4단계	ab의 값을 구한 경우	20 %

2. 이차함수 $y=ax^2+bx+c$의 그래프

1 이차함수 $y=ax^2+bx+c$의 그래프 본문 130~133쪽

개념 확인 문제

1 1, 1, 1, 1, 1, 4

2 (1) > (2) < (3) >

유제 1

$y=-2x^2+8x-3$
$\quad=-2(x^2-4x+4-4)-3$
$\quad=-2(x-2)^2+5$

따라서 $a=-2$, $p=2$, $q=5$이므로

$a+p+q=-2+2+5=5$

답 ⑤

유제 2

$y=-\dfrac{1}{2}x^2+6x-8$

$\quad=-\dfrac{1}{2}(x^2-12x+36-36)-8$

$\quad=-\dfrac{1}{2}(x-6)^2+10$

따라서 $p=6$, $q=10$이므로

$p+q=6+10=16$

답 ①

유제 3

$y=x^2+4ax+5$
$\quad=(x^2+4ax+4a^2-4a^2)+5$
$\quad=(x+2a)^2-4a^2+5$

축의 방정식은 $x=4$이므로 $-2a=4$

$a=-2$

따라서 꼭짓점의 y좌표는

$-4\times(-2)^2+5=-11$

답 ④

유제 4

① $y=x^2-4x-1$
$\quad=(x^2-4x+4-4)-1$
$\quad=(x-2)^2-5$

꼭짓점의 좌표는 $(2, -5)$

② $y=2x^2-4x+6$

$$=2(x^2-2x+1-1)+6$$
$$=2(x-1)^2+4$$
꼭짓점의 좌표는 $(1, 4)$

③ $y=x^2+2x-3$
$$=(x^2+2x+1-1)-3$$
$$=(x+1)^2-4$$
꼭짓점의 좌표는 $(-1, -4)$

④ $y=-3x^2-6x-5$
$$=-3(x^2+2x+1-1)-5$$
$$=-3(x+1)^2-2$$
꼭짓점의 좌표는 $(-1, -2)$

⑤ $y=-2x^2-8x-5$
$$=-2(x^2+4x+4-4)-5$$
$$=-2(x+2)^2+3$$
꼭짓점의 좌표는 $(-2, 3)$

따라서 꼭짓점이 제2사분면에 있는 것은 ⑤이다.

답 ⑤

유제 5

$y=0$을 대입하면 $x^2-4x-12=0$
$(x+2)(x-6)=0$
$x=-2$ 또는 $x=6$
따라서 $\mathrm{A}(-2, 0)$, $\mathrm{B}(6, 0)$ 또는 $\mathrm{A}(6, 0)$, $\mathrm{B}(-2, 0)$이므로
$\overline{\mathrm{AB}}=6-(-2)=8$

답 ③

유제 6

$y=x^2-6x+k$에 $x=0$을 대입하면 $y=k$이므로 $k=8$
$y=x^2-6x+8$에 $y=0$을 대입하면 $x^2-6x+8=0$
$(x-2)(x-4)=0$
$x=2$ 또는 $x=4$
따라서 $m=2$, $n=4$ 또는 $m=4$, $n=2$이므로
$k+m+n=8+2+4=14$

답 ④

유제 7

$y=2x^2-8x$
$$=2(x^2-4x+4-4)$$
$$=2(x-2)^2-8$$
꼭짓점의 좌표는 $(2, -8)$
$x=0$을 대입하면 $y=0$이므로
y축과 만나는 점의 좌표는 $(0, 0)$
따라서 이차함수 $y=2x^2-8x$의 그래프는
오른쪽 그림과 같으므로 제3사분면을 지나지 않는다.

답 ③

유제 8

① $y=x^2-10x+1$
$$=(x^2-10x+25-25)+1$$
$$=(x-5)^2-24$$
꼭짓점의 좌표는 $(5, -24)$
$x=0$을 대입하면 $y=1$이므로 y축과 만나는 점의 좌표는 $(0, 1)$

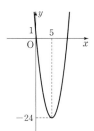

② $y=2x^2+16x+18$
$$=2(x^2+8x+16-16)+18$$
$$=2(x+4)^2-14$$
꼭짓점의 좌표는 $(-4, -14)$
$x=0$을 대입하면 $y=18$이므로 y축과 만나는 점의 좌표는 $(0, 18)$

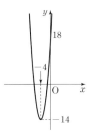

③ $y=-x^2-2x-4$
$$=-(x^2+2x+1-1)-4$$
$$=-(x+1)^2-3$$
꼭짓점의 좌표는 $(-1, -3)$
$x=0$을 대입하면 $y=-4$이므로 y축과 만나는 점의 좌표는 $(0, -4)$

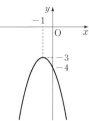

④ $y=-2x^2+4x+3$
$$=-2(x^2-2x+1-1)+3$$
$$=-2(x-1)^2+5$$
꼭짓점의 좌표는 $(1, 5)$
$x=0$을 대입하면 $y=3$이므로 y축과 만나는 점의 좌표는 $(0, 3)$

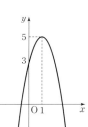

⑤ $y=-2x^2-12x-10$
$$=-2(x^2+6x+9-9)-10$$
$$=-2(x+3)^2+8$$
꼭짓점의 좌표는 $(-3, 8)$
$x=0$을 대입하면 $y=-10$이므로 y축과 만나는 점의 좌표는 $(0, -10)$

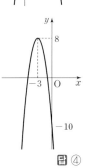

따라서 모든 사분면을 지나는 것은 ④이다.

답 ④

유제 9

$y=x^2+8x+9$
$$=(x^2+8x+16-16)+9$$
$$=(x+4)^2-7$$
꼭짓점의 좌표는 $(-4, -7)$
x축의 방향으로 3만큼, y축의 방향으로 5만큼 평행이동하면 꼭짓

점의 좌표는

$(-4+3, -7+5)=(-1, -2)$

따라서 평행이동한 그래프의 식은 $y=(x+1)^2-2$이므로 축의 방정식은

$x=-1$

답 ③

유제 10

$y=2x^2-4x+5$

$\quad=2(x^2-2x+1-1)+5$

$\quad=2(x-1)^2+3$

꼭짓점의 좌표는 $(1, 3)$

x축의 방향으로 2만큼, y축의 방향으로 3만큼 평행이동하면 꼭짓점의 좌표는

$(1+2, 3+3)=(3, 6)$

평행이동한 그래프의 식은

$y=2(x-3)^2+6$

$y=2(x-3)^2+6$에 $x=1$, $y=k$를 대입하면

$k=2\times(1-3)^2+6=14$

답 ④

유제 11

아래로 볼록하므로 $a>0$

축이 y축의 왼쪽에 있으므로 a, b의 부호는 서로 같다. 즉, $b>0$

y축과 만나는 점이 x축보다 위쪽에 있으므로 $c>0$

답 ①

유제 12

위로 볼록하므로 $a<0$

축이 y축의 왼쪽에 있으므로 a, b의 부호는 서로 같다. 즉, $b<0$

y축과 만나는 점이 x축보다 위쪽에 있으므로 $c>0$

답 ⑤

형성평가

본문 134쪽

01 ②	02 ④	03 ②	04 ⑤	05 ④	06 ①, ⑤
07 ②	08 ④				

01 $y=\dfrac{1}{3}x^2+2x+7$

$\quad=\dfrac{1}{3}(x^2+6x+9-9)+7$

$\quad=\dfrac{1}{3}(x+3)^2+4$

따라서 $a=\dfrac{1}{3}$, $p=-3$, $q=4$이므로

$apq=\dfrac{1}{3}\times(-3)\times4=-4$

답 ②

02 이차함수 $y=x^2+2ax+b$의 꼭짓점의 좌표가 $(4, 2)$이므로 $y=(x-4)^2+2$

$y=(x-4)^2+2=x^2-8x+18$

$2a=-8$, $b=18$

$a=-4$

따라서 $a+b=-4+18=14$

답 ④

03 ① $y=x^2+6x+9$

$\qquad=(x+3)^2$

꼭짓점의 좌표는 $(-3, 0)$

② $y=x^2-3x+1$

$\qquad=\left(x^2-3x+\dfrac{9}{4}-\dfrac{9}{4}\right)+1$

$\qquad=\left(x-\dfrac{3}{2}\right)^2-\dfrac{5}{4}$

꼭짓점의 좌표는 $\left(\dfrac{3}{2}, -\dfrac{5}{4}\right)$

③ $y=-2x^2+2x+3$

$\qquad=-2\left(x^2-x+\dfrac{1}{4}-\dfrac{1}{4}\right)+3$

$\qquad=-2\left(x-\dfrac{1}{2}\right)^2+\dfrac{7}{2}$

꼭짓점의 좌표는 $\left(\dfrac{1}{2}, \dfrac{7}{2}\right)$

④ $y=-3x^2-6x-7$

$\qquad=-3(x^2+2x+1-1)-7$

$\qquad=-3(x+1)^2-4$

꼭짓점의 좌표는 $(-1, -4)$

⑤ $y=-\dfrac{1}{2}x^2-6x-12$

$\qquad=-\dfrac{1}{2}(x^2+12x+36-36)-12$

$\qquad=-\dfrac{1}{2}(x+6)^2+6$

꼭짓점의 좌표는 $(-6, 6)$

따라서 꼭짓점이 제4사분면 위에 있는 것은 ②이다.

답 ②

04 $y=-x^2+4x-2$

$\quad=-(x^2-4x+4-4)-2$

$\quad=-(x-2)^2+2$

축의 방정식은 $x=2$이고, 위로 볼록하므로 구하는 x의 값

의 범위는 $x>2$

답 ⑤

05 $y=0$을 대입하면 $2x^2-8x-10=0$
$x^2-4x-5=0$, $(x+1)(x-5)=0$
$x=-1$ 또는 $x=5$
따라서 $\mathrm{A}(-1, 0)$, $\mathrm{B}(5, 0)$ 또는 $\mathrm{A}(5, 0)$, $\mathrm{B}(-1, 0)$
이므로
$\overline{\mathrm{AB}}=5-(-1)=6$

답 ④

06 ① $y=-x^2-2x+4$
$\quad=-(x^2+2x+1-1)+4$
$\quad=-(x+1)^2+5$
꼭짓점의 좌표는 $(-1, 5)$
$x=0$을 대입하면 $y=4$이므로 y
축과 만나는 점의 좌표는 $(0, 4)$

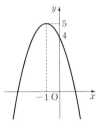

② $y=-x^2+4x-1$
$\quad=-(x^2-4x+4-4)-1$
$\quad=-(x-2)^2+3$
꼭짓점의 좌표는 $(2, 3)$
$x=0$을 대입하면 $y=-1$이므로
y축과 만나는 점의 좌표는
$(0, -1)$

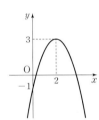

③ $y=x^2+4x+3$
$\quad=(x^2+4x+4-4)+3$
$\quad=(x+2)^2-1$
꼭짓점의 좌표는 $(-2, -1)$
$x=0$을 대입하면 $y=3$이므로
y축과 만나는 점의 좌표는 $(0, 3)$

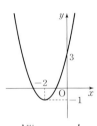

④ $y=x^2-4x+1$
$\quad=(x^2-4x+4-4)+1$
$\quad=(x-2)^2-3$
꼭짓점의 좌표는 $(2, -3)$
$x=0$을 대입하면 $y=1$이므로 y
축과 만나는 점의 좌표는 $(0, 1)$

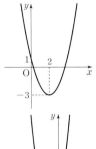

⑤ $y=2x^2+4x-1$
$\quad=2(x^2+2x+1-1)-1$
$\quad=2(x+1)^2-3$
꼭짓점의 좌표는 $(-1, -3)$
$x=0$을 대입하면 $y=-1$이므로
y축과 만나는 점의 좌표는
$(0, -1)$

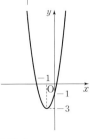

따라서 모든 사분면을 지나는 것은 ①, ⑤이다.

답 ①, ⑤

07 $y=2x^2+8x+10$
$\quad=2(x^2+4x+4-4)+10$
$\quad=2(x+2)^2+2$
꼭짓점의 좌표는 $(-2, 2)$
x축의 방향으로 m만큼, y축의 방향으로 n만큼 평행이동
하면 꼭짓점의 좌표는 $(-2+m, 2+n)$
$y=2x^2-12x+17$
$\quad=2(x^2-6x+9-9)+17$
$\quad=2(x-3)^2-1$
꼭짓점의 좌표는 $(3, -1)$
$-2+m=3$, $2+n=-1$
따라서 $m=5$, $n=-3$이므로
$m+n=5+(-3)=2$

답 ②

08 위로 볼록하므로 $a<0$
축이 y축의 오른쪽에 있으므로 a, b의 부호는 서로 다르
다. 즉, $b>0$
y축과 만나는 점이 x축보다 위쪽에 있으므로 $c>0$

답 ④

② 이차함수의 식 구하기

본문 135~138쪽

개념 확인 문제

1 1, 1, 4, 4, 1, 1, 1   **2** 2, 2, 1, -3, 2, 3
3 3, 6, 2, 1, -2, 3, 2, 3   **4** 3, 3, 3, 3, 1, 3

유제 1

꼭짓점의 좌표가 $(1, -3)$이므로
구하는 이차함수의 식은 $y=a(x-1)^2-3$
$p=1$, $q=-3$
$y=a(x-1)^2-3$에 $x=2$, $y=1$을 대입하면
$1=a\times(2-1)^2-3$, $a=4$
따라서 $a+p+q=4+1+(-3)=2$

답 2

유제 2

꼭짓점의 좌표가 $(-2, 4)$이므로
구하는 이차함수의 식은 $y=a(x+2)^2+4$
$y=a(x+2)^2+4$에 $x=0$, $y=2$를 대입하면
$2=a \times (0+2)^2+4$, $a=-\dfrac{1}{2}$
따라서 구하는 이차함수의 식은
$y=-\dfrac{1}{2}(x+2)^2+4$
$\quad =-\dfrac{1}{2}x^2-2x+2$

답 ②

유제 3

직선 $x=2$를 축으로 하므로 구하는 이차함수의 식은
$y=a(x-2)^2+q$
$y=a(x-2)^2+q$에 두 점의 좌표를 각각 대입하면
$3=a+q$ ······ ㉠
$-13=9a+q$ ······ ㉡
㉠, ㉡을 연립하여 풀면
$a=-2$, $q=5$
$y=-2(x-2)^2+5$에 $x=0$을 대입하면
$y=-2 \times (0-2)^2+5=-3$
따라서 y축과 만나는 점의 y좌표는 -3

답 ③

유제 4

직선 $x=3$을 축으로 하므로 구하는 이차함수의 식은
$y=a(x-3)^2+q$
$y=a(x-3)^2+q$에 두 점의 좌표를 각각 대입하면
$-3=16a+q$ ······ ㉠
$3=4a+q$ ······ ㉡
㉠, ㉡을 연립하여 풀면
$a=-\dfrac{1}{2}$, $q=5$
따라서 $y=-\dfrac{1}{2}(x-3)^2+5$의 꼭짓점의 y좌표는 5

답 ②

유제 5

구하는 이차함수의 식을 $y=ax^2+bx+c$라고 하자.
$y=ax^2+bx+c$에 세 점의 좌표를 각각 대입하면
$3=c$ ······ ㉠
$-9=4a-2b+c$ ······ ㉡
$6=a+b+c$ ······ ㉢
㉠, ㉡, ㉢을 연립하여 풀면

$a=-1$, $b=4$, $c=3$
$y=-x^2+4x+3$
$\quad =-(x^2-4x+4-4)+3$
$\quad =-(x-2)^2+7$
따라서 꼭짓점의 y좌표는 7이다.

답 ③

유제 6

$y=ax^2+bx+c$에 세 점의 좌표를 각각 대입하면
$7=c$ ······ ㉠
$-3=4a+2b+c$ ······ ㉡
$-9=16a+4b+c$ ······ ㉢
㉠, ㉡, ㉢을 연립하여 풀면
$a=\dfrac{1}{2}$, $b=-6$, $c=7$
$y=\dfrac{1}{2}x^2-6x+7$
$\quad =\dfrac{1}{2}(x^2-12x+36-36)+7$
$\quad =\dfrac{1}{2}(x-6)^2-11$
따라서 축의 방정식은 $x=6$이다.

답 ⑤

유제 7

x축과 만나는 점의 x좌표가 2, -5이므로 구하는 이차함수의 식은 $y=a(x-2)(x+5)$
$y=a(x-2)(x+5)$에 $x=1$, $y=-12$를 대입하면
$-12=a \times (1-2) \times (1+5)$, $a=2$
$y=2(x-2)(x+5)$에 $x=0$을 대입하면 $y=-20$
따라서 y축과 만나는 점의 y좌표는 -20이다.

답 ①

유제 8

x축과 만나는 점의 x좌표가 -3, 5이므로 구하는 이차함수의 식은 $y=k(x+3)(x-5)$
$y=x^2+ax+b$에서 x^2의 계수는 1이므로 $k=1$
$y=(x+3)(x-5)=x^2-2x-15$
따라서 $a=-2$, $b=-15$이므로
$a-b=-2-(-15)=13$

답 ③

01 ③	02 ②	03 ③	04 ③	05 ②	06 ①
07 ③	08 ④				

01 꼭짓점의 좌표가 $(2, -3)$이므로
구하는 이차함수의 식은
$y=a(x-2)^2-3$
$y=a(x-2)^2-3$에 $x=3$, $y=-1$을 대입하면
$-1=a\times(3-2)^2-3$, $a=2$
$y=2(x-2)^2-3$에 $x=0$을 대입하면
$y=2\times(0-2)^2-3=5$
따라서 y축과 만나는 점의 y좌표는 5이다.

답 ③

02 꼭짓점의 좌표가 $(-2, 5)$이므로
구하는 이차함수의 식은 $y=a(x+2)^2+5$
$y=a(x+2)^2+5$에 $x=0$, $y=-1$을 대입하면
$-1=a\times(0+2)^2+5$, $a=-\dfrac{3}{2}$
$y=-\dfrac{3}{2}(x+2)^2+5$에 $x=2$, $y=k$를 대입하면
$k=-\dfrac{3}{2}\times(2+2)^2+5=-19$

답 ②

03 축의 방정식이 $x=2$이므로 구하는 방정식은
$y=a(x-2)^2+q$
$y=a(x-2)^2+q$에 두 점의 좌표를 각각 대입하면
$2=16a+q$ ······ ㉠
$-4=4a+q$ ······ ㉡
㉠, ㉡을 연립하여 풀면
$a=\dfrac{1}{2}$, $q=-6$
$y=\dfrac{1}{2}(x-2)^2-6$에 $x=0$을 대입하면
$y=\dfrac{1}{2}\times(0-2)^2-6=-4$
따라서 y축과 만나는 점의 y좌표는 -4이다.

답 ③

04 축의 방정식이 $x=1$이므로 구하는 방정식은
$y=a(x-1)^2+q$
$y=a(x-1)^2+q$에 두 점의 좌표를 각각 대입하면
$-2=a+q$ ······ ㉠
$2=9a+q$ ······ ㉡

㉠, ㉡을 연립하여 풀면
$a=\dfrac{1}{2}$, $q=-\dfrac{5}{2}$

$y=\dfrac{1}{2}(x-1)^2-\dfrac{5}{2}$에 $x=6$, $y=k$를 대입하면

$k=\dfrac{1}{2}\times(6-1)^2-\dfrac{5}{2}=10$

답 ③

05 $y=ax^2+bx+c$에 세 점의 좌표를 각각 대입하면
$5=c$ ······ ㉠
$-13=4a-2b+c$ ······ ㉡
$11=a+b+c$ ······ ㉢
㉠, ㉡, ㉢을 연립하여 풀면
$a=-1$, $b=7$, $c=5$
따라서 $a+b-c=-1+7-5=1$

답 ②

06 $y=ax^2-8x+b$에 세 점의 좌표를 각각 대입하면
$-3=b$ ······ ㉠
$7=a+8+b$ ······ ㉡
$c=9a-24+b$ ······ ㉢
㉠, ㉡, ㉢을 연립하여 풀면
$a=2$, $b=-3$, $c=-9$
따라서 $a+b+c=2+(-3)+(-9)=-10$

답 ①

07 x축과 만나는 점의 x좌표가 -1, 5이므로 구하는 이차함수의 식은
$y=a(x+1)(x-5)$
$y=a(x+1)(x-5)$에 $x=0$, $y=-10$을 대입하면
$-10=a\times(0+1)\times(0-5)$, $a=2$
$y=2(x+1)(x-5)$
$=2x^2-8x-10$
$=2(x^2-4x+4-4)-10$
$=2(x-2)^2-18$
따라서 구하는 꼭짓점의 y좌표는 -18이다.

답 ③

08 x축과 만나는 점의 x좌표가 -4, 2이므로 구하는 이차함수의 식은
$y=a(x+4)(x-2)$
$y=a(x+4)(x-2)$에 $x=0$, $y=4$를 대입하면
$4=a\times(0+4)\times(0-2)$, $a=-\dfrac{1}{2}$
$y=-\dfrac{1}{2}(x+4)(x-2)$

$$=-\frac{1}{2}x^2-x+4$$

따라서 $a=-\frac{1}{2}$, $b=-1$, $c=4$이므로

$$4a-2b+c=4\times\left(-\frac{1}{2}\right)-2\times(-1)+4=4$$

답 ④

중단원 마무리

본문 140~143쪽

01 ②	02 ③	03 ③	04 ⑤	05 ⑤	06 ③
07 ④	08 ②	09 ④	10 ①	11 ②	12 ⑤
13 ④	14 ④	15 ①	16 ⑤	17 ④	18 ②
19 ④	20 제1, 3, 4사분면		21 ②	22 ③	23 ③
24 ③	25 $\left(5, -\frac{9}{2}\right)$		26 -5	27 5	
28 $k<-18$					

01 $y=2x^2-4x+5$
$\quad=2(x^2-2x+1-1)+5$
$\quad=2(x-1)^2+3$
따라서 $a=2$, $p=1$, $q=3$이므로
$a+p+q=2+1+3=6$

답 ②

02 $y=x^2+4x+8$
$\quad=(x^2+4x+4-4)+8$
$\quad=(x+2)^2+4$
따라서 $a=1$, $p=-2$, $q=4$이므로
$a+p+q=1+(-2)+4=3$

답 ③

03 $y=2x^2-8x+3$
$\quad=2(x^2-4x+4-4)+3$
$\quad=2(x-2)^2-5$
꼭짓점의 좌표가 $(2, -5)$이므로 $a=2$, $b=-5$
따라서 $a+b=2+(-5)=-3$

답 ③

04 $y=x^2+2x+5$
$\quad=(x^2+2x+1-1)+5$
$\quad=(x+1)^2+4$
꼭짓점의 좌표는 $(-1, 4)$
$x=0$을 대입하면 $y=5$이므로 y축
과 만나는 점의 좌표는 $(0, 5)$

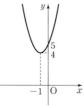

따라서 이차함수 $y=x^2+2x+5$의 그래프는 그림과 같으므로 제3, 4사분면을 지나지 않는다.

답 ⑤

05 꼭짓점의 좌표가 $(2, 1)$이므로 구하는 이차함수의 식은
$y=a(x-2)^2+1$
$y=a(x-2)^2+1$에 $x=1$, $y=2$를 대입하면
$2=a\times(1-2)^2+1$, $a=1$
따라서 구하는 이차함수의 식은
$y=(x-2)^2+1=x^2-4x+5$

답 ⑤

06 직선 $x=4$를 축으로 하므로 구하는 이차함수의 식은
$y=a(x-4)^2+q$
$y=a(x-4)^2+q$에 두 점의 좌표를 각각 대입하면
$-7=4a+q$ ...... ㉠
$-4=a+q$ ...... ㉡
㉠, ㉡을 연립하여 풀면
$a=-1$, $q=-3$
따라서 구하는 이차함수의 식은
$y=-(x-4)^2-3=-x^2+8x-19$

답 ③

07 $y=ax^2+bx+c$에 세 점의 좌표를 각각 대입하면
$5=c$ ...... ㉠
$2=a-b+c$ ...... ㉡
$5=4a+2b+c$ ...... ㉢
㉠, ㉡, ㉢을 연립하여 풀면
$a=-1$, $b=2$, $c=5$
따라서 구하는 이차함수의 식은
$y=-x^2+2x+5$

답 ④

08 x축과 두 점 $(2, 0)$, $(-4, 0)$에서 만나므로 구하는 이차함수의 식은
$y=a(x-2)(x+4)$
$y=a(x-2)(x+4)$에 $x=1$, $y=5$를 대입하면
$5=a\times(1-2)\times(1+4)$, $a=-1$
따라서 구하는 이차함수의 식은
$y=-(x-2)(x+4)$
$\quad=-x^2-2x+8$

답 ②

09 ① $y=-x^2-2x-5$
$\quad=-(x^2+2x+1-1)-5$

$$= -(x+1)^2 - 4$$

꼭짓점의 좌표는 $(-1, -4)$

② $y = x^2 + 2x - 6$
$$= (x^2 + 2x + 1 - 1) - 6$$
$$= (x+1)^2 - 7$$

꼭짓점의 좌표는 $(-1, -7)$

③ $y = x^2 - 4x + 9$
$$= (x^2 - 4x + 4 - 4) + 9$$
$$= (x-2)^2 + 5$$

꼭짓점의 좌표는 $(2, 5)$

④ $y = -x^2 - 6x - 7$
$$= -(x^2 + 6x + 9 - 9) - 7$$
$$= -(x+3)^2 + 2$$

꼭짓점의 좌표는 $(-3, 2)$

⑤ $y = x^2 + 4x + 2$
$$= (x^2 + 4x + 4 - 4) + 2$$
$$= (x+2)^2 - 2$$

꼭짓점의 좌표는 $(-2, -2)$

따라서 꼭짓점이 제2사분면 위에 있는 것은 ④이다.

답 ④

10 $y = x^2 + 2ax + 2a^2 + b$
$$= (x^2 + 2ax + a^2 - a^2) + 2a^2 + b$$
$$= (x+a)^2 + a^2 + b$$

꼭짓점의 좌표가 $(-a, a^2+b)$이므로

$-a = -3$, $a^2 + b = 2$

$a = 3$, $b = -7$

따라서 $a - b = 3 - (-7) = 10$

답 ①

11 $y = -\dfrac{1}{2}x^2 - 2x + k + 4$
$$= -\dfrac{1}{2}(x^2 + 4x + 4 - 4) + k + 4$$
$$= -\dfrac{1}{2}(x+2)^2 + k + 6$$

꼭짓점이 x축 위에 있으므로

$k + 6 = 0$

따라서 $k = -6$

답 ②

12 $y = -\dfrac{1}{3}x^2 + 2x + 8$
$$= -\dfrac{1}{3}(x^2 - 6x + 9 - 9) + 8$$
$$= -\dfrac{1}{3}(x-3)^2 + 11$$

축의 방정식은 $x = 3$이고, 위로 볼록하므로 구하는 x의 값의 범위는 $x > 3$

답 ⑤

13 $y = \dfrac{1}{2}x^2 + 2ax + 6$
$$= \dfrac{1}{2}(x^2 + 4ax + 4a^2 - 4a^2) + 6$$
$$= \dfrac{1}{2}(x+2a)^2 - 2a^2 + 6$$

축의 방정식은 $x = -2a$이고, 아래로 볼록하므로

$-2a = -4$

따라서 $a = 2$

답 ④

14 $y = 0$을 대입하면

$-x^2 + 5x + 14 = 0$

$x^2 - 5x - 14 = 0$, $(x+2)(x-7) = 0$

$x = -2$ 또는 $x = 7$

따라서 A$(-2, 0)$, B$(7, 0)$ 또는 A$(7, 0)$, B$(-2, 0)$

이므로

$\overline{AB} = 7 - (-2) = 9$

답 ④

15 $y = -\dfrac{1}{2}x^2 - 2x + 4$
$$= -\dfrac{1}{2}(x^2 + 4x + 4 - 4) + 4$$
$$= -\dfrac{1}{2}(x+2)^2 + 6$$

꼭짓점의 좌표는 $(-2, 6)$

$x = 0$을 대입하면 $y = 4$이므로 y축과 만나는 점의 좌표는 $(0, 4)$

따라서 구하는 그래프는 ①이다.

답 ①

16 $y = 0$을 대입하면

$x^2 - 4x - 5 = 0$

$(x+1)(x-5) = 0$, $x = -1$ 또는 $x = 5$

A$(-1, 0)$, B$(5, 0)$

$y = x^2 - 4x - 5$
$$= (x^2 - 4x + 4 - 4) - 5$$
$$= (x-2)^2 - 9$$

C$(2, -9)$

따라서 △ABC의 넓이는

$\dfrac{1}{2} \times \{5 - (-1)\} \times 9 = 27$

답 ⑤

17
$y=x^2-2x-8$
$\quad=(x^2-2x+1-1)-8$
$\quad=(x-1)^2-9$
꼭짓점의 좌표는 $(1, -9)$
$y=x^2-8x+7$
$\quad=(x^2-8x+16-16)+7$
$\quad=(x-4)^2-9$
꼭짓점의 좌표는 $(4, -9)$
$P(1, -9)$, $Q(4, -9)$이므로 $\overline{AB}=\overline{PQ}=4-1=3$
두 이차함수의 x^2의 계수가 같아서 두 이차함수의 그래프
의 모양은 같고 꼭짓점의 y좌표가 같으므로 구하는 넓이는
□APQB의 넓이와 같다.
따라서 구하는 넓이는
$3\times9=27$

답 ④

18
$y=-\dfrac{1}{2}x^2+ax+b$
$\quad=-\dfrac{1}{2}(x^2-2ax+a^2-a^2)+b$
$\quad=-\dfrac{1}{2}(x-a)^2+\dfrac{1}{2}a^2+b$
축의 방정식은 $x=a$이므로 $a=4$
y축과 만나는 점의 좌표가 $(0, 0)$이므로 $b=0$
$y=-\dfrac{1}{2}x^2+4x$에 $x=4$를 대입하면
$y=-\dfrac{1}{2}\times4^2+4\times4=8$이므로 $A(4, 8)$
$y=-\dfrac{1}{2}x^2+4x$에 $y=0$을 대입하면
$-\dfrac{1}{2}x^2+4x=0$, $x^2-8x=0$
$x(x-8)=0$, $x=0$ 또는 $x=8$
$B(8, 0)$
따라서 $\triangle AOB$의 넓이는
$\dfrac{1}{2}\times8\times8=32$

답 ②

19
$y=x^2-2x-5$
$\quad=(x^2-2x+1-1)-5$
$\quad=(x-1)^2-6$
꼭짓점의 좌표는 $(1, -6)$
x축의 방향으로 m만큼, y축의 방향으로 n만큼 평행이동
하면 꼭짓점의 좌표는 $(1+m, -6+n)$
$y=x^2+4x+5$
$\quad=(x^2+4x+4-4)+5$
$\quad=(x+2)^2+1$

꼭짓점의 좌표는 $(-2, 1)$
$1+m=-2$, $-6+n=1$
따라서 $m=-3$, $n=7$이므로
$m+n=-3+7=4$

답 ④

20
아래로 볼록하므로 $a>0$
축이 y축이므로 $b=0$
y축과 만나는 점이 x축보다 아래쪽에 있으므로 $c<0$
$y=cx^2+ax+b$의 그래프를 살펴보자.
$c<0$이므로 위로 볼록하다.
c와 a의 부호가 서로 다르므로 축
이 y축의 오른쪽에 위치한다.
$b=0$이므로 y축과 만나는 점은
원점이다.
따라서 이차함수 $y=cx^2+ax+b$
의 그래프는 제1, 3, 4사분면을 지
난다.

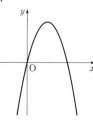

답 제1, 3, 4사분면

21
아래로 볼록하므로 $a>0$
축이 y축의 왼쪽에 있으므로 a, b의 부호는 서로 같다.
즉, $b>0$
y축과 만나는 점이 x축보다 아래쪽에 있으므로 $c<0$

답 ②

22
꼭짓점의 좌표가 $(1, 3)$이므로 구하는 이차함수의 식은
$y=a(x-1)^2+3$
$y=a(x-1)^2+3$에 $x=-1$, $y=-1$을 대입하면
$-1=a\times(-1-1)^2+3$, $a=-1$
$y=-(x-1)^2+3=-x^2+2x+2$
따라서 $a=-1$, $b=2$, $c=2$이므로
$a+b-c=-1+2-2=-1$

답 ③

23
직선 $x=3$을 축으로 하므로 구하는 이차함수의 식은
$y=a(x-3)^2+q$
$y=a(x-3)^2+q$에 두 점의 좌표를 각각 대입하면
$10=9a+q$ ······ ㉠
$0=4a+q$ ······ ㉡
㉠, ㉡을 연립하여 풀면
$a=2$, $q=-8$
$y=2(x-3)^2-8=2x^2-12x+10$
따라서 $a=2$, $b=-12$, $c=10$이므로
$a+b+c=2+(-12)+10=0$

답 ③

24 $y=ax^2+bx+c$에 세 점의 좌표를 각각 대입하면

$3=c$ ...... ㉠

$6=a-b+c$ ...... ㉡

$9=4a+2b+c$ ...... ㉢

㉠, ㉡, ㉢을 연립하여 풀면

$a=2$, $b=-1$, $c=3$

$y=2x^2-x+3$에 $x=-2$, $y=k$를 대입하면

$k=2\times(-2)^2-(-2)+3=13$

답 ③

25 x축과 두 점 $(2,0)$, $(8,0)$에서 만나므로 구하는 이차함수의 식은

$y=a(x-2)(x-8)$

$y=a(x-2)(x-8)$에 $x=0$, $y=8$을 대입하면

$8=a\times(0-2)\times(0-8)$, $a=\dfrac{1}{2}$

$y=\dfrac{1}{2}(x-2)(x-8)$

$=\dfrac{1}{2}(x^2-10x+16)$

$=\dfrac{1}{2}(x^2-10x+25-25)+8$

$=\dfrac{1}{2}(x-5)^2-\dfrac{9}{2}$

따라서 구하는 꼭짓점의 좌표는 $\left(5,-\dfrac{9}{2}\right)$

답 $\left(5,-\dfrac{9}{2}\right)$

26 $y=\dfrac{1}{2}x^2-2x-10$

$=\dfrac{1}{2}(x^2-4x+4-4)-10$

$=\dfrac{1}{2}(x-2)^2-12$

꼭짓점의 좌표는 $(2,-12)$

$y=mx-2$에 $x=2$, $y=-12$를 대입하면

$-12=2m-2$

따라서 $m=-5$

답 -5

27 $y=-\dfrac{1}{2}x^2+3x-8$

$=-\dfrac{1}{2}(x^2-6x+9-9)-8$

$=-\dfrac{1}{2}(x-3)^2-\dfrac{7}{2}$

꼭짓점의 좌표는 $\left(3,-\dfrac{7}{2}\right)$

$y=2x^2+mx+n$의 그래프의 꼭짓점의 좌표가 $\left(3,-\dfrac{7}{2}\right)$

이므로 $y=2(x-3)^2-\dfrac{7}{2}$

$y=2(x-3)^2-\dfrac{7}{2}=2x^2-12x+\dfrac{29}{2}$

따라서 $m=-12$, $n=\dfrac{29}{2}$이므로

$2m+2n=2\times(-12)+2\times\dfrac{29}{2}=5$

답 5

28 $y=-x^2+8x+k$

$=-(x^2-8x+16-16)+k$

$=-(x-4)^2+16+k$

꼭짓점의 좌표는 $(4,16+k)$

y축의 방향으로 2만큼 평행이동하면 꼭짓점의 좌표는

$(4,16+k+2)=(4,18+k)$

위로 볼록하므로 x축과 만나지 않으려면 꼭짓점의 y좌표가 0보다 작아야 한다.

따라서 $18+k<0$이므로

$k<-18$

답 $k<-18$

서술형으로 중단원 마무리
본문 144~145쪽

서술형예제 8, -2, 8, -2, 40

서술형유제 10

1 2   **2** 32   **3** 32   **4** 5

서술형예제

점 A의 좌표는 $(0, \boxed{8})$ ··· 1단계

x축과 만나는 점의 y좌표는 0이므로

$-\dfrac{1}{2}x^2+3x+8=0$, $x^2-6x-16=0$

$(x+2)(x-8)=0$, $x=-2$ 또는 $x=8$

점 B의 좌표는 $(\boxed{-2},0)$, 점 C의 좌표는 $(\boxed{8},0)$ ··· 2단계

따라서 △ABC의 넓이는

$\dfrac{1}{2}\times\{8-(\boxed{-2})\}\times8=\boxed{40}$ ··· 3단계

답 풀이 참조

단계	채점 기준	비율
1단계	점 A의 좌표를 구한 경우	20%
2단계	두 점 B, C의 좌표를 각각 구한 경우	50%
3단계	△ABC의 넓이를 구한 경우	30%

서술형 유제

점 C의 좌표는 $(0, -4)$ · · · 1단계
x축과 만나는 점의 y좌표는 0이므로
$x^2+3x-4=0$, $(x+4)(x-1)=0$
$x=-4$ 또는 $x=1$
점 A의 좌표는 $(-4, 0)$, 점 B의 좌표는 $(1, 0)$ · · · 2단계
따라서 △ABC의 넓이는
$\frac{1}{2} \times \{1-(-4)\} \times 4 = 10$ · · · 3단계

답 10

단계	채점 기준	비율
1단계	점 C의 좌표를 구한 경우	20%
2단계	두 점 A, B의 좌표를 각각 구한 경우	50%
3단계	△ABC의 넓이를 구한 경우	30%

1
$y=-2x^2-8x-2$
$\quad = -2(x^2+4x+4-4)-2$
$\quad = -2(x+2)^2+6$
꼭짓점의 좌표는 $(-2, 6)$ · · · 1단계
$y=-\frac{1}{2}x^2+px+q$의 그래프의 꼭짓점의 좌표가
$(-2, 6)$이므로
$y=-\frac{1}{2}(x+2)^2+6=-\frac{1}{2}x^2-2x+4$
$p=-2$, $q=4$ · · · 2단계
따라서 $p+q=-2+4=2$ · · · 3단계

답 2

단계	채점 기준	비율
1단계	$y=-2x^2-8x-2$의 그래프의 꼭짓점의 좌표를 구한 경우	40%
2단계	p, q의 값을 각각 구한 경우	40%
3단계	$p+q$의 값을 구한 경우	20%

2
$y=0$을 대입하면 $\frac{1}{2}x^2+2x-6=0$
$x^2+4x-12=0$, $(x+6)(x-2)=0$
$x=-6$ 또는 $x=2$
$B(-6, 0)$, $A(2, 0)$ · · · 1단계

$y=\frac{1}{2}x^2+2x-6$
$\quad = \frac{1}{2}(x^2+4x+4-4)-6$
$\quad = \frac{1}{2}(x+2)^2-8$
$C(-2, -8)$ · · · 2단계
따라서 △ABC의 넓이는
$\frac{1}{2} \times \{2-(-6)\} \times 8 = 32$ · · · 3단계

답 32

단계	채점 기준	비율
1단계	점 A, B의 좌표를 각각 구한 경우	40%
2단계	점 C의 좌표를 구한 경우	40%
3단계	△ABC의 넓이를 구한 경우	20%

3 축의 방정식은 $x=-3$이므로 구하는 이차함수의 식은
$y=a(x+3)^2+q$ · · · 1단계
꼭짓점이 x축 위에 있으므로 $q=0$ · · · 2단계
$y=a(x+3)^2$에 $x=-1$, $y=8$을 대입하면
$8=a \times (-1+3)^2$, $a=2$
$y=2(x+3)^2=2x^2+12x+18$
$a=2$, $b=12$, $c=18$ · · · 3단계
따라서 $a+b+c=2+12+18=32$ · · · 4단계

답 32

단계	채점 기준	비율
1단계	이차함수의 식을 $y=a(x+3)^2+q$로 놓은 경우	20%
2단계	q의 값을 구한 경우	20%
3단계	a, b, c의 값을 각각 구한 경우	40%
4단계	$a+b+c$의 값을 구한 경우	20%

4 $y=-2x^2+ax+b$에 두 점 $(0, -3)$, $(-1, -13)$을 각각 대입하면
$-3=b$ · · · · · · ㉠
$-13=-2-a+b$ · · · · · · ㉡
㉠, ㉡을 연립하여 풀면
$a=8$, $b=-3$ · · · 1단계
$y=-2x^2+8x-3$에 $x=2$, $y=k$를 대입하면
$k=-2 \times 2^2+8 \times 2-3=5$ · · · 2단계

답 5

단계	채점 기준	비율
1단계	a, b의 값을 각각 구한 경우	60%
2단계	k의 값을 구한 경우	40%

EBS 중학

뉴런

| 수학 3(상) |

정답과 풀이 [실전책]

중단원 실전 테스트

I. 실수와 그 연산

I-1	제곱근과 실수			본문 4~7쪽
01 ⑤	02 ②	03 ①	04 ④	05 ③	06 ②
07 ①	08 ②	09 ③	10 ④	11 ②	12 ③
13 ③	14 ②	15 ⑤	16 ④	17 ④	18 −10
19 5개	20 P: $\sqrt{13}$, Q: $3-\sqrt{13}$			21 15
22 $c<a<b$	23 $\sqrt{35}$ cm, $\sqrt{55}$ cm	24 17		25 8개

01 ① 3의 제곱근은 $\pm\sqrt{3}$이다.
② 제곱근 4는 $\sqrt{4}=2$이다.
③ 양수의 제곱근은 2개, 0의 제곱근은 1개이다.
④ 0의 제곱근은 0이다.

답 ⑤

02 ①, ③, ④, ⑤는 16의 제곱근으로 $\pm\sqrt{16}=\pm4$이고,
② 제곱근 16은 $\sqrt{16}=4$이다.

답 ②

03 근호를 사용하지 않고 나타낼 수 있는 것은 근호 안의 수가 0 또는 어떤 수의 제곱일 때이다.
① $\sqrt{9}=\sqrt{3^2}=3$

답 ①

04 $(-7)^2=49$의 양의 제곱근은 7이므로 $a=7$
$\sqrt{(-9)^2}=9$의 음의 제곱근은 -3이므로 $b=-3$
따라서 $a+b=7+(-3)=4$

답 ④

05 ① $\sqrt{16}\div4=4\div4=1$
② $(\sqrt{8})^2+(-\sqrt{6})^2=8+6=14$
③ $-\sqrt{3^2}+\sqrt{9}=-3+3=0$
④ $(\sqrt{6})^2\times\left(-\sqrt{\dfrac{1}{6}}\right)^2=6\times\dfrac{1}{6}=1$
⑤ $(-\sqrt{10})^2\div(-\sqrt{5})^2=10\div5=2$

답 ③

06 $a>0$이므로
ㄱ. $(-\sqrt{a})^2=a$
ㄴ. $-\sqrt{a^2}=-a$
ㄷ. $\sqrt{(-a)^2}=a$
ㄹ. $-(\sqrt{a})^2=-a$
따라서 그 값이 a와 같은 것은 ㄱ, ㄷ이다.

답 ②

07 $a<0$이므로 $5a<0$, $-3a>0$, $2a<0$
$\sqrt{25a^2}-\sqrt{(-3a)^2}+\sqrt{(2a)^2}$
$=\sqrt{(5a)^2}-\sqrt{(-3a)^2}+\sqrt{(2a)^2}$
$=-5a-(-3a)+(-2a)$
$=-5a+3a-2a$
$=-4a$

답 ①

08 $a-b>0$, $ab<0$이므로 $a>0$, $b<0$이다.
$\sqrt{(a-b)^2}-\sqrt{a^2}-\sqrt{b^2}=(a-b)-a-(-b)$
$\qquad\qquad\qquad\qquad=a-b-a+b=0$

답 ②

09 ① $\sqrt{21+4}=\sqrt{25}=5$
② $\sqrt{21+15}=\sqrt{36}=6$
③ $\sqrt{21+25}=\sqrt{46}$
④ $\sqrt{21+28}=\sqrt{49}=7$
⑤ $\sqrt{21+43}=\sqrt{64}=8$

답 ③

10 ① $6=\sqrt{36}$이고 $\sqrt{30}<\sqrt{36}$이므로 $\sqrt{30}<6$
② $\sqrt{12}>\sqrt{7}$이므로 $-\sqrt{12}<-\sqrt{7}$
③ $\dfrac{1}{3}=\sqrt{\dfrac{1}{9}}$이고 $\sqrt{\dfrac{1}{9}}<\sqrt{\dfrac{1}{4}}$이므로 $\dfrac{1}{3}<\sqrt{\dfrac{1}{4}}$
④ $1=\sqrt{1}$이고 $-\sqrt{\dfrac{5}{4}}<-\sqrt{1}$이므로 $-\sqrt{\dfrac{5}{4}}<-1$
⑤ $4=\sqrt{16}$이고 $\sqrt{17}>\sqrt{16}$이므로
$\quad-\sqrt{17}<-\sqrt{16}$, 즉 $-\sqrt{17}<-4$

답 ④

11 $3<\sqrt{2n}<5$에서 $9<2n<25$
$\dfrac{9}{2}<n<\dfrac{25}{2}$
따라서 자연수 n은 5, 6, 7, …, 12이므로 8개이다.

답 ②

12 유리수: $\sqrt{16}=4$, $0.\dot{4}=\dfrac{4}{9}$, $\sqrt{\dfrac{1}{9}}=\dfrac{1}{3}$

무리수: $\sqrt{5}+1$, $\sqrt{27}$, 2π

따라서 순환하지 않는 무한소수인 무리수는 3개이다.

답 ③

13

수	6	7	8	9
7.1	2.676	2.678	2.680	2.681
7.2	2.694	2.696	2.698	2.700
7.3	2.713	2.715	2.717	2.718

$\sqrt{7.27}=2.696$

답 ③

14 ② 2와 3 사이에는 무수히 많은 무리수가 있다.

답 ②

15 반원의 반지름의 길이를 r라고 하면 넓이가 3π이므로

$\dfrac{1}{2}\times\pi\times r^2=3\pi$

$r^2=6$, $r=\sqrt{6}$ $(r>0)$

점 A에 대응하는 수가 1이고 $\overline{AP}=\sqrt{6}$이므로 점 P에 대응하는 수는 $1+\sqrt{6}$이다.

답 ⑤

16 $\sqrt{100}<\sqrt{115}<\sqrt{121}$에서 $10<\sqrt{115}<11$이므로

$\sqrt{115}$의 정수 부분은 $f(115)=10$

$\sqrt{81}<\sqrt{86}<\sqrt{100}$에서 $9<\sqrt{86}<10$이므로

$\sqrt{86}$의 정수 부분은 $f(86)=9$

$\sqrt{49}<\sqrt{57}<\sqrt{64}$에서 $7<\sqrt{57}<8$이므로

$\sqrt{57}$의 정수 부분은 $f(57)=7$

따라서 $f(115)-f(86)+f(57)=10-9+7=8$

답 ④

17 $1<\sqrt{2}<2$이므로

$2<\sqrt{2}+1<3$

$-2<-\sqrt{2}<-1$

$0<2-\sqrt{2}<1$

$-1<1-\sqrt{2}<0$

따라서 주어진 수들의 대소 관계는

$-\sqrt{2}<1-\sqrt{2}<2-\sqrt{2}<\sqrt{2}<\sqrt{2}+1$

이므로 수를 수직선 위에 나타낼 때, 왼쪽에서 세 번째에 오는 수는 $2-\sqrt{2}$이다.

답 ④

18 $(-\sqrt{13})^2=13$의 제곱근은 $\pm\sqrt{13}$이므로

$a=\sqrt{13}$, $b=-\sqrt{13}$

$\sqrt{(-9)^2}=9$의 양의 제곱근은 $\sqrt{9}=3$이므로

$c=3$

따라서 $ab+c=\sqrt{13}\times(-\sqrt{13})+3=-13+3=-10$

답 -10

19 $-\sqrt{3x-2}>-4$에서 $\sqrt{3x-2}<4$

$3x-2<16$, $3x<18$

$x<6$

따라서 자연수 x는 1, 2, 3, 4, 5이므로 5개이다.

답 5개

20 피타고라스 정리에 의하여

$\overline{AC}=\overline{BD}=\sqrt{\overline{BC}^2+\overline{CD}^2}=\sqrt{3^2+2^2}=\sqrt{13}$

점 B에 대응하는 수는 0이고 $\overline{BP}=\sqrt{13}$이므로 점 P에 대응하는 수는 $\sqrt{13}$이다.

점 C에 대응하는 수는 3이고 $\overline{QC}=\sqrt{13}$이므로 점 Q에 대응하는 수는 $3-\sqrt{13}$이다.

답 P: $\sqrt{13}$, Q: $3-\sqrt{13}$

21 $\sqrt{9}<\sqrt{11}<\sqrt{16}$에서 $3<\sqrt{11}<4$

$-4<-\sqrt{11}<-3$, $7<11-\sqrt{11}<8$

이때 $11-\sqrt{11}$의 정수 부분은 7이므로 소수 부분은

$(11-\sqrt{11})-7=4-\sqrt{11}$

따라서 $a=4$, $b=11$이므로 $a+b=15$

답 15

22 $a-b=(\sqrt{10}+\sqrt{13})-(\sqrt{10}+4)=\sqrt{13}-4$

$=\sqrt{13}-\sqrt{16}<0$

이므로 $a<b$

$a-c=(\sqrt{10}+\sqrt{13})-(3+\sqrt{13})=\sqrt{10}-3$

$=\sqrt{10}-\sqrt{9}>0$

이므로 $a>c$

따라서 $c<a<b$

답 $c<a<b$

23 넓이의 비가 7 : 11이므로 두 정사각형의 넓이를 $7k\,\text{cm}^2$, $11k\,\text{cm}^2$ $(k>0)$라고 하면

$7k+11k=90$

$18k=90$, $k=5$

두 정사각형의 넓이는 $35\,\text{cm}^2$, $55\,\text{cm}^2$이다. · · · 1단계

넓이가 $35\,\text{cm}^2$인 정사각형의 한 변의 길이는 $\sqrt{35}\,\text{cm}$, 넓이가 $55\,\text{cm}^2$인 정사각형의 한 변의 길이는 $\sqrt{55}\,\text{cm}$이다.

· · · 2단계

답 $\sqrt{35}\,\text{cm}$, $\sqrt{55}\,\text{cm}$

단계	채점 기준	비율
1단계	두 정사각형의 넓이를 각각 구한 경우	60 %
2단계	두 정사각형의 한 변의 길이를 각각 구한 경우	40 %

24 $\sqrt{\dfrac{126}{x}}=\sqrt{\dfrac{2\times 3^2\times 7}{x}}$이 자연수가 되려면 x는 126의 약

수이면서 $2\times 7\times$(자연수)^2 꼴이어야 한다. ··· **1단계**
가장 작은 x의 값은 $2\times 7=14$이므로
$a=14$ ··· **2단계**
이때 $\sqrt{\dfrac{126}{14}}=\sqrt{9}=3$이므로
$b=3$ ··· **3단계**
따라서 $a+b=14+3=17$ ··· **4단계**

답 17

단계	채점 기준	비율
1단계	자연수 x의 조건을 구한 경우	30 %
2단계	a의 값을 구한 경우	20 %
3단계	b의 값을 구한 경우	30 %
4단계	$a+b$의 값을 구한 경우	20 %

25 $\sqrt{4}<\sqrt{5}<\sqrt{9}$에서 $2<\sqrt{5}<3$
$-3<-\sqrt{5}<-2$
$-4<-1-\sqrt{5}<-3$ ······ ㉠ ··· **1단계**
$\sqrt{9}<\sqrt{13}<\sqrt{16}$에서 $3<\sqrt{13}<4$
$4<1+\sqrt{13}<5$ ······ ㉡ ··· **2단계**
㉠, ㉡에 의하여 $-1-\sqrt{5}$와 $1+\sqrt{13}$ 사이에 있는 정수는
-3, -2, -1, $\cdots$, 3, 4이므로 8개이다. ··· **3단계**

답 8개

단계	채점 기준	비율
1단계	$-1-\sqrt{5}$의 크기를 구한 경우	40 %
2단계	$1+\sqrt{13}$의 크기를 구한 경우	40 %
3단계	정수의 개수를 구한 경우	20 %

Ⅰ-2 근호를 포함한 식의 계산
본문 8~11쪽

01 ⑤	02 ③	03 ①	04 ①	05 ②	06 ④
07 ③	08 ①	09 ⑤	10 ②	11 ①	12 ②
13 ④	14 ①	15 ⑤	16 ④	17 ⑤	18 $\dfrac{\sqrt{6}}{2}$
19 1	20 $\dfrac{2\sqrt{3}}{3}$	21 $\sqrt{42}$	22 $5\sqrt{5}-10$		23 628
24 -2	25 216π				

01 ① $\sqrt{3}\times\sqrt{6}=\sqrt{3\times 6}=\sqrt{18}$
② $\sqrt{8}\times\sqrt{2}=\sqrt{8\times 2}=\sqrt{16}$
③ $\sqrt{26}\times\sqrt{\dfrac{1}{2}}=\sqrt{26\times\dfrac{1}{2}}=\sqrt{13}$
④ $\sqrt{24}\div\sqrt{2}=\sqrt{\dfrac{24}{2}}=\sqrt{12}$
⑤ $\sqrt{35}\div\sqrt{5}=\sqrt{\dfrac{35}{5}}=\sqrt{7}$

답 ⑤

02 ③ $\sqrt{\dfrac{2}{3}}\times\sqrt{\dfrac{3}{4}}=\sqrt{\dfrac{2}{3}\times\dfrac{3}{4}}=\sqrt{\dfrac{1}{2}}$

답 ③

03 $\sqrt{54}=\sqrt{3^2\times 6}=3\sqrt{6}$이므로 $a=3$
$\sqrt{\dfrac{63}{25}}=\dfrac{\sqrt{3^2\times 7}}{\sqrt{5^2}}=\dfrac{3\sqrt{7}}{5}$이므로 $b=\dfrac{3}{5}$
따라서 $\dfrac{a}{b}=a\times\dfrac{1}{b}=3\times\dfrac{5}{3}=5$

답 ①

04 $\dfrac{8\sqrt{2}}{a\sqrt{12}}=\dfrac{8\sqrt{2}\times\sqrt{3}}{a\times 2\sqrt{3}\times\sqrt{3}}=\dfrac{8\sqrt{6}}{6a}=\dfrac{4\sqrt{6}}{3a}$
$\dfrac{4\sqrt{6}}{3a}=\dfrac{\sqrt{6}}{3}$이므로 $a=4$

답 ①

05 $\sqrt{7650}=\sqrt{10^2\times 76.5}=10\sqrt{76.5}=10\times 8.746=87.46$

답 ②

06 $\dfrac{12}{\sqrt{8}}\times\dfrac{\sqrt{20}}{\sqrt{48}}\div\dfrac{2\sqrt{5}}{\sqrt{32}}=\dfrac{12}{2\sqrt{2}}\times\dfrac{2\sqrt{5}}{4\sqrt{3}}\times\dfrac{4\sqrt{2}}{2\sqrt{5}}$
$=\dfrac{6}{\sqrt{3}}=\dfrac{6\sqrt{3}}{3}=2\sqrt{3}$

답 ④

07
① $4\sqrt{3}-3\sqrt{3}=(4-3)\sqrt{3}=\sqrt{3}$
② $2\sqrt{2}+\sqrt{5}+3\sqrt{2}-2\sqrt{5}=(2+3)\sqrt{2}+(1-2)\sqrt{5}$
$\qquad =5\sqrt{2}-\sqrt{5}$
③ $12\sqrt{6}+3-11\sqrt{6}=\sqrt{6}+3$
④ $\sqrt{12}+\sqrt{27}=2\sqrt{3}+3\sqrt{3}=5\sqrt{3}$
⑤ $\sqrt{5}-\sqrt{45}+\sqrt{20}=\sqrt{5}-3\sqrt{5}+2\sqrt{5}=0$

답 ③

08 $\sqrt{128}-\dfrac{10}{\sqrt{2}}+\sqrt{a}=5\sqrt{2}$에서
$8\sqrt{2}-5\sqrt{2}+\sqrt{a}=5\sqrt{2}$
$3\sqrt{2}+\sqrt{a}=5\sqrt{2}$
$\sqrt{a}=2\sqrt{2}=\sqrt{8}$
따라서 $a=8$

답 ①

09 $\sqrt{2}a-\sqrt{5}b=\sqrt{2}(2\sqrt{5}+3\sqrt{2})-\sqrt{5}(3\sqrt{2}-\sqrt{5})$
$\qquad =2\sqrt{10}+6-3\sqrt{10}+5$
$\qquad =11-\sqrt{10}$

답 ⑤

10 $\dfrac{4}{\sqrt{2}}-\dfrac{3}{\sqrt{3}}+\dfrac{3\sqrt{2}-2\sqrt{3}}{\sqrt{6}}$
$=\dfrac{4\sqrt{2}}{2}-\dfrac{3\sqrt{3}}{3}+\dfrac{3\sqrt{12}-2\sqrt{18}}{6}$
$=2\sqrt{2}-\sqrt{3}+\dfrac{6\sqrt{3}-6\sqrt{2}}{6}$
$=2\sqrt{2}-\sqrt{3}+\sqrt{3}-\sqrt{2}$
$=\sqrt{2}$

답 ②

11 $\sqrt{18}\div\dfrac{3\sqrt{2}}{4}-\sqrt{3}\left(\dfrac{1}{\sqrt{6}}+2\sqrt{3}\right)$
$=3\sqrt{2}\times\dfrac{4}{3\sqrt{2}}-\dfrac{1}{\sqrt{2}}-6$
$=4-\dfrac{\sqrt{2}}{2}-6=-2-\dfrac{\sqrt{2}}{2}$

답 ①

12 (직육면체의 겉넓이)
$=2\times(2\sqrt{3}\times2\sqrt{2}+2\sqrt{3}\times\sqrt{3}+2\sqrt{2}\times\sqrt{3})$
$=2\times(4\sqrt{6}+6+2\sqrt{6})$
$=2\times(6+6\sqrt{6})$
$=12+12\sqrt{6}\ (\text{cm}^2)$

답 ②

13 $5a-2b=5\times\dfrac{\sqrt{2}+\sqrt{6}}{\sqrt{3}}-2\times\dfrac{\sqrt{2}-\sqrt{6}}{\sqrt{3}}$
$\qquad =\dfrac{5\sqrt{2}+5\sqrt{6}}{\sqrt{3}}-\dfrac{2\sqrt{2}-2\sqrt{6}}{\sqrt{3}}$
$\qquad =\dfrac{3\sqrt{2}+7\sqrt{6}}{\sqrt{3}}=\dfrac{3\sqrt{6}+7\sqrt{18}}{3}$
$\qquad =\dfrac{3\sqrt{6}+21\sqrt{2}}{3}$
$\qquad =7\sqrt{2}+\sqrt{6}$

답 ④

14 $\sqrt{3}(a\sqrt{3}-\sqrt{6})-3(1-2a\sqrt{2})$
$=3a-3\sqrt{2}-3+6a\sqrt{2}$
$=3a-3+(6a-3)\sqrt{2}$
이므로 유리수가 되려면
$6a-3=0,\ a=\dfrac{1}{2}$

답 ①

15 $\sqrt{9}<\sqrt{15}<\sqrt{16}$에서 $3<\sqrt{15}<4$이므로
$\sqrt{15}$의 정수 부분은 $a=3$
$-4<-\sqrt{15}<-3$에서 $0<4-\sqrt{15}<1$이므로
$4-\sqrt{15}$의 정수 부분은 0이고 소수 부분은 $b=4-\sqrt{15}$
따라서 $a+b=3+(4-\sqrt{15})=7-\sqrt{15}$

답 ⑤

16
① $2\sqrt{3}>2\sqrt{2}$
② $\sqrt{5}+2>\sqrt{5}+1$
③ $(3\sqrt{2}+3)-(4\sqrt{2}+2)=-\sqrt{2}+1<0$이므로
$\quad 3\sqrt{2}+3<4\sqrt{2}+2$
④ $(5\sqrt{3}-2\sqrt{2})-(\sqrt{2}+2\sqrt{3})=3\sqrt{3}-3\sqrt{2}>0$이므로
$\quad 5\sqrt{3}-2\sqrt{2}>\sqrt{2}+2\sqrt{3}$
⑤ $3\sqrt{6}-(2\sqrt{6}+1)=\sqrt{6}-1>0$이므로
$\quad 3\sqrt{6}>2\sqrt{6}+1$

답 ④

17 $a=2\sqrt{3}+\dfrac{6}{\sqrt{2}}=2\sqrt{3}+3\sqrt{2}$
$b=\sqrt{2}+\dfrac{12}{\sqrt{3}}=\sqrt{2}+4\sqrt{3}$
$c=\dfrac{18}{\sqrt{3}}-\dfrac{4}{\sqrt{2}}=6\sqrt{3}-2\sqrt{2}$
$a-b=(2\sqrt{3}+3\sqrt{2})-(\sqrt{2}+4\sqrt{3})$
$\qquad =-2\sqrt{3}+2\sqrt{2}$
$\qquad =-\sqrt{12}+\sqrt{8}<0$
이므로 $a<b$

$$a-c=(2\sqrt{3}+3\sqrt{2})-(6\sqrt{3}-2\sqrt{2})$$
$$=-4\sqrt{3}+5\sqrt{2}$$
$$=-\sqrt{48}+\sqrt{50}>0$$

이므로 $a>c$

따라서 $c<a<b$

答 ⑤

18 $\sqrt{18}\times\sqrt{24}\div2\sqrt{72}=3\sqrt{2}\times2\sqrt{6}\div12\sqrt{2}=6\sqrt{12}\div12\sqrt{2}$
$$=\frac{1}{2}\sqrt{\frac{12}{2}}=\frac{\sqrt{6}}{2}$$

答 $\dfrac{\sqrt{6}}{2}$

19 $\dfrac{15-2\sqrt{5}}{\sqrt{5}}=\dfrac{(15-2\sqrt{5})\times\sqrt{5}}{\sqrt{5}\times\sqrt{5}}=\dfrac{15\sqrt{5}-10}{5}$
$$=-2+3\sqrt{5}$$

따라서 $a=-2$, $b=3$이므로

$a+b=-2+3=1$

答 1

20 $\dfrac{3\sqrt{3}}{4}\times\boxed{}\div\dfrac{6}{\sqrt{2}}=\dfrac{\sqrt{2}}{4}$ 의 양변에 $\dfrac{6}{\sqrt{2}}$ 을 곱하면

$$\dfrac{3\sqrt{3}}{4}\times\boxed{}=\dfrac{\sqrt{2}}{4}\times\dfrac{6}{\sqrt{2}}$$

$$\dfrac{3\sqrt{3}}{4}\times\boxed{}=\dfrac{3}{2}$$

양변에 $\dfrac{4}{3\sqrt{3}}$ 를 곱하면

$$\boxed{}=\dfrac{3}{2}\times\dfrac{4}{3\sqrt{3}}=\dfrac{2}{\sqrt{3}}=\dfrac{2\sqrt{3}}{3}$$

答 $\dfrac{2\sqrt{3}}{3}$

21 $a=\sqrt{6}+\sqrt{24}+\sqrt{96}=\sqrt{6}+2\sqrt{6}+4\sqrt{6}=7\sqrt{6}$
$b=\sqrt{175}-\sqrt{63}-\sqrt{7}=5\sqrt{7}-3\sqrt{7}-\sqrt{7}=\sqrt{7}$

따라서 $\dfrac{a}{b}=\dfrac{7\sqrt{6}}{\sqrt{7}}=\dfrac{7\sqrt{42}}{7}=\sqrt{42}$

答 $\sqrt{42}$

22 $\sqrt{169}<\sqrt{180}<\sqrt{196}$ 에서 $13<\sqrt{180}<14$이므로
$\sqrt{180}$의 정수 부분은 13, 소수 부분은
$a=\sqrt{180}-13=6\sqrt{5}-13$

$5-\dfrac{5}{\sqrt{5}}=5-\sqrt{5}$이고

$2<\sqrt{5}<3$, $-3<-\sqrt{5}<-2$, $2<5-\sqrt{5}<3$에서
$5-\sqrt{5}$의 정수 부분은 2, 소수 부분은

$b=(5-\sqrt{5})-2=3-\sqrt{5}$
따라서 $a+b=(6\sqrt{5}-13)+(3-\sqrt{5})=5\sqrt{5}-10$

答 $5\sqrt{5}-10$

23 $0.5604=\dfrac{1}{10}\times5.604=\dfrac{1}{10}\times\sqrt{31.4}$
$$=\sqrt{\left(\dfrac{1}{10}\right)^2\times31.4}=\sqrt{0.314}$$

이므로 $a=0.314$ ··· 1단계

$17.72=10\times1.772=10\times\sqrt{3.14}$
$$=\sqrt{10^2\times3.14}=\sqrt{314}$$

이므로 $b=314$ ··· 2단계

따라서 $1000a+b=314+314=628$ ··· 3단계

答 628

단계	채점 기준	비율
1단계	a의 값을 구한 경우	40 %
2단계	b의 값을 구한 경우	40 %
3단계	$1000a+b$의 값을 구한 경우	20 %

24 $(4\sqrt{2}+2\sqrt{5})-(6\sqrt{5}-2\sqrt{2})=6\sqrt{2}-4\sqrt{5}$
$$=\sqrt{72}-\sqrt{80}<0$$

이므로 $4\sqrt{2}+2\sqrt{5}<6\sqrt{5}-2\sqrt{2}$ ··· 1단계
이때 두 수의 차는
$(6\sqrt{5}-2\sqrt{2})-(4\sqrt{2}+2\sqrt{5})=-6\sqrt{2}+4\sqrt{5}$ ··· 2단계
따라서 $a=-6$, $b=4$이므로
$a+b=-2$ ··· 3단계

答 -2

단계	채점 기준	비율
1단계	두 수의 크기를 비교한 경우	50 %
2단계	두 수의 차를 구한 경우	30 %
3단계	$a+b$의 값을 구한 경우	20 %

25 넓이가 6π, 24π, 54π인 원의 반지름의 길이는 각각
$\sqrt{6}$, $\sqrt{24}=2\sqrt{6}$, $\sqrt{54}=3\sqrt{6}$이다. ··· 1단계
세 원의 반지름의 길이를 모두 더하면
$\sqrt{6}+2\sqrt{6}+3\sqrt{6}=6\sqrt{6}$ ··· 2단계
따라서 새로 만들어지는 원의 넓이는
$\pi\times(6\sqrt{6})^2=216\pi$ ··· 3단계

答 216π

단계	채점 기준	비율
1단계	세 원의 반지름의 길이를 각각 구한 경우	60 %
2단계	새로운 원의 반지름의 길이를 구한 경우	20 %
3단계	새로운 원의 넓이를 구한 경우	20 %

II. 다항식의 곱셈과 인수분해

01 ①	02 ③	03 ⑤	04 ②	05 ③	06 ③
07 ⑤	08 ④	09 ⑤	10 ①	11 ⑤	12 ③
13 ⑤	14 ④	15 ⑤	16 ①	17 ③	18 22
19 20	20 $15x^2-32x+16$	21 10	22 $\dfrac{10}{3}$	23 -8	
24 37	25 6				

01 ab항은 $3a \times (-2b) + b \times a = -5ab$
따라서 ab의 계수는 -5

답 ①

02
① $(x+y)^2 = x^2 + 2xy + y^2$
② $(x-y)^2 = x^2 - 2xy + y^2$
③ $(-x+y)^2 = \{-(x-y)\}^2 = (x-y)^2$
④ $(-x-y)^2 = \{-(x+y)\}^2 = (x+y)^2$
⑤ $(x+y)(x-y) = x^2 - y^2$
$\quad (-x+y)(x+y) = (y-x)(y+x)$
$\qquad\qquad\qquad\quad = y^2 - x^2 = -x^2 + y^2$
따라서 옳은 것은 ③이다.

답 ③

| 다른 풀이 |
③ $(x-y)^2 = x^2 - 2xy + y^2$
$\quad (-x+y)^2 = (-x)^2 + 2 \times (-x) \times y + y^2$
$\qquad\qquad\quad = x^2 - 2xy + y^2$
④ $(-x-y)^2 = (-x)^2 - 2 \times (-x) \times y + y^2$
$\qquad\qquad\quad = x^2 + 2xy + y^2$
$\quad -(x+y)^2 = -(x^2 + 2xy + y^2) = -x^2 - 2xy - y^2$

03 $(x+a)^2 = x^2 + 2ax + a^2$
$b = 2a$, $a^2 = 16$
$a = \pm 4$
(i) $a = 4$이면 $b = 2 \times 4 = 8$
(ii) $a = -4$이면 $b = 2 \times (-4) = -8$
따라서 $a^2 + b^2 = 4^2 + 8^2 = 80$
또는 $a^2 + b^2 = (-4)^2 + (-8)^2 = 80$

답 ⑤

04 $(2x+7y)(2x-7y) - (x+5y)(x-5y)$
$= (2x)^2 - (7y)^2 - \{x^2 - (5y)^2\}$
$= 4x^2 - 49y^2 - x^2 + 25y^2$
$= 3x^2 - 24y^2$

답 ②

05 새로 만들어지는 직사각형에서
가로의 길이는 $3x+y$, 세로의 길이는 $3x-y$
따라서 구하는 직사각형의 넓이는
$(3x+y)(3x-y) = (3x)^2 - y^2 = 9x^2 - y^2$

답 ③

06 $(4-1)(4+1)(4^2+1)(4^4+1) + 1$
$= (4^2 - 1^2)(4^2 + 1)(4^4 + 1) + 1$
$= \{(4^2)^2 - 1^2\}(4^4 + 1) + 1$
$= (4^4 - 1)(4^4 + 1) + 1$
$= \{(4^4)^2 - 1^2\} + 1$
$= 4^8$
따라서 □ 안에 알맞은 수는 8

답 ③

07 $(x+A)(x-2) = x^2 + (A-2)x - 2A$
$A - 2 = 3$, $B = -2A$
$A = 5$, $B = -2 \times 5 = -10$
따라서 $A - B = 5 - (-10) = 15$

답 ⑤

08 $(3x+A)(Bx+4) = 3Bx^2 + (12+AB)x + 4A$
$3B = 15$, $C = 12 + AB$, $4A = -8$
$B = 5$, $A = -2$, $C = 12 + (-2) \times 5 = 2$
따라서 $A + B + C = -2 + 5 + 2 = 5$

답 ④

09 $(-3x+1)(x-4) = -3x^2 + (12+1)x - 4$
$\qquad\qquad\qquad\qquad = -3x^2 + 13x - 4$
x의 계수는 13, 상수항은 -4
따라서 구하는 합은
$13 + (-4) = 9$

답 ⑤

10 $(6x+3)(2x-5) - (3x+2)^2$
$= 12x^2 + (-30+6)x - 15 - (9x^2 + 12x + 4)$
$= 3x^2 - 36x - 19$

답 ①

11
① $(-x+3)^2 = (x-3)^2 = x^2 - 6x + 9$
② $(-x-y)^2 = (x+y)^2 = x^2 + 2xy + y^2$
③ $(x+5)(-x-4) = -x^2 + (-4-5)x - 20$
$\qquad\qquad\qquad\quad = -x^2 - 9x - 20$
④ $(-x-y)(-x+y) = (-x)^2 - y^2 = x^2 - y^2$
⑤ $(x+2y)(3x-2y) = 3x^2 + (-2+6)xy - 4y^2$
$\qquad\qquad\qquad\qquad = 3x^2 + 4xy - 4y^2$

따라서 바르게 전개한 것은 ⑤이다.

답 ⑤

| 다른 풀이 |

① $(-x+3)^2=(-x)^2+2\times(-x)\times3+9$
$=x^2-6x+9$

② $(-x-y)^2=(-x)^2-2\times(-x)\times y+y^2$
$=x^2+2xy+y^2$

12 ㄱ. $(2x-5)^2=(2x)^2-2\times2x\times5+5^2$
$=4x^2-20x+25$

ㄴ. $(2x-y)(2x+y)=(2x)^2-y^2$
$=4x^2-y^2$

ㄷ. $(x-4)(x+2)=x^2+(-4+2)x-8$
$=x^2-2x-8$

ㄹ. $(3x+2)(2x-4)=6x^2+(-12+4)x-8$
$=6x^2-8x-8$

따라서 옳은 것은 ㄱ, ㄹ이다.

답 ③

13 -6을 A로 놓으면
$(x-4)(x+A)=x^2+(-4+A)x-4A$
$-4+A=1$, $B=-4A$
$A=5$, $B=-4\times5=-20$
따라서 $A-B=5-(-20)=25$

답 ⑤

14 $104\times96=(100+4)(100-4)$
$=100^2-4^2$
$=10000-16$
$=9984$
따라서 편리한 곱셈공식은 ④이다.

답 ④

15 $x^2+y^2=(x+y)^2-2xy$
$=3^2-2\times(-5)=19$

답 ⑤

16 $\dfrac{\sqrt{3}}{2+\sqrt{3}}-\dfrac{\sqrt{3}}{2-\sqrt{3}}$

$=\dfrac{\sqrt{3}(2-\sqrt{3})}{(2+\sqrt{3})(2-\sqrt{3})}-\dfrac{\sqrt{3}(2+\sqrt{3})}{(2-\sqrt{3})(2+\sqrt{3})}$

$=\dfrac{2\sqrt{3}-3}{4-3}-\dfrac{2\sqrt{3}+3}{4-3}$

$=-6$

답 ①

17 $x=-4+\sqrt{3}$을 x^2+8x+5에 대입하면
$x^2+8x+5=(-4+\sqrt{3})^2+8(-4+\sqrt{3})+5$
$=16-8\sqrt{3}+3-32+8\sqrt{3}+5$
$=-8$

답 ③

| 다른 풀이 |

$x=-4+\sqrt{3}$에서 $x+4=\sqrt{3}$
$(x+4)^2=(\sqrt{3})^2$, $x^2+8x+16=3$
$x^2+8x=-13$
따라서 $x^2+8x+5=-13+5=-8$

18 x^2항은 $4x\times2x=8x^2$이므로 $a=8$
xy항은 $4x\times5y+(-3y)\times2x=14xy$이므로 $b=14$
따라서 $a+b=8+14=22$

답 22

19 $(4x+A)^2=(4x)^2+2\times4x\times A+A^2$
$=16x^2+8Ax+A^2$
$8A=-40$, $B=A^2$
$A=-5$, $B=(-5)^2=25$
따라서 $A+B=-5+25=20$

답 20

20 색칠한 부분의 넓이는 오른쪽 그림과 같은 직사각형의 넓이와 같다.

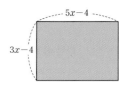

따라서 구하는 넓이는
$(5x-4)(3x-4)$
$=15x^2+(-20-12)x+16$
$=15x^2-32x+16$

답 $15x^2-32x+16$

21 $(x-6)(x+a)=x^2+(-6+a)x-6a$
x의 계수는 2이므로 $-6+a=2$, $a=8$
$(5x-a)(2x+b)=10x^2+(5b-2a)x-ab$
x의 계수는 -6이므로 $5b-2a=-6$
$5b=2a-6=2\times8-6=10$, $b=2$
따라서 $a+b=8+2=10$

답 10

22 $\dfrac{1}{x^2}+\dfrac{1}{y^2}=\dfrac{y^2+x^2}{(xy)^2}$

$=\dfrac{(x+y)^2-2xy}{(xy)^2}=\dfrac{6^2-2\times3}{3^2}$

$=\dfrac{30}{9}=\dfrac{10}{3}$

답 $\dfrac{10}{3}$

23 xy항은 $4x \times ay + (-2y) \times x = (4a-2)xy$

$4a-2=6$, $4a=8$

$a=2$ $\cdots$ **1단계**

y항은 $-2y \times 7 + 3 \times 2y = -8y$

따라서 y의 계수는 -8 $\cdots$ **2단계**

답 -8

단계	채점 기준	비율
1단계	a의 값을 구한 경우	60 %
2단계	y의 계수를 구한 경우	40 %

24 -7을 A로 놓으면

$(x+5)(x+A)=x^2+(5+A)x+5A$

$5+A=-3$, $B=5A$

$A=-8$, $B=5 \times (-8)=-40$ $\cdots$ **1단계**

3을 C로 놓으면

$(Cx-2)(x+5)=Cx^2+(5C-2)x-10$

$5C-2=23$, $5C=25$, $C=5$ $\cdots$ **2단계**

따라서 $A-B+C=-8-(-40)+5=37$ $\cdots$ **3단계**

답 37

단계	채점 기준	비율
1단계	A, B의 값을 각각 구한 경우	50 %
2단계	C의 값을 구한 경우	30 %
3단계	$A-B+C$의 값을 구한 경우	20 %

25 $2<\sqrt{5}<3$이므로 $-3<-\sqrt{5}<-2$

$3<6-\sqrt{5}<4$

$6-\sqrt{5}$의 정수 부분은 3이므로 소수 부분은

$a=6-\sqrt{5}-3=3-\sqrt{5}$ $\cdots$ **1단계**

$a-3=-\sqrt{5}$, $(a-3)^2=(-\sqrt{5})^2$

$a^2-6a+9=5$, $a^2-6a=-4$ $\cdots$ **2단계**

따라서 $a^2-6a+10=-4+10=6$ $\cdots$ **3단계**

답 6

단계	채점 기준	비율
1단계	a의 값을 구한 경우	40 %
2단계	a^2-6a의 값을 구한 경우	40 %
3단계	$a^2-6a+10$의 값을 구한 경우	20 %

Ⅱ-2 인수분해 본문 16~19쪽

01 ④	**02** ①	**03** ⑤	**04** ③	**05** ②	**06** ③
07 ④	**08** ③	**09** ③	**10** ⑤	**11** ②	**12** ④
13 ③	**14** ③	**15** ④	**16** ④	**17** ④	**18** 6
19 10	**20** -12	**21** $3x-7$		**22** 19400	
23 16	**24** $(x+4)(x-9)$	**25** $\sqrt{2}$			

01 $2x^3-6x^2=2x^2(x-3)$

따라서 인수가 아닌 것은 x^3

답 ④

02 $a(2x-5y)+b(5y-2x)=a(2x-5y)-b(2x-5y)$
$\qquad\qquad\qquad\qquad\qquad =(a-b)(2x-5y)$

답 ①

03 ① $x^2-10x+25=x^2-2 \times x \times 5+5^2=(x-5)^2$

② $x^2-x+\dfrac{1}{4}=x^2-2 \times x \times \dfrac{1}{2}+\left(\dfrac{1}{2}\right)^2=\left(x-\dfrac{1}{2}\right)^2$

③ $25a^2-30ab+9b^2=(5a)^2-2 \times 5a \times 3b+(3b)^2$
$\qquad\qquad\qquad\qquad\quad =(5a-3b)^2$

④ $4+8x+4x^2=4(1+2x+x^2)$
$\qquad\qquad\qquad =4(1^2+2 \times 1 \times x+x^2)=4(1+x)^2$

⑤ $2x^2-6xy+18y^2=2(x^2-3xy+9y^2)$

xy의 계수는 $\pm 2 \times 1 \times 3=\pm 6$이어야 완전제곱식이 가능하다.

따라서 완전제곱식으로 인수분해할 수 없는 것은 ⑤이다.

답 ⑤

04 $36x^2-48x+A=(6x)^2-2 \times 6x \times 4+4^2$

따라서 $A=4^2=16$

답 ③

05 $a-4<0$이므로

$\sqrt{a^2-8a+16}=\sqrt{(a-4)^2}=-a+4$

$a+2>0$이므로

$\sqrt{a^2+4a+4}=\sqrt{(a+2)^2}=a+2$

따라서

$\sqrt{a^2-8a+16}+\sqrt{a^2+4a+4}=(-a+4)+(a+2)=6$

답 ②

06 $162x^4-32y^4=2(81x^4-16y^4)$
$\qquad\qquad\qquad =2\{(9x^2)^2-(4y^2)^2\}$

$$=2(9x^2-4y^2)(9x^2+4y^2)$$
$$=2\{(3x)^2-(2y)^2\}(9x^2+4y^2)$$
$$=2(3x+2y)(3x-2y)(9x^2+4y^2)$$

따라서 $a=2$, $b=2$, $c=9$, $d=4$이므로
$$a+b+c+d=2+2+9+4=17$$

답 ③

07 $x^2+3x-28$

$$x \quad 7 \rightarrow 7x$$
$$x \quad -4 \rightarrow \underline{-4x}(+$$
$$ 3x$$

$$x^2+3x-28=(x+7)(x-4)$$
따라서 구하는 두 일차식의 합은
$$(x+7)+(x-4)=2x+3$$

답 ④

08 $12x^2+Ax-30=(3x+5)(4x+B)$
$(3x+5)(4x+B)=12x^2+(3B+20)x+5B$
$A=3B+20$, $5B=-30$
$B=-6$, $A=3\times(-6)+20=2$
따라서 $A+B=2+(-6)=-4$

답 ③

09 ① $4x^2-4xy=4x(x-y)$
② $4x^2-24xy+36y^2=4(x^2-6xy+9y^2)=4(x-3y)^2$
③ $-2a^2x^2-16ax^2-30x^2=-2x^2(a^2+8a+15)$
$=-2x^2(a+3)(a+5)$
④ $5x^2-20=5(x^2-4)=5(x+2)(x-2)$
⑤ $36x^3-x=x(36x^2-1)=x(6x+1)(6x-1)$

답 ③

10 ① $x^2+10x+25=(x+\boxed{5})^2$
② $x^2-25=(x+\boxed{5})(x-5)$
③ $x^2+\boxed{5}x+6=(x+2)(x+3)$
④ $x^2+4x-5=(x-1)(x+\boxed{5})$
⑤ $2x^2+4x-16=2(x^2+2x-8)$
$=2(x-2)(x+\boxed{4})$

따라서 나머지 넷과 다른 하나는 ⑤이다.

답 ⑤

11 $x^2+ax-32=(x-8)(x+m)$이라고 하면
$(x-8)(x+m)=x^2+(-8+m)x-8m$
$a=-8+m$, $-8m=-32$
$m=4$, $a=-8+4=-4$

답 ②

12 $x^2+kx+12=(x+a)(x+b)$
$(x+a)(x+b)=x^2+(a+b)x+ab$
$k=a+b$, $ab=12$
(a, b)가 될 수 있는 정수의 순서쌍은
$(-1, -12)$, $(-2, -6)$, $(-3, -4)$, $(-4, -3)$,
$(-6, -2)$, $(-12, -1)$, $(1, 12)$, $(2, 6)$, $(3, 4)$,
$(4, 3)$, $(6, 2)$, $(12, 1)$
k의 값이 될 수 있는 것은 $-13, -8, -7, 13, 8, 7$
따라서 k의 값이 될 수 없는 것은 ④이다.

답 ④

13 $9x^3-x=x(9x^2-1)=x(3x+1)(3x-1)$
$3x^2+17x-6$

$$x \quad 6 \rightarrow 18x$$
$$3x \quad -1 \rightarrow \underline{-x}(+$$
$$ 17x$$

$$3x^2+17x-6=(x+6)(3x-1)$$
따라서 공통으로 들어 있는 인수는 $3x-1$

답 ③

14 $3(x-2)^2-10(x-2)-8$에서
$x-2$를 A로 놓으면
$3A^2-10A-8=(A-4)(3A+2)$
A 대신에 $x-2$를 대입하면
(주어진 식)$=(x-6)(3x-4)$
따라서 구하는 두 일차식의 합은
$(x-6)+(3x-4)=4x-10$

답 ③

15 $a^3+a^2-9a-9=a^2(a+1)-9(a+1)$
$=(a^2-9)(a+1)$
$=(a+3)(a-3)(a+1)$

답 ③

16 $\sqrt{a^2+\dfrac{1}{a^2}-2}+\sqrt{a^2+\dfrac{1}{a^2}+2}$

$$=\sqrt{\left(a-\dfrac{1}{a}\right)^2}+\sqrt{\left(a+\dfrac{1}{a}\right)^2}$$

$0<a<1$이므로 각 변을 a로 나누면
$0<1<\dfrac{1}{a}$, 즉 $\dfrac{1}{a}>a$, $a-\dfrac{1}{a}<0$
$a>0$, $\dfrac{1}{a}>0$이므로 $a+\dfrac{1}{a}>0$

(주어진 식)$=-\left(a-\dfrac{1}{a}\right)+\left(a+\dfrac{1}{a}\right)=\dfrac{2}{a}$

답 ④

17
$$x^2-y^2-4y-4=x^2-(y^2+4y+4)$$
$$=x^2-(y+2)^2$$
$$=(x+y+2)\{x-(y+2)\}$$
$$=(x+y+2)(x-y-2)$$
$$=(3+\sqrt{3}+2)(7-\sqrt{3}-2)$$
$$=(5+\sqrt{3})(5-\sqrt{3})$$
$$=25-3=22$$

답 ④

18
$$9x^2+24x+3k-2$$
$$=(3x)^2+2\times 3x\times 4+4^2$$
완전제곱식이 되려면 $3k-2=4^2$, $3k=18$
따라서 $k=6$

답 6

19
$$(x-6)(x+11)+30=x^2+5x-36$$
$$=(x+9)(x-4)$$
두 일차식의 합은 $(x+9)+(x-4)=2x+5$
따라서 $a=2$, $b=5$이므로
$$ab=2\times 5=10$$

답 10

20 $3x^2-5xy+ky^2=(x-3y)(3x+my)$라고 하면
$$(x-3y)(3x+my)=3x^2+(m-9)xy-3my^2$$
$$m-9=-5, \ k=-3m$$
$$m=4, \ k=-3\times 4=-12$$

답 -12

21 세로의 길이를 $3x+m$이라고 하면
$$12x^2-19x+A=(4x+3)(3x+m)$$
$$(4x+3)(3x+m)=12x^2+(4m+9)x+3m$$
$$4m+9=-19$$
$$4m=-28, \ m=-7$$
따라서 구하는 세로의 길이는 $3x-7$

답 $3x-7$

22
$$97^2-3^2+102^2-4\times 102+4$$
$$=(97+3)(97-3)+102^2-2\times 102\times 2+2^2$$
$$=100\times 94+(102-2)^2$$
$$=9400+10000=19400$$

답 19400

23 $x^2+7x+a=(x+3)(x+m)$이라고 하면
$$(x+3)(x+m)=x^2+(3+m)x+3m$$
$$3+m=7, \ a=3m$$
$$m=4, \ a=3\times 4=12$$ ··· 1단계
$3x^2+bx-15=(x+3)(3x+n)$이라고 하면

$$(x+3)(3x+n)=3x^2+(n+9)x+3n$$
$$b=n+9, \ 3n=-15$$
$$n=-5, \ b=-5+9=4$$ ··· 2단계
따라서 $a+b=12+4=16$ ··· 3단계

답 16

단계	채점 기준	비율
1단계	a의 값을 구한 경우	40 %
2단계	b의 값을 구한 경우	40 %
3단계	$a+b$의 값을 구한 경우	20 %

24 경숙이는 x^2의 계수와 상수항은 제대로 보았다.
$$(x+3)(x-12)=x^2-9x-36$$
이므로 상수항은 -36 ··· 1단계
태우는 x^2의 계수와 x의 계수는 제대로 보았다.
$$(x+2)(x-7)=x^2-5x-14$$
이므로 x의 계수는 -5 ··· 2단계
따라서 처음 이차식은 $x^2-5x-36$이므로 바르게 인수분해하면
$$(x+4)(x-9)$$ ··· 3단계

답 $(x+4)(x-9)$

단계	채점 기준	비율
1단계	상수항을 구한 경우	30 %
2단계	x의 계수를 구한 경우	30 %
3단계	바르게 인수분해한 경우	40 %

25
$$a=\frac{1}{2-\sqrt{2}}=\frac{1\times(2+\sqrt{2})}{(2-\sqrt{2})(2+\sqrt{2})}=\frac{2+\sqrt{2}}{2}$$
$$b=\frac{1}{2+\sqrt{2}}=\frac{1\times(2-\sqrt{2})}{(2+\sqrt{2})(2-\sqrt{2})}=\frac{2-\sqrt{2}}{2}$$ ··· 1단계
$$ab=\frac{2+\sqrt{2}}{2}\times\frac{2-\sqrt{2}}{2}=\frac{4-2}{4}=\frac{1}{2}$$
$$a+b=\frac{2+\sqrt{2}}{2}+\frac{2-\sqrt{2}}{2}=2$$
$$a-b=\frac{2+\sqrt{2}}{2}-\frac{2-\sqrt{2}}{2}=\sqrt{2}$$ ··· 2단계
$$a^3b-ab^3=ab(a^2-b^2)$$
$$=ab(a+b)(a-b)$$
$$=\frac{1}{2}\times 2\times\sqrt{2}=\sqrt{2}$$ ··· 3단계

답 $\sqrt{2}$

단계	채점 기준	비율
1단계	a, b의 분모를 각각 유리화한 경우	30 %
2단계	ab, $a+b$, $a-b$의 값을 각각 구한 경우	30 %
3단계	a^3b-ab^3의 값을 구한 경우	40 %

Ⅲ. 이차방정식

Ⅲ-1 이차방정식의 뜻과 풀이

01 ⑤	02 ⑤	03 ②	04 ⑤	05 ①	06 ②
07 ③	08 ④	09 ③	10 ④	11 ③	12 ④
13 ①	14 ④	15 ②	16 ①	17 ⑤	18 −2
19 2	20 5	21 −1	22 5	23 5개	
24 $x=-6$ 또는 $x=-2$			25 18		

01
① $x^2+2x-9=0$은 이차방정식이다.
② $2x^2-3x-2=0$은 이차방정식이다.
③ $\frac{1}{2}x^2=5$에서 $\frac{1}{2}x^2-5=0$이므로 이차방정식이다.
④ $\frac{x^2-1}{4}=4x^2$에서 $-\frac{15}{4}x^2-\frac{1}{4}=0$이므로 이차방정식이다.
⑤ $x^2=(x-2)(x-3)$에서 $5x-6=0$이므로 이차방정식이 아니다.

답 ⑤

02 $4x^2-3=ax(2x+5)$에서 $4x^2-3=2ax^2+5ax$
$(4-2a)x^2-5ax-3=0$
이차방정식이 되려면 $4-2a\neq0$이어야 하므로
$a\neq2$

답 ⑤

03
① $(3-3)\times(3+1)=0$
② $(2+2)^2\neq0$
③ $3\times1^2-4\times1+1=0$
④ $2\times(-2)^2+5\times(-2)=-2$
⑤ $(7-4)^2=9$

답 ②

04 $x=-2$일 때, $(-2)^2-6\times(-2)+8\neq0$
$x=-1$일 때, $(-1)^2-6\times(-1)+8\neq0$
$x=0$일 때, $0^2-6\times0+8\neq0$
$x=1$일 때, $1^2-6\times1+8\neq0$
$x=2$일 때, $2^2-6\times2+8=0$
따라서 해는 $x=2$이다.

답 ⑤

05 $2x^2-(a-2)x-5a+8=0$에 $x=3$을 대입하면
$18-3a+6-5a+8=0$
$-8a=-32$, $a=4$

답 ①

06 $2x^2-3x-4=0$에 $x=a$를 대입하면
$2a^2-3a-4=0$
$a\neq0$이므로 양변을 a로 나누면
$2a-3-\frac{4}{a}=0$, $2a-\frac{4}{a}=3$
따라서 $a-\frac{2}{a}=\frac{3}{2}$

답 ②

07 $(2x+1)(x-3)=0$에서
$2x+1=0$ 또는 $x-3=0$
$x=-\frac{1}{2}$ 또는 $x=3$

답 ③

08 $x^2-5x-14=0$에서 $(x+2)(x-7)=0$
$x=-2$ 또는 $x=7$
따라서 두 근의 차는 $7-(-2)=9$

답 ④

09 $2(x^2-2)=7x$에서 $2x^2-7x-4=0$
$(2x+1)(x-4)=0$
$x=-\frac{1}{2}$ 또는 $x=4$
두 근 중 양수인 근은 $x=4$이므로
$x^2-2ax+8=0$에 $x=4$를 대입하면
$16-8a+8=0$, $-8a=-24$, $a=3$

답 ③

10 $x^2-3ax-(a+5)=0$에 $x=-4$를 대입하면
$16+12a-a-5=0$, $11a=-11$, $a=-1$
주어진 이차방정식은 $x^2+3x-4=0$이므로
$(x+4)(x-1)=0$
$x=-4$ 또는 $x=1$
따라서 $b=1$이므로 $a+b=-1+1=0$

답 ④

11 $(2x+b)(x+3)=0$에서 $x=-\frac{b}{2}$ 또는 $x=-3$
$2x^2+ax-9=0$의 한 해가 $x=-3$이므로
$18-3a-9=0$, $-3a=-9$, $a=3$
주어진 이차방정식은 $2x^2+3x-9=0$이므로
$(2x-3)(x+3)=0$
따라서 $b=-3$이므로 $a+b=3+(-3)=0$

답 ③

| 다른 풀이 |
$(2x+b)(x+3)=0$에서

$2x^2+(b+6)x+3b=0$
이 이차방정식과 $2x^2+ax-9=0$의 해가 서로 같으므로
$a=b+6$, $-9=3b$
따라서 $a=3$, $b=-3$이므로
$a+b=3+(-3)=0$

12 ㄱ. $x(x-8)=0$에서 $x=0$ 또는 $x=8$
ㄴ. $x^2=3(2x-3)$에서 $x^2-6x+9=0$
   $(x-3)^2=0$, $x=3$
ㄷ. $x^2+3x+2=0$에서 $(x+2)(x+1)=0$
   $x=-2$ 또는 $x=-1$
ㄹ. $x^2-x+\dfrac{1}{4}=0$에서 $\left(x-\dfrac{1}{2}\right)^2=0$, $x=\dfrac{1}{2}$
따라서 중근을 갖는 이차방정식은 ㄴ, ㄹ이다.
답 ④

13 $x^2+2ax-4a+21=0$이 중근을 가지려면
$-4a+21=\left(\dfrac{2a}{2}\right)^2$, $a^2+4a-21=0$
$(a+7)(a-3)=0$, $a=-7$ 또는 $a=3$
따라서 모든 a의 값의 합은 $-7+3=-4$
답 ①

14 ① $(x-2)^2=3$에서 $x=2\pm\sqrt{3}$
② $3(x-2)^2=2$에서 $(x-2)^2=\dfrac{2}{3}$, $x=2\pm\dfrac{\sqrt{6}}{3}$
③ $(x-3)^2=4$에서 $x-3=\pm2$
   $x=5$ 또는 $x=1$
④ $2(x-3)^2=4$에서 $(x-3)^2=2$, $x=3\pm\sqrt{2}$
⑤ $(x-3)^2=\dfrac{1}{2}$에서 $x=3\pm\dfrac{\sqrt{2}}{2}$
답 ④

15 $5(x+a)^2-15=0$에서 $(x+a)^2=3$
$x+a=\pm\sqrt{3}$, $x=-a\pm\sqrt{3}$
따라서 $a=2$, $b=3$이므로 $b-a=3-2=1$
답 ②

16 $3x^2+a=x^2+8x-7$에서 $2x^2-8x=-a-7$
$x^2-4x=\dfrac{-a-7}{2}$, $x^2-4x+4=\dfrac{-a-7}{2}+4$
$(x-2)^2=\dfrac{-a+1}{2}$
$b=2$이고 $\dfrac{-a+1}{2}=\dfrac{3}{2}$에서 $a=-2$이므로
$ab=(-2)\times2=-4$
답 ①

17 $x^2-10x+17=0$에서 $x^2-10x+25=-17+25$
$(x-5)^2=8$, $x-5=\pm2\sqrt{2}$
$x=5\pm2\sqrt{2}$
따라서 $a=5$, $b=2$이므로 $a-b=5-2=3$
답 ⑤

18 $x^2+ax-8=0$에 $x=4$를 대입하면
$16+4a-8=0$, $4a=-8$, $a=-2$
$x^2-4x-b=0$에 $x=4$를 대입하면
$16-16-b=0$, $b=0$
따라서 $a+b=-2+0=-2$
답 -2

19 $x^2+ax-10=0$에 $x=5$를 대입하면
$25+5a-10=0$, $5a=-15$, $a=-3$
주어진 이차방정식은 $x^2-3x-10=0$이므로
$(x+2)(x-5)=0$, $x=-2$ 또는 $x=5$
따라서 다른 한 근은 $x=-2$이다.
$3x^2+(b+5)x+4b=0$에 $x=-2$를 대입하면
$12-2b-10+4b=0$, $2b=-2$, $b=-1$
따라서 $b-a=-1-(-3)=2$
답 2

20 일차함수 $y=ax+8$의 그래프가 점 $(a-3, 2a^2-4a-12)$를 지나므로
$2a^2-4a-12=a(a-3)+8$
$a^2-a-20=0$, $(a+4)(a-5)=0$
$a=-4$ 또는 $a=5$
제1사분면 위의 점이므로 $a=5$이다.
답 5

21 $x^2+6x+4a+1=0$이 중근을 가지므로
$4a+1=\left(\dfrac{6}{2}\right)^2=9$
$4a=8$, $a=2$
주어진 이차방정식은 $x^2+6x+9=0$이므로
$(x+3)^2=0$, $x=-3$
$b=-3$이므로 $a+b=2+(-3)=-1$
답 -1

22 $(x-2)^2=k$에서 $x-2=\pm\sqrt{k}$
$x=2\pm\sqrt{k}$
두 근의 차는 $(2+\sqrt{k})-(2-\sqrt{k})=2\sqrt{k}$이므로
$k=5$
답 5

23

$6x^2-13x-33=0$에서 $(2x+3)(3x-11)=0$

$x=-\dfrac{3}{2}$ 또는 $x=\dfrac{11}{3}$　　　　 ··· **1단계**

$a<\beta$이므로 $a=-\dfrac{3}{2}$, $\beta=\dfrac{11}{3}$　 ··· **2단계**

$-\dfrac{3}{2}<k<\dfrac{11}{3}$ 을 만족시키는 정수 k는 -1, 0, 1, 2, 3이

므로 5개이다.　　　　　　　 ··· **3단계**

답 5개

단계	채점 기준	비율
1단계	인수분해를 이용하여 해를 구한 경우	50 %
2단계	a, β의 값을 각각 구한 경우	20 %
3단계	정수 k의 개수를 구한 경우	30 %

24

$x^2+ax-12=0$에 $x=3$을 대입하면

$9+3a-12=0$, $3a=3$, $a=1$　　 ··· **1단계**

주어진 이차방정식은 $x^2+x-12=0$이므로

$(x+4)(x-3)=0$, $x=-4$ 또는 $x=3$

따라서 $b=-4$　　　　　　　 ··· **2단계**

$ax^2+8x-3b=0$에 $a=1$, $b=-4$를 대입하면

$x^2+8x+12=0$, $(x+6)(x+2)=0$

$x=-6$ 또는 $x=-2$　　　　 ··· **3단계**

답 $x=-6$ 또는 $x=-2$

단계	채점 기준	비율
1단계	a의 값을 구한 경우	30 %
2단계	b의 값을 구한 경우	30 %
3단계	해를 구한 경우	40 %

25

$x^2-6x+6=0$에서 $x^2-6x+9=-6+9$

$(x-3)^2=3$　　　　　　　 ··· **1단계**

$x-3=\pm\sqrt{3}$, $x=3\pm\sqrt{3}$　　 ··· **2단계**

$a=3$, $b=3$, $c=3+\sqrt{3}$, $d=3-\sqrt{3}$이므로 ··· **3단계**

$ad+bc=3\times(3-\sqrt{3})+3\times(3+\sqrt{3})=18$ ··· **4단계**

답 18

단계	채점 기준	비율
1단계	완전제곱식의 꼴로 변형한 경우	20 %
2단계	해를 구한 경우	20 %
3단계	a, b, c, d의 값을 각각 구한 경우	40 %
4단계	$ad+bc$의 값을 구한 경우	20 %

Ⅲ-2 이차방정식의 근의 공식과 활용　본문 24~27쪽

01 ③	02 ④	03 ①	04 ⑤	05 ④	06 ②
07 ①	08 ②	09 ①	10 ③	11 ⑤	12 ④
13 ②	14 ②	15 ②	16 ②	17 ③	18 -3
19 2	20 $k<\dfrac{1}{8}$	21 8초	22 4 m	23 3개	24 16살
25 $(1, 6)$					

01

$3x^2+5x-1=0$에서

$x=\dfrac{-5\pm\sqrt{5^2-4\times3\times(-1)}}{2\times3}$

$=\dfrac{-5\pm\sqrt{37}}{6}$

따라서 $a=-5$, $b=37$이므로

$a+b=-5+37=32$

답 ③

02

$2x^2-9=x(12-x)$에서 $3x^2-12x-9=0$

$x^2-4x-3=0$

$x=-(-2)\pm\sqrt{(-2)^2-1\times(-3)}$

$=2\pm\sqrt{7}$

따라서 양수인 해는 $x=2+\sqrt{7}$이다.

답 ④

03

주어진 이차방정식의 양변에 6을 곱하면

$2x(x+1)=3(x-1)(x+3)$

$2x^2+2x=3x^2+6x-9$

$x^2+4x-9=0$

$x=-2\pm\sqrt{2^2-1\times(-9)}=-2\pm\sqrt{13}$

답 ①

04

$x+2=A$로 놓으면 $A^2-8A+12=0$

$(A-2)(A-6)=0$

$A=2$ 또는 $A=6$

즉, $x+2=2$ 또는 $x+2=6$이므로

$x=0$ 또는 $x=4$

따라서 두 근의 차는 $4-0=4$

답 ⑤

| 다른 풀이 |

$(x+2)^2-8(x+2)+12=0$에서

$x^2+4x+4-8x-16+12=0$

$x^2-4x=0$, $x(x-4)=0$

$x=0$ 또는 $x=4$

따라서 두 근의 차는 $4-0=4$

05
① $x^2-5=0$에서 $0^2-4\times1\times(-5)>0$이므로 근의 개수는 2개이다.

② $3x^2+4x=0$에서 $4^2-4\times3\times0>0$이므로 근의 개수는 2개이다.

③ $x^2-5x-6=0$에서 $(-5)^2-4\times1\times(-6)>0$이므로 근의 개수는 2개이다.

④ $\frac{1}{3}x^2-x+\frac{3}{4}=0$에서 $(-1)^2-4\times\frac{1}{3}\times\frac{3}{4}=0$이므로 근의 개수는 1개이다.

⑤ $2x^2-3x+1=0$에서 $(-3)^2-4\times2\times1>0$이므로 근의 개수는 2개이다.

따라서 근의 개수가 나머지 넷과 다른 하나는 ④이다.

답 ④

06
$2x^2-3x+4-k=0$의 해가 없으려면
$(-3)^2-4\times2\times(4-k)<0$
$9-32+8k<0$
$8k<23,\ k<\frac{23}{8}$
이를 만족시키는 자연수 k는 1, 2이므로 2개이다.

답 ②

07
$x^2-10x+25=0$에서
$(-10)^2-4\times1\times25=0$이므로 근의 개수는 1개이다.
$4x^2-4x+k=0$의 근의 개수도 1개이어야 하므로
$(-4)^2-4\times4\times k=0$
$16-16k=0,\ k=1$

답 ①

08
$2x^2-4x+k=0$이 중근을 가지려면
$(-4)^2-4\times2\times k=0$
$16-8k=0,\ k=2$
이때 $k-1=1$, $k+1=3$이므로 두 근이 1, 3이고 x^2의 계수가 1인 이차방정식은
$(x-1)(x-3)=0,\ x^2-4x+3=0$
따라서 $a=-4$, $b=3$이므로
$a+b=-4+3=-1$

답 ②

09
두 근이 $-\frac{1}{2}$, $\frac{1}{3}$이고 x^2의 계수가 6인 이차방정식은
$6\left(x+\frac{1}{2}\right)\left(x-\frac{1}{3}\right)=0,\ 6\left(x^2+\frac{1}{6}x-\frac{1}{6}\right)=0$
$6x^2+x-1=0$
따라서 $a=1$, $b=-1$이므로
$ab=1\times(-1)=-1$

답 ①

10
x^2의 계수가 $\frac{1}{3}$이고 중근 3을 갖는 이차방정식은
$\frac{1}{3}(x-3)^2=0,\ \frac{1}{3}(x^2-6x+9)=0$
$\frac{1}{3}x^2-2x+3=0$
따라서 $a=-2$, $b=3$이므로
$a+b=-2+3=1$

답 ③

11
$x^2+4x-5=0$에서 $(x+5)(x-1)=0$
$x=-5$ 또는 $x=1$
따라서 두 근 $\alpha+1$, $\beta+1$은 -4, 2이다.
두 근이 -4, 2이고 x^2의 계수가 1인 이차방정식은
$(x+4)(x-2)=0,\ x^2+2x-8=0$
$a=2$, $b=-8$이므로
$a-b=2-(-8)=10$

답 ⑤

12
출발한 지 t초 후에 점 P의 위치가 -16이라고 하면
$-t^2+6t=-16,\ t^2-6t-16=0$
$(t+2)(t-8)=0$
$t=-2$ 또는 $t=8$
$t>0$이므로 $t=8$
따라서 점 P의 위치가 -16이 되는 것은 출발한 지 8초 후이다.

답 ④

13
어떤 자연수를 x라고 하면 $2x^2=(x+2)^2+1$
$x^2-4x-5=0,\ (x+1)(x-5)=0$
$x=-1$ 또는 $x=5$
$x>0$이므로 $x=5$
따라서 어떤 자연수는 5이다.

답 ②

14
연속하는 두 짝수를 x, $x+2(x$는 짝수)라고 하면
$x^2+(x+2)^2=x(x+2)+52$
$x^2+2x-48=0$
$(x+8)(x-6)=0$
$x=-8$ 또는 $x=6$
$x>0$이므로 $x=6$
따라서 두 짝수는 6, 8이고 그 합은 14이다.

답 ②

15
이번 달 둘째 주 토요일의 날짜를 x일이라고 하면 넷째 주 토요일의 날짜는 $(x+14)$일이므로

$x(x+14)=207$

$x^2+14x-207=0$

$(x+23)(x-9)=0$

$x=-23$ 또는 $x=9$

$x>0$이므로 $x=9$

따라서 둘째 주 토요일은 9일이다.

目 ②

16 학생 수를 x명이라고 하면 한 학생이 받는 미니초콜릿의 개수는 $(x+3)$개이므로

$x(x+3)=108$, $x^2+3x-108=0$

$(x+12)(x-9)=0$, $x=-12$ 또는 $x=9$

$x>0$이므로 $x=9$

따라서 학생 수는 9명이다.

目 ②

17 로켓을 쏘아올린 지 t초 후의 높이가 $125\,\mathrm{m}$라고 하면

$50t-5t^2=125$, $t^2-10t+25=0$

$(t-5)^2=0$, $t=5$

따라서 높이가 $125\,\mathrm{m}$가 되는 것은 로켓을 쏘아올린 지 5초 후이다.

目 ③

18 $6x^2-4x+a=0$에서

$x=\dfrac{-(-2)\pm\sqrt{(-2)^2-6\times a}}{6}=\dfrac{2\pm\sqrt{4-6a}}{6}$

$\quad=\dfrac{1}{3}\pm\dfrac{\sqrt{4-6a}}{6}$

주어진 해는 $x=\dfrac{1\pm\sqrt{10}}{b}=\dfrac{1}{b}\pm\dfrac{\sqrt{10}}{b}$이므로

$b=3$이고 $\dfrac{\sqrt{10}}{3}=\dfrac{2\sqrt{10}}{6}=\dfrac{\sqrt{40}}{6}$에서

$4-6a=40$, $a=-6$

따라서 $a+b=-6+3=-3$

目 -3

19 $\dfrac{3}{10}x^2+\dfrac{2}{5}x-\dfrac{7}{10}=0$의 양변에 10을 곱하면

$3x^2+4x-7=0$

$(3x+7)(x-1)=0$

$x=-\dfrac{7}{3}$ 또는 $x=1$

양수인 근은 $x=1$이므로 이를 $0.5x^2-2.5x+a=0$에 대입하면

$0.5-2.5+a=0$, $a=2$

目 2

20 $2x^2+3x+k+1=0$이 서로 다른 두 근을 가지려면

$3^2-4\times2\times(k+1)>0$

$9-8k-8>0$

$-8k>-1$, $k<\dfrac{1}{8}$

目 $k<\dfrac{1}{8}$

21 t초 후에 처음 직사각형과 넓이가 같아진다고 하면 그 때의 가로의 길이는 $(8+2t)\,\mathrm{cm}$, 세로의 길이는 $(12-t)\,\mathrm{cm}$이므로

$(8+2t)(12-t)=8\times12$

$-2t^2+16t+96=96$

$t^2-8t=0$, $t(t-8)=0$

$t=0$ 또는 $t=8$

$t>0$이므로 $t=8$

따라서 8초 후에 처음 직사각형과 넓이가 같아진다.

目 8초

22 빨간색 꽃을 심는 영역의 폭을 $x\,\mathrm{m}$라고 하면 노란색 꽃을 심는 영역의 가로의 길이는 $(20-x)\,\mathrm{m}$, 세로의 길이는 $(16-2x)\,\mathrm{m}$이므로

$(20-x)(16-2x)=128$

$2x^2-56x+320=128$

$x^2-28x+96=0$

$(x-4)(x-24)=0$

$x=4$ 또는 $x=24$

$0<x<8$이므로 $x=4$

따라서 빨간색 꽃을 심는 영역의 폭은 $4\,\mathrm{m}$이다.

目 $4\,\mathrm{m}$

23 $x^2-4x-2k=0$에서

$x=-(-2)\pm\sqrt{(-2)^2-1\times(-2k)}$

$\quad=2\pm\sqrt{4+2k}$ ··· 1단계

해가 모두 정수이므로 $4+2k$는 0이거나 짝수이면서 자연수의 제곱이 되어야 한다.

$4+2k=0$일 때, $k=-2$

$4+2k=4$일 때, $k=0$

$4+2k=16$일 때, $k=6$

$4+2k=36$일 때, $k=16$

$4+2k=64$일 때, $k=30$

$\qquad\qquad\vdots$ ··· 2단계

따라서 조건을 만족시키는 30 이하의 자연수 k는 6, 16, 30이므로 3개이다. ··· 3단계

目 3개

단계	채점 기준	비율
1단계	근의 공식을 이용하여 해를 구한 경우	50 %
2단계	k의 값을 구한 경우	40 %
3단계	자연수 k의 개수를 구한 경우	10 %

24 용재의 나이를 x살이라고 하면 동생의 나이는 $(28-x)$살 이므로

$x(28-x)=192$ $\qquad$ ···**1단계**

$x^2-28x+192=0$

$(x-12)(x-16)=0$

$x=12$ 또는 $x=16$ $\qquad$ ···**2단계**

$14<x<28$이므로 $x=16$

따라서 용재의 나이는 16살이다. $\qquad$ ···**3단계**

답 16살

단계	채점 기준	비율
1단계	이차방정식을 세운 경우	40 %
2단계	인수분해를 이용하여 해를 구한 경우	40 %
3단계	용재의 나이를 구한 경우	20 %

25 점 P의 좌표를 $(x, 8-2x)$라고 하면

$\overline{OQ}=x$, $\overline{PQ}=8-2x$이므로

$x(8-2x)=6$ $\qquad$ ···**1단계**

$-2x^2+8x=6$, $x^2-4x+3=0$

$(x-1)(x-3)=0$

$x=1$ 또는 $x=3$ $\qquad$ ···**2단계**

$\overline{OQ}<\overline{PQ}$에서 $x<8-2x$, $x<\dfrac{8}{3}$이므로

$x=1$

따라서 점 P의 좌표는 $(1, 6)$이다. $\qquad$ ···**3단계**

답 $(1, 6)$

단계	채점 기준	비율
1단계	이차방정식을 세운 경우	40 %
2단계	인수분해를 이용하여 해를 구한 경우	40 %
3단계	점 P의 좌표를 구한 경우	20 %

Ⅳ. 이차함수

Ⅳ-1 **이차함수와 그 그래프** 본문 28~31쪽

01 ③, ⑤	**02** ①, ⑤	**03** ②	**04** ②	**05** ⑤	**06** ②
07 ⑤	**08** ②	**09** ①	**10** ⑤	**11** ①	**12** ②
13 ④	**14** ④	**15** ⑤	**16** ②	**17** ②	**18** 2
19 3	**20** 16	**21** -1	**22** -12	**23** 9	**24** 4
25 2					

01 ① $y=\dfrac{4}{3}\pi x^3$이므로 이차함수가 아니다.

② $y=8x$이므로 이차함수가 아니다.

③ $y=x^2$이므로 이차함수이다.

④ $y=2\{(x+2)+(x-4)\}=4x-4$이므로 이차함수가 아니다.

⑤ $y=\dfrac{1}{2}\times\{x+(x+5)\}\times6x=6x^2+15x$이므로 이차함수이다.

답 ③, ⑤

02 $y=k(k+1)x^2+7x-6x^2=(k^2+k-6)x^2+7x$

이차함수이려면 x^2의 계수가 0이 아니어야 한다.

$k^2+k-6\neq0$, $(k+3)(k-2)\neq0$

$k\neq-3$, $k\neq2$

따라서 k의 값이 될 수 없는 것은 -3, 2

답 ①, ⑤

03 $f(a)=a^2+4a-4=a$, $a^2+3a-4=0$

$(a+4)(a-1)=0$

$a=-4$ 또는 $a=1$

따라서 음수 a의 값은 -4

답 ②

04 $\left|\dfrac{4}{3}\right|<|a|<|-2|$이므로 a의 값이 될 수 있는 것은

$-\dfrac{5}{3}$

답 ②

05 원점을 꼭짓점으로 하는 포물선의 식은 $y=ax^2$

$y=ax^2$에 $x=-3$, $y=6$을 대입하면

$6=a\times(-3)^2$, $9a=6$

$a=\dfrac{2}{3}$

$y=\dfrac{2}{3}x^2$에 $x=-6$, $y=k$를 대입하면

$k = \dfrac{2}{3} \times (-6)^2 = 24$

답 ⑤

06 ① $x = -1$을 대입하면 $y = -6 \times (-1)^2 = -6$이므로 점 $(-1, -6)$을 지난다.
② 꼭짓점의 좌표가 $(0, 0)$이고, 위로 볼록하므로 제3, 4 사분면을 지난다.
③ 위로 볼록한 포물선이다.
④ 모든 실수 x에 대하여 $y \leq 0$이다.
⑤ $x < 0$일 때, x의 값이 증가하면 y의 값도 증가한다.

답 ②

07 $\overline{AB} = 12$이므로 점 B의 x좌표는 6이다.
$y = \dfrac{3}{4}x^2$에 $x = 6$을 대입하면
$y = \dfrac{3}{4} \times 6^2 = 27$
따라서 $a + b = 6 + 27 = 33$

답 ⑤

08 $\overline{AB} = \overline{DA} = 16$이므로 점 B의 좌표는 $(8, 16)$
$y = ax^2$에 $x = 8$, $y = 16$을 대입하면
$16 = a \times 8^2$, $64a = 16$
따라서 $a = \dfrac{1}{4}$

답 ②

09 이차함수 $y = -3x^2$의 그래프를 y축의 방향으로 12만큼 평행이동한 그래프의 식은 $y = -3x^2 + 12$
$y = -3x^2 + 12$에 $x = m$, $y = 9$를 대입하면
$9 = -3m^2 + 12$, $3m^2 = 3$, $m^2 = 1$, $m = \pm 1$
$m > 0$이므로 $m = 1$

답 ①

10 이차함수 $y = -2x^2$의 그래프를 y축의 방향으로 k만큼 평행이동한 그래프의 식은
$y = -2x^2 + k$
$y = -2x^2 + k$에 $x = 1$, $y = 4$를 대입하면
$4 = -2 \times 1^2 + k$
$k = 6$
따라서 $y = -2x^2 + 6$의 그래프의 꼭짓점의 좌표는 $(0, 6)$

답 ⑤

11 $y = -6(x^2 + 1) = -6x^2 - 6$이므로 $y = -6x^2$의 그래프를 y축의 방향으로 -6만큼 평행이동한 것이다.
$k = -6$

꼭짓점의 좌표는 $(0, -6)$이므로 $a = 0$, $b = -6$
따라서 $a + b + k = 0 + (-6) + (-6) = -12$

답 ①

12 이차함수 $y = -\dfrac{3}{2}x^2$의 그래프를 x축의 방향으로 k만큼 평행이동한 그래프의 식은
$y = -\dfrac{3}{2}(x - k)^2$
$y = -\dfrac{3}{2}(x - k)^2$에 $x = 6$, $y = -6$을 대입하면
$-6 = -\dfrac{3}{2}(6 - k)^2$
$(6 - k)^2 = 4$, $(k - 6)^2 = 4$, $k - 6 = \pm 2$
$k = 4$ 또는 $k = 8$
따라서 구하는 모든 k의 값의 합은
$4 + 8 = 12$

답 ②

13 이차함수 $y = ax^2$의 그래프를 x축의 방향으로 p만큼 평행이동한 그래프의 식은
$y = a(x - p)^2$
꼭짓점의 좌표가 $(p, 0)$이므로 $p = -6$
$y = a(x + 6)^2$에 $x = -3$, $y = 6$을 대입하면
$6 = a \times (-3 + 6)^2$, $9a = 6$
따라서 $a = \dfrac{2}{3}$

답 ④

14 꼭짓점의 좌표가 $(p, 0)$이므로 $p = 4$
$y = a(x - 4)^2$에 $x = 0$, $y = 8$을 대입하면
$8 = a \times (0 - 4)^2$, $16a = 8$
$a = \dfrac{1}{2}$
따라서 $a + p = \dfrac{1}{2} + 4 = \dfrac{9}{2}$

답 ④

15 이차함수 $y = -x^2$의 그래프를 x축의 방향으로 a만큼, y축의 방향으로 4만큼 평행이동한 그래프의 식은
$y = -(x - a)^2 + 4$
$y = -(x - a)^2 + 4 = -x^2 + 2ax - a^2 + 4$
이므로
$2a = b$, $-a^2 + 4 = -5$
$a^2 = 9$, $a = \pm 3$
$a > 0$이므로 $a = 3$, $b = 2 \times 3 = 6$
따라서 $a + b = 3 + 6 = 9$

답 ⑤

16 꼭짓점의 좌표가 $(-2, a)$이므로 $a=6$, $b=-2$
축의 방정식이 $x=-2$이므로 $c=-2$
따라서 $a+b+c=6+(-2)+(-2)=2$

답 ②

17 꼭짓점의 좌표는 $(3, 13)$
$x=0$을 대입하면
$y=-3\times(0-3)^2+13$
$\quad=-14$
이므로 y축과 만나는 점의 좌표는
$(0, -14)$
따라서 이차함수 $y=-3(x-3)^2+13$
의 그래프는 제2사분면을 지나지 않는다.

답 ②

18 꼭짓점이 원점이고 y축을 축으로 하는 포물선의 식은
$y=ax^2$
$y=ax^2$에 $x=-4$, $y=24$를 대입하면
$24=a\times(-4)^2$, $16a=24$
$a=\dfrac{3}{2}$
$y=\dfrac{3}{2}x^2$에 $x=k$, $y=6$을 대입하면
$6=\dfrac{3}{2}k^2$, $k^2=4$, $k=\pm2$
$k>0$이므로 $k=2$

답 2

19 이차함수 $y=\dfrac{1}{2}x^2$의 그래프를 y축의 방향으로 -5만큼 평

행이동한 그래프의 식은
$y=\dfrac{1}{2}x^2-5$
$y=\dfrac{1}{2}x^2-5$에 $x=-4$, $y=k$를 대입하면
$k=\dfrac{1}{2}\times(-4)^2-5=3$

답 3

20 이차함수 $y=4x^2$의 그래프를 x축의 방향으로 5만큼 평행이동한 그래프의 식은
$y=4(x-5)^2$
$y=4(x-5)^2$에 $x=7$, $y=k$를 대입하면
$k=4\times(7-5)^2=16$

답 16

21 이차함수 $y=\dfrac{3}{4}x^2$의 그래프를 x축의 방향으로 1만큼, y축

의 방향으로 -3만큼 평행이동한 그래프의 식은
$y=\dfrac{3}{4}(x-1)^2-3$
$y=\dfrac{3}{4}(x-1)^2-3$에 $x=k$, $y=0$을 대입하면
$0=\dfrac{3}{4}(k-1)^2-3$, $\dfrac{3}{4}(k-1)^2=3$, $(k-1)^2=4$
$k-1=\pm2$, $k=-1$ 또는 $k=3$
따라서 구하는 음수 k의 값은 -1

답 -1

22 이차함수 $y=a(x+2)^2-4$의 그래프의 꼭짓점의 좌표는
$(-2, -4)$
x축의 방향으로 8만큼, y축의 방향으로 1만큼 평행이동하면 꼭짓점의 좌표는
$(-2+8, -4+1)=(6, -3)$
평행이동한 그래프의 식은
$y=a(x-6)^2-3$
$a=-\dfrac{2}{3}$, $b=-6$, $c=-3$
따라서 $abc=-\dfrac{2}{3}\times(-6)\times(-3)=-12$

답 -12

23 $y=ax^2$에 $x=2$, $y=-3$을 대입하면
$-3=a\times2^2$, $4a=-3$
$a=-\dfrac{3}{4}$ $\cdots$ 1단계
$y=-\dfrac{3}{4}x^2$에 $x=-4$, $y=b$를 대입하면
$b=-\dfrac{3}{4}\times(-4)^2=-12$ $\cdots$ 2단계
따라서 $ab=-\dfrac{3}{4}\times(-12)=9$ $\cdots$ 3단계

답 9

단계	채점 기준	비율
1단계	a의 값을 구한 경우	40 %
2단계	b의 값을 구한 경우	40 %
3단계	ab의 값을 구한 경우	20 %

24 꼭짓점의 좌표가 $(p, 0)$이므로
$p=-3$ $\cdots$ 1단계
$y=a(x+3)^2$에 $x=0$, $y=-6$을 대입하면
$-6=a\times(0+3)^2$, $9a=-6$
$a=-\dfrac{2}{3}$ $\cdots$ 2단계
따라서 $2ap=2\times\left(-\dfrac{2}{3}\right)\times(-3)=4$ $\cdots$ 3단계

답 4

단계	채점 기준	비율
1단계	p의 값을 구한 경우	30 %
2단계	a의 값을 구한 경우	50 %
3단계	$2ap$의 값을 구한 경우	20 %

25 축의 방정식이 $x=p$이므로
$p=-3$ ··· **1단계**
$y=2(x+3)^2+q$에 $x=-1$, $y=13$을 대입하면
$13=2\times(-1+3)^2+q$, $q=5$ ··· **2단계**
따라서 $p+q=-3+5=2$ ··· **3단계**

답 2

단계	채점 기준	비율
1단계	p의 값을 구한 경우	30 %
2단계	q의 값을 구한 경우	50 %
3단계	$p+q$의 값을 구한 경우	20 %

IV-2 **이차함수 $y=ax^2+bx+c$의 그래프** 본문 32~35쪽

01 ⑤	02 ①	03 ②	04 ④	05 ④	06 ②
07 ④	08 ⑤	09 ③	10 ③	11 ③	12 ⑤
13 ④	14 ②	15 ⑤	16 ③	17 ①	18 2
19 9	20 64	21 3	22 $\left(-1, \dfrac{9}{2}\right)$		23 1
24 $\dfrac{35}{2}$	25 7				

01 $y=-2x^2-4x+a$
$\quad=-2(x^2+2x+1-1)+a$
$\quad=-2(x+1)^2+2+a$
꼭짓점의 좌표가 $(-1, 2+a)$이므로
$b=-1$, $2+a=5$
$a=3$
따라서 $a+b=3+(-1)=2$

답 ⑤

02 $y=x^2-6x+7$
$\quad=(x^2-6x+9-9)+7=(x-3)^2-2$
따라서 $a=3$, $b=-2$이므로
$a-b=3-(-2)=5$

답 ①

03 $y=\dfrac{1}{2}x^2-2x$
$\quad=\dfrac{1}{2}(x^2-4x+4-4)$
$\quad=\dfrac{1}{2}(x-2)^2-2$
꼭짓점의 좌표는 $(2, -2)$
$y=\dfrac{1}{2}x^2-2x$에 $x=0$을 대입하면 $y=0$이므로
y축과 만나는 점의 좌표는 $(0, 0)$
따라서 구하는 그래프는 ②이다.

답 ②

04 $y=ax^2-4x+7$
$\quad=a\left(x^2-\dfrac{4}{a}x+\dfrac{4}{a^2}-\dfrac{4}{a^2}\right)+7$
$\quad=a\left(x-\dfrac{2}{a}\right)^2-\dfrac{4}{a}+7$
축의 방정식은 $x=\dfrac{2}{a}$이므로 $\dfrac{2}{a}=\dfrac{1}{2}$
$a=4$
따라서 구하는 꼭짓점의 y좌표는 $-\dfrac{4}{4}+7=6$

답 ④

05
$y=-x^2+12x+4$
$=-(x^2-12x+36-36)+4=-(x-6)^2+40$
축의 방정식은 $x=6$이고, 위로 볼록하므로 구하는 x의 값의 범위는 $x>6$

답 ④

06
$y=0$을 대입하면 $-x^2+2x+3=0$
$x^2-2x-3=0$, $(x+1)(x-3)=0$
$x=-1$ 또는 $x=3$
A$(-1, 0)$, B$(3, 0)$
$y=-x^2+2x+3$
$=-(x^2-2x+1-1)+3=-(x-1)^2+4$
C$(1, 4)$
따라서 △ABC의 넓이는
$\frac{1}{2}\times\{3-(-1)\}\times4=8$

답 ②

07
$y=0$을 대입하면 $\frac{1}{2}x^2-2x-6=0$
$x^2-4x-12=0$, $(x+2)(x-6)=0$
$x=-2$ 또는 $x=6$
A$(-2, 0)$, B$(6, 0)$
$x=0$을 대입하면 $y=-6$이므로 C$(0, -6)$
따라서 △ABC의 넓이는
$\frac{1}{2}\times\{6-(-2)\}\times6=24$

답 ④

08
위로 볼록하므로 $a<0$
축이 y축의 오른쪽에 있으므로 a, b의 부호는 서로 다르다.
즉, $b>0$
y축과 만나는 점이 x축보다 위쪽에 있으므로 $c>0$
⑤ $abc<0$

답 ⑤

09
아래로 볼록하므로 $a>0$
축이 y축의 왼쪽에 있으므로 a, b의 부호는 서로 같다. 즉, $b>0$
y축과 만나는 점이 x축보다 아래쪽에 있으므로 $c<0$
$y=cx^2+bx+a$의 그래프를 살펴보자.
$c<0$이므로 위로 볼록하고, c와 b의 부호가 서로 다르므로 축이 y축의 오른쪽에 위치한다.
$a>0$이므로 y축과 만나는 점은 x축보다 위쪽에 있다.
따라서 구하는 그래프의 개형으로 알맞은 것은 ③이다.

답 ③

10
꼭짓점의 좌표가 $(0, -4)$이므로 구하는 이차함수의 식은
$y=ax^2-4$
$y=ax^2-4$에 $x=2$, $y=0$을 대입하면
$0=a\times2^2-4$, $4a=4$
$a=1$
$y=x^2-4$에 $x=4$, $y=k$를 대입하면
$k=4^2-4=12$

답 ③

11
꼭짓점의 좌표가 $(-2, -3)$이므로 구하는 이차함수의 식은 $y=a(x+2)^2-3$
$y=a(x+2)^2-3$에 $x=-3$, $y=1$을 대입하면
$1=a\times(-3+2)^2-3$, $a=4$
$x=0$을 대입하면 $y=4\times(0+2)^2-3=13$
따라서 구하는 점의 좌표는 $(0, 13)$

답 ③

12
$y=-\frac{1}{2}x^2+ax+b$
$=-\frac{1}{2}(x^2-2ax+a^2-a^2)+b$
$=-\frac{1}{2}(x-a)^2+\frac{1}{2}a^2+b$
축의 방정식이 $x=a$이므로 $a=-4$
$y=-\frac{1}{2}(x+4)^2+8+b$에 $x=-2$, $y=7$을 대입하면
$7=-\frac{1}{2}\times(-2+4)^2+8+b$, $b=1$
$y=-\frac{1}{2}(x+4)^2+9$에 $x=0$을 대입하면 $y=1$

답 ⑤

13
축의 방정식이 $x=2$이므로 구하는 이차함수의 식은
$y=a(x-2)^2+q$
$y=a(x-2)^2+q$에 두 점의 좌표를 각각 대입하면
$2=4a+q$ ······ ㉠
$-4=a+q$ ······ ㉡
㉠, ㉡을 연립하여 풀면 $a=2$, $q=-6$
따라서 구하는 이차함수의 식은 $y=2(x-2)^2-6$

답 ④

14
$y=ax^2+bx+c$에 세 점의 좌표를 각각 대입하면
$3=c$ ······ ㉠
$-4=a-b+c$ ······ ㉡
$5=4a+2b+c$ ······ ㉢
㉠, ㉡, ㉢을 연립하여 풀면 $a=-2$, $b=5$, $c=3$
따라서 $a+b+c=-2+5+3=6$

답 ②

15 $y=-3x^2+ax+b$에 두 점 $(0, 2)$, $(1, 7)$의 좌표를 각
각 대입하면

$2=b$ ...... ㉠

$7=-3+a+b$ ...... ㉡

㉠, ㉡을 연립하여 풀면 $a=8$, $b=2$

$y=-3x^2+8x+2$에 $x=3$, $y=k$를 대입하면

$k=-3\times3^2+8\times3+2=-1$

答 ⑤

16 축의 방정식이 $x=3$이고 x축과 만나는 두 점 사이의 거리
가 8이므로 두 점의 좌표는 $(-1, 0)$, $(7, 0)$

$y=(x+1)(x-7)=x^2-6x-7$

따라서 $a=-6$, $b=-7$이므로

$a+b=-6+(-7)=-13$

答 ③

17 x축과 두 점 $(-6, 0)$, $(4, 0)$에서 만나므로 구하는 이차
함수의 식은

$y=a(x+6)(x-4)$

$y=a(x+6)(x-4)$에 $x=0$, $y=-12$를 대입하면

$-12=a\times(0+6)\times(0-4)$, $a=\dfrac{1}{2}$

$y=\dfrac{1}{2}(x+6)(x-4)$

$=\dfrac{1}{2}(x^2+2x-24)$

$=\dfrac{1}{2}(x^2+2x+1-1)-12=\dfrac{1}{2}(x+1)^2-\dfrac{25}{2}$

따라서 구하는 꼭짓점의 y좌표는 $-\dfrac{25}{2}$

答 ①

18 $y=-2x^2-12x-10$

$=-2(x^2+6x+9-9)-10=-2(x+3)^2+8$

꼭짓점의 좌표는 $(-3, 8)$이므로 $a=-3$, $b=8$

축의 방정식은 $x=-3$이므로 $c=-3$

따라서 $a+b+c=-3+8+(-3)=2$

答 2

19 $y=x^2+8x-3$

$=(x^2+8x+16-16)-3$

$=(x+4)^2-19$

꼭짓점의 좌표는 $(-4, -19)$

x축의 방향으로 k만큼 평행이동하면 꼭짓점의 좌표는
$(-4+k, -19)$

평행이동한 그래프의 축의 방정식은 $x=-4+k$이고, 아
래로 볼록하므로 x의 값이 증가할 때 y의 값은 감소하는

구간이 $x<-4+k$

따라서 $-4+k=5$이므로 $k=9$

答 9

20 $y=x^2-2x-15$

$=(x^2-2x+1-1)-15=(x-1)^2-16$

$A(1, -16)$

$y=0$을 대입하면 $x^2-2x-15=0$

$(x+3)(x-5)=0$, $x=-3$ 또는 $x=5$

$B(-3, 0)$, $C(5, 0)$ 또는 $B(5, 0)$, $C(-3, 0)$

따라서 $\triangle ABC$의 넓이는

$\dfrac{1}{2}\times\{5-(-3)\}\times16=64$

答 64

21 축의 방정식이 $x=-3$이므로 구하는 이차함수의 식은

$y=a(x+3)^2+q$

$y=a(x+3)^2+q$에 두 점 $(0, 2)$, $(1, -5)$의 좌표를 각
각 대입하면

$2=9a+q$ ...... ㉠

$-5=16a+q$ ...... ㉡

㉠, ㉡을 연립하여 풀면 $a=-1$, $q=11$

$y=-(x+3)^2+11=-x^2-6x+2$

따라서 $a=-1$, $b=-6$, $c=2$이므로

$a-b-c=-1-(-6)-2=3$

答 3

22 x축과 만나는 두 점의 x좌표가 각각 -4, 2이므로 구하는
이차함수의 식은

$y=a(x+4)(x-2)$

이차함수 $y=-\dfrac{1}{2}x^2$의 그래프와 모양이 같으므로

$a=-\dfrac{1}{2}$

$y=-\dfrac{1}{2}(x+4)(x-2)=-\dfrac{1}{2}(x^2+2x-8)$

$=-\dfrac{1}{2}(x^2+2x+1-1)+4$

$=-\dfrac{1}{2}(x+1)^2+\dfrac{9}{2}$

따라서 구하는 꼭짓점의 좌표는 $\left(-1, \dfrac{9}{2}\right)$

答 $\left(-1, \dfrac{9}{2}\right)$

23 $y=2x^2-12x+14$

$=2(x^2-6x+9-9)+14=2(x-3)^2-4$

꼭짓점의 좌표는 $(3, -4)$ ・・・ 1단계

x축의 방향으로 2만큼, y축의 방향으로 3만큼 평행이동하면 꼭짓점의 좌표는
$(3+2,\ -4+3)=(5,\ -1)$
평행이동한 그래프의 식은 $y=2(x-5)^2-1$　…　2단계
$y=2(x-5)^2-1$에 $x=4$, $y=m$을 대입하면
$m=2\times(4-5)^2-1=1$　…　3단계

답 1

단계	채점 기준	비율
1단계	$y=2x^2-12x+14$의 꼭짓점의 좌표를 구한 경우	40 %
2단계	평행이동한 그래프의 식을 구한 경우	40 %
3단계	m의 값을 구한 경우	20 %

24 $y=0$을 대입하면 $-\dfrac{1}{2}x^2+\dfrac{3}{2}x+5=0$
$x^2-3x-10=0$, $(x+2)(x-5)=0$
$x=-2$ 또는 $x=5$
$\mathrm{B}(-2,\ 0)$, $\mathrm{C}(5,\ 0)$　…　1단계
$x=0$을 대입하면 $y=5$이므로 $\mathrm{A}(0,\ 5)$　…　2단계
따라서 $\triangle\mathrm{ABC}$의 넓이는
$\dfrac{1}{2}\times\{5-(-2)\}\times5=\dfrac{35}{2}$　…　3단계

답 $\dfrac{35}{2}$

단계	채점 기준	비율
1단계	두 점 B, C의 좌표를 구한 경우	50 %
2단계	점 A의 좌표를 구한 경우	30 %
3단계	$\triangle\mathrm{ABC}$의 넓이를 구한 경우	20 %

25 꼭짓점의 좌표가 $(-2,\ -6)$이므로 구하는 이차함수의 식은 $y=a(x+2)^2-6$　…　1단계
$y=a(x+2)^2-6$에 $x=1$, $y=3$을 대입하면
$3=a\times(1+2)^2-6$, $9a=9$
$a=1$
$y=(x+2)^2-6=x^2+4x-2$
$b=4$, $c=-2$　…　2단계
따라서 $a+b-c=1+4-(-2)=7$　…　3단계

답 7

단계	채점 기준	비율
1단계	이차함수의 식을 $y=a(x+2)^2-6$으로 놓은 경우	30 %
2단계	a, b, c의 값을 각각 구한 경우	50 %
3단계	$a+b-c$의 값을 구한 경우	20 %

중단원 서술형 대비

Ⅰ. 실수와 그 연산

Ⅰ-1 제곱근과 실수　　본문 36~39쪽

01 풀이 참조　　**02** 풀이 참조　　**03** 풀이 참조
04 풀이 참조　　**05** 풀이 참조　　**06** 0　　**07** $\sqrt{29}$ cm
08 3　　**09** 2　　**10** 40　　**11** 5　　**12** $2-\sqrt{13}$
13 1609　　**14** 정수 부분 1, 소수 부분 $5-\sqrt{21}$
15 A: $-\sqrt{7}$, B: $-2+\sqrt{2}$, C: $2-\sqrt{3}$, $-\sqrt{7}<-2+\sqrt{2}<2-\sqrt{3}$
16 $b<a<c$　　　**17** $-a+b$　　**18** 5　　**19** 4
20 A′: 1, B′: $1+\sqrt{10}$　　　**21** 7개　　**22** 75

01 $(-\sqrt{64})^2=64$의 양의 제곱근은 $\boxed{8}$이므로
$a=\boxed{8}$　…　1단계
$\sqrt{(-16)^2}=16$의 음의 제곱근은 $\boxed{-4}$이므로
$b=\boxed{-4}$　…　2단계
따라서 $\dfrac{a}{b}=\dfrac{8}{-4}=\boxed{-2}$　…　3단계

답 풀이 참조

단계	채점 기준	비율
1단계	a의 값을 구한 경우	40 %
2단계	b의 값을 구한 경우	40 %
3단계	$\dfrac{a}{b}$의 값을 구한 경우	20 %

02 $a>0$이므로 $-a<0$, $2a>0$, $-3a<0$　…　1단계
$\sqrt{(-a)^2}=-(-a)=\boxed{a}$
$\sqrt{4a^2}=\sqrt{(2a)^2}=\boxed{2a}$
$\sqrt{(-3a)^2}=-(-3a)=\boxed{3a}$　…　2단계
따라서 $\sqrt{(-a)^2}+\sqrt{4a^2}-\sqrt{(-3a)^2}=a+2a-3a=\boxed{0}$
　…　3단계

답 풀이 참조

단계	채점 기준	비율
1단계	$-a$, $2a$, $-3a$의 부호를 구한 경우	20 %
2단계	$\sqrt{(-a)^2}$, $\sqrt{4a^2}$, $\sqrt{(-3a)^2}$을 간단히 한 경우	60 %
3단계	주어진 식을 간단히 한 경우	20 %

03 $2<\sqrt{2x}<4$에서 $4<2x<\boxed{16}$
$\boxed{2}<x<\boxed{8}$　…　1단계

이를 만족시키는 자연수 x는 $\boxed{3,\ 4,\ 5,\ 6,\ 7}$이다.
따라서 자연수 x의 개수는 $\boxed{5}$개이다. ··· **2단계**

답 풀이 참조

단계	채점 기준	비율
1단계	x의 값의 범위를 구한 경우	60 %
2단계	자연수 x의 개수를 구한 경우	40 %

04 $\sqrt{25}<\sqrt{29}<\sqrt{36}$에서 $5<\sqrt{29}<6$
$\sqrt{29}$의 정수 부분은 $\boxed{5}$이므로 $a=\boxed{5}$ ··· **1단계**
$\sqrt{4}<\sqrt{5}<\sqrt{9}$에서 $2<\sqrt{5}<3$
$4<2+\sqrt{5}<5$
$2+\sqrt{5}$의 정수 부분은 $\boxed{4}$이므로 $b=\boxed{4}$ ··· **2단계**
따라서 $a-b=\boxed{1}$ ··· **3단계**

답 풀이 참조

단계	채점 기준	비율
1단계	a의 값을 구한 경우	40 %
2단계	b의 값을 구한 경우	40 %
3단계	$a-b$의 값을 구한 경우	20 %

05 덕훈이가 한 말 중 '모든 수의 제곱근은 항상 2개'라는 말이 잘못되었다. ··· **1단계**
그 이유는 0의 제곱근은 0이므로 1개이고, 제곱해서 음수가 되는 수는 없으므로 음수의 제곱근은 없기 때문이다. ··· **2단계**
따라서 바르게 고치면 '양수의 제곱근은 2개, 0의 제곱근은 1개, 음수의 제곱근은 없다.'이다. ··· **3단계**

답 풀이 참조

단계	채점 기준	비율
1단계	잘못된 부분을 찾은 경우	30 %
2단계	그 이유를 서술한 경우	30 %
3단계	바르게 고쳐 서술한 경우	40 %

06 $\sqrt{\dfrac{16}{81}}=\dfrac{4}{9}$의 양의 제곱근은 $\dfrac{2}{3}$이므로
$a=\dfrac{2}{3}$ ··· **1단계**
$\{\sqrt{(-3)^2}\}^2=3^2=9$의 음의 제곱근은 -3이므로
$b=-3$ ··· **2단계**
제곱근 4는 $\sqrt{4}=2$이므로
$c=2$ ··· **3단계**
따라서 $ab+c=\dfrac{2}{3}\times(-3)+2=-2+2=0$ ··· **4단계**

답 0

단계	채점 기준	비율
1단계	a의 값을 구한 경우	30 %
2단계	b의 값을 구한 경우	30 %
3단계	c의 값을 구한 경우	30 %
4단계	$ab+c$의 값을 구한 경우	10 %

07 한 변의 길이가 각각 2 cm, 3 cm, 4 cm인 정사각형의 넓이는 4 cm², 9 cm², 16 cm²이므로 세 종이의 넓이의 합은
$4+9+16=29\ (\mathrm{cm}^2)$ ··· **1단계**
새로운 정사각형 모양의 종이의 넓이는 29 cm²이므로 한 변의 길이는 $\sqrt{29}$ cm이다. ··· **2단계**

답 $\sqrt{29}$ cm

단계	채점 기준	비율
1단계	세 종이의 넓이의 합을 구한 경우	50 %
2단계	새로운 정사각형 모양의 종이의 한 변의 길이를 구한 경우	50 %

08 $a=\sqrt{169}-\sqrt{(-4)^2}\times(-\sqrt{2})^2$
$=13-4\times2=13-8=5$ ··· **1단계**
$b=\sqrt{(-12)^2}\times\sqrt{\dfrac{1}{9}}=12\times\dfrac{1}{3}=4$ ··· **2단계**
따라서 $\sqrt{a+b}=\sqrt{5+4}=\sqrt{9}=3$ ··· **3단계**

답 3

단계	채점 기준	비율
1단계	a의 값을 구한 경우	40 %
2단계	b의 값을 구한 경우	40 %
3단계	$\sqrt{a+b}$의 값을 구한 경우	20 %

09 $5<a<7$이므로 $5-a<0$, $7-a>0$ ··· **1단계**
$\sqrt{(5-a)^2}+\sqrt{(7-a)^2}=-(5-a)+(7-a)$ ··· **2단계**
$=-5+a+7-a$
$=2$ ··· **3단계**

답 2

단계	채점 기준	비율
1단계	$5-a$, $7-a$의 부호를 구한 경우	20 %
2단계	$\sqrt{(5-a)^2}$, $\sqrt{(7-a)^2}$을 간단히 한 경우	60 %
3단계	주어진 식을 간단히 한 경우	20 %

10 $160x=2^5\times5\times x$이므로 $\sqrt{160x}$가 자연수가 되려면 $x=2\times5\times$(자연수)² 꼴이어야 한다.
따라서 가장 작은 자연수 x의 값은
$a=2\times5=10$ ··· **1단계**

$\dfrac{120}{y}=\dfrac{2^3\times3\times5}{y}$ 이므로 $\sqrt{\dfrac{120}{y}}$ 이 자연수가 되는 가장

작은 자연수 y의 값은

$b=2\times3\times5=30$ ··· **2단계**

따라서 $a+b=10+30=40$ ··· **3단계**

답 40

단계	채점 기준	비율
1단계	a의 값을 구한 경우	40 %
2단계	b의 값을 구한 경우	40 %
3단계	$a+b$의 값을 구한 경우	20 %

11 $\dfrac{7}{4}<\sqrt{x+2}<\dfrac{7}{3}$ 에서

$\dfrac{49}{16}<x+2<\dfrac{49}{9}$

$\dfrac{17}{16}<x<\dfrac{31}{9}$ ··· **1단계**

이를 만족시키는 자연수 x는 2, 3이므로 ··· **2단계**

모든 자연수 x의 값의 합은 $2+3=5$ ··· **3단계**

답 5

단계	채점 기준	비율
1단계	x의 값의 범위를 구한 경우	50 %
2단계	자연수 x의 값을 구한 경우	30 %
3단계	자연수 x의 값의 합을 구한 경우	20 %

12 피타고라스 정리에 의하여

$\overline{CA}=\sqrt{\overline{BC}^2+\overline{AB}^2}=\sqrt{2^2+3^2}=\sqrt{13}$ ··· **1단계**

점 C에 대응하는 수는 2이고 $\overline{CP}=\overline{CA}=\sqrt{13}$ 이므로 점 P
에 대응하는 수는 $2-\sqrt{13}$ 이다. ··· **2단계**

답 $2-\sqrt{13}$

단계	채점 기준	비율
1단계	$\overline{CA}$의 길이를 구한 경우	40 %
2단계	점 P에 대응하는 수를 구한 경우	60 %

13 $\sqrt{4.16}=2.040$ 이므로 $a=2.040$ ··· **1단계**

$\sqrt{4.31}=2.076$ 이므로 $b=4.31$ ··· **2단계**

따라서 $1000a-100b=2040-431=1609$ ··· **3단계**

답 1609

단계	채점 기준	비율
1단계	a의 값을 구한 경우	40 %
2단계	b의 값을 구한 경우	40 %
3단계	$1000a-100b$의 값을 구한 경우	20 %

14 $\sqrt{16}<\sqrt{21}<\sqrt{25}$ 에서 $4<\sqrt{21}<5$

$-5<-\sqrt{21}<-4$, $1<6-\sqrt{21}<2$

따라서 $6-\sqrt{21}$ 의 정수 부분은 1이고 ··· **1단계**

소수 부분은 $(6-\sqrt{21})-1=5-\sqrt{21}$ ··· **2단계**

답 정수 부분 1, 소수 부분 $5-\sqrt{21}$

단계	채점 기준	비율
1단계	정수 부분을 구한 경우	60 %
2단계	소수 부분을 구한 경우	40 %

15 $1<\sqrt{2}<2$, $-1<-2+\sqrt{2}<0$ 이므로 $-2+\sqrt{2}$ 에 대응하
는 점은 B이다. ··· **1단계**

$1<\sqrt{3}<2$, $-2<-\sqrt{3}<-1$, $0<2-\sqrt{3}<1$ 이므로
$2-\sqrt{3}$ 에 대응하는 점은 C이다. ··· **2단계**

$2<\sqrt{7}<3$, $-3<-\sqrt{7}<-2$ 이므로 $-\sqrt{7}$ 에 대응하는 점
은 A이다. ··· **3단계**

따라서 세 수의 대소 관계는

$-\sqrt{7}<-2+\sqrt{2}<2-\sqrt{3}$ ··· **4단계**

답 A: $-\sqrt{7}$, B: $-2+\sqrt{2}$, C: $2-\sqrt{3}$
$-\sqrt{7}<-2+\sqrt{2}<2-\sqrt{3}$

단계	채점 기준	비율
1단계	$-2+\sqrt{2}$에 대응하는 점을 구한 경우	30 %
2단계	$2-\sqrt{3}$에 대응하는 점을 구한 경우	30 %
3단계	$-\sqrt{7}$에 대응하는 점을 구한 경우	30 %
4단계	세 수의 대소 관계를 부등호로 나타낸 경우	10 %

16 $a-b=(3+\sqrt{7})-(\sqrt{6}+\sqrt{7})=3-\sqrt{6}>0$

이므로 $a>b$ ··· **1단계**

$a-c=(3+\sqrt{7})-(3+\sqrt{8})=\sqrt{7}-\sqrt{8}<0$

이므로 $a<c$ ··· **2단계**

따라서 $b<a<c$ ··· **3단계**

답 $b<a<c$

단계	채점 기준	비율
1단계	a, b의 대소 관계를 구한 경우	40 %
2단계	a, c의 대소 관계를 구한 경우	40 %
3단계	a, b, c의 대소 관계를 구한 경우	20 %

17 $ab>0$ 이므로 a, b의 부호는 같고 $a+b<0$ 이므로
$a<0$, $b<0$

또 $|a|>|b|$ 이므로 $a<b$ ··· **1단계**

$\sqrt{a^2}+\sqrt{(-b)^2}+\sqrt{(a-b)^2}-\sqrt{(a+b)^2}$

$=(-a)+(-b)+\{-(a-b)\}-\{-(a+b)\}$ ··· **2단계**

$$=-a-b-a+b+a+b$$
$$=-a+b \qquad \cdots \text{3단계}$$

답 $-a+b$

단계	채점 기준	비율
1단계	a, b의 부호 및 대소 관계를 구한 경우	40 %
2단계	$\sqrt{a^2}$, $\sqrt{(-b)^2}$, $\sqrt{(a-b)^2}$, $\sqrt{(a+b)^2}$을 간단히 한 경우	40 %
3단계	주어진 식을 간단히 한 경우	20 %

18 $16-x$가 6 이하의 자연수의 제곱이어야 하므로

$16-x=1^2$일 때, $x=15$

$16-x=2^2$일 때, $x=12$

$16-x=3^2$일 때, $x=7$

$16-x=4^2$일 때, $x=0$

$16-x=5^2$일 때, $x=-9$

$16-x=6^2$일 때, $x=-20$ $\qquad \cdots \text{1단계}$

따라서 모든 정수 x의 값의 합은

$15+12+7+0+(-9)+(-20)=5 \qquad \cdots \text{2단계}$

답 5

단계	채점 기준	비율
1단계	$\sqrt{16-x}$가 6 이하의 자연수가 되도록 하는 정수 x의 값을 구한 경우	60 %
2단계	정수 x의 값의 합을 구한 경우	40 %

19 $\sqrt{\dfrac{225}{16}}<\sqrt{4x}+\sqrt{4}<\sqrt{36}$에서

$\dfrac{15}{4}<\sqrt{4x}+2<6$

$\dfrac{7}{4}<\sqrt{4x}<4$, $\dfrac{49}{16}<4x<16$

$\dfrac{49}{64}<x<4 \qquad \cdots \text{1단계}$

이를 만족시키는 자연수 x는 1, 2, 3이다. $\qquad \cdots \text{2단계}$

따라서 $a=3$, $b=1$이므로

$a+b=3+1=4 \qquad \cdots \text{3단계}$

답 4

단계	채점 기준	비율
1단계	x의 값의 범위를 구한 경우	50 %
2단계	자연수 x의 값을 구한 경우	30 %
3단계	$a+b$의 값을 구한 경우	20 %

20 피타고라스 정리에 의하여

$\overline{AB}=\sqrt{\overline{AC}^2+\overline{BC}^2}$

$\quad =\sqrt{3^2+1^2}=\sqrt{10} \qquad \cdots \text{1단계}$

$\overline{AC}=3$이고 C(-2)이므로 △ABC가 회전을 시작한 후 꼭짓점 A가 수직선과 처음으로 만나는 점 A$'$에 대응하는 수는 $-2+3=1$이다. $\qquad \cdots \text{2단계}$

$\overline{AB}=\sqrt{10}$이고 A$'(1)$이므로 △ABC가 회전을 시작한 후 꼭짓점 B가 수직선과 처음으로 만나는 점 B$'$에 대응하는 수는 $1+\sqrt{10}$이다. $\qquad \cdots \text{3단계}$

답 A$'$: 1, B$'$: $1+\sqrt{10}$

단계	채점 기준	비율
1단계	$\overline{AB}$의 길이를 구한 경우	20 %
2단계	점 A$'$에 대응하는 수를 구한 경우	40 %
3단계	점 B$'$에 대응하는 수를 구한 경우	40 %

21 $1<\sqrt{3}<2$이므로 $-2<\sqrt{3}-3<-1 \qquad \cdots \text{1단계}$

$3<\sqrt{10}<4$이므로 $5<2+\sqrt{10}<6 \qquad \cdots \text{2단계}$

따라서 $\sqrt{3}-3$과 $2+\sqrt{10}$ 사이에 있는 정수는

-1, 0, 1, $\cdots$, 5이므로 7개이다. $\qquad \cdots \text{3단계}$

답 7개

단계	채점 기준	비율
1단계	$\sqrt{3}-3$의 크기를 구한 경우	40 %
2단계	$2+\sqrt{10}$의 크기를 구한 경우	40 %
3단계	두 수 사이에 있는 정수의 개수를 구한 경우	20 %

22 $1 \le x \le 3$일 때, $f(x)=1$

$4 \le x \le 8$일 때, $f(x)=2$

$9 \le x \le 15$일 때, $f(x)=3$

$16 \le x \le 24$일 때, $f(x)=4$

$x=25$일 때, $f(x)=5 \qquad \cdots \text{1단계}$

$f(1)+f(2)+\cdots+f(25)$

$=(1\times3)+(2\times5)+(3\times7)+(4\times9)+5$

$=3+10+21+36+5=75 \qquad \cdots \text{2단계}$

답 75

단계	채점 기준	비율
1단계	x의 값에 따라 $f(x)$의 값을 구한 경우	60 %
2단계	주어진 식의 값을 구한 경우	40 %

근호를 포함한 식의 계산 본문 40~43쪽

01 풀이 참조   02 풀이 참조   03 풀이 참조
04 풀이 참조   05 $4\sqrt{2}$ 06 $3\sqrt{10}$ 07 13

08 $\dfrac{\sqrt{8}}{4}<\dfrac{\sqrt{6}}{3}<\dfrac{\sqrt{3}}{2}$ 09 $\dfrac{3}{10}$ 10 $\dfrac{1}{4}$

11 $a=28.83,\ b=0.0849$ 12 6   13 -1

14 $26-10\sqrt{7}$ 15 $4\sqrt{2}-\sqrt{3}<2\sqrt{2}+\sqrt{3}<\sqrt{2}+2\sqrt{3}$

16 18   17 $\dfrac{abc}{2}$ 18 $2\sqrt{6}$ cm   19 74.92

20 $\sqrt{3}$ 21 10   22 $7\sqrt{5}$

---

01 $\sqrt{128}=\sqrt{8^2\times2}=8\sqrt{2}$이므로 $a=8$ ··· **1단계**

$\sqrt{52}=\sqrt{2^2\times\boxed{13}}=2\sqrt{\boxed{13}}$이므로 $b=2$ ··· **2단계**

$\sqrt{a}+\sqrt{b}=\sqrt{8}+\sqrt{2}=\boxed{2}\sqrt{2}+\sqrt{2}=\boxed{3}\sqrt{2}$ ··· **3단계**
답 풀이 참조

단계	채점 기준	비율
1단계	a의 값을 구한 경우	30 %
2단계	b의 값을 구한 경우	30 %
3단계	$\sqrt{a}+\sqrt{b}$의 값을 구한 경우	40 %

02 $\dfrac{5}{\sqrt{10}}=\dfrac{5\times\sqrt{10}}{\sqrt{10}\times\sqrt{10}}=\dfrac{5\sqrt{10}}{10}=\dfrac{\sqrt{10}}{2}$이므로

$a=\boxed{\dfrac{1}{2}}$ ··· **1단계**

$\dfrac{\sqrt{2}}{\sqrt{3}}=\dfrac{\sqrt{2}\times\sqrt{\boxed{3}}}{\sqrt{3}\times\sqrt{\boxed{3}}}=\dfrac{\sqrt{6}}{3}$이므로 $b=\boxed{\dfrac{1}{3}}$ ··· **2단계**

따라서 $a+b=\dfrac{1}{2}+\dfrac{1}{3}=\boxed{\dfrac{5}{6}}$ ··· **3단계**
답 풀이 참조

단계	채점 기준	비율
1단계	a의 값을 구한 경우	40 %
2단계	b의 값을 구한 경우	40 %
3단계	$a+b$의 값을 구한 경우	20 %

03 $A=2\sqrt{5}+4\sqrt{5}-3\sqrt{5}=(2+4-\boxed{3})\sqrt{5}=\boxed{3}\sqrt{5}$
··· **1단계**

$B=4\sqrt{3}-3\sqrt{3}+6\sqrt{3}=(4-3+\boxed{6})\sqrt{3}=\boxed{7}\sqrt{3}$
··· **2단계**

따라서 $AB=\boxed{3}\sqrt{5}\times\boxed{7}\sqrt{3}=\boxed{21}\sqrt{15}$ ··· **3단계**
답 풀이 참조

단계	채점 기준	비율
1단계	A를 간단히 한 경우	30 %
2단계	B를 간단히 한 경우	30 %
3단계	AB의 값을 구한 경우	40 %

04 $(2\sqrt{2}-2)-(2-\sqrt{2})=\boxed{3}\sqrt{2}-4$

$=\sqrt{\boxed{18}}-\sqrt{16}>0$

이므로 $2\sqrt{2}-2>2-\sqrt{2}$ ··· **1단계**

$(2-\sqrt{2})-(3-2\sqrt{2})=\boxed{-1}+\sqrt{2}$

$=-\sqrt{1}+\sqrt{2}>0$

이므로 $2-\sqrt{2}>3-2\sqrt{2}$ ··· **2단계**

따라서 $\boxed{3-2\sqrt{2}}<\boxed{2-\sqrt{2}}<\boxed{2\sqrt{2}-2}$ ··· **3단계**
답 풀이 참조

단계	채점 기준	비율
1단계	$2\sqrt{2}-2,\ 2-\sqrt{2}$의 대소를 비교한 경우	40 %
2단계	$2-\sqrt{2},\ 3-2\sqrt{2}$의 대소를 비교한 경우	40 %
3단계	세 수의 대소 관계를 부등호를 사용하여 나타낸 경우	20 %

05 $\sqrt{\dfrac{21}{2}}\times\sqrt{\dfrac{4}{7}}=\sqrt{\dfrac{21}{2}\times\dfrac{4}{7}}=\sqrt{6}$이므로

$a=6$ ··· **1단계**

$\sqrt{\dfrac{27}{4}}\div\sqrt{\dfrac{3}{8}}=\sqrt{\dfrac{27}{4}\times\dfrac{8}{3}}=\sqrt{18}=3\sqrt{2}$이므로

$b=3$ ··· **2단계**

따라서 $\sqrt{ab}+\sqrt{\dfrac{a}{b}}=\sqrt{18}+\sqrt{2}=3\sqrt{2}+\sqrt{2}=4\sqrt{2}$
··· **3단계**
답 $4\sqrt{2}$

단계	채점 기준	비율
1단계	a의 값을 구한 경우	30 %
2단계	b의 값을 구한 경우	30 %
3단계	$\sqrt{ab}+\sqrt{\dfrac{a}{b}}$의 값을 구한 경우	40 %

06 (직사각형의 넓이)$=3\sqrt{6}\times2\sqrt{5}=6\sqrt{30}$ ··· **1단계**
삼각형의 높이를 x라고 하면

$\dfrac{1}{2}\times4\sqrt{3}\times x=6\sqrt{30}$ ··· **2단계**

$2\sqrt{3}\times x=6\sqrt{30}$

$x=6\sqrt{30}\div2\sqrt{3}=3\sqrt{10}$ ··· **3단계**
답 $3\sqrt{10}$

단계	채점 기준	비율
1단계	직사각형의 넓이를 구한 경우	30 %
2단계	삼각형의 넓이에 관한 식을 세운 경우	30 %
3단계	삼각형의 높이를 구한 경우	40 %

07 $\sqrt{50}=\sqrt{5^2\times 2}=5\sqrt{2}$이므로 $a=2$ ··· 1단계

$\sqrt{\dfrac{147}{16}}=\dfrac{\sqrt{7^2\times 3}}{\sqrt{4^2}}=\dfrac{7\sqrt{3}}{4}$이므로

$b=4,\ c=7$ ··· 2단계

따라서 $a+b+c=2+4+7=13$ ··· 3단계

답 13

단계	채점 기준	비율
1단계	a의 값을 구한 경우	30 %
2단계	b, c의 값을 각각 구한 경우	60 %
3단계	$a+b+c$의 값을 구한 경우	10 %

08 $\dfrac{\sqrt{6}}{3}=\dfrac{\sqrt{6}}{\sqrt{3^2}}=\sqrt{\dfrac{6}{9}}=\sqrt{\dfrac{2}{3}}$

$\dfrac{\sqrt{3}}{2}=\dfrac{\sqrt{3}}{\sqrt{2^2}}=\sqrt{\dfrac{3}{4}}$

$\dfrac{\sqrt{8}}{4}=\dfrac{\sqrt{8}}{\sqrt{4^2}}=\sqrt{\dfrac{8}{16}}=\sqrt{\dfrac{1}{2}}$ ··· 1단계

$\dfrac{2}{3}=\dfrac{8}{12},\ \dfrac{3}{4}=\dfrac{9}{12},\ \dfrac{1}{2}=\dfrac{6}{12}$에서

$\dfrac{1}{2}<\dfrac{2}{3}<\dfrac{3}{4}$이므로 ··· 2단계

$\dfrac{\sqrt{8}}{4}<\dfrac{\sqrt{6}}{3}<\dfrac{\sqrt{3}}{2}$ ··· 3단계

답 $\dfrac{\sqrt{8}}{4}<\dfrac{\sqrt{6}}{3}<\dfrac{\sqrt{3}}{2}$

단계	채점 기준	비율
1단계	제곱근을 정리한 경우	60 %
2단계	근호 안의 수의 대소를 비교한 경우	20 %
3단계	세 수의 대소 관계를 부등호를 사용하여 나타낸 경우	20 %

09 $\sqrt{1.25}=\sqrt{\dfrac{125}{100}}=\dfrac{\sqrt{5^2\times 5}}{\sqrt{10^2}}=\dfrac{5\sqrt{5}}{10}$

$=\dfrac{\sqrt{5}}{2}=\dfrac{a}{2}$ ··· 1단계

$\sqrt{0.2}=\sqrt{\dfrac{1}{5}}=\dfrac{1}{\sqrt{5}}=\dfrac{\sqrt{5}}{5}=\dfrac{a}{5}$ ··· 2단계

따라서 $\sqrt{1.25}-\sqrt{0.2}=\dfrac{a}{2}-\dfrac{a}{5}=\dfrac{3a}{10}$이므로 ··· 3단계

$k=\dfrac{3}{10}$ ··· 4단계

답 $\dfrac{3}{10}$

단계	채점 기준	비율
1단계	$\sqrt{1.25}$를 a를 이용하여 나타낸 경우	30 %
2단계	$\sqrt{0.2}$를 a를 이용하여 나타낸 경우	30 %
3단계	$\sqrt{1.25}-\sqrt{0.2}$를 a를 이용하여 나타낸 경우	20 %
4단계	k의 값을 구한 경우	20 %

10 $\dfrac{5}{\sqrt{18}}=\dfrac{5\times\sqrt{2}}{3\sqrt{2}\times\sqrt{2}}=\dfrac{5\sqrt{2}}{6}$이므로 $a=\dfrac{5}{6}$ ··· 1단계

$\dfrac{7}{\sqrt{48}}=\dfrac{7\times\sqrt{3}}{4\sqrt{3}\times\sqrt{3}}=\dfrac{7\sqrt{3}}{12}$이므로 $b=\dfrac{7}{12}$ ··· 2단계

따라서 $a-b=\dfrac{5}{6}-\dfrac{7}{12}=\dfrac{3}{12}=\dfrac{1}{4}$ ··· 3단계

답 $\dfrac{1}{4}$

단계	채점 기준	비율
1단계	a의 값을 구한 경우	40 %
2단계	b의 값을 구한 경우	40 %
3단계	$a-b$의 값을 구한 경우	20 %

11 $\sqrt{831}=\sqrt{10^2\times 8.31}=10\sqrt{8.31}$ ··· 1단계

$=10\times 2.883=28.83$

이므로 $a=28.83$ ··· 2단계

$0.2914=\dfrac{1}{10}\times 2.914=\dfrac{1}{10}\times\sqrt{8.49}$ ··· 3단계

$=\sqrt{\left(\dfrac{1}{10}\right)^2\times 8.49}$

$=\sqrt{0.0849}$

이므로 $b=0.0849$ ··· 4단계

답 $a=28.83,\ b=0.0849$

단계	채점 기준	비율
1단계	근호 안의 수를 제곱근표에 나오는 값으로 변형한 경우	30 %
2단계	a의 값을 구한 경우	20 %
3단계	주어진 값을 제곱근표에서 찾아 적용한 경우	30 %
4단계	b의 값을 구한 경우	20 %

12 $\sqrt{75}+\sqrt{63}-\sqrt{48}+\dfrac{14}{\sqrt{7}}$

$=5\sqrt{3}+3\sqrt{7}-4\sqrt{3}+2\sqrt{7}$ ··· 1단계

$=\sqrt{3}+5\sqrt{7}$ ··· 2단계

따라서 $a=1$, $b=5$이므로
$a+b=6$ $\cdots$ **3단계**

답 6

단계	채점 기준	비율
1단계	근호를 변형, 분모의 유리화를 한 경우	40 %
2단계	제곱근의 덧셈, 뺄셈을 한 경우	40 %
3단계	$a+b$의 값을 구한 경우	20 %

13 $\sqrt{2}(3\sqrt{5}-4)-(3+\sqrt{5})\div\sqrt{2}+\sqrt{8}$

$=3\sqrt{10}-4\sqrt{2}-\dfrac{3\sqrt{2}+\sqrt{10}}{2}+2\sqrt{2}$ $\cdots$ **1단계**

$=-\dfrac{7\sqrt{2}}{2}+\dfrac{5\sqrt{10}}{2}$ $\cdots$ **2단계**

따라서 $a=-\dfrac{7}{2}$, $b=\dfrac{5}{2}$이므로

$a+b=-\dfrac{7}{2}+\dfrac{5}{2}=-1$ $\cdots$ **3단계**

답 -1

단계	채점 기준	비율
1단계	분배법칙을 사용, 근호를 변형, 분모의 유리화를 한 경우	40 %
2단계	제곱근의 덧셈, 뺄셈을 한 경우	40 %
3단계	$a+b$의 값을 구한 경우	20 %

14 $5<\sqrt{28}<6$, $2<\sqrt{28}-3<3$에서

$\sqrt{28}-3$의 정수 부분은 2이므로 $a=2$ $\cdots$ **1단계**

소수 부분은 $(\sqrt{28}-3)-2=\sqrt{28}-5=2\sqrt{7}-5$이므로

$b=2\sqrt{7}-5$ $\cdots$ **2단계**

$2<\sqrt{7}<3$, $6<4+\sqrt{7}<7$에서

$4+\sqrt{7}$의 정수 부분은 6이므로 $c=6$ $\cdots$ **3단계**

소수 부분은 $(4+\sqrt{7})-6=\sqrt{7}-2$이므로

$d=\sqrt{7}-2$ $\cdots$ **4단계**

따라서

$ad-bc=2\times(\sqrt{7}-2)-(2\sqrt{7}-5)\times6$

$=2\sqrt{7}-4-12\sqrt{7}+30$

$=26-10\sqrt{7}$ $\cdots$ **5단계**

답 $26-10\sqrt{7}$

단계	채점 기준	비율
1단계	a의 값을 구한 경우	20 %
2단계	b의 값을 구한 경우	10 %
3단계	c의 값을 구한 경우	20 %
4단계	d의 값을 구한 경우	10 %
5단계	$ad-bc$의 값을 구한 경우	40 %

15 $(2\sqrt{2}+\sqrt{3})-(\sqrt{2}+2\sqrt{3})=\sqrt{2}-\sqrt{3}<0$이므로

$2\sqrt{2}+\sqrt{3}<\sqrt{2}+2\sqrt{3}$ $\cdots$ **1단계**

$(2\sqrt{2}+\sqrt{3})-(4\sqrt{2}-\sqrt{3})=-2\sqrt{2}+2\sqrt{3}$

$=-\sqrt{8}+\sqrt{12}>0$

이므로 $2\sqrt{2}+\sqrt{3}>4\sqrt{2}-\sqrt{3}$ $\cdots$ **2단계**

따라서 $4\sqrt{2}-\sqrt{3}<2\sqrt{2}+\sqrt{3}<\sqrt{2}+2\sqrt{3}$ $\cdots$ **3단계**

답 $4\sqrt{2}-\sqrt{3}<2\sqrt{2}+\sqrt{3}<\sqrt{2}+2\sqrt{3}$

단계	채점 기준	비율
1단계	$2\sqrt{2}+\sqrt{3}$, $\sqrt{2}+2\sqrt{3}$의 대소를 비교한 경우	40 %
2단계	$2\sqrt{2}+\sqrt{3}$, $4\sqrt{2}-\sqrt{3}$의 대소를 비교한 경우	40 %
3단계	세 수의 대소 관계를 부등호를 사용하여 나타낸 경우	20 %

16 $4<\sqrt{19}<5$이므로 $-5<-\sqrt{19}<-4$

$-3<2-\sqrt{19}<-2$ $\cdots$ **1단계**

$6<2+\sqrt{19}<7$ $\cdots$ **2단계**

두 수 $2-\sqrt{19}$와 $2+\sqrt{19}$ 사이에 있는 정수는

-2, -1, $\cdots$, 5, 6이므로 $\cdots$ **3단계**

모든 정수의 합은 18이다. $\cdots$ **4단계**

답 18

단계	채점 기준	비율
1단계	$2-\sqrt{19}$의 크기를 구한 경우	30 %
2단계	$2+\sqrt{19}$의 크기를 구한 경우	30 %
3단계	두 수 사이에 있는 정수를 구한 경우	20 %
4단계	정수의 합을 구한 경우	20 %

17 $\sqrt{1.68}=\sqrt{\dfrac{168}{100}}=\dfrac{\sqrt{2^3\times3\times7}}{\sqrt{10^2}}=\dfrac{2\sqrt{2\times3\times7}}{10}$

$=\dfrac{\sqrt{2}\times\sqrt{3}\times\sqrt{7}}{5}$

$=\dfrac{abc}{5}$ $\cdots$ **1단계**

$\sqrt{3.78}=\sqrt{\dfrac{378}{100}}=\dfrac{\sqrt{2\times3^3\times7}}{\sqrt{10^2}}=\dfrac{3\sqrt{2\times3\times7}}{10}$

$=\dfrac{3\times\sqrt{2}\times\sqrt{3}\times\sqrt{7}}{10}$

$=\dfrac{3abc}{10}$ $\cdots$ **2단계**

따라서 $\sqrt{1.68}+\sqrt{3.78}=\dfrac{abc}{5}+\dfrac{3abc}{10}=\dfrac{5abc}{10}=\dfrac{abc}{2}$

$\cdots$ **3단계**

답 $\dfrac{abc}{2}$

단계	채점 기준	비율
1단계	$\sqrt{1.68}$을 a, b, c를 이용하여 나타낸 경우	40 %
2단계	$\sqrt{3.78}$을 a, b, c를 이용하여 나타낸 경우	40 %
3단계	$\sqrt{1.68}+\sqrt{3.78}$을 a, b, c를 이용하여 나타낸 경우	20 %

18 직육면체의 높이를 x cm라고 하면
$4\sqrt{3}\times5\sqrt{2}\times x=240$ $\quad\cdots$ 1단계
$x=240\times\dfrac{1}{4\sqrt{3}}\times\dfrac{1}{5\sqrt{2}}$
$=\dfrac{12}{\sqrt{6}}=\dfrac{12\sqrt{6}}{6}$
$=2\sqrt{6}$
따라서 직육면체의 높이는 $2\sqrt{6}$ cm이다. $\quad\cdots$ 2단계
🖪 $2\sqrt{6}$ cm

단계	채점 기준	비율
1단계	직육면체의 부피를 구하는 식을 세운 경우	30 %
2단계	직육면체의 높이를 구한 경우	70 %

19 $\sqrt{324}=\sqrt{10^2\times3.24}=10\sqrt{3.24}$
$=10\times1.8=18$ $\quad\cdots$ 1단계
$\sqrt{3240}=\sqrt{10^2\times32.4}=10\sqrt{32.4}$
$=10\times5.692=56.92$ $\quad\cdots$ 2단계
따라서 $\sqrt{324}+\sqrt{3240}=18+56.92=74.92$ $\cdots$ 3단계
🖪 74.92

단계	채점 기준	비율
1단계	$\sqrt{324}$의 값을 구한 경우	40 %
2단계	$\sqrt{3240}$의 값을 구한 경우	40 %
3단계	$\sqrt{324}+\sqrt{3240}$의 값을 구한 경우	20 %

20 $a=\dfrac{3+\sqrt{3}}{\sqrt{6}}=\dfrac{3\sqrt{6}+3\sqrt{2}}{6}$ $\quad\cdots$ 1단계
$b=\dfrac{3-\sqrt{3}}{\sqrt{6}}=\dfrac{3\sqrt{6}-3\sqrt{2}}{6}$ $\quad\cdots$ 2단계
$a+b=\dfrac{3\sqrt{6}+3\sqrt{2}}{6}+\dfrac{3\sqrt{6}-3\sqrt{2}}{6}=\sqrt{6}$ $\cdots$ 3단계
$a-b=\dfrac{3\sqrt{6}+3\sqrt{2}}{6}-\dfrac{3\sqrt{6}-3\sqrt{2}}{6}=\sqrt{2}$ $\cdots$ 4단계
따라서 $\dfrac{a+b}{a-b}=\dfrac{\sqrt{6}}{\sqrt{2}}=\sqrt{3}$ $\quad\cdots$ 5단계
🖪 $\sqrt{3}$

단계	채점 기준	비율
1단계	a의 분모를 유리화한 경우	20 %
2단계	b의 분모를 유리화한 경우	20 %
3단계	$a+b$의 값을 구한 경우	20 %
4단계	$a-b$의 값을 구한 경우	20 %
5단계	$\dfrac{a+b}{a-b}$의 값을 구한 경우	20 %

21 $\sqrt{45}-\dfrac{10a}{\sqrt{5}}+3\left(\sqrt{5}+\dfrac{a}{2}\right)+\dfrac{5}{2}$
$=3\sqrt{5}-2a\sqrt{5}+3\sqrt{5}+\dfrac{3}{2}a+\dfrac{5}{2}$
$=(6-2a)\sqrt{5}+\dfrac{3}{2}a+\dfrac{5}{2}$ $\quad\cdots$ 1단계
이므로 유리수가 되려면
$6-2a=0$, $a=3$ $\quad\cdots$ 2단계
이때 식의 값은 $\dfrac{3}{2}\times3+\dfrac{5}{2}=7$이므로
$b=7$ $\quad\cdots$ 3단계
따라서 $a+b=3+7=10$ $\quad\cdots$ 4단계
🖪 10

단계	채점 기준	비율
1단계	식을 정리한 경우	40 %
2단계	a의 값을 구한 경우	20 %
3단계	b의 값을 구한 경우	20 %
4단계	$a+b$의 값을 구한 경우	20 %

22 $a=\sqrt{32}+\dfrac{15}{\sqrt{5}}=4\sqrt{2}+3\sqrt{5}$ $\quad\cdots$ 1단계
$b=\dfrac{\sqrt{40}-4}{\sqrt{2}}=\dfrac{4\sqrt{5}-4\sqrt{2}}{2}=2\sqrt{5}-2\sqrt{2}$ $\cdots$ 2단계
따라서
$a+2b=(4\sqrt{2}+3\sqrt{5})+2(2\sqrt{5}-2\sqrt{2})$
$=4\sqrt{2}+3\sqrt{5}+4\sqrt{5}-4\sqrt{2}$
$=7\sqrt{5}$ $\quad\cdots$ 3단계
🖪 $7\sqrt{5}$

단계	채점 기준	비율
1단계	a를 간단히 한 경우	35 %
2단계	b를 간단히 한 경우	35 %
3단계	$a+2b$의 값을 구한 경우	30 %

Ⅱ. 다항식의 곱셈과 인수분해

본문 44~47쪽

Ⅱ-1 다항식의 곱셈과 곱셈공식

01 풀이 참조	**02** 풀이 참조	**03** 풀이 참조
04 풀이 참조	**05** 22	**06** $\frac{2}{3}$ **07** 56 **08** -23
09 18	**10** 20	**11** -2 **12** 10 **13** 9 **14** 13
15 31	**16** 7	**17** 15 **18** $10x^2-41x+21$ **19** 9
20 -7	**21** 42	**22** 14

01 xy항은 $5x \times (-y) + Ay \times x = (-5+A)xy$

xy의 계수는 $-5+A$이므로 $-5+A=\boxed{-3}$

$A=\boxed{2}$ ・・・ **1단계**

y항은 $2y \times B + (-3) \times (-y) = (2B+3)y$

y의 계수는 $2B+3$이므로 $2B+3=\boxed{11}$, $2B=\boxed{8}$

$B=\boxed{4}$ ・・・ **2단계**

따라서 $A+B=2+\boxed{4}=\boxed{6}$ ・・・ **3단계**

📖 풀이 참조

단계	채점 기준	비율
1단계	A의 값을 구한 경우	40 %
2단계	B의 값을 구한 경우	40 %
3단계	$A+B$의 값을 구한 경우	20 %

02 $(5x+A)^2=25x^2+10Ax+A^2$ ・・・ **1단계**

$B=10A$, $A^2=\boxed{16}$

$A=\pm\boxed{4}$

$A>0$이므로 $A=\boxed{4}$

$B=10 \times \boxed{4}=\boxed{40}$ ・・・ **2단계**

따라서 $A+B=4+\boxed{40}=\boxed{44}$ ・・・ **3단계**

📖 풀이 참조

단계	채점 기준	비율
1단계	$(5x+A)^2$의 전개식을 구한 경우	30 %
2단계	A, B의 값을 각각 구한 경우	50 %
3단계	$A+B$의 값을 구한 경우	20 %

03 $(x+4)(x+A)=x^2+(4+A)x+4A$ ・・・ **1단계**

$B=4+A$, $4A=\boxed{-24}$

$A=\boxed{-6}$

$B=4+(\boxed{-6})=\boxed{-2}$ ・・・ **2단계**

따라서 $A+B=-6+(\boxed{-2})=\boxed{-8}$ ・・・ **3단계**

📖 풀이 참조

단계	채점 기준	비율
1단계	$(x+4)(x+A)$의 전개식을 구한 경우	30 %
2단계	A, B의 값을 각각 구한 경우	50 %
3단계	$A+B$의 값을 구한 경우	20 %

04 $x+y=(\sqrt{6}+2)+(\sqrt{6}-2)=\boxed{2\sqrt{6}}$ ・・・ **1단계**

$xy=(\sqrt{6}+2)(\sqrt{6}-2)=6-4=\boxed{2}$ ・・・ **2단계**

$\dfrac{y}{x}+\dfrac{x}{y}=\dfrac{y^2+x^2}{xy}=\dfrac{(x+y)^2-2xy}{xy}$

$=\dfrac{(2\sqrt{6})^2-2\times\boxed{2}}{\boxed{2}}$

$=\dfrac{24-\boxed{4}}{\boxed{2}}=\boxed{10}$ ・・・ **3단계**

📖 풀이 참조

단계	채점 기준	비율
1단계	$x+y$의 값을 구한 경우	20 %
2단계	xy의 값을 구한 경우	20 %
3단계	$\dfrac{y}{x}+\dfrac{x}{y}$의 값을 구한 경우	60 %

05 xy항은 $3x \times (-y) + Ay \times 2x = (-3+2A)xy$

xy의 계수는 $-3+2A$이므로 $-3+2A=7$

$2A=10$, $A=5$ ・・・ **1단계**

$(3x+5y-2)(2x-y+B)$에서

x항은 $3x \times B + (-2) \times 2x = (3B-4)x$

x의 계수는 $3B-4$이므로 $3B-4=8$

$3B=12$, $B=4$ ・・・ **2단계**

$(3x+5y-2)(2x-y+4)$에서

y항은 $5y \times 4 + (-2) \times (-y) = 22y$

따라서 구하는 y의 계수는 22 ・・・ **3단계**

📖 22

단계	채점 기준	비율
1단계	A의 값을 구한 경우	40 %
2단계	B의 값을 구한 경우	40 %
3단계	y의 계수를 구한 경우	20 %

06 $\left(Ax+\dfrac{1}{3}y\right)^2=A^2x^2+\dfrac{2}{3}Axy+\dfrac{1}{9}y^2$ ・・・ **1단계**

$B=A^2$, $\dfrac{2}{3}A=1$

$A=\dfrac{3}{2}$, $B=\left(\dfrac{3}{2}\right)^2=\dfrac{9}{4}$ ・・・ **2단계**

따라서 $A \div B = \dfrac{3}{2} \div \dfrac{9}{4} = \dfrac{3}{2} \times \dfrac{4}{9} = \dfrac{2}{3}$ · · · 3단계

답 $\dfrac{2}{3}$

단계	채점 기준	비율
1단계	$\left(Ax + \dfrac{1}{3}y\right)^2$을 전개한 경우	40 %
2단계	A, B의 값을 각각 구한 경우	40 %
3단계	$A \div B$의 값을 구한 경우	20 %

07 $(x+A)^2 = x^2 + 2Ax + A^2$ · · · 1단계
$2A = -16$, $B = A^2$
$A = -8$, $B = (-8)^2 = 64$ · · · 2단계
따라서 $A + B = (-8) + 64 = 56$ · · · 3단계

답 56

단계	채점 기준	비율
1단계	$(x+A)^2$을 전개한 경우	40 %
2단계	A, B의 값을 각각 구한 경우	40 %
3단계	$A + B$의 값을 구한 경우	20 %

08 $(6x+y)(y-4x)$
$= (6x+y)(-4x+y)$
$= -24x^2 + 2xy + y^2$ · · · 1단계
$A = -24$, $B = 2$, $C = 1$ · · · 2단계
따라서 $A + B - C = (-24) + 2 - 1 = -23$ · · · 3단계

답 -23

단계	채점 기준	비율
1단계	$(6x+y)(y-4x)$를 전개한 경우	60 %
2단계	A, B, C의 값을 각각 구한 경우	20 %
3단계	$A + B - C$의 값을 구한 경우	20 %

09 $(3x-y)(3x+y) - 2(-2x+3y)(-2x-3y)$
$= 9x^2 - y^2 - 2(4x^2 - 9y^2)$
$= x^2 + 17y^2$ · · · 1단계
x^2의 계수는 1이므로 $a = 1$
y^2의 계수는 17이므로 $b = 17$ · · · 2단계
따라서 $a + b = 1 + 17 = 18$ · · · 3단계

답 18

단계	채점 기준	비율
1단계	주어진 식을 전개하여 간단히 한 경우	60 %
2단계	a, b의 값을 각각 구한 경우	20 %
3단계	$a + b$의 값을 구한 경우	20 %

10 $(x-a)(x-8) = x^2 + (-a-8)x + 8a$ · · · 1단계
$-b = -a-8$, $8a = 16$
$a = 2$, $b = a + 8 = 2 + 8 = 10$ · · · 2단계
따라서 $ab = 2 \times 10 = 20$ · · · 3단계

답 20

단계	채점 기준	비율
1단계	$(x-a)(x-8)$을 전개한 경우	40 %
2단계	a, b의 값을 각각 구한 경우	40 %
3단계	ab의 값을 구한 경우	20 %

11 $(ax+7)(2x+b) = 2ax^2 + (ab+14)x + 7b$ · · · 1단계
$2a = 8$, $c = ab + 14$, $7b = -28$
$a = 4$, $b = -4$, $c = 4 \times (-4) + 14 = -2$ · · · 2단계
따라서 $a + b + c = 4 + (-4) + (-2) = -2$ · · · 3단계

답 -2

단계	채점 기준	비율
1단계	$(ax+7)(2x+b)$를 전개한 경우	40 %
2단계	a, b, c의 값을 각각 구한 경우	40 %
3단계	$a + b + c$의 값을 구한 경우	20 %

12 $(5x-4)(3x+5) + 2(2x-3)^2$
$= 15x^2 + 13x - 20 + 2(4x^2 - 12x + 9)$
$= 23x^2 - 11x - 2$ · · · 1단계
$A = 23$, $B = -11$, $C = -2$ · · · 2단계
따라서 $A + B + C = 23 + (-11) + (-2)$
$= 10$ · · · 3단계

답 10

단계	채점 기준	비율
1단계	주어진 식을 전개하여 간단히 한 경우	60 %
2단계	A, B, C의 값을 각각 구한 경우	20 %
3단계	$A + B + C$의 값을 구한 경우	20 %

13 $6x^2 + mx - 30 = (2x-5)(3x+n)$
$(2x-5)(3x+n) = 6x^2 + (2n-15)x - 5n$ · · · 1단계
$m = 2n - 15$, $-5n = -30$
$n = 6$, $m = 2 \times 6 - 15 = -3$ · · · 2단계
따라서 $n - m = 6 - (-3) = 9$ · · · 3단계

답 9

단계	채점 기준	비율
1단계	$(2x-5)(3x+n)$을 전개한 경우	40 %
2단계	m, n의 값을 각각 구한 경우	40 %
3단계	$n - m$의 값을 구한 경우	20 %

14 $(6+4\sqrt{2})(a-2\sqrt{2})$
$=6a-12\sqrt{2}+4a\sqrt{2}-16$
$=(6a-16)+(-12+4a)\sqrt{2}$ · · · 1단계
$6a-16=14,\ b=-12+4a$
$6a=30,\ a=5$
$b=-12+4\times5=8$ · · · 2단계
따라서 $a+b=5+8=13$ · · · 3단계

답 13

단계	채점 기준	비율
1단계	$(6+4\sqrt{2})(a-2\sqrt{2})$를 전개하여 간단히 한 경우	40 %
2단계	$a,\ b$의 값을 각각 구한 경우	40 %
3단계	$a+b$의 값을 구한 경우	20 %

15 $x+y=(\sqrt{7}+2)+(\sqrt{7}-2)=2\sqrt{7}$ · · · 1단계
$xy=(\sqrt{7}+2)(\sqrt{7}-2)=7-4=3$ · · · 2단계
$x^2+y^2+3xy=(x+y)^2+xy$
$\qquad\qquad\quad=(2\sqrt{7})^2+3=28+3$
$\qquad\qquad\quad=31$ · · · 3단계

답 31

단계	채점 기준	비율
1단계	$x+y$의 값을 구한 경우	30 %
2단계	xy의 값을 구한 경우	30 %
3단계	x^2+y^2+3xy의 값을 구한 경우	40 %

16 $3<\sqrt{11}<4$이므로 $-4<-\sqrt{11}<-3$
$2<6-\sqrt{11}<3$
$6-\sqrt{11}$의 정수 부분은 2이므로 소수 부분은
$a=6-\sqrt{11}-2=4-\sqrt{11}$ · · · 1단계
$a-4=-\sqrt{11},\ (a-4)^2=(-\sqrt{11})^2$
$a^2-8a+16=11,\ a^2-8a=-5$ · · · 2단계
따라서 $a^2-8a+12=-5+12=7$ · · · 3단계

답 7

단계	채점 기준	비율
1단계	a의 값을 구한 경우	40 %
2단계	a^2-8a의 값을 구한 경우	40 %
3단계	$a^2-8a+12$의 값을 구한 경우	20 %

17 $5(6+1)(6^2+1)(6^4+1)(6^8+1)$
$=(6-1)(6+1)(6^2+1)(6^4+1)(6^8+1)$ · · · 1단계
$=(6^2-1)(6^2+1)(6^4+1)(6^8+1)$
$=(6^4-1)(6^4+1)(6^8+1)$

$=(6^8-1)(6^8+1)$
$=6^{16}-1$
$a=16,\ b=1$ · · · 2단계
따라서 $a-b=16-1=15$ · · · 3단계

답 15

단계	채점 기준	비율
1단계	5를 $6-1$로 나타낸 경우	30 %
2단계	$a,\ b$의 값을 각각 구한 경우	50 %
3단계	$a-b$의 값을 구한 경우	20 %

18 $(2x+a)(3x-5)=6x^2-31x+35$
$(2x+a)(3x-5)$
$=6x^2+(-10+3a)x-5a$ · · · 1단계
$-10+3a=-31,\ -5a=35$
$a=-7$ · · · 2단계
따라서 바르게 전개한 식은
$(2x-7)(5x-3)=10x^2-41x+21$ · · · 3단계

답 $10x^2-41x+21$

단계	채점 기준	비율
1단계	$(2x+a)(3x-5)$를 전개한 경우	40 %
2단계	a의 값을 구한 경우	30 %
3단계	바르게 전개한 식을 구한 경우	30 %

19 새로 만들어지는 직사각형의 가로의 길이는
$(x+y)+3y=x+4y$
세로의 길이는
$3x-(x-y)=2x+y$ · · · 1단계
그 넓이는
$(x+4y)(2x+y)=2x^2+9xy+4y^2$ · · · 2단계
따라서 구하는 xy의 계수는 9 · · · 3단계

답 9

단계	채점 기준	비율
1단계	새로 만들어지는 직사각형의 가로와 세로의 길이를 각각 구한 경우	40 %
2단계	새로 만들어지는 직사각형의 넓이를 구한 경우	40 %
3단계	xy의 계수를 구한 경우	20 %

20 $(x+1)(x+2)(x-3)(x-4)$
$=(x+1)(x-3)(x+2)(x-4)$
$=(x^2-2x-3)(x^2-2x-8)$ · · · 1단계
$x^2-2x=A$로 놓으면
(주어진 식)$=(A-3)(A-8)$
$\qquad\qquad\quad=A^2-11A+24$

A 대신에 x^2-2x를 대입하면
(주어진 식)
$=(x^2-2x)^2-11\times(x^2-2x)+24$
$=x^4-4x^3+4x^2-11x^2+22x+24$
$=x^4-4x^3-7x^2+22x+24$ ··· **2단계**
따라서 구하는 x^2의 계수는 -7 ··· **3단계**

답 -7

단계	채점 기준	비율
1단계	주어진 식을 $(x^2-2x-3)(x^2-2x-8)$로 나타낸 경우	30 %
2단계	주어진 식을 전개한 식을 구한 경우	60 %
3단계	x^2의 계수를 구한 경우	10 %

21 $(x+3)(y+3)=25$에서
$xy+3(x+y)+9=25$
$xy=-3(x+y)+16$
$\quad=-3\times6+16$
$\quad=-2$
$x^2-xy+y^2=(x+y)^2-3xy$
$\qquad=6^2-3\times(-2)$
$\qquad=36+6$
$\qquad=42$ ··· **2단계**

답 42

단계	채점 기준	비율
1단계	xy의 값을 구한 경우	40 %
2단계	x^2-xy+y^2의 값을 구한 경우	60 %

22 $x^2-4x+\dfrac{4}{x}+\dfrac{1}{x^2}$

$=x^2+\dfrac{1}{x^2}-4\left(x-\dfrac{1}{x}\right)$ ··· **1단계**

$=\left(x-\dfrac{1}{x}\right)^2+2-4\left(x-\dfrac{1}{x}\right)$ ··· **2단계**

$=6^2+2-4\times6$
$=36+2-24=14$ ··· **3단계**

답 14

단계	채점 기준	비율
1단계	주어진 식을 $x^2+\dfrac{1}{x^2}-4\left(x-\dfrac{1}{x}\right)$로 나타낸 경우	40 %
2단계	주어진 식을 $\left(x-\dfrac{1}{x}\right)^2+2-4\left(x-\dfrac{1}{x}\right)$로 나타낸 경우	40 %
3단계	주어진 식의 값을 구한 경우	20 %

Ⅱ-2 인수분해

본문 48~51쪽

01 풀이 참조	**02** 풀이 참조	**03** 풀이 참조
04 풀이 참조	**05** $3x+11$	**06** 6
07 $-2a+2$	**08** $2x+6$	**09** 30 **10** 9
11 -21 **12** 6	**13** $10x-4$	**14** $4x+4$
15 2 **16** $16\sqrt{5}$ **17** 7 **18** 8		**19** -49 **20** 18
21 44	**22** $(x+8)(x-3)$	

01 $(x+2)(x-5)-4(x-5)$
$=(x+2-4)(x-\boxed{5})$
$=(x-2)(x-\boxed{5})$ ··· **1단계**
따라서 두 일차식의 합은
$(x-2)+(x-\boxed{5})=2x-\boxed{7}$ ··· **2단계**

답 풀이 참조

단계	채점 기준	비율
1단계	주어진 식을 인수분해한 경우	60 %
2단계	두 일차식의 합을 구한 경우	40 %

02 $(x-B)^2=x^2-2Bx+B^2$ ··· **1단계**
$-2B=-14,\ A=B^2$
$B=7,\ A=\boxed{7}^2=\boxed{49}$ ··· **2단계**
따라서 $A+B=\boxed{49}+7=\boxed{56}$ ··· **3단계**

답 풀이 참조

단계	채점 기준	비율
1단계	$(x-B)^2$의 전개한 식을 구한 경우	40 %
2단계	A, B의 값을 각각 구한 경우	40 %
3단계	$A+B$의 값을 구한 경우	20 %

03 $-20x^2+45y^2=-5(4x^2-\boxed{9}y^2)$
$\qquad\qquad=-5(2x+3y)(2x-3y)$ ··· **1단계**
$a=-5,\ b=2,\ c=\boxed{3}$ ··· **2단계**
따라서 $a+b+c=-5+2+\boxed{3}=\boxed{0}$ ··· **3단계**

답 풀이 참조

단계	채점 기준	비율
1단계	주어진 식을 인수분해한 경우	40 %
2단계	a, b, c의 값을 각각 구한 경우	40 %
3단계	$a+b+c$의 값을 구한 경우	20 %

04 $(x+3)(x+b)=x^2+(3+b)x+3b$ ··· **1단계**
$a=3+b,\ 3b=-27$

$b = -9$, $a = 3 + (\boxed{-9}) = \boxed{-6}$ $\quad\cdots$ **2단계**

따라서 $a - b = -6 - (\boxed{-9}) = \boxed{3}$ $\quad\cdots$ **3단계**

답 풀이 참조

단계	채점 기준	비율
1단계	$(x+3)(x+b)$를 전개한 경우	40 %
2단계	a, b의 값을 각각 구한 경우	40 %
3단계	$a-b$의 값을 구한 경우	20 %

05 $(x+8)(x-2)+(x-2)(x+5)$

$\qquad = (x-2)(x+8+x+5)$

$\qquad = (x-2)(2x+13)$ $\quad\cdots$ **1단계**

따라서 두 일차식의 합은

$(x-2)+(2x+13)=3x+11$ $\quad\cdots$ **2단계**

답 $3x+11$

단계	채점 기준	비율
1단계	주어진 식을 인수분해한 경우	60 %
2단계	두 일차식의 합을 구한 경우	40 %

06 $(x-6)(x-8)+k-5$

$\qquad = x^2-14x+43+k$ $\quad\cdots$ **1단계**

$\qquad = x^2-2\times x\times 7+7^2$ $\quad\cdots$ **2단계**

$43+k=7^2=49$

따라서 $k=6$ $\quad\cdots$ **3단계**

답 6

단계	채점 기준	비율
1단계	주어진 식을 전개하여 간단히 한 경우	40 %
2단계	완전제곱식이 되는 형태로 만든 경우	40 %
3단계	k의 값을 구한 경우	20 %

07 $a-5<0$이므로

$\sqrt{a^2-10a+25}=\sqrt{(a-5)^2}=-(a-5)$ $\quad\cdots$ **1단계**

$a+3>0$이므로

$\sqrt{a^2+6a+9}=\sqrt{(a+3)^2}=a+3$ $\quad\cdots$ **2단계**

따라서

$\sqrt{a^2-10a+25}-\sqrt{a^2+6a+9}=-(a-5)-(a+3)$

$\qquad\qquad\qquad\qquad\qquad\qquad = -2a+2$ $\quad\cdots$ **3단계**

답 $-2a+2$

단계	채점 기준	비율
1단계	$\sqrt{a^2-10a+25}$를 간단히 한 경우	40 %
2단계	$\sqrt{a^2+6a+9}$를 간단히 한 경우	40 %
3단계	$\sqrt{a^2-10a+25}-\sqrt{a^2+6a+9}$를 간단히 한 경우	20 %

08 $(x-2)(x+8)+24=x^2+6x-16+24$

$\qquad\qquad\qquad\qquad = x^2+6x+8$ $\quad\cdots$ **1단계**

$\qquad\qquad\qquad\qquad = (x+2)(x+4)$ $\quad\cdots$ **2단계**

따라서 두 일차식의 합은

$(x+2)+(x+4)=2x+6$ $\quad\cdots$ **3단계**

답 $2x+6$

단계	채점 기준	비율
1단계	주어진 식을 전개하여 간단히 한 경우	40 %
2단계	주어진 식을 인수분해한 경우	40 %
3단계	두 일차식의 합을 구한 경우	20 %

09 $(x+By)(x-4y)$

$\qquad = x^2+(-4+B)xy-4By^2$ $\quad\cdots$ **1단계**

$-4+B=2$, $-A=-4B$

$B=6$, $A=4B=4\times 6=24$ $\quad\cdots$ **2단계**

따라서 $A+B=24+6=30$ $\quad\cdots$ **3단계**

답 30

단계	채점 기준	비율
1단계	$(x+By)(x-4y)$를 전개한 경우	30 %
2단계	A, B의 값을 각각 구한 경우	50 %
3단계	$A+B$의 값을 구한 경우	20 %

10 $(2x-b)(x-4)=2x^2+(-8-b)x+4b$ $\quad\cdots$ **1단계**

$a=2$, $-8-b=-15$, $4b=28$

$b=7$ $\quad\cdots$ **2단계**

따라서 $a+b=2+7=9$ $\quad\cdots$ **3단계**

답 9

단계	채점 기준	비율
1단계	$(2x-b)(x-4)$를 전개한 경우	30 %
2단계	a, b의 값을 각각 구한 경우	50 %
3단계	$a+b$의 값을 구한 경우	20 %

11 $(bx-5)(2x+c)=2bx^2+(bc-10)x-5c$ $\quad\cdots$ **1단계**

$2b=8$, $a=bc-10$, $-5c=15$

$b=4$, $c=-3$, $a=4\times(-3)-10=-22$ $\quad\cdots$ **2단계**

따라서 $a+b+c=-22+4+(-3)=-21$ $\quad\cdots$ **3단계**

답 -21

단계	채점 기준	비율
1단계	$(bx-5)(2x+c)$를 전개한 경우	30 %
2단계	a, b, c의 값을 각각 구한 경우	50 %
3단계	$a+b+c$의 값을 구한 경우	20 %

12 $x^2+ax+24=(x-2)(x+m)$이라고 하면
$(x-2)(x+m)=x^2+(-2+m)x-2m$
$a=-2+m$, $-2m=24$
$m=-12$, $a=-2+(-12)=-14$ · · · **1단계**
$x^2+8x+b=(x-2)(x+n)$이라고 하면
$(x-2)(x+n)=x^2+(-2+n)x-2n$
$-2+n=8$, $b=-2n$
$n=10$, $b=-2×10=-20$ · · · **2단계**
따라서 $a-b=-14-(-20)=6$ · · · **3단계**
🅐 6

단계	채점 기준	비율
1단계	a의 값을 구한 경우	40 %
2단계	b의 값을 구한 경우	40 %
3단계	$a-b$의 값을 구한 경우	20 %

13 $4x^2+7x-15$

$$\begin{array}{ccc} x & \quad 3 & \to \quad 12x \\ 4x & \quad -5 & \to \quad \dfrac{-5x}{7x} \end{array}(+$$

$4x^2+7x-15=(x+3)(4x-5)$
이므로 직사각형의 세로의 길이는 $4x-5$ · · · **1단계**
따라서 구하는 직사각형의 둘레의 길이는
$2×\{(x+3)+(4x-5)\}=10x-4$ · · · **2단계**
🅐 $10x-4$

단계	채점 기준	비율
1단계	세로의 길이를 구한 경우	60 %
2단계	직사각형의 둘레의 길이를 구한 경우	40 %

14 $2x+5=A$로 놓으면
$A^2-6A+8=(A-2)(A-4)$ · · · **1단계**
A 대신에 $2x+5$를 대입하면
(주어진 식)$=(2x+3)(2x+1)$ · · · **2단계**
따라서 두 일차식의 합은
$(2x+3)+(2x+1)=4x+4$ · · · **3단계**
🅐 $4x+4$

단계	채점 기준	비율
1단계	$2x+5$를 한 문자로 놓고 인수분해한 경우	40 %
2단계	주어진 식을 인수분해한 경우	40 %
3단계	두 일차식의 합을 구한 경우	20 %

15 $x^2-4xy+4y^2-16$
$=(x-2y)^2-16$
$=(x-2y+4)(x-2y-4)$ · · · **1단계**

$a=-2$, $b=4$ · · · **2단계**
따라서 $a+b=-2+4=2$ · · · **3단계**
🅐 2

단계	채점 기준	비율
1단계	주어진 식을 인수분해한 경우	60 %
2단계	a, b의 값을 각각 구한 경우	20 %
3단계	$a+b$의 값을 구한 경우	20 %

16 $x=\dfrac{1}{\sqrt{5}-2}=\dfrac{1×(\sqrt{5}+2)}{(\sqrt{5}-2)(\sqrt{5}+2)}$
$=\dfrac{\sqrt{5}+2}{5-4}=\sqrt{5}+2$
$y=\dfrac{1}{\sqrt{5}+2}=\dfrac{1×(\sqrt{5}-2)}{(\sqrt{5}+2)(\sqrt{5}-2)}$
$=\dfrac{\sqrt{5}-2}{5-4}=\sqrt{5}-2$ · · · **1단계**
$xy=(\sqrt{5}+2)(\sqrt{5}-2)=5-4=1$
$x+y=(\sqrt{5}+2)+(\sqrt{5}-2)=2\sqrt{5}$
$x-y=(\sqrt{5}+2)-(\sqrt{5}-2)=4$ · · · **2단계**
$2x^3y-2xy^3=2xy(x^2-y^2)$
$=2xy(x+y)(x-y)$
$=2×1×2\sqrt{5}×4=16\sqrt{5}$ · · · **3단계**
🅐 $16\sqrt{5}$

단계	채점 기준	비율
1단계	x, y의 분모를 각각 유리화한 경우	30 %
2단계	xy, $x+y$, $x-y$의 값을 각각 구한 경우	30 %
3단계	주어진 식의 값을 구한 경우	40 %

17 $Ax^2-20x+25$
$=(\sqrt{A}x)^2-2×\sqrt{A}x×5+5^2$
$-2\sqrt{A}×5=-20$, $\sqrt{A}=2$, $A=4$ · · · **1단계**
$4x^2+Bx+\dfrac{9}{16}$
$=(2x)^2±2×2x×\dfrac{3}{4}+\left(\dfrac{3}{4}\right)^2$
$B=±2×2×\dfrac{3}{4}=±3$
$B>0$이므로 $B=3$ · · · **2단계**
따라서 $A+B=4+3=7$ · · · **3단계**
🅐 7

단계	채점 기준	비율
1단계	A의 값을 구한 경우	40 %
2단계	B의 값을 구한 경우	40 %
3단계	$A+B$의 값을 구한 경우	20 %

18 $2^{32}-1$
$=(2^{16}-1)(2^{16}+1)$
$=(2^8-1)(2^8+1)(2^{16}+1)$
$=(2^4-1)(2^4+1)(2^8+1)(2^{16}+1)$
$=(2^2-1)(2^2+1)(2^4+1)(2^8+1)(2^{16}+1)$
$=(2-1)(2+1)(2^2+1)(2^4+1)(2^8+1)(2^{16}+1)$

$\cdots$ **1단계**

$2^{32}-1$의 약수 중에서 2보다 크고 10보다 작은 수는
$2+1$, 2^2+1 $\cdots$ **2단계**
따라서 구하는 두 자연수의 합은
$(2+1)+(2^2+1)=3+5=8$ $\cdots$ **3단계**

답 8

단계	채점 기준	비율
1단계	주어진 수를 인수분해를 이용하여 수들의 곱으로 나타낸 경우	40 %
2단계	$2^{32}-1$의 약수 중에서 2보다 크고 10보다 작은 수를 구한 경우	40 %
3단계	두 자연수의 합을 구한 경우	20 %

19 $(x+a)(x+b)=x^2+(a+b)x+ab$
$k=a+b$, $ab=6$
(a, b)가 될 수 있는 정수의 순서쌍은
$(-1, -6)$, $(-2, -3)$, $(-3, -2)$, $(-6, -1)$,
$(1, 6)$, $(2, 3)$, $(3, 2)$, $(6, 1)$ $\cdots$ **1단계**
k의 값이 될 수 있는 것은 -7, -5, 7, 5
$M=7$, $m=-7$ $\cdots$ **2단계**
따라서 $Mm=7\times(-7)=-49$ $\cdots$ **3단계**

답 -49

단계	채점 기준	비율
1단계	(a, b)가 될 수 있는 정수의 순서쌍을 모두 구한 경우	40 %
2단계	M, m의 값을 각각 구한 경우	40 %
3단계	Mm의 값을 구한 경우	20 %

20 $4<3\sqrt{2}=\sqrt{18}<5$
$3\sqrt{2}$의 정수 부분은 4이므로
소수 부분 $a=3\sqrt{2}-4$ $\cdots$ **1단계**
$(a+7)^2-6(a+7)+9$에서 $a+7=A$로 놓으면
$A^2-6A+9=(A-3)^2$
A 대신에 $a+7$을 대입하면
(주어진 식)$=(a+7-3)^2=(a+4)^2$ $\cdots$ **2단계**
따라서 구하는 식의 값은
$(3\sqrt{2}-4+4)^2=(3\sqrt{2})^2=18$ $\cdots$ **3단계**

답 18

단계	채점 기준	비율
1단계	a의 값을 구한 경우	40 %
2단계	주어진 식을 인수분해한 경우	40 %
3단계	주어진 식의 값을 구한 경우	20 %

21 $x=\dfrac{1}{3-\sqrt{7}}=\dfrac{1\times(3+\sqrt{7})}{(3-\sqrt{7})(3+\sqrt{7})}$
$=\dfrac{3+\sqrt{7}}{9-7}=\dfrac{3+\sqrt{7}}{2}$
$y=\dfrac{1}{3+\sqrt{7}}=\dfrac{1\times(3-\sqrt{7})}{(3+\sqrt{7})(3-\sqrt{7})}$
$=\dfrac{3-\sqrt{7}}{9-7}=\dfrac{3-\sqrt{7}}{2}$ $\cdots$ **1단계**
$x+y=\dfrac{3+\sqrt{7}}{2}+\dfrac{3-\sqrt{7}}{2}=3$
$xy=\dfrac{3+\sqrt{7}}{2}\times\dfrac{3-\sqrt{7}}{2}$
$=\dfrac{(3+\sqrt{7})(3-\sqrt{7})}{4}=\dfrac{9-7}{4}=\dfrac{1}{2}$ $\cdots$ **2단계**
$(x+2y)^2+(2x+y)^2=x^2+4xy+4y^2+4x^2+4xy+y^2$
$=5x^2+8xy+5y^2$
$=5(x^2+y^2)+8xy$
$=5(x+y)^2-10xy+8xy$
$=5(x+y)^2-2xy$
$=5\times 3^2-2\times\dfrac{1}{2}=44$ $\cdots$ **3단계**

답 44

단계	채점 기준	비율
1단계	x, y의 분모를 각각 유리화한 경우	30 %
2단계	$x+y$, xy의 값을 각각 구한 경우	30 %
3단계	주어진 식의 값을 구한 경우	40 %

22 정훈이는 x^2의 계수와 상수항은 제대로 보았다.
$(x-4)(x+6)=x^2+2x-24$
이므로 x^2의 계수는 1, 상수항은 -24 $\cdots$ **1단계**
동건이는 x^2의 계수와 x의 계수는 제대로 보았다.
$(x-2)(x+7)=x^2+5x-14$
이므로 x^2의 계수는 1, x의 계수는 5 $\cdots$ **2단계**
따라서 처음 이차식은 $x^2+5x-24$이므로 바르게 인수분해하면 $(x+8)(x-3)$ $\cdots$ **3단계**

답 $(x+8)(x-3)$

단계	채점 기준	비율
1단계	상수항을 구한 경우	30 %
2단계	x의 계수를 구한 경우	30 %
3단계	처음 이차식을 바르게 인수분해한 경우	40 %

Ⅲ. 이차방정식

단계	채점 기준	비율
1단계	이차방정식의 두 근을 구한 경우	60 %
2단계	두 근의 차를 구한 경우	40 %

Ⅲ-1 이차방정식의 뜻과 풀이
본문 52~55쪽

01 풀이 참조 **02** 풀이 참조 **03** 풀이 참조
04 풀이 참조 **05** 30 **06** 1 **07** $k=5$, $x=-2$
08 $x=-4$ 또는 $x=8$ **09** $k=4$, $x=3$
10 8 **11** -1 **12** $\sqrt{2}$ **13** 34 **14** $-\dfrac{9}{2}$
15 $x=-2\pm\dfrac{\sqrt{14}}{2}$ **16** 12 **17** $x=-1$ 또는 $x=5$
18 1, 6 **19** $(2, 1), (4, 2), (6, 3)$ **20** $-\dfrac{3}{4}$, 1
21 7, 19, 39 **22** $9-\sqrt{7}$

01 $x(x+4)=5-2x$에서
$x^2+4x=5-2x$
$x^2+\boxed{6}x-5=0$ · · · 1단계
따라서 $a=\boxed{6}$, $b=\boxed{-5}$이므로 · · · 2단계
$a+b=\boxed{1}$ · · · 3단계
답 풀이 참조

단계	채점 기준	비율
1단계	이차방정식을 정리한 경우	50 %
2단계	a, b의 값을 각각 구한 경우	30 %
3단계	$a+b$의 값을 구한 경우	20 %

02 주어진 이차방정식에 $x=-2$를 대입하면
$\boxed{4}a+\boxed{8}+3a+6=0$ · · · 1단계
$7a=\boxed{-14}$
$a=\boxed{-2}$ · · · 2단계
답 풀이 참조

단계	채점 기준	비율
1단계	$x=-2$를 주어진 이차방정식에 대입한 경우	50 %
2단계	a의 값을 구한 경우	50 %

03 $2x^2-7x-15=0$에서
$(2x+\boxed{3})(x-\boxed{5})=0$
$x=\boxed{-\dfrac{3}{2}}$ 또는 $x=\boxed{5}$ · · · 1단계
따라서 두 근의 차는
$5-\left(\boxed{-\dfrac{3}{2}}\right)=\boxed{\dfrac{13}{2}}$ · · · 2단계
답 풀이 참조

04 $9(x-4)^2=k$에서 $(x-4)^2=\dfrac{k}{9}$
$x-4=\pm\sqrt{\dfrac{k}{9}}=\pm\dfrac{\sqrt{k}}{\boxed{3}}$
$x=4\pm\dfrac{\sqrt{k}}{\boxed{3}}$ · · · 1단계
$\dfrac{\sqrt{k}}{3}=\sqrt{2}$이므로 $\sqrt{k}=\boxed{3}\sqrt{2}=\sqrt{\boxed{18}}$
따라서 $k=\boxed{18}$ · · · 2단계
답 풀이 참조

단계	채점 기준	비율
1단계	이차방정식의 해를 k에 대한 식으로 나타낸 경우	60 %
2단계	k의 값을 구한 경우	40 %

05 $x^2+2ax+6=0$에 $x=2$를 대입하면
$4+4a+6=0$, $4a=-10$, $a=-\dfrac{5}{2}$ · · · 1단계
$2x^2-2ax+b=0$에 $a=-\dfrac{5}{2}$, $x=-3$을 대입하면
$18-15+b=0$, $b=-3$ · · · 2단계
따라서 $4ab=4\times\left(-\dfrac{5}{2}\right)\times(-3)=30$ · · · 3단계
답 30

단계	채점 기준	비율
1단계	a의 값을 구한 경우	40 %
2단계	b의 값을 구한 경우	40 %
3단계	$4ab$의 값을 구한 경우	20 %

06 $x^2-3x+a=0$에 $x=2$를 대입하면
$4-6+a=0$, $a=2$ · · · 1단계
$x^2+bx-2=0$에 $x=2$를 대입하면
$4+2b-2=0$, $2b=-2$, $b=-1$ · · · 2단계
따라서 $a+b=2+(-1)=1$ · · · 3단계
답 1

단계	채점 기준	비율
1단계	a의 값을 구한 경우	40 %
2단계	b의 값을 구한 경우	40 %
3단계	$a+b$의 값을 구한 경우	20 %

07 $x^2+kx+6=0$에 $x=-3$을 대입하면
$9-3k+6=0$, $-3k=-15$, $k=5$ ··· **1단계**
주어진 이차방정식은 $x^2+5x+6=0$이므로
$(x+3)(x+2)=0$
$x=-3$ 또는 $x=-2$ ··· **2단계**
따라서 다른 한 근은 $x=-2$이다. ··· **3단계**

📋 $k=5$, $x=-2$

단계	채점 기준	비율
1단계	k의 값을 구한 경우	40 %
2단계	인수분해를 이용하여 이차방정식의 해를 구한 경우	50 %
3단계	다른 한 근을 구한 경우	10 %

08 $\dfrac{(x+2)(x-6)}{2}=10$에서 $x^2-4x-12=20$
$x^2-4x-32=0$ ··· **1단계**
$(x+4)(x-8)=0$ ··· **2단계**
$x=-4$ 또는 $x=8$ ··· **3단계**

📋 $x=-4$ 또는 $x=8$

단계	채점 기준	비율
1단계	이차방정식을 정리한 경우	30 %
2단계	인수분해를 한 경우	40 %
3단계	해를 구한 경우	30 %

09 $x^2-6x+2k+1=0$이 중근을 가지므로
$2k+1=\left(\dfrac{-6}{2}\right)^2$ ··· **1단계**
$2k=8$, $k=4$ ··· **2단계**
주어진 이차방정식은 $x^2-6x+9=0$이므로
$(x-3)^2=0$, $x=3$ ··· **3단계**

📋 $k=4$, $x=3$

단계	채점 기준	비율
1단계	중근을 갖는 조건을 적용한 경우	40 %
2단계	k의 값을 구한 경우	20 %
3단계	중근을 구한 경우	40 %

10 $\dfrac{1}{3}(x-2)^2=8$에서 $(x-2)^2=24$
$x-2=\pm2\sqrt{6}$, $x=2\pm2\sqrt{6}$ ··· **1단계**
따라서 $a=2$, $b=6$이므로 ··· **2단계**
$a+b=2+6=8$ ··· **3단계**

📋 8

단계	채점 기준	비율
1단계	해를 구한 경우	50 %
2단계	a, b의 값을 각각 구한 경우	30 %
3단계	$a+b$의 값을 구한 경우	20 %

11 $a(x+3)^2-4=0$에서 $(x+3)^2=\dfrac{4}{a}$
$x+3=\pm\sqrt{\dfrac{4}{a}}$, $x=-3\pm\sqrt{\dfrac{4}{a}}$ ··· **1단계**
$b=-3$이고 $\dfrac{4}{a}=2$에서 $a=2$이므로 ··· **2단계**
$a+b=2+(-3)=-1$ ··· **3단계**

📋 -1

단계	채점 기준	비율
1단계	해를 구한 경우	50 %
2단계	a, b의 값을 각각 구한 경우	30 %
3단계	$a+b$의 값을 구한 경우	20 %

12 $x^2-x-6=0$에서 $(x+2)(x-3)=0$
$x=-2$ 또는 $x=3$
큰 근이 3이므로 $a=3$ ··· **1단계**
$(x-3)^2-2=0$에서 $(x-3)^2=2$
$x-3=\pm\sqrt{2}$, $x=3\pm\sqrt{2}$
작은 근이 $3-\sqrt{2}$이므로 $b=3-\sqrt{2}$ ··· **2단계**
따라서 $a-b=3-(3-\sqrt{2})=\sqrt{2}$ ··· **3단계**

📋 $\sqrt{2}$

단계	채점 기준	비율
1단계	a의 값을 구한 경우	40 %
2단계	b의 값을 구한 경우	40 %
3단계	$a-b$의 값을 구한 경우	20 %

13 $\dfrac{1}{2}x^2-5x-7=0$에서 $x^2-10x=14$
$x^2-10x+25=14+25$
$(x-5)^2=39$ ··· **1단계**
따라서 $p=-5$, $q=39$이므로 ··· **2단계**
$p+q=-5+39=34$ ··· **3단계**

📋 34

단계	채점 기준	비율
1단계	완전제곱식의 꼴로 변형한 경우	60 %
2단계	p, q의 값을 각각 구한 경우	30 %
3단계	$p+q$의 값을 구한 경우	10 %

14 $(x-1)^2=(2x+1)(x-4)$에서
$x^2-2x+1=2x^2-7x-4$
$x^2-5x=5$, $x^2-5x+\dfrac{25}{4}=5+\dfrac{25}{4}$
$\left(x-\dfrac{5}{2}\right)^2=\dfrac{45}{4}$ ··· 1단계
따라서 $p=-\dfrac{5}{2}$, $q=\dfrac{45}{4}$이므로 ··· 2단계
$\dfrac{q}{p}=q\times\dfrac{1}{p}=\dfrac{45}{4}\times\left(-\dfrac{2}{5}\right)=-\dfrac{9}{2}$ ··· 3단계

답 $-\dfrac{9}{2}$

단계	채점 기준	비율
1단계	완전제곱식의 꼴로 변형한 경우	60 %
2단계	p, q의 값을 각각 구한 경우	20 %
3단계	$\dfrac{q}{p}$의 값을 구한 경우	20 %

15 $2x^2+8x+1=0$에서 $x^2+4x=-\dfrac{1}{2}$
$x^2+4x+4=-\dfrac{1}{2}+4$
$(x+2)^2=\dfrac{7}{2}$ ··· 1단계
$x+2=\pm\sqrt{\dfrac{7}{2}}=\pm\dfrac{\sqrt{14}}{2}$
$x=-2\pm\dfrac{\sqrt{14}}{2}$ ··· 2단계

답 $x=-2\pm\dfrac{\sqrt{14}}{2}$

단계	채점 기준	비율
1단계	완전제곱식의 꼴로 변형한 경우	60 %
2단계	해를 구한 경우	40 %

16 $x^2+8x-4a=0$에서 $x^2+8x+16=4a+16$
$(x+4)^2=4a+16$ ··· 1단계
$x+4=\pm\sqrt{4a+16}$, $x=-4\pm\sqrt{4a+16}$ ··· 2단계
$b=4$이고 $4a+16=8$에서 $a=-2$
$c=-4$, $2\sqrt{d}=\sqrt{4d}=\sqrt{8}$에서 $d=2$ ··· 3단계
$ad-bc=(-2)\times2-4\times(-4)=12$ ··· 4단계

답 12

단계	채점 기준	비율
1단계	완전제곱식의 꼴로 변형한 경우	30 %
2단계	해를 구한 경우	20 %
3단계	a, b, c, d의 값을 각각 구한 경우	40 %
4단계	$ad-bc$의 값을 구한 경우	10 %

17 $(x+2)(2x-1)=x^2+2$에서
$2x^2+3x-2=x^2+2$
$x^2+3x-4=0$, $(x+4)(x-1)=0$
$x=-4$ 또는 $x=1$ ··· 1단계
$\alpha<\beta$이므로 $\alpha=-4$, $\beta=1$ ··· 2단계
$x^2+\alpha x-5\beta=0$에 $\alpha=-4$, $\beta=1$을 대입하면
$x^2-4x-5=0$, $(x+1)(x-5)=0$
따라서 $x=-1$ 또는 $x=5$ ··· 3단계

답 $x=-1$ 또는 $x=5$

단계	채점 기준	비율
1단계	$(x+2)(2x-1)=x^2+2$의 해를 구한 경우	40 %
2단계	α, β의 값을 각각 구한 경우	20 %
3단계	$x^2+\alpha x-5\beta=0$의 해를 구한 경우	40 %

18 $(5x-3):(x+3)=x:2$에서 $x(x+3)=2(5x-3)$
$x^2+3x=10x-6$, $x^2-7x+6=0$ ··· 1단계
$(x-1)(x-6)=0$
따라서 $x=1$ 또는 $x=6$ ··· 2단계

답 1, 6

단계	채점 기준	비율
1단계	비례식을 이용하여 이차방정식을 정리한 경우	50 %
2단계	비례식을 만족시키는 x의 값을 구한 경우	50 %

19 $x^2+ax+b^2=0$이 중근을 가지려면
$b^2=\left(\dfrac{a}{2}\right)^2$, $a^2=4b^2$ ··· 1단계
주사위를 던져서 나오는 눈의 수는 1, 2, 3, 4, 5, 6이므로
조건을 만족시키는 순서쌍 (a, b)는 $(2, 1)$, $(4, 2)$, $(6, 3)$
이다. ··· 2단계

답 $(2, 1)$, $(4, 2)$, $(6, 3)$

단계	채점 기준	비율
1단계	중근을 갖는 조건을 이용하여 a, b의 관계식을 구한 경우	40 %
2단계	순서쌍을 구한 경우	60 %

20 $x^2-4kx+k+3=0$이 중근을 가지려면
$k+3=\left(\dfrac{-4k}{2}\right)^2$, $4k^2-k-3=0$ ··· 1단계
$(4k+3)(k-1)=0$
$k=-\dfrac{3}{4}$ 또는 $k=1$ ··· 2단계

답 $-\dfrac{3}{4}$, 1

단계	채점 기준	비율
1단계	중근을 갖는 조건을 이용하여 k의 관계식을 구한 경우	60 %
2단계	k의 값을 모두 구한 경우	40 %

21 $(x+2)^2=\dfrac{k-3}{4}$에서 $x=-2\pm\sqrt{\dfrac{k-3}{4}}$ · · · **1단계**

서로 다른 두 정수를 근으로 가지려면 $\dfrac{k-3}{4}$이 0이 아닌

자연수의 제곱이 되어야 한다. · · · **2단계**

$\dfrac{k-3}{4}=1$일 때, $k=7$

$\dfrac{k-3}{4}=4$일 때, $k=19$

$\dfrac{k-3}{4}=9$일 때, $k=39$

$\dfrac{k-3}{4}=16$일 때, $k=67$
　　　　 $\vdots$

따라서 조건을 만족시키는 50 이하의 자연수 k는 7, 19, 39이다. · · · **3단계**

🔲 7, 19, 39

단계	채점 기준	비율
1단계	해를 구한 경우	20 %
2단계	k에 대한 조건을 구한 경우	20 %
3단계	k의 값을 모두 구한 경우	60 %

22 $(x-4)^2-7=0$에서 $(x-4)^2=7$
$x-4=\pm\sqrt{7},\ x=4\pm\sqrt{7}$ · · · **1단계**
$\alpha>\beta$이므로 $\alpha=4+\sqrt{7},\ \beta=4-\sqrt{7}$ · · · **2단계**
$6<4+\sqrt{7}<7$이므로
α의 정수 부분은 $m=6$ · · · **3단계**
$1<4-\sqrt{7}<2$이므로
β의 소수 부분은 $n=(4-\sqrt{7})-1=3-\sqrt{7}$ · · · **4단계**
따라서 $m+n=6+(3-\sqrt{7})=9-\sqrt{7}$ · · · **5단계**

🔲 $9-\sqrt{7}$

단계	채점 기준	비율
1단계	해를 구한 경우	20 %
2단계	$\alpha,\ \beta$의 값을 각각 구한 경우	10 %
3단계	m의 값을 구한 경우	30 %
4단계	n의 값을 구한 경우	30 %
5단계	$m+n$의 값을 구한 경우	10 %

Ⅲ-2 이차방정식의 근의 공식과 활용   본문 56~59쪽

01 풀이 참조	**02** 풀이 참조	**03** 풀이 참조
04 풀이 참조	**05** 12　**06** 4	**07** $x=\dfrac{-4\pm\sqrt{34}}{2}$
08 9　　**09** 481	**10** $a>c>b$	**11** 10
12 $x^2-11x+24=0$　**13** 23	**14** 6월 9일	**15** 22초
16 12초　**17** 1	**18** $x=4,\ y=3$	**19** $-\dfrac{1}{3}$, 9
20 15, 16, 17	**21** 3 cm　**22** 2 m	

01 근의 공식에서
$a=4,\ b=\boxed{-7},\ c=\boxed{-1}$이므로

$x=\dfrac{-(-7)\pm\sqrt{(-7)^2-4\times4\times(\boxed{-1})}}{2\times\boxed{4}}$ · · · **1단계**

$=\dfrac{7\pm\sqrt{\boxed{65}}}{8}$ · · · **2단계**

🔲 풀이 참조

단계	채점 기준	비율
1단계	근의 공식에 대입한 경우	60 %
2단계	해를 구한 경우	40 %

02 주어진 이차방정식의 양변에 10을 곱하여 정리하면
$x^2+4x-\boxed{21}=0$ · · · **1단계**
$(x+7)(x-\boxed{3})=0$ · · · **2단계**
$x=-7$ 또는 $x=\boxed{3}$ · · · **3단계**

🔲 풀이 참조

단계	채점 기준	비율
1단계	이차방정식을 정리한 경우	50 %
2단계	좌변을 인수분해한 경우	30 %
3단계	해를 구한 경우	20 %

03 두 근이 3, -4이고 x^2의 계수가 $\boxed{2}$인 이차방정식은
$2(x-\boxed{3})(x+4)=0$
$2x^2+2x-\boxed{24}=0$ · · · **1단계**
따라서 $a=\boxed{2}$, $b=\boxed{-24}$이므로 · · · **2단계**
$a+b=\boxed{-22}$ · · · **3단계**

🔲 풀이 참조

단계	채점 기준	비율
1단계	이차방정식을 구한 경우	50 %
2단계	a, b의 값을 각각 구한 경우	30 %
3단계	$a+b$의 값을 구한 경우	20 %

04 두 자연수의 차가 5이므로 두 자연수를 x, $x+5$라고 하면

$(x+5)^2=\boxed{4}\,x^2$ ··· 1단계

$3x^2-10x-25=0$

$(3x+\boxed{5})(x-\boxed{5})=0$

x는 자연수이므로 $x=\boxed{5}$ ··· 2단계

따라서 두 자연수는 $\boxed{5}$, $\boxed{10}$이므로 그 합은 $\boxed{15}$이다.

··· 3단계

🔒 풀이 참조

단계	채점 기준	비율
1단계	식을 세운 경우	40 %
2단계	x의 값을 구한 경우	40 %
3단계	두 자연수의 합을 구한 경우	20 %

05 $5x^2-2x-2=0$에서

$x=\dfrac{-(-1)\pm\sqrt{(-1)^2-5\times(-2)}}{5}$

$=\dfrac{1\pm\sqrt{11}}{5}$ ··· 1단계

따라서 $a=1$, $b=11$이므로 ··· 2단계

$a+b=1+11=12$ ··· 3단계

🔒 12

단계	채점 기준	비율
1단계	근의 공식을 이용하여 해를 구한 경우	50 %
2단계	a, b의 값을 각각 구한 경우	40 %
3단계	$a+b$의 값을 구한 경우	10 %

06 $3x^2+4x+a=0$에서

$x=\dfrac{-2\pm\sqrt{2^2-3\times a}}{3}=\dfrac{-2\pm\sqrt{4-3a}}{3}$ ··· 1단계

$b=-2$이고 $4-3a=10$에서 $a=-2$이므로 ··· 2단계

$ab=(-2)\times(-2)=4$ ··· 3단계

🔒 4

단계	채점 기준	비율
1단계	근의 공식을 이용하여 해를 구한 경우	50 %
2단계	a, b의 값을 각각 구한 경우	40 %
3단계	ab의 값을 구한 경우	10 %

07 주어진 이차방정식의 양변에 12를 곱하면

$2x^2+8x-9=0$ ··· 1단계

$x=\dfrac{-4\pm\sqrt{4^2-2\times(-9)}}{2}$

$=\dfrac{-4\pm\sqrt{34}}{2}$ ··· 2단계

🔒 $x=\dfrac{-4\pm\sqrt{34}}{2}$

단계	채점 기준	비율
1단계	이차방정식을 정리한 경우	40 %
2단계	근의 공식을 이용하여 해를 구한 경우	60 %

08 주어진 이차방정식의 양변에 10을 곱하여 정리하면

$5x^2-6x-1=0$ ··· 1단계

$x=\dfrac{-(-3)\pm\sqrt{(-3)^2-5\times(-1)}}{5}$

$=\dfrac{3\pm\sqrt{14}}{5}$ ··· 2단계

따라서 $a=5$, $b=14$이므로 ··· 3단계

$b-a=14-5=9$ ··· 4단계

🔒 9

단계	채점 기준	비율
1단계	이차방정식을 정리한 경우	30 %
2단계	근의 공식을 이용하여 해를 구한 경우	40 %
3단계	a, b의 값을 각각 구한 경우	20 %
4단계	$b-a$의 값을 구한 경우	10 %

09 $x-13=A$로 놓으면 $A^2-3A-28=0$ ··· 1단계

$(A+4)(A-7)=0$

$A=-4$ 또는 $A=7$ ··· 2단계

즉, $x-13=-4$ 또는 $x-13=7$이므로

$x=9$ 또는 $x=20$ ··· 3단계

따라서 $\alpha^2+\beta^2=9^2+20^2=481$ ··· 4단계

🔒 481

단계	채점 기준	비율
1단계	공통부분을 치환하여 이차방정식을 나타낸 경우	30 %
2단계	A의 값을 구한 경우	30 %
3단계	x의 값을 구한 경우	30 %
4단계	$\alpha^2+\beta^2$의 값을 구한 경우	10 %

10 $x^2-10x+13=0$에서

$(-10)^2-4\times1\times13>0$이므로 $a=2$ ··· 1단계

$x^2+x+8=0$에서

$1^2-4\times1\times8<0$이므로 $b=0$ $\cdots$ 2단계

$9x^2-12x+4=0$에서

$(-12)^2-4\times9\times4=0$이므로 $c=1$ $\cdots$ 3단계

따라서 $a>c>b$ $\cdots$ 4단계

답 $a>c>b$

단계	채점 기준	비율
1단계	a의 값을 구한 경우	30 %
2단계	b의 값을 구한 경우	30 %
3단계	c의 값을 구한 경우	30 %
4단계	a, b, c의 대소 관계를 구한 경우	10 %

11 x^2의 계수가 a이고 중근 2를 갖는 이차방정식은

$a(x-2)^2=0$ $\cdots$ 1단계

$a(x^2-4x+4)=0$

$ax^2-4ax+4a=0$

$-4a=b$, $4a=8$이므로

$a=2$, $b=-8$ $\cdots$ 2단계

따라서 $a-b=2-(-8)=10$ $\cdots$ 3단계

답 10

단계	채점 기준	비율
1단계	이차방정식을 구한 경우	50 %
2단계	a, b의 값을 각각 구한 경우	40 %
3단계	$a-b$의 값을 구한 경우	10 %

12 $2x^2-4x+k-3=0$이 중근을 가지려면

$(-4)^2-4\times2\times(k-3)=0$

$16-8k+24=0$

$-8k=-40$, $k=5$ $\cdots$ 1단계

이때 $k-2=3$, $k+3=8$이므로 $\cdots$ 2단계

두 근이 3, 8이고 x^2의 계수가 1인 이차방정식은

$(x-3)(x-8)=0$

$x^2-11x+24=0$ $\cdots$ 3단계

답 $x^2-11x+24=0$

단계	채점 기준	비율
1단계	k의 값을 구한 경우	50 %
2단계	두 근을 구한 경우	20 %
3단계	이차방정식을 구한 경우	30 %

13 자연수 9부터 n까지의 합은 1부터 n까지의 합에서 1부터 8까지의 합을 뺀 것과 같으므로

$\dfrac{n(n+1)}{2}-\dfrac{8\times(8+1)}{2}=240$ $\cdots$ 1단계

양변에 2를 곱하여 정리하면

$n^2+n-552=0$

$(n+24)(n-23)=0$

$n=-24$ 또는 $n=23$ $\cdots$ 2단계

$n>9$이므로 $n=23$ $\cdots$ 3단계

답 23

단계	채점 기준	비율
1단계	이차방정식을 구한 경우	50 %
2단계	해를 구한 경우	30 %
3단계	n의 값을 구한 경우	20 %

14 정훈이의 생일 날짜를 x일이라고 하면 소영이의 생일 날짜는 $(x+6)$일이므로

$x(x+6)=135$ $\cdots$ 1단계

$x^2+6x-135=0$

$(x+15)(x-9)=0$

$x=-15$ 또는 $x=9$ $\cdots$ 2단계

$x>0$이므로 $x=9$

따라서 정훈이의 생일은 6월 9일이다. $\cdots$ 3단계

답 6월 9일

단계	채점 기준	비율
1단계	이차방정식을 구한 경우	40 %
2단계	해를 구한 경우	40 %
3단계	정훈이의 생일을 구한 경우	20 %

15 t초 후 처음 삼각형의 넓이와 같아진다고 하면 그때의 밑변의 길이는 $(20-0.5t)$ cm, 높이는 $(18+t)$ cm이므로

$\dfrac{1}{2}\times(20-0.5t)\times(18+t)=\dfrac{1}{2}\times20\times18$ $\cdots$ 1단계

$-0.5t^2+11t+360=360$

$t^2-22t=0$, $t(t-22)=0$

$t=0$ 또는 $t=22$ $\cdots$ 2단계

$t>0$이므로 $t=22$

따라서 처음 삼각형의 넓이와 같아지는 것은 22초 후이다.

$\cdots$ 3단계

답 22초

단계	채점 기준	비율
1단계	이차방정식을 구한 경우	40 %
2단계	해를 구한 경우	40 %
3단계	처음 삼각형의 넓이와 같아지는 것이 몇 초 후인지 구한 경우	20 %

16 t초 후 지면에 떨어진다고 하면 이때 지면으로부터의 높이는 0 m이므로

$-5t^2+50t+120=0$　　　　··· 1단계

$t^2-10t-24=0$

$(t+2)(t-12)=0$

$t=-2$ 또는 $t=12$　　　　··· 2단계

$t>0$이므로 $t=12$

따라서 지면에 떨어지는 것은 12초 후이다.　　··· 3단계

답 12초

단계	채점 기준	비율
1단계	이차방정식을 구한 경우	40 %
2단계	해를 구한 경우	40 %
3단계	지면에 떨어지는 것이 몇 초 후인지 구한 경우	20 %

17 $3x^2+6x-9=(x+1)^2$에서

$3x^2+6x-9=x^2+2x+1$

$2x^2+4x-10=0$, $x^2+2x-5=0$

$x=-1\pm\sqrt{1^2-1\times(-5)}=-1\pm\sqrt{6}$　··· 1단계

a는 양수이므로 $a=-1+\sqrt{6}$이고　··· 2단계

$1<-1+\sqrt{6}<2$이므로 $n=1$　　··· 3단계

답 1

단계	채점 기준	비율
1단계	해를 구한 경우	60 %
2단계	a의 값을 구한 경우	20 %
3단계	n의 값을 구한 경우	20 %

18 $x-y=A$로 놓으면 $A^2+3A-4=0$　··· 1단계

$(A+4)(A-1)=0$

$A=-4$ 또는 $A=1$　　　··· 2단계

즉, $x-y=-4$ 또는 $x-y=1$

$x>y$에서 $x-y>0$이므로

$x-y=1$　　　······ ㉠　··· 3단계

x, y의 합이 7이므로 $x+y=7$ ······ ㉡

㉠, ㉡을 연립하여 풀면 $x=4$, $y=3$　··· 4단계

답 $x=4$, $y=3$

단계	채점 기준	비율
1단계	공통부분을 치환하여 이차방정식을 나타낸 경우	30 %
2단계	A의 값을 구한 경우	20 %
3단계	$x-y$의 값을 구한 경우	20 %
4단계	x, y의 값을 각각 구한 경우	30 %

19 $kx^2+(k+3)x+k-5=0$이 중근을 가지므로

$(k+3)^2-4\times k\times(k-5)=0$

$k^2+6k+9-4k^2+20k=0$

$3k^2-26k-9=0$　　　　··· 1단계

$(3k+1)(k-9)=0$

$k=-\dfrac{1}{3}$ 또는 $k=9$　　··· 2단계

답 $-\dfrac{1}{3}$, 9

단계	채점 기준	비율
1단계	중근을 갖는 조건을 이용하여 k의 관계식을 구한 경우	60 %
2단계	k의 값을 구한 경우	40 %

20 연속한 세 자연수를 x, $x+1$, $x+2$라고 하면

$\left(\dfrac{x+1}{2}\right)^2=(x+2)^2-x^2$　　··· 1단계

$\dfrac{x^2+2x+1}{4}=x^2+4x+4-x^2$

$x^2-14x-15=0$

$(x+1)(x-15)=0$

$x=-1$ 또는 $x=15$　　　··· 2단계

$x>0$이므로 $x=15$

따라서 세 자연수는 15, 16, 17이다.　··· 3단계

답 15, 16, 17

단계	채점 기준	비율
1단계	이차방정식을 구한 경우	40 %
2단계	해를 구한 경우	40 %
3단계	세 자연수를 구한 경우	20 %

21 내부의 작은 원의 반지름의 길이를 r cm라고 하면 내부의 큰 원의 반지름의 길이는 $(10-r)$ cm이므로

$\pi\times10^2-\pi\times r^2-\pi\times(10-r)^2=42\pi$　··· 1단계

$100-r^2-100+20r-r^2=42$

$2r^2-20r+42=0$

$r^2-10r+21=0$

$(r-3)(r-7)=0$

$r=3$ 또는 $r=7$　　　　··· 2단계

$0<r<5$이므로 $r=3$

따라서 작은 원의 반지름의 길이는 3 cm이다. ··· 3단계

답 3 cm

단계	채점 기준	비율
1단계	이차방정식을 구한 경우	50 %
2단계	해를 구한 경우	40 %
3단계	작은 원의 반지름의 길이를 구한 경우	10 %

22 통행로의 폭을 x m라고 하면 통행로를 제외한 땅의 넓이는 가로의 길이가 $(15-x)$ m, 세로의 길이가 $(25-x)$ m인 직사각형의 넓이와 같으므로

$(15-x) \times (25-x) = 299$ · · · **1단계**

$x^2 - 40x + 76 = 0$

$(x-2)(x-38) = 0$

$x = 2$ 또는 $x = 38$ · · · **2단계**

$0 < x < 15$이므로 $x = 2$

따라서 통행로의 폭은 2 m이다. · · · **3단계**

🔲 2 m

단계	채점 기준	비율
1단계	이차방정식을 구한 경우	50 %
2단계	해를 구한 경우	40 %
3단계	통행로의 폭을 구한 경우	10 %

Ⅳ. 이차함수

Ⅳ-1 이차함수와 그 그래프

본문 60~63쪽

01 풀이 참조 **02** 풀이 참조 **03** 풀이 참조

04 풀이 참조 **05** -5 **06** -54 **07** 4 **08** -8

09 $-\dfrac{1}{2}$ **10** 2 또는 6 **11** -2 **12** $\left(-\dfrac{1}{2},\ 3\right)$

13 -9 **14** -3 **15** 0 **16** 5 **17** $\dfrac{1}{6}$ **18** 36

19 54 **20** 18 **21** 3 **22** $0 < p < 2$

01 $f(-1) = 4 \times (-1)^2 - 5 \times (-1) - 2 = \boxed{7}$ · · · **1단계**

$f(2) = 4 \times 2^2 - 5 \times 2 - 2 = \boxed{4}$ · · · **2단계**

따라서 $f(-1) + f(2) = 7 + \boxed{4} = \boxed{11}$ · · · **3단계**

🔲 풀이 참조

단계	채점 기준	비율
1단계	$f(-1)$의 값을 구한 경우	40 %
2단계	$f(2)$의 값을 구한 경우	40 %
3단계	$f(-1) + f(2)$의 값을 구한 경우	20 %

02 $y = ax^2$에 $x = 2$, $y = -12$를 대입하면

$-12 = a \times 2^2$, $a = \boxed{-3}$ · · · **1단계**

$y = -3x^2$에 $x = -1$, $y = b$를 대입하면

$b = \boxed{-3}$ · · · **2단계**

따라서 $a + b = -3 + (\boxed{-3}) = \boxed{-6}$ · · · **3단계**

🔲 풀이 참조

단계	채점 기준	비율
1단계	a의 값을 구한 경우	40 %
2단계	b의 값을 구한 경우	40 %
3단계	$a + b$의 값을 구한 경우	20 %

03 이차함수 $y = 2x^2$의 그래프와 x축에 대하여 대칭인 그래프의 식은 $y = \boxed{-2}x^2$ · · · **1단계**

$y = \boxed{-2}x^2$에 $x = 3$, $y = k$를 대입하면

$k = \boxed{-2} \times 3^2 = \boxed{-18}$ · · · **2단계**

🔲 풀이 참조

단계	채점 기준	비율
1단계	이차함수의 식을 $y = -2x^2$으로 놓은 경우	40 %
2단계	k의 값을 구한 경우	60 %

04 $y=ax^2+q$에 두 점의 좌표를 각각 대입하면

$\boxed{5}=a+q$ ...... ㉠

$\boxed{-1}=4a+q$ ...... ㉡ ··· **1단계**

㉠, ㉡을 연립하여 풀면

$a=-2$, $q=\boxed{7}$ ··· **2단계**

따라서 $a+q=-2+\boxed{7}=\boxed{5}$ ··· **3단계**

답 풀이 참조

단계	채점 기준	비율
1단계	$y=ax^2+q$에 두 점의 좌표를 각각 대입한 경우	40 %
2단계	a, q의 값을 각각 구한 경우	40 %
3단계	$a+q$의 값을 구한 경우	20 %

05 $f(-1)=a\times(-1)^2+6\times(-1)+5=-4$이므로

$a=-3$, $f(x)=-3x^2+6x+5$ ··· **1단계**

$f(b)=-3b^2+6b+5=4b$

$3b^2-2b-5=0$, $(b+1)(3b-5)=0$

$b=-1$ 또는 $b=\dfrac{5}{3}$

$b>0$이므로 $b=\dfrac{5}{3}$ ··· **2단계**

따라서 $ab=-3\times\dfrac{5}{3}=-5$ ··· **3단계**

답 -5

단계	채점 기준	비율
1단계	a의 값을 구한 경우	40 %
2단계	b의 값을 구한 경우	40 %
3단계	ab의 값을 구한 경우	20 %

06 꼭짓점이 원점이고 대칭축이 y축인 포물선이므로 구하는 포물선의 식은 $y=ax^2$ ··· **1단계**

$y=ax^2$에 $x=-4$, $y=-24$를 대입하면

$-24=a\times(-4)^2$, $16a=-24$

$a=-\dfrac{3}{2}$ ··· **2단계**

$y=-\dfrac{3}{2}x^2$에 $x=6$, $y=k$를 대입하면

$k=-\dfrac{3}{2}\times6^2=-54$ ··· **3단계**

답 -54

단계	채점 기준	비율
1단계	포물선의 식을 $y=ax^2$으로 놓은 경우	20 %
2단계	a의 값을 구한 경우	40 %
3단계	k의 값을 구한 경우	40 %

07 이차함수 $y=\dfrac{1}{2}x^2$의 그래프와 x축에 대하여 대칭인 그래프의 식은 $y=-\dfrac{1}{2}x^2$ ··· **1단계**

$y=-\dfrac{1}{2}x^2$에 $x=a$, $y=-a-4$를 대입하면

$-a-4=-\dfrac{1}{2}a^2$, $\dfrac{1}{2}a^2-a-4=0$

$a^2-2a-8=0$, $(a+2)(a-4)=0$

$a=-2$ 또는 $a=4$

$a>0$이므로 $a=4$ ··· **2단계**

답 4

단계	채점 기준	비율
1단계	이차함수의 식을 $y=-\dfrac{1}{2}x^2$으로 놓은 경우	40 %
2단계	a의 값을 구한 경우	60 %

08 이차함수 $y=3x^2$의 그래프를 y축의 방향으로 q만큼 평행이동한 그래프의 식은

$y=3x^2+q$ ··· **1단계**

$y=3x^2+q$에 $x=2$, $y=4$를 대입하면

$4=3\times2^2+q$

따라서 $q=-8$ ··· **2단계**

답 -8

단계	채점 기준	비율
1단계	이차함수의 식을 $y=3x^2+q$로 놓은 경우	50 %
2단계	q의 값을 구한 경우	50 %

09 $\triangle ABC=\dfrac{1}{2}\times\overline{BC}\times8=32$이므로

$\overline{BC}=8$ ··· **1단계**

$B(-4, 0)$, $C(4, 0)$ ··· **2단계**

$y=ax^2+8$에 $x=4$, $y=0$을 대입하면

$0=a\times4^2+8$, $16a=-8$

따라서 $a=-\dfrac{1}{2}$ ··· **3단계**

답 $-\dfrac{1}{2}$

단계	채점 기준	비율
1단계	$\overline{BC}$의 길이를 구한 경우	40 %
2단계	점 B 또는 점 C의 좌표를 구한 경우	20 %
3단계	a의 값을 구한 경우	40 %

10 이차함수 $y=\dfrac{3}{2}x^2$의 그래프를 x축의 방향으로 4만큼 평행이동한 그래프의 식은

$$y=\frac{3}{2}(x-4)^2 \qquad \cdots \boxed{\text{1단계}}$$

$y=\frac{3}{2}(x-4)^2$에 $x=k$, $y=6$을 대입하면

$$6=\frac{3}{2}(k-4)^2, \ (k-4)^2=4$$

$$k-4=\pm2$$

따라서 $k=2$ 또는 $k=6$ $\qquad \cdots \boxed{\text{2단계}}$

目 2 또는 6

단계	채점 기준	비율
1단계	평행이동한 그래프의 식을 구한 경우	50 %
2단계	k의 값을 구한 경우	50 %

11 꼭짓점의 좌표가 $(p,\ 0)$이므로 $p=-5$ $\qquad \cdots \boxed{\text{1단계}}$

$y=a(x+5)^2$에 $x=-4$, $y=3$을 대입하면

$3=a\times(-4+5)^2, \ a=3$ $\qquad \cdots \boxed{\text{2단계}}$

따라서 $a+p=3+(-5)=-2$ $\qquad \cdots \boxed{\text{3단계}}$

目 -2

단계	채점 기준	비율
1단계	p의 값을 구한 경우	40 %
2단계	a의 값을 구한 경우	40 %
3단계	$a+p$의 값을 구한 경우	20 %

12 이차함수 $y=-4x^2$의 그래프를 x축의 방향으로 p만큼, y축의 방향으로 $2p+4$만큼 평행이동한 그래프의 식은

$$y=-4(x-p)^2+2p+4 \qquad \cdots \boxed{\text{1단계}}$$

축의 방정식은 $x=p$이므로 $p=-\frac{1}{2}$ $\qquad \cdots \boxed{\text{2단계}}$

$$2p+4=2\times\left(-\frac{1}{2}\right)+4=3$$

따라서 구하는 꼭짓점의 좌표는 $\left(-\frac{1}{2},\ 3\right)$ $\qquad \cdots \boxed{\text{3단계}}$

目 $\left(-\frac{1}{2},\ 3\right)$

단계	채점 기준	비율
1단계	이차함수의 식을 $y=-4(x-p)^2+2p+4$로 놓은 경우	40 %
2단계	p의 값을 구한 경우	20 %
3단계	꼭짓점의 좌표를 구한 경우	40 %

13 이차함수 $y=ax^2$의 그래프를 x축의 방향으로 p만큼, y축의 방향으로 q만큼 평행이동한 그래프의 식은

$$y=a(x-p)^2+q \qquad \cdots \boxed{\text{1단계}}$$

꼭짓점의 좌표는 $(p,\ q)$이므로

$$p=-3, \ q=-8 \qquad \cdots \boxed{\text{2단계}}$$

$y=a(x+3)^2-8$에 $x=0$, $y=10$을 대입하면

$$10=a\times(0+3)^2-8, \ 9a=18$$

$$a=2 \qquad \cdots \boxed{\text{3단계}}$$

따라서

$$a+p+q=2+(-3)+(-8)$$
$$=-9 \qquad \cdots \boxed{\text{4단계}}$$

目 -9

단계	채점 기준	비율
1단계	이차함수의 식을 $y=a(x-p)^2+q$로 놓은 경우	30 %
2단계	p, q의 값을 각각 구한 경우	20 %
3단계	a의 값을 구한 경우	30 %
4단계	$a+p+q$의 값을 구한 경우	20 %

14 축의 방정식은 $x=p$이므로 $p=-2$ $\qquad \cdots \boxed{\text{1단계}}$

$y=a(x+2)^2-5$에 $x=2$, $y=7$을 대입하면

$7=a\times(2+2)^2-5, \ 16a=12$

$$a=\frac{3}{4} \qquad \cdots \boxed{\text{2단계}}$$

따라서 $2ap=2\times\frac{3}{4}\times(-2)=-3$ $\qquad \cdots \boxed{\text{3단계}}$

目 -3

단계	채점 기준	비율
1단계	p의 값을 구한 경우	50 %
2단계	a의 값을 구한 경우	30 %
3단계	$2ap$의 값을 구한 경우	20 %

15 $y=-2(x+5)^2+3$의 그래프의 꼭짓점의 좌표는 $(-5,\ 3)$ $\qquad \cdots \boxed{\text{1단계}}$

x축의 방향으로 -2만큼, y축의 방향으로 4만큼 평행이동하면 꼭짓점의 좌표는

$$(-5-2,\ 3+4)=(-7,\ 7)$$

$$p=-7, \ q=7 \qquad \cdots \boxed{\text{2단계}}$$

따라서 $p+q=-7+7=0$ $\qquad \cdots \boxed{\text{3단계}}$

目 0

단계	채점 기준	비율
1단계	$y=-2(x+5)^2+3$의 그래프의 꼭짓점의 좌표를 구한 경우	40 %
2단계	p, q의 값을 각각 구한 경우	40 %
3단계	$p+q$의 값을 구한 경우	20 %

16 꼭짓점의 좌표가 $(-p,\,q)$이므로 $-p=2,\ q=5$

$p=-2,\ q=5$ ··· **1단계**

$y=a(x-2)^2+5$에 $x=0,\ y=3$을 대입하면

$3=a\times(0-2)^2+5,\ 4a=-2$

$a=-\dfrac{1}{2}$ ··· **2단계**

따라서 $apq=-\dfrac{1}{2}\times(-2)\times5=5$ ··· **3단계**

답 5

단계	채점 기준	비율
1단계	$p,\ q$의 값을 각각 구한 경우	40 %
2단계	a의 값을 구한 경우	40 %
3단계	apq의 값을 구한 경우	20 %

17 $y=\dfrac{3}{2}x^2$에 $y=6$을 대입하면 $6=\dfrac{3}{2}x^2$

$x^2=4,\ x=\pm2$

$B(-2,\ 6),\ C(2,\ 6)$

$\overline{BC}=2-(-2)=4$이므로 $\overline{CD}=\overline{BC}=4$ ··· **1단계**

$D(6,\ 6)$ ··· **2단계**

$y=ax^2$에 $x=6,\ y=6$을 대입하면

$6=a\times6^2,\ 36a=6$

따라서 $a=\dfrac{1}{6}$ ··· **3단계**

답 $\dfrac{1}{6}$

단계	채점 기준	비율
1단계	두 점 B, C의 좌표를 각각 구한 경우	40 %
2단계	점 D의 좌표를 구한 경우	20 %
3단계	a의 값을 구한 경우	40 %

18 $y=-\dfrac{1}{2}x^2+q$에 $x=2,\ y=3$을 대입하면

$3=-\dfrac{1}{2}\times2^2+q,\ q=5$ ··· **1단계**

$\overline{CD}=8$이므로 점 D의 x좌표는 4

$y=-\dfrac{1}{2}x^2+5$에 $x=4$를 대입하면

$y=-\dfrac{1}{2}\times4^2+5=-3$

$D(4,\ -3)$ ··· **2단계**

□ABCD의 높이는 $3-(-3)=6$

따라서 □ABCD의 넓이는

$\dfrac{1}{2}\times(\overline{AB}+\overline{CD})\times6=\dfrac{1}{2}\times(4+8)\times6$

$=36$ ··· **3단계**

답 36

단계	채점 기준	비율
1단계	q의 값을 구한 경우	40 %
2단계	점 D의 좌표를 구한 경우	40 %
3단계	□ABCD의 넓이를 구한 경우	20 %

19 $y=-\dfrac{3}{4}x^2$의 그래프와 x축에 대하여 대칭인 그래프의 식은 $y=\dfrac{3}{4}x^2$이므로 $a=\dfrac{3}{4}$ ··· **1단계**

$y=\dfrac{3}{4}x^2$의 그래프를 x축의 방향으로 -2만큼, y축의 방향으로 6만큼 평행이동한 그래프의 식은

$y=\dfrac{3}{4}(x+2)^2+6$

$y=\dfrac{3}{4}(x+2)^2+6$에 $x=-6,\ y=b$를 대입하면

$b=\dfrac{3}{4}\times(-6+2)^2+6=18$ ··· **2단계**

따라서 $4ab=4\times\dfrac{3}{4}\times18=54$ ··· **3단계**

답 54

단계	채점 기준	비율
1단계	a의 값을 구한 경우	30 %
2단계	b의 값을 구한 경우	50 %
3단계	$4ab$의 값을 구한 경우	20 %

20 축의 방정식은 $x=-a$이므로 $-a=-3$

$a=3$ ··· **1단계**

$y=-\dfrac{2}{3}(x+3)^2+b$에 $x=0,\ y=0$을 대입하면

$0=-\dfrac{2}{3}(0+3)^2+b,\ b=6$

$B(-3,\ 6)$ ··· **2단계**

축의 방정식이 $x=-3$이고 x축과 만나는 점 중에 한 점의 좌표가 $(0,\ 0)$이므로 다른 한 점은 $A(-6,\ 0)$ ··· **3단계**

따라서 △AOB의 넓이는

$\dfrac{1}{2}\times6\times6=18$ ··· **4단계**

답 18

단계	채점 기준	비율
1단계	a의 값을 구한 경우	25 %
2단계	점 B의 좌표를 구한 경우	25 %
3단계	점 A의 좌표를 구한 경우	25 %
4단계	△AOB의 넓이를 구한 경우	25 %

21 $y=a(x+b)^2$의 그래프의 꼭짓점의 좌표는 $(-b, 0)$

$y=x^2-16$에 $x=-b$, $y=0$을 대입하면

$0=(-b)^2-16$, $b^2=16$, $b=\pm4$

$y=a(x+b)^2$의 그래프의 축이 y축의 왼쪽에 있으므로

$-b<0$, 즉 $b>0$

$b=4$ ··· 1단계

$y=x^2-16$의 그래프의 꼭짓점의 좌표는 $(0, -16)$

$y=a(x+4)^2$에 $x=0$, $y=-16$을 대입하면

$-16=a\times(0+4)^2$, $16a=-16$

$a=-1$ ··· 2단계

따라서 $a+b=-1+4=3$ ··· 3단계

답 3

단계	채점 기준	비율
1단계	b의 값을 구한 경우	40 %
2단계	a의 값을 구한 경우	40 %
3단계	$a+b$의 값을 구한 경우	20 %

22 $y=-4x^2+3$의 그래프의 꼭짓점의 좌표는 $(0, 3)$ ··· 1단계

x축의 방향으로 p만큼, y축의 방향으로 $p-5$만큼 평행이동한 그래프의 꼭짓점의 좌표는

$(0+p, 3+p-5)=(p, p-2)$ ··· 2단계

제4사분면 위에 있으려면 $p>0$이고 $p-2<0$, $p<2$

따라서 구하는 p의 값의 범위는 $0<p<2$ ··· 3단계

답 $0<p<2$

단계	채점 기준	비율
1단계	$y=-4x^2+3$의 그래프의 꼭짓점의 좌표를 구한 경우	20 %
2단계	평행이동한 그래프의 꼭짓점의 좌표를 구한 경우	40 %
3단계	p의 값의 범위를 구한 경우	40 %

Ⅳ-2 이차함수 $y=ax^2+bx+c$의 그래프 본문 64~67쪽

01 풀이 참조 **02** 풀이 참조 **03** 풀이 참조 **04** 풀이 참조 **05** 32 **06** 6 **07** 45 **08** $\frac{27}{2}$ **09** -2 **10** 32 **11** -20 **12** 16 **13** 6 **14** 4 **15** $m=6$, $n=-2$ **16** 제1사분면 **17** 3 **18** 32 **19** 22 **20** 15 **21** -14 **22** 2

01 $y=x^2-4x+k=(x^2-4x+4-4)+k$

$=(x-2)^2-4+k$

꼭짓점의 좌표가 $(2, -4+k)$이므로 ··· 1단계

$p=2$, $-4+k=3$

$k=\boxed{7}$ ··· 2단계

따라서 $p+k=2+\boxed{7}=\boxed{9}$ ··· 3단계

답 풀이 참조

단계	채점 기준	비율
1단계	꼭짓점의 좌표를 구한 경우	40 %
2단계	p, k의 값을 각각 구한 경우	40 %
3단계	$p+k$의 값을 구한 경우	20 %

02 $y=-x^2+8x+a=-(x^2-8x+16-16)+a$

$=-(x-4)^2+\boxed{16}+a$

꼭짓점의 좌표가 $(4, \boxed{16}+a)$이므로

$16+a=8$, $a=\boxed{-8}$ ··· 1단계

$y=-x^2+8x-8$에 $x=5$, $y=b$를 대입하면

$b=-5^2+8\times5-8=\boxed{7}$ ··· 2단계

따라서 $b-a=7-(\boxed{-8})=\boxed{15}$ ··· 3단계

답 풀이 참조

단계	채점 기준	비율
1단계	a의 값을 구한 경우	40 %
2단계	b의 값을 구한 경우	40 %
3단계	$b-a$의 값을 구한 경우	20 %

03 이차함수 $y=-x^2$의 그래프를 x축의 방향으로 m만큼, y축의 방향으로 n만큼 평행이동한 그래프의 식은

$y=-(x-m)^2+n$ ··· 1단계

$y=-x^2-6x-3=-(x^2+6x+9-9)-3$

$=-(x+3)^2+\boxed{6}$

$m=-3$, $n=\boxed{6}$ ··· 2단계

따라서 $m+n=-3+\boxed{6}=\boxed{3}$ ··· 3단계

답 풀이 참조

단계	채점 기준	비율
1단계	평행이동한 그래프의 식을 구한 경우	40 %
2단계	m, n의 값을 각각 구한 경우	40 %
3단계	$m+n$의 값을 구한 경우	20 %

04

$y=x^2-2(a-2)x+3$
$=\{x^2-2(a-2)x+(a-2)^2-(a-2)^2\}+3$
$=\{x-(a-2)\}^2-(a-2)^2+3$ $\cdots$ 1단계

축의 방정식은 $x=a-\boxed{2}$이므로 $a-\boxed{2}=2$

$a=\boxed{4}$ $\cdots$ 2단계

따라서 꼭짓점의 y좌표는

$-(\boxed{4}-2)^2+3=\boxed{-1}$ $\cdots$ 3단계

🖪 풀이 참조

단계	채점 기준	비율
1단계	$y=\{x-(a-2)\}^2-(a-2)^2+3$으로 나타낸 경우	50 %
2단계	a의 값을 구한 경우	30 %
3단계	꼭짓점의 y좌표를 구한 경우	20 %

05

$y=-2x^2-12x+2$
$=-2(x^2+6x+9-9)+2$
$=-2(x+3)^2+20$

꼭짓점의 좌표는 $(-3, 20)$ $\cdots$ 1단계

$y=x^2+2px+q$
$=(x^2+2px+p^2-p^2)+q$
$=(x+p)^2-p^2+q$

꼭짓점의 좌표는 $(-p, -p^2+q)$ $\cdots$ 2단계

$-p=-3$, $-p^2+q=20$

$p=3$, $q=29$ $\cdots$ 3단계

따라서 $p+q=3+29=32$ $\cdots$ 4단계

🖪 32

단계	채점 기준	비율
1단계	$y=-2x^2-12x+2$의 그래프의 꼭짓점의 좌표를 구한 경우	30 %
2단계	$y=x^2+2px+q$의 그래프의 꼭짓점의 좌표를 구한 경우	30 %
3단계	p, q의 값을 각각 구한 경우	30 %
4단계	$p+q$의 값을 구한 경우	10 %

06

$y=-\dfrac{1}{2}x^2+3x+k$
$=-\dfrac{1}{2}(x^2-6x+9-9)+k$

$=-\dfrac{1}{2}(x-3)^2+\dfrac{9}{2}+k$ $\cdots$ 1단계

$m=3$, $\dfrac{9}{2}+k=5$, $k=\dfrac{1}{2}$ $\cdots$ 2단계

따라서 $4mk=4\times3\times\dfrac{1}{2}=6$ $\cdots$ 3단계

🖪 6

단계	채점 기준	비율
1단계	$y=-\dfrac{1}{2}(x-3)^2+\dfrac{9}{2}+k$로 나타낸 경우	40 %
2단계	m, k의 값을 각각 구한 경우	40 %
3단계	$4mk$의 값을 구한 경우	20 %

07

$y=0$을 대입하면 $-3x^2+12x+15=0$

$x^2-4x-5=0$, $(x+1)(x-5)=0$

$x=-1$ 또는 $x=5$

$\mathrm{A}(-1, 0)$, $\mathrm{B}(5, 0)$ $\cdots$ 1단계

$x=0$을 대입하면 $y=15$이므로 $\mathrm{C}(0, 15)$ $\cdots$ 2단계

따라서 $\triangle\mathrm{ABC}$의 넓이는

$\dfrac{1}{2}\times\{5-(-1)\}\times15=45$ $\cdots$ 3단계

🖪 45

단계	채점 기준	비율
1단계	두 점 A, B의 좌표를 각각 구한 경우	50 %
2단계	점 C의 좌표를 구한 경우	30 %
3단계	$\triangle\mathrm{ABC}$의 넓이를 구한 경우	20 %

08

$y=0$을 대입하면 $-\dfrac{1}{2}x^2-x+4=0$

$x^2+2x-8=0$, $(x+4)(x-2)=0$

$x=-4$ 또는 $x=2$

$\mathrm{A}(-4, 0)$, $\mathrm{B}(2, 0)$ $\cdots$ 1단계

$y=-\dfrac{1}{2}x^2-x+4$

$=-\dfrac{1}{2}(x^2+2x+1-1)+4=-\dfrac{1}{2}(x+1)^2+\dfrac{9}{2}$

$\mathrm{C}\left(-1, \dfrac{9}{2}\right)$ $\cdots$ 2단계

따라서 $\triangle\mathrm{ABC}$의 넓이는

$\dfrac{1}{2}\times\{2-(-4)\}\times\dfrac{9}{2}=\dfrac{27}{2}$ $\cdots$ 3단계

🖪 $\dfrac{27}{2}$

단계	채점 기준	비율
1단계	두 점 A, B의 좌표를 각각 구한 경우	40 %
2단계	점 C의 좌표를 구한 경우	40 %
3단계	$\triangle\mathrm{ABC}$의 넓이를 구한 경우	20 %

09 꼭짓점의 좌표가 $(-3, -10)$이므로 구하는 이차함수의 식은
$$y=a(x+3)^2-10 \qquad \cdots \text{1단계}$$
$y=a(x+3)^2-10$에 $x=0$, $y=8$을 대입하면
$$8=a\times(0+3)^2-10, \ 9a=18$$
$$a=2, \ y=2(x+3)^2-10 \qquad \cdots \text{2단계}$$
따라서 $x=-1$일 때의 함숫값은
$$2\times(-1+3)^2-10=-2 \qquad \cdots \text{3단계}$$
답 -2

단계	채점 기준	비율
1단계	이차함수의 식을 $y=a(x+3)^2-10$으로 놓은 경우	40 %
2단계	a의 값을 구한 경우	40 %
3단계	$x=-1$일 때의 함숫값을 구한 경우	20 %

10 x축과 한 점에서 만나는 점은 꼭짓점이므로 꼭짓점의 좌표는 $(-3, 0)$
꼭짓점의 좌표가 $(-3, 0)$이므로 구하는 이차함수의 식은
$$y=a(x+3)^2 \qquad \cdots \text{1단계}$$
$y=a(x+3)^2$에 $x=0$, $y=18$을 대입하면
$$18=a\times(0+3)^2, \ 9a=18$$
$$a=2$$
$$y=2(x+3)^2=2x^2+12x+18$$
$$b=12, \ c=18 \qquad \cdots \text{2단계}$$
따라서 $a+b+c=2+12+18=32 \qquad \cdots \text{3단계}$
답 32

단계	채점 기준	비율
1단계	이차함수의 식을 $y=a(x+3)^2$으로 놓은 경우	30 %
2단계	a, b, c의 값을 각각 구한 경우	50 %
3단계	$a+b+c$의 값을 구한 경우	20 %

11 축의 방정식이 $x=-3$인 포물선이므로 구하는 이차함수의 식은
$$y=a(x+3)^2+q \qquad \cdots \text{1단계}$$
$y=a(x+3)^2+q$에 두 점 $(0, -6)$, $(-2, 10)$의 좌표를 각각 대입하면
$$-6=9a+q \qquad \cdots\cdots \text{㉠}$$
$$10=a+q \qquad \cdots\cdots \text{㉡}$$
㉠, ㉡을 연립하여 풀면
$$a=-2, \ q=12 \qquad \cdots \text{2단계}$$
$y=-2(x+3)^2+12$에 $x=1$, $y=k$를 대입하면
$$k=-2\times(1+3)^2+12=-20 \qquad \cdots \text{3단계}$$
답 -20

단계	채점 기준	비율
1단계	이차함수의 식을 $y=a(x+3)^2+q$로 놓은 경우	30 %
2단계	a, q의 값을 각각 구한 경우	50 %
3단계	k의 값을 구한 경우	20 %

12 $y=ax^2+bx+c$에 세 점의 좌표를 각각 대입하면
$$4=c \qquad \cdots\cdots \text{㉠}$$
$$8=a+b+c \qquad \cdots\cdots \text{㉡}$$
$$4=a-b+c \qquad \cdots\cdots \text{㉢} \qquad \cdots \text{1단계}$$
㉠, ㉡, ㉢을 연립하여 풀면
$$a=2, \ b=2, \ c=4 \qquad \cdots \text{2단계}$$
$y=2x^2+2x+4$에 $x=2$, $y=k$를 대입하면
$$k=2\times2^2+2\times2+4=16 \qquad \cdots \text{3단계}$$
답 16

단계	채점 기준	비율
1단계	세 점의 좌표를 각각 대입한 경우	30 %
2단계	a, b, c의 값을 각각 구한 경우	50 %
3단계	k의 값을 구한 경우	20 %

13 $y=ax^2+bx+c$에 세 점 $(0, 5)$, $(-1, 2)$, $(4, -3)$의 좌표를 각각 대입하면
$$5=c \qquad \cdots\cdots \text{㉠}$$
$$2=a-b+c \qquad \cdots\cdots \text{㉡}$$
$$-3=16a+4b+c \qquad \cdots\cdots \text{㉢} \qquad \cdots \text{1단계}$$
㉠, ㉡, ㉢을 연립하여 풀면
$$a=-1, \ b=2, \ c=5 \qquad \cdots \text{2단계}$$
따라서 $a+b+c=-1+2+5=6 \qquad \cdots \text{3단계}$
답 6

단계	채점 기준	비율
1단계	세 점의 좌표를 각각 대입한 경우	40 %
2단계	a, b, c의 값을 각각 구한 경우	40 %
3단계	$a+b+c$의 값을 구한 경우	20 %

14 x축과 두 점 $(-2, 0)$, $(5, 0)$에서 만나므로 구하는 이차함수의 식은
$$y=a(x+2)(x-5) \qquad \cdots \text{1단계}$$
$y=a(x+2)(x-5)$에 $x=4$, $y=12$를 대입하면
$$12=a\times(4+2)\times(4-5), \ -6a=12$$
$$a=-2$$
$$y=-2(x+2)(x-5)$$
$$=-2x^2+6x+20$$

$b=6$, $c=20$ · · · **2단계**
따라서
$5a-b+c=5\times(-2)-6+20$
$\qquad\qquad=4$ · · · **3단계**

답 4

단계	채점 기준	비율
1단계	이차함수의 식을 $y=a(x+2)(x-5)$로 놓은 경우	30 %
2단계	a, b, c의 값을 각각 구한 경우	50 %
3단계	$5a-b+c$의 값을 구한 경우	20 %

15 $y=x^2+4x+9$
$\quad=(x^2+4x+4-4)+9$
$\quad=(x+2)^2+5$
꼭짓점의 좌표는 $(-2, 5)$ · · · **1단계**
x축의 방향으로 m만큼, y축의 방향으로 n만큼 평행이동하면 꼭짓점의 좌표는 $(-2+m, 5+n)$ · · · **2단계**
$y=x^2-8x+19$
$\quad=(x^2-8x+16-16)+19$
$\quad=(x-4)^2+3$
꼭짓점의 좌표는 $(4, 3)$ · · · **3단계**
$-2+m=4$, $5+n=3$
$m=6$, $n=-2$ · · · **4단계**

답 $m=6$, $n=-2$

단계	채점 기준	비율
1단계	$y=x^2+4x+9$의 그래프의 꼭짓점의 좌표를 구한 경우	25 %
2단계	평행이동한 그래프의 꼭짓점의 좌표를 구한 경우	25 %
3단계	$y=x^2-8x+19$의 그래프의 꼭짓점의 좌표를 구한 경우	25 %
4단계	m, n의 값을 각각 구한 경우	25 %

16 $a<0$이므로 위로 볼록하다.
· · · **1단계**
x^2과 x의 계수가 서로 같은 부호이므로 축이 y축의 왼쪽에 위치한다. · · · **2단계**
상수항이 0이므로 y축과 만나는 점은 원점이다. · · · **3단계**
따라서 지나지 않는 사분면은 제1사분면이다. · · · **4단계**

답 제1사분면

단계	채점 기준	비율
1단계	그래프의 모양을 구한 경우	25 %
2단계	축의 위치를 구한 경우	25 %
3단계	y축과 만나는 점의 위치를 구한 경우	25 %
4단계	지나지 않는 사분면을 구한 경우	25 %

17 $y=x^2-4ax-2a+15$
$\quad=(x^2-4ax+4a^2-4a^2)-2a+15$
$\quad=(x-2a)^2-4a^2-2a+15$
꼭짓점의 좌표는 $(2a, -4a^2-2a+15)$ · · · **1단계**
$y=-5x+3$에 $x=2a$, $y=-4a^2-2a+15$를 대입하면
$-4a^2-2a+15=-5\times2a+3$ · · · **2단계**
$4a^2-8a-12=0$, $a^2-2a-3=0$
$(a+1)(a-3)=0$
$a=-1$ 또는 $a=3$
$a>0$이므로 $a=3$ · · · **3단계**

답 3

단계	채점 기준	비율
1단계	꼭짓점의 좌표를 구한 경우	40 %
2단계	꼭짓점의 좌표를 $y=-5x+3$에 대입한 경우	20 %
3단계	a의 값을 구한 경우	40 %

18 $y=-\dfrac{1}{2}x^2-2x+k$
$\quad=-\dfrac{1}{2}(x^2+4x+4-4)+k=-\dfrac{1}{2}(x+2)^2+2+k$
축의 방정식은 $x=-2$이고, $\overline{AB}=8$이므로
$A(-6, 0)$, $B(2, 0)$ · · · **1단계**
$y=-\dfrac{1}{2}x^2-2x+k$에 $x=2$, $y=0$을 대입하면
$0=-\dfrac{1}{2}\times2^2-2\times2+k$, $k=6$ · · · **2단계**
꼭짓점의 y좌표는 $2+6=8$이므로 $C(-2, 8)$ · · · **3단계**
따라서 △ABC의 넓이는
$\dfrac{1}{2}\times8\times8=32$ · · · **4단계**

답 32

단계	채점 기준	비율
1단계	두 점 A, B의 좌표를 각각 구한 경우	25 %
2단계	k의 값을 구한 경우	25 %
3단계	점 C의 좌표를 구한 경우	25 %
4단계	△ABC의 넓이를 구한 경우	25 %

19 $y=-x^2+2x+8$에 $y=0$을 대입하면
$-x^2+2x+8=0$, $x^2-2x-8=0$
$(x+2)(x-4)=0$, $x=-2$ 또는 $x=4$
$A(4, 0)$ · · · **1단계**
$y=-x^2+2x+8$
$\quad=-(x^2-2x+1-1)+8$
$\quad=-(x-1)^2+9$
꼭짓점의 좌표는 $(1, 9)$이므로 $B(1, 9)$ · · · **2단계**
$y=-x^2+2x+8$에 $x=0$을 대입하면 $y=8$이므로
$C(0, 8)$ · · · **3단계**
따라서 $\square OABC$의 넓이는
$\triangle BCO+\triangle BOA=\dfrac{1}{2}\times 8\times 1+\dfrac{1}{2}\times 4\times 9$
$\qquad\qquad\qquad\quad=4+18=22$
· · · **4단계**
답 22

단계	채점 기준	비율
1단계	점 A의 좌표를 구한 경우	25 %
2단계	점 B의 좌표를 구한 경우	25 %
3단계	점 C의 좌표를 구한 경우	25 %
4단계	$\square OABC$의 넓이를 구한 경우	25 %

20 $y=x^2-4x-5$에 $y=0$을 대입하면
$x^2-4x-5=0$, $(x+1)(x-5)=0$
$x=-1$ 또는 $x=5$
$A(5, 0)$ · · · **1단계**
$y=x^2-4x-5$에 $x=0$을 대입하면 $y=-5$이므로
$B(0, -5)$ · · · **2단계**
$y=x^2-4x-5$
$\quad=(x^2-4x+4-4)-5$
$\quad=(x-2)^2-9$
꼭짓점의 좌표는 $(2, -9)$이므로 $C(2, -9)$ · · · **3단계**
따라서 $\triangle ABC$의 넓이는
$\triangle OBC+\triangle OCA-\triangle OBA$
$=\dfrac{1}{2}\times 5\times 2+\dfrac{1}{2}\times 5\times 9-\dfrac{1}{2}\times 5\times 5$
$=15$
· · · **4단계**
답 15

단계	채점 기준	비율
1단계	점 A의 좌표를 구한 경우	25 %
2단계	점 B의 좌표를 구한 경우	20 %
3단계	점 C의 좌표를 구한 경우	25 %
4단계	$\triangle ABC$의 넓이를 구한 경우	30 %

21 $y=x^2-6x+11$
$\quad=(x^2-6x+9-9)+11$
$\quad=(x-3)^2+2$
꼭짓점의 좌표는 $(3, 2)$ · · · **1단계**
x축의 방향으로 -6만큼, y축의 방향으로 -1만큼 평행이
동하면 꼭짓점의 좌표는
$(3-6, 2-1)=(-3, 1)$ · · · **2단계**
$y=-x^2+ax+b$의 그래프의 꼭짓점의 좌표가 $(-3, 1)$
이므로
$y=-(x+3)^2+1=-x^2-6x-8$
$a=-6$, $b=-8$ · · · **3단계**
따라서 $a+b=-6+(-8)=-14$ · · · **4단계**
답 -14

단계	채점 기준	비율
1단계	$y=x^2-6x+11$의 그래프의 꼭짓점의 좌표를 구한 경우	30 %
2단계	평행이동한 그래프의 꼭짓점의 좌표를 구한 경우	30 %
3단계	a, b의 값을 각각 구한 경우	30 %
4단계	$a+b$의 값을 구한 경우	10 %

22 x^2의 계수가 $\dfrac{1}{2}$이고, 꼭짓점의 좌표가 $(k, -6)$이므로 이
차함수의 식은
$y=\dfrac{1}{2}(x-k)^2-6$ · · · **1단계**
$y=\dfrac{1}{2}(x-k)^2-6$에 $x=0$, $y=2$를 대입하면
$2=\dfrac{1}{2}\times(0-k)^2-6$, $\dfrac{1}{2}k^2=8$, $k^2=16$
$k=\pm 4$
$k>0$이므로 $k=4$ · · · **2단계**
$y=\dfrac{1}{2}(x-4)^2-6=\dfrac{1}{2}x^2-4x+2$
$a=-4$, $b=2$ · · · **3단계**
따라서 $a+b+k=-4+2+4=2$ · · · **4단계**
답 2

단계	채점 기준	비율
1단계	이차함수의 식을 $y=\dfrac{1}{2}(x-k)^2-6$으로 놓은 경우	30 %
2단계	k의 값을 구한 경우	30 %
3단계	a, b의 값을 각각 구한 경우	30 %
4단계	$a+b+k$의 값을 구한 경우	10 %

대단원 실전 테스트

Ⅰ. 실수와 그 연산   1회

본문 68~71쪽

01 ③	02 −1	03 ①	04 ⑤	05 $2a$	06 ④
07 20	08 ④	09 ④	10 ③	11 ①	12 ②
13 ④	14 ④	15 ①	16 ④	17 $\dfrac{3ab}{2}$	18 ②
19 8	20 ⑤	21 $8\sqrt{2}$	22 ③	23 ②	24 $-2\sqrt{3}$
25 ④	26 ②	27 ①	28 $1-a$		

01
① $\sqrt{36}=6$의 제곱근은 $\pm\sqrt{6}$이다.
② $\sqrt{(-3)^2}=3$의 음의 제곱근은 $-\sqrt{3}$이다.
④ $(-16)^2=256$의 제곱근은 ±16이다.
⑤ 25의 제곱근은 ±5이다.

답 ③

02
$\sqrt{(-100)^2}=100$의 음의 제곱근은 -10이므로 $a=-10$
제곱근 81은 $\sqrt{81}=9$이므로 $b=9$
따라서 $a+b=-10+9=-1$

답 −1

03
① $\sqrt{0.\dot{1}}=\sqrt{\dfrac{1}{9}}=\dfrac{1}{3}$

답 ①

04
$\left(-\sqrt{\dfrac{1}{2}}\right)^2\times\sqrt{16}+\sqrt{(-6)^2}\div\sqrt{\left(\dfrac{1}{3}\right)^2}$
$=\dfrac{1}{2}\times4+6\times3$
$=2+18=20$

답 ⑤

05
$a-b>0$, $ab<0$에서 $a>0$, $b<0$이고
$|a|>|b|$이므로 $a+b>0$이다.   ··· 1단계
따라서
$\sqrt{a^2}+\sqrt{(-b)^2}+\sqrt{(a+b)^2}=a+(-b)+(a+b)$
$\qquad\qquad\qquad\qquad\qquad\quad =2a$ ··· 2단계

답 $2a$

단계	채점 기준	비율
1단계	a, b, $a+b$의 부호를 각각 구한 경우	40 %
2단계	주어진 식을 간단히 한 경우	60 %

06
$\sqrt{3.6x}=\sqrt{\dfrac{36}{10}x}=\sqrt{\dfrac{18}{5}x}=\sqrt{\dfrac{2\times3^2\times x}{5}}$이므로 정수가
되도록 하는 가장 작은 자연수 x의 값은
$x=2\times5=10$

답 ④

07
두 정사각형의 한 변의 길이는 각각 $a=\sqrt{\dfrac{2}{3}x}$,
$b=\sqrt{48+x}$이다.   ··· 1단계
$a=\sqrt{\dfrac{2}{3}x}$가 자연수가 되려면 $\dfrac{2}{3}x$가 자연수의 제곱이 되
어야 하므로 이를 만족시키는 x는
$x=2\times3,\ 2^3\times3,\ 2\times3^3,\ 2^5\times3,\ \cdots$
즉, $x=6,\ 24,\ 54,\ 96,\ \cdots$ ··· 2단계
$b=\sqrt{48+x}$가 자연수가 되려면 $48+x$가 자연수의 제곱
이 되어야 하므로 이를 만족시키는 x는
$x=1,\ 16,\ 33,\ 52,\ 73,\ 96,\ \cdots$ ··· 3단계
두 조건을 만족시키면서 정사각형의 넓이를 최소로 하는
가장 작은 x의 값은 96이므로
$a=\sqrt{\dfrac{2}{3}\times96}=\sqrt{64}=8$
$b=\sqrt{48+96}=\sqrt{144}=12$ ··· 4단계
따라서 $a+b=8+12=20$ ··· 5단계

답 20

단계	채점 기준	비율
1단계	정사각형의 한 변의 길이를 각각 구한 경우	10 %
2단계	a가 자연수가 되게 하는 x의 값을 구한 경우	30 %
3단계	b가 자연수가 되게 하는 x의 값을 구한 경우	30 %
4단계	a, b의 값을 각각 구한 경우	20 %
5단계	$a+b$의 값을 구한 경우	10 %

08
$-3=-\sqrt{9}$, $\sqrt{(-4)^2}=\sqrt{16}$이므로 주어진 수의 대소 관
계는
$\sqrt{19}>\sqrt{(-4)^2}>\sqrt{\dfrac{7}{2}}>-\sqrt{5}>-3>-\sqrt{11}$
따라서 $a=\sqrt{19}$, $b=-\sqrt{11}$이므로
$a^2+b^2=(\sqrt{19})^2+(-\sqrt{11})^2=19+11=30$

답 ④

09
$-5<-\sqrt{2x-1}<-4$에서 $4<\sqrt{2x-1}<5$
$16<2x-1<25$, $\dfrac{17}{2}<x<13$
이를 만족시키는 자연수 x는 9, 10, 11, 12이므로 4개이다.

답 ④

10 $\sqrt{a}$가 무리수가 되려면 a가 자연수의 제곱이 아니어야 한다. 1부터 20까지의 자연수 중 자연수의 제곱인 수는 1, 4, 9, 16의 4개이므로 $\sqrt{a}$가 무리수가 되도록 하는 자연수 a는 16개이다.

답 ③

11 ② 순환하지 않는 무한소수가 무리수이다.
③ 무리수는 순환소수로 나타낼 수 없다.
④ 유리수가 아닌 수가 무리수이다.
⑤ $\sqrt{4}=2$, $\sqrt{9}=3$, …이므로 근호를 사용하여 나타낸 수 중에도 유리수가 있다.

답 ①

12 피타고라스 정리에 의하여
$$\overline{AC}=\sqrt{\overline{AB}^2+\overline{BC}^2}=\sqrt{1^2+1^2}=\sqrt{2}$$
점 A에 대응하는 수가 3이고 $\overline{AP}=\overline{AC}=\overline{AQ}=\sqrt{2}$이므로
점 P에 대응하는 수는 $p=3+\sqrt{2}$
점 Q에 대응하는 수는 $q=3-\sqrt{2}$
따라서 $p-q=(3+\sqrt{2})-(3-\sqrt{2})=2\sqrt{2}$

답 ②

13 $2\sqrt{10}=\sqrt{40}$, $2\sqrt{13}=\sqrt{52}$, $4\sqrt{3}=\sqrt{48}$, $5\sqrt{2}=\sqrt{50}$이고
$6=\sqrt{36}$, $7=\sqrt{49}$이다.
따라서 두 수 6과 7 사이에 있는 수는 $2\sqrt{10}$, $\sqrt{37}$, $4\sqrt{3}$, $\sqrt{45}$이므로 4개이다.

답 ④

14 ① $(\sqrt{2}+3)-4=\sqrt{2}-1>0$이므로
$\sqrt{2}+3>4$
② $(5-\sqrt{3})-3=2-\sqrt{3}>0$이므로
$5-\sqrt{3}>3$
③ $(\sqrt{3}+2)-(\sqrt{5}+2)=\sqrt{3}-\sqrt{5}<0$이므로
$\sqrt{3}+2<\sqrt{5}+2$
④ $(3-\sqrt{2})-(-\sqrt{2}+\sqrt{5})=3-\sqrt{5}>0$이므로
$3-\sqrt{2}>-\sqrt{2}+\sqrt{5}$
⑤ $(\sqrt{8}-\sqrt{6})-(\sqrt{8}-2)=-\sqrt{6}+2<0$이므로
$\sqrt{8}-\sqrt{6}<\sqrt{8}-2$

답 ④

15 $a-b=(3-\sqrt{2})-2=1-\sqrt{2}<0$이므로
$a<b$
$2<\sqrt{10}$이므로 $b<c$
따라서 $a<b<c$

답 ①

16 ① $\sqrt{5}\times\sqrt{20}=\sqrt{100}=10$
② $-3\sqrt{7}\times2\sqrt{7}=(-6)\times7=-42$
③ $\sqrt{\dfrac{4}{3}}\times\sqrt{\dfrac{6}{4}}=\sqrt{\dfrac{4}{3}\times\dfrac{6}{4}}=\sqrt{2}$
④ $(-\sqrt{45})\div\sqrt{5}=-\sqrt{\dfrac{45}{5}}=-\sqrt{9}=-3$
⑤ $\sqrt{5}\div\sqrt{3}\times\sqrt{15}=\sqrt{\dfrac{5}{3}\times15}=5$

답 ④

17 $\sqrt{60}=\sqrt{2^2\times3\times5}=2\sqrt{3\times5}=2ab$
$\sqrt{3.75}=\sqrt{\dfrac{375}{100}}=\sqrt{\dfrac{15}{4}}=\dfrac{\sqrt{15}}{2}=\dfrac{ab}{2}$
따라서 $\sqrt{60}-\sqrt{3.75}=2ab-\dfrac{ab}{2}=\dfrac{3ab}{2}$

답 $\dfrac{3ab}{2}$

18 $4\sqrt{6}=\sqrt{96}$이므로 $a=96$
$\sqrt{108}=6\sqrt{3}$이므로 $b=6$
$\dfrac{14}{\sqrt{7}}=\dfrac{14\sqrt{7}}{7}=2\sqrt{7}$이므로 $c=2$
따라서 $a+b-c=96+6-2=100$

답 ②

19 $\dfrac{\sqrt{3}}{3\sqrt{2}}=\dfrac{\sqrt{3}}{\sqrt{18}}=\sqrt{\dfrac{3}{18}}=\sqrt{\dfrac{1}{6}}$이므로 $a=\dfrac{1}{6}$
$\dfrac{\sqrt{2}}{2\sqrt{5}}=\dfrac{\sqrt{2}}{\sqrt{20}}=\sqrt{\dfrac{2}{20}}=\sqrt{\dfrac{1}{10}}$이므로 $b=\dfrac{1}{10}$
따라서 $30a+30b=30\times\dfrac{1}{6}+30\times\dfrac{1}{10}=5+3=8$

답 8

20 ① $a\sqrt{b}=\sqrt{a^2\times b}=\sqrt{a^2b}$
② $\sqrt{\dfrac{a^2}{b}}=\dfrac{\sqrt{a^2}}{\sqrt{b}}=\dfrac{a}{\sqrt{b}}$
③ $\dfrac{a}{\sqrt{a}}=\dfrac{a\sqrt{a}}{a}=\sqrt{a}$
④ $\dfrac{\sqrt{b}}{\sqrt{a}}=\dfrac{\sqrt{ab}}{a}$
⑤ $\dfrac{\sqrt{a}}{a\sqrt{b}}=\dfrac{\sqrt{ab}}{ab}$

답 ⑤

21 정사각형 ABCD의 각 변의 중점 E, F, G, H를 이어 만든 사각형 EFGH는 정사각형이고 그 넓이는 □ABCD의 넓이의 $\dfrac{1}{2}$이다.

즉, □EFGH의 넓이도 128이므로 한 변의 길이는

$\overline{\text{EF}}=\sqrt{128}=\sqrt{8^2\times2}=8\sqrt{2}$

답 $8\sqrt{2}$

22 $\dfrac{4}{\sqrt{2}}\times\dfrac{\sqrt{200}}{8}\div(-\sqrt{40})=2\sqrt{2}\times\dfrac{5\sqrt{2}}{4}\times\left(-\dfrac{1}{2\sqrt{10}}\right)$

$=-\dfrac{5\sqrt{10}}{20}=-\dfrac{\sqrt{10}}{4}$

따라서 $a=-\dfrac{1}{4}$

답 ③

23 $\overline{\text{BC}}=x$라고 하면 $\dfrac{1}{2}\times(\sqrt{12}+x)\times\sqrt{8}=5\sqrt{6}$

$(2\sqrt{3}+x)\times\sqrt{2}=5\sqrt{6}$

$2\sqrt{6}+x\sqrt{2}=5\sqrt{6}$

$x=\dfrac{3\sqrt{6}}{\sqrt{2}}=3\sqrt{3}$

답 ②

24 $\sqrt{2}\left(\sqrt{6}-\dfrac{9}{\sqrt{3}}\right)-\dfrac{2}{\sqrt{3}}\left(6-\dfrac{9}{\sqrt{2}}\right)$

$=\sqrt{12}-\dfrac{9\sqrt{2}}{\sqrt{3}}-\dfrac{12}{\sqrt{3}}+\dfrac{18}{\sqrt{6}}$

$=2\sqrt{3}-3\sqrt{6}-4\sqrt{3}+3\sqrt{6}$

$=-2\sqrt{3}$

답 $-2\sqrt{3}$

25 ① $\sqrt{0.006}=\sqrt{\dfrac{60}{100^2}}=\dfrac{\sqrt{60}}{100}=\dfrac{1}{100}\times7.746=0.07746$

② $\sqrt{0.06}=\sqrt{\dfrac{6}{10^2}}=\dfrac{\sqrt{6}}{10}=\dfrac{1}{10}\times2.449=0.2449$

③ $\sqrt{0.6}=\sqrt{\dfrac{60}{10^2}}=\dfrac{\sqrt{60}}{10}=\dfrac{1}{10}\times7.746=0.7746$

④ $\sqrt{600}=\sqrt{10^2\times6}=10\sqrt{6}=10\times2.449=24.49$

⑤ $\sqrt{60000}=\sqrt{100^2\times6}=100\sqrt{6}=100\times2.449=244.9$

답 ④

26 $\dfrac{\sqrt{6ab}}{a}+\dfrac{\sqrt{6ab}}{b}=\dfrac{\sqrt{6ab}}{\sqrt{a^2}}+\dfrac{\sqrt{6ab}}{\sqrt{b^2}}=\sqrt{\dfrac{6ab}{a^2}}+\sqrt{\dfrac{6ab}{b^2}}$

$=\sqrt{6\times\dfrac{b}{a}}+\sqrt{6\times\dfrac{a}{b}}$

$=\sqrt{6\times\dfrac{1}{3}}+\sqrt{6\times3}$

$=\sqrt{2}+3\sqrt{2}=4\sqrt{2}$

답 ②

27 $\sqrt{5}-\sqrt{6}<0$, $2\sqrt{6}-\sqrt{45}<0$, $\sqrt{54}-2\sqrt{5}>0$이므로

$\sqrt{(\sqrt{5}-\sqrt{6})^2}-\sqrt{(2\sqrt{6}-\sqrt{45})^2}-\sqrt{(\sqrt{54}-2\sqrt{5})^2}$

$=-(\sqrt{5}-\sqrt{6})-\{-(2\sqrt{6}-3\sqrt{5})\}-(3\sqrt{6}-2\sqrt{5})$

$=-\sqrt{5}+\sqrt{6}+2\sqrt{6}-3\sqrt{5}-3\sqrt{6}+2\sqrt{5}$

$=-2\sqrt{5}$

답 ①

28 $2<\sqrt{5}<3$에서 $\sqrt{5}$의 정수 부분은 2이고 소수 부분은

$\sqrt{5}-2$이므로 $a=\sqrt{5}-2$ ··· **1단계**

$-3<-\sqrt{5}<-2$, $2<5-\sqrt{5}<3$에서

$5-\sqrt{5}$의 정수 부분은 2이고

소수 부분은 $(5-\sqrt{5})-2=3-\sqrt{5}$ ··· **2단계**

$a=\sqrt{5}-2$에서 $\sqrt{5}=a+2$이므로

$3-\sqrt{5}=3-(a+2)=1-a$ ··· **3단계**

답 $1-a$

단계	채점 기준	비율
1단계	a의 값을 구한 경우	40 %
2단계	$5-\sqrt{5}$의 소수 부분을 구한 경우	40 %
3단계	$5-\sqrt{5}$의 소수 부분을 a로 나타낸 경우	20 %

I. 실수와 그 연산 **2회**

본문 72~75쪽

01 ②	**02** ④	**03** ②	**04** ②	**05** $-a$	**06** ⑤
07 75	**08** ③	**09** ②	**10** ①	**11** ④	**12** $2\sqrt{5}$
13 ③	**14** ④	**15** 3	**16** ⑤	**17** ③	
18 $4\sqrt{3}$ cm		**19** ③	**20** ③	**21** $4\sqrt{2}$	**22** ③
23 ④	**24** 108 cm^2		**25** ③	**26** $\dfrac{\sqrt{6}}{6}$	**27** ③
28 ②					

01 ② 0.9의 제곱근은 $\pm\sqrt{0.9}$이다.

답 ②

02 ①, ②, ③, ⑤ 3

④ -3

답 ④

03 $\sqrt{(-18)^2}=18$의 양의 제곱근은 $\sqrt{18}=3\sqrt{2}$이므로

$a=3\sqrt{2}$

$(-\sqrt{8})^2=8$의 음의 제곱근은 $-\sqrt{8}=-2\sqrt{2}$이므로
$b=-2\sqrt{2}$
따라서 $a+b=3\sqrt{2}+(-2\sqrt{2})=\sqrt{2}$

답 ②

04 ㄱ. $a<0$이므로 $-\sqrt{a^2}=-(-a)=a$
ㄴ. $-2a>0$이므로 $\sqrt{(-2a)^2}=-2a$
ㄷ. $3a<0$이므로 $\sqrt{9a^2}=\sqrt{(3a)^2}=-3a$
ㄹ. $-5a>0$이므로 $-\sqrt{(-5a)^2}=-(-5a)=5a$
따라서 옳은 것은 ㄱ, ㄹ이다.

답 ②

05 $0<a<1$, $\dfrac{1}{a}>1$이므로
$a-\dfrac{1}{a}<0$, $a+\dfrac{1}{a}>0$
$\sqrt{(-a)^2}+\sqrt{\left(a-\dfrac{1}{a}\right)^2}-\sqrt{\left(a+\dfrac{1}{a}\right)^2}$
$=-(-a)+\left\{-\left(a-\dfrac{1}{a}\right)\right\}-\left(a+\dfrac{1}{a}\right)$
$=a-a+\dfrac{1}{a}-a-\dfrac{1}{a}$
$=-a$

답 $-a$

06 $\sqrt{170-a}-\sqrt{72+b}$의 계산 결과가 가장 큰 자연수가 되려면 $\sqrt{170-a}$는 가장 큰 자연수, $\sqrt{72+b}$는 가장 작은 자연수가 되어야 한다.
$170-a$가 자연수의 제곱이면서 가장 큰 경우는 $a=1$일 때이므로
$\sqrt{170-1}=\sqrt{169}=13$
$72+b$가 자연수의 제곱이면서 가장 작은 경우는 $b=9$일 때이므로
$\sqrt{72+9}=\sqrt{81}=9$
이때 $c=13-9=4$이므로
$a+b+c=1+9+4=14$

답 ⑤

07 $\sqrt{48k}=4\sqrt{3k}$가 자연수가 되려면 근호 안의 $3k$가 자연수의 제곱이 되어야 하므로 $k=3\times$(자연수)^2 꼴이어야 한다.
$k=3\times1^2$, 3×2^2, 3×3^2, $\cdots$
따라서 가장 큰 두 자리 자연수 k의 값은
$k=3\times5^2=75$

답 75

08 $8<\sqrt{80}<9$에서 $\sqrt{80}$ 이하의 가장 큰 자연수는 8이므로
$f(80)=8$

$6<\sqrt{40}<7$에서 $\sqrt{40}$ 이상의 가장 작은 자연수는 7이므로
$g(40)=7$
따라서 $f(80)+g(40)=8+7=15$

답 ③

09 5개의 수 중 양수는 $\sqrt{11}$, $-1+\sqrt{3}$이고
$3<\sqrt{11}<4$
$1<\sqrt{3}<2$에서 $0<-1+\sqrt{3}<1$이므로
$\sqrt{11}>-1+\sqrt{3}$
따라서 큰 것부터 차례로 나열할 때 두 번째에 오는 수는
$-1+\sqrt{3}$이다.

답 ②

10 ① $a-3=\sqrt{3}-3$
② $a^2=(\sqrt{3})^2=3$
③ $\left(\dfrac{a}{3}\right)^2=\left(\dfrac{\sqrt{3}}{3}\right)^2=\dfrac{3}{9}=\dfrac{1}{3}$
④ $\sqrt{3a^2}=\sqrt{3\times(\sqrt{3})^2}=3$
⑤ $\sqrt{a^2-2}=\sqrt{(\sqrt{3})^2-2}=1$

답 ①

11 $3<\sqrt{15}<4$에서 $1<\sqrt{15}-2<2$이므로
$\sqrt{15}-2$에 대응하는 점은 D에 있다.

답 ④

12 $a+b=(2\sqrt{5}-\sqrt{10})+(2\sqrt{10}-3\sqrt{5})$
$=-\sqrt{5}+\sqrt{10}>0$
$b-a=(2\sqrt{10}-3\sqrt{5})-(2\sqrt{5}-\sqrt{10})$
$=-5\sqrt{5}+3\sqrt{10}=-\sqrt{125}+\sqrt{90}<0$
$\sqrt{9(a+b)^2}+\sqrt{(b-a)^2}$
$=3(a+b)+\{-(b-a)\}$
$=3a+3b-b+a=4a+2b$
$=4(2\sqrt{5}-\sqrt{10})+2(2\sqrt{10}-3\sqrt{5})$
$=8\sqrt{5}-4\sqrt{10}+4\sqrt{10}-6\sqrt{5}$
$=2\sqrt{5}$

답 $2\sqrt{5}$

13 ① $3\sqrt{2}=\sqrt{18}$, $2\sqrt{5}=\sqrt{20}$이므로 $3\sqrt{2}<2\sqrt{5}$
② $3=\sqrt{9}$이므로 $3<\sqrt{9.1}$
③ $(\sqrt{2}+5)-6=\sqrt{2}-1>0$이므로 $\sqrt{2}+5>6$
④ $\sqrt{\dfrac{7}{3}}>\sqrt{2}$이므로 $-\sqrt{\dfrac{7}{3}}<-\sqrt{2}$
⑤ $(-1-\sqrt{3})-(-2)=1-\sqrt{3}<0$이므로
$-1-\sqrt{3}<-2$

답 ③

14 $\sqrt{8}\times\sqrt{\dfrac{5}{6}}\times\sqrt{a}=\sqrt{6}\div\sqrt{3}\div\sqrt{\dfrac{1}{5}}$ 에서

$$\sqrt{8\times\dfrac{5}{6}\times a}=\sqrt{6\times\dfrac{1}{3}\times 5}$$

$$\sqrt{\dfrac{20a}{3}}=\sqrt{10},\ \dfrac{20a}{3}=10$$

따라서 $a=10\times\dfrac{3}{20}=\dfrac{3}{2}$

답 ③

15 $\sqrt{450}=\sqrt{15^2\times 2}=15\sqrt{2}$ 이므로

$a=15$ · · · **1단계**

$\sqrt{0.12}=\sqrt{\dfrac{12}{100}}=\dfrac{\sqrt{12}}{10}=\dfrac{2\sqrt{3}}{10}=\dfrac{\sqrt{3}}{5}$ 이므로

$b=\dfrac{1}{5}$ · · · **2단계**

따라서 $ab=15\times\dfrac{1}{5}=3$ · · · **3단계**

답 3

단계	채점 기준	비율
1단계	a의 값을 구한 경우	40 %
2단계	b의 값을 구한 경우	40 %
3단계	ab의 값을 구한 경우	20 %

16 $\dfrac{5}{\sqrt{90}}=\dfrac{5\times\sqrt{10}}{3\sqrt{10}\times\sqrt{10}}=\dfrac{5\sqrt{10}}{30}=\dfrac{\sqrt{10}}{6}$ 이므로

$a=\dfrac{1}{6}$

$\dfrac{b}{3\sqrt{5}}=\dfrac{b\times\sqrt{5}}{3\sqrt{5}\times\sqrt{5}}=\dfrac{b\sqrt{5}}{15}=2\sqrt{5}$ 이므로

$b=30$

따라서 $ab=\dfrac{1}{6}\times 30=5$

답 ⑤

17 $\dfrac{3\sqrt{3}}{\sqrt{2}}\div\sqrt{\dfrac{6}{5}}\times\dfrac{2\sqrt{2}}{\sqrt{15}}=\dfrac{3\sqrt{3}}{\sqrt{2}}\times\dfrac{\sqrt{5}}{\sqrt{6}}\times\dfrac{2\sqrt{2}}{\sqrt{15}}$

$$=\dfrac{6}{\sqrt{6}}=\sqrt{6}$$

답 ③

18 원뿔의 전개도에서 부채꼴의 호의 길이는 밑면의 둘레의 길이와 같으므로 밑면의 반지름의 길이를 r cm라고 하면

$2\pi r=2\sqrt{6}\pi,\ r=\sqrt{6}$ · · · **1단계**

원뿔의 높이를 h cm라고 하면

$\dfrac{1}{3}\times\pi\times(\sqrt{6})^2\times h=8\sqrt{3}\pi$ · · · **2단계**

$2h=8\sqrt{3},\ h=4\sqrt{3}$

따라서 원뿔의 높이는 $4\sqrt{3}$ cm이다. · · · **3단계**

답 $4\sqrt{3}$ cm

단계	채점 기준	비율
1단계	밑면의 반지름의 길이를 구한 경우	50 %
2단계	원뿔의 부피에 관한 식을 세운 경우	30 %
3단계	원뿔의 높이를 구한 경우	20 %

19 ① $\sqrt{0.0258}=\sqrt{\dfrac{2.58}{10^2}}=\dfrac{\sqrt{2.58}}{10}=0.1a$

② $\sqrt{0.258}=\sqrt{\dfrac{25.8}{10^2}}=\dfrac{\sqrt{25.8}}{10}=0.1b$

③ $\sqrt{258}=\sqrt{10^2\times 2.58}=10\sqrt{2.58}=10a$

④ $\sqrt{25800}=\sqrt{100^2\times 2.58}=100\sqrt{2.58}=100a$

⑤ $\sqrt{258000}=\sqrt{100^2\times 25.8}=100\sqrt{25.8}=100b$

답 ③

20 $\sqrt{27}+a\sqrt{3}-\sqrt{75}=3\sqrt{3}+a\sqrt{3}-5\sqrt{3}$

$$=(a-2)\sqrt{3}$$

$a-2=-1$이므로 $a=1$

답 ③

21 $\dfrac{4\sqrt{18}}{3}-\dfrac{2}{\sqrt{32}}+\dfrac{\sqrt{6}}{\sqrt{48}}=\dfrac{12\sqrt{2}}{3}-\dfrac{2}{4\sqrt{2}}+\dfrac{\sqrt{6}}{4\sqrt{3}}$

$$=4\sqrt{2}-\dfrac{\sqrt{2}}{4}+\dfrac{\sqrt{2}}{4}$$

$$=4\sqrt{2}$$

답 $4\sqrt{2}$

22 $a=3\sqrt{2}-3\sqrt{3},\ b=2\sqrt{3}-2\sqrt{2}$ 이므로

$\sqrt{2}a-\sqrt{6}c=\sqrt{3}b$ 에서

$\sqrt{6}c=\sqrt{2}a-\sqrt{3}b$

$$=\sqrt{2}(3\sqrt{2}-3\sqrt{3})-\sqrt{3}(2\sqrt{3}-2\sqrt{2})$$

$$=6-3\sqrt{6}-6+2\sqrt{6}$$

$$=-\sqrt{6}$$

따라서 $c=-1$

답 ③

23 $\sqrt{12}\left(\dfrac{1}{\sqrt{6}}+\sqrt{3}\right)-\dfrac{a}{\sqrt{2}}(\sqrt{8}-3)$

$$=\sqrt{2}+6-2a+\dfrac{3a\sqrt{2}}{2}$$

$$=6-2a+\left(1+\dfrac{3a}{2}\right)\sqrt{2}$$

식의 값이 유리수이므로

$1+\dfrac{3a}{2}=0$, $a=-\dfrac{2}{3}$

이때 식의 값은

$b=6-2\times\left(-\dfrac{2}{3}\right)=6+\dfrac{4}{3}=\dfrac{22}{3}$

따라서 $b-a=\dfrac{22}{3}-\left(-\dfrac{2}{3}\right)=\dfrac{24}{3}=8$

답 ④

24 넓이가 각각 $3\,\mathrm{cm}^2$, $12\,\mathrm{cm}^2$, $27\,\mathrm{cm}^2$인 정사각형의 한 변의 길이는 $\sqrt{3}\,\mathrm{cm}$, $2\sqrt{3}\,\mathrm{cm}$, $3\sqrt{3}\,\mathrm{cm}$이다. · · · 1단계

세 정사각형의 둘레의 길이는

$4\sqrt{3}\,\mathrm{cm}$, $8\sqrt{3}\,\mathrm{cm}$, $12\sqrt{3}\,\mathrm{cm}$

이므로 둘레의 길이의 합은

$4\sqrt{3}+8\sqrt{3}+12\sqrt{3}=24\sqrt{3}\,(\mathrm{cm})$ · · · 2단계

둘레의 길이가 $24\sqrt{3}\,\mathrm{cm}$인 정사각형의 한 변의 길이는

$24\sqrt{3}\times\dfrac{1}{4}=6\sqrt{3}\,(\mathrm{cm})$ · · · 3단계

따라서 정사각형의 넓이는

$(6\sqrt{3})^2=108\,(\mathrm{cm}^2)$ · · · 4단계

답 $108\,\mathrm{cm}^2$

단계	채점 기준	비율
1단계	세 정사각형의 한 변의 길이를 각각 구한 경우	30 %
2단계	세 정사각형의 둘레의 길이의 합을 구한 경우	30 %
3단계	새로운 정사각형의 한 변의 길이를 구한 경우	20 %
4단계	새로운 정사각형의 넓이를 구한 경우	20 %

25 ① $(2+\sqrt{5})-2\sqrt{5}=2-\sqrt{5}<0$이므로

$2+\sqrt{5}<2\sqrt{5}$

② $-\sqrt{18}-(1-4\sqrt{2})=-3\sqrt{2}-(1-4\sqrt{2})$
$=-1+\sqrt{2}>0$

이므로 $-\sqrt{18}>1-4\sqrt{2}$

③ $(\sqrt{5}+2\sqrt{6})-(\sqrt{20}+\sqrt{6})$
$=(\sqrt{5}+2\sqrt{6})-(2\sqrt{5}+\sqrt{6})$
$=-\sqrt{5}+\sqrt{6}>0$

이므로 $\sqrt{5}+2\sqrt{6}>\sqrt{20}+\sqrt{6}$

④ $(3\sqrt{3}-\sqrt{8})-(4\sqrt{2}-\sqrt{12})$
$=(3\sqrt{3}-2\sqrt{2})-(4\sqrt{2}-2\sqrt{3})$
$=-6\sqrt{2}+5\sqrt{3}$
$=-\sqrt{72}+\sqrt{75}>0$

이므로 $3\sqrt{3}-\sqrt{8}>4\sqrt{2}-\sqrt{12}$

⑤ $(\sqrt{2}-\sqrt{3})-(\sqrt{8}-2\sqrt{3})$
$=(\sqrt{2}-\sqrt{3})-(2\sqrt{2}-2\sqrt{3})$
$=-\sqrt{2}+\sqrt{3}>0$

이므로 $\sqrt{2}-\sqrt{3}>\sqrt{8}-2\sqrt{3}$

답 ③

26 $a=\dfrac{\sqrt{3}+\sqrt{2}}{\sqrt{3}}=\dfrac{3+\sqrt{6}}{3}$, $b=\dfrac{\sqrt{3}-\sqrt{2}}{\sqrt{3}}=\dfrac{3-\sqrt{6}}{3}$이므로

$a+b=2$, $a-b=\dfrac{2\sqrt{6}}{3}$

따라서 $\dfrac{a+b}{3(a-b)}=\dfrac{2}{2\sqrt{6}}=\dfrac{1}{\sqrt{6}}=\dfrac{\sqrt{6}}{6}$

답 $\dfrac{\sqrt{6}}{6}$

27 $4<\sqrt{ab}\leq6$에서 $16<ab\leq36$

두 개의 주사위를 던져서 나온 눈의 수가 각각 a, b일 때 이를 만족시키는 순서쌍 $(a,\,b)$는

$(3,\,6)$, $(4,\,5)$, $(4,\,6)$, $(5,\,4)$, $(5,\,5)$,

$(5,\,6)$, $(6,\,3)$, $(6,\,4)$, $(6,\,5)$, $(6,\,6)$

으로 10개이다.

따라서 구하는 확률은 $\dfrac{10}{36}=\dfrac{5}{18}$

답 ③

28 $1<\sqrt{2}<2$, $-2<-\sqrt{2}<-1$, $2<4-\sqrt{2}<3$에서

$4-\sqrt{2}$의 정수 부분은 2이고,

소수 부분은 $(4-\sqrt{2})-2=2-\sqrt{2}$이므로

$a=2-\sqrt{2}$

$2<\sqrt{8}<3$에서 $\sqrt{8}$의 정수 부분은 2이고,

소수 부분은 $\sqrt{8}-2=2\sqrt{2}-2$이므로

$b=2\sqrt{2}-2$

따라서 $a+b=(2-\sqrt{2})+(2\sqrt{2}-2)=\sqrt{2}$

답 ②

Ⅱ. 다항식의 곱셈과 인수분해 **1회**

본문 76~79쪽

01 ②	02 ⑤	03 -1	04 21	05 ①	06 ⑤
07 ③	08 ⑤	09 ③	10 ②	11 ⑤	12 ⑤
13 ②	14 ⑤	15 ②, ④	16 ②	17 ④	18 ③
19 ⑤	20 24	21 ③	22 ③	23 ③	
24 $(x+4)(x-6)$		25 ②	26 ②	27 ③	28 1

01 xy항은 $2x \times 4y + ay \times x = (8+a)xy$
xy의 계수가 12이므로 $8+a=12$
따라서 $a=4$

답 ②

02 $(3x-A)^2 = 9x^2 - 6Ax + A^2$
$-6A = -36$, $B = A^2$
$A=6$, $B=6^2=36$
따라서 $B-A = 36-6 = 30$

답 ⑤

03 $(2+1)(2^2+1)(2^4+1)$
$= (2-1)(2+1)(2^2+1)(2^4+1)$
$= (2^2-1)(2^2+1)(2^4+1)$
$= (2^4-1)(2^4+1)$
$= 2^8 - 1$
따라서 구하는 식의 값은
$2^8 - 1 - 2^8 = -1$

답 -1

04 $(x-3)(x+a) = x^2 + (-3+a)x - 3a$ ··· **1단계**
x의 계수는 $-3+a$이므로 $-3+a = -10$
$a = -7$ ··· **2단계**
따라서 구하는 상수항은
$-3a = -3 \times (-7) = 21$ ··· **3단계**

답 21

단계	채점 기준	비율
1단계	$(x-3)(x+a)$를 전개한 경우	40 %
2단계	a의 값을 구한 경우	30 %
3단계	상수항을 구한 경우	30 %

05 $(x+4)(3x-5)$
$= 3x^2 + (-5+12)x - 20$
$= 3x^2 + 7x - 20$
$A=3$, $B=7$, $C=-20$
따라서 $A+B-C = 3+7-(-20) = 30$

답 ①

06 ① $(-6+x)^2 = (-6)^2 + 2 \times (-6) \times x + x^2$
$\qquad = 36 - 12x + x^2$
② $\left(\dfrac{1}{2}x+4\right)^2 = \left(\dfrac{1}{2}x\right)^2 + 2 \times \dfrac{1}{2}x \times 4 + 4^2$
$\qquad = \dfrac{1}{4}x^2 + 4x + 16$
③ $(2x+6y)(2x-6y) = (2x)^2 - (6y)^2$
$\qquad = 4x^2 - 36y^2$
④ $(x+2)(x-9) = x^2 + (2-9)x - 18$
$\qquad = x^2 - 7x - 18$
⑤ $(4x+1)(3x-5) = 12x^2 + (-20+3)x - 5$
$\qquad = 12x^2 - 17x - 5$
따라서 옳은 것은 ⑤이다.

답 ⑤

07 ① $(3x-4)^2 = 9x^2 - 24x + 16$
② $(3x+4)^2 = 9x^2 + 24x + 16$
③ $(3x-4)(3x-5) = 9x^2 - 27x + 20$
④ $(3x-4)(5x+5) = 15x^2 - 5x - 20$
⑤ $(3x+4)(3x-4) = 9x^2 - 16$
따라서 x의 계수가 가장 작은 것은 ③이다.

답 ③

08 $(3x+1)(x-4) - 2(2x-2)^2$
$= 3x^2 - 11x - 4 - 2(4x^2 - 8x + 4)$
$= -5x^2 + 5x - 12$
따라서 $a=-5$, $b=5$, $c=-12$이므로
$a+b-c = -5+5-(-12) = 12$

답 ⑤

09 새로 만들어지는 직사각형에서
가로의 길이는 $7x+4$, 세로의 길이는 $5x-2$
따라서 구하는 직사각형의 넓이는
$(7x+4)(5x-2) = 35x^2 + 6x - 8$

답 ③

10 $2+x = A$로 놓으면
$(A-y)(A+y) = A^2 - y^2$
A 대신에 $2+x$를 대입하면
(주어진 식) $= (2+x)^2 - y^2$
$\qquad = 4 + 4x + x^2 - y^2$
$\qquad = x^2 - y^2 + 4x + 4$

답 ②

11 $(4-\sqrt{5})(12+a\sqrt{5})$
$= 48 + 4a\sqrt{5} - 12\sqrt{5} - 5a$

$$=(48-5a)+(4a-12)\sqrt{5}$$
유리수가 되려면
$$4a-12=0,\ 4a=12$$
따라서 $a=3$

답 ⑤

12
$$\frac{3+2\sqrt{2}}{3-2\sqrt{2}}+\frac{3-2\sqrt{2}}{3+2\sqrt{2}}$$
$$=\frac{(3+2\sqrt{2})(3+2\sqrt{2})}{(3-2\sqrt{2})(3+2\sqrt{2})}+\frac{(3-2\sqrt{2})(3-2\sqrt{2})}{(3+2\sqrt{2})(3-2\sqrt{2})}$$
$$=\frac{9+12\sqrt{2}+8}{9-8}+\frac{9-12\sqrt{2}+8}{9-8}$$
$$=17+12\sqrt{2}+17-12\sqrt{2}$$
$$=34$$

답 ⑤

13
$$\frac{y}{x}+\frac{x}{y}=\frac{y^2+x^2}{xy}$$
$$=\frac{(x+y)^2-2xy}{xy}$$
$$=\frac{(-4)^2-2\times2}{2}$$
$$=\frac{16-4}{2}=6$$

답 ②

14
$$x=\frac{1}{\sqrt{6}+\sqrt{5}}$$
$$=\frac{1\times(\sqrt{6}-\sqrt{5})}{(\sqrt{6}+\sqrt{5})(\sqrt{6}-\sqrt{5})}=\sqrt{6}-\sqrt{5}$$
$$x+y=(\sqrt{6}-\sqrt{5})+(\sqrt{6}+\sqrt{5})=2\sqrt{6}$$
$$xy=(\sqrt{6}-\sqrt{5})(\sqrt{6}+\sqrt{5})=6-5=1$$
따라서
$$x^2+3xy+y^2=(x+y)^2+xy$$
$$=(2\sqrt{6})^2+1$$
$$=24+1=25$$

답 ⑤

15
$$x^3y-6xy^3=xy(x^2-6y^2)$$
따라서 인수인 것은 xy, x^2-6y^2

답 ②, ④

16
① $x^2-12x+36=x^2-2\times x\times6+6^2$
$$=(x-6)^2$$
② $4x^2+Axy+25y^2$이 완전제곱식이 되려면
$4x^2=(2x)^2$, $25y^2=(5y)^2$이므로

$A=\pm2\times2\times5=\pm20$이어야 한다.
③ $x^2+18x+81=x^2+2\times x\times9+9^2$
$$=(x+9)^2$$
④ $4x^2-16xy+16y^2=4(x^2-4xy+4y^2)$
$$=4(x-2y)^2$$
⑤ $x^2+\frac{1}{2}x+\frac{1}{16}=x^2+2\times x\times\frac{1}{4}+\left(\frac{1}{4}\right)^2$
$$=\left(x+\frac{1}{4}\right)^2$$
따라서 완전제곱식이 되지 않는 것은 ②이다.

답 ②

17
① $x^2+4x+\square=x^2+2\times x\times2+2^2$에서
$$\square=2^2=4$$
② $9x^2-\square x+1=(3x)^2-2\times3x\times1+1^2$에서
$$\square=2\times3\times1=6$$
③ $x^2-xy+\square y^2=x^2-2\times x\times\frac{1}{2}y+\left(\frac{1}{2}y\right)^2$에서
$$\square=\left(\frac{1}{2}\right)^2=\frac{1}{4}$$
④ $4x^2+\square x+4=(2x)^2+2\times2x\times2+2^2$에서
$$\square=2\times2\times2=8$$
⑤ $16x^2-\square x+\frac{1}{4}=(4x)^2-2\times4x\times\frac{1}{2}+\left(\frac{1}{2}\right)^2$에서
$$\square=2\times4\times\frac{1}{2}=4$$
따라서 $\square$ 안에 들어갈 양수 중 가장 큰 것은 ④이다.

답 ④

18
$a<2$이므로
$$\sqrt{a^2-4a+4}=\sqrt{(a-2)^2}=-(a-2)$$
$a>-4$이므로
$$\sqrt{a^2+8a+16}=\sqrt{(a+4)^2}=a+4$$
따라서
$$\sqrt{a^2-4a+4}-\sqrt{a^2+8a+16}$$
$$=-(a-2)-(a+4)$$
$$=-2a-2$$

답 ③

19
① $x^2-4=(x+2)(x-2)$
② $x^2-64y^2=(x+8y)(x-8y)$
③ $4a^2-16b^2=4(a^2-4b^2)=4(a+2b)(a-2b)$
④ $81a^2-49b^2=(9a+7b)(9a-7b)$
⑤ $12x^2-75y^2=3(4x^2-25y^2)=3(2x+5y)(2x-5y)$
따라서 인수분해가 바르게 된 것은 ⑤이다.

답 ⑤

20 $(x+4y)(x-By)=x^2+(-B+4)xy-4By^2$

··· 1단계

$-B+4=-4$, $-A=-4B$

$B=8$, $A=4B=4\times8=32$ ··· 2단계

따라서 $A-B=32-8=24$ ··· 3단계

답 24

단계	채점 기준	비율
1단계	$(x+4y)(x-By)$를 전개한 경우	40 %
2단계	A, B의 값을 각각 구한 경우	40 %
3단계	$A-B$의 값을 구한 경우	20 %

21 $(bx+3)(6x+c)=6bx^2+(bc+18)x+3c$

$6b=24$, $a=bc+18$, $3c=-15$

$b=4$, $c=-5$, $a=4\times(-5)+18=-2$

따라서 $a+b+c=-2+4+(-5)=-3$

답 ③

22 $6x^2-23x+a=(2x-3)(3x+m)$이라고 하면

$(2x-3)(3x+m)=6x^2+(2m-9)x-3m$

$2m-9=-23$, $a=-3m$

$2m=-14$, $m=-7$

따라서 구하는 다른 한 인수는

$3x-7$

답 ③

23 $x^2+12x+32=(x+4)(x+8)$

$3x^2+7x-20=(x+4)(3x-5)$

따라서 공통으로 들어 있는 인수는

$x+4$

답 ③

24 기태는 x^2의 계수와 상수항은 제대로 보았다.

$(x+3)(x-8)=x^2-5x-24$

이므로 x^2의 계수는 1, 상수항은 -24 ··· 1단계

성호는 x^2의 계수와 x의 계수는 제대로 보았다.

$(x+3)(x-5)=x^2-2x-15$

이므로 x^2의 계수는 1, x의 계수는 -2 ··· 2단계

따라서 처음 이차식은 $x^2-2x-24$이므로 바르게 인수분해하면

$(x+4)(x-6)$ ··· 3단계

답 $(x+4)(x-6)$

단계	채점 기준	비율
1단계	x^2의 계수와 상수항을 구한 경우	40 %
2단계	x^2의 계수와 x의 계수를 구한 경우	40 %
3단계	처음 이차식을 바르게 인수분해한 경우	20 %

25 $(4x+1)^2+9(4x+1)+14=4(x+a)(bx+3)$에서

$4x+1=A$로 놓으면

$A^2+9A+14=(A+2)(A+7)$

A 대신에 $4x+1$을 대입하면

$(4x+3)(4x+8)=4(x+2)(4x+3)$

따라서 $a=2$, $b=4$이므로

$a+b=2+4=6$

답 ②

26 $205^2-205\times10+5^2$

$=205^2-2\times205\times5+5^2$

$=(205-5)^2$

$=200^2=40000$

이므로 가장 적당한 인수분해 공식은 ②이다.

답 ②

27 74^2-26^2

$=(74+26)(74-26)$

$=100\times48=4800$

답 ③

28 $\dfrac{2025\times2026-2026}{2025^2-1}$

$=\dfrac{(2025-1)\times2026}{(2025+1)(2025-1)}$

$=\dfrac{2024\times2026}{2026\times2024}$

$=1$

답 1

01 ①	**02** ②	**03** ③	**04** ④	**05** ①	**06** ⑤
07 ③	**08** -47	**09** ③	**10** ③	**11** ①	**12** ①
13 ⑤	**14** ②	**15** ④	**16** ⑤	**17** ⑤	**18** 6
19 ④	**20** -52	**21** ⑤	**22** ⑤	**23** ③	**24** ③
25 7	**26** ③	**27** 2500	**28** $2\sqrt{35}$		

01 xy항은 $2x \times ay + (-5y) \times 4x = (2a-20)xy$
xy의 계수는 $2a-20$
상수항은 $7 \times (-5) = -35$
$2a-20 = -35+9$, $2a = -6$
따라서 $a = -3$

답 ①

02 $(Ax-2)^2 = A^2x^2 - 4Ax + 4$
$B = A^2$, $-4A = -28$
$A = 7$, $B = 7^2 = 49$
따라서 $B-A = 49-7 = 42$

답 ②

03 $(1-a)(1+a)(1+a^2)(1+a^4)(1+a^8)$
$= (1-a^2)(1+a^2)(1+a^4)(1+a^8)$
$= (1-a^4)(1+a^4)(1+a^8)$
$= (1-a^8)(1+a^8)$
$= 1-a^{16}$
따라서 $m=1$, $n=16$이므로
$m+n = 1+16 = 17$

답 ③

04 $(x-A)(x+8) = x^2 + (-A+8)x - 8A$
$B = -A+8$, $-8A = -16$
$A = 2$, $B = -2+8 = 6$
따라서 $B-A = 6-2 = 4$

답 ④

05 $(ax+5)(5x+b) = 5ax^2 + (ab+25)x + 5b$
$5a = 10$, $c = ab+25$, $5b = -20$
$a = 2$, $b = -4$, $c = 2 \times (-4) + 25 = 17$
따라서 $a+b+c = 2+(-4)+17 = 15$

답 ①

06 ① $(-x+2y)^2$
$= (-x)^2 + 2 \times (-x) \times 2y + (2y)^2$
$= x^2 - 4xy + 4y^2$

② $(3x-7y)^2 = 9x^2 - 42xy + 49y^2$
③ $(-x+3)(-x-3)$
$= (-x)^2 - 3^2 = x^2 - 9$
④ $(x+2)(x-5)$
$= x^2 + (2-5)x - 10$
$= x^2 - 3x - 10$
⑤ $(4x+1)(6x-1)$
$= 24x^2 + (-4+6)x - 1$
$= 24x^2 + 2x - 1$
따라서 옳은 것은 ⑤이다.

답 ⑤

07 ① $(-4x+2y)^2 = 16x^2 - \boxed{16}\,xy + 4y^2$
② $(x-2y)(x-5y) = x^2 - \boxed{7}\,xy + 10y^2$
③ $(-3a-4b)^2 = 9a^2 + \boxed{24}\,ab + 16b^2$
④ $(5x-3y)(-5x-3y) = -25x^2 + \boxed{9}\,y^2$
⑤ $(4a+b)(5a+2b) = 20a^2 + \boxed{13}\,ab + 2b^2$
따라서 □ 안에 들어갈 수가 가장 큰 것은 ③이다.

답 ③

08 $(x-5)^2 - (3x-2)(3x+2)$
$= x^2 - 10x + 25 - (9x^2 - 4)$
$= -8x^2 - 10x + 29$ · · · **1단계**
$A = -8$, $B = -10$, $C = 29$ · · · **2단계**
따라서 $A+B-C = -8+(-10)-29 = -47$
· · · **3단계**

답 -47

단계	채점 기준	비율
1단계	$(x-5)^2 - (3x-2)(3x+2)$를 전개하여 정리한 경우	60 %
2단계	A, B, C의 값을 각각 구한 경우	20 %
3단계	$A+B-C$의 값을 구한 경우	20 %

09 새로 만들어지는 직사각형에서
가로의 길이는 $(x-8)$ cm, 세로의 길이는 $(x+6)$ cm
따라서 구하는 직사각형의 넓이는
$(x-8)(x+6) = x^2 - 2x - 48 (\text{cm}^2)$

답 ③

10 $(4x+5-\sqrt{3})(4x-5+\sqrt{3})$
$= (4x+5-\sqrt{3})\{4x-(5-\sqrt{3})\}$
에서 $5-\sqrt{3} = A$로 놓으면
$(4x+A)(4x-A) = 16x^2 - A^2$
A 대신에 $5-\sqrt{3}$을 대입하면

(주어진 식)$=16x^2-(5-\sqrt{3})^2$
$\qquad\qquad =16x^2-(25-10\sqrt{3}+3)$
$\qquad\qquad =16x^2-28+10\sqrt{3}$
따라서 구하는 x의 계수는 0

답 ③

11 $(7-4\sqrt{6})(a+5\sqrt{6})$
$=7a+35\sqrt{6}-4a\sqrt{6}-120$
$=(7a-120)+(35-4a)\sqrt{6}$
$7a-120=-50,\ b=35-4a$
$7a=70,\ a=10$
$b=35-4\times10=-5$
따라서 $a+b=10+(-5)=5$

답 ①

12 $\dfrac{3}{3-2\sqrt{2}}+\dfrac{5}{3+2\sqrt{2}}$
$=\dfrac{3(3+2\sqrt{2})}{(3-2\sqrt{2})(3+2\sqrt{2})}+\dfrac{5(3-2\sqrt{2})}{(3+2\sqrt{2})(3-2\sqrt{2})}$
$=\dfrac{9+6\sqrt{2}}{9-8}+\dfrac{15-10\sqrt{2}}{9-8}$
$=24-4\sqrt{2}$
$a=24,\ b=-4$
따라서 $a+b=24+(-4)=20$

답 ①

13 $(x-y)^2$
$=(x+y)^2-4xy$
$=7^2-4\times5$
$=49-20=29$

답 ⑤

14 $3<\sqrt{10}<4$이므로 $6<3+\sqrt{10}<7$
$3+\sqrt{10}$의 정수 부분은 6이므로 소수 부분
$x=3+\sqrt{10}-6=\sqrt{10}-3$
$x+3=\sqrt{10},\ (x+3)^2=(\sqrt{10})^2$
$x^2+6x+9=10,\ x^2+6x=1$
따라서 $x^2+6x+15=1+15=16$

답 ②

15 $-6x^2y+10xy=-2xy(3x-5)$이므로 인수가 아닌 것은 $x-3$이다.

답 ④

16 ① 완전제곱식이 되려면 상수항은 양수이어야 한다.

② x^2+2x+4에서 $4\neq\left(\dfrac{2}{2}\right)^2$이므로 완전제곱식이 될 수 없다.
③ 완전제곱식이 되려면 상수항은 양수이어야 한다.
④ $x^2-4x+16$에서 $16\neq\left(-\dfrac{4}{2}\right)^2$이므로 완전제곱식이 될 수 없다.
⑤ $25x^2-10x+1=(5x)^2-2\times5x\times1+1^2$
$\qquad\qquad\qquad\quad =(5x-1)^2$

답 ⑤

17 $9x^2-(m+5)x+16$
$=(3x)^2\pm2\times3x\times4+4^2$
$=(3x)^2\pm24x+4^2$
$-(m+5)=24$ 또는 $-(m+5)=-24$
따라서 $m=-29$ 또는 $m=19$
이때 $m>0$이므로 $m=19$

답 ⑤

18 $a+1>0$이므로
$\sqrt{4a^2+8a+4}=\sqrt{4(a^2+2a+1)}$
$\qquad\qquad\qquad =\sqrt{4(a+1)^2}$
$\qquad\qquad\qquad =\sqrt{\{2(a+1)\}^2}=2(a+1)$ ··· 1단계
$a-2<0$이므로
$\sqrt{4a^2-16a+16}=\sqrt{4(a^2-4a+4)}=\sqrt{4(a-2)^2}$
$\qquad\qquad\qquad\quad =\sqrt{\{2(a-2)\}^2}=-2(a-2)$ ·· 2단계
$\sqrt{4a^2+8a+4}+\sqrt{4a^2-16a+16}$
$=2(a+1)-2(a-2)$
$=6$ ··· 3단계

답 6

단계	채점 기준	비율
1단계	$\sqrt{4a^2+8a+4}$를 간단히 한 경우	40 %
2단계	$\sqrt{4a^2-16a+16}$을 간단히 한 경우	40 %
3단계	$\sqrt{4a^2+8a+4}+\sqrt{4a^2-16a+16}$을 간단히 한 경우	20 %

19 $-48x^2+27y^2$
$=-3(16x^2-9y^2)$
$=-3(4x+3y)(4x-3y)$
$a=-3,\ b=4,\ c=3$
따라서 $a+b+c=-3+4+3=4$

답 ④

20 $(2x+a)(2x+b)=4x^2+(2b+2a)x+ab$
$m=2b+2a,\ ab=25$

(a, b)가 될 수 있는 정수의 순서쌍은
$(-1, -25)$, $(-5, -5)$, $(-25, -1)$, $(1, 25)$,
$(5, 5)$, $(25, 1)$
$m=2(a+b)$에서 m의 값이 될 수 있는 것은
-52, -20, 52, 20
따라서 구하는 가장 작은 값은 -52이다.

답 -52

21 $(2x+5)(4x-1)+14$
$=8x^2+18x+9$
$=(2x+3)(4x+3)$
따라서 구하는 두 일차식의 합은
$(2x+3)+(4x+3)=6x+6$

답 ⑤

22 $6x^2+13xy-5y^2=(3x-y)(2x+5y)$
이므로 가로의 길이는 $2x+5y$
따라서 구하는 둘레의 길이는
$2\times\{(3x-y)+(2x+5y)\}=10x+8y$

답 ⑤

23 $3x^2y+10xy-8y=y(3x^2+10x-8)$
$\qquad\qquad\qquad\quad =y(x+4)(3x-2)$
$(x-2)^2+14(x-2)+48$에서 $x-2=A$로 놓으면
$A^2+14A+48=(A+6)(A+8)$
A 대신에 $x-2$를 대입하면
$(x+4)(x+6)$
따라서 공통으로 들어 있는 인수는 $x+4$

답 ③

24 주어진 직사각형 모형 10개의 넓이의 합은
x^2+5x+4
$x^2+5x+4=(x+1)(x+4)$
따라서 구하는 새로 만들어진 직사각형의 넓이는
$(x+1)(x+4)$

답 ③

25 $2x-y=A$로 놓으면
$A(A-7)-18$
$=A^2-7A-18$
$=(A+2)(A-9)$
A 대신에 $2x-y$를 대입하면
$(2x-y+2)(2x-y-9)$
$a=2$, $b=9$
따라서 $b-a=9-2=7$

답 7

26 2015^2-225
$=2015^2-15^2$
$=(2015+15)(2015-15)$
$=2030\times2000$
$=4060000$
따라서 구하는 가장 적당한 인수분해 공식은 ③이다.

답 ③

27 $42^2+16\times42+8^2$
$=42^2+2\times42\times8+8^2$
$=(42+8)^2$
$=50^2=2500$

답 2500

28 $x=\dfrac{1}{\sqrt{7}-\sqrt{5}}$

$\quad =\dfrac{\sqrt{7}+\sqrt{5}}{(\sqrt{7}-\sqrt{5})(\sqrt{7}+\sqrt{5})}=\dfrac{\sqrt{7}+\sqrt{5}}{2}$

$y=\dfrac{1}{\sqrt{7}+\sqrt{5}}$

$\quad =\dfrac{\sqrt{7}-\sqrt{5}}{(\sqrt{7}+\sqrt{5})(\sqrt{7}-\sqrt{5})}=\dfrac{\sqrt{7}-\sqrt{5}}{2}$

$xy=\left(\dfrac{\sqrt{7}+\sqrt{5}}{2}\right)\left(\dfrac{\sqrt{7}-\sqrt{5}}{2}\right)=\dfrac{7-5}{4}=\dfrac{1}{2}$

$x+y=\dfrac{\sqrt{7}+\sqrt{5}}{2}+\dfrac{\sqrt{7}-\sqrt{5}}{2}=\sqrt{7}$

$x-y=\dfrac{\sqrt{7}+\sqrt{5}}{2}-\dfrac{\sqrt{7}-\sqrt{5}}{2}=\sqrt{5}$

따라서
$4x^3y-4xy^3=4xy(x^2-y^2)$
$\qquad\qquad\quad =4xy(x+y)(x-y)$
$\qquad\qquad\quad =4\times\dfrac{1}{2}\times\sqrt{7}\times\sqrt{5}$
$\qquad\qquad\quad =2\sqrt{35}$

답 $2\sqrt{35}$

Ⅲ. 이차방정식 **1회**

본문 84~87쪽

01 ⑤	**02** ④	**03** ③	**04** ④	**05** ③	**06** 3
07 ④	**08** $x=-\dfrac{1}{2}$	**09** ①	**10** ④	**11** ②	
12 ④	**13** ①	**14** ①	**15** $x=1$ 또는 $x=8$	**16** ①	
17 ③	**18** 6	**19** ①	**20** -120	**21** 12	**22** ①
23 8초	**24** 8	**25** 3 cm	**26** ④	**27** 24 m	**28** 13 cm

01
$x^2+2(x+1)(x-3)=a(x-1)^2$에서
$x^2+2(x^2-2x-3)=a(x^2-2x+1)$
$(a-3)x^2-(2a-4)x+a+6=0$
이차방정식이 되려면 $a-3\neq0$이어야 하므로
$a\neq3$

답 ⑤

02
① $(2+2)^2\neq0$
② $2^2+2-2\neq0$
③ $2^2-4\times2+3\neq0$
④ $2\times2^2-5\times2+2=0$
⑤ $3\times2^2-2-2\neq0$

답 ④

03
$x^2+3x-2=0$에 $x=\alpha$를 대입하면
$\alpha^2+3\alpha-2=0$, $\alpha^2+3\alpha=2$
$3x^2+x-3=0$에 $x=\beta$를 대입하면
$3\beta^2+\beta-3=0$, $3\beta^2+\beta=3$
따라서
$\alpha^2+\beta+3(\alpha+\beta^2)=(\alpha^2+3\alpha)+(3\beta^2+\beta)$
$=2+3=5$

답 ③

04
$x^2+ax+b=0$에 $x=3$을 대입하면
$9+3a+b=0$, $3a+b=-9$ ······ ㉠
$x^2+bx+a+10=0$에 $x=3$을 대입하면
$9+3b+a+10=0$, $a+3b=-19$ ······ ㉡
㉠$\times3-$㉡을 하면
$8a=-8$, $a=-1$
$a=-1$을 ㉠에 대입하면
$-3+b=-9$, $b=-6$
따라서 $a-b=-1-(-6)=5$

답 ④

05
$3x^2+4x-20=0$에서
$(3x+10)(x-2)=0$

$x=-\dfrac{10}{3}$ 또는 $x=2$

$\alpha<\beta$이므로 $\alpha=-\dfrac{10}{3}$, $\beta=2$

따라서 $3\alpha+5\beta=3\times\left(-\dfrac{10}{3}\right)+5\times2=0$

답 ③

06
$(a+1)x^2-(3a+1)x+a^2-5=0$에 $x=2$를 대입하면
$4(a+1)-2(3a+1)+a^2-5=0$
$a^2-2a-3=0$
$(a+1)(a-3)=0$
$a=-1$ 또는 $a=3$ ··· 1단계
$a=-1$이면 x^2의 계수가 0이 되므로
$a=3$ ··· 2단계
주어진 이차방정식은 $4x^2-10x+4=0$
$2x^2-5x+2=0$
$(2x-1)(x-2)=0$

$x=\dfrac{1}{2}$ 또는 $x=2$ ··· 3단계

$b=\dfrac{1}{2}$이므로 $2ab=2\times3\times\dfrac{1}{2}=3$ ··· 4단계

답 3

단계	채점 기준	비율
1단계	a에 대한 이차방정식을 푼 경우	30 %
2단계	a의 값을 구한 경우	30 %
3단계	해를 구한 경우	30 %
4단계	$2ab$의 값을 구한 경우	10 %

07
$2x^2+5x+2=0$에서
$(x+2)(2x+1)=0$

$x=-2$ 또는 $x=-\dfrac{1}{2}$

$x^2-x-6=0$에서
$(x+2)(x-3)=0$
$x=-2$ 또는 $x=3$
위의 두 방정식을 동시에 만족시키는 해가 $x=-2$이므로
이것은 $x^2+kx+2=0$도 만족시킨다.
따라서 $4-2k+2=0$이므로
$-2k=-6$, $k=3$

답 ④

08
$x^2+4=5x$에서 $x^2-5x+4=0$
$(x-1)(x-4)=0$
$x=1$ 또는 $x=4$
$\alpha<\beta$이므로 $\alpha=1$, $\beta=4$

$4x^2+\beta x+\alpha=0$에 $\alpha=1$, $\beta=4$를 대입하면
$4x^2+4x+1=0$
$(2x+1)^2=0$
$x=-\dfrac{1}{2}$

답 $x=-\dfrac{1}{2}$

09 $x^2+2kx-7k+18=0$이 중근을 가지므로
$-7k+18=\left(\dfrac{2k}{2}\right)^2$
$k^2+7k-18=0$, $(k+9)(k-2)=0$
$k=-9$ 또는 $k=2$
따라서 모든 상수 k의 값의 합은
$-9+2=-7$

답 ①

10 $x^2-8x+a=0$이 중근을 가지므로
$a=\left(\dfrac{-8}{2}\right)^2=16$
주어진 이차방정식은 $x^2-8x+16=0$이므로
$(x-4)^2=0$, $x=4$
따라서 $b=4$이므로
$a+b=16+4=20$

답 ④

11 $5(x-p)^2=q$에서 $(x-p)^2=\dfrac{q}{5}$
$x-p=\pm\sqrt{\dfrac{q}{5}}$
$x=p\pm\sqrt{\dfrac{q}{5}}$
$p=1$이고 $\dfrac{q}{5}=2$에서 $q=10$이므로
$p+q=1+10=11$

답 ②

12 $2(x-2)^2=k$에서 $(x-2)^2=\dfrac{k}{2}$
$x-2=\pm\sqrt{\dfrac{k}{2}}$
$x=2\pm\sqrt{\dfrac{k}{2}}$
해가 정수가 되려면 $\dfrac{k}{2}$가 0 또는 자연수의 제곱이 되어야 한다.
① $k=0$일 때, $\dfrac{k}{2}=\dfrac{0}{2}=0$
② $k=2$일 때, $\dfrac{k}{2}=\dfrac{2}{2}=1^2$

③ $k=8$일 때, $\dfrac{k}{2}=\dfrac{8}{2}=2^2$
④ $k=14$일 때, $\dfrac{k}{2}=\dfrac{14}{2}=7$
⑤ $k=18$일 때, $\dfrac{k}{2}=\dfrac{18}{2}=3^2$

답 ④

13 $2x^2-4x+a=0$에서
$x=\dfrac{-(-2)\pm\sqrt{(-2)^2-2\times a}}{2}$
$=\dfrac{2\pm\sqrt{4-2a}}{2}$
$=1\pm\dfrac{\sqrt{4-2a}}{2}$
$b=1$이고 $\dfrac{\sqrt{4-2a}}{2}=\dfrac{3\sqrt{2}}{2}=\dfrac{\sqrt{18}}{2}$에서
$4-2a=18$, $a=-7$
따라서 $a+b=-7+1=-6$

답 ①

14 $2x^2-6x+1=0$에서
$x=\dfrac{-(-3)\pm\sqrt{(-3)^2-2\times 1}}{2}=\dfrac{3\pm\sqrt{7}}{2}$
$\alpha>\beta$이므로 $\alpha=\dfrac{3+\sqrt{7}}{2}$, $\beta=\dfrac{3-\sqrt{7}}{2}$
따라서 $\alpha-\beta=\dfrac{3+\sqrt{7}}{2}-\dfrac{3-\sqrt{7}}{2}=\dfrac{2\sqrt{7}}{2}=\sqrt{7}$

답 ①

15 주어진 이차방정식의 양변에 6을 곱하면
$3x^2-9x=2x^2-8$
$x^2-9x+8=0$
$(x-1)(x-8)=0$
$x=1$ 또는 $x=8$

답 $x=1$ 또는 $x=8$

16 $a^2+2ab+b^2-(a+b)-12=0$에서
$(a+b)^2-(a+b)-12=0$
$a+b=A$로 놓으면
$A^2-A-12=0$
$(A+3)(A-4)=0$
$A=-3$ 또는 $A=4$
즉, $a+b=-3$ 또는 $a+b=4$
a, b는 양수이므로 $a+b=4$
따라서 $a^2+b^2=(a+b)^2-2ab=4^2-2\times 3=10$

답 ①

17 ㄱ. $2x^2-3x+4=0$에서 $(-3)^2-4\times2\times4<0$이므로 근의 개수는 0개이다.

ㄴ. $x^2+0.3x-0.1=0$의 양변에 10을 곱하면 $10x^2+3x-1=0$에서 $3^2-4\times10\times(-1)>0$이므로 근의 개수는 2개이다.

ㄷ. $\dfrac{1}{9}x^2-\dfrac{2}{3}x+1=0$의 양변에 9를 곱하면 $x^2-6x+9=0$에서 $(-6)^2-4\times1\times9=0$이므로 근의 개수는 1개이다.

따라서 근의 개수가 많은 것부터 차례대로 나열하면 ㄴ, ㄷ, ㄱ이다.

답 ③

18 $2x^2-3x+k-5=0$이 서로 다른 두 근을 가지므로

$(-3)^2-4\times2\times(k-5)>0$

$9-8k+40>0$

$8k<49,\ k<\dfrac{49}{8}$

따라서 정수 k의 최댓값은 6이다.

답 6

19 $x^2+kx+\dfrac{25}{4}=0$이 중근을 가지므로

$\dfrac{25}{4}=\left(\dfrac{k}{2}\right)^2,\ k^2=25$

$k=\pm5$

$k=-5$일 때, $x^2-5x+\dfrac{25}{4}=0$에서

$\left(x-\dfrac{5}{2}\right)^2=0,\ x=\dfrac{5}{2}$

$k=5$일 때, $x^2+5x+\dfrac{25}{4}=0$에서

$\left(x+\dfrac{5}{2}\right)^2=0,\ x=-\dfrac{5}{2}$

양수인 중근을 가지므로

$k=-5$

답 ①

| 다른 풀이 |

$x^2+kx+\dfrac{25}{4}=0$이 중근을 가지므로 좌변을 완전제곱식의 꼴로 나타낼 수 있다.

상수항이 $\dfrac{25}{4}$이므로 $\left(x-\dfrac{5}{2}\right)^2=0$ 또는 $\left(x+\dfrac{5}{2}\right)^2=0$으로 나타낼 수 있고, 이 중 양수인 중근을 갖는 것은 $\left(x-\dfrac{5}{2}\right)^2=0$이다.

이를 전개하면 $x^2-5x+\dfrac{25}{4}=0$이므로

$k=-5$

20 $x^2-6x-16=0$에서 $(x+2)(x-8)=0$

$x=-2$ 또는 $x=8$ ··· **1단계**

$\alpha>\beta$이므로 $\alpha=8,\ \beta=-2$

이때 $\alpha+\beta=6,\ \alpha-\beta=10$이므로 ··· **2단계**

두 근이 6, 10이고 x^2의 계수가 $\dfrac{1}{2}$인 이차방정식은

$\dfrac{1}{2}(x-6)(x-10)=0$ ··· **3단계**

$\dfrac{1}{2}(x^2-16x+60)=0$

$\dfrac{1}{2}x^2-8x+30=0$

따라서 $a=\dfrac{1}{2},\ b=-8,\ c=30$이므로 ··· **4단계**

$abc=\dfrac{1}{2}\times(-8)\times30=-120$ ··· **5단계**

답 -120

단계	채점 기준	비율
1단계	해를 구한 경우	30 %
2단계	$\alpha+\beta,\ \alpha-\beta$의 값을 각각 구한 경우	20 %
3단계	이차방정식을 구한 경우	20 %
4단계	$a,\ b,\ c$의 값을 각각 구한 경우	20 %
5단계	abc의 값을 구한 경우	10 %

21 두 근의 차가 5이므로 두 근을 $\alpha,\ \alpha+5$라고 하자.

두 근이 $\alpha,\ \alpha+5$이고 x^2의 계수가 2인 이차방정식은

$2(x-\alpha)\{x-(\alpha+5)\}=0$

$2\{x^2-(2\alpha+5)x+\alpha(\alpha+5)\}=0$

$2x^2-2(2\alpha+5)x+2\alpha(\alpha+5)=0$

$2(2\alpha+5)=14$이므로

$2\alpha+5=7,\ \alpha=1$

따라서 $k=2\alpha(\alpha+5)=2\times1\times6=12$

답 12

22 연속한 세 홀수를 $x,\ x+2,\ x+4\ (x$는 홀수)라고 하면

$(x+4)^2=x^2+(x+2)^2-33$

$x^2+8x+16=x^2+x^2+4x+4-33$

$x^2-4x-45=0$

$(x+5)(x-9)=0$

$x=-5$ 또는 $x=9$

$x>0$이므로 $x=9$

따라서 세 홀수는 9, 11, 13이므로 그 합은 33이다.

답 ①

23 공을 쏘아올린 지 t초 후에 지면에 떨어진다고 하면 이때 지면으로부터의 높이는 0 m이므로

$30t-5t^2+80=0$

$t^2-6t-16=0$

$(t+2)(t-8)=0$

$t=-2$ 또는 $t=8$

$t>0$이므로 $t=8$

따라서 공이 지면에 떨어지는 것은 쏘아올린 지 8초 후이다.

🔒 8초

24 △ABC∽△BHC이므로

$\overline{AC}:\overline{BC}=\overline{BC}:\overline{CH}$

$(2x+9):(x+7)=(x+7):9$

$(x+7)^2=9(2x+9)$

$x^2+14x+49=18x+81$

$x^2-4x-32=0$

$(x+4)(x-8)=0$

$x=-4$ 또는 $x=8$

$x>0$이므로 $x=8$

🔒 8

25 작은 정사각형의 한 변의 길이를 x cm라고 하면

작은 정사각형의 둘레의 길이는 $4x$ cm,

큰 정사각형의 둘레의 길이는 $(36-4x)$ cm이다.

이때 큰 정사각형의 한 변의 길이는 $(9-x)$ cm이므로

$(9-x)^2:x^2=4:1$

$4x^2=(9-x)^2$

$4x^2=x^2-18x+81$

$3x^2+18x-81=0$

$x^2+6x-27=0$

$(x+9)(x-3)=0$

$x=-9$ 또는 $x=3$

$0<x<\dfrac{9}{2}$이므로 $x=3$

따라서 작은 정사각형의 한 변의 길이는 3 cm이다.

🔒 3 cm

26 밑면의 반지름의 길이를 $3r$ cm라고 하면 높이는 $5r$ cm

이므로

$2\pi\times3r\times5r=270\pi$

$r^2=9$

$r>0$이므로 $r=3$

따라서 밑면의 반지름의 길이는 9 cm이고, 높이는 15 cm

이므로 원기둥의 부피는

$\pi\times9^2\times15=1215\pi$ (cm^3)

🔒 ④

27 땅의 가로의 길이를 x m라고 하면 세로의 길이는 $\dfrac{1}{2}x$ m

이고, 도로를 제외한 땅의 넓이는 가로의 길이가 $(x-2)$ m,

세로의 길이가 $\dfrac{1}{2}x$ m인 직사각형의 넓이와 같으므로

$(x-2)\times\dfrac{1}{2}x=264$

$x^2-2x-528=0$

$(x+22)(x-24)=0$

$x=-22$ 또는 $x=24$

$x>2$이므로 $x=24$

따라서 땅의 가로의 길이는 24 m이다.

🔒 24 m

28 처음 정사각형 모양의 종이의 한 변의 길이를 x cm라고

하면 직육면체 모양의 상자의 밑면의 한 변의 길이는

$(x-6)$ cm, 높이는 3 cm이므로

$(x-6)^2\times3=147$ ··· **1단계**

$x^2-12x-13=0$

$(x+1)(x-13)=0$

$x=-1$ 또는 $x=13$ ··· **2단계**

$x>6$이므로 $x=13$

따라서 처음 정사각형 모양의 종이의 한 변의 길이는

13 cm이다. ··· **3단계**

🔒 13 cm

단계	채점 기준	비율
1단계	이차방정식을 구한 경우	50 %
2단계	해를 구한 경우	40 %
3단계	처음 정사각형 모양의 종이의 한 변의 길이를 구한 경우	10 %

Ⅲ. 이차방정식 2회

본문 88~91쪽

01 ④	02 $x=-3$	03 ②	04 ⑤	05 ③
06 6	07 ②	08 5	09 3	10 ②	11 ①
12 ④	13 ①	14 ⑤	15 ⑤	16 66	17 ②
18 ⑤	19 $x=-4$ 또는 $x=1$		20 6개	21 ⑤
22 ④	23 $x=2\pm\sqrt{2}$	24 ③	25 ③	26 5
27 10	28 4초			

01 ① $x^2=4$에서 $x^2-4=0$이므로 이차방정식이다.
② $(2x+1)^2=9x^2$에서 $5x^2-4x-1=0$이므로 이차방정식이다.
③ $x^2-1=4x$에서 $x^2-4x-1=0$이므로 이차방정식이다.
④ $x(x+1)=x^2-1$에서 $x+1=0$이므로 이차방정식이 아니다.
⑤ $x^3+3=2x^2-3x+x^3$에서 $2x^2-3x-3=0$이므로 이차방정식이다.

답 ④

02 $-3\leq x\leq3$이므로 정수 x는
$-3, -2, -1, 0, 1, 2, 3$이다.
$x=-3$일 때, $(-3)^2+7\times(-3)+12=0$
$x=-2$일 때, $(-2)^2+7\times(-2)+12\neq0$
$x=-1$일 때, $(-1)^2+7\times(-1)+12\neq0$
$x=0$일 때, $0^2+7\times0+12\neq0$
$x=1$일 때, $1^2+7\times1+12\neq0$
$x=2$일 때, $2^2+7\times2+12\neq0$
$x=3$일 때, $3^2+7\times3+12\neq0$
따라서 해는 $x=-3$이다.

답 $x=-3$

03 $x^2-3x-1=0$에 $x=a$를 대입하면
$a^2-3a-1=0$
$a\neq0$이므로 양변을 a로 나누면
$a-3-\dfrac{1}{a}=0$, $a-\dfrac{1}{a}=3$
양변을 제곱하면 $a^2+\dfrac{1}{a^2}-2=9$
따라서 $a^2+\dfrac{1}{a^2}=11$

답 ②

04 $4x^2+(k-2)x-k+8=0$에 $x=-1$을 대입하면
$4-(k-2)-k+8=0$, $-2k=-14$, $k=7$

답 ⑤

05 ① $\left(x-\dfrac{1}{3}\right)\left(x+\dfrac{1}{2}\right)=0$에서 $x=-\dfrac{1}{2}$ 또는 $x=\dfrac{1}{3}$
② $\left(\dfrac{1}{3}x-1\right)\left(\dfrac{1}{2}x+1\right)=0$에서 $x=-2$ 또는 $x=3$
③ $(3x+1)(2x-1)=0$에서 $x=-\dfrac{1}{3}$ 또는 $x=\dfrac{1}{2}$
④ $(3x-1)(2x+1)=0$에서 $x=-\dfrac{1}{2}$ 또는 $x=\dfrac{1}{3}$
⑤ $\dfrac{1}{6}(x+1)(x-1)=0$에서 $x=-1$ 또는 $x=1$

답 ③

06 $x^2+ax-3=0$에 $x=3$을 대입하면
$9+3a-3=0$, $a=-2$ ··· 1단계
주어진 이차방정식은 $x^2-2x-3=0$이므로
$(x+1)(x-3)=0$
$x=-1$ 또는 $x=3$
다른 한 근은 $x=-1$이고 ··· 2단계
이를 $3x^2+11x+b=0$에 대입하면
$3-11+b=0$, $b=8$ ··· 3단계
따라서 $a+b=-2+8=6$ ··· 4단계

답 6

단계	채점 기준	비율
1단계	a의 값을 구한 경우	30 %
2단계	다른 한 근을 구한 경우	30 %
3단계	b의 값을 구한 경우	30 %
4단계	$a+b$의 값을 구한 경우	10 %

07 $2x^2+(2k-3)x-3k=0$에서 $(x+k)(2x-3)=0$
$x=-k$ 또는 $x=\dfrac{3}{2}$
k는 자연수이고 $\alpha<\beta$이므로 $\alpha=-k$, $\beta=\dfrac{3}{2}$
$-k<n<\dfrac{3}{2}$을 만족시키는 정수 n이 3개 존재하므로
$n=-1, 0, 1$이면 된다.
따라서 $k=2$

답 ②

08 $x^2+x-30=0$에서 $(x+6)(x-5)=0$
$x=-6$ 또는 $x=5$
$3x^2-14x-5=0$에서 $(3x+1)(x-5)=0$
$x=-\dfrac{1}{3}$ 또는 $x=5$
따라서 두 이차방정식을 동시에 만족시키는 x의 값은 5이다.

답 5

09 대각선의 세 식의 합은

$(x^2-1)+(2x-1)+(x-1)=x^2+3x-3$ ...... ㉠

오른쪽 세로줄의 세 식의 합은

$4+(2x^2-9)+(x-1)=2x^2+x-6$ ...... ㉡

㉠, ㉡이 같으므로

$x^2+3x-3=2x^2+x-6$

$x^2-2x-3=0$, $(x+1)(x-3)=0$

$x=-1$ 또는 $x=3$

$x>0$이므로 $x=3$

답 **3**

10 ① $2(x-3)^2=0$에서 $(x-3)^2=0$, $x=3$

② $4(x-3)^2=16$에서 $(x-3)^2=4$

　$x-3=\pm2$, $x=5$ 또는 $x=1$

③ $x(x+2)+1=0$에서 $x^2+2x+1=0$

　$(x+1)^2=0$, $x=-1$

④ $9-6x=(x-3)^2$에서 $x^2=0$, $x=0$

⑤ $3-x^2=6(x+2)$에서 $x^2+6x+9=0$

　$(x+3)^2=0$, $x=-3$

답 ②

11 $x(x-k)=2k+3$, 즉 $x^2-kx-2k-3=0$이 중근을 가지므로

$$-2k-3=\left(\frac{-k}{2}\right)^2$$

$k^2+8k+12=0$, $(k+6)(k+2)=0$

$k=-6$ 또는 $k=-2$

따라서 조건을 만족시키는 모든 상수 k의 값의 곱은

$(-6)\times(-2)=12$

답 ①

12 $(x-3)^2-5=0$에서 $(x-3)^2=5$

$x-3=\pm\sqrt{5}$, $x=3\pm\sqrt{5}$

두 근은 $3+\sqrt{5}$, $3-\sqrt{5}$이므로 두 근의 곱은

$(3+\sqrt{5})\times(3-\sqrt{5})=9-5=4$

답 ④

13 $2(x-4)^2=k^2-3k-1$에서 $(x-4)^2=\dfrac{k^2-3k-1}{2}$

서로 다른 두 근을 가지려면 $\dfrac{k^2-3k-1}{2}>0$, 즉

$k^2-3k-1>0$이어야 한다.

① $k=-1$일 때, $(-1)^2-3\times(-1)-1>0$

② $k=0$일 때, $0^2-3\times0-1<0$

③ $k=1$일 때, $1^2-3\times1-1<0$

④ $k=2$일 때, $2^2-3\times2-1<0$

⑤ $k=3$일 때, $3^2-3\times3-1<0$

따라서 $k=-1$일 때 서로 다른 두 근을 갖는다.

답 ①

14 $9\left(x+\dfrac{1}{3}\right)^2=a$에서 $\left(x+\dfrac{1}{3}\right)^2=\dfrac{a}{9}$

$x+\dfrac{1}{3}=\pm\dfrac{\sqrt{a}}{3}$, $x=\dfrac{-1\pm\sqrt{a}}{3}$

$b=-1$이고 $\sqrt{a}=2\sqrt{2}=\sqrt{8}$에서 $a=8$이므로

$a-b=8-(-1)=9$

답 ⑤

15 $4x^2+2x-1=0$에서 $x^2+\dfrac{1}{2}x=\dfrac{1}{4}$

$x^2+\dfrac{1}{2}x+\dfrac{1}{16}=\dfrac{1}{4}+\dfrac{1}{16}$, $\left(x+\dfrac{1}{4}\right)^2=\dfrac{5}{16}$

$x+\dfrac{1}{4}=\pm\dfrac{\sqrt{5}}{4}$, $x=\dfrac{-1\pm\sqrt{5}}{4}$

따라서 $a=\dfrac{1}{4}$, $b=\dfrac{5}{16}$, $c=-1$, $d=5$이므로

$4a+16b-c-d=4\times\dfrac{1}{4}+16\times\dfrac{5}{16}-(-1)-5$

$\qquad\qquad\qquad=1+5+1-5$

$\qquad\qquad\qquad=2$

답 ⑤

16 $3x^2+ax+b=0$에서

$x=\dfrac{-a\pm\sqrt{a^2-4\times3\times b}}{2\times3}=\dfrac{-a\pm\sqrt{a^2-12b}}{6}$

$\quad=-\dfrac{a}{6}\pm\dfrac{\sqrt{a^2-12b}}{6}$

주어진 근이 $x=\dfrac{3\pm\sqrt{42}}{3}=1\pm\dfrac{\sqrt{42}}{3}$이므로

$a=-6$이고 $\dfrac{\sqrt{42}}{3}=\dfrac{2\sqrt{42}}{6}=\dfrac{\sqrt{168}}{6}$에서

$a^2-12b=168$, $36-12b=168$, $b=-11$

따라서 $ab=(-6)\times(-11)=66$

답 66

17 $2x^2-4x-10=0$에서

$x^2-2x-5=0$

$x=-(-1)\pm\sqrt{(-1)^2-1\times(-5)}=1\pm\sqrt{6}$

두 근 중 큰 근은 $1+\sqrt{6}$이므로 $a=1+\sqrt{6}$

$x^2+4x-2=0$에서

$x=-2\pm\sqrt{2^2-1\times(-2)}=-2\pm\sqrt{6}$

두 근 중 작은 근은 $-2-\sqrt{6}$이므로 $\beta=-2-\sqrt{6}$

따라서 $a+\beta=(1+\sqrt{6})+(-2-\sqrt{6})=-1$

답 ②

18 주어진 이차방정식의 양변에 6을 곱하면

$3x(x-1)=2x^2+4$

$x^2-3x-4=0$, $(x+1)(x-4)=0$

$x=-1$ 또는 $x=4$

$\alpha>\beta$이므로 $\alpha=4$, $\beta=-1$

따라서 $\alpha-\beta=4-(-1)=5$

답 ⑤

19 $2x+1=A$로 놓으면 $A^2+4A-21=0$

$(A+7)(A-3)=0$

$A=-7$ 또는 $A=3$

즉, $2x+1=-7$ 또는 $2x+1=3$이므로

$x=-4$ 또는 $x=1$

답 $x=-4$ 또는 $x=1$

20 $2x^2-6x+k-3=0$이 해를 가지므로

$(-6)^2-4\times2\times(k-3)\geq0$

$36-8k+24\geq0$, $-8k\geq-60$, $k\leq\dfrac{15}{2}$

따라서 이를 만족시키는 자연수 k는 1, 2, 3, 4, 5, 6, 7이다. ··· 1단계

$(k+3)x^2+4x+1=0$은 해를 갖지 않으므로

$4^2-4\times(k+3)\times1<0$

$16-4k-12<0$, $-4k<-4$, $k>1$

따라서 이를 만족시키는 자연수 k는 2, 3, 4, $\cdots$이다. ··· 2단계

두 조건을 동시에 만족시키는 자연수 k는 2, 3, 4, 5, 6, 7이므로 6개이다. ··· 3단계

답 6개

단계	채점 기준	비율
1단계	$2x^2-6x+k-3=0$이 해를 갖는 자연수 k를 구한 경우	40 %
2단계	$(k+3)x^2+4x+1=0$이 해를 갖지 않는 자연수 k를 구한 경우	40 %
3단계	두 조건을 동시에 만족시키는 자연수 k의 개수를 구한 경우	20 %

21 $4kx^2-10x+9k=0$이 중근을 가지므로

$(-10)^2-4\times4k\times9k=0$

$100-144k^2=0$, $k^2=\dfrac{25}{36}$

$k>0$이므로 $k=\dfrac{5}{6}$

답 ⑤

22 $x^2-4mx-m=0$이 중근을 가지므로

$-m=\left(\dfrac{-4m}{2}\right)^2$

$4m^2+m=0$, $m(4m+1)=0$

$m=0$ 또는 $m=-\dfrac{1}{4}$

두 근이 0, $-\dfrac{1}{4}$이고 x^2의 계수가 1인 이차방정식은

$x\left(x+\dfrac{1}{4}\right)=0$, $x^2+\dfrac{1}{4}x=0$

따라서 $a=\dfrac{1}{4}$, $b=0$이므로

$a+b=\dfrac{1}{4}+0=\dfrac{1}{4}$

답 ④

23 두 근이 -2, 1이고 x^2의 계수가 2인 이차방정식은

$2(x+2)(x-1)=0$, $2x^2+2x-4=0$

따라서 $a=2$, $b=-4$이므로 $x^2+bx+a=0$에 대입하면

$x^2-4x+2=0$

$x=-(-2)\pm\sqrt{(-2)^2-1\times2}$

$\quad=2\pm\sqrt2$

답 $x=2\pm\sqrt2$

24 처음 정사각형의 한 변의 길이를 x cm라고 하면 직사각형의 가로의 길이는 $(x+2)$ cm, 세로의 길이는 $(x-4)$ cm이므로

$(x+2)(x-4)=72$

$x^2-2x-80=0$

$(x+8)(x-10)=0$

$x=-8$ 또는 $x=10$

$x>4$이므로 $x=10$

따라서 처음 정사각형의 한 변의 길이는 10 cm이다.

답 ③

25 연속하는 두 짝수를 x, $x+2$ (x는 짝수)라고 하면

$x(x+2)=288$, $x^2+2x-288=0$

$(x+18)(x-16)=0$

$x=-18$ 또는 $x=16$

$x>0$이므로 $x=16$

따라서 두 짝수는 16, 18이므로 그 합은 34이다.

답 ③

26 직육면체 모양의 쓰레받기 몸통의 밑면은 가로의 길이가 $(40-2x)$ cm, 세로의 길이가 $(40-x)$ cm인 직사각형이므로

$(40-2x)(40-x)=1050$

$1600-120x+2x^2=1050$

$2x^2-120x+550=0$

$x^2-60x+275=0$

$(x-5)(x-55)=0$

$x=5$ 또는 $x=55$

$0<x<20$이므로 $x=5$

답 5

27 A상품의 원가를 a원이라고 하면 처음 정한 판매 가격은

$a+a\times\dfrac{3x}{100}=a\Big(1+\dfrac{3x}{100}\Big)$

판매 가격에서 $x\,\%$를 할인한 가격은

$a\Big(1+\dfrac{3x}{100}\Big)-a\Big(1+\dfrac{3x}{100}\Big)\times\dfrac{x}{100}$

$=a\Big(1+\dfrac{3x}{100}\Big)\Big(1-\dfrac{x}{100}\Big)$

할인하여 판매한 결과 상품 1개에 대한 이익이 17 %이고

(이익)$=$(판매 가격)$-$(원가)이므로

$a\times\dfrac{17}{100}=a\Big(1+\dfrac{3x}{100}\Big)\Big(1-\dfrac{x}{100}\Big)-a$

$\dfrac{17}{100}=\Big(1+\dfrac{3x}{100}\Big)\Big(1-\dfrac{x}{100}\Big)-1$

$\dfrac{17}{100}=1+\dfrac{2x}{100}-\dfrac{3x^2}{10000}-1$

$1700=200x-3x^2,\ 3x^2-200x+1700=0$

$(x-10)(3x-170)=0$

$x=10$ 또는 $x=\dfrac{170}{3}$

$0<x<50$이므로 $x=10$

답 10

28 출발한 지 t초 후에 △PBQ의 넓이가 24 cm²가 된다고 하면 이때 $\overline{\text{PB}}=(20-2t)$ cm, $\overline{\text{BQ}}=t$ cm이므로

$\dfrac{1}{2}\times(20-2t)\times t=24$ ··· **1단계**

$t^2-10t+24=0,\ (t-4)(t-6)=0$

$t=4$ 또는 $t=6$ ··· **2단계**

따라서 △PBQ의 넓이가 처음으로 24 cm²가 되는 것은 출발한 지 4초 후이다. ··· **3단계**

답 4초

단계	채점 기준	비율
1단계	이차방정식을 구한 경우	50 %
2단계	해를 구한 경우	40 %
3단계	△PBQ의 넓이가 처음으로 24 cm²가 되는 것은 출발한 지 몇 초 후인지 구한 경우	10 %

IV. 이차함수 **1회**

01 ③	02 ④	03 ④	04 ①	05 ④	06 -2
07 8	08 ⑤	09 ②	10 ④	11 ③	12 ②
13 ①	14 ④	15 ⑤	16 ②	17 ①	18 8
19 ①	20 ③	21 ④	22 ②	23 -3	
24 $(-2, 25)$		25 40	26 ②, ⑤		

01 ① 10은 이차식이 아니므로 $y=10$은 이차함수가 아니다.

② $\dfrac{1}{2}x-8$은 이차식이 아니므로 $y=\dfrac{1}{2}x-8$은 이차함수가 아니다.

③ $-5x^2+4$는 이차식이므로 $y=-5x^2+4$는 이차함수이다.

④ $\dfrac{2}{x^2}-8x-7$은 이차식이 아니므로 $y=\dfrac{2}{x^2}-8x-7$은 이차함수가 아니다.

⑤ $y=x^2-(6x+x^2)=-6x$

$-6x$는 이차식이 아니므로 $y=x^2-(6x+x^2)$은 이차함수가 아니다.

답 ③

02 ① $f(-2)=2\times(-2)^2-5\times(-2)-10=8$

② $f(-1)=2\times(-1)^2-5\times(-1)-10=-3$

③ $f(0)=-10$

④ $f(1)=2\times1^2-5\times1-10=-13$

⑤ $f(2)=2\times2^2-5\times2-10=-12$

따라서 절댓값이 가장 큰 것은 ④이다.

답 ④

03 이차함수 $y=ax^2$의 그래프는 $a<0$이면 위로 볼록하다.

위로 볼록한 것은

$y=-\dfrac{3}{2}x^2,\ y=-\dfrac{2}{3}x^2,\ y=-2x^2$

이차함수 $y=ax^2$의 그래프는 a의 절댓값이 작을수록 폭이 넓다.

$\Big|-\dfrac{2}{3}\Big|<\Big|-\dfrac{3}{2}\Big|<|-2|$이므로 $y=-\dfrac{2}{3}x^2$의 그래프가 세 그래프 중에서 폭이 가장 넓다.

답 ④

04 $-\dfrac{5}{3}<a<0$이므로 a의 값이 될 수 없는 것은

$-\dfrac{7}{2}$

답 ①

정답과 풀이 • 137

05 이차함수 $y=\dfrac{2}{3}x^2$의 그래프와 x축에 대하여 대칭인 그래프의 식은 $y=-\dfrac{2}{3}x^2$

$y=-\dfrac{2}{3}x^2$에 $x=-6$, $y=k$를 대입하면

$k=-\dfrac{2}{3}\times(-6)^2=-24$

답 ④

06 $y=ax^2$에 $x=2$, $y=3$을 대입하면

$3=a\times2^2$, $4a=3$, $a=\dfrac{3}{4}$ ··· 1단계

$y=bx^2$에 $x=3$, $y=-6$을 대입하면

$-6=b\times3^2$, $9b=-6$, $b=-\dfrac{2}{3}$ ··· 2단계

따라서 $4ab=4\times\dfrac{3}{4}\times\left(-\dfrac{2}{3}\right)=-2$ ··· 3단계

답 -2

단계	채점 기준	비율
1단계	a의 값을 구한 경우	40 %
2단계	b의 값을 구한 경우	40 %
3단계	$4ab$의 값을 구한 경우	20 %

07 $y=ax^2$에 $x=-4$, $y=m$을 대입하면

$m=a\times(-4)^2=16a$

$y=ax^2$에 $x=2$, $y=n$을 대입하면

$n=a\times2^2=4a$

$\overline{AB}^2=\{2-(-4)\}^2+(4a-16a)^2=(6\sqrt{2})^2$

$144a^2=36$, $a^2=\dfrac{1}{4}$

$a=\pm\dfrac{1}{2}$

$a>0$이므로 $a=\dfrac{1}{2}$

$m=16\times\dfrac{1}{2}=8$, $n=4\times\dfrac{1}{2}=2$

따라서 $amn=\dfrac{1}{2}\times8\times2=8$

답 8

08 꼭짓점의 좌표가 $(0, n)$이므로

$\overline{OC}=\overline{OA}=n$

$C(n, 0)$

$y=-\dfrac{1}{4}x^2+n$에 $x=n$, $y=0$을 대입하면

$0=-\dfrac{1}{4}n^2+n$, $n^2-4n=0$

$n(n-4)=0$, $n=0$ 또는 $n=4$

따라서 구하는 양수 n의 값은 4

답 ⑤

09 축의 방정식은 $x=p$이므로 $p=-4$

$y=a(x+4)^2$에 $x=2$, $y=18$을 대입하면

$18=a\times(2+4)^2$, $36a=18$

$a=\dfrac{1}{2}$

따라서 $ap=\dfrac{1}{2}\times(-4)=-2$

답 ②

10 ① 꼭짓점의 좌표는 $(0, 5)$이고, 위로 볼록하므로 모든 사분면을 지난다.

② 꼭짓점의 좌표가 $(0, 4)$이고, 위로 볼록하므로 모든 사분면을 지난다.

③ 꼭짓점의 좌표가 $(0, -3)$이고, 아래로 볼록하므로 모든 사분면을 지난다.

④ 꼭짓점의 좌표가 $(-2, -1)$이고, 위로 볼록하므로 제3, 4사분면을 지난다.

⑤ 꼭짓점의 좌표가 $(4, -2)$이고, 아래로 볼록하다.

$x=0$을 대입하면 $y=6$이므로 y축과 만나는 점의 좌표는 $(0, 6)$이다.

제1, 2, 4사분면을 지난다.

따라서 제3, 4사분면만을 지나는 것은 ④이다.

답 ④

11 ① 축의 방정식은 $x=0$

② 축의 방정식은 $x=0$

③ 축의 방정식은 $x=4$

④ 축의 방정식은 $x=0$

⑤ $y=-5(x^2+2)=-5x^2-10$이므로 축의 방정식은 $x=0$

답 ③

12 이차함수 $y=-2x^2$의 그래프를 x축의 방향으로 -3만큼, y축의 방향으로 4만큼 평행이동한 그래프의 식은

$y=-2(x+3)^2+4$

$y=-2(x+3)^2+4=-2x^2-12x-14$

따라서 $a=-2$, $b=-12$, $c=-14$이므로

$a-b+c=-2-(-12)-14=-4$

답 ②

13 이차함수 $y=\dfrac{2}{5}(x+4)^2-5$의 그래프의 꼭짓점의 좌표는 $(-4, -5)$

x축의 방향으로 -3만큼, y축의 방향으로 6만큼 평행이동하면 꼭짓점의 좌표는
$(-4-3, -5+6)=(-7, 1)$
평행이동한 그래프의 식은
$y=\dfrac{2}{5}(x+7)^2+1$
축의 방정식은 $x=-7$이고 아래로 볼록하므로 구하는 x의 값의 범위는 $x<-7$

답 ①

14 $y=-2x^2-20x-26$
$\quad=-2(x^2+10x+25-25)-26$
$\quad=-2(x+5)^2+24$
꼭짓점의 좌표가 $(-5, 24)$이므로 $a=-5$, $b=24$
축의 방정식은 $x=-5$이므로 $p=-5$
따라서 $a+b+p=-5+24+(-5)=14$

답 ④

15 $y=-2x^2-4ax-2a^2-5b-2$
$\quad=-2(x^2+2ax+a^2-a^2)-2a^2-5b-2$
$\quad=-2(x+a)^2-5b-2$
꼭짓점의 좌표는 $(-a, -5b-2)$
$y=3x^2-6bx+3b^2+7a+4$
$\quad=3(x^2-2bx+b^2-b^2)+3b^2+7a+4$
$\quad=3(x-b)^2+7a+4$
꼭짓점의 좌표는 $(b, 7a+4)$
$-a=b, \ -5b-2=7a+4$
연립하여 풀면 $a=-3$, $b=3$
따라서 $b-a=3-(-3)=6$

답 ⑤

16 x^2의 계수가 2이고, 축의 방정식이 $x=-3$이므로 구하는 이차함수의 식은
$y=2(x+3)^2+q$
$y=2(x+3)^2+q=2x^2+12x+18+q$
$3a=12, \ 18+q=11$
$a=4, \ q=-7$
따라서 구하는 꼭짓점의 좌표는 $(-3, -7)$

답 ②

17 $y=-2x^2-8x-3$
$\quad=-2(x^2+4x+4-4)-3$
$\quad=-2(x+2)^2+5$
꼭짓점의 좌표는 $(-2, 5)$
$x=0$을 대입하면 $y=-3$이므로
y축과 만나는 점의 좌표는

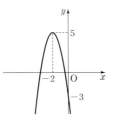

$(0, -3)$
따라서 지나지 않는 사분면은 제1사분면이다.

답 ①

18 $y=0$을 대입하면 $x^2+2x-3=0$
$(x+3)(x-1)=0, \ x=-3$ 또는 $x=1$
$A(-3, 0), B(1, 0)$또는 $A(1, 0), B(-3, 0)$

··· 1단계

$y=x^2+2x-3$
$\quad=(x^2+2x+1-1)-3$
$\quad=(x+1)^2-4$
$C(-1, -4)$

··· 2단계

따라서 △ABC의 넓이는
$\dfrac{1}{2}\times\{1-(-3)\}\times4=8$

··· 3단계

답 8

단계	채점 기준	비율
1단계	두 점 A, B의 좌표를 각각 구한 경우	40 %
2단계	점 C의 좌표를 구한 경우	40 %
3단계	△ABC의 넓이를 구한 경우	20 %

19 $y=-\dfrac{1}{3}x^2+2x+4$
$\quad=-\dfrac{1}{3}(x^2-6x+9-9)+4$
$\quad=-\dfrac{1}{3}(x-3)^2+7$
꼭짓점의 좌표는 $(3, 7)$
$x=0$을 대입하면 $y=4$이므로 $B(0, 4)$
따라서 △ABO의 넓이는
$\dfrac{1}{2}\times4\times3=6$

답 ①

20 $y=-\dfrac{1}{2}x^2-3x-\dfrac{7}{2}$
$\quad=-\dfrac{1}{2}(x^2+6x+9-9)-\dfrac{7}{2}$
$\quad=-\dfrac{1}{2}(x+3)^2+1$
꼭짓점의 좌표는 $(-3, 1)$
x축의 방향으로 m만큼, y축의 방향으로 n만큼 평행이동하면 꼭짓점의 좌표는 $(-3+m, 1+n)$
$y=-\dfrac{1}{2}x^2+2x+1$
$\quad=-\dfrac{1}{2}(x^2-4x+4-4)+1$
$\quad=-\dfrac{1}{2}(x-2)^2+3$

꼭짓점의 좌표는 $(2, 3)$
$-3+m=2, 1+n=3$
따라서 $m=5, n=2$이므로
$m+n=7$

답 ③

21 꼭짓점의 좌표가 $(2, 10)$이므로 구하는 이차함수의 식은
$y=a(x-2)^2+10$
$y=a(x-2)^2+10$에 $x=0, y=6$을 대입하면
$6=a\times(0-2)^2+10, 4a=-4$
$a=-1$
$y=-(x-2)^2+10=-x^2+4x+6$
따라서 $b=4, c=6$이므로
$a+b+c=-1+4+6=9$

답 ④

22 $x=-1$을 축으로 하므로 구하는 이차함수의 식은
$y=a(x+1)^2+q$
$y=a(x+1)^2+q$에 두 점의 좌표를 각각 대입하면
$-1=a+q$ ····· ㉠
$11=9a+q$ ····· ㉡
㉠, ㉡을 연립하여 풀면
$a=\dfrac{3}{2}, q=-\dfrac{5}{2}$
$y=\dfrac{3}{2}(x+1)^2-\dfrac{5}{2}$에 $x=-3, y=k$를 대입하면
$k=\dfrac{3}{2}\times(-3+1)^2-\dfrac{5}{2}=\dfrac{7}{2}$

답 ②

23 $y=ax^2+bx+c$에 세 점의 좌표를 각각 대입하면
$-6=c$ ····· ㉠
$-1=a-b+c$ ····· ㉡
$-4=4a+2b+c$ ····· ㉢ ···「1단계」
㉠, ㉡, ㉢을 연립하여 풀면
$a=2, b=-3, c=-6$ ···「2단계」
따라서 $3a+b+c=3\times2+(-3)+(-6)=-3$
···「3단계」

답 -3

단계	채점 기준	비율
1단계	세 점의 좌표를 각각 대입한 경우	40 %
2단계	a, b, c의 값을 각각 구한 경우	40 %
3단계	$3a+b+c$의 값을 구한 경우	20 %

24 x축과 만나는 두 점 사이의 거리가 10이므로 두 점에서 축까지의 거리는 모두 5이다.
두 점의 좌표는 $(-7, 0), (3, 0)$이므로 구하는 이차함수의 식은
$y=a(x+7)(x-3)$
x^2의 계수가 -1이므로 $a=-1$
$y=-(x+7)(x-3)$
$=-x^2-4x+21$
$=-(x^2+4x+4-4)+21$
$=-(x+2)^2+25$
따라서 구하는 꼭짓점의 좌표는 $(-2, 25)$

답 $(-2, 25)$

25 $y=x^2+4x-4$
$=(x^2+4x+4-4)-4$
$=(x+2)^2-8$
꼭짓점의 좌표는 $(-2, -8)$
$y=x^2-6x+1$
$=(x^2-6x+9-9)+1$
$=(x-3)^2-8$
꼭짓점의 좌표는 $(3, -8)$
$P(-2, -8), Q(3, -8)$이므로
$\overline{AB}=\overline{PQ}=3-(-2)=5$
두 이차함수의 x^2의 계수가 같아서 두 이차함수의 그래프의 모양이 같고 꼭짓점의 y좌표가 같으므로 구하는 넓이는 평행사변형 APQB의 넓이와 같다.
따라서 구하는 넓이는
$5\times8=40$

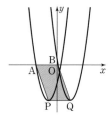

답 40

26 위로 볼록하므로 $a<0$
축이 y축의 왼쪽에 있으므로 a, b의 부호는 서로 같다. 즉, $b<0$
y축과 만나는 점의 좌표는 x축보다 위쪽에 있으므로 $c>0$
① $ab>0$
③ $bc<0$
④ $x=-1$일 때 함숫값은 양수이므로
$a-b+c>0$
⑤ $x=1$일 때 함숫값은 음수이므로
$a+b+c<0$

답 ②, ⑤

IV. 이차함수 **2회**

01 ③	02 ②	03 ⑤	04 ③	05 ④	06 ④
07 10	08 ④	09 ⑤	10 ④	11 ④	12 13
13 ①	14 ④	15 ⑤	16 −4	17 ③	18 ⑤
19 ⑤	20 ④	21 $-\dfrac{13}{2}$	22 ⑤	23 ②	24 ④
25 $(1, -18)$		26 64			

01 ㄱ. -8은 이차식이 아니므로 $y=-8$은 이차함수가 아니다.

ㄴ. $6-\dfrac{3}{4}x$는 이차식이 아니므로 $y=6-\dfrac{3}{4}x$는 이차함수가 아니다.

ㄷ. $-\dfrac{x^2}{8}+5x$는 이차식이므로 $y=-\dfrac{x^2}{8}+5x$는 이차함수이다.

ㄹ. $y=(x-6)(x+4)=x^2-2x-24$
$x^2-2x-24$는 이차식이므로 이차함수이다.

ㅁ. $y=3x(x+2)-3x^2=6x$
$6x$는 이차식이 아니므로 이차함수가 아니다.

따라서 이차함수는 ㄷ, ㄹ이다.

답 ③

02 이차함수 $y=ax^2+bx+c$의 그래프는 a의 절댓값이 작을수록 폭이 넓다.

$\left|\dfrac{2}{3}\right|<\left|-\dfrac{3}{4}\right|<|2|<\left|-\dfrac{5}{2}\right|<|-3|$이므로

$y=\dfrac{2}{3}x^2+\dfrac{1}{5}$의 그래프의 폭이 가장 넓다.

답 ②

03 ① y축에 대하여 대칭이다.

② $x=2$를 대입하면 $y=-5\times 2^2=-20$이므로 점 $(2, 20)$을 지나지 않는다.

③ 위로 볼록한 포물선이다.

④ 꼭짓점의 좌표는 $(0, 0)$이다.

⑤ 축의 방정식이 $x=0$이고, 위로 볼록하므로 $x>0$일 때, x의 값이 증가하면 y의 값은 감소한다.

따라서 옳은 것은 ⑤이다.

답 ⑤

04 $x<0$일 때, x의 값이 증가하면 y의 값은 감소하므로 $a>0$

$y=ax^2$에 $x=2\sqrt{a}$, $y=6-5a$를 대입하면

$6-5a=a\times(2\sqrt{a})^2$, $4a^2+5a-6=0$

$(a+2)(4a-3)=0$, $a=-2$ 또는 $a=\dfrac{3}{4}$

$a>0$이므로 $a=\dfrac{3}{4}$

답 ③

05 이차함수 $y=\dfrac{5}{2}x^2$의 그래프와 x축에 대하여 대칭인 그래프의 식은 $y=-\dfrac{5}{2}x^2$

$y=-\dfrac{5}{2}x^2$에 $x=2$, $y=k$를 대입하면

$k=-\dfrac{5}{2}\times 2^2=-10$

답 ④

06 원점 O에 대하여
$\overline{AB}=2\overline{AO}=2\times 3=6$이므로 B$(-3, -6)$
$y=ax^2$에 $x=-3$, $y=-6$을 대입하면
$-6=a\times(-3)^2$, $9a=-6$
따라서 $a=-\dfrac{2}{3}$

답 ④

07 점 B의 좌표를 $\left(b, \dfrac{3}{4}b^2\right)$이라고 하자.

$\overline{AP}:\overline{BQ}=4:9$이므로 $12:\dfrac{3}{4}b^2=4:9$

$3b^2=12\times 9$, $b^2=36$

$b=-6$ 또는 $b=6$

$b<0$이므로 $b=-6$

따라서 $\overline{PQ}=4-(-6)=10$

답 10

08 ①, ② 꼭짓점의 좌표가 $(0, -7)$이고, 아래로 볼록하므로 x축과 두 점에서 만난다.

③ $y=4x^2-7$의 그래프와 $y=4(x-5)^2$의 그래프는 $y=4x^2$의 그래프를 평행이동하여 겹치게 할 수 있으므로 모양이 서로 같다.

④ x축에 대하여 대칭시키면 꼭짓점의 좌표는 $(0, 7)$이고, 위로 볼록하므로 그 식은 $y=-4x^2+7$이다.

⑤ 축의 방정식이 $x=0$이고, 아래로 볼록하므로 $x<0$일 때, x의 값이 증가하면 y의 값은 감소한다.

따라서 옳지 않은 것은 ④이다.

답 ④

09 $\overline{OB}=\dfrac{1}{2}\overline{AB}=\dfrac{1}{2}\times 12=6$이므로 B$(6, 0)$

$y=-\dfrac{1}{2}x^2+k$에 $x=6$, $y=0$을 대입하면

$0=-\dfrac{1}{2}\times 6^2+k$

따라서 $k=18$

답 ⑤

10 $y=-\dfrac{3}{2}(x-p)^2$에 $x=7$, $y=-24$를 대입하면

$-24=-\dfrac{3}{2}\times(7-p)^2$, $(7-p)^2=16$

$(p-7)^2=16$, $p-7=\pm4$

$p=3$ 또는 $p=11$

따라서 모든 p의 값의 합은

$3+11=14$

답 ④

11 이차함수 $y=-\dfrac{1}{3}x^2$의 그래프를 x축의 방향으로 p만큼

평행이동한 그래프의 식은

$y=-\dfrac{1}{3}(x-p)^2$

축의 방정식은 $x=p$이므로 $p=6$

$y=-\dfrac{1}{3}(x-6)^2$에 $x=0$을 대입하면

$y=-\dfrac{1}{3}\times(0-6)^2=-12$

따라서 y축과 만나는 점의 y좌표는 -12

답 ④

12 이차함수 $y=2x^2$의 그래프를 x축의 방향으로 -3만큼, y축의 방향으로 5만큼 평행이동한 그래프의 식은

$y=2(x+3)^2+5$ ··· 1단계

$y=2(x+3)^2+5$에 $x=-1$, $y=k$를 대입하면

$k=2\times(-1+3)^2+5=13$ ··· 2단계

답 13

단계	채점 기준	비율
1단계	평행이동한 그래프의 식을 구한 경우	50 %
2단계	k의 값을 구한 경우	50 %

13 꼭짓점의 좌표는 $(-2, 4)$

$x=0$을 대입하면

$y=-\dfrac{4}{3}(0+2)^2+4=-\dfrac{4}{3}$이므

로 y축과 만나는 점의 좌표는

$\left(0, -\dfrac{4}{3}\right)$

따라서 제1사분면을 지나지 않는다.

답 ①

14 $y=-2x^2+3ax-10$

$=-2\left(x^2-\dfrac{3a}{2}x+\dfrac{9a^2}{16}-\dfrac{9a^2}{16}\right)-10$

$=-2\left(x-\dfrac{3a}{4}\right)^2+\dfrac{9a^2}{8}-10$

축의 방정식이 $x=\dfrac{3a}{4}$이므로 $\dfrac{3a}{4}=-3$

$a=-4$

$\dfrac{9a^2}{8}-10$에 $a=-4$를 대입하면

$\dfrac{9\times(-4)^2}{8}-10=8$

따라서 꼭짓점의 좌표는 $(-3, 8)$

답 ④

15 $y=-\dfrac{2}{3}x^2+4x+4$

$=-\dfrac{2}{3}(x^2-6x+9-9)+4$

$=-\dfrac{2}{3}(x-3)^2+10$

축의 방정식은 $x=3$이고, 위로 볼록하므로 구하는 x의 값의 범위는 $x>3$

답 ⑤

16 $y=-x^2-2ax+b$에 $x=6$, $y=-7$을 대입하면

$-7=-6^2-2a\times6+b$, $b=12a+29$ ······ ㉠

$y=-x^2-2ax+b$

$=-(x^2+2ax+a^2-a^2)+b$

$=-(x+a)^2+a^2+b$

꼭짓점의 좌표는 $(-a, a^2+b)$

$y=2x-4$에 $x=-a$, $y=a^2+b$를 대입하면

$a^2+b=-2a-4$ ······ ㉡

㉠을 ㉡에 대입하면

$a^2+12a+29=-2a-4$

$a^2+14a+33=0$, $(a+11)(a+3)=0$

$a=-11$ 또는 $a=-3$

$a>-10$이므로 $a=-3$

$b=12\times(-3)+29=-7$

따라서 $b-a=-7-(-3)=-4$

답 -4

17 $y=2x^2-16x+31$

$=2(x^2-8x+16-16)+31$

$=2(x-4)^2-1$

꼭짓점의 좌표는 $(4, -1)$

x축의 방향으로 m만큼, y축의 방향으로 n만큼 평행이동하면 꼭짓점의 좌표는 $(4+m, -1+n)$

$y=2x^2+8x+13$

$=2(x^2+4x+4-4)+13$

$=2(x+2)^2+5$

$4+m=-2$, $-1+n=5$

따라서 $m=-6$, $n=6$이므로
$m+n=-6+6=0$

답 ③

18 $y=-2x^2-8x-5$
$\quad=-2(x^2+4x+4-4)-5$
$\quad=-2(x+2)^2+3$
꼭짓점의 좌표는 $(-2,\ 3)$
$x=0$을 대입하면
$y=-5$
이므로 y축과 만나는 점의 좌표는
$(0,\ -5)$
따라서 제1사분면을 지나지 않는다.

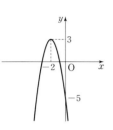

답 ⑤

19 $y=0$을 대입하면 $x^2-3x-10=0$
$(x+2)(x-5)=0$, $x=-2$ 또는 $x=5$
$\mathrm{A}(-2,\ 0)$, $\mathrm{B}(5,\ 0)$ 또는 $\mathrm{A}(5,\ 0)$, $\mathrm{B}(-2,\ 0)$
$x=0$을 대입하면 $y=-10$이므로
$\mathrm{C}(0,\ -10)$
따라서 $\triangle\mathrm{ABC}$의 넓이는
$\dfrac{1}{2}\times\{5-(-2)\}\times10=35$

답 ⑤

20 ① $y=-x^2+8x-1$
$\quad=-(x^2-8x+16-16)-1$
$\quad=-(x-4)^2+15$
꼭짓점의 좌표는 $(4,\ 15)$
$x=0$을 대입하면 $y=-1$이므로
y축과 만나는 점의 좌표는
$(0,\ -1)$

② $y=2x^2-8x+2$
$\quad=2(x^2-4x+4-4)+2$
$\quad=2(x-2)^2-6$
꼭짓점의 좌표는 $(2,\ -6)$
$x=0$을 대입하면 $y=2$이므로
y축과 만나는 점의 좌표는
$(0,\ 2)$

③ $y=x^2-6x+1$
$\quad=(x^2-6x+9-9)-1$
$\quad=(x-3)^2-10$
꼭짓점의 좌표는 $(3,\ -10)$
$x=0$을 대입하면 $y=1$이므로
y축과 만나는 점의 좌표는
$(0,\ 1)$

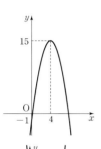

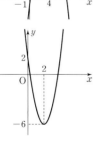

④ $y=-2x^2-4x+2$
$\quad=-2(x^2+2x+1-1)+2$
$\quad=-2(x+1)^2+4$
꼭짓점의 좌표는 $(-1,\ 4)$
$x=0$을 대입하면 $y=2$이므로
y축과 만나는 점의 좌표는
$(0,\ 2)$

⑤ $y=-\dfrac{1}{2}x^2-4x-6$
$\quad=-\dfrac{1}{2}(x^2+8x+16-16)-6$
$\quad=-\dfrac{1}{2}(x+4)^2+2$
꼭짓점의 좌표는 $(-4,\ 2)$
$x=0$을 대입하면 $y=-6$이므로
y축과 만나는 점의 좌표는
$(0,\ -6)$
따라서 모든 사분면을 지나는 것은 ④이다.

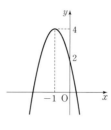

답 ④

21 꼭짓점의 좌표가 $(-4,\ 6)$이므로 구하는 이차함수의 식은
$y=a(x+4)^2+6$ ··· 1단계
$y=a(x+4)^2+6$에 $x=0$, $y=-2$를 대입하면
$-2=a\times(0+4)^2+6$
$16a=-8$
$a=-\dfrac{1}{2}$
$y=-\dfrac{1}{2}(x+4)^2+6$
$\quad=-\dfrac{1}{2}x^2-4x-2$
$b=-4$, $c=-2$ ··· 2단계
따라서
$a+b+c=-\dfrac{1}{2}+(-4)+(-2)$
$\qquad\qquad=-\dfrac{13}{2}$ ··· 3단계

답 $-\dfrac{13}{2}$

단계	채점 기준	비율
1단계	구하는 이차함수의 식을 $y=a(x+4)^2+6$으로 놓은 경우	30 %
2단계	a, b, c의 값을 각각 구한 경우	50 %
3단계	$a+b+c$의 값을 구한 경우	20 %

22 꼭짓점의 좌표가 $(1,\ 16)$이므로 구하는 이차함수의 식은
$y=a(x-1)^2+16$
$y=a(x-1)^2+16$에 $x=0$, $y=15$를 대입하면

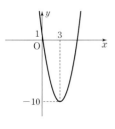

$15=a\times(0-1)^2+16$, $a=-1$

$y=-(x-1)^2+16$에 $y=0$을 대입하면

$-(x-1)^2+16=0$, $(x-1)^2=16$

$x-1=\pm4$, $x=-3$ 또는 $x=5$

$A(-3, 0)$, $B(5, 0)$

따라서 $\overline{AB}=5-(-3)=8$

답 ⑤

23 구하는 이차함수의 식을 $y=ax^2+bx+c$라고 하자.

$y=ax^2+bx+c$에 세 점의 좌표를 각각 대입하면

$5=c$ ······ ㉠

$-11=4a+2b+c$ ······ ㉡

$-5=a+b+c$ ······ ㉢

㉠, ㉡, ㉢을 연립하여 풀면

$a=2$, $b=-12$, $c=5$

$y=2x^2-12x+5$

$\quad=2(x^2-6x+9-9)+5$

$\quad=2(x-3)^2-13$

따라서 구하는 꼭짓점의 좌표는 $(3, -13)$

답 ②

24 x축과 만나는 점의 x좌표가 -5, 2이므로 구하는 이차함수의 식은

$y=a(x+5)(x-2)$

$y=a(x+5)(x-2)$에 $x=-3$, $y=-12$를 대입하면

$-12=a\times(-3+5)\times(-3-2)$, $-10a=-12$

$a=\dfrac{6}{5}$

$y=\dfrac{6}{5}(x+5)(x-2)$에 $x=0$을 대입하면

$y=\dfrac{6}{5}\times(0+5)\times(0-2)=-12$

답 ④

25 $y=ax^2-4x+b$에 두 점 $(-2, 0)$, $(0, -16)$을 각각 대입하면

$0=4a+8+b$ ······ ㉠

$-16=b$ ······ ㉡

㉠, ㉡을 연립하여 풀면

$a=2$, $b=-16$ ··· 1단계

$y=2x^2-4x-16$

$\quad=2(x^2-2x+1-1)-16$

$\quad=2(x-1)^2-18$

따라서 구하는 꼭짓점의 좌표는 $(1, -18)$ ··· 2단계

답 $(1, -18)$

단계	채점 기준	비율
1단계	a, b의 값을 각각 구한 경우	50 %
2단계	꼭짓점의 좌표를 구한 경우	50 %

26 x축과 두 점 $(-6, 0)$, $(2, 0)$에서 만나므로 구하는 이차함수의 식은

$y=m(x+6)(x-2)$

x^2의 계수가 -1이므로 $m=-1$

$y=-(x+6)(x-2)$

$\quad=-x^2-4x+12$

$\quad=-(x^2+4x+4-4)+12$

$\quad=-(x+2)^2+16$

$C(-2, 16)$

따라서 △ABC의 넓이는

$\dfrac{1}{2}\times\{2-(-6)\}\times16=64$

답 64